© Jon Arnold Images/hemis.fr

W0303530

Le Routard

Autriche
2023-2024

Cofondateurs : Philippe GLOAGUEN et Michel DUVAL

Directeur de collection et auteur
Philippe GLOAGUEN

Secrétaire général
Gavin's CLEMENTE-RUIZ

Rédacteurs en chef
Amanda KERAVEL (France)
Benoît LUCCHINI (Étranger)

Directrice administrative
Bénédicte GLOAGUEN

Conseiller à la rédaction
Pierre JOSSE

Responsable voyages
Carole BORDES

Direction éditoriale
Élise ERNEST

Rédaction
Isabelle AL SUBAIHI
Emmanuelle BAUQUIS
Mathilde de BOISGROLLIER
Marie BURIN des ROZIERS
Camille CAMPET
Véronique de CHARDON
Laura CHARLIER
Florence CHARMETANT
Fiona DEBRABANDER
Anaëlle HASCOËT
Géraldine LEMAUF-BEAUVOIS
Alain PALLIER
Anne POINSOT
Alexia POULAIN

hachette

TABLE DES MATIÈRES

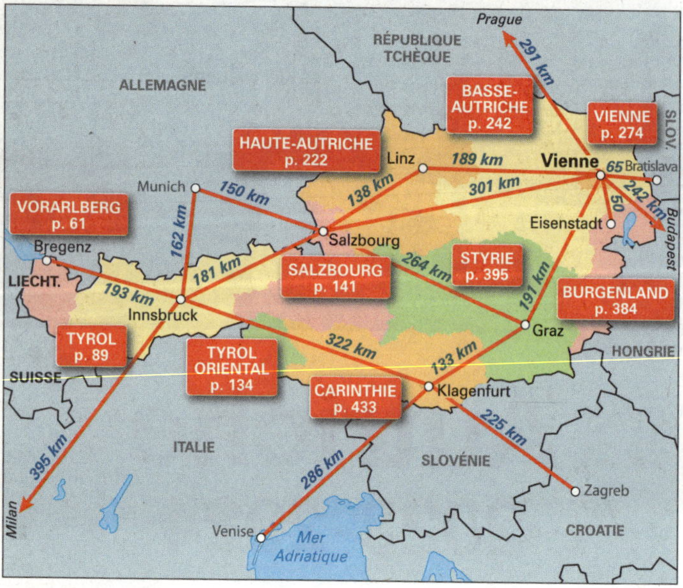

PRÉAMBULE

COMMENT Y ALLER ? 36

AUTRICHE UTILE 41

☎ **112 :** c'est le numéro d'urgence commun à la France et à tous les pays de l'UE, à composer en cas d'accident, agression ou détresse. Il permet de se faire localiser et aider en français, tout en améliorant les délais d'intervention des services de secours.

Important : dernière minute

Entre deux parutions du *Routard,* des événements fortuits (conditions sanitaires, catastrophes naturelles mais aussi formalités, taux de change, conditions d'accès aux sites, fermetures inopinées, etc.) peuvent modifier vos projets de voyage. Pour éviter les déconvenues, nous vous recommandons de consulter la rubrique « Guide » par pays de notre site • **routard.com** • et plus particulièrement les dernières ***Actus voyageurs.***

Sites inscrits au Patrimoine mondial de l'Unesco
Pas de côté
NORD
Danube
ALLEMAGNE
LE SALZKAMMERGUT p. 194
141
Braunau
St. Gilgen
MÜNCHEN
Mondsee
Salzbourg
Hallein
Bad Dürrnberg
A 10
St. Johann in Tirol
A 12
Kitzbühel
Zell am See
Kramsach
Rattenberg
Alpbach
VORARLBERG p. 61
Tiroler Zugspitz Arena
Lac de Constance
Seefeld in Tirol
Hall in Tirol
Ferleiten
Bad Gastein
Bregenz
Dornbirn
Kleinwalsertal
Innsbruck
Zillertal
Krimml Wasserfälle
Abbaye de Stams
A 12
Rhin
Hohenems
Feldkirch
Lech
Oetz
A 13
Heiligenblut
Route du Grossglockner
TYROL p. 89
TYROL ORIENTAL p. 134
St. Anton
315
Ötztal
LIECHT.
Lienz
Montafon
Silvretta
Kaunertal
100
ITALIE
SUISSE

RÉPUBLIQUE TCHÈQUE
SLOVAQUIE
HONGRIE
CROATIE
SLOVÉNIE
HAUTE-AUTRICHE p. 222
VIENNE p. 274
BASSE-AUTRICHE p. 242
STYRIE p. 395
BURGENLAND p. 384
SALZBOURG p. 141
CARINTHIE p. 433
Hardegg
Retz
Horn
Zwettl
Stein
Krems
Dürnstein
Tulln
Freistadt
Kefermarkt
Pöggstall
Abbaye de Göttweig
Mühlviertel
Wilhering
La Wachau
St Pölten
Vallée du Danube en Haute-Autriche
Linz
Mauthausen
Melk
Mayerling
Baden
Schönbrunn
BRATISLAVA
Danube
Neusiedl
Podersdorf
Rust
Frauenkirchen
Illmitz
Eisenstadt
Mörbisch
St Florian
Steyr
Abbaye de Kremsmünster
Burg Forchtenstein
Neusiedler See
Gmunden
Traunkirchen
St. Wolfgang
Bad Ischl
Gosau
Hallstatt
Abbaye d'Admont
Bruck an der Mur
Abbaye de Vorau
Abbaye de Pöllau
Schloss Herberstein
Seckau
Stübing
Graz
Abbaye de Rein
Judenburg
Piber
Bärnbach
Riegersburg
Stainz
Bad Radkersburg
Friesach
Styrie toscane
St Veit
Pörtschach
Klagenfurt
Bad Eisenkappel
Vallée de la Gail
Villach
Krumpendorf
Velden
Egg
Kötschach
0 25 50 km

L'AUTRICHE

LA RÉDACTION DU ROUTARD

La saga du *Routard* : en 1971, 2 étudiants, Philippe et Michel, avaient une furieuse envie de découvrir le monde. De retour du Népal germe l'idée d'un guide différent qui regrouperait tuyaux malins et itinéraires sympa, destiné aux jeunes fauchés en quête de liberté. 1973. Après 19 refus d'éditeurs et la faillite de leur 1re maison d'édition, l'aventure commence vraiment avec Hachette. Aujourd'hui, le *Routard*, c'est plus d'une cinquantaine d'enquêteurs impliqués et sincères. Ils parcourent le monde toute l'année dans l'anonymat et s'acharnent à restituer leurs coups de cœur en toute indépendance.

Merci à tous les Routards qui sont solidaires de nos convictions : liberté et indépendance d'esprit ; découverte et partage ; sincérité, tolérance et respect des autres.

NOS SPÉCIALISTES AUTRICHE

Alexia Poulain : biberonnée aux cartes de rando fautif, elle a choisi d'étudier la géographie. Avide de découvrir le monde, elle n'aime rien tant que de parcourir de nouvelles villes pour y dénicher les bons plans qui s'y cachent. La curiosité est son carburant ! Autres terres de prédilection : les grands espaces qu'elle arpente en toute saison, carnet et stylo en main !

Benoît Lucchini : Corse, élevé au grain du 9-3, il a commencé avec une carte Interrail à 17 ans. Il arpente les terres chaudes avec passion deux ans plus tard, puis les mers froides comme pêcheur (illégal) de saumon sur un chalutier américain, avant un grand tour du monde. Son credo depuis 30 ans au *Routard* : multiplier les rencontres, s'émerveiller et écrire pour partager ses émotions.

André Poncelet : Bruxellois, biberonné aux aventures de *Tintin* et de *Bob Morane*, il trace la route dès ses 17 ans. Après une carrière dans le livre, il participe au premier *Routard* consacré à son pays. Ciseleur de mots et arpenteur de méridiens, il n'a de cesse de communiquer ses coups de cœur tant pour les cités au riche patrimoine que pour les grands espaces.

UN GRAND MERCI À NOS AMI(E)S SUR PLACE ET EN FRANCE

Pour cette nouvelle édition, nous remercions particulièrement :

- **Ingeborg Millet,** responsable des relations presse de l'Office national autrichien de tourisme, pour sa gentillesse, sa disponibilité et sa bonne humeur ;
- **Florian Wiesinger,** de l'office de tourisme de Vienne ;
- **Jean-Paul Héron,** directeur de l'office national autrichien de tourisme à Paris ;
- **Martina Nairz,** de l'office de tourisme du Tyrol ;
- **Theresa Hager,** de l'office de tourisme de St. Johann in Tirol ;

• **Martina Rechner-Melinger,** de l'office de tourisme de Salzburgerland ;
• **Ines Wizany,** de l'office de tourisme de Salzbourg ;
• **Tanja Kiteko,** de l'office de tourisme de Lenz ;
• **Karina Kienberger,** de l'office de tourisme de Bad Ischl ;
• **Claudia Weissensteiner,** de l'office de tourisme de Bad Gastein ;
• Un grand merci aussi à **Martin Lichtenberg** et **Pierre Monthaye.**

NOS ENQUÊTEURS-FURETEURS

Nous tenons à remercier tout particulièrement Fabrice Argelas, Gabriel Bertrand, Loup-Maëlle Besançon, Thierry Bessou, François Chauvin, Grégory Dalex, Fabrice Doumergue, Cédric Fischer, Carole Fouque, Guillaume Garnier, Nicolas George, Michelle Georget, Claude Hervé-Bazin, Emmanuel Juste, Fabrice de Lestang, Éric Milet, Pierre Mitrano, Olivier Page, Jean-Sébastien Petitdemange, André Poncelet, Thomas Rivallain et Jean Tiffon pour leur collaboration régulière.

Aurélia Andriamampianina, Pauline Bezzina, Jean-Jacques Bordier-Chêne, Philippe Coupy, Zoé Danner, Agnès Debiage, Jérôme Denoix, Tovi et Ahmet Diler, Clélie Dudon, Alain Fisch, Adrien et Clément Gloaguen, Émilie Lambert, Marie Maurel, Chantal N'Guyen, Martine Partrat, Odile Paugam et Didier Jehanno, Lucie Royer, Prakit Saiporn, Antoine Sibelle et Maureen Sorgnard.

DU CÔTÉ D'HACHETTE LIVRE

Direction : Sidonie Chollet

Direction éditoriale : Élise Ernest

Édition : Lucie Barbé et **Pauline Huet**

Cartographie : Frédéric Clémençon et **Aurélie Huot**

Fabrication : Nathalie Lautout, Liza Sacco et **Aude Cauchet**

Relations presse : COM'PROD, **Fred Papet** et **Laëtitia de Cerval.** ☎ 01-70-69-04-69. • info@comprod.fr • **Martine Levens** (Belgique) ☎ +32-47-568-35-76.

Contact Partenariats : Jérôme Denoix • jeromedenoix@gmail.com •

Contact Partenariats et régie pub : Florence Brunel-Jars • fbrunel@hachette-livre.fr •

Silhouette du Routard : Clément Gloaguen (d'après Solé) ; **couverture : le-bureau-des-affaires-graphiques.com** ; **logo des « 50 ans » (couverture) : So BAM** ; **maquette intérieure : le-bureau-des-affaires-graphiques.com, Thibault Reumaux** et **npeg.fr**

Le clocher de Schruns dans la vallée de Montafon

© Roy Philippe/hemis.fr

Trois quarts de montagnes, plus un quart de culture et une chanteuse à barbe, telle est l'Autriche du XXIe s ; celle qu'on aime.

Le voyageur qui emprunte les autoroutes bavaroises en direction de **Bregenz** et d'**Innsbruck** aura sans doute la tête remplie d'images de cartes postales de l'Autriche. Il sera d'emblée plongé au cœur du typique paysage autrichien : une nature encore préservée, avec des lacs dont on aperçoit les montagnes se refléter dans les eaux pures, et des stations de ski égayées de chalets coquets aux balcons dégoulinant de géraniums.

L'Autriche a beau préserver jalousement son folklore, **elle ne refuse pas la modernité** ; son architecture évolue (le Vorarlberg, devenu un modèle dans le domaine de l'architecture alternative), ses grandes villes (Vienne, Salzbourg, Innsbruck, Linz, Graz) vibrent au rythme d'une **vie nocturne et artistique** intense, et recèlent des musées de grande qualité. Bref, un pays qui, sans négliger son prestigieux passé, n'en demeure pas moins tourné vers l'avenir.

Autrefois grande puissance européenne, **l'Autriche se lit à ciel ouvert** dans chaque ville, dans chaque village. Châteaux médiévaux perchés sur leurs collines, églises baroques, palais et jardins, villes lovées autour de leur place du marché.

Tout cela se mélange, non sans harmonie, à une certaine audace, avec des constructions contemporaines imaginées par des architectes futuristes, certes, mais toujours soucieux de préserver l'environnement.

Et **Vienne** donc, but ultime du périple, réputée capitale la plus agréable à vivre au monde, mais aussi duelle, contradictoire, fascinante à souhait, si fertile en courants de pensée et mouvements artistiques qui marquèrent profondément le monde.

Ce pays mettra tout le monde d'accord : l'écolo farouche en quête d'aventure, le sportif avide d'en découdre avec une nature demeurée à l'état sauvage et l'intello curieux de découvrir un pays qui vit naître tant de génies.

Sentier de randonnée dans le Tyrol

© imageBROKER/hemis.fr

NOS COUPS DE CŒUR

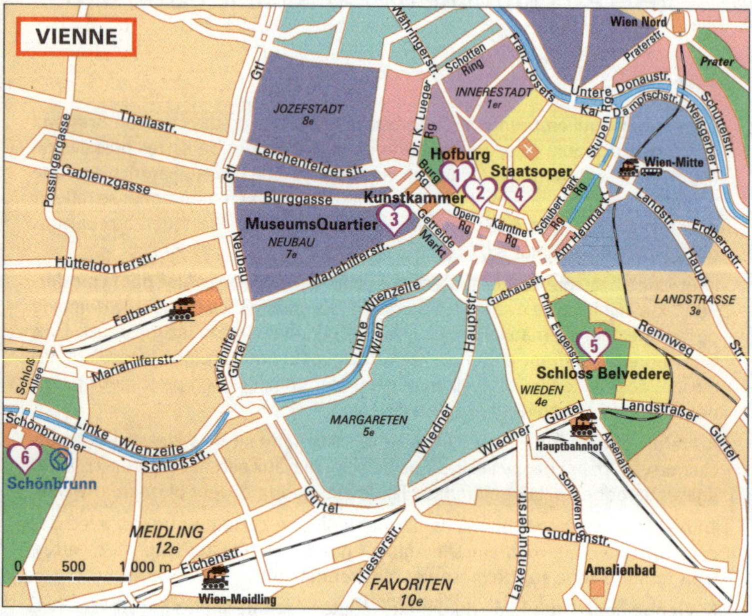

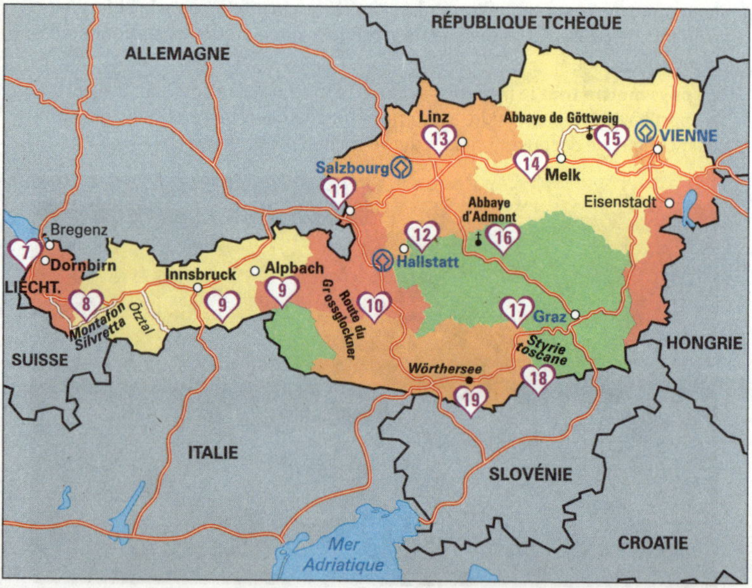

1 Se perdre dans la Hofburg, véritable ville dans la ville, et être ébloui par les splendeurs de l'ancien palais impérial des Habsbourg.

Défilent les appartements, les salles d'apparat et la chapelle gothique où se produit la chorale des *Petits Chanteurs de Vienne* lors de la messe dominicale. On s'émerveille devant le trésor impérial des Habsbourg accumulé pendant 6 siècles, protégé par d'épaisses portes blindées. Sans oublier le musée consacré à Sissi, l'icône de la monarchie austro-hongroise. *p. 322*

© Radu Bercan/Shutterstock

2 Être frappé d'admiration devant les richesses des Habsbourg, et rassemblées dans la Kunstkammer du Kunsthistorisches Museum.

Une des 10 plus importantes collections d'art au monde, dans un écrin pompeux datant de la fin du XIXe s. Outre les collections de peinture allemande, flamando-hollandaise (15 toiles de Bruegel l'Ancien !) et italienne, ne pas manquer la Kunstkammer, avec plus de 2 000 objets d'arts décoratifs répartis dans une vingtaine de salles à la muséographie moderne et intelligente. Coup de cœur supplémentaire pour la salle des automates. *p. 339*

***Bon à savoir :** pause salée-sucrée sous la coupole du dôme au 1er étage (tlj 10h-17h30 plus le jeu soir).*

© Gardel Bertrand/hemis.fr

© Gardel Bertrand/hemis.fr

3 Passer d'un musée à l'autre dans l'extraordinaire MuseumsQuartier, un des ensembles culturels les plus vastes au monde.

Une véritable prouesse architecturale célébrant le mariage du baroque et de l'architecture contemporaine en donnant une nouvelle vie aux anciennes écuries impériales. Entre les 50 institutions culturelles sur 60 000 m^2, il faudra choisir, mais le **Leopold Museum** (avec les œuvres de Klimt, Kokoschka et Schiele) et le **MUMOK** (œuvres de Kandinsky, Giacometti, Magritte et Klee) réunissent tous les suffrages. *p. 356*

Bon à savoir : *dans le Leopold Museum une fenêtre panoramique offre une vue unique sur la vieille ville, englobant la place Marie-Thérèse et la Hofburg.*

4 **Assister à un opéra ou à un concert de musique classique dans une des prestigieuses salles de la ville.**

Vienne est la seule ville au monde qui propose des opéras, opérettes et ballets tous les jours de septembre à juin. Alors, pourquoi s'en priver ? Les places ne sont pas réservées à un public restreint d'initiés. Le prix varie selon la notoriété de l'orchestre. Aucun snobisme particulier, il suffit de s'habiller correctement, sans porter obligatoirement une robe longue ou une cravate, mais mieux vaut éviter les tenues débraillées. *p. 281, 291*

Bon à savoir : *pour se mettre en appétit, assister sur la place du Staatsoper à une retransmission en direct sur grand écran (à 19h avr-juin et sept).*

© Jon Arnold Images/hemis.fr

5 Se prendre pour le prince Eugène de Savoie dans le château du Belvédère supérieur et en profiter pour admirer le fameux *Baiser* de Klimt.

Un des ensembles architecturaux baroques les plus séduisants d'Europe, datant de 1714 et composé de 2 palais avec, entre eux, un splendide jardin à la française. Superbe collection de peintres impressionnistes autrichiens et des stars de la Sécession viennoise : Klimt, Schiele, Kokoschka, entre autres. p. 350

Bon à savoir : *les collections du Belvédère étant d'une grande richesse, les tableaux sont souvent exposés par roulement et l'organisation des salles, modifiée régulièrement.*

© Robert Harding/hemis.fr

6 Faire une virée à Schönbrunn, pour la visite du château, du parc, du musée des Carrosses et de celui des Enfants, avec un crochet par le zoo pour aller saluer les pandas !

Le monument le plus visité d'Autriche ! Un palais gigantesque de style rococo avec 1 441 pièces ! La résidence d'été de Marie-Thérèse attire chaque année plusieurs millions de visiteurs se pressant dès le matin devant ses grilles. p. 362

Bon à savoir : *prévoir d'y passer une bonne demi-journée, mais sans venir trop tôt, la mise en place d'un système de réservation permettant d'éviter les files d'attente. Il ne faut pas trop espérer une visite tranquille et l'absence de groupes, mais le mieux est de se glisser entre 2, avec un audioguide.* (• schoenbrunn.at •)

© Jon Arnold Images/hemis.fr

© Roy Philippe/hemis.fr

7 **Sillonner les routes du Bregenzerwald, dans le Vorarlberg, à l'affût des maisons en bois.**

Cette architecture contemporaine est aujourd'hui célébrée pour son élégance, sa maîtrise des matériaux et son respect de l'environnement. L'excellence de l'artisanat local dans le travail du bois, mais aussi le pragmatisme des habitants et leur sens de l'économie y contribuent. Les paysages sont magnifiques et les maisons s'y intègrent harmonieusement, provocant un réel dépaysement. p. 68

Bon à savoir : *de mai à oct, la* Guest Card *est offerte pour un séjour de 3 nuits et plus. Elle donne l'accès gratuit aux remontées mécaniques, aux piscines et aux transports en commun dans la vallée.*

8 En été, emprunter la route de la Silvretta, une des plus belles voies alpines.

Le Montafon, la vallée la plus méridionale du Vorarlberg, s'étend jusqu'à l'une des plus fameuses routes alpines d'Autriche, celle de la Silvretta, qui monte en 30 lacets vers le col de la Bielerhöhe, marquant la frontière entre le Tyrol et le Vorarlberg à 2 032 m. La vallée du Montafon, longue de 40 km, propose un intéressant éventail d'architecture et d'images rurales. Langue locale et traditions y sont encore préservées. *p. 83*

Bon à savoir : plus de 1 160 km de chemins bien balisés dans une nature intacte : forêts, petits lacs, alpages, vergers, etc. S'y ajoutent 260 km d'itinéraires VTT.

© Roy Philippe/hemis.fr

9 **Découvrir le Tyrol en hiver, sous la neige, même à Innsbruck, où l'on peut le même jour dévaler une piste de ski, visiter un musée passionnant, ou explorer les vallées isolées de l'Alpbachtal ou de l'Ötztal.**

Le Tyrol est un peu la carte postale de l'Autriche : folklore, traditions intactes et architecture typique sont universellement connus. Si les vallées abritent de prestigieuses stations de ski en hiver, le paysage n'y a pas été défiguré et les villages y conservent un charme fou en été mais aussi à l'automne et au printemps. p. 89

Bon à savoir : la moitié du Land est composée de montagnes (700 sommets à plus de 3 000 m !), glaciers et alpages, et un tiers est couvert de forêts.

10 Entre Salzbourg et Lienz, prendre la route du Grossglockner, en s'arrêtant pour saluer les marmottes.

Frissons (de bonheur) garantis. La route 107, la plus élevée d'Autriche, traverse sur 48 km le parc national des Hohe Tauern, offrant au passage de grandioses panoramas, notamment sur le Grossglockner (3 798 m) et le Pasterze, le plus grand glacier du pays. *p. 150*

Bon à savoir : *à prendre tôt le matin ou en fin d'après-midi, pour avancer à son rythme de lacet en lacet, et de parking aménagé en terrasse de café chauffée par le soleil, jusqu'au tunnel de la Hochtor à 2505 m, porte de passage entre le pays de Salzbourg et le Tyrol oriental.*

© FotoFealing/Westend61/Photononstop

11 Marcher sur les traces de Mozart à Salzbourg, cité à taille humaine qui a fait de la culture sa principale raison de vivre.

L'esprit de Mozart hante chaque rue de la vieille ville, dont le cœur bat toute l'année au rythme des festivals de musique classique et des concerts. Grâce à la mémoire de Wolfgang, Salzbourg est devenue un centre artistique incontournable, où les meilleurs musiciens du monde se produisent régulièrement. *p. 162*

Bon à savoir : *la célèbre maison* Fürst *vend chaque jour par centaines ses* Mozartkugel, *de délicieuses boules en chocolat enrobées dans leur traditionnel papier bleu argent. Addictif !*

© Mattes René/hemis.fr

© Jon Arnold Images/hemis.fr

12 **Passer une fin de journée à Hallstatt, un village tellement typique que les Chinois l'ont reproduit chez eux à l'identique !**

La perle du Salzkammergut se trouve au bord du Hallstättersee, le lac le plus méridional et le plus froid du pays. Le village se blottit autour du lac, certaines maisons semblant avoir été poussées au bord de celui-ci par celles situées derrière, elles-mêmes coincées contre la montagne. Un charme fou ! *p. 209*

Bon à savoir : pour profiter sereinement de ses ruelles tortueuses pleines de charme, venez plutôt en fin de journée, quand les groupes de touristes sont remontés dans leur car.

13 Découvrir la ville mutante de Linz, qui, depuis les rives du Danube, fait le grand écart entre l'âge du baroque et le XXIe s.

Principale ville industrielle d'Autriche, Linz a réussi à maintenir ses usines loin de son ravissant centre-ville baroque, envahi par les fêtards en soirée. La création de nombreux festivals comme celui d'*Ars Electronica*, a fait naître une effervescence rafraîchissante. *p. 222*

Bon à savoir : *Linz a été reconnue par l'Unesco* City of Media Arts. *La diversité de son offre culturelle, son originalité, sa qualité en étonneront plus d'un !*

© Borgese Maurizio/hemis.fr

© imageBROKER/hemis.fr

(14) **Découvrir à vélo les riches détours de la vallée du Danube en parcourant les 325 km de pistes cyclables aménagées entre Passau, à la frontière allemande, et Vienne.**

Le parcours, jalonné tout au long du fleuve à la frontière allemande de villes et villages charmants, sert de fil rouge à la traversée de la Basse-Autriche jusqu'aux portes de Vienne. *p. 242*

Bon à savoir : Nextbike • *nextbike.at* • *est un système vraiment malin qui permet de louer un vélo dans n'importe quel village, de Melk à Krems, pour longer les 2 rives du Danube. On le prend et on le rend librement. Pratique et efficace.*

15 Se plonger dans la démesure baroque des abbayes danubiennes aux ornementations théâtrales.

Le courant baroque en Autriche trouve son apogée avec ses abbayes : St. Florian, Melk, Altenburg, Göttweig… Installées sur des sites grandioses, elles se déploient en somptueux corps de bâtiments aux larges façades, précédées de cours d'apparat et d'appartements luxueux destinés à la cour impériale. Elles recèlent par ailleurs des trésors de décoration intérieure. *p. 236, 253, 265, 268*

16 Admirer les rayonnages de livres anciens dans la bibliothèque de l'abbaye d'Admont, monument baroque exceptionnel.

Dans les bâtiments conventuels, cette somptueuse bibliothèque déploie tous les fastes et l'emphase d'un baroque au sommet de son art. Imaginez : 70 m en longueur d'un pavement de marbre en losanges à donner le vertige, de part et d'autre d'une rotonde sous une coupole. Des rayons de livres rythmés par les colonnades de faux marbres à chapiteaux dorés. Un trompe-l'œil permanent ! *p. 430*

© Getty/Jakob Radlgruber/EyeEm

17 **Séjourner à Graz, séduisante capitale de la Styrie.**

Traversée par les flots impétueux de la Mur, c'est l'une des villes les plus dynamiques d'Autriche. Fière de ses universités et de ses grandes écoles, de la richesse de sa vie culturelle et de son centre historique inscrit au Patrimoine mondial de l'Unesco. Placettes, courettes à arcades et demeures nobiliaires, constituent l'un des plus beaux ensembles Renaissance d'Europe centrale. Ajoutez à cela des musées d'une grande modernité, de bonnes tables, et vous obtenez la recette d'une étape incontournable. *p. 395*

Bon à savoir : *il existe un ticket d'entrée commun aux principaux musées de Graz, ainsi qu'à quelques musées d'autres villes de Styrie. Se renseigner à l'office de tourisme.*

18 Parcourir les sinueuses routes du Vin, au sud de Graz, aux confins de la Slovénie.

Dans cette région faite de douces collines et de coteaux couverts de vignes, alternent bosquets, champs de courges et vergers de sureau. Il faut s'arrêter dans les *Buschenschänken*, ces tavernes conviviales, parfois en plein air sous une treille, avec de grosses tables où l'on se restaure de spécialités du terroir arrosées de vins locaux. En automne, on boit le *Sturm*, le vin nouveau, accompagné de châtaignes grillées. *p. 420*

***Bon à savoir :** se munir d'une carte détaillée des itinéraires fournie par les offices de tourisme.*

© Fantuz Olimpio/Sime/Photononstop

© René Pirker/Alamy/Hemis

19 **Se la jouer *dolce vita* sur les rives du Wörthersee, au climat nettement méditerranéen.**

Avec ses 17 km de long sur 2 de large, orienté plein sud, face aux sommets des Karawanken slovènes, le lac attire les amateurs de séjours balnéaires et le gratin de l'Autriche aisée. Les stations varient selon leur degré de branchitude. *p. 443*

Bon à savoir : *possibilité de naviguer de Klagenfurt à Velden en allant d'une rive à l'autre du lac.* • *woertherseeschifffahrt.at* •

ITINÉRAIRES CONSEILLÉS

L'essentiel de l'Autriche en 2 semaines

Comptons 4 jours pour Vienne (voir plus loin), auxquels peuvent s'ajouter une douzaine de jours comme suit :

– 1 jour dans le Burgerland : **Eisenstadt** et les rives du **Neusiedler See (1).**

– 2 jours en Styrie : les abbayes de **Vorau** et **Pöllau (2),** puis 1 journée complète consacrée à **Graz (3).**

– 1 journée vers la **riviera autrichienne** et le **lac de Worth,** en empruntant des chemins buissonniers à travers la **Styrie toscane.** Passez la nuit à **Klagenfurt (4).**

– Le 5e jour vous mènera vers le **Tyrol oriental,** par **Villach** et **Lienz** ; franchissez le spectaculaire **col du Grossglockner** pour faire étape à l'arrivée dans les environs de **Zell am See (5).**

– Le 6e jour, poussez jusqu'à **Kitzbühel (6)** puis remontez vers **Salzbourg** en musardant au fil de la Salzach.

– Le 7e jour, vous le passerez forcément à **Salzbourg (7),** la ville de Mozart. Prenez le temps de la découvrir, même (ou surtout) hors festival.

– Le 8e jour, vous quitterez **Salzbourg** pour une excursion dans le **Salzkammergut.** Au programme : lacs, balades en bateau, et descentes (après montée en téléphérique !) dans des mines de sel, **de Hallstatt (8)** et les villages pittoresques de **St. Wolfgang** et **St Gilgen** pour finir à **Bad Ischl,** résidence d'été de François-Joseph et Sissi.
– Les 9e, 10e et 11e jours seront dévolus, si vous repartez vers Vienne, à la découverte de la **vallée du Danube (11)** et de la **Wachau (10),** au départ de **Linz (9),** ville en constante mutation.
– Le 12e jour permettra de rejoindre Vienne en visitant l'**abbaye de Klosterneuburg (12)** et de finir en beauté par une soirée à l'opéra dans la capitale.

Avec 3 jours de plus

À ce programme, forcément incomplet, vous pouvez, si vous venez de l'ouest ou comptez y aller par l'autoroute, ajouter facilement **3 jours** dans le **Tyrol** et le **Vorarlberg,** en découvrant les richesses d'**Innsbruck (13)** et goûter à la douceur de vivre autrichienne, entre alpages et vallées, en passant par l'**abbaye de Stams (14),** la **vallée de l'Oetz (14),** et la **route de la Silvretta,** pour déboucher sur les rives du lac de Constance à **Bregenz (15).**

L'essentiel de Vienne en 4 jours

– C'est devant la **Hofburg** que commencera la découverte de Vienne. Sa visite vous occupera bien la matinée avec le **manège espagnol,** le **musée Sissi** et les **appartements de l'empereur,** puis, après la pause verdure de rigueur dans le **Volksgarten,** dirigez-vous vers la **Kaisergruft** de la **crypte des Capucins.** Profitez du reste de la journée pour découvrir à pied certaines des merveilles architecturales du centre de Vienne : le **Graben** qui débouche sur **Stephansdom** (la cathédrale) et le quartier des palais du **Freyung.** Sans oublier une pause *Sachertorte* ou *Apfelstrudel* bien méritée à l'**hôtel Sacher.** Le soir, si vous avez réservé, astiquez vos chaussures et rendez-vous à l'**opéra.**

– Le lendemain en partant de bonne heure, escapade vers **Schönbrunn** pour visiter le château, puis retour en bordure du Ring pour visiter le **Kunsthistorisches Museum** ou l'un des musées du **MuseumsQuartier** (le Leopold et le MUMOK), et enfin, la **Karlskirche** avec le **pavillon du métro** d'Otto Wagner, en face. Dîner dans le pittoresque quartier de **Spittelberg.**

– Le 3e jour, le marathon culturel continue : le **musée de la Musique,** la **maison de Mozart,** une exposition à l'**Albertina** en fonction du programme, le **musée des Arts décoratifs** et l'incontournable **Belvédère supérieur** avec **Klimt** en vedette.

– Le 4e jour, faites un arrêt devant l'insolite **Hundertwasserhaus,** et, pas loin de là, visitez le musée qui est dédié à l'artiste écologiste **(Kunsthaus).** Passez le Donaukanal et rejoignez le **parc du Prater,** pour y admirer la **Grande Roue,** ou bien dirigez-vous à l'ouest du Ring : balade matinale en partant du **pavillon de la Sécession,** en poursuivant sur le **Naschmarkt** (encore mieux le samedi matin, avec déjeuner à la clef sur un des stands), puis parcours architectural le long des **Linke** et **Rechte Wienzeile,** shopping dans le quartier de **Mariahilf** et visite du **Höfmobiliendepot – Möbel Museum.**

SI VOUS AIMEZ...

La musique : à Vienne, un opéra et/ou un concert de musique classique au Musikverein, une visite du Staatsoper et de la Haus der Musik, en marchant sur les traces de Mozart, de Schubert et de Mahler. Salzbourg est également une étape incontournable pour vous imprégner complètement de la Mozartmania, surtout au moment du festival. Mais ne négligez pas pour autant Eisenstadt, où Haydn composa au service des princes Esterházy, et Bregenz, où des opéras se jouent sur une scène au bord du lac de Constance.

L'architecture : à Vienne, tout un programme avec la Haas-Haus, le pavillon de la Sécession, la Kunst Haus Wien, le musée Hundertwasser, plus une balade le long des Linke et Rechte Wienzeile, etc. Ne ratez pas non plus la Kunsthaus à Graz et le Lentos Kunstmuseum de Linz. Petite mention pour les maisons « vertes » durables et en bois du Bregenzerwald.

L'art : vous serez à la fête à Vienne avec l'incontournable Kunsthistorisches Museum, sa collection de Bruegel et sa Kunstkammer, mais aussi l'Albertina, le Leopold Museum, le MUMOK, le Belvédère et sa collection de tableaux de Klimt, Schiele et Kokoschka, la collection Essl en banlieue, et Vienne tout entière ! En province, la Kunsthaus de Bregenz ; à Salzbourg, la Residenz-galerie dans le Dom Quartier et le Museum der Moderne pour ses collections contemporaines. On a vraiment l'embarras du choix !

L'histoire : à Vienne, de longues heures dans la Hofburg, un moment de recueillement dans la Kaisergruft, le musée d'Histoire militaire, le Musée juif de Vienne et la Maison de l'histoire d'Autriche sur la Heldenplatz ; à Innsbruck, le Schloss Ambras et la Hofburg ; à Salzbourg, l'inévitable Residenz des princes-évêques intégrée au nouveau Dom Quartier, passionnant espace muséographique ; à Graz, la Landeszughaus et la ribambelle de châteaux, forteresses et abbayes que vous croiserez sur votre route et qui conservent tous une part du patrimoine historique du pays.

La gastronomie : à Vienne, une pause café-gâteau dans l'un des nombreux cafés viennois, une balade culinaire sur le Naschmarkt ou dans le quartier de Spittelberg, une escapade dans un Heuriger des villages vignerons... Et un peu partout dans le pays, les spécialités régionales ancrées dans leur terroir (voir notre chapitre « Cuisine » dans « Hommes, culture, environnement »). Petit coup de cœur, tout de même, pour les repas tout simples et conviviaux pris dans les *Buschenschänken* au milieu des vignobles de la Styrie toscane.

Le baroque : avec l'Italie, la Bohême et la Bavière, l'Autriche est LE pays qui a donné au baroque ses lettres de noblesse. Les abbayes de Haute-Autriche, du Waldviertel, de la vallée du Danube et de Styrie vous en mettront plein les mirettes en matière de volutes dorées, d'angelots joufflus et de saints extatiques. Coup de cœur tout particulier pour la bibliothèque de l'abbaye d'Admont, en Styrie. À Vienne, ne manquez pas la Karlskirche et le château du Belvédère ; à Salzbourg, la Residenz.

Les vieux donjons : le relief du pays a permis de percher pas mal de forteresses, à l'architecture militaire impressionnante. Citons les châteaux de Forchtenstein, Hochosterwitz, Riegersburg, Feldkirch, Friesach, Hardegg... Certains d'entre eux offriront aux enfants des démonstrations de vols de rapaces.

Les sports d'hiver : ce serait vous faire injure de penser que vous ignorez toutes les possibilités de vacances d'hiver et de randonnées en montagne que propose un pays qui est quasi l'inventeur du ski ! Rendez-vous donc à l'ouest du pays, dans le Tyrol ou dans le Vorarlberg, pour vous éclater tout schuss.

Les marchés de Noël : durant la période de l'Avent, les marchés de Noël s'établissent sur les grandes places, et la féerie de Noël envahit les villes. Parmi les maisonnettes traditionnelles en bois, le temps semble s'arrêter. Rien n'est plus délicieux que de contempler tous ces petits objets artisanaux en dégustant un bon verre de vin chaud pour affronter les 1ers frimas.

Pictogrammes du Routard

Établissements

- Hôtel, auberge, chambre d'hôtes
- Camping
- Restaurant
- Terrasse
- Pizzeria
- Boulangerie, sandwicherie
- Pâtisserie
- Glacier
- Café, salon de thé
- Café, bar
- Bar musical
- Club, boîte de nuit
- Salle de spectacle
- Boutique, magasin, marché

Infos pratiques

- Office de tourisme
- Poste
- Accès Internet
- Hôpital, urgences
- Adapté aux personnes handicapées

Sites

- Présente un intérêt touristique
- Point de vue
- Plage
- Spot de surf
- Site de plongée
- Recommandé pour les enfants
- Inscrit au Patrimoine mondial de l'Unesco
- Pas de côté

Transports

- Aéroport
- Gare ferroviaire
- Gare routière, arrêt de bus
- Station de métro
- Station de tramway
- Parking
- Taxi
- Taxi collectif
- Bateau
- Bateau fluvial
- Piste cyclable, parcours à vélo

« OSONS LE PAS DE CÔTÉ »

Le surtourisme ? Tous concernés. Et pourtant, à l'écart des grands flux touristiques, il existe des pépites méconnues, souvent oubliées des circuits trop encombrés. Ici un site ignoré ; là un quartier secret ; plus loin un village caché au charme discret, avec un troquet d'une autre époque. Autrement dit, une infinité de lieux peinards que l'on a envie de mettre en avant avec ce pictogramme. Un vagabondage au calme favorisé aussi par les **visites aux heures creuses**. Vive le *slow trip* !

#osonslepasdecote

La fontaine Mozart, à St. Gilgen

© Pompe Ingolf/hemis.fr

Interview #experienceroutard

Par la rédaction du *Routard*

Une découverte à partager ?

Nombre de voyageurs ne connaissent de l'Autriche que sa capitale. Et c'est vrai, Vienne est une merveille. Mais il serait dommage de visiter le pays sans parcourir ses montagnes.

Aux portes de Salzbourg, la région du Salzkammergut est une destination idéale pour s'accorder quelques jours au bon air. Ses paysages parsemés de lacs étincelants et de douces montagnes recèlent une harmonie saisissante, évoquant les arrière-plans des peintures de la Renaissance.

Un coin méconnu à découvrir ?

Sans hésitation : Linz au bord du Danube. Voici une cité importante à l'échelle du pays, mais bien peu connue des visiteurs. Elle se révèle pourtant passionnante ! Une ville très dynamique, qui a fait sa mue après avoir été désignée Capitale européenne de la culture en 2009. À cette occasion, elle a entièrement rénové ses musées et en a créé de nouveaux, en particulier l'étonnant centre d'art numérique Ars Electronica. Linz possède par ailleurs un superbe centre ancien de style baroque, qui se révèle fort animé.

Une spécialité culinaire à goûter absolument ?

Les légendaires gâteaux et pâtisseries ! Les adresses qui en proposent sont célèbres dans tout le pays, comme l'*Hôtel Sacher* de Vienne ou la pâtisserie *Zauner* à Bad Ischl. Mais on peut se régaler de *Sachertorte, Linztorte* ou de simples *Strudel* et tartes aux fruits presque partout. Ce plaisir gourmand s'accompagne d'une expérience délicieuse : un moment privilégié dans un café de style viennois, en lisant la presse du jour (avec un vrai journal, c'est plus classe !). Assurément, l'un des grands bonheurs d'un voyage en Autriche.

Une activité à recommander ?

Une randonnée au milieu des vignes, dans l'une des régions viticoles, en prenant le temps de s'arrêter dans les *Heuriger* des alentours de Vienne ou dans les *Buschenschänken* de Styrie. Là, des caves et guinguettes en plein air très conviviales proposent du vin nouveau ou de s'initier aux délicats cépages autrichiens (avec modération). On peut y déguster de savoureuses spécialités du terroir, histoire de repartir du bon pied.

Un livre à emporter ?

Le Monde d'hier, de Stefan Zweig. L'écrivain y décrit la Vienne lumineuse du début du XXe siècle, son effervescence intellectuelle, son ouverture d'esprit, sa joie de vivre... Et s'interroge avant la guerre sur les errements de l'Europe, menacée par la folie du nazisme. Un livre qui a une résonnance particulière avec le monde d'aujourd'hui.

Retrouvez l'intégralité de cet article sur
routard.com
Et découvrez plein d'autres récits et infos

LES QUESTIONS QU'ON SE POSE AVANT LE DÉPART

➢ Quels sont les documents nécessaires pour aller en Autriche ?

Pour les ressortissants de l'Union européenne et de la Suisse, la ***carte d'identité*** ou le ***passeport*** en cours de validité suffisent. Chaque enfant doit impérativement être en possession d'une carte d'identité ou d'un passeport en cours de validité à son nom. Les Canadiens ont besoin d'un passeport en cours de validité pour les séjours touristiques de moins de 90 jours.

➢ Quelle est la meilleure période pour aller en Autriche ?

Cela dépend des régions ! Printemps et automne sont globalement les saisons idéales, mais attention, la période de la fin avril à la mi-juin (selon l'enneigement) est souvent celle de la basse activité dans les vallées alpines. L'été connaît parfois des orages violents, mais la fin de saison peut être splendide, surtout en montagne. En hiver, les brouillards occupent les vallées ; mais en altitude les champs de neige scintillent sous un soleil généreux. Une grande ville alpine comme Innsbruck est aussi très sympa à découvrir l'hiver... et décembre est l'époque des marchés de Noël, une tradition toujours bien vivace en Autriche.

➢ Quel budget prévoir ?

Le coût de la vie y est sensiblement comparable à celui de la France. Les petits budgets privilégieront les campings, les auberges de jeunesse ou les pensions, ainsi que les petites tables de quartier. Gardez votre argent pour la pause sucrée de l'après-midi ou une soirée dans un lieu plus tendance. En revanche, prévoir aussi un budget conséquent pour les visites culturelles.

➢ Comment se déplacer ?

Avion, train, bus ou bateau : l'Autriche dispose d'un réseau de transports publics étendu pour se déplacer facilement à travers tout le territoire, mais il est évident que, dans la partie montagneuse, une voiture permettra beaucoup plus de liberté pour aller et venir à sa guise et profiter des grandioses paysages. Les randonneurs seront à la fête tout comme les trekkeurs urbains à Vienne, Salzbourg ou Graz. Les cyclistes profiteront, eux, de l'aménagement des rives du Danube pour descendre le fleuve depuis la frontière allemande jusqu'à Vienne.

➢ Y a-t-il des problèmes de sécurité ?

Pas d'avertissement particulier à ce sujet, l'Autriche est un pays très sûr. À Vienne, comme dans toute grande ville, gardez un œil sur vos affaires personnelles. Ni plus, ni moins.

➢ Y a-t-il un décalage horaire ?

Vienne vit à l'heure européenne, donc aucun décalage avec nos contrées. Cela dit, Vienne étant à 1 250 km de Paris, le soleil aura tendance (à heure égale) à se lever et à se coucher un peu plus tôt.

➢ Quel est le temps de vol ?

Depuis Paris ou Bruxelles, compter environ 2h pour Vienne et 1h30 pour Salzbourg.

➢ Peut-on y aller avec des enfants ?

Plutôt 2 fois qu'une ! Partout en Autriche, les explorateurs en herbe découvriront de superbes espaces naturels et apprendront à les préserver. En hiver, ils bénéficieront d'installations de qualité pour s'initier aux sports d'hiver. Repérez nos meilleurs sites grâce au symbole 🚸.

➢ Quel est le taux de change ?

Pour les Français et les Belges, on reste en zone euro. Pour nos amis suisses et canadiens, à titre informatif 1 € = 0,99 Fs = 1,42 $Ca (fin 2022). C'est, cela dit, variable.

➢ Comment payer sur place ?

On peut retirer facilement de l'argent, sans frais, dans les distributeurs automatiques avec les cartes *MasterCard, Visa* et *Maestro.* De même, la plupart des hébergements, restos et commerçants les acceptent. Exceptions à la règle : les petites pensions, certains campings, les *Heurigen* ou les petits restaurants.

➢ Quelle langue parle-t-on ?

Pas l'autrichien, malheureux ! On y parle l'allemand bien sûr, mais mâtiné d'un accent bien typique. Pour les non-germanophones, l'anglais est couramment pratiqué dans le pays. Quant à parler le français, en dehors de l'office de tourisme, il est inutile d'y songer, sauf dans les hôtels labellisés Pro France, situés majoritairement au Tyrol. Et pour vous aider à communiquer, n'oubliez pas notre ***Guide de conversation du Routard en allemand.***

➢ Que mange-t-on ?

La cuisine autrichienne est méconnue et trop souvent comparée à sa voisine allemande. Erreur ! Au cours des siècles, le pays s'est enrichi des habitudes culinaires de ses voisins, jusqu'à offrir une bonne synthèse de toutes les cuisines d'Europe centrale, mais mieux vaut ne pas comptabiliser les calories... Voir la rubrique « Cuisine » dans « Hommes, culture, environnement ».

➢ À quelle heure mange-t-on en Autriche ?

Dans les grandes villes, les horaires sont assez larges. Dans les villes de taille plus modeste et à la campagne, mieux vaut déjeuner tôt, avant 13h, et dîner avant 20h (parfois même avant), surtout si vous n'avez pas réservé.

➢ Faut-il un smoking ou une robe longue pour assister à un concert à Vienne ou à Salzbourg ?

La grande musique est accessible à tous. Le code vestimentaire n'est absolument pas rigide. Les tenues débraillées sont à éviter, simple question de respect à l'égard des Autrichiens, qui apprécient une certaine élégance.

COMMENT Y ALLER ?

EN AVION

Les compagnies régulières

▲ **AIR FRANCE**

Rens et résas au ☎ 09-69-39-36-54 (appel non surtaxé, 7j./7), sur • air france.fr •

➢ Air France dessert **Vienne** au départ de Paris-CDG.

▲ **AUSTRIAN AIRLINES**

• austrian.com/fr •

➢ En partage de code avec *Air France, Austrian Airlines* dessert Vienne 4 à 6 fois/j. selon saison en vol direct au départ de Paris-CDG. Au départ de Lyon (1-2 vols/j.) et Nice (1-2 vols/j.). En partage de code avec *Swiss* ou *Brussels Airlines* : Bâle-Mulhouse (2-3 vols/j.), Genève (3-4 vols/j.), Zurich (5-11 vols/j.) et Bruxelles (5 vols/j.).

▲ **BRUSSELS AIRLINES**

• brusselsairlines.com • Membre du groupe Star Alliance.

➢ Depuis Brussels Airport, Brussels Airlines assure 1 ou 2 vols directs/j. pour Vienne, dont plusieurs en partage de code avec *Austrian Airlines.*

Les compagnies *low-cost*

▲ **RYANAIR**

• ryanair.com •

➢ Vols vers Vienne depuis Paris Beauvais.

LES ORGANISMES DE VOYAGES

En France

▲ **AMSLAV TOURISME**

– Paris : 60, rue de Richelieu, 75002. ☎ 01-44-88-20-40. • amslav.com • Ⓜ Bourse ou Pyramides. Lun-ven 9h-18h ; sam 10h-12h, 14h-17h sur rdv.

Tour-opérateur et créateur de voyages, Amslav Tourisme est spécialiste de l'Europe centrale et orientale, dont l'Autriche. L'équipe, composée de personnes expérimentées connaissant parfaitement le terrain pour y avoir vécu ou y être nées, réunit son expérience et son savoir-faire pour proposer une gamme variée de produits : week-ends, voyages à la carte, séjours libres ou organisés, autotours, circuits culturels, circuits combinés dans plusieurs pays d'Europe centrale et orientale.

▲ **COMPTOIR DES VOYAGES**

• comptoir.fr • Lun-sam 9h30-18h30.
– Paris : 2-18, rue Saint-Victor, 75005. Ⓜ Maubert-Mutualité. ☎ 01-53-10-30-15.
– Bordeaux : 26, cours du Chapeau-Rouge, 33800. ☎ 05-35-54-31-40.
– Lille : 76, rue Nationale, 59800. Ⓜ Rihour. ☎ 03-28-04-68-20.
– Lyon : 10, quai Tilsitt, 69002. Ⓜ Bellecour. ☎ 04-72-44-13-40.
– Marseille : 12, rue Breteuil, 13001. Ⓜ Estrangin. ☎ 04-84-25-21-80.
– Nice : 62, rue Giofreddo, 06000. ☎ 04-97-03-64-80.
– Toulouse : 43, rue Peyrolières, 31000. Ⓜ Esquirol. ☎ 05-62-30-15-00.

En plus de 30 ans, Comptoir des Voyages s'est imposé comme la référence incontournable du voyage sur mesure en immersion, avec plus de 90 destinations sur les 5 continents. Ses conseillers-spécialistes construisent des voyages uniques en s'adaptant à votre budget, vos goûts et vos envies. Pour favoriser les rencontres et l'immersion dans la vie locale, ils privilégient des hébergements typiques et des expériences authentiques. Sur place, nos *Welcome Hosts* francophones partagent avec vous conseils

Trouvez les mots QUI SAUVENT !

Le Routard

et bonnes adresses le temps d'un café. Sur votre Smartphone, notre application mobile Luciole vous informe sur le déroulé de votre voyage, vous suggère des lieux de visite et vous guide grâce à un GPS hors connexion. Comptoir des Voyages est membre d'Agir pour un tourisme responsable depuis 2009. Sa labellisation ATR a été renouvelée par Ecocert Environnement en 2021.

▲ VOYAGEURS DU MONDE – VOYAGEURS EN EUROPE CENTRALE

• voyageursdumonde.com •

– Allemagne, Autriche, Belgique, Hongrie, pays Baltes, Pays-Bas, Pologne, République tchèque, Russie, Slovénie, Ukraine : ☎ 01-42-86-17-60.

– Paris : La Cité des Voyageurs, 55, rue Sainte-Anne, 75002. ☎ 01-42-86-16-00. Ⓜ Opéra ou Pyramides. Lun-sam 9h30-19h. Avec une librairie spécialisée sur les voyages.

– Également des agences à Bordeaux, Grenoble, Lille, Lyon, Marseille, Montpellier, Nantes, Nice, Rennes, Rouen, Strasbourg et Toulouse. Également à Bruxelles, Genève, Lausanne, Montréal et Québec.

Le spécialiste du voyage en individuel sur mesure. Parce que chaque voyageur est différent, que chacun a ses rêves et ses idées pour les réaliser, Voyageurs du Monde conçoit, depuis plus de 30 ans, des projets sur mesure. Les séjours proposés sur 120 destinations sont élaborés par leurs 180 conseillers voyageurs. Spécialistes par pays et même par région, ils vous aideront à personnaliser les voyages présentés à travers une trentaine de brochures d'un nouveau type, et sur le site internet où vous pourrez également découvrir les hébergements exclusifs et consulter votre espace personnalisé. Au cours de votre séjour, vous bénéficiez des services personnalisés Voyageurs du Monde, dont la possibilité de modifier à tout moment votre voyage, l'assistance d'un concierge local, la mise en place de rencontres et de visites privées, et l'accès à votre carnet de voyage via une application iPhone et Android. Voyageurs du Monde est membre de l'association ATR (Agir pour un tourisme responsable) et a obtenu sa labellisation ATR AFAQ AFNOR.

Comment aller à Roissy et à Orly ?

Toutes les infos sur notre site *• routard.com •* à la rubrique suivante : *• bit.ly/aeroports-routard •*

> Voir aussi au sein de chaque ville les agences locales que nous avons sélectionnées.

En Belgique

▲ CONNECTIONS

Rens et résas : ☎ 070-233-313. • connections.be •

Fort d'une expérience de plus de 20 ans dans le domaine du voyage, Connections dispose d'un réseau de 32 *travel shops,* dont une à Brussels Airport. Connections propose des vols dans le monde entier à des tarifs avantageux et des voyages destinés à des voyageurs désireux de découvrir la planète de façon autonome et de vivre des expériences uniques. Connections propose une gamme complète de produits : vols, hébergements, locations de voitures, autotours, vacances sportives, excursions...

▲ MPACT

• mpact.be •

– Bruxelles : rue Thérésienne, 7, 1000. ☎ 02-227-93-01.

– Gand : Maria Hendrikaplein, 65B, 9000. ☎ 09-242-32-10.

– Gembloux : rue Buisson Saint-Guibert, 1B, 5030. ☎ 08-162-50-98.

Mpact propose un système de covoiturage, ainsi que d'autres services comme l'échange de maisons ou le gardiennage.

▲ VOYAGEURS DU MONDE

– Bruxelles : chaussée de Charleroi, 23, 1060. ☎ 02-543-95-50. Le spécialiste du voyage en individuel sur mesure. • voyageursdumonde.com •

Voir texte dans la partie « En France ».

En Suisse

▲ VOYAGEURS DU MONDE

• voyageursdumonde.com •

– Genève : rue de la Rôtisserie, 19, 1204. ☎ 022-519-12-10. Lun-ven 9h30-19h ; sam 9h30-18h30. Fermé dim.

– Lausanne : rue du Bourg, 6 (2e étage), 1003. Lun-ven 9h-18h30 ; sam sur rdv. ☎ 021-519-10-65.
Voir texte dans la partie « En France ».

Au Québec

▲ **TOURS CHANTECLERC**
● *tourschanteclerc.com* ●
Tours Chanteclerc est un tour-opérateur qui publie différentes brochures de voyages : Europe, Amérique du Nord, Amérique du Sud, Asie et Pacifique sud, Afrique et Bassin méditerranéen en circuits ou en séjours. Il s'adresse aux voyageurs indépendants qui réservent un billet d'avion, un hébergement (dans toute l'Europe), des excursions ou une location de voiture. Également spécialiste de Paris, le tour-opérateur offre une vaste sélection d'hôtels et d'appartements dans la capitale française.

EN TRAIN

▲ **ÖBB** (Chemins de fer autrichiens)
● *oebb.at* ●
Tarifs promotionnels avantageux. Achat des billets en ligne (en anglais).

Au départ de Paris ou de Bruxelles

Il est possible de rejoindre Vienne depuis Paris ou Bruxelles à bord de ***trains de nuit directs (Nightjet),*** mis en service par les chemins de fer autrichiens (ÖBB), en collaboration avec la SNCF. Un mode de voyage on ne peut plus écolo et, en plus, on économise une nuit d'hôtel ! On ne peut qu'encourager cette démarche, qui se déploie dans de plus en plus de villes européennes. Dans les trains, différentes catégories de prix et de confort, de la place assise aux cabines privées (simple, double ou triple), en passant par les compartiments couchettes pour 4 à 6 personnes. Plus d'infos sur ● *nightjet.com* ●
– ***Paris-Vienne (Nightjet) :*** départs les mardi, vendredi et dimanche depuis Paris ; les lundi, jeudi et samedi depuis Vienne. Le train dessert notamment les villes de Strasbourg, Munich, Salzbourg, Linz et St Pölten, avant d'arriver à Vienne. Durée : env 14h30.
– ***Bruxelles-Vienne (Nighjet) :*** départs les lundi, mercredi et vendredi depuis la capitale belge. Depuis Vienne, départs les mardi, jeudi et dimanche. Durée : env 13h40-14h.
Sinon, il existe d'autres formules avec correspondance :
➢ ***Paris-Francfort-Vienne :*** 100 % grande vitesse en 1 journée (11h env).
➢ ***Paris-Zurich :*** en TGV Lyria puis un train régional express international (13h env) jusqu'à ***Vienne.***
➢ ***Paris-Zurich :*** en TGV Lyria puis un train de nuit autrichien (15h env) jusqu'à ***Vienne.***
➢ ***Au départ de Bruxelles :*** plusieurs trajets via l'Allemagne. Entre autres, un Thalys vers Cologne, puis un train *Nightjet* vers Vienne.

Interrail

Avec les ***passes Interrail,*** les résidents européens peuvent voyager dans 33 pays d'Europe, dont l'Autriche. Plusieurs formules et autant de tarifs, en fonction de la destination et de l'âge.
À noter que le *pass Interrail* n'est pas valable dans votre pays de résidence. Cependant, l'*Interrail Global Pass* offre une réduction de 50 % de votre point de départ jusqu'au point frontière en France. ● *interrailnet.eu* ●
– Pour les grands voyageurs, ***le Pass InterRail Global*** est valable dans l'ensemble des 33 pays européens concernés : intéressant si vous comptez parcourir plusieurs pays au cours du même périple. Il se présente sous 10 formules au choix.
5 formules flexibles utilisables 4, 5 ou 7 j. sur une période de validité de 1 mois (185-251 € selon formule en version jeune 12-27 ans), ou utilisables 10 ou 15 j. sur une période de validité de 2 mois (301-370 € selon formule en version jeune 12-27 ans).
5 formules « continues » : *pass* 15 j., 22 j., 1 mois, 2 mois ou 3 mois (332-677 € selon formule en version jeune 12-27 ans).

Ces formules existent aussi en version 1re classe ! Les voyageurs de plus de 60 ans bénéficient d'une réduction sur le tarif de l'*Interrail Global Pass* en 1re et 2de classes (tarif senior). Également des tarifs enfants 4-11 ans et adulte 28 ans et plus.

– Si vous ne parcourez que l'Autriche, le ***Pass Interrail Un Pays*** vous suffira. D'une période de validité de 1 mois et utilisable, selon les formules, 3, 4, 5, 6 ou 8 j. en discontinu : tarif selon pays et formule.

Là encore, ces formules se déclinent en version 1re classe (mais ce n'est pas le même prix, bien sûr).

Pour voyager dans 2 pays, vous pouvez combiner 2 ***Pass Interrail Un Pays.*** Au-delà, il est préférable de prendre *le Pass InterRail Global.*

Interrail offre également la possibilité d'obtenir des réductions ou des avantages à travers toute l'Europe avec ses partenaires bonus (musées, chemins de fer privés, hôtels, etc.).

Tous ces prix ne sont qu'indicatifs.

Renseignements et réservations

– ***Internet :*** *• sncf-connect.com •*
– ***Téléphone :*** *☎ 36-35.*
– Également dans les gares, les boutiques SNCF et les agences de voyages agréées.

PAR LA ROUTE

Plusieurs itinéraires possibles pour rejoindre Vienne. Selon que vous habitiez le Nord ou le Midi, bien sûr, vous contournerez les Alpes par le nord ou le sud.

En bus

2 compagnies se partagent désormais le réseau des bus longue distance : ***Flixbus*** *(• flixbus.fr •)* et ***Blablabus*** *(• fr.ouibus.com •).*

De nouvelles dessertes sont régulièrement mises en place entre de nombreuses villes de l'Hexagone et en Europe. Afin de vous aider à faire votre choix, il existe des ***comparateurs de billets*** de bus, dont certains comparent plusieurs modes de transports et permettent d'acheter directement son billet. *• kombo.co • comparabus.com •*

▲ **CLUB ALLIANCE**

– Paris : 33, rue de Fleurus, 75006. ☎ 01-45-48-89-53. • cluballiance voyages.com • Ⓜ Notre-Dame-des-Champs ou Saint-Placide. Mar-ven 10h-13h, 14h-18h30 ; sam 13h-18h. Fermé dim-lun.

Spécialiste des voyages en car, Club Alliance organise également un circuit de 5 jours au Tyrol (avec randonnée). Brochure gratuite sur demande.

En voiture ou en covoiturage

De Paris, compter environ 1 250 km ; de Marseille environ 1 360 km.

ATTENTION : une fois sur le territoire autrichien, sachez que ***les autoroutes et voies rapides sont payantes, n'oubliez pas alors d'acheter la vignette et de la coller sur le pare-brise*** de votre voiture (voir plus loin dans la rubrique « Transports intérieurs »).

Le principe du covoiturage est économique, écologique et convivial. Il s'agit de mettre en relation un chauffeur et des passagers afin de partager le trajet et les frais, que ce soit de manière régulière ou de manière exceptionnelle (pour les vacances, par exemple). Les conducteurs sont invités à proposer leurs places libres sur BlaBlaCar *• bla blacar.fr •* (disponible sur le web et sur mobile). L'inscription est gratuite.

AUTRICHE UTILE

ABC de l'Autriche

- ***Population :*** 8 980 000 millions d'hab.
- ***Superficie :*** 83 870 km² (l'Autriche est moins étendue que l'Irlande, mais environ 2 fois plus grande que la Suisse).
- ***Densité de population :*** 108 hab./ km². Urbanisée à 59 %.
- ***Espérance de vie :*** 79,5 ans pour les hommes, 84,2 ans pour les femmes.
- ***Capitale :*** Vienne (1 930 000 hab.).
- ***Autres villes importantes :*** Graz (270 800 hab.), Linz (207 200 hab.), Innsbruck (130 600 hab.).
- ***Régime politique :*** république fédérale, démocratie parlementaire avec des éléments de démocratie directe. Le pays est divisé en 9 *Länder.*
- ***Taux de chômage :*** 5,1 % (fin 2022).
- ***PIB par habitant :*** 53 331 €.
- ***Indice de développement humain :*** 0,922. 18e sur 189.
- ***Chef de l'État :*** (fonction honorifique) Alexander Van der Bellen (indépendant apparenté aux Verts), en fonction depuis 2017 et réélu en 2022.
- ***Chancelier fédéral :*** Karl Nehammer depuis 2021 (ÖVP).
- ***Langues :*** l'allemand, majoritairement, et le slovène pour une minorité située au sud-est du pays. Le serbo-croate, le tchèque, le slovaque et le hongrois y sont parlés par de très petites minorités.

AVANT LE DÉPART

Adresses et infos utiles

En France

Office national autrichien de tourisme : *bureaux fermés au public. Rens par message électronique (via le site) ou au Service Infos Vacances, ☎ 00-800-400-200-00 (n° gratuit), ● vacances@austria.info ● Lun-ven 9h-13h.* Le service répond à toutes les questions et envoie gratuitement des brochures et des dépliants.

● ***austria.info*** ● En français. Un site très complet et particulièrement bien fait sur tout ce qui est à voir et à faire en Autriche. Infos pratiques, nombreux dossiers thématiques : l'Autriche pour personnes à mobilité réduite, l'architecture, le design, le sport, le tourisme durable, le bien-être, etc. Réservation d'hébergements en tout genre également.

■ ***Section consulaire d'Autriche :*** *17, av. de Villars, 75007 Paris.* Ⓜ *Saint-François-Xavier. ☎ 01-40-63-30-90 (lun-ven 9h30-13h, 14h-17h). Ouv au public lun-ven 9h-12h sur rdv.*

■ ***Ambassade d'Autriche :*** *6, rue Fabert, 75007 Paris.* Ⓜ *Invalides. ☎ 01-40-63-30-63. ● bmeia.gv.at/fr/ambassade-dautriche-a-paris ●*

En Belgique

Office national autrichien de tourisme : à Bruxelles. Bureaux fermés au public (voir « En France »).

Ambassade d'Autriche : av. de Cortenbergh, 52, 1000 Bruxelles. Ⓜ Schumann. ☎ (02) 289-07-00. • bmeia.gv.at/fr/ambassade-dautriche-bruxelles • bmeia.gv.at/fr/ambassade-dautriche-bruxelles •

En Suisse

Office national autrichien de tourisme : bureaux fermés au public (voir « En France »).

Ambassade d'Autriche : Kirchenfeldstr, 77-79, 3000 Berne. ☎ 031-356-52-52. • bmeia.gv.at/oeb-bern • Lun-ven 9h-12h, plus mer 14h-16h. Fermé w-e.

Au Canada

Ambassade d'Autriche : Österreichische Botschaft, 445, Wilbrod St, Ottawa, ON K1N 6M7. ☎ (613) 789-14-44. • bmeia.gv.at/fr/ambassade-dautriche-ottawa • Lun-ven 9h-12h. Fermé w-e.

Consulat d'Autriche (Generalkonsulat) : 630, bd René-Lévesque-Ouest, suite 2800, Montréal, QC H3B-1S6. ☎ (514) 845-86-61. • consulat.montreal@advantageaustria.org •

Formalités

– Pour les ressortissants de l'UE et de la Suisse, la ***carte d'identité*** ou le ***passeport*** en cours de validité suffisent pour entrer sur le territoire autrichien. Pour les Canadiens : passeport en cours de validité pour les séjours touristiques de moins de 90 jours.
Les ***mineurs*** doivent être munis de leur propre pièce d'identité (carte d'identité ou passeport). Pour l'autorisation de sortie de territoire lorsque les enfants ne sont pas accompagnés par un de leurs parents, chaque pays a mis en place sa propre régulation. Ainsi, pour les ***mineurs français,*** une loi a ***rétabli l'autorisation de sortie du territoire.*** Pour voyager à l'étranger, ils doivent être munis d'une pièce d'identité (carte d'identité ou passeport), d'un formulaire signé par l'un des parents titulaires de l'autorité parentale et de la photocopie de la pièce d'identité du parent signataire. Renseignements auprès des services de votre commune et sur • service-public.fr •

Avoir un passeport européen, ça peut être utile !

L'Union européenne a organisé une assistance consulaire mutuelle pour les ressortissants de l'UE en cas de problème en voyage. Vous pouvez y faire appel lorsque la France (c'est rare) ou la Belgique (c'est plus fréquent) ne dispose pas d'une représentation dans le pays où vous vous trouvez. Concrètement, elle vous permet de demander assistance à l'ambassade ou au consulat (pas à un consulat honoraire) de n'importe quel État membre de l'UE. Leurs services vous indiqueront s'ils peuvent directement vous aider ou vous préciseront ce qu'il faut faire.
Leur assistance est, bien entendu, limitée aux situations d'urgence : décès, accidents ayant entraîné des blessures ou des lésions, maladie grave, rapatriement pour raison médicale, arrestation ou détention. ***En cas de perte ou de vol de votre passeport,*** ils pourront également vous procurer un ***document provisoire de voyage.***
Cette entraide consulaire entre les États membres de l'UE ne peut vous garantir un accueil dans votre langue. En général, une langue européenne courante sera pratiquée.

Avant de partir, pensez à scanner passeport, visa, carte de paiement, billet d'avion et *vouchers* d'hôtel. Ensuite, adressez-les-vous par e-mail, en pièces jointes, ou glissez-les dans une clé USB. En cas de perte ou de vol, rien de plus facile pour les récupérer. Les démarches administratives en seront bien plus rapides. Merci tonton Routard !

Assurances voyage

■ ***Routard Assurance 2023 :*** *AVI International, 10 av de l'Arche, 92400 Courbevoie. ☎ 01-44-63-51-00. Pour tte demande d'information : • routard@avi-international.com • avi-international.com •* Enrichie au fil des années par les retours des lecteurs, *Routard Assurance* reste l'assurance voyage référence des globe-trotters. Tout y est inclus, même la **Covid-19** : frais médicaux, assistance rapatriement, bagages, responsabilité civile... Avant votre départ, appelez *AVI* pour un conseil personnalisé. À la recherche d'une **attestation Covid** ? Vous la recevrez automatiquement après chaque souscription. Besoin d'un avis médical, d'une prise en charge dans un hôpital ? Le plateau d'Assistance AVI dispose d'un vaste réseau médical à travers le monde, disponible 24h/24 pour une réponse en temps réel. De simples frais de santé en voyage ? Téléchargez vos factures depuis *l'espace assuré AVI,* ils vous remboursent sous 1 semaine.

■ ***AVA :*** *25, rue de Maubeuge, 75009 Paris. ☎ 01-53-20-44-20. • ava.fr • Ⓜ Cadet.* Un autre courtier fiable pour ceux qui souhaitent s'assurer en cas de décès-invalidité-accident lors d'un voyage à l'étranger, mais surtout pour bénéficier d'une assistance rapatriement, perte de bagages et annulation. Attention, franchises pour leurs contrats d'assurance voyage.

■ ***Pixel Assur :*** *18, rue des Plantes, BP 35, 78600 Maisons-Laffitte. ☎ 01-39-62-28-63. • pixel-assur.com • RER A : Maisons-Laffitte.* Assurance de matériel photo et vidéo tous risques (casse, vol, immersion) dans le monde entier. Devis en ligne basé sur le prix d'achat de votre matériel. Avantage : garantie à l'année.

Carte internationale d'étudiant (carte ISIC)

Elle prouve le statut d'étudiant dans le monde entier et permet de bénéficier d'avantages, services et réductions dans les domaines du transport, de l'hébergement, de la culture, des loisirs, du shopping...
La carte ISIC permet aussi d'accéder à des avantages exclusifs (billets d'avion spécial étudiants, hôtels et auberges de jeunesse, assurances, cartes SIM internationales, location de voiture...).

Renseignements et inscriptions

– ***En France :*** *• isic.fr •*
– ***En Belgique :*** *• isic.be •*
– ***En Suisse :*** *• isic.ch •*
– ***Au Canada :*** *• isiccanada.com •*

Carte d'adhésion internationale aux auberges de jeunesse (carte FUAJ)

Cette carte vous ouvre les portes de plus de 2 400 auberges de jeunesse du réseau *HI-Hostelling International* en France et dans le monde. Vous pouvez ainsi loger dans plus de 75 pays à des prix avantageux et bénéficier de tarifs préférentiels avec les partenaires des auberges de jeunesse *HI.* Enfin, vous intégrez une communauté mondiale de voyageurs partageant les mêmes valeurs : plaisir de la rencontre, respect des différences et échange dans un esprit convivial. Il n'y a pas de limite d'âge pour séjourner en auberge de jeunesse. Il faut simplement être adhérent.

Renseignements et inscriptions

- ***En France :*** *● hifrance.org ●*
- ***En Belgique :*** *● lesaubergesdejeunesse.be ●*
- ***En Suisse :*** *● youthhostel.ch ●*
- ***Au Canada :*** *● hihostels.ca ●*

Si vous prévoyez un séjour itinérant, vous pouvez réserver plusieurs auberges en une seule fois en France et dans le monde : *● hihostels.com ●*

ARGENT, BANQUES, CHANGE

Si vous comptez effectuer des retraits d'argent aux distributeurs, il est ***vivement conseillé*** d'avertir votre banque avant votre départ (pays visités et dates). En effet, ***votre carte peut être bloquée dès le 1er retrait*** pour suspicion de fraude. Bonjour les tracasseries pour faire rentrer les choses dans l'ordre, et on se retrouve vite dans l'embarras !

IMPORTANT : certains hôtels et restaurants, surtout en province, refusent le paiement par carte. Avant de réserver ou de vous installer à une table, vérifiez si c'est le cas.

Monnaie autrichienne

Comme ses partenaires européens, l'Autriche tourne à l'euro.

En ***zone euro,*** pas de frais bancaires sur les paiements par carte. Les retraits sont soumis aux mêmes conditions tarifaires que ceux effectués en France (gratuits pour la plupart des cartes). Une carte perdue ou volée peut être rapidement remplacée. En appelant sa banque, un système d'opposition, d'avance d'argent et de remplacement de carte pourra être mis en place afin de poursuivre son séjour en toute quiétude.

Banques, change

- ***Horaires des banques :*** *en principe, lun-ven 8h-12h30, 13h30-15h (17h30 jeu). Pour ceux qui seraient concernés, bureaux de change ouv en général 9h-20h.*

Petite mesure de précaution : si vous retirez de l'argent dans un distributeur, utilisez de préférence les distributeurs attenants à une agence bancaire. En cas de pépin avec votre carte (carte avalée, erreurs de code secret...), vous aurez un interlocuteur dans l'agence, pendant les heures ouvrables du moins.

Perte ou vol d'une carte bancaire

En cas de perte, de vol, ou de fraude, quelle que soit la carte que vous possédez, chaque banque gère elle-même le processus d'opposition et le numéro de téléphone correspondant. Le plus simple est de faire opposition en ligne via le site de votre banque ou leur application mobile, ou en les appelant directement. Sinon, voici les numéros des centres d'assistance des différentes cartes.

- ***Carte Visa :*** *n° d'urgence depuis l'Autriche : ☎ (00-43) 0800-200-288 (attendre la 2e tonalité et taper 800-892-8134). ● visa.fr ●*

– **Carte MasterCard :** *n° d'urgence depuis l'Autriche : ☎ (00-43) 0800-07-06-138. • mastercard.fr •*
– **Carte American Express :** *n° d'urgence : ☎ (00-33) 1-47-77-72-00 (n° accessible tlj 24h/24). • americanexpress.fr •*

– Il existe sinon un ***serveur interbancaire d'opposition*** qui vous met en contact avec le centre d'opposition de votre banque : en France : *☎ 0892-705-705 (prix d'un appel + 0,35 €/mn)*.

Avant de partir, notez donc bien le numéro d'opposition propre à votre banque (il figure souvent au dos des tickets de retrait, sur votre contrat, ou à côté des distributeurs de billets), ainsi que le numéro à 16 chiffres de votre carte. Bien entendu, conservez ces informations en lieu sûr et séparément de votre carte.

Et surtout, n'oubliez pas aussi de ***VÉRIFIER LA DATE D'EXPIRATION DE VOTRE CARTE DE PAIEMENT*** avant votre départ !

Besoin urgent d'argent liquide

– Vous pouvez envoyer de l'argent par ***la Poste*** : le bénéficiaire, muni de sa pièce d'identité, peut retirer les fonds dans n'importe quel bureau du réseau local. Le transfert s'effectue avec un mandat ordinaire international (jusqu'à 3 500 €) et la transaction prend 4-5 jours en Europe (8-10 jours vers l'international). Plus cher, mais plus rapide, le mandat express international permet d'envoyer de l'argent (montant variable selon la destination – 34 pays au total) sous 2 jours maximum, 24h lorsque la démarche est faite en ligne. *Infos : • labanquepostale.fr •*
– Autre solution possible avec le système ***Western Union Money Transfer.*** L'argent vous est transféré en moins d'une heure. La commission, assez élevée, est payée par l'expéditeur. Possibilité d'effectuer un transfert auprès d'un des bureaux *Western Union* ou, plus rapide, en ligne, 24h/24 par carte de paiement (*Visa* ou *MasterCard*).
Même principe avec d'autres organismes de transfert d'argent liquide comme ***MoneyGram, PayTop*** ou ***Azimo.*** Transfert en ligne sécurisé, en moins d'une heure.
Dans tous les cas, se munir d'une pièce d'identité. Toutefois, en cas de perte/vol de papiers, certains organismes permettent de convenir d'une question/réponse-type pour pouvoir récupérer votre argent. Chacun de ces organismes possède aussi des applications disponibles sur téléphone portable. Consulter les sites internet pour connaître les pays concernés, les conditions tarifaires (frais, commission) et trouver le correspondant local le plus proche :
• westernunion.com • moneygram.fr • paytop.com • azimo.com/fr •

ACHATS

Que rapporter d'Autriche ? Pour les gourmands, il y a toujours les fameux ***Mozartkugeln,*** des boules de massepain enrobées de chocolat originaires de Salzbourg où l'on peut encore acheter le vrai, l'original chez le chocolatier *Fürst*. L'*Hotel Sacher,* à Vienne, et les différents *Café Sacher* présents dans les autres grandes villes autrichiennes vendent les ***Sachertorte*** dans de jolies boîtes en bois. Et à Linz, la *Linzer Torte,* fourrée de groseille ou de framboise, est préparée tout spécialement pour la fête nationale. Sinon, dans le genre petit cadeau gourmand pas cher, il y a aussi les ***Manner Neapolitaner.*** Originaires de Vienne où elles sont fabriquées depuis 1898, ces petites gaufrettes au chocolat sont devenues

une véritable institution (et peuvent aussi devenir une véritable addiction, croyez-nous !) ; en plus, elles sont, elles aussi, vendues dans de jolies boîtes roses au look rétro.
L'Autriche est aussi un pays où l'on produit d'excellents vins ainsi que du schnaps (dont le ***Marillenschnaps,*** une délicieuse eau-de-vie à l'abricot, principalement produite dans la vallée du Danube). Dans ce domaine, nous vous invitons à vous reporter à la rubrique « Boissons » dans le chapitre « Hommes, culture, environnement ».
Toujours dans le registre culinaire (mais pas que !), l'***huile de pépins de courge*** est à l'Autriche ce que l'huile d'olive est aux pays méditerranéens. Elle est consommée depuis 250 ans en Styrie et elle rencontre un succès croissant dans le monde entier car elle préviendrait certains cancers, notamment celui de la prostate.
L'***artisanat*** en Autriche est aussi bien vivant. Vous trouverez le top du top dans un Land comme le Vorarlberg, où le travail du bois, notamment, est d'une grande qualité. Plus légers et plus faciles à transporter, les objets fabriqués à partir du feutre, des porte-clés aux divers étuis, en passant par les chaussons bien chauds. Vous trouverez aussi des édredons en duvet, des objets en cristal, de la porcelaine, des émaux, des manteaux en loden, des coffrets de bois peint et toute la panoplie des articles de Noël (crèches, personnages, bougies)...

BUDGET

Le coût de la vie en Autriche est à peu près équivalent à celui de la France. Si ***l'hébergement est cher*** – très cher même à Vienne et à Salzbourg –, ***les restaurants restent tout de même un peu moins onéreux que dans l'Hexagone*** (et encore, tout dépend de là où on va !)...
– ***Pour les routards voyageant à l'économie :*** prévoir un budget moyen de 60-80 € par personne et par jour. Cette somme se décompose de la façon suivante : 30-40 € pour une nuit en auberge de jeunesse (petit déj compris) ou en camping pour 2 personnes (avec tente et voiture) ; 30-35 € pour les 2 repas midi et soir (sandwich ou grignoterie sur le pouce, au marché en terrasse, le midi ; repas plus consistant le soir) ; 20 € environ pour les entrées dans les musées et les frais divers. Ce poste de dépense (sans les transports) varie évidemment d'une personne à l'autre, selon le nombre de visites et de sorties prévues (sans parler des nocturnes). À Vienne, et en général dans les grandes villes, on dépense toujours plus. Hors stations de ski réputées comme St Anton, Kitzbühel ou Lech, on dépense généralement moins à la campagne et en montagne...
– ***Pour les voyageurs à budget moyen :*** en logeant en alternance dans des pensions bon marché et dans les chambres à prix modérés (en *Gasthaus* ou hôtel), avec 2 repas par jour (dont un plus substantiel), en utilisant les transports en commun et en visitant ce qu'il y a d'intéressant à voir, il faut bien compter un budget quotidien de 100 € par personne.
À Vienne (et même à Salzbourg), où les prix sont plus élevés et les entrées dans les musées pas données, comptez minimum 100 à 120 € par jour, et même 150-170 € si vous logez à Vienne dans l'Innere Stadt (1er arrondissement), où le prix de l'hébergement est plus élevé que dans les autres arrondissements.

Hébergement

Attention, pour Vienne et certaines stations de ski, ces fourchettes de prix devront être revues à la hausse (au moins 10 € de plus dans chaque catégorie, sauf pour les AJ) et rallongées dans la rubrique « Très chic ».
– ***Bon marché :*** de 25 à 30 € par personne ou de 50 à 70 € la nuit pour 2 personnes. Dans cette gamme de prix, on trouve (outre les campings qui reviennent à 25-30 € pour 2) les auberges de jeunesse, les *Privatzimmer* (chambres chez l'habitant) et les petites pensions. Généralement, le petit déj est inclus dans le prix de la nuit.

- ***Prix modérés :*** de 70 à 100 € la nuit pour 2 personnes. Pensions avec un peu plus de confort, auberges familiales ou petits hôtels.
- ***Prix moyens :*** de 100 à 150 € la chambre (petit déj compris). Là, il s'agit déjà d'hôtels très corrects en ville ou de bonnes auberges touristiques à la campagne.
- ***Chic :*** de 150 à 250 € la nuit. On monte encore en gamme.
- ***Très chic :*** plus de 250 € la nuit. Grands hôtels.

Restaurants

Les prix ci-dessous correspondent à un repas (pouvant se limiter à un plat de résistance, souvent copieux) sans la boisson. Le service est en principe compris, mais rien ne vous empêche de laisser un petit pourboire, pratique courante en Autriche (voir plus loin la rubrique « Pourboire »).
- ***Très bon marché :*** de 9 à 12 € pour un grignotage sur le pouce ou un petit plat traditionnel. Le midi, pas mal de restos proposent une formule avantageuse avec entrée (soupe le plus souvent) et plat. Dans cette catégorie, on trouve aussi nombre de petites cafétérias, des selfs, ainsi qu'une multitude de stands typiquement autrichiens servant des *Semmel* (petits pains garnis de divers ingrédients). On en prend 3 ou 4 dans une même assiette, un dessert et une boisson : ça fait un petit repas rapide et peu onéreux. Sans compter, bien sûr, tout ce que vous trouverez sur les marchés (soupes, saucisses, en-cas bio, etc.) qui vous plongeront dans l'ambiance.
- ***Bon marché :*** de 12 à 17 € le repas.
- ***Prix moyens :*** de 17 à 30 € le repas.
- ***Chic :*** de 30 à 45 € le repas.
- ***Très chic :*** plus de 45 € le repas.

Musées et sites touristiques

Les marathoniens culturels doivent absolument inclure cette rubrique dans leur budget car les entrées de ces sites ne sont pas données (entre 5 et 18 €, voire plus). Étudiants (moins de 27 ans), plus de 60 ans, enfants et familles bénéficient cependant de réductions.
À propos des musées, il n'est pas rare que les panneaux explicatifs ne soient qu'en allemand. Parfois, ils sont aussi traduits en anglais et, dans certains cas (comme au Tyrol), un audioguide en plusieurs langues, dont le français, peut être proposé.

Billets combinés

Il existe de nombreux ***billets combinés*** permettant de visiter plusieurs châteaux ou sites d'une ville ou d'une région. Et puis la plupart des grandes villes (Salzbourg, Innsbruck, Linz, Graz...) proposent une carte valable un ou plusieurs jours, offrant la gratuité dans la plupart ou la totalité des musées et transports en commun. Dans certaines provinces, on peut aussi se procurer des cartes permettant de visiter librement des dizaines de sites, musées, et de profiter des transports publics (dans le Salzburger Land, en Carinthie ou dans le Vorarlberg, par exemple). Profitez-en, c'est vraiment l'idéal.
Enfin, certains lieux (comme les stations de ski) offrent aussi des ***« cartes d'hôtes »*** qui donnent droit à des gratuités dans les musées et transports en commun locaux, ainsi que dans les infrastructures municipales comme les piscines.

Vienna City Card et Vienna Pass

Pour un séjour à Vienne, ces formules s'avèrent ***vite rentables*** si vous comptez visiter plusieurs musées. Pour plus d'infos, voir « Adresses et infos utiles. Musées et sites touristiques » dans le chapitre « Vienne et ses environs ».

CLIMAT

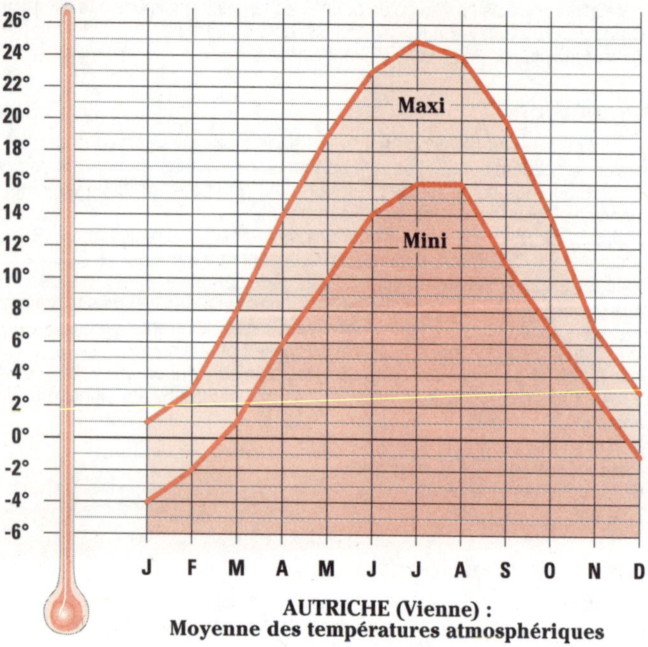

AUTRICHE (Vienne) :
Moyenne des températures atmosphériques

L'Autriche se divise en ***3 zones climatiques*** :

– les régions montagneuses sont sous l'influence du ***climat alpin,*** riche en précipitations avec étés courts et soirées fraîches. Les précipitations diminuent graduellement de l'ouest vers l'est et augmentent avec l'altitude. En montagne, le temps peut changer rapidement. Anoraks, pulls et vêtements de pluie sont de rigueur ;

– un ***climat pannonien continental*** régit les régions de l'Est avec un printemps court et un automne sec et ensoleillé, ces 2 périodes étant les meilleures pour découvrir Vienne. Vous éviterez ainsi les pluies et les orages estivaux. En été, la température peut dépasser les 35 °C en cas de canicule. En hiver, il fait froid, très froid, mais c'est sans doute le prix à payer pour profiter de la magie de Vienne à Noël et de Schönbrunn sous la neige... ;

– Le reste du territoire est soumis à un ***climat de transition*** tempéré et humide propre à l'Europe centrale.

HÉBERGEMENT

Auberges de jeunesse

Le pays propose une soixantaine d'auberges faisant partie du réseau *Hostelling International,* assez bien réparties sur le territoire. La carte ISIC n'est pas indispensable pour y séjourner, mais vous paierez 3 € ou 3,50 € de plus par nuitée si vous ne l'avez pas (ce n'est pas le cas des auberges privées).

Souvent de grande capacité, elles sont généralement bien tenues, pratiques, bien équipées (cuisine à disposition ou petite cafétéria, laverie, etc.), et les chambres (pour 2 à 8 personnes) disposent généralement de leur propre salle de bains. En été, elles sont souvent réservées par les groupes et sont très... animées !
Plus d'infos sur • *jugendherberge.at* •

Campings

L'Autriche en compte plusieurs centaines, ouverts généralement d'avril à octobre, éparpillés dans tout le pays. Même si les prix varient selon les régions, ils restent relativement élevés, surtout en juillet et août. Le seul hic, c'est l'entassement en haute saison ! Petite particularité, certains d'entre eux, notamment ***ceux de Carinthie, sont naturistes***. Côté pratique, les stations-service vendent des recharges pour camping-gaz.

■ ***Österreichischer Camping Club :*** • *campingclub.at* • Pour tous renseignements (en allemand...) sur le camping en Autriche.

À la ferme

Une formule qui s'est beaucoup développée dans les régions rurales. Parfois rustique, comme dans les fermes d'alpage ou les cabanes de vachers, souvent ***assez bon marché*** et généralement chaleureuses. *Rens auprès des offices de tourisme provinciaux ou d'organismes privés, comme* Farm Holidays in Austria *: 0662-88-02-02. • farmholidays.com • (site en anglais).*

Universités et *Sommerhotels*

Les résidences universitaires et *Studentenheime* (maisons d'étudiants), qui se vident de leurs étudiants du 1er juillet au 30 septembre, peuvent louer leurs chambres aux visiteurs en court ou moyen séjour. On les appelle aussi des *Sommerhotels*. La plupart du temps, propres et confortables, mais pas toujours bon marché.

■ ***Academia*** *(Salzbourg)* **:** ☎ *(01) 4017-655.* • *academiahotels.at* •

Privatzimmer

Chambres chez l'habitant (parfois signalées par une pancarte « *Zimmer frei* »), du moins à l'origine car, de plus en plus, il s'agit d'appartements loués aux voyageurs, y compris en dehors des villes. Dans ce cas, les contacts avec les propriétaires peuvent se limiter à la remise des clés. Ça reste ***l'une des solutions d'hébergement les moins onéreuses***, souvent entre 50 et 80 € la nuit (tarifs d'été). Les offices de tourisme disposent des listes de *Privatzimmer*, certains assurent même la réservation. • *bedandbreakfastaustria.at* • *(site en allemand ou en anglais).*

Pensions

Une autre solution abordable, mais un peu plus chère que la précédente. En général, elles sont petites et chaleureuses, parfois installées aux étages d'immeubles résidentiels dans les villes. Le petit déjeuner est souvent compris.

Location et échange d'appartements ou de maisons

Une formule sympa en famille ou entre amis, plus économique aussi puisqu'on peut y faire sa popote. Location à la nuit, à la semaine ou au mois.

■ ***VRBO :*** • *vrbo.com* • Des logements à tous les prix.
■ ***Location d'appartements (Go Vienna) :*** *650-88-99-1-99.* • *govienna.net* • Un organisme proposant des appartements dans Vienne, meublés et entièrement équipés (y compris le linge de maison).

■ ***Homelidays :*** • *homelidays.com* • Nombreuses offres là aussi, incluant des chambres d'hôtes.

■ ***Interhome :*** ☎ *01-53-36-60-00.* • *interhome.fr* • Spécialiste de la location de vacances depuis 50 ans, Interhome propose des hébergements, du studio au château, sélectionnés selon des critères rigoureux pour répondre à tous les goûts et à tous les budgets pour des vacances, week-ends et courts séjours mer, montagne, ville et campagne dans près de 30 pays dont l'Autriche. Sur place, des représentants locaux assurent l'accueil et veillent au bon déroulement des séjours. Hotline tous les jours 24/24h. Également des offres en « Dernière minute » : 33 % de réduction sur une sélection de locations à partir de J-8 !

Gasthof et Gasthaus

C'est l'auberge familiale, qui assure à la fois le logement et la restauration. Prix extrêmement variables suivant le standing (et si demi-pension ou non), de 60 à 150 €, voire plus, pour 2 personnes.

Hôtels

L'hôtellerie en Autriche reste globalement une histoire de famille, et les hôtels de chaîne sont peu nombreux. L'implication personnelle des propriétaires, et ce souvent sur plusieurs générations, explique probablement l'excellente tenue des établissements en général. Certes, les prix sont assez élevés, mais le rapport qualité-prix est là. Par ailleurs, un copieux petit déjeuner est généralement compris dans le prix. ***Attention, les prix indiqués s'entendent la plupart du temps par personne et non par chambre.***

Dans les stations de ski, dans les vallées ou dans les endroits plus reculés, les hôtels proposent très souvent la demi-pension pour un prix abordable.

Pour les familles, il existe en Autriche (mais aussi en Allemagne, en Hongrie, au Liechtenstein et en Suisse) le *réseau JUFA (Jugend-und Familienhotel)* qui propose des hébergements davantage tournés vers un public familial. Si les infrastructures ressemblent assez à celles d'une AJ, les prix et le confort des chambres sont plus proches de ceux des hôtels. • *jufahotels.com* • *kinderhotels.com* •

Hôtels et pensions francophones

■ ***Autriche Pro France :*** *Glockengasse 4D, 5020 Salzburg. Centrale de résas :* ☎ *0-825-062-063 (0,15 €/mn) ou* 📱 *00-43-662-64-59-02.* • *autriche.com* • Édite une belle brochure d'une soixantaine d'hôtels et de pensions où vous serez accueilli en français. Site très complet, réservation en ligne.

JOURS FÉRIÉS, FÊTES ET FESTIVALS

Nouvel An (1er janvier), Épiphanie (6 janvier), lundi de Pâques, fête du Travail (1er mai), Ascension, lundi de Pentecôte, Fête-Dieu, Assomption (15 août), fête nationale (26 octobre), Toussaint (1er novembre), Immaculée Conception (8 décembre), Noël et lendemain de Noël (25 et 26 décembre).

– ***Vienne :*** le 31 décembre, le Grand Bal au palais impérial ; le 1er janvier : concert du Nouvel An par l'orchestre philharmonique de Vienne ; février : bal de l'Opéra ; d'avril à septembre : Summerstage (canal du Danube), MQ Summer of Fashion ; fin juin : fête de l'Île du Danube ; fin juin-début juillet : Festival de jazz ; juillet-août : Festival du film musical ; de juin à septembre : théâtre estival au Spittelberg. Pour plus de détails, voir « Adresses et infos utiles. Calendrier culturel » dans le chapitre « Vienne et ses environs ».

- ***Burgenland :*** à Eisenstadt, en septembre pendant 10 jours, concerts de musique classique au château Esterházy pour le Festival Haydn. À Mörbisch, en juillet-août, Festival lacustre d'opérette sur le lac.
- ***Carinthie :*** à Klagenfurt, en été, Festival de jazz international ; fin juillet, le Festival mondial du nu peint.
- ***Basse-Autriche :*** à Baden, juillet-août, festival d'opérette. Journées internationales baroques à l'abbaye de Melk, en mai. Festival international Chopin à la chartreuse de Gaming, mi-août.
- ***Haute-Autriche et Salzkammergut :*** à Linz, de septembre à début octobre, festival Bruckner. Festival de musique de Steyr, de fin juillet à mi-août, au château Lamberg. *Attersee Klassik* (concerts de musique classique dans des églises) de mi-juin à fin août.
- ***Salzbourg et pays de Salzbourg :*** concerts toute l'année à la forteresse ; semaine Mozart fin janvier ; festival de musique baroque à la Pentecôte ; Festival de Salzbourg de fin juillet à août. Festival de jazz de Saalfelden fin août.
- ***Styrie :*** à Graz, Steirischer Herbst, festival d'art contemporain, de fin septembre à mi-octobre ; festivals de jazz toute l'année, le plus important ayant lieu en été.
- ***Tyrol :*** à Innsbruck, de mi-juillet à fin août, festival de musique ancienne au Landestheater, au palais des Congrès, au château d'Ambras, dans les églises et chapelles, ainsi qu'en plein air, au Hofgarten.
- ***Vorarlberg :*** à Bregenz, de mi-juillet à mi-août, festival en plein air (musique classique, opéra, théâtre, cinéma, etc.). Les Schubertiade en juin et en août à Schwarzenberg, ainsi qu'en avril et en mai à Hohenems.
- ***Wachau :*** Le Danube en feu, autour de la Saint-Jean (23 juin), entre Melk et Krems. Feux de joie et d'artifice le long du fleuve. Magnifique spectacle depuis les rives ou en croisière fluviale.

LOOK TRADI

Pour les femmes, le Dirndl *est indispensable : une jupe à plis aux coloris gais, portée avec un tablier, un corselet lacé et un corsage souvent à manches bouffantes d'un blanc immaculé. Monsieur, lui, porte la* Lederhosen*, la culotte de peau serrée aux genoux. Si c'est une vraie, elle est en cuir de cerf. Grosses chaussettes de laine ; les plus belles sont brodées sur l'arrière. Une veste loden en laine bouillie, un gilet à gros boutons et, accessoire fondamental, un chapeau de feutre vert orné d'une plume. Si la plume est petite, elle se place à gauche du chapeau ; si elle est grande, elle se porte à l'arrière.*

LANGUE

Pour vous aider à communiquer, n'oubliez pas notre ***Guide de conversation du routard en allemand.*** Il vous sera utile dès que vous vous éloignerez un peu des grandes villes et lieux touristiques où la communication en anglais ne pose généralement aucun problème. Rien n'empêche de toute façon d'apprendre quelques mots avant de partir ! Par ailleurs, un certain nombre de musées et de sites culturels ne proposent pas encore de traductions, mais des audioguides en français sont souvent mis à disposition.

Prononciation

La prononciation et l'intonation sont très importantes pour se faire comprendre en Autriche. Aucune lettre n'est muette, toutes doivent être prononcées.

e se prononce « *e* » *ou* « *é* »
y se prononce « *u* »
g se prononce « *gu* »
z se prononce « *ts* »
ö se prononce « *œ* »
u se prononce « *ou* »
ü se prononce « *u* »
v se prononce « *f* » *ou* « *v* »

j se prononce « *yeu* »
ä se prononce « *è* »
q se prononce « *qveu* »
au se prononce « *ao* »
w se prononce « *v* »
eu se prononce « *oï* »

– *Attention :* derrière des voyelles fortes *(a, o, u),* le couple de consonnes « ch » se prononce « r » (exemple : *Buch* se prononce « bour », alors que *Bücherei* se prononce « bucheraï »).
– Autre particularité : le « ß » (appelé « estset ») est une lettre qui n'existe que dans l'alphabet allemand. Elle est utilisée derrière une voyelle longue *(« Straße », « Gruß »)* ou une diphtongue *(« weiß »),* tandis que « ss » est utilisé après une voyelle courte *(« Schloss », « Kuss »).*

Un peu de grammaire

Très structurée et loin d'être simple, la langue allemande est riche, tellement riche que sa grammaire a traumatisé plus d'un collégien ou lycéen !
– Dans la phrase simple : le verbe occupe toujours la 2e place. Exemple : *Er **spielt** mit dem Ball* (il joue avec la balle).
– Dans la subordonnée : le verbe est renvoyé en fin de phrase, ce qui complique l'affaire : *Er spielt mit dem Ball, der rot **ist*** (il joue avec la balle qui est rouge). La virgule devant le pronom relatif (ici *der*) est indispensable.
– *Attention :* les noms communs prennent toujours une majuscule. Exemple : *der Ball* (la balle).

Vocabulaire allemand de base

Conversation générale

Bonjour (le matin jusqu'à 12h / toute la journée)	*Guten Morgen, Grüß Gott / guten Tag*
Bonsoir	*Guten Abend*
S'il vous plaît	*Bitte* (prononcer le « e » !)
Merci (beaucoup)	*Danke (schön)*
Au revoir	*Auf Wiedersehen*
Salut !	*Servus !*
Oui	*Ja*
Non	*Nein*
Je ne comprends pas	*Ich verstehe nicht*
Parlez-vous le français ?	*Sprechen Sie Französisch ?*
Pardon !	*Entschuldigung !*

Transports

Gare	*der Bahnhof*
Train / Voiture	*der Zug / das Auto*
Billet de train, ticket de métro	*die Fahrkarte, das Ticket*
Départ	*die Abfahrt*
Arrivée	*die Ankunft*
Entrée	*der Eingang*
Sortie	*der Ausgang*
Aéroport	*der Flughafen*
Bicyclette	*das Fahrrad*

À l'hôtel, au restaurant

Auberge de jeunesse	*die Jugendherberge*
Hôtel	*das Hotel*
Petit hôtel	*der Gasthof*
Complet ou occupé	*ausverkauft* ou *ausgebucht* (on l'entend souvent !)

L'addition (ou payer)	*die Rechnung* (ou *zahlen*)
Gardez la monnaie	*stimmt so*
Avez-vous une chambre ?	*Haben Sie ein Zimmer frei ?*
Menu / carte	*das Menü / die Speisekarte*
Plat du jour	*das Tagesgericht*
Petit déjeuner	*das Frühstück*
Snack	*der Imbiss*

Calendrier

Lundi	*montag*
Mardi	*dienstag*
Mercredi	*mittwoch*
Jeudi	*donnerstag*
Vendredi	*freitag*
Samedi	*samstag* ou *sonnabend*
Dimanche	*sonntag*

Chiffres

1	*eins*
2	*zwei* (ou *zwo* quand on donne un numéro de téléphone)
3	*drei*
4	*vier*
5	*fünf*
6	*sechs*
7	*sieben*
8	*acht*
9	*neun*
10	*zehn*
20	*zwanzig*
30	*dreißig*
40	*vierzig*
50, 60, 70, 80, 90	*fünfzig, sechzig, siebzig, achtzig, neunzig*
100	*einhundert*
200	*zweihundert*
1 000	*eintausend*

LIVRES DE ROUTE

– ***Les Carnets de Max Liebermann*** *(2006-2011),* de Frank Tallis (10-18). L'auteur, lui-même docteur en psychologie, relate au tout début du XXe s les enquêtes (7 tomes) d'un policier et d'un psychiatre-détective, tous deux mélomanes de surcroît. On y croise Freud, Klimt et Schönberg. Étincelante restitution de la Vienne de la Belle Époque, décrite avec beaucoup d'érudition mais sans pédanterie.

– ***Les Amantes*** (1975), d'Elfriede Jelinek (Points Seuil). Comme dans chacun de ses romans, l'auteure en profite pour dénoncer les lâchetés et les mensonges de son pays, l'Autriche, à travers le portrait de 2 femmes cherchant à échapper à leur destin.

– ***Le Troisième Homme*** (1950), de Graham Greene (Livre de Poche). En 1945, Vienne est une cité dévastée. Au-dessus du Prater écrasé, envahi d'herbes folles, la grande roue tournoie sinistrement. Dans cette ville où les trafiquants du marché noir font fortune, Holly Martins erre sur les traces d'un ami que la police accuse de s'être livré à un trafic de pénicilline frelatée. Une poursuite vaine, à travers les rues sombres et les bistrots misérables de l'*Innere Stadt,* au cours de laquelle le héros verra s'effondrer, une à une, toutes ses illusions.

– ***La Pianiste*** (1983), d'Elfriede Jelinek (Points Seuil). Erika Kohut enseigne le piano au Conservatoire de Vienne, vit encore chez sa mère à 36 ans et fréquente régulièrement les cinés porno. Sa vie va changer lorsque l'un de ses élèves se met en tête de la séduire. Commence alors une relation sadomasochiste, aussi attendue que destructrice. Une écriture crue, subversive et noire, mais drôle aussi. L'auteure a obtenu le prix Nobel de littérature en 2004. Adapté au cinéma en 2001 par Michael Haneke, avec Isabelle Huppert et Benoît Magimel.

– ***Vienne au crépuscule*** (1908), d'Arthur Schnitzler (Stock, « La Cosmopolite »). L'un des plus célèbres écrivains autrichiens dépeint la Vienne de la fin du XIXe s : un monde embrumé de nostalgie magique avec ses palais, ses jardins, ses cafés littéraires, ses cénacles tenus par de riches juifs, et où les femmes du monde donnent la réplique aux musiciens et aux poètes. Mais déjà, derrière les valses langoureuses, se trament les premières tragédies. Intensification de l'antisémitisme, désunion de la société juive face à la question sioniste, prémices du démembrement de l'empire. Du même auteur, lire également *La Nouvelle Rêvée* (1926 ; adapté au cinéma et transposé à New York par Stanley Kubrick dans *Eyes Wide Shut*).

– ***La Marche de Radetzky*** (1932), de Joseph Roth (Points Seuil). Roth raconte, au travers de l'ascension puis de la déchéance de la famille von Trotta, les événements qui mènent inéluctablement l'Empire austro-hongrois à sa perte. La suite et l'épilogue sont narrés dans ***La Crypte des capucins*** (1938).

– ***L'Homme sans qualités*** (1930), de Robert Musil (Points Seuil). Un monument de la littérature européenne, pour ne pas dire un pavé : plus de 1 800 pages sur 2 tomes, et tout ça pour un roman resté inachevé ! « Entre l'essai et la comédie épique », comme disait Thomas Mann, ce roman délivre, à travers des tranches de la vie viennoise peu avant le déclenchement de la Première Guerre mondiale, un message à valeur universelle et un questionnement sur la nature de l'homme moderne. Colossal.

– ***Les Désarrois de l'élève Törless*** (1906), de Robert Musil (Points Seuil). Une académie militaire à la campagne, dans l'est de l'Autriche, au début du XXe s. En partie inspiré d'expériences vécues, le roman de Musil décrit à la fois les troubles douloureux de l'adolescence et les rapports de pouvoir, de domination, de cruauté qui peuvent s'établir entre des êtres confrontés aux vicissitudes quotidiennes. On a vu, dans ce chef-d'œuvre d'un jeune homme de 26 ans, une préfiguration magistrale de ce que deviendra le nazisme.

– ***Le Monde d'hier, souvenirs d'un Européen*** (1944), de Stefan Zweig (Le Livre de Poche, n° 14040). Dans cette autobiographie apparaît en filigrane le message d'un homme qui se suicida (1942) persuadé que la victoire nazie était acquise. Écrit dans un style neutre, journalistique, ce livre est une puissante évocation de l'histoire de la 1re partie du XXe s. Du même auteur : *La Pitié dangereuse* (1939) et *Vingt-quatre heures de la vie d'une femme* (1927).

– ***Le Neveu de Wittgenstein*** (1982) et ***Maîtres anciens*** (1985), de Thomas Bernhardt (Folio). Les éructations céliniennes du plus grand détracteur des Autrichiens, dénonçant les travers nationaux que sont à ses yeux l'indolence, le conformisme, la corruption et la médiocrité. Texte puissant à lire *après* plutôt qu'avant le voyage.

– ***L'Ordre du jour*** (prix Goncourt 2017), d'Éric Vuillard (Actes Sud). Récit des coulisses de l'Anschluss de l'Autriche en 1938 par l'Allemagne nazie. On y voit une armée rapide, moderne, dont le triomphe paraît inéxorable. Mais on découvre la réalité des marchandages et des combinaisons d'intérêts. En réalité, les glorieuses images de la Wehrmacht entrant triomphalement à Vienne dissimulaient un immense embouteillage de Panzers.

– ***Histoire de l'empire des Habsbourg, 1273-1918*** (1990), de Jean Bérenger (Fayard). Une véritable bible pour qui veut comprendre la complexité de cette monarchie multiculturelle et dépasser les nombreux stéréotypes attachés au règne des Habsbourg. Le même auteur a publié une *Histoire de l'Autriche* dans la collection « Que sais-je ? ».

Bandes dessinées

- ***Freud, une biographie dessinée*** (2011), de Corinne Maier (Dargaud). Une bande dessinée-biographie du pionnier de la psychanalyse avec un scénario d'une psychanalyste. Pas très sain, tout ça... Mais le résultat est là : une œuvre drôle, exacte, fantaisiste et rigoureuse. On (re)découvre la vie de Freud, les principaux cas qu'il traita, ses relations tumultueuses avec ses pairs, etc. La Vienne des années 1920 est joliment recréée sous le crayon d'Anne Simon.
- ***Egon Schiele, vivre et mourir*** (2012), de Xavier Coste (Casterman). Pour son 1er album, le jeune Xavier Coste retrace ici la vie mouvementée et excessive de ce peintre majeur de la scène viennoise. Son amitié avec Klimt, sa passion pour les femmes et le sexe, son goût du scandale, son emprisonnement pour pornographie... Tout est évoqué par le biais de superbes dessins, au moins aussi torturés, sensuels et nerveux que l'étaient ceux du peintre. Un bel hommage.

POSTE

Les bureaux de poste autrichiens ouvrent grosso modo de 8h à 18h en semaine, et le samedi matin de 8h à 12h. Pour envoyer une lettre ou une carte postale vers la France, prévoir un affranchissement de 1 €. Plutôt que de chercher une poste et de faire la queue, ***demandez des timbres à la réception de votre hôtel.*** Les boîtes aux lettres sont de couleur orange et jaune. ● *post.at* ●

POURBOIRE

Au resto, il est d'usage de donner un ***pourboire,*** même si celui-ci n'est pas obligatoire. Mais contrairement à la France, où on laisse l'argent sur la table après avoir payé, ici, au moment du règlement (quand on utilise sa carte de paiement) on indique oralement au serveur la somme totale (addition + pourboire) que l'on souhaite voir débiter. Ainsi celui-ci est ravi et vous remercie immédiatement. Si vous ne dites rien, il aura le sentiment que vous ne laisserez rien ! On gratifie en général le service de quelques euros (selon le niveau de l'établissement, évidemment).

SANTÉ

Carte européenne d'assurance maladie

Il suffit d'appeler votre centre de Sécurité sociale (ou de se connecter au site internet) qui l'enverra sous 15 jours environ. Cette carte fonctionne dans tous les pays membres de l'Union européenne, ainsi qu'en Islande, au Liechtenstein, en Norvège et en Suisse. C'est une carte plastifiée bleue du même format que la carte Vitale. Elle est valable 2 ans et est gratuite et personnelle (y compris pour les enfants). Elle permet la prise en charge des soins médicalement nécessaires dans les établissements publics. Attention, la carte n'est pas valable pour les soins délivrés dans les établissements privés.

TABAC

Après de longues années de débat, l'Autriche a finalement mis un terme à une exception en Europe en interdisant le tabac dans les cafés et restaurants en novembre 2019. Le maintien de l'autorisation qui faisait de l'Autriche « le cendrier de l'Europe » était le résultat d'un accord entre la droite et l'extrême droite, au pouvoir jusque-là.

TÉLÉPHONE

– **France → Autriche :** ☎ 00-43 + indicatif de ville (sans le 0 initial) + numéro du correspondant.
– **Autriche → France :** ☎ 00-33 + numéro du correspondant (sans le 0 initial).
– **Autriche → Autriche :** les préfixes téléphoniques en Autriche peuvent être source de confusion : ne soyez pas surpris si les numéros n'ont pas tous le même nombre de chiffres, c'est normal ! Pour appeler un numéro dans votre région, composez seulement le numéro. Nul besoin de composer le préfixe. Pour appeler vers une autre région, commencez par « 0 », puis composez l'indicatif régional de la zone en question. Les préfixes téléphoniques en Autriche sont de longueur variable ; pour certaines grandes villes vous aurez juste un nombre à 2 chiffres (pour Vienne = 01), mais pour la plupart des autres c'est un nombre à 4 chiffres.
Pour émettre un ***appel depuis un téléphone mobile*** vers une ligne fixe, toujours ajouter le préfixe régional. Pour appeler à partir d'un mobile vers un autre téléphone mobile, il faut ajouter le préfixe de l'opérateur mobile de la personne que vous appelez : (0664 pour *A1,* 0699 pour *ONE,* 0676 pour *T-mobile,* 0650 pour *tele.ring* et 0660 pour *3*). Néanmoins, ça reste moins compliqué que les appels entre lignes fixes, car les gens vous donneront toujours leur numéro avec le préfixe de leur opérateur.
En Autriche, il convient de dire son nom de famille en décrochant le téléphone et pas simplement « *Hallo* » ou « *Ja* » – ce qui est considéré comme impoli.

Le téléphone portable en voyage

Le voyageur européen titulaire d'un forfait dans son pays d'origine peut utiliser son téléphone mobile ***au tarif national*** dans les 27 pays de l'Union européenne, sans craindre de voir flamber sa facture. Des plafonds sont néanmoins fixés par les opérateurs pour éviter les excès... Cet accord avantageux signé entre l'UE et ses opérateurs télécoms concerne aussi la consommation de ***données internet 3G ou 4G,*** dont le volume utilisable sans surcoût dépend du prix du forfait national (se renseigner). Par ailleurs, si le voyageur réside plusieurs mois en dehors de son pays, des frais peuvent lui être prélevés...
Dans ces pays donc, plus besoin d'acheter une carte SIM locale pour diminuer ses frais.

La connexion internet en voyage

Dans l'UE, notamment en Autriche, une majorité d'hôtels, de restos, de bars, et mêmes certains espaces publics disposent du wifi gratuit. Mieux que la connexion 3G et 4G qui peut entraîner des frais en usage intensif, le wifi permet aussi de profiter d'un débit parfois supérieur.
Une fois connecté au wifi, vous avez accès à tous les services de la ***téléphonie par Internet. WhatsApp, Messenger*** (la messagerie de Facebook), ***Viber, Skype*** permettent d'appeler, d'envoyer des messages, des photos et des vidéos aux 4 coins de la planète, sans frais. Il suffit de télécharger – gratuitement – l'une de ces applis sur son smartphone. Elle détecte automatiquement dans votre liste de contacts ceux qui utilisent la même appli que vous.

Perte ou vol de son téléphone portable

Suspendre aussitôt sa ligne permet d'éviter de douloureuses surprises au retour du voyage ! Le plus simple est de demander la suspension de votre ligne depuis le site internet ou l'appli de votre opérateur. Voici les numéros des 4 opérateurs français, accessibles depuis la France et l'étranger :

– **Free :** *depuis la France :* ☎ *3244 ; depuis l'étranger :* ☎ *+ 33-1-78-56-95-60.*

– **Orange :** *depuis la France :* ☎ *3900 ; depuis l'étranger :* ☎ *+ 33-969-39-39-00.*

– **SFR :** *depuis la France : ☎ 1023 ; depuis l'étranger : 📱 + 33-6-10-00-10-23.*

– **Bouygues Telecom :** *depuis la France, ☎ 1064 ; depuis l'étranger, 📱 + 33-6-60-61-46-14.*

Avant de partir, notez (ailleurs que dans votre téléphone portable !) votre numéro IMEI utile pour ***bloquer à distance*** l'accès à votre téléphone en cas de perte ou de vol. Comment avoir ce numéro ? Il suffit de taper sur votre clavier *#06#.

TRANSPORTS INTÉRIEURS

En voiture

Les autoroutes et voies rapides autrichiennes sont payantes, pensez à acheter votre vignette si vous voyagez depuis la France avec votre véhicule.

ATTENTION, il n'y a très peu de péages, et à la frontière suisse ou allemande comme à Vienne, vous vous retrouvez presque automatiquement sur une autoroute dès que vous souhaitez sortir du centre ou de la ville.

Vous pouvez aussi emprunter sans le savoir et en toute bonne foi une autoroute même si votre GPS vous annonce une banale quatre-voies, ou ne vous prévient pas à temps de votre entrée en Autriche. Ce qui est un cas de litige incessant depuis des années, à l'entrée et à la sortie de Bregenz, par exemple, pour les automobilistes qui arrivent d'Allemagne et veulent continuer par la Suisse (et vice versa si l'on vient de l'est de la France) sans payer une vignette pour 3 ou 4 km... Or, l'infraction peut coûter très cher en cas de contrôle (environ 150 € d'amende), d'autant plus que des patrouilles, payées apparemment au rendement, se régalent en se plaçant selon l'heure de part et d'autre de la portion incriminée. Concrètement, il vous faudra soit acheter à l'avance une ***vignette au format numérique ou à coller sur le pare-brise,*** soit ***vérifier qu'elle est bien visible sur votre voiture de location.*** Si vous venez de l'étranger, elle est vendue dans les ***stations-service à proximité de la frontière*** (et à la frontière elle-même). Sinon, vous la trouverez dans certains ***bureaux de poste ou de tabac.*** On peut aussi se procurer une vignette à coller sur le pare-brise ***en ligne*** : • *tolltickets.com* • ou sur le site de l'*Automobile Club Association* • *automobile-club.org* • Le format numérique est disponible sur • *asfinag.at/toll/vignette* •

La vignette est vendue pour 10 jours (9,90 €), 2 mois (29 €) ou 1 an (96,40 €) valable jusqu'au 31 janvier de l'année suivante (***tarifs 2023*** pour les voitures de moins de 3,5 t). Demi-tarif environ pour les motos.

Tarifs différents, bien sûr, pour les camping-cars en fonction du tonnage du véhicule.

Sachez qu'il existe aussi des ***routes à péage.*** Il peut s'agir de routes panoramiques, de tunnels, mais aussi de simples tronçons d'autoroute. Nous les mentionnons au fil du texte, mais vous trouverez leur liste (ainsi que des indications sur l'état des routes) sur • *asfinag.at* •

Dans le centre des villes, le stationnement est presque toujours payant et relativement onéreux. ***Faites attention aussi aux zones bleues, qui limitent le temps de stationnement. Munissez-vous absolument d'un disque à placer contre le pare-brise.***

Respectez les ***limitations de vitesse*** : 130 km/h sur l'autoroute ; 100 km/h sur les routes à double voie ; 50 km/h en zone urbaine, et 30 km/h dans certaines villes (Graz, par exemple). Feux de croisement allumés de jour obligatoires. Attention : il n'est pas rare de croiser des radars sur le bord des routes... En cas de verbalisation, l'amende est perçue sur-le-champ.

Distances en km entre les principales villes	BREGENZ	EISENSTADT	FELDKIRCH	GRAZ	INNSBRUCK	KLAGENFURT	LANDECK	LIENZ	LINZ	SALZBOURG	ST PÖLTEN	VIENNE
BREGENZ		704	38	600	193	510	117	424	507	374	610	670
EISENSTADT	704		670	175	511	298	588	393	246	362	123	50
FELDKIRCH	38	670		566	159	476	83	390	473	340	576	636
GRAZ	600	175	566		407	133	484	277	237	264	194	191
INNSBRUCK	193	511	159	407		322	77	178	314	181	417	477
KLAGENFURT	510	298	476	133	322		394	144	253	223	285	316
LANDECK	117	588	83	484	77	394		248	391	258	494	554
LIENZ	424	393	390	277	178	144	248		359	180	416	411
LINZ	507	246	473	237	314	253	391	359		138	129	189
SALZBOURG	374	362	340	264	181	223	258	180	138		241	301
ST PÖLTEN	610	123	576	194	417	285	494	416	129	241		66
VIENNE	670	50	636	191	477	316	554	411	189	301	66	

Le ***taux d'alcool*** maximal toléré dans le sang est de 0,5 g (0,1 g pour les conducteurs ayant moins de 2 ans de permis). Et pas question de dépasser le seuil de tolérance... Notez qu'il est obligatoire d'avoir dans sa voiture un ***gilet de sécurité,*** fluorescent et réfléchissant, que vous devrez porter si vous sortez du véhicule hors agglomération ou sur la bande d'arrêt d'urgence (notamment pour installer le triangle de signalisation en cas d'accident ou de panne). Ceintures de sécurité obligatoires à l'avant et à l'arrière.

Les Autrichiens ont une conception particulière de l'ordre des priorités lors d'un croisement. D'une manière générale (mais il peut y avoir des exceptions), ***le véhicule qui circule sur la voie la plus importante bénéficie de la priorité sur les autres.*** Donc, en tout état de cause : prudence ! En montagne, priorité au véhicule montant.

Côté **carburant,** il faut savoir qu'ici le gazole s'appelle *diesel,* le super *benzine,* l'essence sans plomb 95 oct. *super,* et le sans plomb 98 oct. *super plus.*
De novembre à mi-avril, un ***équipement adapté aux conditions hivernales,*** de 4 pneus neige ou de chaînes sur les roues motrices, est obligatoire. Plus de précisions sur le site • *austria.info* • La location de chaînes est possible dans de nombreuses stations-service.

Location de voitures

■ ***BSP Auto :*** *☎ 01-43-46-20-74 (tlj 9h-21h30, w-e 20h).* • *bsp-auto.com* • *Réduc de 5 % aux lecteurs de ce guide avec le code « ROUTARD23 ».* Les prix proposés sont attractifs et comprennent le kilométrage illimité et les assurances. *BSP Auto* propose exclusivement les grandes compagnies de location sur place, assurant un très bon niveau de service. Les plus : vous ne payez votre location que 5 jours avant le départ.

Le train

L'Autriche possède un excellent réseau ferroviaire géré par la compagnie nationale des chemins de fer ***ÖBB.***
La desserte territoriale est, dans son ensemble, extrêmement efficace, de la plaine austro-hongroise du Nord-Est aux montagnes du Vorarlberg qui bordent la Suisse. Cependant, prendre le train en Autriche sans carte de réduction reste douloureux pour le porte-monnaie. Mais pas de panique, les *ÖBB* proposent une multitude de possibilités pour obtenir des billets à tarif réduit, notamment avec l'offre *SparSchiene.*
Pour les moins de 26 ans, la *Jugend Vorteilscard* : pour 19 € et une photo, cette carte, valide pendant 1 an, offre jusqu'à 50 % de réduction sur tous les trajets en Autriche. Particulièrement avantageuse, elle est rentabilisée dès le 1er voyage. D'autres cartes sont en vente, également valides une année. Petit tour d'horizon : la *Classic Vorteils Card* offre les mêmes avantages mais pour les plus de 26 ans et un coût de 99 €. À partir de 2 allers-retours, ça devient très rentable. Elle donne également droit à une réduction (jusqu'à 50 %) sur le *S-Bahn* de Vienne.
Pour les seniors (plus de 63 ans), il existe la *Senior Vorteils Card,* qui coûte 29 €, et pour les familles, la *Vorteilscard Familie* (environ 19 €), qui permet aux enfants de moins de 15 ans de voyager gratuitement en compagnie de leurs parents.
Les trains autrichiens sont très modernes et confortables. Par ailleurs, des navettes relient quotidiennement les grandes villes autrichiennes à leurs voisines étrangères (axe Budapest-Vienne-Munich, Zurich-Innsbruck-Salzbourg-Vienne, Graz-Vienne-Prague, etc.).
Sachez enfin que les ***trains de nuit*** *(ÖBB Nightjet)* ont fait leur grand retour et desservent, depuis les principales villes d'Autriche, des destinations intérieures mais aussi la France, l'Allemagne, la Belgique, les Pays-Bas et l'Italie. Plus d'infos sur • *nightjet.com* •
– Résas en ligne possibles sur le site des ÖBB : • *oebb.at* • *Pour tt rens, le centre d'appel des ÖBB, joignable 24h/24 : ☎ (00-43) 517-17 (depuis l'étranger ; sinon, faire le ☎ 05-17-17).*
– Et pour connaître toutes les liaisons à travers l'Autriche en train, mais aussi en bus et autres transports en commun, *Scotty* s'avère être un outil bien pratique : • *fahrplan.oebb.at* •
Des compagnies privées opèrent en parallèle d'ÖBB sur certaines liaisons intérieures. C'est le cas de la ***Westbahn,*** la plus importante d'entre elles, qui relie Salzbourg à Vienne via Linz. Comparer les temps de trajet et les prix, bien sûr. • *westbahn.at* •

Cyclotourisme

En matière de mode de transport écolo et sportif, le vélo est évidemment en tête de peloton ! Si on y pense volontiers aux Pays-Bas, cela vient moins à l'esprit en Autriche, pays plus vallonné. Pourtant, ce ne sont pas les pistes cyclables ni les itinéraires qui manquent, qu'ils soient culturels ou sportifs (parfois les 2). Et si vous pensez avoir des mollets inaptes, rassurez-vous, on trouve facilement des vélos électriques à louer, les *e-bikes,* comme on dit en bon allemand !

Vous pourrez ainsi emprunter les pistes cyclables de l'***EuroVélo 6 le long du Danube*** sur 365 km, de Passau (frontière allemande) à Hainburg (frontière slovaque). Les plus endurants, ou ceux qui ont du temps, pourront même partir en amont depuis Ulm, en Bade-Wurtemberg, et poursuivre au-delà en aval jusqu'à Budapest, Belgrade et même la mer Noire. En Allemagne et en Autriche, un réseau d'hébergements accueillant les cyclistes s'est constitué tout au long du parcours. • *eurovelo.com/ev6* • *donauregion.at* •

On visitera les châteaux de la Carinthie, mais seuls les mieux entraînés feront l'ascension du Grossglockner, très fréquentée par les cyclistes chevronnés.

En tout, le pays offre ***plus de 10 000 km de pistes cyclables balisées.*** Et si vos gambettes aspirent à quelques vacances, vous pouvez toujours faire quelques tronçons en train, les vélos peuvent y être embarqués pour un prix modique.

– Rens auprès de l'office national autrichien de tourisme à Paris : ☎ 00-800-400-200-00 (nº d'appel gratuit depuis la France). • austria.info/fr •

Urgences

- ***Police :*** *☎ 133.*
- ***Pompiers :*** *☎ 122.*
- ***Ambulances et urgences médicales :*** *☎ 144.*
- ***Médecins de garde :*** *☎ 141.*
- ***Pharmacies de garde :*** *☎ 1455.*
- ***Dépannages 24h/24*** *(voiture) :* ***ARBÖ,*** *☎ 123.* ***ÖAMTC,*** *☎ 120.*

☎ **112 :** voici le numéro d'urgence commun à la France et à tous les pays de l'UE, à composer en cas d'accident, d'agression ou de détresse. Il permet de se faire localiser et aider en français, tout en améliorant les délais d'intervention des services de secours.

LE VORARLBERG

• Carte *p. 63*

Plus proche des Helvètes que des Viennois, et presque à égale distance de Paris et de Vienne, c'est le Land le plus occidental de l'Autriche. Le plus petit aussi (2 601 km²), sans compter Vienne, qui forme un Land à elle toute seule. Avec ses montagnes qui se dressent doucement depuis les rives du lac de Constance jusqu'aux glaciers, sa superbe nature préservée, ses stations de sports d'hiver réputées, c'est aussi l'une des régions les plus touristiques du pays. D'ailleurs, il y eut tout le temps ici des visiteurs, à commencer par les Illyriens, suivis des Celtes, des Romains, des Alamans, des Rhéto-romans... Même les Valaisans, qui, aux XIIIe et XIVe s, allèrent jusqu'à quitter leur beau Valais suisse pour peupler la région.
Enfin, c'est le canton autrichien le plus helvétique : en 1919, à l'heure de la création de la République autrichienne, une partie de la population souhaitait être rattachée à la Suisse plutôt qu'à l'Autriche.

EXEMPLE À SUIVRE

Comme partout en Europe, les usines textiles du Vorarlberg étaient moribondes. Il fallait absolument trouver de nouveaux débouchés ou fermer. Les industriels locaux démarchèrent l'élite nigériane en leur proposant des tissus brodés de dentelle, adaptés à leur goût. Bingo ! Les usines tournent aujourd'hui à plein régime.

UN MODÈLE D'ARCHITECTURE ALTERNATIVE

Célébrée aujourd'hui pour son élégance, sa gestion efficiente de l'énergie et son respect de l'environnement, l'architecture du Vorarlberg doit beaucoup à ***l'excellence de l'artisanat local*** (notamment dans le travail du bois), mais aussi au pragmatisme des habitants de ce Land ainsi qu'à leur grand sens de l'économie.
Dès le début des années 1960, des pionniers comme ***Hans Purin*** (un ancien maçon devenu architecte) font souffler un vent de renouveau sur l'architecture du Vorarlberg avec pour maîtres mots, simplicité, style, qualité, économie de moyens et développement durable. 2 décennies plus tard, ces idées vont être reprises et développées par le mouvement des *Baukünstler,* un groupe de jeunes architectes, de charpentiers et d'artisans soucieux de moderniser l'architecture locale (qu'ils jugent trop conservatrice) sans pour autant la renier. Au contraire, cette architecture nouvelle doit s'appuyer sur les savoir-faire et les matériaux locaux, tout en gardant une identité propre. Mission réussie ! Lorsqu'on sillonne le Vorarlberg, et plus particulièrement le ***Bregenzerwald***, on peut voir des maisons modernes (en bois et en verre) s'insérant parfaitement dans le paysage et provoquant un réel dépaysement.
On vient de loin saluer cet heureux mariage de l'ancien et du nouveau, car les fermes rustiques aux façades habillées de bardeaux sont toujours là (cachant souvent des intérieurs modernes entièrement repensés). Un indice pourra également vous signaler l'importance de l'architecture passive dans la région : le nombre de petites entreprises liées au secteur de l'énergie renouvelable que vous croiserez au détour des routes.

CUISINE DU TERROIR

Les gourmets devraient être à la fête car, depuis quelque temps déjà, une « ***cuisine régionale créative*** » a fait son apparition dans le Vorarlberg. Les recettes ancestrales aux noms énigmatiques *(Ofenkatze, Schmarollennockerl, Hafaloab...)*, autrefois destinées à nourrir les travailleurs de la montagne, ont été revisitées pour flatter les papilles des visiteurs de passage. Résultat : aujourd'hui, le Vorarlberg est le Land autrichien qui possède le plus grand nombre de restos primés...

Arriver – Quitter

➢ ***Si vous venez en voiture, pensez à la vignette autrichienne (10 jours, 2 mois ou même 1 an) à coller sur le pare-brise dès votre arrivée dans le pays*** (en vente dans n'importe quelle station-service, à la frontière par exemple, ou en la commandant à l'avance sur • *tolltickets.com* •). ***OBLIGATOIRE !***

➢ Construit entre 1974 et 1978 pour relier le Vorarlberg et le Tyrol, l'***Arlberg-Straßentunnel*** (le ***tunnel de l'Arlberg***) a désenclavé la région (Vorarlberg signifie « devant l'Arlberg »). Pour Innsbruck, si vous arrivez de l'ouest de l'Autriche, la route la plus directe passe donc par ce tunnel de 14 km de long (le 6e plus long tunnel routier au monde). Prévoir 11 € pour une voiture.

➢ Si vous disposez d'un peu de temps, préférez-lui les différentes ***routes de montagne*** qui s'offrent à vous : celle du Nord et surtout celle du Centre (classique mais très agréable), par l'***Arlbergpass*** – le col de l'Arlberg, à 1 800 m, marquant la ligne de partage des eaux entre le Rhin et le Danube ; ou celle du Sud, plus longue et payante mais splendide, par le ***Montafon*** et la ***Silvretta.***

Adresse utile

ℹ ***Office de tourisme du Vorarlberg :*** *Poststr. 11,* ***Dornbirn.*** ☎ *(05572) 377-03-30 (lun-sam 8h-18h).* • *vorarlberg.travel/en* • *Tlj sauf w-e 9h-16h (12h ven).* Le site internet est très bien fait et regorge d'infos (activités, randonnées à thème, gastronomie, hébergement, bien-être, etc.) sur la région. Infos sur les ***Inclusive Cards*** régionales, l'été et parfois l'hiver, donnant libre accès aux télécabines, musées, piscines et autres infrastructures de loisirs, ainsi qu'aux transports publics. Gratuites dans l'*Arlberg*, le *Bregenzerwald* et le *Kleinwalsertal*, elles doivent être achetées dans les 3 autres microrégions.

BREGENZ

(6900) 30 245 hab. IND. TÉL. : 05574

• Plan *p. 65*

Au bord du lac de Constance, non loin des montagnes, Bregenz, mélange de bâtiments traditionnels et d'architecture contemporaine, séduira les amateurs de tranquillité. Un coin longtemps convoité quand on sait que les Romains y avaient édifié une ville (*Brigantia* ou *Brigantium*) ou que les missionnaires irlandais *Columba* et *Gall* avaient décidé d'évangéliser la région.
Bonne étape pour profiter, au soleil couchant, des charmes de la ville haute et de son atmosphère douce.
– Si vous y êtes en juillet-août, ne manquez pas le superbe festival lyrique, le *Bregenzer Festspiele*.

LE VORARLBERG

LE LAC DE CONSTANCE

Le ***Bodensee,*** en français « lac de Constance », doit son nom au château impérial érigé à *Bodman* par les Carolingiens. Avec une superficie de 536 km², il est alimenté par le Rhin et se partage l'Allemagne, l'Autriche et la Suisse.
La qualité de son eau s'est fortement dégradée depuis le XVIe s, à cause notamment d'une eutrophisation d'origine humaine et agricole. L'excès de nitrate et de phosphore, par leur apport de substances nutritives, augmente la production d'algues et de plantes, et entraîne alors une détérioration du milieu aquatique. Cependant, la construction de stations d'épuration et la meilleure gestion des eaux de ruissellement dans les 3 pays riverains, a permis une diminution de cette dégradation.

LE VORARLBERG

La plupart des cités riveraines sont reliées entre elles par des bateaux-navettes, et en été, la surface du lac se pare d'innombrables voiles blanches et colorées lui conférant un charme tout méridional.

Arriver – Quitter

En train

Gare ferroviaire *(plan A2)* **:** *face au lac. ☎ 05-17-17. • oebb.at •*
➢ De/vers **Innsbruck** (2h30), **Feldkirch** (30-45 mn) et ttes les grandes villes du pays, ainsi que de/vers quelques villes de **Bavière** et d'**Italie du Nord** (avec changement).

Adresses utiles

Bregenz Tourismus *(office de tourisme ; plan B1)* **:** *Rathausstr. 35a. ☎ 495-90. • bregenz.travel • De janv à mi-juil et de mi-août à fin déc, lun-sam 9h-18h (12h sam) ; de mi-juil à mi-août, lun-sam 9h-19h et dim 10h-14h.* Doc abondante. Vend aussi la **Bodensee-Vorarlberg Freizeitkarte** *(16 € pour 1 j. ; 8 € enfant 6-15 ans),* qui permet d'accéder librement aux attractions et aux musées de la région. Offre aussi la gratuité dans les bus et les trains.
Plein d'infos (en allemand et en anglais) sur la région du lac de Constance *(Bodensee-Vorarlberg)* sur le site très complet *• bodensee-vorarlberg.com •*
Location de vélos : Radverleih Bregenz, *Seepromenade, 6900 (plan B1, **1**). ☎ 818-757-35. • radverleih-bregenz.at • bikeverleih.bregenz@gmail.com • Mars-nov, tlj 9h-12h (13h w-e), 14h-18h. À partir d'env 26 €/j.* Hors saison, en cas de fermeture ou par mauvais temps, location via mail ou par tél.

Où dormir ?

Pendant le festival en été, les pensions et hôtels sont pris d'assaut, et les prix de 10 à 30 % plus élevés (voire plus).

Campings

Camping Mexico am Bodensee *(hors plan par A2)* **:** *Hechtweg 4. ☎ 70-39-430. • camping-mexico.at • À env 1,5 km du centre, presque au bord du lac, avec juste la piste cyclable (qui rejoint le centre-ville) à traverser pour atteindre une plage. Ouv mai-sept. Compter env 35 € pour 2 avec tente et voiture (env 18 € sans véhicule).* Un tout petit bout de camping, à l'ambiance très familiale, avec pelouse et arbres, ainsi qu'un beau café avec billard. Le hic : il est rapidement plein ! Juste en face, le **Seecamping** *(• seecamping.at • ; env 40 € pour 2 avec tente et voiture),* avec ses grands arbres et ses pelouses qui n'en finissent pas...

De prix moyens à chic

JUFA Gästehaus *(hors plan par A2, **10**)* **:** *Mehrerauerstr. 5. ☎ (0570) 835-40. • jufa.eu/en/hotel/bregenz • Doubles à partir de 110 € ; familiales ; petit déj inclus. Repas env 15 € (sur résa).* Près du lac, dans une ancienne fabrique restaurée, un hébergement qui s'adresse avant tout aux familles ou aux petits groupes. Sympa car confortable comme un hôtel et animé comme une AJ ! Café-bar ouvert à tous et cafét' pour les résidents.
Pension Sonne *(plan B2, **11**)* **:** *Kaiserstr. 8. ☎ 425-72. • pensionsonne.at • Ouv avr-oct. Doubles avec ou sans sdb 123-173 €, petit déj inclus.* On conseille cette pension surtout pour son emplacement. Une vingtaine de chambres à la déco datée, mais agréables. Quelques triples et quadruples aussi.
Hotel Garni Matt *(hors plan par A2, **12**)* **:** *Wuhrbaumweg 36. ☎ 717-77.*

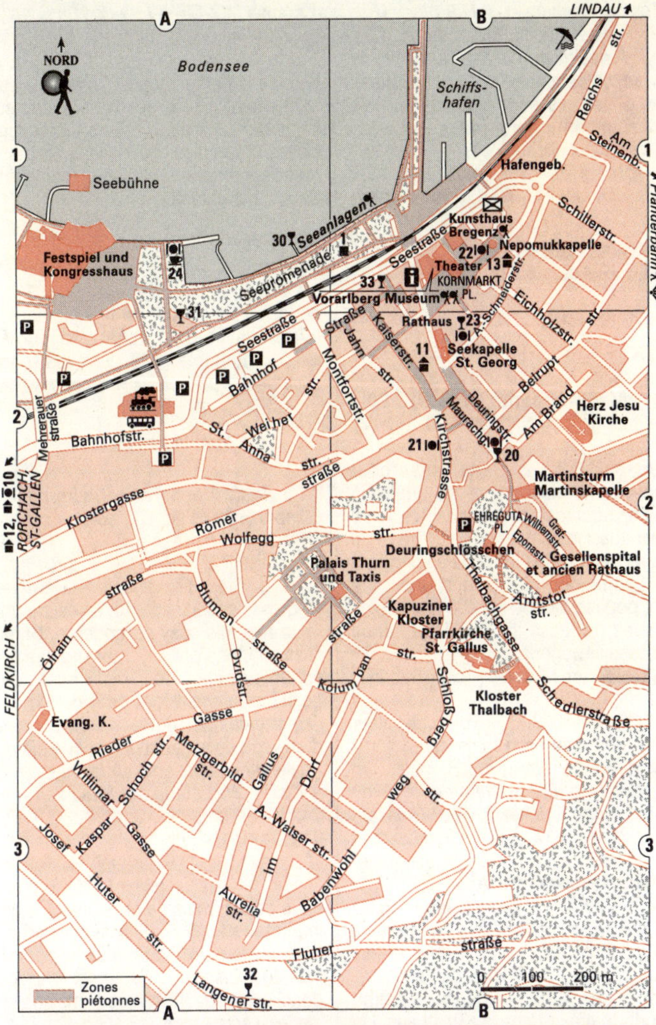

BREGENZ

Adresses utiles

- Bregenz Tourismus (B1)
- 1 Radverleih Bregenz (location de vélos ; B1)

Où dormir ?

- 10 JUFA Gästehaus (hors plan par A2)
- 11 Pension Sonne (B2)
- 12 Hotel Garni Matt (hors plan par A2)
- 13 Hotel Messmer (B1)

Où manger ?

- 20 Maurachbund (B2)
- 21 Goldener Hirschen (B2)
- 22 Gasthaus Kornmesser (B1)
- 23 Restaurant Freischwimmer – Gösserbräu (B2)
- 24 Wirtshaus am See (A1)

Où boire un verre ? Où sortir ?

- 30 Fischersteg-Sunset Bar (plan A1)
- 31 Beachbar (A1-2)
- 32 Heuriger Möth (A3)
- 33 Wunderbar et Cuba (B1)

● *hotelgarnimatt.at* ● *Doubles 100-130 €, petit déj-buffet compris. Parking.* À quelques minutes du centre et du lac, un petit hôtel familial, au calme. Les chambres sont classiques mais suffisamment confortables. Location de vélos aux clients.

Hotel Messmer *(plan B1, **13**) : Kornmarktstr. 16. ☎ 423-56.* ● *hotel-messmer.at* ● *Doubles 112-208 € (jusqu'à 290 € pdt le festival), petit déj inclus. Garage au sous-sol 12 €/j.* En face de la petite chapelle, un 4-étoiles idéalement situé, aux volets bleus. Chambres aux murs blancs, boiseries claires et sanitaires qui rutilent. On paie tout de même un peu l'emplacement ! Sauna, bar et resto.

Où manger ?

De bon marché à prix moyens

Maurachbund *(plan B2, **20**) : Maurachgasse 11. ☎ 444-46. Tlj sauf dim-lun 15h (10h ven-sam)-minuit. Plats env 12-27 €.* Carte variée pour une cuisine saisonnière de qualité à des prix qui restent raisonnables. On y vient aussi juste pour boire un verre ou saluer le patron et les amis en profitant de l'ambiance jazzy, dans une salle aux poutres vieilles de 400 ans. Coins intimes, terrasse abritée. Une bonne adresse à Bregenz.

Goldener Hirschen *(plan B2, **21**) : Kirchstr. 8. ☎ 428-15. Tlj sauf dim-lun 11h-23h. Plats 12-26 €.* Voici une valeur sûre dans une belle maison à colombages en plein cœur de Bregenz. On s'y régale d'une authentique cuisine autrichienne à prix modérés : *Gulasch, Kesselfleisch, Kässpätzle, Tafelspitz* et on en passe... Le cadre est rustique et l'ambiance chaleureuse.

Gasthaus Kornmesser *(plan B1, **22**) : Kornmarktstr. 5. ☎ 548-54. Tlj sauf lun 9h-minuit (tlj pendant le festival). Plats 14-26 €.* Un bâtiment baroque et une tambouille dans le même esprit, tout à côté de la Kunsthaus. Un resto très fréquenté qui propose un peu de tout mais surtout du typique. Belle terrasse avec parasols et jardin côté lac, ou agréable salle dans les tons clairs.

De prix moyens à chic

Restaurant Freischwimmer – Gösserbräu *(plan B2, **23**) : Anton-Schneider-Straße 1. ☎ (05574) 424-670. Tlj sauf dim-lun, midi et soir. Plats 12-28 € (viandes jusqu'à 40 €).* Derrière sa grosse enseigne verte, se cache un resto à la fois cosy et moderne. Dans l'assiette, des plats typiques (gulasch, schüblingsalat, etc.), mais aussi du poisson qui vient tout droit du lac de Constance. Le tout à accompagner d'un verre de vin ou d'une bonne bière. Également un bar ambiance lounge.

Wirtshaus am See *(plan A1, **24**) : Seepromenade 2. ☎ 422-10. Tlj 9h-22h. Plats env 13-36 €. Petit déj (jusqu'à 11h) 19 €. Brunch le dim et j. fériés avec musique live (25 €).* Touristique certes, mais ce gros chalet avec loupiotes bénéficie d'un super cadre, face au lac de Constance. Spécialités de poissons du *Bodensee* (du lac, donc). Salon de thé (gâteaux maison et glaces) l'après-midi. Location d'embarcations à pédales dans la darse.

Où boire un verre ? Où sortir ?

D'avril à septembre/octobre, quelques lieux éphémères s'éveillent pour les beaux jours. Sur le lac de Constance, ***Fischersteg-Sunset Bar*** *(plan A1, **30**)*, un genre de kiosque plutôt tranquille et romantique hors saison qui se transforme en bar festif l'été. Également le ***Beachbar*** *(plan A1-2, **31**)*, où l'on vient pour siroter un cocktail dans les transats ou encore ***Heuriger Möth*** *(plan A3, **32**)*, sympa pour goûter la récolte maison en grignotant un bout.

Wunderbar *(plan B1, **33**) : Bahnhofstr. 4. ☎ 477-58. Lun-jeu 11h-3h ;*

ven-sam 10h-4h ; dim 12h-3h. Un petit bar à la déco rouge théâtre. Au 1er étage, ambiance XIXe sympa. Très animé les vendredi et samedi quand le DJ entre en scène vers 20h, et même dès l'heure de l'apéro. Bonnes bières. Terrasse sur rue. À 2 pas, le ***Cuba*** *(plan B1,* ***33****)*, très animé aussi certains soirs, à la déco plus moderne.

À voir. À faire

Vorarlberg Museum *(musée du Vorarlberg ; plan B1)* **:** *Kornmarktplatz 1. ☎ 460-50. • vorarlbergmuseum.at • Tlj sauf lun 10h-18h (20h jeu). Entrée : 9 € ; réduc ; billet combiné avec la Kunsthaus 17 € ; gratuit avec la* Bodensee-Vorarlberg Freizeitkarte.
Dans ce grand bâtiment blanc, se côtoie un intéressant mélange d'ancien et de contemporain, sur 3 étages. Sachez que ***les explications sont essentiellement en allemand.***
La partie la plus intéressante se trouve au ***2e étage,*** qui aborde la ***culture populaire*** du Land tous azimuts à travers de belles vitrines. On y admire aussi bien des statues religieuses, des maquettes, des radios anciennes, des objets d'art ou liturgiques, que de jolis meubles peints, des textiles, des coiffes, des cloches, des tableaux, des poupées sous bulles de verre, une étonnante collection de pommeaux d'épées, une autre de pièces de monnaie, ainsi qu'une intéressante partie sur l'architecture, à travers des modèles réduits. Ouvrez les tiroirs sous les vitrines et vous découvrirez encore des cartels et plein d'autres petits trésors.
Le ***3e étage*** accueille des ***expos temporaires*** ainsi que « la ville à l'époque romaine » expliquée aux enfants. Quant au ***4e étage,*** il évoque la construction du Land et son « identité » (ainsi que celle de ses habitants) à travers 2 expositions ludiques. Ne manquez pas, à cet étage, la ***Panorama-Raum*** (la salle est indiquée par une flèche au sol), qui offre un magnifique tableau vivant du lac de Constance à travers de larges baies vitrées.

Kunsthaus Bregenz *(plan B1)* **:** *Karl-Tizian-Platz. ☎ 48-59-40. • kunsthaus-bregenz.at • Tlj sauf lun 10h-18h. Entrée : 11 € ; réduc ; billet combiné avec le Vorarlberg Museum 17 € ; gratuit avec la* Bodensee-Vorarlberg Freizeitkarte. *Audioguide en anglais (sur l'architecte) : 2 €.* Cet étonnant cube gris aux parois de verre fut construit en 1997 par l'architecte suisse Peter Zumthor. Il présente des expos d'***artistes contemporains*** en vogue (ou à 2 doigts de le devenir) qui changent tous les 3 mois.

Seeanlagen *(plan A-B1)* **:** belle promenade le long du lac de Constance. L'été, c'est fleuri, coloré et joyeusement animé. On peut rejoindre ainsi le ***Festspiel und Kongresshaus*** *(palais du festival et des congrès ; plan A1).*

Balade dans la ville haute *(plan B2)* **:** itinéraire de 2h environ. Partir de la ***mairie*** (du XVIIe s, mais façade refaite 2 siècles plus tard ; *plan B1-2*), sur la Rathausstraße. Au passage, jeter un œil, si elle est ouverte, à la ***Seekapelle St. Georg*** *(plan B2),* pour son chemin de croix et son beau retable Renaissance dans le chœur. Emprunter la Kirchstrasse pour rejoindre la ***Pfarrkirche St. Gallus*** *(église paroissiale Saint-Gallus ; plan B2).* Peu avant d'y arriver, au nº 57, belle maison à colombages et encorbellement. L'église date du XIVe s mais fut « baroquisée » au XVIIIe s. Clocher élancé, avec élégant fronton et clocheton. À l'intérieur, décor abondamment stuqué et « baroquisé ». Chaire et buffet d'orgue de style rocaille.
De l'église, on aperçoit les vignes. De nombreuses demeures se

ARGENT SALE !

Sur l'Ehregutaplatz, chaque mercredi des Cendres, traditionnellement, on vient laver les porte-monnaie vides après les excès du Mardi gras... Le plus dur, après, est de les remplir à nouveau !

sont intégrées dans l'ancienne enceinte (il reste une tour ronde appelée « tour des Boulangers », car on y enfermait ceux qui trichaient sur le poids du pain). Derrière l'église, descendre par l'escalier pour rejoindre le Meissnerstiege par la Thalbachgasse, un passage grimpant sur la colline et aboutissant au ***Deuringschlösschen*** *(plan B2)*, belle bâtisse du XVIIe s, ancienne résidence du maire (ne se visite pas). Devant, on découvre l'***Ehregutaplatz*** *(plan B2)*, adorable place de village semblant s'être figée dans le temps. Tons pastel, jardins riants. Puis perdez-vous dans les ruelles paisibles.
Dans l'*Eponastraße* se trouve le **Gesellenspital,** ancien hospice des compagnons. En face, l'***ancien Rathaus*** *(plan B2)*, de 1611. Revenir sur l'*Ehregutaplatz* par la *Graf-Wilhelm-Straße*. À droite, on parvient à la croquignolette Martinsplatz, sa chapelle et la pittoresque ***Martinsturm*** (*plan B2 ; mai-oct slt, mar-dim 11h-18h ; entrée : 3,50 €, réduc, gratuit avec la* Bodensee-Vorarlberg Freizeitkarte), massive tour édifiée au XVIe s, au sommet de laquelle on arrive par un joli escalier extérieur en bois. Elle hérita plus tard de son clocher à bulbe, le plus gros d'Europe centrale. Au pied de la tour, la ***Martinskapelle,*** décorée de fresques du XIVe s très bien conservées. Petit café juste à côté.

Pfänderbahn *(téléphérique ; hors plan par B1)* **:** *se prend au 4 Steinbruchgasse. ☎ 421-600. • pfaenderbahn.at • Tlj, ttes les 30 mn 8h-19h. A/R : 14,20 € (env 15 € en hiver) ; réduc ; gratuit avec la* Bodensee-Vorarlberg Freizeitkarte. Pour parvenir en moins de 10 mn au Pfänder (1 064 m). Panorama sur 240 sommets alpins et le lac. Resto self-service (rien de terrible, hélas !). Dépaysement assuré. Randos à partir du Pfänder.

➢ ***Balades en bateau et sports nautiques :*** le lac de Constance propose pas mal d'activités. De Pâques à mi-octobre, croisières régulières, à thème pour certaines, dans la baie de Bregenz et sur tout le lac, vers l'île de Mainau et Lindau, Reichenau, Meersburg, Constance, Friedrichshafen, etc. *Rens sur le port, auprès de **Vorarlberg Lines,** Seestr. 4. ☎ 428-68 ou via • info@vorarlberg-lines.at • vorarlberg-lines.at •*

Festival

Bregenzer Festspiele : *2de quinzaine de juil-2de quinzaine d'août. • bregenzer festspiele.com • Résas par tél ou Internet auprès du **bureau du Festival** (Bregenzer Festpiele GmbH), Platz der Wiener Symphoniker : ☎ 40-76 ; ainsi qu'à l'office de tourisme de Bregenz, qui propose aussi d'intéressantes formules billets pour l'opéra + nuits d'hôtel.* Ce festival de musique classique et d'opéra est né en 1946, et a depuis acquis une très grande ***réputation internationale.*** Un des lieux phares en est l'***immense scène aquatique*** (d'où Daniel Craig traque les méchants dans *James Bond – Quantum of Solace*), avec à chaque fois des décors extraordinaires. Bien que les places se réservent longtemps à l'avance, on finit normalement toujours par en trouver quelques-unes au dernier moment ; n'hésitez donc pas à demander.

DANS LES ENVIRONS DE BREGENZ

LE BREGENZERWALD

Ici, plus de 1 500 km de sentiers pédestres s'offrent à vous en été, et 300 km de pistes de ski de fond en hiver.
Entre les collines boisées des Préalpes et la haute montagne, cette superbe région riche en traditions abrite ***23 villages coquets*** où se mêlent très habilement les fermes rustiques aux façades habillées de bardeaux et les constructions plus

contemporaines, le plus souvent en bois, elles aussi. C'est comme s'il régnait dans ce petit coin d'Autriche un véritable art de vivre, qui s'illustre à travers son architecture (voir plus haut), mais aussi à travers de bonnes tables, avec des chefs créatifs qui exploitent au mieux les bons produits du cru. Parmi ces produits : les fromages. Suivre la route du Fromage ***(Käsestraße)*** est d'ailleurs une excellente façon de découvrir la région, tout comme sillonner les 12 villages du chemin de ***Umgang,*** ou se diriger vers ***Lech*** et la superbe ***vallée du Lechtal*** en empruntant la route de ***Warth.***

Adresse et infos utiles

i ***Bregenzerwald Tourismus*** *(office de tourisme)* **:** *Gerbe 1135, 6863* ***Egg.*** ☎ *(05512) 23-65.* • *bregenzerwald.at* • *Tlj sauf w-e 9h-17h.* Toutes les infos sur le chemin de *Umgang* (entre 1h30 et 4h). – De mai à octobre, la ***carte d'hôte du Bregenzerwald*** est remise gratuitement à toute personne séjournant 3 nuits ou plus dans le Bregenzerwald. Elle permet d'emprunter librement les remontées mécaniques et transports en commun dans la vallée, offre l'accès aux piscines ainsi que des réductions auprès des partenaires.

Où dormir ? Où manger ?

⛺ ***Camping Feurstein :*** *Haidach 185, 6951* ***Lingenau.*** ☎ *(05513) 61-14.* • *marika.feurstein51@gmail.com* • *À la sortie de Lingenau, en direction de Hittisau, peu après l'hôtel-resto* Der Wälderhof. *Ouv tte l'année. Compter 22-24 € pour 2 avec tente et voiture. La propriétaire ne parle pas l'anglais.* Dans un très beau coin, un tout petit camping à la ferme, accessible par une jolie route, offrant un joli bout de pelouse où l'on s'installe comme on peut, dans une ambiance champêtre, avec comme seule nuisance le son des cloches des vaches.

🏠 |●| ***Wälderhof :*** *Steig 161, 6951* ***Lingenau.*** ☎ *(05513) 62-440.* • *waelderhof.com* • *Au bord de la route, à la sortie de Lingenau, en direction de Hittisau. Resto fermé lun-mar pour les non-résidents. Doubles 140 € avec le petit déj et 200 € en ½ pens (à partir de 3 nuits) ; apparts 80-100 € (hors petit déj et ½ pens ; min 5 nuit). Parking.* L'extérieur de cette grosse maison traditionnelle est assez classique, mais à l'intérieur on est vite séduit par l'accueil tout sourire et la déco tout en bois clair, aux lignes pures. C'est sobre, élégant, chaleureux : un concentré du Bregenzerwald. Resto lui aussi fortement recommandé : le petit menu change toutes les 6 semaines, et les produits locaux y sont joliment travaillés et présentés. Aux beaux jours, la vue qu'offrent la terrasse ainsi que la plupart des chambres sur les champs et la montagne est d'une sérénité absolue. Également 2 appartements.

🏠 ***Hotel Bären :*** *Platz 66, 6881* ***Mellau.*** ☎ *(05518) 22-07.* • *baerenmellau.at* • *Doubles à partir de 150 €, petit déj inclus. Les tarifs varient en fonction de la durée du séjour.* Cette belle bâtisse blanche aux volets verts jouit d'une jolie situation. Chambres sobres mais impeccables, avec balcon ou kitchenette, et toutes avec vue. Agréable salon pour se détendre, orné d'une grande carte ancienne de l'Autriche, magnifique sauna et, surtout, un super petit café au rez-de-chaussée, où se prend le petit déj-buffet.

🏠 |●| ***Hotel Tannahof :*** *Argenstein 331, 6883* ***Au.*** ☎ *(05515) 22-10.* • *tannahof.at* • *Fermé de mi-avr à mi-mai et de fin oct à mi-déc. Doubles avec petit déj à partir de 130 € ; ½ pens possible ; apparts.* Un hôtel familial et au calme, dans un beau paysage de montagne respirant la sérénité. Une douzaine de chambres, dont la moitié avec balcon, dans une bâtisse traditionnelle avec intérieur confortable en bois. Sauna. Derrière les fourneaux, le chef, français, pioche aussi bien dans la tradition hexagonale qu'autrichienne.

Hotel Alpengasthof Jägerstüble : *Furkastraße 208, à* **Damüls.** *À 3 km du cœur de Damüls. (05510)-373. • jaegerstueble.at • Fermé de fin oct à mi-déc. Doubles env 160 € (mais mieux vaut vérifier). Plats env 13-24,50 €.* On y accède par une belle route (un bonheur si vous êtes motard !). Une fois à l'auberge, la surprise est là : une vue fantastique sur la montagne. La cuisine, roborative, met à l'honneur des plats de viandes du genre *wurst, kesseifleish, schweinsstelz,* etc. Amis végétariens, passez donc votre chemin... Quant aux chambres, elles sont simples, mais on retrouve, là-encore, la superbe vue sur les environs.

Où acheter de bons fromages et produits laitiers ?

Chaque village du Bregenzerwald, ou presque, a sa fromagerie *(Sennerei).* Demandez donc aux habitants où elle se trouve. Pour un aperçu des produits régionaux, on conseille l'adresse suivante :

Käsekeller : *un peu avt* **Lingenau** *en venant de Bregenz. ☎ (05513) 42-870-43. Avr-oct, tlj sauf lun 10h-18h (9h-17h sam) ; nov-mars, tlj sauf lun 10h-17h (sam 10h-16h).* C'est un peu la vitrine de la *Käsestraße* (route du Fromage) du Bregenzerwald. On y trouve presque tous les fromages produits dans le coin, mais aussi d'autres produits alimentaires (pâtes, liqueurs, biscuits...), et même cosmétiques, la plupart locaux. Vaut surtout le détour pour son immense salle de maturation, visible à travers une énorme baie vitrée, où vieillissent pas moins de 32 000 *Bergkäse* !

LE VORARLBERG

À voir. À faire

***La Käsestraße** (la route du Fromage)* **:** vous l'aurez compris, le Bregenzerwald est une région agricole, célèbre pour ses **fromages de montagne,** encore aujourd'hui produits dans des petites fermes (celles-ci ne possédant en moyenne que 9 vaches) ou des fromageries d'alpage. Depuis des siècles, l'exploitation des pâturages s'y fait en 3 phases : une fois la fonte des neiges terminée, le bétail est amené dans les pâturages de la vallée, avant d'être monté à moyenne altitude puis à haute altitude au cœur de l'été. La route du Fromage vous mène aussi bien dans des auberges, des fermes vendant leurs produits que chez des fromagers. Et grâce à elle, vous découvrirez aussi que les fromages ne sont pas les seuls excellents produits laitiers de la région ! Plus d'infos sur le site : *• kaesestrasse.at •*

***Werkraum Bregenzerwald** (Maison de l'artisanat)* **:** *Hof 800, à* **Andelsbuch.** *☎ (05512) 263-86. • werkraum.at • Mar-sam 10h-18h. Fermé dim-lun. Entrée : 7,50 € ; réduc.*
Œuvre de l'architecte suisse ***Peter Zumthor*** (à qui l'on doit aussi la Kunsthaus de Bregenz), cette bâtisse de verre et béton au toit en bois, bien qu'imposante, s'intègre bien dans le paysage. Un lieu censé être à la fois un espace de rencontres, d'échanges, et la vitrine de l'artisanat du Bregenzerwald.
Les objets sur place étant chers, vous pourrez toujours vous consoler en dégustant, attablé à l'une des grandes tables en bois, un bon plat du jour (avec option végétarienne).
– En vous promenant dans *Andelsbuch,* vous constaterez que cette petite ville gentiment déstructurée est un exemple parfait de ces bourgades où traditionnel et contemporain se côtoient en toute harmonie.

Angelika Kauffmann Museum : *Brand 34, dans le mignon village de* **Schwarzenberg** *(où vous trouverez un véritable inventaire architectural du chalet traditionnel !). ☎ (05512) 264-55. • angelika-kauffmann.com • Mai-oct, tlj sauf lun 10h-17h. Entrée : 8 € ; réduc.* Angelika Kauffmann est une ***élégante portraitiste*** de la 2de moitié du XVIIIe s, à la manière de Fragonard, ayant grandi à Schwarzenberg.

Très peu d'œuvres, mais on retrouve les thèmes mythologiques remplis de nymphes et d'amours sur la vaisselle et les services à thé de l'époque, dans le petit ***Heimatsmuseum*** (musée local) qui reconstitue une maison d'époque.

Seilbahn Bezau *(téléphérique)* **:** *Obere 394, à* ***Bezau.*** *☎ (05514) 22-54.* *• seilbahn-bezau.at • Tlj, ttes les 30 mn 9h-17h (dernière descente). A/R jusqu'au milieu (« Sonderdach ») 11,80 € ; A/R jusqu'au sommet : 20,50 €.* On est hissé de 715 m d'altitude à plus de 1 645 m, pour bénéficier de l'un des plus beaux panoramas sur le Bregenzerwald et le Vorarlberg, depuis le lac de Constance au nord-ouest jusqu'aux pics enneigés au sud-ouest. Un peu cher mais vaut la peine. Resto au sommet.

Petite curiosité dans le village de ***Krumbach*** (au-delà de Lingenau) : ***7 abribus*** aux formes loufoques, pour le moins inhabituelles, conçus par des architectes de différents pays (petite brochure disponible dans les offices de tourisme). Ne mérite pas le détour, mais le coup d'œil au passage quand même !

➢ Enfin, pour les férus d'architecture, l'office de tourisme a mis en place des ***itinéraires balisés*** *(Umgang Bregenzerwald)* dans 12 villages afin de permettre d'en découvrir les principales caractéristiques à travers leurs différents bâtiments. Infos dans tous les offices de tourisme du Bregenzerwald.

Festival

– ***La Schubertiade :*** *à* ***Schwarzenberg,*** *la 2de quinzaine de juin et la 2de quinzaine d'août. • bregenzerwald.at •* Chaque année, une cinquantaine de manifestations autour de Schubert sont proposées dans différents endroits du village (ainsi que d'autres à Hohenems) : concerts de musique de chambre, de piano, orchestres et soirées autour des Lieder.

DORNBIRN (6850) 50 575 hab. IND. TÉL. : 05572

La ville la plus importante du Vorarlberg, dotée de quelques édifices dignes d'attention, même si on a très vite fait le tour de son petit centre. Si vous le pouvez, venez-y un mercredi ou un samedi matin, jours de marché.

Adresse utile

Dornbirn Tourismus *(office de tourisme)* **:** *Rathausplatz 1a. ☎ 221-880. • dornbirn.info • Tlj sauf dim 9h-17h (12h sam).* Accueillant et bien fourni en doc sur toute la région.

– Également l'***office de tourisme du Vorarlberg*** (voir plus haut, dans la rubrique « Adresse utile » du Vorarlberg).

Où dormir ? Où manger ?

Camping in der Enz : *Gütlestr. ☎ 291-19. • camping-dornbirn.at • Au sud-est de la ville, peu avt le Rolls-Royce Museum. Fermé nov-déc. Réception 9h-12h, 17h-19h. Compter env 35 € (27 € en basse saison) pour 2 avec tente et voiture.* Un petit camping familial, avec de belles constructions en bois (réception et sanitaires), de grandes pelouses et plein de beaux arbres, hauts et généreux en ombre. Pour agrémenter le tout, café-resto sur place et, juste à côté, un bout de rivière pour faire trempette. Essayez toutefois de ne pas vous installer près de la route.

Hotel Vienna House Martinspark : *Mozartstr. 2. ☎ 376-0. • viennahouse.com • Doubles 120-180 € (voire 220 € s'il y a du monde).* Construit en 1995, cet établissement fut le 1er hôtel design d'Autriche. Plus de 2 décennies plus tard, il affiche toujours un aspect avant-gardiste (*lobby* dans les tons jaunes avec quelques affiches de Frida Kahlo), même si les chambres, modernes et agréables, sont moins originales que le bâtiment. Sauna, bar et resto.

Rotes Haus : *Marktplatz 13. ☎ 315-55. Tlj, midi et soir. Formule déj env 13 €, plats à la carte 13-32 €.* L'un des restos les plus en vue avec sa façade rouge ancienne occupant un coin de la place principale. Bonne formule pas trop chère le midi, à déguster sur la terrasse ombragée. Le soir, on peut aussi s'installer dans les salles traditionnelles à l'étage. Fait également glacier et salon de thé.

Gütle : *Gütle 11. ☎ 201-540. À env 5 km au sud-est de la ville. Tlj sauf lun-mar, midi et soir. Plats 16-40 €, menus 36-52 €.* Juste à côté du musée Rolls-Royce, dans une grosse maison rénovée de 1862, garnie de lierre. La salle, avec piano et tables en vieux bois, est coquette, mais on peut préférer la terrasse, surtout en journée. Une adresse qui réjouit les palais des habitants de Dornbirn !

À voir. À faire

Marktplatz *(place du Marché)* **:** curieuse juxtaposition de styles architecturaux. D'un côté la *Rotes Haus,* bel édifice en bois couleur sang-de-bœuf avec fenêtres peintes et carreaux à meneaux à côté d'une sévère église néoclassique avec fronton triangulaire et colonnes ioniques. En face, la maison *Johann Luger* avec pignon baroque ensoleillé et tourelle au toit couvert d'écailles vertes, et maison au pignon triangulaire garni d'une frise florale et œils-de-bœuf en trompe l'œil.

Inatura *(musée interactif de la Nature)* **:** *Jahngasse 9. ☎ 232-350. • inatura.at • Tlj 10h-18h. Entrée : 11,50 € (½ tarif enfant, et billet familial) ; réduc avec la Bodensee-Vorarlberg Freizeitkarte (voir à Bregenz).* Un musée aménagé dans une ancienne aciérie, témoin du renouveau architectural de cette région. Animaux naturalisés, minéraux, fossiles, petits films sur les beautés de la nature, expériences de physique diverses, serres, aquariums et belle et grande expo interactive sur le corps humain... Hélas, ***mieux vaut comprendre l'allemand*** pour bien profiter de l'ensemble. Le billet donne aussi accès, dans la cour, en face, à la ***Kunstraum,*** qui accueille des expos temporaires d'art. Tout autour du musée, un beau jardin ainsi qu'un petit arboretum. De quoi manger sur place.

Rolls-Royce Automobilmuseum : *Gütle 11a. ☎ (05572)-3866-93. • automobilmuseum.at • À env 5 km au sud-est de la ville. Tlj sauf lun 10h-17h. Entrée : 12,50 € ; réduc ; gratuit avec la Bodensee-Vorarlberg Freizeitkarte (voir à Bregenz).* C'est le plus riche musée au monde consacré à la mythique marque britannique à la calandre en argent surmontée d'une victoire ailée. Sur 3 étages, quelque

FANTÔME D'ARGENT

Glissant silencieusement dans l'air comme un fantôme, la Silver Ghost, la plus prestigieuse des Rolls-Royce, est le modèle le plus abouti de la marque. Souvent décrite comme l'une des seules voitures combinant beauté, vitesse, silence, confort, fiabilité et longévité. Âgé de plus de 100 ans, le modèle original est toujours en parfait état de fonctionnement avec plus de 920 000 km au compteur ! Il faut dire que Henry Royce était un véritable maniaque de la perfection, il traquait le moindre bruit parasite avec un... stéthoscope !

80 Rolls d'avant 1945, toutes alignées les unes à côté des autres, dont celle utilisée par *Queen Mum* pour les parades, ou celles ayant appartenu au roi George V, à Lawrence d'Arabie, au *prince Ali Khan* et même à Franco avec seulement 80 000 km au compteur, ce qui est peu pour une Rolls. Certains disent que c'est ici que l'empereur François-Joseph passa le 1er appel téléphonique en Autriche. Cependant, le musée semble avoir un peu perdu de sa superbe depuis le décès du propriétaire (2017).

Le téléphérique du Karren : *Gütlestr. 6. ☎ 221-40. • karren.at • À la sortie sud-est de la ville, peu avt le camping. Tlj 9h (10h lun-ven en hiver)-23h (20h dim en été et 19h dim en hiver) ; départ ttes les 15 mn. Env 14,20 € l'A/R ; 11,30 € après 18h.* Impressionnante montée (jusqu'à 976 m) pour une **vue superbe** sur la vallée du Rhin et le lac de Constance, appréciable depuis une plateforme suspendue dans le vide ou depuis le café-resto panoramique, au demeurant fort bon.

HOHENEMS (6845) env 16 745 hab. IND. TÉL. : 05576

À environ 8 km au sud-ouest de Dornbirn, cette jolie petite ville est devenue le rendez-vous des amis de Schubert avec la *Schubertiade* qui s'y tient à maintes occasions entre avril et octobre, *• schubertiade.at •*, ainsi qu'avec plusieurs petits musées consacrés au compositeur.
Pour notre part, plus que Schubert, c'est son vieux quartier juif et son émouvant musée qui nous ont séduits. Pendant plus de 300 ans, une communauté juive vécut dans la ville. Au XVIIe s, c'est le comte Kaspar von Hohenems qui, le 1er, les fait venir ici afin de dynamiser l'économie locale. Ceux-ci, déjà, ne sont toutefois « accueillis » que sous certaines conditions et en nombre limité. En 1850, Hohenems comptait plus de 500 juifs (soit 1/6 de la population), mais la communauté s'est ensuite peu à peu réduite, en raison d'abord d'une forte émigration (le nombre restreint de juifs autorisés à Hohenems forçait les jeunes à quitter la ville pour aller se marier ailleurs). Puis le régime nazi lui fut fatal. Il ne restait plus que 15 juifs à Hohenems en 1938 et 8 en 1939. Ces derniers furent tous déportés et exterminés, et il en fut ainsi fini de la population juive de Hohenems.
– Dirigez-vous vers l'office du tourisme pour vous procurer le *Stadt Hohenems Historischer Rundgang*, un petit dépliant (en allemand et anglais) détaillant les principales bâtisses du centre historique.

Adresse utile

Hohenems Tourismus *(office de tourisme)* ***:*** *Marktstr. 2. ☎ 42-780. • hohenems.travel • Tlj sauf w-e 9h-12h, 13h30-18h (17h ven).*

Où manger ? Où boire un verre ? Où déguster une glace ?

Schlosskaffee : *Schlossplatz 10. ☎ 72-356. Tlj sauf mar 8h30-18h30. Plats 10-15 €.* Déjà, la grande terrasse aérée et ombragée sur la place devant le château est vraiment agréable, avec le petit jardin qui la borde. Mais quand vous verrez les chocolats fondants passer devant vous (tout comme les glaces crémeuses), vous pourriez bien être tenté d'imiter vos voisins. Eh bien, surtout, ne vous privez pas ! On peut aussi y prendre le petit déj ou y déjeuner.

Frida Biodalen : *Marktstraße 28. ☎ (0650) 27-111-25. Tlj sauf dim 8h30-18h (16h sam). Compter env 10-15 €.* Côté boutique, on y trouve fruits, légumes, épices, produits de beauté et tout le tralala. Côté café, on se régale de petits plats bio et végétariens réalisés avec finesse et servis avec délicatesse. Sur la grande ardoise accrochée au mur, sont indiqués les plats : salades, sandwichs, soupes (goûtez donc celle au curry !), et de bon petit déj aussi.

Im Palast : *Schlossplatz 8. ☎ 778-88. Tlj sauf lun-mar 17h (11h dim)-minuit. Plats 13-45 €.* Dans le jardin qui jouxte le palais Renaissance, un *Biergarten* sous les arbres, une salle à la jolie déco éclectique (escaliers et poutrelles métalliques rouges) et même un bar en sous-sol. Un peu de tout à la carte, mais on vient plus pour l'ambiance bon enfant, que pour faire un repas mémorable.

À voir

Jüdisches Museum *(Musée juif) : Schweizer Str. 5. ☎ 739-890. • jm-hohenems.at • Tlj sauf lun 10h-17h. Entrée : 8 € ; réduc ; gratuit avec la Bodensee-Vorarlberg Freizeitkarte (voir à Bregenz). Audioguide en français compris dans le prix. Visite guidée en français sur demande.*
La ***villa Heimann-Rosenthal,*** qui abrite le musée depuis 1991, appartenait autrefois à une riche famille d'industriels juifs (le 1er employeur de la ville à une époque). Le musée retrace les 300 ans d'***histoire de la communauté juive*** dans cette bourgade et dans la région en général. ***On conseille vivement l'audioguide,*** qui permet de traduire les nombreux témoignages souvent très émouvants ; les photos, souvenirs, lettres et documents reflétant le rapport ambigu entretenu par les autorités autrichiennes avec ses ressortissants juifs selon les aléas de l'Histoire. N'oublions pas qu'à peine 2 000 juifs, sur 65 000 avant 1938, survécurent, et qu'après 1945 un lourd mur de silence entoura la problématique de leurs biens spoliés (et la question de la participation des Autrichiens aux crimes nazis reste encore aujourd'hui un tabou en Autriche – ou une question largement ignorée, si vous préférez !). Le musée, lui, n'hésite pas à aborder le sujet, ni à souligner que ***le Vorarlberg fut l'une des régions d'Autriche où le parti nazi compta le plus grand nombre de membres,*** ni que le maire de Hohenems de l'époque mit un certain zèle à appliquer les lois.

FELDKIRCH

(6800) 34 300 hab. IND. TÉL. : 05522

• Plan *p. 75*

Carrefour important entre l'Autriche, la Suisse, le Liechtenstein et l'Italie, cette petite ville médiévale est classée Monument historique. Fondée en 1218 par un comte de Montfort, elle fut revendue aux Habsbourg en 1390. Un incendie la ravagea en 1697 et, depuis, l'aspect général de son centre-ville n'a guère changé, avec son charme ancien et sa joie de vivre, qui éclate au moindre rayon de soleil, ainsi que les jours de fête.
En juillet, depuis plus de 50 ans, une fête du vin mémorable s'y déroule, au son des orchestres d'instruments à vent locaux, sur la place du marché et sous les arcades (en cas de pluie).

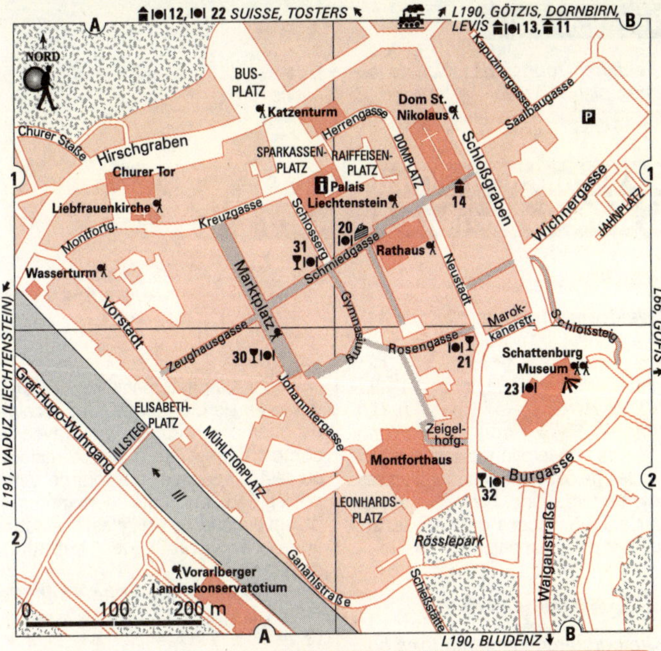

FELDKIRCH

Adresse utile

- Feldkirch Tourismus (A1)

Où dormir ?

- **11** Jugendherge Feldkirch (hors plan par B1)
- **12** Gasthof Löwen Tosters (hors plan par A1)
- **13** Hotel Landgasthof Schäfle (hors plan par B1)
- **14** Hotel Post Garni (B1)

Où manger ?

- **20** Magma (B1)
- **21** La Dogana (B2)
- **22** Gasthaus zur Eibe (hors plan par A1)
- **23** Gastwirtschaft Schattenburg (B2)

Où boire un verre ? Où manger sur le pouce ?

- **30** Bunt Bar (A2)
- **31** Café Feurstein (A1)
- **32** Braugaststätte Rössle Park (B2)

Arriver – Quitter

En train

Feldkirch Bahnhof *(hors plan par B1) : Bahnhofstr. 40-42. ☎ 05-17-17. ● oebb.at ● À 800 m du centre historique.*

➢ ***De/vers Bregenz*** (30-45mn), ***Innsbruck*** (env 2h30) ; ***Vienne*** (6h30-8h) **:** également des liaisons avec ttes les grandes villes du pays, ainsi que quelques-unes avec l'Italie du Nord et la Bavière (mais avec changement).

Adresse utile

Feldkirch Tourismus *(office de tourisme ; plan A1)* **:** *Schlossergosse, 8. Dans le palais Liechtenstein. ☎ 90-09. • feldkirch.travel • Tlj sauf dim et j. fériés 9h-17h (12h sam).*

Où dormir à Feldkirch et dans les environs proches ?

Camping

Waldcamping *(hors plan par A1)* **:** *Stadionstr. 9. ☎ 76-001-3191. • frei zeitbetriebe-feldkirch.at • À env 3 km au nord du centre-ville ; près du Waldstadion. Avr-oct. Réception 9h-12h. Compter 25-35 € pour 2 avec tente et voiture.* Un terrain plaisant avec de grandes pelouses et pas mal d'arbres. Table de ping-pong, baby-foot et jeux pour enfants. Accès gratuit à la très agréable piscine municipale voisine.

Auberge de jeunesse

Jugendherge Feldkirch *(plan hors plan par B1,* **11***)* **:** *Reichsstrasse 111. ☎ (05522) 73-181 ou (0650) 38-11. • jugendherberge-feldkirch.at • Fermé de mi-déc à fév. 35 € pour 1 pers ; 55 € pour 2 ; 80 € pour 4 pers. Petit déj 6 €.* Dans une belle maison à colombage, une AJ tenue par une équipe sympathique. Les dortoirs sont certes un peu exigus, mais bien tenus. Les rencontres se font plutôt dans les parties communes : grandes tablées, jardin avec ping-pong et barbecue, salle de jeux et de lecture. Bien autant pour les jeunes que pour les familles qui ne veulent pas casser leur porte-monnaie. Bus juste en face pour rejoindre le centre.

De prix modérés à prix moyens

Gasthof Löwen Tosters *(hors plan par A1,* **12***)* **:** *Egelseestr. 20, Tosters. ☎ 728-68. • loewen-nofels.at • À env 1,5 km au nord-ouest du centre. Resto mar-sam 17h30-21h ; dim 11h-14h. Congés : nov. Doubles env 80-140 €, petit déj inclus. Plat env 15 €.* La petite pension sans prétention mais bien tenue. Une dizaine de chambres simples mais avec le confort nécessaire. Cuisine maison au resto (spécialité de foie de veau poêlé). Agréable petite cour ombragée par un platane. Le soir, c'est le rendez-vous décontracté des habitants du quartier.

Hotel Landgasthof Schäfle *(hors plan par B1,* **13***)* **:** *Naflasstr. 3. ☎ 722-03. • schaefle.cc • À 3 km au nord du centre, par la L 190 en direction de Götzis. Resto fermé le w-e. Doubles 150-180 €, petit déj inclus. Repas 20-30 €. Parking gratuit.* Une auberge près de la route mais avec un sympathique jardin à l'arrière où il fait bon se poser. Une vingtaine de chambres au design contemporain et salle de restaurant intime. Goûter le vin maison sous la treille en terrasse, il n'en sera que meilleur. Une adresse agréable et familiale.

Hotel Post Garni *(plan B1,* **14***)* **:** *Schlossgraben 5. ☎ 728-20. • hotel-post-feldkirch.at • Congés : de fin déc à mi-janv. Double 140 €, avec petit déj. Parking gratuit (mais slt 6 places), sinon garage payant.* On conseille ce 3-étoiles principalement pour son emplacement, à la limite de la zone piétonne mais aisément accessible en voiture. Une dizaine de chambres à la déco classique.

Où manger ?

Magma *(plan B1,* **20***)* **:** *Schmiedgasse 12. ☎ 322-55. Tlj sauf dim-lun 9h-18h, plus jeu-ven 18h-23h. Plats 15-18 €.* En voilà une jolie découverte ! Dans un espace pimpant garni d'étagères ou une salle au fond tout en longueur, une petite équipe extra propose de savoureux plats du jour (une viande, un poisson et un végétarien), finement cuisinés et fort bien présentés. Également de bons petits déj. On a beaucoup aimé.

La Dogana *(plan B2,* ***21****) : Neustadt 20. ☎ 751-26. Tlj sauf dim-lun 8h30-minuit (1h ven-sam). Résa conseillée en fin de sem. Menus midi en sem 9,80-26,90 € ; plats env 13-39 €.* Dans une bâtisse de charme à la façade bleu clair, précédée d'une jolie terrasse aux beaux jours. Au 1er étage, salle design chic de bon ton. Un service impeccable, une excellente cuisine, une ambiance animée et un cadre élégant. Pas de doute, c'est l'une des meilleures adresses de Feldkirch !

Gastwirtschaft Schattenburg *(plan B2,* ***23****) : Burggasse 1. ☎ 724-44. Tlj sauf lun 11h-23h (22h dim). Plats env 17-25 €.* Auberge située dans la forteresse : il ne manque que le cliquetis des armures et le hennissement des chevaux ! Dans la cour à colombages avec une belle fontaine ou à l'intérieur, sous de grosses poutres, on se réjouit d'une cuisine généreusement servie (mais pas d'une finesse inouïe). On vient ici d'abord pour le cadre.

Gasthaus zur Eibe *(hors plan par A1,* ***22****) : Tostner Burgweg 45, Tosters. ☎ 376-51. À env 2,5 km au nord-ouest du centre-ville. Se garer sur le parking au pied même de l'église St. Corneli. Mer-ven 17h-23h ; sam 10h-23h ; dim 10h-21h (la cuisine ferme à 21h30 et le dim à 19h30). Plats env 14-36 €.* Pour accéder à cette belle auberge rose et blanc, on emprunte une route et on croise quelques vaches. Puis on profite de l'atmosphère hors du temps tout en savourant une cuisine locale qui cale bien. Les jours ensoleillés, qu'il est bon de s'installer sur la terrasse pour profiter de la vue !

Où faire une pause ?
Où manger dans les environs ?

Freihof Sulz *: Schützenstr. 14, à Sulz. ☎ 458-08. À 8 km au nord-est de Feldkirch. Mar-mer 9h-17h ; jeu-sam 9h-23h ; dim 9h-14h. Fermé lun. Menu midi en sem 12,10 € ; plats env 13-20 €.* Une halte bien agréable que ce charmant café-restaurant niché dans une belle bâtisse de village. On y déguste, dans 2 salles parquetées garnies de lambris et de tables en bois, une bonne petite cuisine bio. Le lieu abrite aussi une épicerie (bio elle aussi) et différents cabinets de spécialistes en médecine douce.

Où boire un verre ? Où manger sur le pouce ?

Bunt Bar *(plan A2,* ***30****) : Marktgasse 1. ☎ (05522) 839-83. Tlj sauf dim-lun, 14h (10h sam)-1h.* C'est un peu *the place to be* ici ! Le soir, c'est le rendez-vous des oiseaux de nuits venus profiter de la bonne ambiance du lieu. Alcool à gogo, musique sympa, cadre coloré : le genre de bar où l'on vient et où l'on revient. Club au sous-sol.

Café Feurstein *(plan A1,* ***31****) : Schlossergasse 1 (à l'angle de la Schmiedgasse). ☎ (0664) 342-82-89. Tlj sauf dim-lun 9h-23h.* Banquettes de cuir bordeaux dans de petites salles voûtées, tables dehors sous les arcades, les habitants viennent y déguster un verre de vin, une flammekueche, un café ou une pâtisserie (remarquables tarte aux pêches et minisandwichs).

Braugaststätte Rössle Park *(plan B2,* ***32****) : Rösslepark 1. ☎ 765-43. Tlj sauf dim-lun 10h-minuit (bar) ; 11h30-21h30 (resto).* Un genre de *Biergarten* où se retrouvent des buveurs de bière pression ou artisanale, verre à la main. Jardin à l'ombre des châtaigniers, et belle salle contemporaine avec de grandes baies vitrées. Goûtez la *Bura-Wurscht* (authentique saucisse paysanne avec choucroute). Quelques plats aussi, qui changent souvent.

À voir

Balade dans la vieille ville : la longue rue bordée d'anciennes demeures à arcades **Marktplatz** *(plan A1-2)* est à ne pas manquer les jours de marché *(mar et sam 8h-12h),* l'animation lui redonnant vie. Au nord de la place, la *Kreuzgasse (plan A1)* et, dans sa suite, la *Montfortgasse* mènent aux anciennes tours des remparts. Au passage, jeter un œil sur la **Liebfrauenkirche** *(plan A1 ; ouv lors des messes slt)* du XVe s, « baroquisée » au XVIIIe s (et aujourd'hui de rite serbe orthodoxe). Grande place devant, avec la **Churer Tor,** une imposante porte fortifiée.

UN MARCHÉ RÉGULÉ

Au XIIIe s, le comte de Montfort autorisa ses sujets à tenir marché. Mais pas n'importe comment. La vente des marchandises ne pouvait commencer que lorsque la cloche de l'église Saint-Nicolas en donnait le signal. Les contrevenants étaient mis au pilori, de même que ceux qui y vendaient du porc, commerce lucratif que le comte se réservait pour son propre profit, bien entendu. Cette époque était dure.

En continuant la *Monfortgasse,* on parvient à la **Wasserturm** (le château d'eau ; *plan A1*), de 1482. Retour dans la *Kreuzgasse,* prolongée de la *Herrengasse.* À l'angle de la *Schlossergasse,* s'élève le **palais Liechtenstein** *(plan A-B1),* ancien baillage du XVIIe s. À l'intérieur, l'office du tourisme et au 1er étage, la *Stadtbibliothek* ainsi que des expos temporaires. En face, la **Katzenturm** (tour des Chats ; *plan A-B1*) de 1491, autre vestige des remparts, abrite la plus imposante cloche du Land (7,5 t). Ne pas oublier, non plus, d'entrer dans la **Dompfarrkirche St. Nikolaus** *(plan B1),* l'église gothique la plus importante du Vorarlberg. Puis, à l'angle de *Neustadt* et *Schmiedgasse,* voir la mairie « **Rathaus** » *(plan B1 ; fermé w-e)* avec ses fresques représentant la ville au XIVe s recevant les franchises.

De l'autre côté de la rive, le **Vorarlberger Landeskonservatorium** *(plan A2 ; Reichenfeldgasse, 9),* une impressionnante bâtisse jaune qui n'est autre que le conservatoire de musique, accueillant plus de 320 élèves du monde entier.

Schattenburg-Museum *(plan B2)* **:** *dans le château de Schattenburg. ☎ 304-3510. • schattenburg.at • À 5 petites mn à pied du centre ; accès par un escalier partant de la Schlossgraben (ou par un chemin depuis Rössle Park). Avr-oct, tlj 9h (10h w-e)-17h ; nov-mars, tlj sauf lun-mer 13h30 (11h dim)-18h. Entrée : 8 € ; réduc.* Cour à colombages avec un bel escalier extérieur en bois. Dans le musée : belle collection d'armes blanches et à feu, remarquable mobilier ancien, maquette du château et gravure du vieux Feldkirch, instruments de musique, peintures, art religieux, ancienne chapelle garnie de fresques, costumes traditionnels, etc. Au sommet de la tour : vue sur la ville et... une étonnante reconstitution de l'assaut raté des troupes napoléoniennes en 1799, qui ne fut rien de moins que la plus cuisante défaite française au Vorarlberg.

➢ Au nord, on conseille une balade dans le **quartier de Levis** pour la superbe vue sur la vieille ville. **Château d'Amberg** *(ne se visite pas)* du XVIe s.

Fêtes et manifestations

– **Feldkircher Weinfest :** *1er ou 2e w-e de juil. Sur la Marktplatz.* On dresse de longues tables et des bancs pour boire, manger et chanter une grande partie de la nuit. Environ 20 000 personnes y participent : c'est l'occasion de rencontrer des Autrichiens.

- ***Gauklerfest :*** *3e ou 4e w-e de juil.* Festival international des arts de la rue, avec clowns, jongleurs, cracheurs de feu... Une dizaine de nations représentées.
- ***Poolbar Festival*** : *en juil-août.* Un festival musical et culturel. Des artistes locaux (ou d'ailleurs) viennent y donner des concerts.

DANS LES ENVIRONS DE FELDKIRCH

LA RÉGION ALPINE DE BLUDENZ

Une dizaine de kilomètres après Feldkirch, sortir à *Nenzing.* Prendre la direction de **Nenzinger Himmel,** le long de la rivière. Après quelques kilomètres de côte, la route devient privée. On laisse alors sa voiture : le site, préservé, n'est en effet accessible qu'à pied (attention, ce n'est pas tout près) ou en minibus (à réserver auprès de *Lisi & Friedl Touristik*, voir ci-dessous, dans « Adresses utiles »). Ces derniers vous emmènent dans un large cirque occupé par des petits chalets tout simples. Les seuls commerces dans ce coin de nature paisible et magnifique sont 2 auberges où les randonneurs viennent se requinquer après une bonne marche. Bref, l'endroit respire le bonheur tranquille, à l'écart du mode de vie citadin.

LE VORARLBERG

Adresses utiles

Office de tourisme : *Bazulstr. 2, à **Nenzing.** ☎ (05525) 630-31. • nenzing-gurtis.at • En plein centre. Lun et mer-ven 9h30-11h30.*

Lisi & Friedl Touristik : *Schwedenstr. 7a, à **Nenzing.** ☎ (05525) 625-94. • wanderbus.at • info@wanderbus.at • Bus en service de mi-mai à mi-oct env. Ttes les infos sur le site.*

Où dormir ? Où manger ?

Panorama Camping Sonnenberg : *Hinteroferstr. 12, à **Nüziders.** ☎ (05552) 640-35. • camping-sonnenberg.com • De l'A 14, sortie 57 (Nüziders), puis très bien fléché. Ouv de mi-mai à fin sept. Compter 27-46 € pour 2 avec tente et voiture. Réduc selon durée de séjour.* Dans le village, un très joli camping en terrasses, hélas peu ombragé. Ici, le vrai plus, c'est le site entouré de montagnes ! Sans compter l'accueil particulièrement souriant. Pas de piscine sur place, mais entrée gratuite à celle qui se trouve à 3 km, et un petit espace bien équipé de jeux pour les enfants.

Alpengasthof Gamperdona : *Löchera 126, à **Nenzinger Himmel.** ☎ (05525) 646-06. • nenzinger-himmel.info • Mai-oct. Lit en dortoir 25 € ; double env 90 € ; petit déj inclus. Possibilité de ½ pens.* Pour passer une nuit dans cette oasis de calme à 1 367 m d'altitude, ou manger un morceau après la rando. Spécialités de fondues. Là-haut, pas de réseau ni de TV, et c'est tant mieux ! En voiture, laissez votre véhicule à Nenzig et appelez l'auberge pour qu'on vienne vous chercher.

À voir. À faire

À 15 km de Bludenz et à 7 km de Bürserberg se trouve le ***Lünersee.*** On y accède en téléphérique, *• luenersee.at • (tarif : 24,70 € l'A/R, réduc).* Tour du lac environ 2h30. À 1 970 m d'altitude, entouré de montagnes, ce lac de barrage aux eaux turquoise constitue l'une des plus grosses réserves d'énergie hydraulique du Vorarlberg. D'autres randonnées plus longues dans les montagnes sont bien sûr conseillées pour admirer la diversité de la faune et de la flore.

La flore y est particulièrement généreuse. Elle est protégée, ne vous aventurez donc pas à cueillir des fleurs, vous seriez vite réprimandé. Pensées, gentianes, rhododendrons, azalées, etc. tapissent le tour du lac. Également des orchidées. Le paysage est superbe.

LE LIECHTENSTEIN

38 255 hab.

Puisqu'on est dans la région, pourquoi ne pas satisfaire une curiosité bien naturelle et découvrir ce petit État souverain, qui véhicule pas mal d'idées toutes faites et de clichés sur les paradis fiscaux ? Alors, le temps d'une courte escapade (ligne de bus au départ de Feldkirch), passons la frontière (sans douaniers) et abordons cette principauté, pays-confetti (160 km², 25 km de long sur 6 km de large), l'un des 6 plus petits du monde, bien calé au chaud entre la Suisse et l'Autriche et dont l'activité principale en dehors de la banque est la fabrication de... prothèses dentaires !

UN PEU D'HISTOIRE

Ancienne Rhéthie romaine, le territoire a été germanisé au Vᵉ s par les Alamans. Sous Charlemagne, il devint comté de Vaduz en annexant la seigneurie de *Schellenberg,* puis il intégra le Saint Empire romain germanique pour acquérir le statut de « principauté d'empire » en 1719, sous le nom de Liechtenstein, qui était celui de la famille autrichienne régnante. Napoléon l'incorpora dans la Confédération du Rhin. En 1862, le Liechtenstein devint un État indépendant quand le prince Johann II promulgua une Constitution instaurant une monarchie constitutionnelle. Le pays demeura lié à l'Autriche par une union douanière qui cessa en 1919. Un traité d'union fut conclu avec la Suisse en 1924 pour les questions monétaires, postales et douanières. Après 1918, la principauté connut une croissance économique prospère. L'accession au trône du prince Hans-Adam II en 1984 marqua la volonté du Liechtenstein de quitter l'orbite helvétique. Bien avant la Suisse, le Liechtenstein devint membre des Nations unies, en 1990. En décembre 1992, les électeurs approuvèrent la décision d'entrer dans l'Espace économique européen (EEE). Son rôle dans le blanchiment des capitaux lui vaut cependant toujours de sévères critiques.

UN CURIEUX PETIT PAYS

Outre le secteur financier et les prothèses dentaires, le Liechtenstein tire sa prospérité de l'activité de grosses firmes originaires du pays, comme Hoval (chauffage et ventilation) et, surtout, Hilti (outillage électrique), cette dernière, employant pas moins de 32 000 personnes dans le monde ! C'est aussi l'un des rares pays qui comptent plus d'entreprises que d'habitants. En revanche, il n'a pas d'armée : s'il venait à être agressé, c'est la Suisse – et non l'Autriche – qui interviendrait pour sa défense !

Le prince ***Hans-Adam II*** est l'un des monarques les plus riches du continent et a hérité de la plus grande collection privée d'art, qui dispose d'un budget supérieur à ceux des grands musées européens ! Hébergée autrefois dans le palais de Vienne, elle fut menacée de confiscation par les nazis lors de l'Anschluss en 1938, et fut en partie transférée dans la Principauté. Les trésors du baroque ont regagné Vienne, mais la plupart des grands chefs-d'œuvre sont toujours à Vaduz. Une sélection d'objets d'art de cette collection est d'ailleurs visible dans la Chambre du Trésor (voir plus bas, dans la rubrique « À voir, à faire à Vaduz »).

Adresse et info utiles

Office de tourisme : *Liechtenstein Center, Städtle 39, à* ***Vaduz.*** *• tourismus.li • Structure de bois dans la rue piétonne sous le château. Tlj 9h-17h.*

– La monnaie en circulation est le franc suisse, mais l'euro (qui valait environ 0,99 FS fin 2022) est accepté partout.

À voir. À faire à Vaduz

Il faut avouer que le pays est tellement petit qu'on en a vite fait le tour. Et pourtant, ***Vaduz,*** la capitale, est peut-être la ville qui compte le plus grand nombre de musées par habitant... au monde : pas moins de 5, tous dans le centre-ville !
Pour le reste, seule une grand-route traverse le pays du nord au sud dans la vallée (fort belle) du Rhin, sur 20-25 km. Il y a également le ***Schloss Vaduz*** (la résidence princière) qui domine la capitale (ne se visite pas).
Une promenade à faire : la route qui grimpe et serpente dans la montagne vers ***Malbun,*** la seule station de ski du Liechtenstein, à un peu plus de 1 600 m d'altitude offre de ***jolis points de vue*** sur la vallée du Rhin du côté de *Triesenberg.*

Kunstmuseum Liechtenstein *(musée des Beaux-Arts) : Städtle 32. • kunstmuseum.li • Tlj sauf lun 10h-17h (20h jeu). Entrée : 15 Fs ; réduc.* Difficile de louper ce gros bloc cubique noir en plein centre de Vaduz. La collection permanente, exposée par roulement, comprend des peintures du XIXᵉ s jusqu'à l'époque moderne mais aussi des sculptures, objets et installations. Cafét'-sushis au rez-de-chaussée. Le musée communique avec la ***Hilti Art Foundation*** *(mêmes horaires et ticket ; • hiltiartfoundation.li •),* un cube gris clair abritant la collection de la multinationale *Hilti,* présentée dans le cadre d'expos temporaires et constituée d'œuvres de peintres majeurs tels que Picasso, Giacometti, Bec kmann, Gauguin, Klee, Magritte, etc.

Landesmuseum *(Musée national) : Städtle 43. • landesmuseum.li • Tlj sauf lun 10h-17h (20h mer). Entrée : 10 Fs ; réduc. Audioguide en français.* Datant de 1438, le bâtiment a été, au cours de son histoire, une taverne ayant hébergé Goethe en 1788, une maison de douane, une prison et même le siège du gouvernement. Le musée présente l'histoire du Liechtenstein à travers de riches collections : gravures, peintures, cartes anciennes, objets divers... Expos temporaires au rez-de-chaussée.

Postmuseum *(musée de la Poste) : Städtle 37. • landesmuseum.li • Tlj 10h-17h. GRATUIT.* Pour les philatélistes. Jolie collection de timbres et petite expo sur l'histoire de la poste du Liechtenstein, à l'étage d'un beau bâtiment. Ouvrez les tiroirs, il y a, là-aussi, quelques timbres intégrés.

Schatzkammer Liechtenstein *(Chambre du Trésor) : Städtle 43. Tlj 10h-17h. Entrée : 8 Fs (jeton à prendre à l'accueil du musée de la Poste ou au Musée national) ; réduc.* Dans une chambre noyée dans la pénombre, une partie du beau trésor de la collection de la famille princière s'offre au regard des visiteurs. Parmi les remarquables pièces, on notera la réplique de la couronne princière, les œufs de Pâques de Fabergé... et des morceaux de roche lunaire rapportés par les missions Apollo 11 et 17 ! Sur les murs, quelques jolies peintures à la gouache.

LE MONTAFON ET LA ROUTE DE LA SILVRETTA

Le Montafon, la vallée la plus méridionale du Vorarlberg, s'étend jusqu'à l'une des plus fameuses routes alpines d'Autriche, la route (payante) de la Silvretta, qui monte en 30 lacets jusqu'aux 2 032 m de la Bielerhöhe, col marquant

la frontière entre le Tyrol et le Vorarlberg. C'est une belle façon de passer d'une région à l'autre, du moins en été car la route est en principe fermée de novembre à juin (date variable selon l'enneigement).

LA VALLÉE DU MONTAFON

La vallée du Montafon, longue d'une quarantaine de kilomètres, propose un intéressant éventail d'architecture et d'images rurales. Plus de 1 160 km de chemins bien balisés dans une nature intacte : forêts, petits lacs, alpages, vergers, etc. À cela s'ajoutent 260 km de pistes VTT. Piscines et concerts pour se rafraîchir le corps et l'esprit en été. Langue locale et traditions y sont encore préservées. La ville la plus importante de la vallée est ***Schruns,*** une station de sports d'hiver réputée de longue date.

Adresse et info utiles

Montafon Tourismus *(office de tourisme) : Bahnhofstr. 28, à* ***Schruns.*** *☎ 050-66-86. • montafon.at • En face de la gare. En théorie, lun-ven 8h-18h ; w-e 9h-12h, 15h-18h.*
– L'achat de la ***Montafon Brandnertal Card*** permet de bénéficier sans restriction de toutes les prestations offertes dans le Montafon et le Paznaun (télécabines, remontées, piscines, route de la Silvretta, musées, transports publics, etc.) pendant 3 à 21 jours consécutifs (2 à 14 jours en hiver). *• montafon-brandnertal-card.at • ; env 59-262,50 € selon durée choisie. En hiver, les prix dépendent de la demande.*

Où dormir ? Où manger ? Où boire un verre ?

Waldcamping Batmund : *Silvretta-Bundesstr. 65, à* ***St. Gallenkirch.*** *☎ (05357) 21-893 ou (0664) 11-62-212. • camping-montafon.at • Entre St. Gallenkirch et Schruns, au bord de la L 188. Congés : mai et nov. Compter 20-30 € pour 2 avec tente et voiture. Douche payante. CB refusées.* Au bord de la L 188, que l'on entend bien en journée. Un camping tout simple, vert, sous les arbres, où les allées ne sont pas tirées au cordeau et les pelouses tondues au millimètre près (les herbes y sont même un peu folles), ce qui permet à chacun d'avoir son petit espace tranquille.

Hotel Alpenhof Messmer : *Grappaweg 6, à* ***Schruns.*** *☎ (05556) 72-66-40. • hotel-messmer-schruns.at • Du centre de Schruns, suivre la direction Bartholomäberg jusqu'à apercevoir les indications pour l'hôtel. Congés : de mi-avr à mi-juin et de mi-oct à mi-déc. Doubles env 110-210 €. Resto ouv aux non-résidents.* Sur les hauteurs de Schruns, un 3-étoiles dans une solide maison à la déco plutôt traditionnelle. Vue panoramique sur la vallée depuis les chambres, mais aussi depuis la piscine couverte (super en hiver avec la neige). Également un sauna et une salle de gym pour ceux qui auraient besoin d'une petite remise en forme avant ou après avoir dégusté l'excellente cuisine maison.

Hotel Mateera : *Gargellen 78, à* ***Gargellen.*** *☎ (05557) 63-870. • mateera.s-hotels.com • Dans une bourgade qui ne manque pas d'hôtels. Chambre en ½ pens env 200 € (vérifier) ; réduc pour les enfants.* Plutôt destiné aux familles, cet hôtel propose des chambres familiales confortables, certaines avec vue sur les montagnes environnantes. On y mange très bien aussi, toujours avec une proposition végétarienne. Tout plein de jeux (tables de ping-pong, baby-foot) et activités (soirée raclette ou soirée barbecue). Sympa pour les rencontres entre parents et enfants, mais pas de panique on s'y sent tout aussi bien si on vient en couple ou entre amis. En revanche, ne parle pas (ou peu) l'anglais. Spa.

Käsehaus : *Montafoner Str. 17, à* ***Schruns.*** *☎ (05556) 930-93. Sur la* *route principale de la vallée, en bordure de Schruns. Tlj 9h-18h (21h en hiver). Buffet petit déj ou déj env 12 € ou env 18 € avec fondue.* Agréable cafétéria couplée à une boutique de produits locaux, proposant un buffet de plats chauds et froids à volonté pour pas cher. Également un buffet le soir en hiver. Bien, entre autres, pour goûter aux fromages du coin comme le *Sura Kees,* qui serait le fromage contenant le moins de matières grasses... au monde.

À voir

L'église de Bartholomäberg : *sur les hauteurs de* ***Schruns.*** *Du centre du village, traverser la rivière et suivre les indications pour Bartholomäberg.* Église baroque du XVIIIe s aux voûtes peintes. Orgue baroque d'origine, à l'acoustique excellente. À droite dans la nef, retable gothique remarquable. À sa droite, une copie de la croix romane en porcelaine de Limoges, datant probablement des croisades (XIIe s), que l'on a retrouvée dans l'église. L'original est aujourd'hui au Schattenberg-Museum de Feldkirch.

LA SILVRETTA, ENTRE VORARLBERG ET TYROL

C'est peu après Partenen que débute la fameuse ***Silvretta Hochalpenstraße,*** une superbe route (payante) en lacet qui mène au *col de la Bielerhöhe,* à 2 032 m, et au lac de ***Stausee*** en traversant un bel amphithéâtre de montagnes. Nature superbe, sauvage à souhait. Le col de la Bielerhöhe marque la frontière entre le Vorarlberg et le Tyrol. Évidemment, les randos sont nombreuses dans le coin.

Adresse et infos utiles

Office de tourisme : *Hausnummer 39, à* ***Galtür*** *(Tyrol). ☎ 050-990-200. • galtuer.com • Sur la pl. principale. Juin-sept, lun-sam 8h-12h, 13h-18h ; dim 9h-12h. Fermeture à 17h et le w-e le reste de l'année (ouv le dim mat en hiver).*

– Rappelons que la ***Silvretta Hochalpenstraße*** *est fermée nov-juin (dates variables selon enneigement). Péage : env 18 €/voiture ; 14,50 €/moto (gratuit avec la Montafon Brandnertal Card – qui s'achète, voir plus haut « La vallée du Montafon ; Arriver – Quitter » – ou, côté Tyrol, la Silvretta Card, qui s'obtient gratuitement en passant 1 nuit dans un hôtel) ; ticket valable pour la journée (à conserver afin de le présenter aux péages).* Si vous venez de l'ouest (du Vorarlberg), le péage se trouve juste après Partenen ; si vous venez de l'est (du Tyrol), il se trouve peu après Galtür.

– ***Bon à savoir :*** si vous dormez dans l'un des 2 hôtels que nous indiquons au col du Bielerhöhe et que vous ne disposez pas de la *Montafon Brandnertal Card* ou de la *Silvretta Card* permettant d'emprunter gratuitement la route de la Silvretta, l'hôtel vous remboursera le prix du péage au début de la route pour accéder au col. Pas de problème donc !

Où dormir ? Où manger ? Où boire un verre ?

Camping Zeinissee : *Zeinisjoch, 6563* ***Galtür.*** *☎ (05443) 85-62. • camping-galtuer.at • Dans les montagnes, à env 7 km à l'ouest de Galtür ; de Galtür, prendre une route sur la droite peu avt le péage de la Silvretta Hochalpenstr. (fléché). Juin-début oct. Compter env 40 € pour 2 avec tente et voiture.* Un tout petit camping au bord d'un lac truffé d'îlots de verdure. Un vrai paradis ! Emplacements en terrasses au bord de l'eau. Très calme le soir, un peu moins à certains moments de la journée car l'endroit (un point de départ pour de nombreuses randos) est desservi par les bus. Propose aussi des ***chambres*** avec salle de bains commune *(compter env 35-40 €/pers, petit déj inclus)* dans le bâtiment où se trouve la réception.

Silvretta-Haus : ***Bielerhöhe*** *(côté Vorarlberg). ☎ (05558) 42-46. • silvretta-haus.at • En face du restaurant Silvrettasee. En été, double env 180 €, petit déj compris, ou 260 € en ½ pens ; plus cher en hiver. Plats 12-25 €.* Un bel exemple d'architecture contemporaine, typique du Vorarlberg. Intérieur aux lignes claires et chambres sobres, bien agréables. Ici aussi, la vue compte et toutes les chambres donnent sur le lac et le cirque de montagnes. Café-resto panoramique où il fait bon se poser, même pour un simple verre. À côté, une petite chapelle.

Berggasthof Piz Buin : ***Bielerhöhe*** *(côté Tyrol). ☎ (05558) 42-31. • buin.at • Congés : Pâques-début juin et de mi-oct à mi-déc env. Doubles 170-230 €, petit déj inclus. Prix dégressifs pour les longs séjours. Plats 14-24 €.* Une vingtaine de chambres douillettes dans cette bâtisse blanche agrandie et modernisée, avec un beau *lobby* épuré, le tout posé sans façon à 2 000 m d'altitude. La plupart des chambres, équipées de terrasse à vitres coulissantes, ont vue sur le *Silvretta Stausee.* Spa-sauna (inclus) et boutique. Carte traditionnelle au resto, qui jouit aussi de la vue sur le lac et les montagnes. Bénéficie, tout comme le *Silvretta-Haus* (voir ci-dessus), d'une situation exceptionnelle sur le lac.

Pension Thialblick : *chez Bernd Krüger, Burschlweg, 6500* ***Landeck.*** *☎ (05442) 622-61. • thialblick.at • Attention, on n'est plus dans la vallée mais dans la ville juste à l'embranchement de la route pour le Montafon. En venant de l'ouest, en arrivant dans Landeck, prendre à droite après le pont sur la rivière (direction Perfuchsberg, Tobadill) ; puis suivre les panneaux jaunes. Congés : nov et 2 sem après Pâques. Doubles à partir de 70 €, petit déj inclus. Parking privé gratuit.* Cette grosse maison est installée dans un quartier très tranquille, un peu sur les hauteurs. Sur 3 étages, une quinzaine de chambres, avec ou sans salle de bains privée. C'est sans chichi mais propre, et l'ambiance est agréable. Le proprio, un grand francophile, est très accueillant. Petit jardin où se poser pour boire un verre.

LA KLEINWALSERTAL

6991 (CP autrichien) et 87568 (CP allemand)

Cette vallée de 15 km de long, complètement isolée tout au nord du Vorarlberg, constitue la 6e et dernière microrégion du Vorarlberg. Elle se démarque d'autant plus des 5 autres qu'elle n'est accessible qu'à pied à partir de l'Autriche. En voiture, il faut obligatoirement passer par la Bavière et le village d'*Oberstdorf* avant de poursuivre vers le sud jusqu'à Baad. Son climat est celui de la haute montagne, et elle jouit d'un grand ensoleillement et surtout d'un air d'une grande pureté.

Été comme hiver, la vallée vit à 99 % du tourisme. Les activités proposées l'été sont multiples. 2 téléphériques (*Kanzelwand* et *Walmendingerhorn*), quelques télésièges, des chemins de rando, des piscines couvertes, des écoles d'alpinisme, des courts de tennis, des minigolfs, des saunas, un solarium et des soirées folkloriques. L'hiver, le ski occupe naturellement la majorité des visiteurs. Malgré l'importance des flux touristiques, la vallée s'efforce de préserver son authenticité et la splendeur de son paysage. Longtemps éloignés, ses habitants ont su conserver des traditions et coutumes

particulièrement vivaces. L'auberge de jeunesse la plus proche est en Bavière, à *Oberstdorf.* La vallée regorge aussi de pensions et d'auberges toutes plus charmantes les unes des autres.

Adresse utile

*Kleinwalsertal Tourismus (office de tourisme) : Walserstr. 264, 6992 **Hirschegg.** En Autriche : ☎ (05517) 511-40 ; en Allemagne : ☎ (08329) 511-40. • kleinwalsertal.com • Grand édifice moderne non loin de l'église. Tlj sauf jeu 9h-17h (13h w-e).*

À voir

➢ Navettes de bus gratuites dans la vallée avec l'***Allgäu-Walser-Card,*** la carte d'hôtes délivrée par les hôtels.

À ***Mittelberg,*** ravissante ***église.*** Les fresques du XVe s, illustrant la Création du monde, valent le détour. Fin de la route à Baad (1 245 m). Belles balades aux alentours.

LECH (6764) env 1 610 hab. IND. TÉL : 05583

Que vous preniez les petites routes buissonnières ou l'une des routes de montagne pour rejoindre Innsbruck, votre balade dans le Vorarlberg a de fortes chances de se terminer dans les tournants de l'*Arlbergpass,* le col alpin qui sépare Tyrol et Vorarlberg. En arrivant à Lech, une magnifique vallée épanouie, avec de pittoresques prairies fleuries, s'offre à vous.

La petite ville semblera trop léchée pour certains, mais elle conserve un charme indéniable et propose de belles structures hôtelières. La station de sports d'hiver de Lech est en effet de celles qui font tourner toutes les têtes l'hiver, qu'elles soient bronzées, couronnées ou simplement curieuses. Aussi connue que St. Anton, sa voisine tyrolienne des massifs de l'Arlberg dont elle partage le domaine skiable, elle s'efforce aujourd'hui de retenir aussi le visiteur en été.

– À environ 5 km de Lech, le hameau de ***Zug***. Vous aurez peut-être le même coup de cœur que nous...

UN PEU D'HISTOIRE

Fondé au XIIe s – après avoir été habité par les Valaisans vers 1300 –, le village de Lech (1 450 m d'altitude) tire son nom de la rivière Lech, à l'origine *Licca,* signifiant « eau de roche ». À cette époque, la région vit difficilement de la production laitière et de l'élevage. La construction de la route de Flexen (1895-1909) ouvre une ère nouvelle pour les habitants. L'école de ski est créée

À CHAQUE ÉPOQUE SES MŒURS !

Au XIVe s, Heinrich Findelkind, un berger, construisit sur l'Arlbergpass (à St. Christoph am Arlberg exactement) un hospice afin d'offrir un refuge, en cas d'intempéries, à ceux qui franchissaient le col, dont le passage était alors périlleux. Cet hospice existe toujours aujourd'hui, mais c'est à présent une auberge chic, réputée pour sa cave et sa table.

en 1925, le 1er remonte-pente en 1939, et Lech connaît, après 1945, un ***essor touristique exceptionnel.*** Aujourd'hui, bien que 1 600 habitants y vivent à l'année, la plupart des chalets sont devenus des hôtels ou des pensions.

Arriver – Quitter

➢ ***En voiture :*** de Feldkirch par Stuben et le col *Flexenpass,* ou d'Innsbruck et Landeck en empruntant l'*Arlbergpass* et le *Flexenpass.*

➢ ***En train puis bus ou taxi :*** les gares les plus proches sont *Langen am Arlberg* (17 km) et *St. Anton* (20 km) ; le train Railjet qui relie Vienne à Zurich s'arrête parfois dans l'une, parfois dans l'autre, mais toutes 2 sont régulièrement desservies par les bus et les taxis. Une fois sur place, le réseau des transports en commun étant très bien conçu.

Adresse et infos utiles

Lech Tourismus *(office de tourisme) : sur la droite en arrivant dans le centre du bourg (parking souterrain payant).* ☎ *21-610.* • *lechzuers.com* • *En été, lun-sam 8h-18h (pause de 12h à 13h) ; dim et j. fériés 8h-12h, 15h-17h.* Infos sur les randonnées et vente de la ***Lech Card*** (voir plus loin).

– Les rues de la ville n'ont pas de nom et inutile de chercher un système pour comprendre la numérotation, car il n'en existe pas. Procurez-vous donc vite le plan auprès de l'office de tourisme !

Location de VTT ou de vélos électriques dans tous les magasins de sport *(env 25 € la ½ journée).*

– ***Parking public*** (couvert) *: 5 €/j ; gratuit 30 mn.*

Où dormir à Lech et dans les environs ?

Vous n'aurez pas de mal à trouver un hébergement de qualité (mais pas donné). On conseille les 2 pensions ci-dessous, un peu excentrées mais à prix raisonnables pour le coin.

Pension Waldhof : *Zug 8.* ☎ *27-04.* • *waldhof-lech.at* • *À env 2,5 km de Lech. En arrivant dans Lech par le sud, prendre un petit pont discret sur la gauche et suivre le fléchage pour Zug ; c'est sur la gauche en entrant dans le village. Doubles avec sdb env 105-160 €, petit déj compris ; à partir de 140 € en hiver. Loue également des apparts 2-5 pers pour des séjours de min 5 j.* Loin de l'agitation de Lech (mais au milieu d'autres pensions quand même), dans un vrai décor de carte postale ! Les chambres, avenantes, disposent toutes d'un balcon avec vue exceptionnelle. Terrain de jeux pour les enfants et bons produits maison au buffet du petit déj. La propriétaire parle le français. Une adresse qu'on aime beaucoup !

Pension Bergland : *Oberlech 362.* ☎ *20-76.* • *bergland-lech.at* • *Doubles env 75-115 € selon saison, petit déj inclus. Parking gratuit.* Sur les hauteurs de Lech, cette sympathique pension bénéficie d'une superbe vue sur la vallée. Le couple propriétaire propose des prix raisonnables été comme hiver. Une adresse sans chichi avec un accès aux pistes. Sauna (très joli) inclus.

Où manger ? Où boire un verre ? Où sortir ?

Schneggarei : *c'est le bar « après-ski » au pied du Schlegelkopf.* ☎ *398-88. Ouv en hiver slt, tlj 11h30-1h (cuisine 12h-14h, 18h-22h). Pizzas 16-25 € ; plats env 15-40 €.* On goûte ici à l'hospitalité autrichienne dans une ambiance on ne peut plus rustique. Spécialités locales et pizzas au feu de bois. Bonne musique, cheminée et terrasse accueillante, selon l'heure.

Hus Nr. 8 : *dans le centre, sur la gauche à l'entrée de Lech en venant de Zürs. ☎ 332-20. Tlj sauf lun 11h-1h. Fermé fin avr-fin juin et début oct-début déc. Plats env 15-30 € ; fondues env 35-45 €/pers.* Pas tout jeune (250 ans !) et pourtant un lieu à la mode astucieusement rénové à l'identique. Plats traditionnels montagnards, fondues (viande ou fromage), pierrades, raclettes et spécialités autrichiennes comme le caneton rôti (sur réservation).

Schualhus : *Zug 5. À 3 km de Lech. Tlj 11h-16h30, 18h-21h. Résa au moins 1 j. à l'avance au ☎ 34-350 (Rote Wand Gourmet Hotel). Plats 8-29 € ; fondues 38-56 € ; le soir, menus à la carte 44-66 €.* Dans une ancienne petite école en bois de 1780, au cœur du charmant hameau de Zug. Le cadre est magique aux beaux jours, et dans l'assiette, on se repaît de succulents petits plats réalisés avec des produits tout droit issus des alpages environnants. Le soir (résa indispensable), c'est très bien aussi, mais ça se passe à l'étage, autour des fourneaux, et, surtout, c'est beaucoup plus cher !

L'hiver, en fin d'après-midi, plusieurs ***bars « après-ski »*** et ***discothèques*** ouvrent leurs portes jusque tard dans la nuit.

L'été à Lech

– ***Lech Card :*** en vente à l'office de tourisme *(● mylechcard.at ● ; 33 €/2 j., 65 €/7 j. ; tarif 2023),* elle offre l'accès aux remontées mécaniques ouvertes en été (télécabine du Rüfikopf – 2 335 m ; téléphérique d'Oberlech – 1 666 m ; remontées mécaniques de Schlegelkopf – 1 829 m et Steffisalp – 1 884 m ; télésiège de Petersboden – 1 929 m), mais aussi à la piscine dans la forêt, au bus local, aux musées du coin, au programme d'activités pour enfants, ainsi qu'à des randonnées et excursions guidées.

Rando autour du lac Formarinsee : on accède au lac à pied, à vélo, en voiture ou en bus. Les 2 dernières options nécessitent de payer un péage *(20 € ; gratuit avec la Lech Card).* Conseil de routard : conserver bien le jeton pour le retour ! Du péage, compter environ 30 mn de route. Mais allez-y plutôt à vélo, car c'est un vrai bonheur de pédaler dans cette nature préservée (et on ne paye pas le péage). Une fois au lac, plusieurs passages sont possibles. Dans un calme enchanteur (notamment à l'automne), vous pourrez emprunter différents sentiers plus ou moins escarpés selon l'itinéraire, et admirer le reflet des montagnes dans le lac. On aperçoit le refuge de Freiburg, allez-y, c'est à 1 919 m d'altitude !

L'hiver à Lech

– Pour le ski alpin, voir dans le chapitre suivant « St. Anton am Arlberg » *(Skipass de l'Arlberg).*

Piste de luge : d'Oberlech à Lech, piste de 1,5 km, éclairée, et équipée de canons à neige (montée avec le téléphérique d'Oberlech). ***Piste de ski de fond :*** de Lech à ***Zug, Zürs*** et même au-delà.

À voir

L'église Saint-Nicolas : *dans le centre du village.* Bâtie en 1390 en style gothique, mais l'intérieur fut rénové en 1791 en style rococo.

DANS LES ENVIRONS DE LECH

LE LECHTAL

La vallée du Lechtal ne se résume pas à Lech, et c'est tant mieux. Ceux qui apprécient les paysages entourant la bourgade mais moins l'ambiance huppée qui y règne, s'empresseront de s'évader vers ***Warth*** et continueront sur la route 198 vers l'est (Steeg, Holzgau, etc.)... sachant que, depuis Warth, on peut aussi rejoindre le Bregenzerwald, une autre région magnifique (voir « Dans les environs de Bregenz »). En suivant la route 198 vers l'est depuis Warth, on découvre une superbe vallée, avec des prairies toutes fleuries à flanc de montagnes. Là encore, de magnifiques randos s'offrent à vous.

– ***Attention :*** toutes les résas passées via l'office de tourisme doivent être confirmées auprès des auberges.

Où dormir ? Où manger ?

🏠 |●| ***Landgasthaus Alpenhof :*** *famille Lorenz, Kienberg 36, 6655* ***Steeg/Kaisers.*** ☎ *(05633) 56-16.* • *alpenhof-lorenz.at* • *Doubles 68-84 €, ½ pens 35 €/pers.* Un gros chalet familial égaré sur les hauteurs dans une superbe vallée, au bord d'une route tranquille en lacet. Accueil charmant et chambres assez simples mais pas désagréables (certaines sont un peu plus récentes que d'autres, mais la qualité est globalement la même), d'autant que la plupart possèdent un balcon avec une super vue sur les montagnes ! Demandez, si possible, une de celles-ci. Une adresse attachante, bénéficiant d'une situation privilégiée.

|●| ***Tirolerhof :*** *à* ***Warth,*** *sur le 1er carrefour en arrivant de Lech.* 📱 *(0676) 908-86-84. Jeu-mar 11h-19h. Fermé en mai et de mi-sept à mi-déc. Plats 15-20 € (jusqu'à 30 € pour les steaks).* Terrasse avec vue sur les montagnes qui entourent le village, très agréable par beau temps. Ça tombe bien, la tambouille est bonne, soignée et généreusement servie. Accueil et service au diapason.

LE TYROL

• Carte *p. 90-91*

Un peu malgré lui, le Tyrol est le symbole de l'Autriche par excellence : son folklore, ses traditions intactes, sa culture et son architecture typique sont universellement connus. D'ailleurs, c'est le Land qui reçoit le plus de touristes !
La moitié du Land est constituée de montagnes (700 sommets de plus de 3 000 m !), glaciers et alpages, un tiers est couvert de forêts, et seulement un dixième est cultivé. On ne peut que comprendre cet engouement ! Si les différentes vallées abritent de nombreuses stations de ski, dont certaines prestigieuses, le paysage alpin n'y a pas été complètement défiguré, comme parfois en France, et les villages y gardent un charme bien attachant en été. À l'automne, l'explosion des couleurs fauves comblera le visiteur en quête d'authenticité. Bref, ce voyage, au cœur d'une nature superbe, vous laissera de beaux souvenirs en tête et qui sait, l'envie d'y retourner ?

UN PEU D'HISTOIRE

Sous l'empereur Auguste, les ***Romains*** construisirent dans la province de Rhétie leurs 1ers camps (*Veldidena* à Innsbruck et *Aguntum* près de Lienz) et les 1res routes (notamment celle du Brenner). Après l'effondrement de l'Empire romain, des Bavarois s'y installèrent. Puis les comtés se constituèrent. Au XIIe s, le Tyrol se forma avec le comte *Meinhard II* et hérita son nom d'un château près de Merano (ex-Tyrol du Sud, aujourd'hui en Italie).
En 1363, le comté tomba dans le domaine des ***Habsbourg.*** Sous le règne de ***Maximilien Ier*** (enterré à Wiener Neustadt, mais dont on retrouve le tombeau vide à Innsbruck), le Tyrol devint une grande puissance. Les Tyroliens se rallièrent au protestantisme, mais pas leur noblesse. La Contre-Réforme fut menée rondement (et triomphe au concile de Trente en 1563), et les Tyroliens gagnèrent à plusieurs reprises la réputation de défendre leur liberté, notamment en repoussant une invasion des Bavarois en 1703, puis en résistant vaillamment aux troupes napoléoniennes et bavaroises en 1809 – le traité de Presbourg (1805) ayant attribué le Tyrol à la Bavière. Un aubergiste patriote, ***Andreas Hofer,*** lança alors son fameux appel à la révolte, provoquant le soulèvement général des Tyroliens.
En ***1919,*** au traité de Saint-Germain-en-Laye, le Tyrol perdit sa partie sud (7 400 km²), et le col du Brenner devint la frontière avec l'Italie (les Tyroliens en portent encore le deuil). ***C'est là, au col du Brenner, que Hitler et Mussolini se rencontrèrent en 1940.***

POURQUOI TANT DE FRANÇAIS AU TYROL ?

L'engouement pour cette magnifique région est une conséquence de l'occupation du Nord-Tyrol par les troupes françaises de 1945 à 1955. Les familles des militaires venaient leur rendre visite et découvrirent une région de vacances charmante et accueillante. Les générations suivantes gardèrent cette habitude.

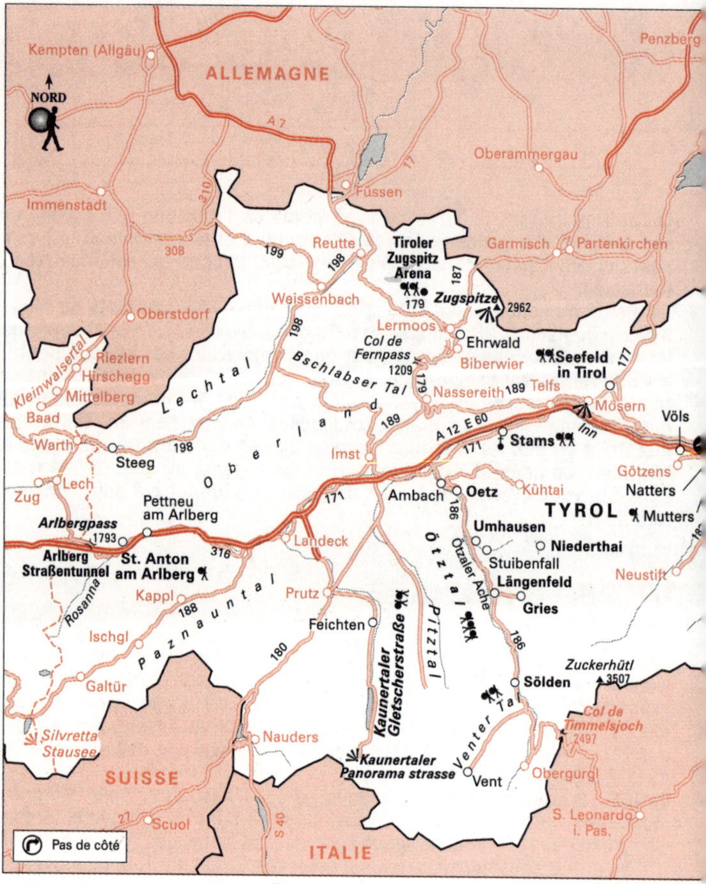

LA TRANSHUMANCE AU CŒUR DE TRADITIONS BIEN ANCRÉES

Dès le mois de mai, au Tyrol, plus de 33 000 vaches laitières et 77 000 taurillons et génisses, ainsi que des chevaux, moutons et autres chèvres, partent estiver sur les alpages tyroliens. C'est ici, dans les grasses prairies, que les animaux trouvent la meilleure pâture. Cela permet à l'éleveur de faire l'économie d'un fourrage onéreux et d'être assuré que les produits naturels ainsi obtenus seront de qualité. Vers la mi-septembre, la période de l'alpage prend fin. Les 3 200 bergers ramènent alors le bétail vers la vallée. Cette tradition paysanne de ***la désalpe*** est célébrée au travers de nombreuses fêtes hautes en couleur. À ne pas manquer ! Plus d'infos et calendrier sur • *fr.tyrol.com/loisirs/culture/traditions/transhumance* •

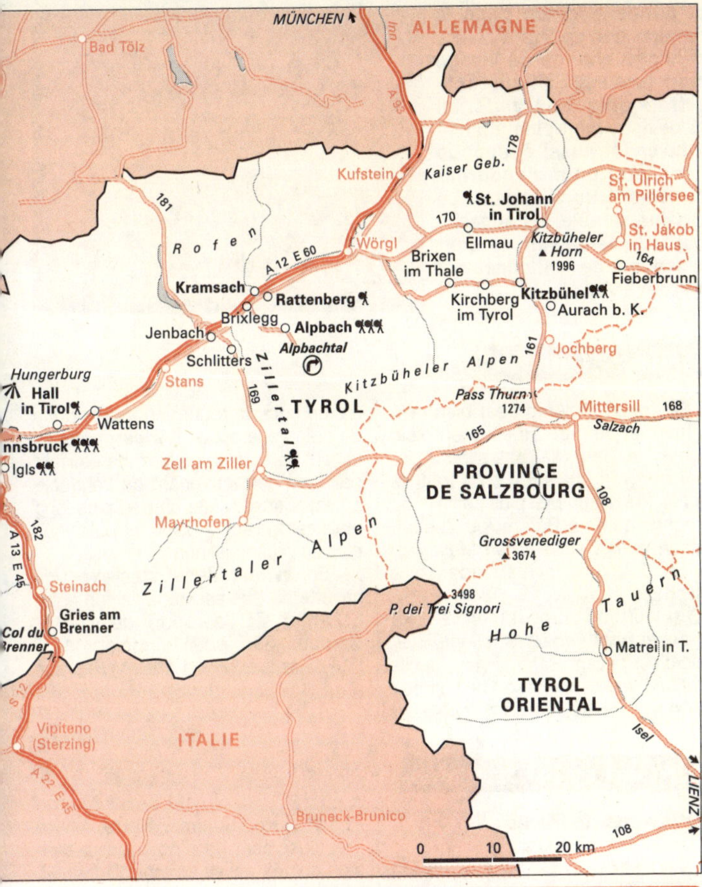

LE TYROL

L'OUEST DU TYROL

ST. ANTON AM ARLBERG

(6580) 1 810 hab. IND. TÉL. : 05446

À 1 300 m d'altitude, ce village du Tyrol est l'une des plus importantes stations de ski des Alpes septentrionales et s'est associé avec d'autres comme Chamonix, Davos, Megève, Lech et Kitzbühel pour former le groupe « *Best of the Alps* » (à savoir une dizaine de stations de renom

qui donnent le ton dans le domaine des sports d'hiver). Le village change de visage selon la saison : l'agréable et tranquille bourgade en été devient bien plus animée en hiver (et aussi beaucoup plus chère) pour s'endormir doucement hors saison. Le domaine skiable est superbe et, à la belle saison, ce sont les sentiers de randonnée qui s'offrent à vous !

HANNES SCHNEIDER, PÈRE DE LA MÉTHODE DE L'ARLBERG... ET DU SKI ALPIN MODERNE

Né en 1890 à Stuben, ce fils de fromager devint moniteur de ski et guide à St. Anton à partir de 1907. Il ouvrit une école de ski en 1921, après avoir développé la « méthode de l'Arlberg », la 1re technique de ski alpin, avec les virages en chasse-neige et descente en skis parallèles.

Arriver – Quitter

➢ ***En train :*** St. Anton est bien relié en train, et sa gare se situe en plein centre-ville. Rares liaisons avec Paris-Gare de Lyon (mais il y en a tout de même). Prévoir un peu plus de 7h (1 ou 2 changements à Bâle et/ou Zurich). Liaison pour Vienne *(Wien Meildling)* en 5h30, avec correspondance à Innsbruck.

➢ ***En voiture :*** on peut prendre l'axe est-ouest par l'*Arlberg-Straßentunnel,* mais c'est payant *(11 €/voiture),* la circulation y est dense, et on ne voit rien sur 14 km. En été, le plus agréable est d'emprunter la route normale et donc de prendre le col de l'***Arlbergpass*** en venant de l'ouest, ou la route passant par Strengen en venant de Landeck, à l'est. Certes, c'est un peu plus long mais ça en vaut la peine, et puis vous êtes en vacances, non ?

➢ ***En avion :*** début déc-avr, une navette de bus assure la liaison entre St. Anton et l'aéroport de Zurich. Compter 55 € pour un trajet, 110 € l'A/R. Résas auprès d'***Arlberg Express*** *(● arlbergexpress.com ●).*

Adresse et infos utiles

ℹ ***Office de tourisme :*** *Dorfstr. 8. ☎ 226-90. ● stantonamarlberg.com ● En hte saison, lun-ven 8h30-12h, 13h-17h ; le reste de l'année, lun-ven 8h-11h30. Fermé w-e.* Remet gratuitement une brochure (en anglais ; version plus courte en français disponible), détaillant une sélection de balades à faire dans les environs de St. Anton. Idem pour les parcours VTT.

– La ***St. Anton Sommer-Karte,*** remise gracieusement par l'hôtel ou la pension où l'on passe au moins une nuit, offre le libre accès aux télécabines, aux bus locaux, à la piscine de l'*Arlberg-WellCom* et au musée de St. Anton, et permet de participer gratuitement à certaines activités.

Où dormir ?

Attention, en hiver, les prix doublent (voire triplent !), et la demi-pension devient parfois obligatoire. Quelques structures proposent aussi des formules incluant des forfaits ski.

Les pensions familiales et les chambres chez l'habitant (liste disponible à l'office de tourisme) restent la formule la plus avantageuse pour les courts séjours.

Camping

⛺ ***ArlbergLife Camping :*** ***6574 Pettneu am Arlberg.*** *📱 0664-163-03-93. ● arlberg-panoramacamping.at ● À 7 km à l'est de St. Anton, au bord de la Panoramastr. Printemps/été, compter 26-33 € pour 2 avec tente et voiture. Douche payante.* Ce petit camping est le plus proche de St. Anton. Le site n'est pas forcément le genre d'endroit où l'on rêve de faire long feu, mais il convient tout à fait pour une étape. C'est simple : 2 bandes de pelouse séparées par une allée, quelques arbres, avec, loin en contrebas, l'autoroute et, juste au-dessus, la réception, le café et les sanitaires (luxueux !).

Chic

Hotel Garni Himmlhof : *Im Gries 9. ☎ 232-20. • himmlhof.com • Fermé mai-juin et sept-nov. En été, doubles standard env 150 €, petit déj et parking inclus. En hiver, multiplier les prix par 2... au moins !* L'hôtel de charme qui se cache derrière cette magnifique maison abrite 2 chambres standard seulement, les autres sont pour la plupart des *junior suites* dotées de petit salon. Ambiance alpine chaleureuse, douillette et coquette à souhait, avec un beau mélange de bois, de pierre et de stuc et, pour la déco, de fresques et de mobilier local. Magnifique spa en sous-sol, avec sauna, matelas gonflés d'eau, et tout et tout.

Hotel Schwarzer Adler : *Dorfstr. 35. ☎ 224-40. • schwarzeradler.com • Fermé de mi-avr à mi-juin et de mi-sept à début déc. Doubles env 100-400 € (là encore, beaucoup plus cher en hiver...). Plats 24-38 €. Parking gratuit juste à côté de l'hôtel.* Le bel établissement tel qu'on le rêve, hors du temps, avec un resto d'une qualité irréprochable, des chambres cossues de belle dimension et à la divine literie. Piscine privée, spa, salle de fitness, le luxe, quoi ! Resto chic et renommé (ouvert aussi aux non-résidents) à l'*Alte Stube*. Bien sûr, tout cela a un coût...

LE TYROL

Où manger ? Où boire un verre ? Où sortir ?

Der Grieswirt : *Im Gries 4. ☎ 302-61. Tlj sauf mer 16h-22h. Plats 12-30 €.* Au rez-de-chaussée d'un gros chalet, ce resto avec poutres, tables et banquettes en bois sert une cuisine autrichienne de bon aloi. Quelques plats d'inspiration méditerranéenne aussi et des suggestions saisonnières.

Café Schneider : *Dorfstr. 19. 0680-440-33-18. Tlj 12h-minuit. Menus midi 8,50-15 €.* Ambiance charleston avec lustres des années 1920 et vieilles photos de la station au début du XXe s. Petite restauration à toute heure, gâteaux maison et glaces.

Pour nos lecteurs plutôt à l'aise dans leur budget, il y a aussi l'excellent resto de l'***Hotel Schwarzer Adler*** (voir plus haut).

En hiver, pas mal de ***bars « après-ski »,*** où l'on se rend en fin d'après-midi pour prendre un verre en tenue fluo, mais aussi des ***discothèques,*** comme le ***Horny B.***

À voir. À faire en été

Museum St. Anton am Arlberg : *Rudi-Matt-Weg 10, dans l'Arlberg-Kandahar-Haus. ☎ 226-90. • museum-restaurant.at • museum-stanton.com • Tlj 12h-18h. Fermé lun en été. Entrée : 5 €, audioguide en français compris.* À l'étage d'une imposante villa de 1912 (dont le rez-de-chaussée abrite un resto) et entouré d'un beau parc (avec minigolf et autres attractions), ce musée raconte l'histoire du ski alpin, et plus précisément l'histoire de la mutation du village de St. Anton en station de sports d'hiver.

TOUT SCHUSS

Le « Schuss » vient de la position de recherche de vitesse à skis, où le skieur adopte un profil d'obus. Ce sont les Autrichiens qui ont popularisé ce mot signifiant « feu ! ». Quand un skieur arrive au départ, son entraîneur lui crie « Schuss ! ». En espérant qu'il aille ensuite tout droit...

On y décrit aussi les traditions populaires et grands événements régionaux, comme la construction du tunnel ferroviaire et routier.

Arlberger Bergbahnen : • *arlbergerbergbahnen.com* • De St. Anton, possibilité de prendre les télécabines ou le téléphérique pour Galzig, Vallugagrat, Vallugagipfel, Gampen, Kapall et Rendl. Quitte à n'en faire qu'un, on vous conseille de prendre les télécabines du ***Galzigbahn.*** De ***Galzig*** (à 2 185 m), vous pourrez prendre les télécabines pour ***Vallugagrat*** (2 650 m), et de là, une toute petite télécabine (4 personnes) pour ***Valluga*** (2 811 m). Là-haut, une vue splendide sur tous les sommets environnants, et, comme bien souvent, une paire de jumelles gratuite est à votre disposition.

Senns WunderWanderWeg : *Dengert 503. ☎ 20-48. • sennsationell.at • En voiture, de l'Arlbergstr. (la grande route qui contourne le village en direction de l'Arlbergpass), prendre la sortie M et suivre le fléchage ; à pied, prendre le Mühltobelweg. En été (à partir de fin avr) et en hiver (dès début déc), tlj 10h-18h. GRATUIT.* Voici un sympathique sentier découverte de l'environnement alpin de St. Anton, mis en place par la famille qui tient l'agréable café-restaurant au bord du sentier : le ***Sennhütte*** *(tlj 10h-18h ; petits plats 8-20 € avec, en prime, une grande terrasse et une jolie vue).* Vous êtes invité à toucher, à sentir, et même parfois à vous déchausser (pour mieux percevoir les différents terrains). Également une cabane dans les arbres, des biquettes ou encore des lapins, qui devraient réjouir les plus jeunes. L'endroit est gratuit, mais si vous voulez vous arrêter au café, vous êtes plus que bienvenu !

La voie de l'Aigle *(Alderweg)* **:** ce sentier de grande randonnée traverse tout le Tyrol et relie St. Anton, à l'ouest, à St. Johann, à l'est. L'itinéraire complet compte 33 étapes et s'étend sur 413 km (pour 31 000 m de dénivelée) ! En cours de route, des villages, les refuges du Club alpin ou des auberges d'alpage pour se restaurer et passer la nuit. Pour tous les détails, carte à l'appui, sur chaque étape : • *fr.tyrol.com/loisirs/sport/randonnee/voie-de-laigle* •

À faire en hiver

Skipass de l'Arlberg *(pour accéder aux pistes de Lech, Oberlech, Zürs, Stuben, St. Anton et St. Christoph)* **:** *vendu aux caisses des remontées mécaniques (à St. Anton, 8h30-16h30) et dans certains hôtels (se renseigner). Compter env 67 €/j., ou env 358 €/6 j. ; réduc. Vérifiez tout de même, car, comme partout, les prix évoluent. Il vous permet d'emprunter librement les bus locaux.* Il donne accès à plus de 300 km de pistes préparées, 200 km de descentes en neige profonde et 87 remontées mécaniques. La plus longue descente fait 10,2 km et vous mène du ***Valluga*** à St. Anton, en passant par le refuge *Ulmer Hütte.*

SKI AFGHAN OU SKI ALPIN ?

En ski alpin, le nom de la célèbre compétition Arlberg-Kandahar provient d'un général britannique, sir Roberts of Kandahar, qui occupa la ville de Kandahar en Afghanistan et devint vice-président de la section du Alpine Sports Club. Le challenge qui porte son nom, à Montana, fut la 1re épreuve de descente de l'histoire du ski alpin. Il fut disputé en 1928 à St. Anton. En raison de son succès, la Fédération internationale de ski l'intégra dans le calendrier des épreuves en 1930.

Pistes de ski de fond : piste de *Stanzertal.* Elle va de St. Anton à Flirsch (22 km aller-retour). 3 autres pistes à St. Jakob, Verwall (particulièrement jolie) et St. Christoph. En tout, 40 km.

Funpark de snowboard : l'ancien tracé du Masslift a été transformé en un funpark de snowboard (adapté aux débutants).

Piste de luge : *accès 12h-16h15. GRATUIT avec un forfait de ski (payant sinon).* 4,3 km de pistes de luge, sur 500 m de dénivelée au départ du Gampen : on passe par la *Rodelhütte,* pour arriver au *Rodelstall,* dans le quartier de Nasserein. Également des ***descentes nocturnes*** éclairées 2 soirs par semaine *(mar et jeu, 19h30-21h30 ; tarif aller simple : 13,50 €, 6,50 € enfant).*

■ ***Centre de bien-être Arlberg WellCom :*** ● *arlberg-wellcom.at* ● *Ouv déc-avr, tlj 10h-22h.* À 2 pas du centre-ville. Sauna finlandais, solarium, piscines intérieure et extérieure (y compris l'hiver), massages, cours de tennis, etc.

Fêtes et manifestations

– ***Der Weiße Rausch :*** *2de quinzaine d'avr.* ● *arlbergadler.eu* ● La course sur neige la plus folle et la plus comique puisqu'elle attire chaque année plus de 500 fêlés qui se lancent depuis l'arête *Vallugagrat* dans une descente de 9 km qui autorise tous les styles, tous les genres (surf, snowboard, télémark, big foot, etc.). À l'arrivée, l'obstacle d'un mur de neige de 2 m de haut à franchir n'importe comment épuise les dernières forces des participants, pour le plus grand plaisir des spectateurs.
– ***Soirées tyroliennes*** *(Tiroler Abend)* ***:*** *mar (et parfois jeu) à 21h, de mi-juin à fin sept.* ● *tirolerabend.at* ● *Entrée : 17 € avec 1 conso.* Assurées par le groupe de musique folklorique d'Arlberg dans l'Albergsaal. À ne pas manquer.
– ***Concerts gratuits :*** *mer à 21h, en été slt.* Les orchestres folkloriques de St. Anton ou de St. Jakob jouent à la Griesplatz, ou dans l'Albergsaal s'il fait mauvais temps.
– ***Fête du village*** *(St. Antoner Dorffest)* ***:*** *mi-juil.* Concerts de musique folklorique, théâtre, danse, concours et gastronomie locale, dans la zone piétonne, entre la Gemeindeplatz et la Griesplatz.
– ***Festival du Film de montagne*** *(Filmfest)* ***:*** *fin août, pdt 4 j.* ● *filmfest-stanton.at* ● *Pass 45 € pour tlj (15 € pour 1 nuit).* Le lien entre St. Anton et le cinéma n'est pas nouveau (le pionnier du ski de St. Anton, Hannes Schneider, est devenu une star du cinéma !). Créé en 1995, ce festival propose des petits films et docus montrant des expéditions ou prouesses sportives en montagne réalisées un peu partout dans le monde.

LE KAUNERTAL

En venant de St. Anton, après Landeck, prendre la route sud en direction de ***Nauders (route 180),*** gros bourg sans charme particulier mais carrefour important, situé aux confins autrichiens, suisses et italiens. La route jusqu'à Nauders est superbe, et le village offre pas mal d'activités, mais on conseille plutôt de bifurquer à gauche à Prutz vers le Kaunertal et de prendre un pique-nique pour casser la croûte dans les alpages.

Le début de cette vallée étroite est ponctué de villages, de prairies parcourues de murets... À la sortie de Feichten, un péage *(25 €)* donne accès à la ***Kaunertaler Gletscherstraße.*** La montée, douce au départ, se raidit après avoir longé un lac de barrage. Là, ouvrez grand les mirettes et ne les fermez plus jusqu'en haut. La route serpente à travers des paysages magnifiques, où se déploient de majestueux glaciers et des moraines déposées au fil de leur recul. Par beau temps, en fin d'après-midi, la roche prend des reflets roses et mordorés superbes. La route s'arrête à 2 750 m d'altitude, au pied du glacier du Kaunertal, dominé par le Weisee Spitze (2 962 m). Compter environ 40 mn du péage au glacier. Station de ski à l'arrivée et possibilité de ski d'été sur le glacier.

Où dormir dans le coin ?

Pension Jägerheim : *dans le village de* ***Feichten.*** *☎ (05475) 230. • pension-jaegerheim.com • Doubles et apparts à partir de 72-76 €, petit déj inclus.* Gros chalet avec apparts et chambres. Rien de très folichon dans la déco, mais c'est parfaitement tenu et de bon confort, et tous possèdent un balcon avec vue. Pas de resto, c'est donc juste pour passer la nuit.

L'ÖTZTAL

À 65 km à l'ouest d'Innsbruck, la vallée d'Oetz qui s'étend sur plus de 60 km suivant une orientation nord-sud, et possède pas moins de 170 glaciers, est le plus grand massif des Alpes orientales. Elle comprend plus de 250 sommets dépassant 3 000 m, dont le Wildspitze (3 774 m), point culminant du Tyrol. D'après les météorologues, le soleil y est plus généreux que dans le reste du pays ; d'après nous, les paysages sont à même de charmer tout voyageur sensible aux beautés de la nature alpine.
Quoi qu'il en soit, de superbes stations de ski et de mémorables balades vous attendent. C'est à coup sûr l'un de nos coups de cœur dans le Tyrol.

Arriver – Quitter

➢ ***En train :*** liaisons très fréquentes et directes entre Innsbruck et Ötztal-Bahnhof (au début de la vallée). Trajet : 22-50 mn. D'Ötztal-Bahnhof, prendre le bus qui dessert toute la vallée (départ ttes les heures).

➢ ***En voiture :*** au fond de la vallée, la route 186, qui mène au col de Timmelsjoch, est payante si vous voulez continuer votre périple en Italie *(17 €/voiture, 24 € l'A/R, gratuit l'été en bus ; accès fin juin-oct).*

– Si vous arrivez du nord-ouest, de Lech par exemple, vous pourrez passer par un bout de la route *L246* (la route du ***col Hahntennjoch*** allant d'Imst à Elmen), longée par de magnifiques paysages montagnards et très appréciée des motards et cyclistes.

Adresses et infos utiles

Infopoint Ötztal : *à* ***Ambach,*** *sur la route principale qui conduit à la vallée, 2 km avt Oetz. ☎ (05720) 07-00. • oetztal.com • Tlj sauf w-e 9h-13h, 14h-17h.* Infos générales sur la vallée et nombreuses brochures. Maquette de la vallée. D'autres offices de tourisme dans les villages de la vallée. L'été, possibilité de s'y procurer l'**Ötztal Card,** qui offre de nombreux avantages *(65 € pour 3 j., 88 € pour 7 j., 114 € pour 10 j. ; réduc enfants ; tarifs à vérifier).*

Wasser-c.raft : *à* ***Ambach,*** *juste avt l'Infopoint Ötztal (venant du nord). ☎ (05252) 67-21. • rafting-oetztal.at • De mai à mi-oct, tlj 8h-17h.* Organise des sorties de rafting et de canyoning dans la vallée, et loue des VTT.

– ***L'Ötztal est un des hauts lieux du VTT*** dans le Tyrol, et ce ne sont pas les itinéraires qui manquent. Le plus long, l'*Ötztal Radweg,* parcourt la vallée dans toute sa longueur.

– Pour nos ***lecteurs skieurs*** : vous pourrez faire vos plus beaux plantés de bâton dans toute la vallée, les 2 stations les plus réputées étant ***Sölden*** et ***Obergurgl-Hochgurgl*** *(infos et prix des forfaits : • oetztal.com •).*

Où dormir dans la vallée d'Ötztal ?

Beaucoup d'adresses dans de belles bâtisses, à des ***prix encore raisonnables par endroits*** (été comme hiver). Attention, beaucoup d'hébergements ferment d'octobre à mi-décembre et pour quelques semaines à la fin de la saison d'hiver (généralement autour de Pâques).

OETZ

Village dominé par l'Acherkogel, 1er sommet de plus de 3 000 m de la vallée. Les maisons du centre ancien sont décorées de jolies fresques. Partout, des fleurs aux balcons, des fontaines à l'eau cristalline, des oratoires et autres calvaires. Jetez un œil en passant à la *Gasthof zum Stern,* la plus vieille auberge du pays (1573), avec son oriel fleuri et ses lambris patinés par le temps. Faites-y donc une halte car on y mange très bien.

Adresse utile

Information Oetz : *Hauptstr. 66. Dans le centre, à gauche du* Posthotel Kassl. ☎ *(05720) 05-00.* • *oetz.com* • *Début sept-fin déc, lun-sam 8h-12h, 14h-18h ; dim (slt en sept) 9h-12h.*

Où dormir ? Où manger ?

Posthotel Kassl : *Hauptstr. 70.* ☎ *(05252) 63-03.* • *posthotel-kassl.at* • *Dans le centre, immanquable. Congés : fin oct-début déc. Doubles env 160-205 € selon saison ; petit déj inclus ; ½ pens possible. Plats 15-30 €.* Au cœur du village, une très belle bâtisse à fresques et colombages. Relais de chevaux construit en 1605, l'établissement se mua peu à peu en auberge. À la fin du XIXe s, c'était un hôtel qui accueillait les 1ers vacanciers. Plusieurs catégories de chambres, certaines avec une superbe vue sur les montagnes. Ne pas manquer la salle du bar « Belle Époque », au parquet qui craque délicieusement ! Piscine couverte, sauna, solarium, billard, centre de relaxation, ainsi que quelques salons à l'ambiance chic et feutrée... Côté resto (ouvert à tous), la cuisine tyrolienne est de bonne tenue et bien servie.

Restaurant am Piburger See *(sur le lac* ***Piburger See,*** *pour profiter de la vue).* Voir plus bas, dans la rubrique « À voir, à faire ».

À voir. À faire

Turmmuseum : *au cœur du village, en allant vers l'église.* 📱 *0664-910-23-21.* • *oetztalermuseen.at/turmmuseum* • *Juin-oct, mer-dim 14h-18h ; de mi-déc à Pâques, jeu-dim 1h-18h. Entrée libre, don apprécié.* Cette tour du XIVe s, joliment rénovée, abrite sur 5 étages la belle collection d'art d'un certain Hans Jäger, un grand collectionneur du coin. Beaucoup de gravures et de peintures, de paysages notamment, parfait pour se plonger dans l'Ötztal du temps jadis.

Balade autour du Piburger See : *(parking 4 € la journée puis 10 mn pour accéder au lac)* dissimulé dans son écrin forestier au-dessus du village, c'est l'un des lacs les plus chauds du Tyrol. Très jolie balade et lieu à découvrir hors week-end, pour en apprécier tout son charme. Une vraie carte postale à chaque saison, notamment à l'automne pour en apprécier les couleurs. Magnifique !

Sur place, le ***Restaurant am Piburger See*** *(tlj sauf lun 10h-18h ; plats 15-20 €).* Pas de la grande cuisine mais le spot permet d'admirer la beauté des paysages.

➢ Nombreuses balades possibles à partir du Hochoetz, que l'on atteint en télécabine.

UMHAUSEN

Adresse utile

Information Umhausen : *devant l'église. ☎ (05720) 04-00. • umhausen.com • Fin août-fin avr, tlj sauf w-e 8h-12h, 13h-17h.*

Où dormir ?

Camping Ötztal Arena – Camp Krismer : *Mühlweg 32. ☎ (05255) 53-90. • fr.oetztalcamping.com • Ouv presque tte l'année. Compter 25-30 € pour 2 avec tente et voiture. CB refusées.* Un camping agréable comme tout avec une belle situation, sur un espace bien ouvert entouré de montagnes. Accueil familial souriant et resto sympa.

Haus Gamsblick : *Östen 65, dans le hameau de Lehn-Platzl. ☎ (05255) 54-34. • gamsblick.jimdofree.com • À env 3 km avt Umhausen en venant de Oetz. Tte l'année. Double avec sdb 56-60 € et 50-54 € sans, petit déj (léger) compris. Si vous souhaitez rester qu'1 nuit, un supplément de 4 € est demandé.* Parmi les maisons modernes, cette pension est typique ! 8 chambres simples mais impeccables, avec écran plat, balcon... et vue ! Les plus chères (si l'on peut dire...) ont leur salle de bains. Une très bonne affaire !

Où manger ?

Gasthof Andreas Hofer : *Hintere G. 8. ☎ (05255) 52-14. Tlj sauf mer 10h-22h (14h jeu). Plats 11-24 € ; soupes 5-6 € ; grillades 29-36 €.* On a vu un peu de monde alors on y est allés, et on n'a pas été déçus ! Cette Gasthof propose une cuisine tyrolienne de qualité et qui cale bien. De la soupe au dessert, on se régale ! De délicieux plats végétariens aussi. À accompagner d'une bière pour faire comme les locaux. Très sympa.

Gasthof Krone : *Dorf 30. ☎ (05255) 500-48. Tlj sauf lun-mar 12h (9h30 dim)-21h (cuisine 12h-14h, 17h30-21h). Plats 12-25 €.* Au cœur du village, dans une jolie maison ornée de fresques. À l'intérieur, 2 salles en bois du sol au plafond... et un accueil fort chaleureux du personnel en tenue traditionnelle ! Cuisine régionale soignée et réservant quelques bonnes surprises, comme l'*Etztålar Håsnar mit Kraut* (une spécialité locale au chou), le jambonneau à la bière et de délicieuses *spätzle.*

À voir

Stuibenfall : *entre Umhausen et Niederthai. On peut y accéder d'en bas, depuis Umhausen, ou d'en haut, depuis Niederthai. Dans le 1er cas, laisser sa voiture au parking (payant, 5 €) de l'Ötzi Dorf (voir ci-après), puis grimpette de 30-45 mn... jusqu'au pied de la cascade. Chalet-resto à mi-hauteur. D'en haut, le départ se fait de la Gasthof Stuibenfall (voir plus loin).* **Les plus hautes chutes d'eau du Tyrol.** Perdue au milieu des mélèzes, la Stuibenfall tombe de pas moins de 150 m, en 2 sauts. 5 plates-formes panoramiques reliées par un escalier métallique de 700 marches, courant grosso modo sur toute la hauteur des chutes, et 2 ponts suspendus ont été aménagés pour profiter du spectacle. Vaut vraiment le coup, quel que soit le côté par lequel on les aborde ! À 5 mn des chutes, une *via ferrata* facile (et gratuite) attend les sportifs. Matériel disponible, entre autres, au *Wasser-c-raft*, à *Ambach* (voir plus haut « Adresses et infos utiles »).

NIEDERTHAI

Pour les bons marcheurs, plusieurs sentiers partent d'Umhausen (1 036 m) vers Niederthai (1 550 m) à travers la forêt. Les moins bons (marcheurs) gagneront Niederthai par une jolie route forestière, qui serpente jusqu'au village composé de quelques chalets, posé sur un large plateau et coincé entre les montagnes. Un lieu paisible au charme fou, qui constitue aussi une excellente base pour le ***ski de fond*** et un bon point de départ de ***randonnées*** de tous niveaux, de la pratique du glacier à la simple balade.

Où dormir ? Où manger ?

🏠 |●| ***Gasthof Stuibenfall :*** *Niederthai 47. ☎ (05255) 55-12. • stuibenfall.at • Env 1 km avt d'arriver à Niederthai, sur la gauche. Ouv de mi-mai à mi-oct. Doubles en ½ pens 140-220 €. Au resto, plats 10-25 €. Parking gratuit.* Dans un superbe environnement naturel, près de la Stuibenfall (voir plus haut), une belle auberge de montagne tenue par un charmant couple franco-autrichien (qui va sans doute passer aux mains de leur fils). Autrefois se dressait là l'un des 2 moulins du village, transformé en auberge par un aïeul de madame. Intérieur tout en bois. Les chambres sont toutes dotées d'une terrasse ou d'un balcon. Également 3 appartements (sans cuisine) au rez-de-chaussée de la grange. Petite bibliothèque avec cheminée, salle de jeux pour enfants, local à skis, bel espace bien-être (sauna, hammam, cabine UV, etc.) compris dans le prix. Et une cuisine de terroir aussi savoureuse que copieuse, servie en terrasse ou dans les salles rustiques. Le resto est aussi ouvert aux non-résidents de mai à octobre, avec un repas à la carte. Le couple a aménagé, un peu plus bas, 4 chalets ultra classe avec cuisine et sauna privé *(min 4 nuits 250-635 € selon nombre de j. !).*

🏠 |●| ***Hotel Falknerhof :*** *Niederthai 76. ☎ (05255) 55-88. • falknerhof.com • Dans Niederthai, prendre la route à droite au niveau du parking. Congés : début mai et de nov à mi-déc. Doubles à partir de 200 €... Menu env 32 € pour les non-résidents.* Au cœur du plateau entouré d'alpages, dans une grosse structure – genre grand chalet – et son annexe, des chambres boisées et soigneusement moquettées de gris, d'excellent confort et bien équipées, certaines avec une superbe vue. Petit déj-buffet bien garni, et pour les demi-pensions, en-cas salé ou sucré dans l'après-midi et dîner gastronomique aux chandelles, dans des salles vitrées et bien apprêtées donnant sur les sommets montagneux. Piscine couverte, sauna et tout et tout. Un sans-faute, mais il faut dire que cela a un prix...

LÄNGENFELD ET GRIES

Agréable village doté d'une ***belle église avec fresques en façade***, le tout bien sûr au pied des montagnes. En été, un concert d'un groupe local est organisé chaque semaine dans la bourgade. De Längenfeld, une route serpente jusqu'à ***Gries,*** à 1 600 m d'altitude. Là aussi, entre forêts et sommets de plus de 3 000 m, on vient chercher le calme et l'air pur. Encore un petit paradis pour les marcheurs.
C'est aussi ici que se trouve l'***Aquadome,*** un vaste et luxueux centre thermal à la clientèle surtout locale ou allemande.

Adresse utile

Office de tourisme de Längenfeld : *Oberlängenfeld, 24. ☎ (05720) 03-00. • laengenfeld.com • Horaires variables mais en principe, lun-ven 8h-12h, 13h-17h (en continu le w-e l'été).*

Où dormir ? Où manger ?

Camping Ötztal : *à côté du centre sportif de Längenfeld. ☎ (05253) 534-84. • camping-oetztal.com • Fermé en nov. Compter 27-35 € pour 2 avec tente et voiture selon saison.* En lisière d'un bosquet, au pied des versants, un beau camping avec des carrés de pelouse bien entretenus et pas mal d'arbres. Vente de pain le matin à la réception, ping-pong, baby-foot, jeux pour enfants, ainsi qu'une bonne pizzeria pour le soir. Sanitaires classe ! Piscine et tennis à côté. Sauna *(5 €).*

Gästehaus Elsa Schöpf : *Oberlängenfeld 29, à Längenfeld. ☎ (05253) 54-73. • elsa-schoepf.at • Double env 70 €, petit déj inclus.* Dans une maison soignée au cœur du village, 5 chambres avec moquette, literie fraîche, et petit balcon donnant sur les cimes. Vraiment rien à redire pour le prix !

Die Sünderalm : *Unterlängenfeld 12, à Längenfeld. ☎ (05253) 201-70. • suenderalm.at • Tlj sauf lun 11h-22h. Plats env 12-25 €.* Auberge tyrolienne aux grosses tables en bois et cloisons en rondins, mais on peut aussi s'installer en terrasse au bord de la route, face aux montagnes. Excellent choix à la carte, des soupes aux salades en passant par les viandes et les plats typiques de *spätzle,* servis dans leur poêlon. Parfait pour une halte à midi ou un repas plus consistant le soir.

LE TYROL

À voir. À faire

Ötztaler Heimat und Freilicht-Museum (musée de plein air d'Ötztal) **:** *Lehn 23b, à 2,5 km de Längenfeld. ☎ (05253) 55-40 ou (0664) 910-23-21. • oetztalermuseen.at/heimatmuseum • Juin-sept, lun-ven 10h-12h, 14h-17h (16h dim), fermé sam ; mai et oct, mar-jeu 10h-12h, 14h-16h. Entrée libre. Billetterie dans la maison d'habitation. Demander le texte en français pour la visite.*
Ce charmant musée montre ***comment vivaient autrefois les paysans de l'Ötztal,*** à travers une poignée de vieux bâtiments laissés en l'état. Les pièces meublées semblent presque encore habitées. Autour de la maison et intégrés au village, une étable, une grange, un grenier sur pilotis, un four à pain, la scierie, le moulin, le broyeur à lin (l'exploitation et le tissage du lin furent des activités importantes dans la vallée jusqu'après 1945) et une maison en bois de paysans pauvres.
– Au fait, le lait de l'Ötztal étant réputé pour sa qualité, pourquoi ne pas vous en offrir un verre avant de partir ? Il est vendu en libre-service (à tout petit prix) dans la cahute repérable à sa petite vache, juste devant le musée. Frais et délicieux !

Aquadome : *Oberlängenfeld 140, à Längenfeld. ☎ (05253) 64-00. • aquadome.com • Tlj 9h-23h (minuit ven). Accès aux piscines 28 € en sem (22 € le mat pour 3h) et 25 € le w-e pour 3h, 42 € pour tte la journée ; réduc. Inclus dans l'Ötztal Card.* Vaste centre thermal avec plusieurs piscines intérieures et extérieures, 7 saunas *(18 €)* et, bien sûr, des soins prodigués. Restos sur place, ainsi qu'un grand hôtel.

SÖLDEN

La plus grande station de ski de la vallée. Même si Sölden est loin d'être défigurée par des aberrations architecturales comme la plupart de nos stations alpines, elle n'a pas le charme paisible des autres villages de la vallée. Idéal néanmoins pour les activités sportives d'hiver ou d'été : ski évidemment, mais aussi parapente, VTT, escalade, randonnée, etc. C'est ici aussi que se déroule chaque année la ***1re manche de la coupe du monde de ski alpin.*** Vous pourrez également visiter un musée (original) creusé dans la roche ***007 Elements,*** dédié à James Bond (et à son passage ici même dans le film *Spectre* !).

Adresse utile

Office de tourisme : *Achweg, 5. ☎ (05720) 02-00. • soelden.com • Horaires variable mais en principe, lun-sam 8h-12h, 13h-18h, plus dim en hte saison 9h-12h, 15h-16h.*

Où boire un verre ?

Marco's : *Dorfstr. 80. Dans le centre, sur la route principale. Tlj 10h-23h. CB refusées.* Architecture ludique ressemblant à un manège, qui s'ouvre aux beaux jours comme un observatoire et se transforme la nuit en phare ceinturé de flambeaux. Agréable terrasse. On peut aussi y manger un bout (quand la cuisine est ouverte).

GURGLER TAL ET VENTER TAL

Après Sölden, à Zwieselstein, la vallée se divise en Gurgler Tal (à gauche) et Venter Tal (à droite), qui ensemble proposent un très grand domaine skiable.

Vers le sud-est et l'Italie, la ***Gurgler Tal*** est parcourue par une superbe route panoramique, la ***Timmelsjoch Hochalpenstraße,*** qui mène au col du Timmelsjoch, à 2 500 m d'altitude, ponctuée de curiosités architecturales contemporaines et de nombreux points de vue. À partir de l'Italie, la route devient payante. Obergurgl mérite vraiment une halte, au moins pour y prendre le ***téléphérique du Hohe Mut*** *(fin juin-début sept ; compter 22 € l'A/R, réduc).* Là-haut, beau spectacle sur les sommets de plus de 3 000 m (dont le Wildspitze, qui culmine à 3 774 m) et sur une vingtaine de glaciers. C'est dans celui du ***Niederjochferner*** qu'Ötzi, l'Hibernatus des Alpes, fut découvert en 1991.

Top Mountain Motorcycle experience : *Timmelsjochstrasse 8, à **Hochgurgl.** ☎ (05256) 621-11. Tlj 10h-17h (l'ouverture dépend de la route qui y mène et donc de la météo). Entrée : 15 € ; réduc ; gratuit moins 7 ans.* Nous voici dans ***le plus haut musée de motos d'Europe*** ! Cette impressionnante collection appartient à Alban et Attila Scheiber, des jumeaux collectionneurs – également propriétaires de la route qui y mène et du domaine skiable d'Hochgurgl ! Ravagé par un terrible incendie en 2021, le musée fut reconstruit en seulement 10 mois. Sur les 550 *motobikes* (allant du XIXe s à aujourd'hui), admirez, entre autres, la moto jaune *Cyclone,* la plus chère du musée (on l'évalue à 1 million d'euros !). Au fond du musée, une salle de ***simulateur*** où l'on est projeté sur une moto en partance vers l'Italie (on s'y croirait vraiment !). Intéressantes expos temporaires au rez-de-chaussée.

La ***Venter Tal,*** étroite et préservée, s'étend harmonieusement sur 18 km jusqu'à ***Vent,*** le village qui lui a donné son nom. Magnifique panorama. C'est le spot des randonnées de la vallée. De nombreux guides vous emmènent autour du Wildspitze (3 774 m), le plus haut sommet du Tyrol. Dans le village, sauf si vous logez sur place, il faut vous garer dans l'un des 2 parkings payants *(5 €/j.)* ; l'un se trouve à l'entrée de Vent, et l'autre à côté du télésiège.

Office de tourisme de Vent : *près de l'église.* ☎ *(05720) 02-60.* • *vent.at* • *Tlj sauf w-e 8h-12h, 14h-18h. Fermé parfois en mai et oct.* Brochure recensant toutes les *Hütten* proposées en hébergement entre 2 501 et 3 272 m (soyons précis !). Infos sur les randos et pistes de ski.

Idée de rando : se rendre jusqu'à Mutsbühl (2 340 m), compter ½ heure (assez raide pour cette partie-là) puis 1h jusqu'à Ramol Alm (2 215 m) et enfin, ¾ d'heure pour redescendre. Vraiment beau ! Si vous êtes silencieux, vous pourrez peut-être croiser des cerfs ou des chamois, et en été, des marmottes !

Parmi les *hütten* du coin, **Gasthof Rofenhof** : ☎ *(05254) 81-03 ; tlj 9h-18h (20h juil-août).* Située à 2 014 m d'altitude, cette petite auberge peut constituer un but de promenade à elle seule. Accessible en 30 mn par un sentier facile et agréable, ponctué de sculptures. À l'arrivée, il faut prendre le pont suspendu offrant une très jolie vue sur la rivière tumultueuse tout en dessous. Sur place, cuisine tyrolienne typique *(plats env 10-15 €),* mais aussi, en été, gâteaux maison, en-cas, glaces et, également, verres de lait frais ou de babeurre à la fraise, aux airelles, à la banane, à la myrtille...

L'ABBAYE DE STAMS

L'une des plus fascinantes abbayes d'Autriche. Située près de Silz, à environ 40 km à l'ouest d'Innsbruck. On la distingue bien de l'autoroute, au pied de sa montagne, avec ses 2 superbes clochers bulbeux qui nous saluent de loin. Ancienne abbaye cistercienne fondée au XIIIe s par le comte Meinhard II et sa femme Élisabeth de Bavière en mémoire de leur fils Conradin, ultime descendant des Hohenstaufen. Elle devint rapidement très puissante, possédant une grande partie des terres de la région. En 1497, Maximilien y reçut Bajazet, ambassadeur de l'Empire ottoman. L'abbaye fut pillée lors d'une révolte de paysans en 1525, puis, en 1552, mise à sac par les protestants et, finalement, victime d'un incendie en 1593. Reconstruite à la fin du XVIIe s, « baroquisée » au XVIIIe, elle fut fermée par l'occupant bavarois en 1807 et par les nazis lors de la Seconde Guerre mondiale. Restaurée entre 1973 et 1985 et encore habitée par une quinzaine de moines, elle a repris de bien belles couleurs !

Billetterie dans la boutique du cloître, à côté de l'entrée du restaurant : ☎ *(05263) 62-42-512 (résas).* • *stiftstams.at* • *Visite guidée obligatoire (également en français) : juin-sept, tlj sauf dim mat, ttes les heures, 9h-16h ; oct-mai, jeu à 16h ou sur demande. Entrée : 13,50 € pour le musée et la basilique ; réduc.*
Les visites, qui permettent surtout de voir la ***basilique*** et la ***salle des Princes,*** démarrent à l'entrée de la basilique et sont généralement assurées par des étudiants, pas forcément spécialisés en histoire de l'art ni en histoire tout court mais connaissant bien l'abbaye. Certains parlent le français.

Visite de l'abbaye
– L'entrée de la basilique est marquée par l'admirable *grille des Roses* (chaque rose ayant demandé 120h de travail et la grille, 6 ans !) devant la chapelle du Saint-Sang, un chef-d'œuvre de la ferronnerie tyrolienne.
– *Grande nef :* sous l'avalanche d'or, de stucs et de fresques, on peut encore deviner l'ancienne architecture romane, mais plus du tout le dépouillement cistercien. Le contraste entre la blancheur des murs et le décor se révèle d'un prodigieux effet.
– À l'entrée, luxueux tombeau autrichien avec 8 têtes couronnées. *Crucifixion* d'Andreas Tamasch. Impossible de trouver plus riche ornementation que celle de la chaire ! Noter la légèreté des 2 anges semblant la soutenir. Relief racontant la vie

de saint Bernard. Superbes confessionnaux marquetés. Dans la nef, côté droit, la *Madone* d'Andreas Tamasch (sa dernière œuvre, réalisée en 1696, à 84 ans). Une des plus belles du Tyrol.
– *Fresques du plafond* de Johann Georg Wolker. Cycle de la vie de la Vierge. Pour les préserver, l'église n'est pas chauffée et elles sont nettoyées à la mie de pain.
– *Dans le chœur : stalles marquetées,* remarquables, et la grille de la crypte. Orgue du XVIIIe s.
– *Le maître-autel :* l'un des chefs-d'œuvre de l'abbaye. Fantastique « arbre de vie » (ou « arbre de Jessé ») en bois sculpté, réalisé en 1613. Il s'enracine à partir d'Adam et Ève, puis remonte en passant par 84 saints et prophètes symbolisant les fruits. Au centre, la Vierge entourée de saint Pierre et de saint Jean.
– *Autel* à droite du chœur : voir le crâne de Zaccharie (père de saint Jean-Baptiste).
– On quitte alors la basilique pour se rendre à la salle des Princes par l'*escalier d'honneur,* qui confirme la magnificence de l'abbaye. Prodigieux travail de ferronnerie de la rampe (motifs floraux), stucs et fresques au plafond.
– *Salle des Princes,* réalisée en 1720. Les fresques racontent la vie pas toujours drôle de saint Bernard. Au milieu du plafond s'ouvre une galerie pour les musiciens, aux murs inclinés pour faire descendre le son.
Les moines gèrent aussi un lycée et son internat, et mettent en vente de délicieux produits qu'ils fabriquent.

Où camper ?

Camping Eichenwald : *Schießstandweg 10. ☎ (05263) 61-59. 📱 (0699) 119-079-31. • camping-eichenwald.at • À 500 m de l'abbaye. Compter env 30-35 € pour 2 avec tente et voiture.* Sympathique camping à flanc de montagne, verdoyant et calme, avec vue sur la vallée et les 2 clochers de l'abbaye. Pétanque, baby-foot, ping-pong... Café-resto et piscine en été.

SEEFELD IN TIROL

Réputée pour le ski de fond, *Seefeld* a cette particularité (que d'autres n'ont pas) d'être encore bien vivante à l'intersaison. Le domaine n'est pas immense (5 villages en font partie), mais le cadre y est paisible.
Pas mal d'activités : pistes de luges, ski (bien sûr), possibilité de faire du biathlon, itinéraires VTT et de belles randonnées où l'on tombe nez à nez avec des *hütten* typiques. Et comme on est à 30 mn de la capitale du Tyrol (11 € l'aller en train), c'est ici que les habitants d'Innsbruck s'échappent les week-ends.

Adresses et infos utiles

Office du tourisme : *Bahnhofplatz 115. ☎ 50-880. Hte saison, lun-sam 8h30-18h30, dim 10h-13h, 14h-17h ; horaires variables hors saison.* Chaque village du domaine a son office de tourisme, celui-ci étant le plus complet. Doc abondante et infos sur les randos. Achat de la **Cross Country Pass** *(12 € pour 1 j. sans la Guest Card ; 8 € avec).* Ce *pass* permet d'accéder aux pistes de ski de fond (non, non, ça n'est pas gratuit !).
– Les forfaits de ski s'achètent aux remontées mécaniques *(env 50 €/j. ou env 260 € pour 6 j.).*

Où dormir ? Où manger ?

Il y a tout un tas d'hébergements à *Seefeld* ! Sachez que si vous logez dans l'un des 5 villages du domaine, vous pourrez bénéficier de la ***Guest Card,*** qui permet d'accéder au réseau de bus et de profiter de réductions sur plusieurs activités.

– Il y a 3 campings sur le plateau. 1 à ***Scharnitz,*** 1 au nord de ***Leutasch*** et 1 un ***Seefeld.***

Waldgasthaus Triendlsäge : *Triendlsäge 259. ☎ (05212) 25-80. À env 2 km du centre. Plats env 12-22 €. Parking devant.* À l'écart, en pleine nature, cette grande et belle bâtisse en bois offre un cadre idéal pour savourer une cuisine régionale. Une bonne marche pour y accéder. Si vous êtes à vélo, c'est encore mieux ! On recommande vivement.

TIROLER ZUGSPITZ ARENA

À la limite de la frontière allemande, au nord de la région, ces 2 vallées (et 7 villages) forment ensemble un véritable joyau de la nature. Règnent ici un calme et une authenticité rares. Ehrwald, Lermoos, Biberwier, Bichlbach, Berwang, Heiterwang am See et Namlos sont tout autant de villages croquignolets bien attachants. Moins rocheuse que d'autres, la région abrite quelques lacs à l'eau cristalline comme celui de Blindsee, de Seebensee ou d'Heiterwang. Point culminant : la Zugspitze (2 962 m), la plus haute montagne allemande à la frontière autrichienne. Plus sauvage et moins touristique, le coin promet de belles échappées et sera sans doute l'un de vos temps forts tyroliens !

Adresse utile

Office du tourisme : *Kirchpl, 1,* ***Ehrwald.*** *☎ 65-73-320-000. • zugspitzarena.com • En principe, tlj sauf w-e 8h30-17h (15h ven).* Toutes les infos sur les activités à faire en été : randonnées, escalades, *via ferrata*, etc. ; et en hiver : prix de la Zugspitze *(env 51 € !)*, et précisions sur les 7 domaines skiables.

Où manger dans les environs ?

Michl's Fallerscheinstube : *à* ***Fallerschein.*** *☎ 676-727-96-81. Du parking, marcher environ 2 km pour accéder au village. Voiture interdite, on y accède à pied. On conseille de vérifier en amont les horaires d'ouverture mais en principe tlj sauf jeu. Plats env 9-13 €.* Un vrai bout du monde ! Après une balade (qui vaut à elle seule le détour), on accède au plus grand village alpin du Tyrol ! Parmi les quelques chalets, on s'attable, à de grandes tablées, pour déguster des plats qui calent bien (rösti, croque-monsieur, würst, etc.) qu'on accompagne volontiers d'une bière. Y a plus qu'à profiter de la vue et de l'ambiance chaleureuse !

INNSBRUCK (6020) 135 985 hab. IND. TÉL. : 0512

• Plan *p. 106-107*

La capitale du Land tire son nom de sa rivière (*Innsbruck* signifiant littéralement « le pont sur l'Inn »). C'est, avec Bolzano et Grenoble, l'une des grandes villes alpines. Hôte à 2 reprises des Jeux olympiques d'hiver (en 1964 et 1976), des 1ers Jeux olympiques d'hiver de la jeunesse en 2012 et, chaque année, de la

prestigieuse compétition de saut à skis *Vierschanzentournee* (la Tournée des 4 tremplins), c'est aujourd'hui un point de chute idéal pour un séjour dans le coin. Elle accueille aussi l'une des 5 plus grandes salles d'escalade au monde ! Nature et plaisir culturel y forment un accord parfait, avec un centre-ville médiéval et baroque abritant d'excellents musées, les champs de neige presque à portée de pied en hiver et, l'été, des kilomètres de sentiers de rando ou de VTT parcourant les montagnes environnantes.

Arriver – Quitter

En train

Hauptbahnhof *(gare ferroviaire ; plan C3)* **:** *Südtiroler Platz.* ☎ *05-17-17.* • *bahnhofcenter-innsbruck.at* • *oebb.at* • *Consignes.* Fresques réalisées par le peintre autrichien Max Weiler dans les années 1950 pour la gare centrale, et réinstallées depuis dans la gare actuelle.

➢ ***De/vers Salzbourg*** (env 1h45-2h), ***Vienne*** (4h20), ***Munich*** (env 1h45-2h15).

➢ ***De/vers l'Italie : Bolzano*** (2h), ***Vérone*** (3h30), ***Venise*** (env 5h), ***Rome et Florence*** (env 12h).

➢ ***De/vers la France : Paris*** (env 8-9h) ***et la Suisse : Zurich*** (3h30).

En bus

Gare routière : *juste à côté de la gare ferroviaire.* ☎ *57-66-00.* C'est d'ici que partent les bus pour les environs d'Innsbruck.

En avion

✈ ***Aéroport*** *(hors plan par A2)* **:** *Fürstenweg 180.* ☎ *225-250.* • *innsbruck-airport.com* • *À 4 km à l'ouest du centre-ville. Bus F env ttes les 20 mn depuis la gare.* L'aéroport est si proche que, depuis le centre-ville, on voit les avions survoler Innsbruck.

LE TYROL

Adresses et infos utiles

Informations touristiques

i ***Innsbruck Tourismus*** *(office de tourisme ; plan B2,* ***1****)* **:** *Burggraben 3, au rdc.* ☎ *59-850.* • *innsbruck.info* • *Lun-sam 9h-18h ; dim et j. fériés 9h-15h.* Nombreuses brochures (*Été actif ou Hiver actif*) et achat de l'***Innsbruck Card*** (voir ci-après), et des tickets de bus, tram et forfaits de ski.

– ***Innsbruck Card :*** *valable 1, 2 ou 3 j. Prix : 53, 63 ou 73 € ; ½ tarif 6-15 ans.* Cette carte donne libre accès à tous les musées de la ville (et au musée Swarovski à Wattens), aux transports en commun, au funiculaire, aux téléphériques, au bus touristique *hop-on hop-off,* et au zoo.

– ***Welcome Card :*** offerte aux clients des hôtels partenaires d'Innsbruck (ou de l'un de ses « villages de charme » : Igls, Aldrans, Rinn, Lans...). À partir de 2 nuitées, elle permet d'utiliser les transports publics de la région et de participer gratuitement aux balades guidées et aux promenades aux lanternes (voir plus loin « Randonnées en montagne et escalade »). À noter qu'à partir de 3 nuits, on vous délivre la ***Welcome Card Plus*** qui vous fera bénéficier de prestations supplémentaires. Elle existe en version été et hiver.

Transports sur place

P À noter que le parking est gratuit la nuit, le samedi soir et le dimanche.

– Pour trouver votre chemin avec les transports en commun : • *ivb.at* •

Location de vélos et de skis : Die Börse *(plan B3,* ***2****), Leopoldstr. 4 (au fond d'une ruelle entre le n° 2 et le n° 6).* ☎ *58-17-42.* • *dieboerse.at* • *Tlj 8h-18h30 (18h sam, fermé 12h-15h dim). Env 28 €/j. vélo de ville et 45-65 €/j. vélo électrique ou VTT. Env 25-40 €/j. pour les skis et snowboards.*

Marchés

Marché fermier : *ven 9h-14h sur la Sparkassenplatz.* Pour acheter de

Adresses utiles

1 Innsbruck Tourismus (B2)
2 Location de vélos : Die Börse (B3)

Où dormir ?

10 Montagu Bed & Beers (plan A1)
11 Jugendherberge Innsbruck (hors plan par C1)
12 Pension Paula (hors plan par B1)
13 Hotel Charlotte (hors plan par C2)
14 Hotel Innsbruck (B2)
15 Hotel Maximilian (B2)
16 The Penz (B2)

Où manger ?

30 Gasthaus Anich (B3)
31 La Cantina (B2)
32 Stiftskeller (B1)
33 Weisses Rössl (B2)
35 Sitzwohl (C2)
36 Restaurant Ottoburg (B1)
37 Restaurant Schöneck (hors plan par B1)
38 Planötzenhof (hors plan par A1)
39 Buzihütte (hors plan par A1)

Où boire un verre ? Où écouter de la musique ? Où sortir ?

10 Montagu Bed & Beers (A1)
16 The Penz, 5th Floor (B2)
20 Bar de l'Adler's Hotel (C2)
22 360° - Café-Restaurant Lichtblick (B2)
31 La Cantina (B2)
40 Café Toscana (B2)
41 Krahvogel (B2)
42 Tribuan (B2)
43 Café Katzung (B1-2)
44 Galerie Café-Bar, Dom Café-Bar et Culinarium (B1)

Où déguster une pâtisserie ?

50 Munding (B2)

Achats

80 Tiroler Edles (B2)
81 Held (B2)

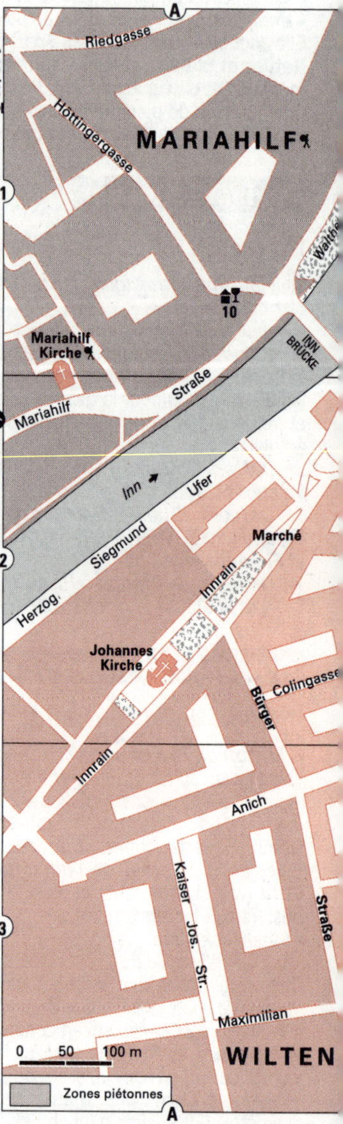

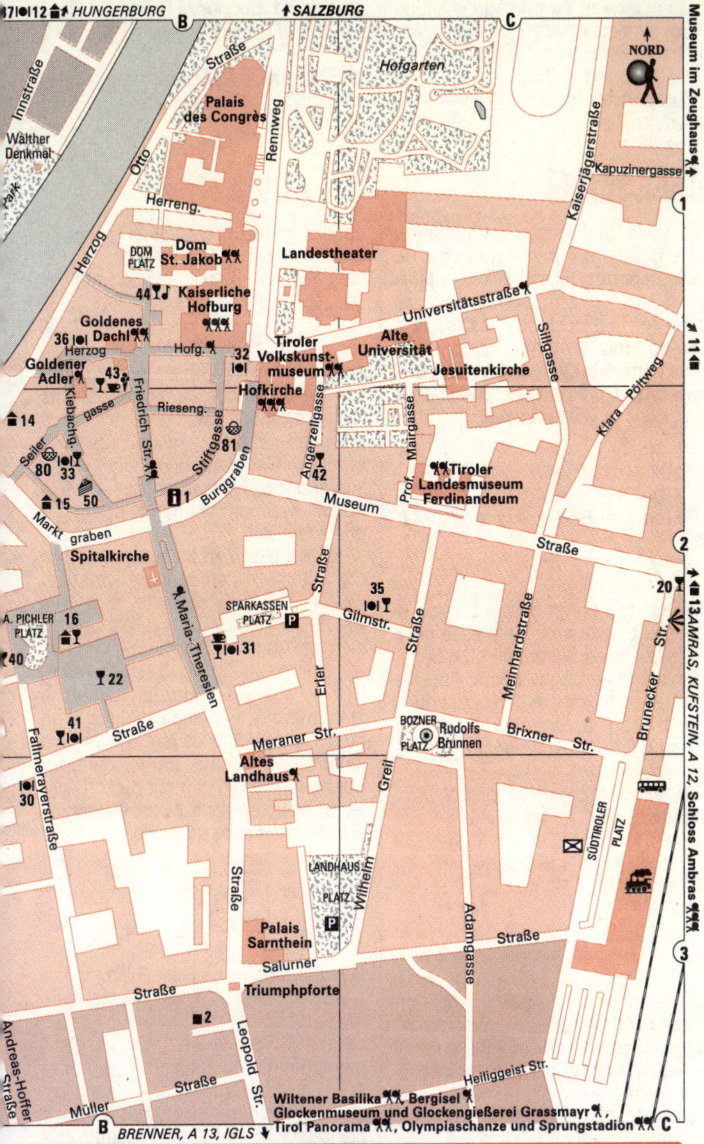

HUNGERBURG
SALZBURG
NORD
Museum im Zeughaus
Kapuzinergasse
Innstraße
Walther Denkmal
Otto Straße
Palais des Congrès
Rennweg
Hofgarten
Herreng.
Kaiserjägerstraße
Herzog
DOM PLATZ
Dom St. Jakob
Landestheater
Kaiserliche Hofburg
Goldenes Dachl
Universitätsstraße
Hofg.
Tiroler Volkskunst-museum
Alte Universität
Jesuitenkirche
Sillgasse
Pöltweg
Klara
Goldener Adler
Herzog
Kiebachg.
Friedrich Str.
Rieseng.
Hofkirche
Angerzellgasse
Mairgasse
Seiler gasse
Stiftgasse
Burggraben
Tiroler Landesmuseum Ferdinandeum
Prof.
Museum Straße
Markt graben
Spitalkirche
Maria-Theresien Straße
SPARKASSEN PLATZ
Erler Straße
Gilmstr.
Meinhardstraße
Brunecker Str.
AMRAS, KUFSTEIN, A 12, Schloss Ambras
A. PICHLER PLATZ
BOZNER PLATZ
Rudolfs Brunnen
Brixner Str.
Meraner Str.
Altes Landhaus
Fallmerayerstraße
Greil
SÜDTIROLER PLATZ
LANDHAUS PLATZ
Wilhelm Greil Straße
Adamgasse
Palais Sarnthein
Salurner Straße
Triumphpforte
Leopold Str.
Heiliggeist Str.
Andreas-Hofer Straße
Müller Straße
Wiltener Basilika, Bergisel, Glockenmuseum und Glockengießerei Grassmayr, Tirol Panorama, Olympiaschanze und Sprungstadion
BRENNER, A 13, IGLS

INNSBRUCK

la charcuterie et du fromage issus de fermes locales, entre autres.

Grand marché : *à Markthalle. Tlj sauf dim 7h-18h30 (13h sam).*

Brocante : *sam 8h-17h sur la Franziskanerplatz.*

Marché aux puces : *sam 8h-12h au stade Tivoli (Stadionstr.), au sud-est de la ville.*

Marché de Noël : *dans tt le centre-ville, de mi-nov à début janv.*

Où dormir ?

Si vous recherchez un camping au vert, dans un magnifique coin de nature, reportez-vous plus loin, à Mutters. Sinon, il existe 2 campings pas loin du centre d'Innsbruck ; le ***Camping Völs,*** au cœur du village qui porte le même nom, et le ***Camping Innsbruck-Kranebitten,*** près de l'aéroport et de la route, donc moins bien situé...

Auberge de jeunesse

Montagu Bed & Beers (plan A1, **10**) **:** *Höttinger G. 7. ☎ (0664) 105-15-95. • montagu-hostel.com • Lit en dortoir 45 €/pers ; doubles à partir de 93 €.* À la fois bar et hostel. Le soir, la jeunesse d'Innsbruck s'y presse pour enfiler quelques bières dans un bazar organisé, avec un joli décor vintage. Côté hébergement, les dortoirs sont en forme de cabine, ce qui permet d'avoir un peu d'intimité. Ambiance jeune et vraiment cool.

Jugendherberge Innsbruck (AJ ; hors plan par C1, **11**) **:** *Reichenauer Str. 147. ☎ 34-61-79. • youth-hostel-innsbruck.at • À env 3 km à l'est du centre-ville. Tte l'année. Réception fermée l'ap-m en sem et 10h-15h le w-e. Nuitée 29-32 €/pers, petit déj inclus. Moins cher en dortoir à partir de la 2e nuit. Doubles à partir de 80 €. CB refusées.* Rien de très excitant par ici, mais on conseille cette AJ pour ses prix raisonnables. Chambres de 1 à 6 lits, cuisine, laverie, ping-pong, baby-foot, distributeurs et espace commun avec canapés face à la réception. Pour dépanner.

De prix modérés à prix moyens

Pension Paula (hors plan par B1, **12**) **:** *Weiherburggasse 15. ☎ 29-22-62. • pensionpaula.at • À env 15 mn à pied du centre historique (plus rapide en redescendant !). De la gare, bus D jusqu'à Schmelzergasse ; de Marktplatz, bus W jusqu'à Büchsenhausen. Direction Alpenzoo. Double 86 €, petit déj inclus ; familiales.* On l'aime bien cette adresse, dans une belle grande maison toute blanche garnie de balcons toujours fleuris. Les chambres, avec plancher et lambris, sont confortables et nickel. Certaines bénéficient d'une superbe vue (avec balcon) sur la vallée. Accueil vraiment très gentil et atmosphère familiale.

Hotel Charlotte (hors plan par C2, **13**) **:** *Philippine-Welser-Str. 88a. ☎ 34-12-70. • charlotte-hotel.at • Ⓣ nº 3. À l'est de la ville, à 2 pas du château d'Ambrass (sortie 75 Innsbruck Mitte sur l'A12). Doubles 90-140 €, petit déj compris.* Pour qui recherche le calme et l'ambiance typique d'un hôtel de famille, avec jardin et piscine (ouverte aux beaux jours), dans un quartier paisible d'Innsbruck. D'ailleurs, jolies fermes à 2 pas. Chambres simples mais sans reproche.

De prix moyens à (très) chic

Hotel Innsbruck (plan B2, **14**) **:** *Innrain 3. ☎ 598-68-93. • hotelinnsbruck.com • Doubles à partir de 135 €, avec petit déj. Parking 16 €.* On ne dirait pas comme ça mais l'hôtel abrite 115 chambres réparties en 4 catégories. Les moins chères sont dans les tons blanc-brun, avec belle moquette à carreaux, literie douillette, mobilier soigné et double vitrage efficace. Salle de petit déj chic, bar-restaurant sous verrière et, pour parfaire l'ensemble, une piscine (avec rebords en or !) et un sauna.

Hotel Maximilian (plan B2, **15**) **:** *Marktgraben 7-9. ☎ 599-67.*

• hotel-maximilian.com • Doubles env 150-350 € (!), petit déj inclus. En plein centre-ville, un 4-étoiles à taille humaine offrant des chambres impeccables et tout confort, de style « urbain-contemporain ». Espace petit déj plaisant au rez-de-chaussée, tout en bois clair. Vraiment bien placé, rien à redire.

The Penz *(plan B2,* ***16****) : Adolf-Pichler-Platz 3. ☎ 57-56-570. • the-penz.com • Doubles env 230 €, petit déj inclus. Parking payant.* Ambiance zen et classe derrière une grande façade de verre. Ici, le contemporain est roi, et les chambres sont agréables car dotées de tout le confort possible. Le matin, le petit déj vous sera servi au ***5th Floor,*** sur le toit-terrasse très épuré. Bar accessible le soir aussi aux non-résidents (voir « Où boire un verre ?). Très bien mais très cher.

Où manger ?

De bon marché à prix moyens

Gasthaus Anich *(plan B3,* ***30****) : Anichstraße 15. ☎ 512-57-04-50. Tlj sauf w-e 9h-22h. Plats env 10-22 €. CB refusées (et pourboire encouragé !).* Dans cette véritable cantine de quartier, on s'assoit là où on peut et on se partage les tables. Des familles, des amis, des rendez-vous d'affaire, un homme lisant son journal, ici, on croise un peu de tout et c'est ce qui fait le charme de l'adresse ! Dans l'assiette, de délicieux plats tyroliens (servis rapidement). C'est bon, copieux et simple. Ce qui est sûr, c'est qu'on reviendra.

La Cantina *(plan B2,* ***31****) : Sparkassenplatz 2. ☎ 58-22-87. Tlj sauf dim 7h-22h (9h-17h sam). Plats env 15-25 €.* Un concentré d'Italie dans un tout petit bar-café-restaurant. Le matin, on vient prendre le petit déj à l'italienne avec un café et son croissant. Le midi, les gens se bousculent pour se régaler de petits plats du jour (accompagnés d'une soupe), et le soir, c'est l'*aperitivo,* les grandes assiettes d'*antipasti* et encore les quelques plats servis ce jour-là (s'il en reste !). C'est simple et sacrément bon ! Belle ambiance le soir.

Stiftskeller *(plan B1,* ***32****) : Stiftgasse 1. ☎ 57-07-06. Tlj sauf mer 10h-23h. Snacks et plats 5-25 €.* Au choix, la terrasse aux tables et chaises de guinguette, façon *Biergarten,* ou la grande salle haute de plafond, garnie de fresques et vieux tableaux. C'est touristique certes, mais point trop. Très bon choix de plats traditionnels à la carte : du bouillon garni de lanières de crêpe au canard fermier et chou rouge, en passant par les *Knödel* de fromage, le « casse-croûte tyrolien » ou le rôti de porc à la bière et choucroute. Le cadre permet de pardonner le service, parfois un peu (trop) débordé.

De prix moyens à chic

Weisses Rössl *(plan B2,* ***33****) : Kiebachgasse 8. ☎ 58-30-57. Tlj sauf dim et j. fériés, midi et soir. Plats env 15-30 €.* Plusieurs salles disséminées à l'étage avec de belles tables en bois et un décor qui joue entre le moderne et l'ancien. Sympathique terrasse. On se régale d'une cuisine régionale dans une belle ambiance animée. Au rez-de-chaussée, vastes salles en arcade et cave à vin : c'est la partie bar. Une très bonne adresse au cœur de la ville. Fait aussi hôtel.

Sitzwohl *(plan C2,* ***35****) : Stadtforum, Gilmstr. 4. ☎ 56-28-88. Tlj sauf w-e, midi et soir. Plats env 15-30 € (mais plus 30 € que 15 €...).* Dans cette rue piétonne modernisée, une longue et grande terrasse élégante sous parasols, face au *Café Central.* Salle design au rez-de-chaussée (qui fait aussi bar) ou plus classe à l'étage (pour le soir). Côté carte, pas de doute, les 2 cheffes en cuisine connaissent leurs gammes sur le bout des doigts et mitonnent une cuisine ô combien subtile et inspirée. L'aspect des assiettes flatte assurément les yeux, mais les papilles ne restent pas sur le carreau. Une belle étape gourmande pour les fins becs qui ne rechignent pas trop à la dépense... le soir du moins car, le midi, on peut bénéficier du menu à un coût bien moindre !

|●| ***Restaurant Ottoburg*** *(plan B1, **36**) : Herzog-Friedrich-Str. 1. ☎ 58-43-38. Tlj midi et soir. Menus déj 13-22 € ; plats 17-32 €.* Touristique, certes, mais un classique des classiques avec des plats qui ont le goût du pays. Beau cadre à l'intérieur : salles en boiseries, plancher, arcades gothiques, lambris sculptés et vieux lustres. Terrasse aux beaux jours.

Pas loin du centre

De bon marché à prix moyens

|●| ***Restaurant Schöneck*** *(hors plan par B1, **37**) : Weiherburggasse 6. ☎ 27-27-28. À env 15 mn à pied du centre, peu après la Pension Paula, sur la droite. Tlj, le soir slt, plus le midi sam. Résa conseillée. Business lunches mer-ven 16-22 € ; menus le soir 75-80 €.* Sur les hauteurs d'Innsbruck, un resto des amoureux de l'art de vivre. Cette auberge qui fait les beaux soirs des grandes familles a conservé ses boiseries et ses banquettes d'angle qui, il y a 120 ans, faisaient déjà partie du décor. Fleurs, nappes fraîches, bougies sur les tables, on vient là savourer une cuisine de cœur et de parfum comme on en trouve rarement par ici. Prix en conséquence.

|●| ***Planötzenhof*** *(hors plan par A1, **38**) : Planötzenhofstr. 30. ☎ 27-40-17. À env 15 mn en voiture du centre. Jeu-dim slt, 11h30-20h. Plats env 10-20 €.* Une adresse superbe à la campagne. En fait, un resto-ferme familial, avec les chèvres qui passent paisiblement autour, sur les alpages. La salle à manger (outre 2 petits *Stuben*) est une grange pimpante et chaleureuse, toute vitrée, donnant sur la vallée. La cuisine est de pure tradition locale (spécialité de tripes et de *Knödel*). Accueil charmant et souriant.

|●| ***Buzihütte*** *(hors plan par A1, **39**) : Berchtoldshofweg 14. ☎ 512-28-33-33. À env 3 km du centre, mais ça monte ! Ouv slt ven-dim. Congés : de mi-juil à août et à Noël. Plats env 11-18 €. Parking. CB refusées.* Une auberge dans son jus qui semble s'être figée dans le temps. Sur les hauteurs, la grande terrasse permet d'admirer la vue (l'intérieur est plutôt sombre, avec de petites fenêtres). Là encore, des spécialités tyroliennes bien consistantes. Goûtez à leur spécialité maison : l'Eiterbeule, une sorte de cordon bleu (délicieux). Idéal pour les marcheurs et randonneurs qui baroudent dans le coin.

Où boire un verre ? Où écouter de la musique ? Où sortir ?

Innsbruck compte quelques *roof-tops.* Le ***Bar de l'Adlers Hotel*** *(plan C2, **20**)*, entièrement vitré qui offre un beau panorama sur la ville, les environs, le Bergisel et son tremplin de saut à skis ; ***The Penz, 5th Floor*** *(plan B2, **16**)*, avec planchers en teck et palmiers en pot (assez chic), ou encore le ***360°*** du *Cafe Restaurant Lichtblick (plan B2, **22**)*, au 7e étage (d'où la vue), accessible depuis la galerie commerçante.

Café Toscana *(plan B2, **40**) : Adolf-Pichler-Platz 10. ☎ (664) 51-110-53. Tlj sauf dim-lun 18h-1h.* Le bar où se rendre à l'heure de l'apéro, voire plus tard si affinités. De fait, il y règne en soirée une ambiance très intime, dans un décor des années 1920 avec tables bistrot en marbre et murs chargés de cadres, affiches, plaques et photos anciennes. Un de nos bars préférés à Innsbruck !

La Cantina *(plan B2, **31**) : Sparkassenplatz 2. ☎ 58-22-87. Lun-ven 7h-22h ; sam 9h-17h.* Pour un super café au comptoir ou, le soir, un apéro à l'italienne. Voir aussi « Où manger ? » plus haut.

|●| ***Krahvogel*** *(plan B2, **41**) : Anichstr. 12. ☎ 58-01-49. Tlj sauf dim.* Déco un peu postmoderne avec plancher défraîchi, bien pour ceux qui cherchent une atmosphère enfumée. Bières à gogo. Pas mal de jeunes. Plus on avance dans le bar, plus y'a

de l'ambiance ! Terrasse sympa dans le fond.

🍷 ***Tribaun*** *(plan B2, **42**) : Museumstraße 5. Tlj sauf dim, 18h-23h, voire 1h ou 2h.* Au sous-sol de ce pub, de grandes salles qui s'animent les soirs de fête, avec billards et baby-foot. Pour une soirée rythmée par la mousse, en compagnie de la jeunesse d'Innsbruck !

🍷 ***Montagu Bed & Beers*** *(plan A1, **10**) : Höttinger G. 7. Tlj sauf dim 18h-1h (2h ven-sam).* Voir dans la rubrique « Où dormir ? ».

🍷 ☕ 🍦 ***Café Katzung*** *(plan B1-2, **43**) : Herzog-Friedrich-Str. 16. ☎ 58-61-83. Tlj 8h (9h dim)-minuit.* Rien de bien original dans la déco, mais il y a toujours du monde dans ce café avec terrasse installé au cœur du quartier piéton. Et puis, on peut admirer le fameux *Petit Toit d'Or* !

🍷 ♪ ***Galerie Café-Bar*** *(plan B1, **44**) : Pfarrgasse 6. ☎ 93-88-94. Tlj sauf dim 16h-minuit.* Sympa pour prendre un verre le soir, dans une salle tout en longueur aux couleurs changeantes, garnie d'œuvres d'art et baignant dans une musique lounge. Une centaine de cocktails à la carte. Juste en face, 2 autres choix, tout aussi sympa : le ***Dom Café-Bar*** ou le ***Culinarium.***

Où déguster une pâtisserie ?

🍰 ***Munding*** *(plan B2, **50**) : Kiebachgasse 16. ☎ 512-584-118. Tlj sauf dim-lun 9h-18h.* Avec sa fresque sur la façade, cette pâtisserie fait partie de ces adresses qui défient le temps. Depuis plus de 2 siècles, on confectionne ici de délicieux gâteaux, tartes et autres petites mignardises. Également de bons cafés ou chocolats chauds. À ne pas rater, donc.

Achats

🧺 ***Tiroler Edles*** *(plan B2, **80**) : Seilergasse 13. ☎ 582-393-11. Tlj sauf dim 9h-18h (13h sam).* Véritable chocolat du Tyrol, produits cosmétiques aux parfums des Alpes, jolis vêtements confectionnés par des artisans locaux. Bref, de quoi rapporter quelques souvenirs d'Autriche !

🧺 ***Held*** *(plan B2, **81**) : Burggraben 25-27/Franziskanerplatz. ☎ 58-63-27. Tlj sauf dim 9h-18h (13h sam).* Ce n'est pas pour les articles de pêche que nous signalons cette adresse, mais pour les couvre-chefs et les chaussons en feutre (une spécialité autrichienne), à même de garder les petons bien au chaud pendant les hivers les plus rudes.

À voir. À faire

Rappelons que l'achat de l'***Innsbruck Card*** vous donne accès à tous les musées et sites de la ville, ainsi qu'aux funiculaires et téléphériques.

Dans la vieille ville

🚶 ***Maria-Theresien-Straße*** *(plan B2)* **:** vaste ***zone piétonne*** bordée de maisons anciennes de différentes époques : demeures gothiques, palais baroques, immeubles de types haussmannien et contemporain. Tout ce répertoire architectural coexiste pacifiquement. Tout au bout, l'*arc de triomphe (Triumphpforte)*, datant de 1765 et édifié pour accueillir l'impératrice ***Marie-Thérèse*** et son époux ***François Ier,*** venus pour les noces de leur fils Léopold. Signe de continuité architecturale, on utilisa pour sa construction les pierres de la vieille porte de la ville (démolie pour faciliter le passage des carrosses) et celles des tours de l'enceinte. Au nº 43, l'ancien palais gouvernemental *(Atles Landhaus)* datant de 1725, abrite aujourd'hui le gouvernement régional tyrolien. L'intérieur n'est pas accessible.

Dommage... Au milieu de la rue, la *colonne Sainte-Anne (Annasäule)*, élevée pour fêter le départ des envahisseurs bavarois en 1703 (le jour de la Sainte-Anne précisément).

Herzog-Friedrich-Straße *(plan B1-2)* **:** *prolongement dans la vieille ville de la Maria-Theresien-Str.* Axe principal de la vieille cité du XIIIe s. Festivals d'oriels (des fenêtres arquées) et d'encorbellements. Prisonnières de surfaces réduites, les maisons se construisirent en hauteur, ce qui explique les étroites façades. Plus tard, aux XVe et XVIe s, lors d'agrandissements, on créa les arcades pour ne pas trop prendre de place sur la rue. Noter, au nº 31, l'*auberge Weißes Kreuz* (1465) où logea Mozart, en 1769. Au nº 22, superbe *Trautsonhaus,* maison gothique avec un élégant décor Renaissance. Arabesques sur la voûte. Bas-reliefs sous les balcons. Porte d'entrée sculptée. Au nº 21, le *Stadtturm* (ancien hôtel de ville) du XIVe s, caractéristique avec son haut beffroi à bulbe de 56 m *(possibilité d'y monter tlj 10h-17h – jusqu'à 18h en mai et 20h juin-sept ; entrée : env 4,50 €).*
Au nº 10, faisant l'angle, la *maison Helbling,* de style gothique, fut habillée en 1732 d'un spectaculaire décor rococo.

Goldenes Dachl *(« Petit Toit d'Or » ; plan B1)* **:** *Herzog-Friedrich-Str. 15. ☎ 5360-1441.*
C'est ***le symbole de la ville*** ! La loge d'honneur fut construite en 1494 par l'empereur ***Maximilien Ier*** pour son mariage. Chef-d'œuvre du gothique germanique, annonçant déjà la Renaissance. Délicieuse loggia sculptée recouverte de 2 557 plaques de cuivre doré. Dommage que le reste de la façade ait été banalisé au XIXe s.
– À l'étage, intéressant petit ***musée*** *(tlj 10h-17h – sauf lun oct-avr ; fermé en nov ; entrée : 5,20 €)* consacré à Maximilien Ier. Ce dernier fut à la base de la puissance des Habsbourg, acquise par mariages, en épousant Marie de Bourgogne ***(leur petit-fils sera Charles Quint)***, puis Anne de Bretagne et Marie-Blanche Sforza. Un film relate ses actions et son rôle politique. Salle avec tableaux, sculptures et gravures le concernant.

VOUS AVEZ DIT « BIZARRE » ?

Au cours des dernières années de sa vie, Maximilien Ier aurait eu un comportement de plus en plus étrange, envisageant même de se faire élire pape pour succéder à Jules II. Il voyageait avec son cercueil et passait de longues heures à lui parler. Finalement, l'empereur serait mort d'un excès de consommation... de melon (!). Selon ses volontés, son corps fut placé dans son cercueil favori.

Goldener Adler *(« À l'Aigle Doré » ; plan B1-2)* **:** *à l'angle de Kiebachgasse.* La plus ancienne auberge de la ville, qui reçut un grand nombre d'illustres visiteurs (Goethe, Masséna, Metternich, Paganini...), mais celui qui se révèle le plus cher aux Tyroliens, c'est ***Andreas Hofer.*** Héros national qui, le 2 novembre 1809, de la fenêtre de l'auberge, appela le peuple à la révolte contre les envahisseurs de l'armée napoléonienne et leurs alliés bavarois. Cette action conféra à Hofer une notoriété lui collant sur le dos le rôle de chef charismatique du patriotisme tyrolien. Ce qui causa sa perte un an plus tard.

Le ***quartier de Mariahilf*** *(plan A1)* **:** *de l'autre côté de la rivière Inn.* Élégante rangée de demeures bourgeoises aux couleurs vives (des XVe et XVIe s), faisant la réputation d'Innsbruck. En s'y baladant, on découvre même des habitations plus anciennes que dans la vieille ville. Belle ***Mariahilfkirche*** *(plan A1-2)* de 1647.

DES MÉTIERS ET DES COULEURS

Pourquoi ces maisons ont-elles toutes une couleur différente ? Chacune correspondait autrefois à la profession des habitants qui s'y trouvaient. Cependant, une autre théorie (abstraite) annonce qu'il s'agissait d'un moyen pour les habitants de reconnaître leurs habitations quand ils avaient un coup dans le nez... Pratique !

Dom zu St. Jakob (*cathédrale Saint-Jacques ; plan B1*) **:** *au bout de la Pfarrgasse. Lun-sam 10h15-19h30 (18h30 nov-avr), dim à partir de 12h30.* L'église romane originale date du XIIe s, et fut reconstruite en style baroque entre 1717 et 1724. À l'intérieur, succession de coupoles couvertes de stucs et de fresques. Au maître-autel, admirez la *Madone du Bon Secours,* œuvre majeure de **Lucas Cranach l'Ancien.** Dans le transept gauche, tombeau (1620) de l'archiduc Maximilien III, qui fut grand maître de l'ordre des chevaliers teutoniques.

Hofgasse (*plan B1*) **:** belle rue menant à la *Hofburg* et, de l'autre côté, au *Petit Toit d'Or.* Au n° 3, la *Deutschherrenhaus* date des XVe et XVIe s. Au n° 12, la *Burgriesenhaus* de 1487, avec décor gris et noir et bel oriel.

Hofkirche (*plan B1-2*) **:** *Universitätsstr. 2. ☎ 594-89. • tiroler-landesmuseen.at • Tlj 9h (12h30 dim)-17h. Entrée : 8 € pour l'église seule, 12 € avec le Tiroler Volkskunstmuseum, le Tiroler Landesmuseum Ferdinandeum et le Tirol Panorama ; réduc. Audioguide en français gratuit.*
Une église fascinante qui renferme un véritable chef-d'œuvre de grandiloquence funéraire ! On entre par le cloître après être passé par la billetterie, commune à celle du *Volkskunstmuseum* (voir plus loin). Maximilien Ier (1459-1519), obsédé par l'idée de disparaître des mémoires, avait imaginé de son vivant son propre tombeau. Homme aux goûts simples, il avait prévu une haie d'honneur de ***40 statues monumentales*** figurant, dans son esprit, les ancêtres des Habsbourg.
Du vivant de l'empereur, seules 11 statues furent fondues. Celles de Théodoric (n° 24) et du roi Arthur (n° 21) furent dessinées par Dürer. C'est son petit-fils Ferdinand, frère de Charles Quint, qui se chargea de l'exécution du tombeau. Maximilien ayant exprimé le vœu d'être enterré dans une église à Innsbruck, la construction de la *Hofkirche* débuta en 1553. Le tombeau lui-même fut élevé de 1561 à 1570.
Finalement, la haie d'honneur ne comporte que 28 statues sur les 40 prévues (ça coûtait cher, mine de rien, ce caprice !). Comme la notion d'« ancêtre » était, selon Maximilien, fort extensible, il en avait prévu qui n'avaient guère de rapport avec les Habsbourg mais qui avaient manifesté de grandes ambitions politiques et territoriales en Europe, tels Godefroi de Bouillon, qui symbolisait les désirs de reconquête de la Palestine, ou le légendaire roi Arthur d'Angleterre, qui incarnait les vertus de l'idéal chevaleresque.

FANTASME OU GRIGRI ?

Si les visages des statues de la Hofkirche sont aussi inexpressifs que ceux des peintures de l'époque, il ne semble pas en avoir été de même pour l'entrejambe de Rodolphe Ier de Habsbourg (le 3e dans la rangée de droite) ! Astiqué par des milliers de petites mains fébriles, voyez comme il brille ! Un porte-bonheur ?

Parmi ces statues, que les Tyroliens appellent ***die Schwarzen Männer*** (les Hommes noirs), on compte en fait 8 femmes, dont Marie de Bourgogne et Marie-Blanche Sforza, sa bru Jeanne la Folle (mère de Charles Quint), et sa fille Marguerite de Savoie, qui fut gouverneure des Pays-Bas.
Noter la position et la finesse des mains, y compris celles des hommes. Leur bras droit peut aussi servir de porte-flambeau, lors des services funèbres.
Tout ça pour la gloire... car Maximilien fut finalement enterré dans la chapelle St Georges au château de *Wiener Neustadt* en Haute-Autriche. Ici, le tombeau est... vide.
– Par l'escalier, accès à la *chapelle d'Argent,* édifiée en 1578. Elle abrite les tombeaux de l'archiduc ***Ferdinand II*** et de sa femme, Philippine Welser, une riche roturière épousée en secret, qui n'avait pas le droit de reposer dans la crypte des Habsbourg, dans l'abbaye de Stams. Autel d'ébène et d'argent et orgue Renaissance à tuyaux en bois ! Ferdinand II, quant à lui, repose à terre dans une niche.
Ajoutons pour la petite histoire que c'est à la *Hofkirche,* en 1665, que *Christine de Suède* (la Garbo au cinéma) se convertit au catholicisme avant de rendre visite au pape à Rome.

Tiroler Volkskunstmuseum *(musée d'Art populaire tyrolien ; plan B1-2) : Universitätsstr. 2. ☎ 594-89. • tiroler-landesmuseen.at • Tlj 9h-17h. Entrée : 12 € (valable aussi pour la Hofkirche, le Tiroler Landesmuseum, le Tirol Panorama, Taxis Palais et Zeughaus) ; réduc. Appareil donnant des explications en français sur écran disponible gratuitement à la billetterie.*
Dans un ancien couvent du XIIe s qui ressemble à un palais, un musée fondé en 1888, au riche contenu. Prévoyez un peu de temps pour cette visite.
– Au ***1er étage,*** une collection d'objets populaires et domestiques : verreries, céramiques, cheminées monumentales en faïence, meubles variés, maquettes de maisons, cloches de vaches et de chèvres, barattes décorées, fourreaux à lame de faux, jougs, instruments agraires, rouets, écheveaux... Bref, un témoignage de l'artisanat local. Dans d'autres registres, traîneau, selles, harnais ouvragés, costumes de fête et de carnaval, masques, instruments de musique, jolie pierre litho pour la fabrication de cartes à jouer, beaux jouets anciens et figurines, roues de la fortune, étonnant petit calendrier de fêtes du XVIe s, armes (ravissantes arbalètes incrustées d'os et d'ivoire)...
– Le ***2e étage*** abrite un ensemble de pièces d'habitation reconstituées, mais aussi et surtout de l'art religieux, avec des peintures, chemins de croix d'église, croix de cimetière tyroliennes en fer forgé et polychromes, tabernacles, moules à statuettes, Voir également le *Vogel Selbsterkenntnis,* une œuvre du XVIIIe s montrant un oiseau dont le bec pince le nez de la tête de l'homme qui constitue en fait son corps. Moralité : « Mêle-toi de tes propres affaires », une maxime qui remonterait au XVIIe s... Enfin, une porte automatique donne accès à la partie supérieure de l'église *Hofkirche* (voir plus haut).

LE TYROL

Kaiserliche Hofburg *(palais impérial ; plan B1) : Rennweg 1. ☎ 5871-8619. • hofburg-innsbruck.at • Entrée sur Hofgasse. Tlj 9h-17h. Dernière entrée à 16h30. Entrée : env 10 € ; réduc. Audioguide gratuit en allemand et en anglais.* Le palais impérial qui étire sa longue carcasse rococo blanche le long de Rennweg était à l'origine une forteresse dont le début de la construction remonte au XIVe s. Celle-ci, peu à peu agrandie et transformée, atteint sa taille actuelle sous Maximilien Ier, qui en fit une résidence impériale. Et c'est l'impératrice ***Marie-Thérèse*** qui la transforma en château baroque au XVIIIe s. C'est ici que furent célébrées à l'été 1765 les noces de ***Leopold,*** le fils de ***Marie-Thérèse*** et ***François-Étienne de Lorraine.*** Les festivités, censées durer 14 jours, furent brutalement interrompues par la mort de l'empereur (une crise cardiaque probablement). Marie-Thérèse fit alors transformer la pièce où il mourut en une chapelle à sa mémoire.
La visite se déroule au 2e étage avec, d'une part, les salles de réception de Marie-Thérèse, dont l'aménagement original date du XVIIIe s, et, d'autre part, les appartements de l'impératrice Élisabeth (Sissi, si vous préférez) qui ont retrouvé l'aspect qu'ils avaient en 1860 (la différence de style ne passe pas inaperçue !). Parmi les salles de réception de Marie-Thérèse, celle des Géants *(Riesensaal)* tient son nom du cycle de fresques herculéennes qui la paraient avant que Marie-Thérèse ne juge ces géants trop nus pour être décents. Elle leur préféra le portrait de ses enfants et petits-enfants (dont Marie-Antoinette), et non de ses ancêtres, comme le voulait la tradition. La salle est très impressionnante avec ses lustres dorés et ses fresques au plafond de Franz Anton Maulbertsch. Entre ces 2 parties du palais, plusieurs pièces ont été transformées en un espace présentant l'histoire du bâtiment (avec même une expo de chaises du palais !), depuis les origines jusqu'à aujourd'hui.

Dans l'***Universitätsstraße*** *(plan B-C1),* l'ancienne université, autrefois couvent des jésuites. C'est aujourd'hui la faculté de théologie. Jeter aussi un œil à la ***Jesuitenkirche*** datant de 1646 *(tlj 7h-20h).* Intérieur de style baroco-glacial. La lumière tombant de la coupole ne le réchauffe guère !

Tiroler Landesmuseum Ferdinandeum *(Musée régional tyrolien ; plan C2) : Museumstr. 15. ☎ 594-89. • tiroler-landesmuseen.at • Tlj sauf lun 10h-18h. Entrée : 12 € (valable aussi pour la Hofkirche, le Tiroler Volkskunstmuseum et le*

Tirol Panorama) ; réduc. Un musée qui date de 1823, avec principalement des œuvres d'art allant de la préhistoire jusqu'à nos jours. Très belles et riches collections. Pour vous repérer un peu ce petit labyrinthe, des tablettes sont mises à disposition à l'accueil, avec explications des œuvres en français. Sinon, tout est en allemand.

- Au ***sous-sol,*** on passe de l'âge de la pierre à celui du fer en traversant celui du bronze, caractérisé par l'exploitation intensive du cuivre dans la région. Collections archéologiques classiques (récipients, ustensiles, armes, casques, parures, broches, colliers, monnaies...), très bien mises en valeur. Notez, entre autres, le cercueil princier de Civezzano, vestige de la culture des Lombards.
- Au ***1er étage,*** la section Moyen Âge et Renaissance avec, tout d'abord, la « salle violette » recelant un très beau reliquaire du XIIIe s (il aurait contenu une centaine de reliques de saints). Ne pas manquer non plus, dans la salle suivante, le superbe retable en émail de Limoges qui, en 36 images, raconte l'histoire biblique. Dans la « salle verte », les peintures religieuses d'Albrecht Dürer et une bonne section d'art flamand et hollandais (XVIe et XVIIe s), avec quelques paysages et scènes villageoises, notamment de Bruegel l'Ancien et de Rembrandt.
- Au ***2e étage*** : on entre dans le baroque, l'art classique et l'art moderne. Tout d'abord, une rotonde renfermant les statues de bronze de Caspar Gras (XVIIe s), figurant des divinités romaines, avant de découvrir des instruments à cordes, qui sont autant de pièces uniques, puis des paysages tyroliens et même italiens. Également quelques œuvres de ***Kokoschka, Klimt*** et ***Egon Schiele*** et, dans une autre salle, 3 œuvres de l'artiste Martin Schnur. Plusieurs pianos exposés au ***3e étage.***

Autour du centre

Glockenmuseum und Glockengießerei Grassmayr *(musée des Cloches et fonderie de cloches Grassmayr ; hors plan par B3)* **:** *Leopoldstr. 53, à l'angle de l'Olympiabrücke. ☎ 594-16. • grassmayr.at • Lun-ven 10h-16h, plus sam mai-oct. Fermé dim. Visites guidées sur résa. Entrée : 9 € ; réduc.*
Vous êtes dans la plus vieille et la seule fonderie de cloches du pays. On en coule ici depuis 1599, ce qui représente 14 générations de cloches ! Dans son domaine, la plus ancienne entreprise d'Autriche restée au sein d'une même famille.
Intéressant ***petit musée*** où l'histoire des cloches est racontée de manière pédagogique et synthétique (textes en français, notamment). Explications sur les différentes étapes de fabrication (trace, mode, sonorité, coulée...). Avec un peu de chance, vous pourrez peut-être voir la naissance d'une cloche au moment où elle est retirée de sa gangue d'argile. Belle copie de la plus vieille cloche à différents timbres. La salle des sons révèle l'acoustique différente et nuancée de chaque cloche.

Wiltener Basilika *(hors plan par B3)* **:** *Haymongasse 6a. Tlj 7h30-18h. T n° 1, de la gare ou d'Anichstr (ttes les 10 mn). Pas loin de la Westbahnhof, près du Glockenmuseum.* Construite entre 1751 et 1755. Importante église de pèlerinage, dont le décor intérieur se révèle un véritable ***chef-d'œuvre du rococo tyrolien.*** Maître-autel de marbre noir avec baldaquin assez époustouflant. Fresques grandioses et plafond de *Matthäus Günther d'Augsbourg.* À 18h, chants des moines.

Le Bergisel

La colline du sud d'Innsbruck est un lieu important de l'histoire de la ville. Ce fut là, qu'en 1809, lors des guerres napoléoniennes, se déroulèrent les batailles pour l'indépendance du Tyrol contre les Français et les Baravois.

Tirol Panorama (hors plan par B3) **:** *Bergisel 1. ☎ 594-89-111. • tiroler-landesmuseen.at • Accessible par le Ⓣ nº 1 depuis la gare ou d'Anichstr, ou avec le Sightseer (bus touristique). Tlj sauf mar 9h-17h. Entrée : 9 € pour le Tyrol Panorama ; 12 € avec la Hofkirche, le Tiroler Volkskunstmuseum et le Tiroler Landesmuseum ; 15 € pour le Tyrol Panorama et le tremplin de saut à ski (Bergisel-Kombiticket) ; réduc. Très bon audioguide en français inclus.*
Ce bâtiment contemporain abrite, comme son nom l'indique, un « panorama », entendez une ***fresque circulaire***, réalisée par ***Michael Zeno Diemer*** en 1896. Celle-ci illustre, sur 1 000 m², la 3ᵉ bataille de Bergisel en août 1809, quand le Tyrol tenta de se libérer de l'occupation bavaroise. Le panorama, constitué de 27 toiles de près de 11 m de haut, est parfaitement mis en valeur grâce au décor reconstitué juste devant. Laissez-vous guider par la voix de l'audioguide qui vous explique les différentes scènes peintes. Peu à peu, celles-ci prennent vie, les maisons en feu deviennent presque réelles, tout comme les arbres dont on croirait voir le relief. Le panorama n'est que le clou de la visite car l'introduction qui le précède est, elle aussi, passionnante. Elle présente les événements illustrés, les resitue dans leur contexte et s'attarde sur différents aspects de la culture tyrolienne (la religion, la politique, la nature, etc.). Le billet d'entrée donne également accès au ***Kaiserjäger-museum*** (le musée du Régiment d'infanterie des Chasseurs impériaux) qui lui est accolé et d'où une belle vue sur Innsbruck s'offre à travers de larges baies vitrées.

Bergisel – Olympiaschanze und Sprungstadion *(tremplin de saut à skis de Bergisel ; hors plan par B3)* **:** *Bergiselweg 3. ☎ 58-92-59. • bergisel.info • Ⓣ nº 1. Juin-oct, tlj 9h-18h ; nov-mai, tlj sauf mar 9h-17h ; fermeture de la billetterie 30 mn avt. Entrée : 11 € ; Bergisel-Kombiticket (billet combiné avec le musée du Panorama) 15 €.*
On voit son élégante silhouette, œuvre de l'architecte irako-britannique ***Zaha Hadid,*** d'un peu partout en ville. La 1ʳᵉ compétition de saut à skis sur le Bergisel remonte à 1927, et c'est en 1953 que s'y tient la 1ʳᵉ édition de la Tournée des 4 tremplins, avant que la ville n'accueille les Jeux olympiques d'hiver en 1964 et 1976. De tout là-haut, vue surprenante sur le cimetière qui se trouve juste dans le prolongement de l'axe du tremplin. Une façon peut-être de rappeler à chaque sportif son statut de simple mortel... ou ce qu'il risque ! Belle vue panoramique également sur Innsbruck et les monts qui l'entourent. On peut aussi en profiter pour observer (le matin) les skieurs faire leurs entrainements. Resto sur place. Nous vous conseillons vivement, si vos gambettes vous le permettent, de redescendre à pied : on prend alors vraiment la mesure du stade et, en plus, comme sur la montée et au sommet, des panneaux (en français) vous y expliquent les lieux, leur construction, leur histoire.

Un peu plus loin

Schloss Ambras *(château d'Ambras ; hors plan par C2)* **:** *Schlossstr. 20. ☎ (0525) 24-48-02. • schlossambras-innsbruck.at • À env 4 km au sud-est de la gare. Tram nº 6 de la gare ou d'Anichstr. Le Sightseer (bus touristique) s'y arrête aussi. Ouv tte l'année sauf nov. Tlj 10h-17h ; parc ouv jusqu'à 21h30 l'été. Entrée : 16 € (8 € déc-mars) ; réduc ; gratuit moins de 19 ans. Parc gratuit. Audioguide (en français) 4 €. Cafétéria dans la cour.*
Ce château Renaissance construit en 1563 servit de résidence à l'archiduc Ferdinand II. Il se compose essentiellement de 2 parties et d'un grand parc.

Le château inférieur
Incroyable visionnaire que ce ***Ferdinand II*** avait comme projet de rassembler ici toutes les connaissances de son époque. La salle des armures regroupe quelques beaux exemples du XVIᵉ s. Celle du géant appartenait à un valet qui, atteint d'un dysfonctionnement de l'hypophyse, aurait grandi jusqu'à atteindre la taille de 2,60 m ! La 2ᵉ salle présente, entre autres, des armures de la guerre de Trente

Ans, des masques de fer diabolisant les Sarrasins (afin de décupler la hargne des combattants !) et des portraits grandeur nature des protagonistes de la bataille de Lépante (1571) : *Don Juan d'Autriche, Andrea Doria, Barberousse,* entre autres. Dans la salle suivante, plafond peint évoquant la mythologie et surtout Hercule, personnage fort apprécié par Ferdinand II. Armes, tableaux et armures du XVIIe s. Mais le clou se situe à l'étage, avec le superbe « ***cabinet de curiosités*** ». Tout fut choisi et classé par thèmes ou matériaux par Ferdinand II, ce collectionneur passionné. Au hasard des vitrines : les hautes chaussures portées par les dames ; l'homme hirsute à la pilosité broussailleuse ; les bottes à doigts de pied ; une curieuse racine de mandragore dans laquelle est sculpté un christ ; une défense de narval ; des fruits sculptés dans le marbre ; 2 armures de samouraï ; un portrait de *Vlad Tepes* alias ***Dracula,*** prince de Transylvanie. Un bien curieux endroit, riche de bizarreries en tout genre.

UNE BIEN CURIEUSE TORTURE

Dans le cabinet des curiosités, un inquiétant fauteuil d'acier vous tend les bras. N'ayez crainte ! Enfin, ça dépend... On y attachait un convive contre son gré, en lui faisant boire du vin. Pour se libérer, il devait déclamer un poème improvisé à la gloire de Bacchus ! Bon, en matière de sadisme, on a vu pire...

Le château supérieur

Séparé du château inférieur par un jardin où circulent quelques paons. On accède d'abord à la *salle espagnole,* magnifique hall de réception. Les grands du monde entier devaient la traverser et passer devant tous les prédécesseurs du roi (27 fresques !) avant de se présenter à Ferdinand II. La salle fut achevée en 1572, c'est assurément l'une des plus belles réalisations de la Renaissance. Elle est aujourd'hui le théâtre de concerts classiques dans le cadre du festival de Musique ancienne.

Noter les grilles des fenêtres en trompe l'œil dans la cour intérieure. Scènes mythologiques et petites coquetteries, tels ces fleurs ou ce perroquet peints sur le rebord des fenêtres.

Sur 3 niveaux, des dizaines de salles consacrées à la peinture et plus précisément aux portraits de tous les Habsbourg, du XVe au XVIIIe s. Au 1er étage, en plus des 1res peintures, expo sur le service postal mis en place par ***Maximilien Ier*** avec le concours de la famille Taxis, couplée à une très belle collection de verres. Au 2e étage, on passe en revue (en peintures) les contemporains de Ferdinand II, tandis que le 3e étage est surtout consacré à ses prédécesseurs (XVe s) et à ses successeurs (XVIIe et XVIIIe s).

Plusieurs centaines de toiles, qui permettent une formidable étude de l'évolution de l'art pictural et du costume au fil des siècles. On notera les œuvres d'***Arcimboldo,*** de ***Van Dyck, Vélasquez, Titien*** et ***Cranach.*** Celles du XVIe s se caractérisent par la manière de statufier, de désincarner les personnages. Cette technique avait pour but de faire sortir le sujet de son époque pour lui donner une stature éternelle. Tous les Habsbourg sont là, ainsi que toutes les femmes qui se marièrent à l'étranger pour créer des alliances politiques. Un étonnant témoignage d'une des principales dynasties d'Europe.

Museum im Zeughaus *(hors plan par C1)* **:** Zeughausgasse 1. ☎ 5948-9313. • tiroler-landesmuseum.at • *À l'est du centre-ville, donne dans la Dreiheiligenstr. Tlj sauf lun 9h-17h. Entrée : 12 € (billet valable pour la Hofkirche, le Tiroler Volkskunstmuseum, le Landesmuseum et le Tirol Panorama) ; réduc.*

L'ancien arsenal de Maximilien Ier abrite aujourd'hui un musée d'histoire locale, avec une petite section minéralogique et archéologique, et quelques collections insolites : monnaies, ouvrages du XVIe s, superbe globe ancien, gravures, peintures, affiches et vieilles photos, sans oublier les horloges, une petite section sur les 2 grandes guerres ou encore ce coffret recelant des instruments et ustensiles miniatures...

Randonnées en montagne et escalade

L'école d'alpinisme d'Innsbruck élabore pour l'été un « programme de randonnées en montagne » (dont vous trouverez tous les détails dans la brochure *Été actif*). De mai à fin octobre, tout détenteur de la *Welcome Card Innsbruck* (voir « Adresses et infos utiles ») peut se joindre gratuitement à des ***randonnées guidées*** de 3 à 5h dans les montagnes environnantes, à différents degrés de difficulté.
– Rdv chaque jour à 9h (se renseigner) devant le palais des congrès (plan B1). On vous emmène en navette au point de départ de la balade, et on vous raccompagne en fin d'ap-m. Tout le monde peut se joindre à la balade, à partir de 8 ans. Le matériel est fourni gratuitement.

➢ ***Randonnée aux lanternes :*** *rdv à 20h15 devant l'hôtel Krone à Innsbruck.* Balade de 2 km, lanternes en main, traversant le village d'Oberperfuss.

– Les grimpeurs plus expérimentés pourront contacter l'*Alpinschule Innsbruck (☎ 54-60-00 ; ● alpinschulen.at ●).* Excellents guides pour découvrir et explorer l'une des plus belles voies équipées d'Europe, la *Nordkette.*

LE TYROL

Ski et patinage

– ***Ski Plus City Pass :*** *vendu à l'office de tourisme (plan B2, **1**). Plusieurs formules. Env 158 € pour 3 j. ; réduc.* Le *pass* des skieurs en hiver, valable de début octobre à début mai, comprenant les domaines skiables de Nordkettenbahnen-Seegrube, Patscherkofel, Axamer Lizum, Glungezer, Schlick 2000, le glacier Stubaier Gletscher, Kühtai et Rangger Köpfl. En tout, 90 remontées mécaniques sur plus de 300 km de pistes. *Skibus* gratuit.

■ ***Patinoire extérieure :*** *Olympia-World, Außeneisring, Olympiastr. 10. De fin nov à mi-fév, tlj 14h-(12h w-e) 16h50, 20h-21h50 (tte la journée pdt les vac).*

■ ***Patinoire intérieure :*** *OlympiaWorld, Tiroler Wasserkraft Arena, Olympiastr. 10. Nov-avr, mer et w-e 14h-16h20 (plus 20h-21h50 le sam).*

Festival

– ***Innsbrucker Festwochen der Alten Musik*** *(festival de Musique ancienne) : de mi-juil à fin août. ☎ 57-10-32. ● altemusik.at ●* Toute la musique de la grande période des Habsbourg (XVIe et XVIIe s), jouée avec des instruments d'époque sur des partitions originales. La plupart des concerts ont lieu au château d'Ambras mais aussi au ***Landestheater*** *(plan B1),* au palais des congrès, dans les églises et chapelles, ainsi qu'en plein air, au Hofgarten.

DANS LES ENVIRONS PROCHES D'INNSBRUCK

HUNGERBURG, SEEGRUBE, HAFELEKAR

Au nord d'Innsbruck

Dans quelle autre ville qu'Innsbruck peut-on passer en 30 mn du centre-ville, à 560 m, à un sommet de montagne à 2 256 m d'altitude ? Le voyage commence à la station Congress (le palais des congrès ; *plan B1*), point de départ du ***train-funiculaire*** de l'*Innsbrucker Nordkettenbahnen (ttes les 15 mn 7h15-19h15, à partir de 8h le w-e)* qui, après un démarrage sous terre, traverse le fleuve et vous hisse jusqu'à ***Hungerburg*** (à 860 m). Là, on descend pour embarquer dans le

1er téléphérique de la *Nordkettenbahnen,* qui vous élève jusqu'au ***Seegrube*** (à 1 905 m). De là, vue magnifique, et départ de pistes de ski ou de nombreux chemins de randonnée, selon la saison. Un autre téléphérique vous conduit ensuite jusqu'à la station de ***Hafelekar*** (à 2 256 m). Et de là, re-vue magnifique et chemins de rando, ainsi qu'une paire de jumelles gratuite vous indiquant tous les sommets. *Téléphérique de Hungerburg à Seegrube : ttes les 15 mn, 7h (8h w-e)-19h15 ; de Seegrube à Hafelekar : ttes les 15 mn, 8h30-17h30. Billet A/R de l'*Innsbrucker Nordkettenbahnen *(le train-funiculaire et les 2 téléphériques) : 44 € ; réduc ; gratuit avec l'*Innsbruck Card.

Restaurant Seegrube : *0664-88-44-78-16. Tlj 9h-17h.* De la terrasse, magnifique panorama sur Innsbruck et les neiges éternelles de l'Alpenhauptkamm. Choix entre self et resto. Le vendredi soir, les habitants se retrouvent volontiers ici autour d'un (ou de plusieurs) verre(s). Le dimanche en été, musique jazz.

IGLS

À 6 km au sud d'Innsbruck. Ⓣ *nº 1 de Maria-Theresien-Str. Jusqu'au terminus Bergisel puis, de là, la nº 6 pour Igls. Autre solution, le bus J (sans changement) qui part du même endroit, ou à 5 mn à pied de la gare, à Sillpark (centre commercial). Gratuit avec l'*Innsbruck Card. *Le tram est plus long, mais son parcours est plus sympa et champêtre.* Igls est un charmant village tyrolien bien typique, parfait pour prendre l'air des cimes (900 m d'altitude), faire des balades et de petites randonnées.

Adresse utile

Office de tourisme : *sur la place du village. ☎ 37-71-01. • innsbruck.info/igls • Horaires variables mais en principe lun-ven 8h30-12h30, 13h30-17h30. Fermé w-e.* Donne une brochure (en français) avec les hôtels et les balades.

Où dormir ? Où manger à Igls et dans les environs ?

Hotel Sonnenhof : *Fernkreuzweg 16. ☎ 37-73-79. • sonnenhof-igls.at • Doubles env 100-150 €, petit déj inclus ; apparts 2-5 pers (min 3 nuits).* Une vraie atmosphère de village, avec des géraniums aux fenêtres et un accueil familial. Les chambres et appartements possèdent tous un balcon avec vue sur les montagnes.

Grünwalderhof : *Römerstr. 1, à* ***Patsch.*** *☎ 37-73-04. • gruenwalderhof.at • À moins de 3 km au sud d'Igls. Doubles env 100-140 € en été, petit déj inclus. Au resto, plats 14-20 €.* Ancien relais de poste à la situation exceptionnelle face à la montagne. Le propriétaire est un descendant de la prestigieuse famille de *Thurn und Taxis,* qui développa le 1er réseau postal à l'époque de Charles Quint. La vaste demeure a beaucoup de cachet, et même si le mobilier fait un tantinet vieillot, que de belles histoires à humer dans l'ancien *Stube* traditionnel ou dans les couloirs aux parquets qui craquent ! Chambres toutes un peu différentes, de style ancien et douillettes. Magnifique vue du jardin-terrasse à l'arrière, pour le petit déj et pour manger le midi ou le soir (bonne cuisine).

À voir. À faire

➢ ***Randonnée gratuite*** avec guide (voir la rubrique « Randonnées en montagne et escalade » à Innsbruck).

➢ ***Téléphérique pour le Patscherkofel*** *(à 1 952 m)* **:** *• patscherkofelbahn.at •* Possibilité de visiter le jardin botanique alpin de l'université d'Innsbruck, à 2 000 m d'altitude. Payant. Pour les marcheurs, belle balade du Zirbenweg (2h30 environ) à partir de l'arrivée du téléphérique. Pour ne pas devoir refaire ensuite le chemin dans l'autre sens, possibilité de redescendre en télésiège jusqu'à Tufles et, de là, de prendre le *postbus* pour rentrer à Igls.

➢ Nombreuses autres randonnées, comme celle qui mène à la ***Glungezerhütte*** via Boscheben. Chemin balisé tout le long depuis l'arrivée du téléphérique. Compter environ 6h.

➢ ***Piste de bobsleigh d'été :*** *☎ (05275) 51-220. Juil-août, jeu-ven à partir de 16h. Tarif : 45 €.* La descente dure environ 1 mn, mais, rassurez-vous, un professionnel est aux commandes (ce qui ne dispense pas d'avoir le cœur bien accroché !). Interdit aux moins de 12 ans.

➢ ***Piste de bobsleigh d'hiver :*** *même numéro. Noël-début mars, en principe mar et jeu vers 19h. Tarif : 35 €.* Mêmes conditions.

– ***Animations estivales gratuites*** *(dans le jardin derrière l'office de tourisme)* **:** *fin juin-fin août, soirée tyrolienne mer et concerts de musique et danse traditionnelles ven à 20h30 ; également concert d'orgue à l'église jeu soir de mi-juin à fin sept et concert de musique sacrée dim soir de mi-juin à fin sept.*
Attention, le programme peut changer, puisque les animations varient d'une année sur l'autre.

Un peu au sud d'Igls, l'***Europabrücke*** enjambe la rivière à 190 m de haut.

MUTTERS

À 6 km au sud d'Innsbruck mais plus à l'ouest qu'Igls, sur le même plateau ensoleillé. Prendre le tram STB (le Stubaitalbahn), qui met env 25 mn pour arriver à Mutters en traversant un magnifique paysage. Ticket aller : compter 6 €.
Un des plus jolis parmi les 25 villages de charme qui entourent Innsbruck. En hiver, le domaine skiable de Mutters est le domaine familial par excellence.

Où dormir ? Où manger à Mutters et dans les environs ?

Natterer See : *Natterer See 1, 6161 Natters. ☎ 54-67-32. • natterersee.com • À env 4 km à l'ouest de Mutters. Compter env 25-50 € pour 2 selon saison. Également des mobile homes, apparts et chambres.* Très grand camping en pleine nature, dans un superbe cadre boisé, autour d'un lac. Nombreux types d'emplacements (les plus chers étant ceux qui bordent le lac ou ceux situés derrière le bâtiment d'accueil). Très bel équipement, avec tout ce qu'il faut sur place, un resto de l'autre côté du lac, accessible du camping par un pont, et même un bar avec des concerts en été. On est un camping 5-étoiles ou on ne l'est pas...

Hotel Seppl : *Natterer Str. 8. ☎ 54-84-55. • hotel-seppl.at • Doubles standard env 135-170 € selon saison ; petit déj inclus ; ½ pens slt en hiver.* Un hôtel qui offre le même bien-être à tous ses clients, les petits comme les grands... Idéal pour se mettre au vert. Et même pour voir la vie en rose et bleu : piscine intérieure, sauna, bain de vapeur, massages et cabine UV... Côté chambres (plusieurs types), tâchez d'en avoir une avec vue sur la vallée (pas nécessairement plus chère) ! Au restaurant, cuisine inventive associant spécialités internationales et mets locaux. Un endroit charmant !

Hotel Sonnhof : *Burgstall 12. ☎ 54-84-70. • sonnhof-mutters.at • Doubles 125-172 € (175-225 € en ½ pens), petit déj compris.* Des champs de maïs, une cloche qui sonne à l'église du village, des pétunias aux fenêtres. Si la déco est un peu datée (genre années 1970), l'ensemble reste confortable et très bien tenu. Piscine couverte avec accès direct au petit jardin, et plein de randonnées à faire tout autour. De quoi avoir faim pour le repas du soir, simple et savoureux.

LE NORD-TYROL

HALL IN TIROL (6060) 13 685 hab. IND. TÉL. : 05223

À une dizaine de kilomètres d'Innsbruck. Une bien jolie bourgade médiévale qui a bâti sa fortune et son renom sur l'exploitation du sel. Elle a conservé un petit centre médiéval animé, aux ruelles pavées. On s'y balade avec grand plaisir. Une belle église et un petit musée rappellent que fut frappé ici, en 1486, le 1er *guldiner,* ancêtre direct du *thaler* qui déclencha une réforme monétaire en Europe et donna son nom au dollar. Le soir, lorsqu'il n'y a plus un chat en ville, Hall n'appartiendra qu'à vous.

➢ Pour s'y rendre depuis la gare d'Innsbruck, bus n° 504 (ttes les 15 mn) ou bus S (ttes les 15-20 mn).

Adresse et infos utiles

Office de tourisme : *Unterer Stadtplatz 19. ☎ 455-44. • hall-wattens.at • Tlj sauf dim 9h-18h (13h sam).* Prenez-y la petite brochure en français « De Hall à Wattens », pour découvrir la ville et la région.

– ***Marché fermier :*** *sam 9h-13h, sur la pl. principale, devant la mairie et l'église.*

– ***Marché de Noël :*** un des plus jolis marchés de Noël d'Autriche, autour de la mairie, avec ses lumières, son atmosphère de village hors du temps. *• advent-hall-tirol.at •*

Où dormir ? Où manger ? Où boire un verre ?

Gasthof Badl : *Haller Innbrücke 4. ☎ 567-84. • badl.at • Doubles env 90-140 €, petit déj inclus ; ½ pens possible.* Au sud de la ville, de l'autre côté du fleuve Inn, une auberge jaune de 25 chambres bien agréables, certaines avec mobilier rustique et, surtout, une belle vue sur la montagne. Choisir plutôt celles-là ! Jardin, terrasse, terrain de jeux... Resto de cuisine tyrolienne. Parfait pour une nuit.

Bar Centrale : *Schlossergasse 1. ☎ 560-55. Tlj sauf dim 9h (10h sam)-23h. Menus midi 8-10 €, plat max 15 €.* Un petit resto, qui propose une bonne formule pas chère du tout le midi : une soupe ou une petite salade suivie d'un délicieux plat de pâtes (4 au choix). Le soir, à la carte, vous ne vous ruinerez pas non plus. On s'installe sur la sympathique petite terrasse où trône une pittoresque fontaine (ou dans l'agréable salle). D'autres restos, boutiques et bars italiens dans la même rue, notamment la ***Vinothek Ombra*** *(au n° 11 ; tlj sauf lun 9h30-15h plus le soir ven-sam),* très recommandée aussi pour prendre un verre de vin accompagné d'un *antipasto.*

Où dormir dans les environs ?

Schloss Camping Aschach : *Hochschwarzweg 2. ☎ (5224) 23-33. • schlosscamping.com • Ouv juin-sept. Compter env 35-40 € pour 2 avec tente* *et voiture.* Un sympathique camping où l'on pose sa tente sous les saules pleureurs. De là, on aperçoit le château se dessiner au loin. Piscine, jeux pour enfants et resto sur place. Belle vue sur les montagnes.

À voir

À partir de l'*Oberer Stadtplatz,* agréable place du centre, très animée les jours de marché, on déambule dans les ruelles pavées de la vieille ville. Si la mairie est ouverte, jeter un œil aux magnifiques poutres du plafond de la salle du conseil (1451). C'est aussi ici que se déroule le très sympathique marché de Noël *(fin nov-24 déc).*

*Stadtpfarrkirche*** *(église paroissiale)* **:** cette église construite en 1281 fut au départ une chapelle romane. Elle devint gothique en 1430, puis baroque en 1670 après un tremblement de terre. Noter comme le chœur est décentré par rapport à la nef. Toute la voûte de la nef et la tribune sont couvertes de fresques. Le maître-autel sert d'écrin à un tableau de la Vierge réalisé par un élève de Rubens. Superbe grille en fer forgé qui ferme la chapelle, avec, à l'intérieur, une importante collection de reliques (des crânes) rapportées de ses voyages par le chevalier Florian Waldauf. À l'extérieur de l'église, jeter un œil aux pierres tombales incrustées dans la maçonnerie.

Münze Hall *(musée de la Monnaie)* **:** *Burg Hasegg 6. ☎ 58-55-520. • muenze-hall.at • Tlj sauf lun 10h-17h (16h pour la caisse) ; fermé dim nov-mars. Entrée : 8 € pour le musée ; 5,50 € pour la tour ; 11,50 € pour les 2 ; gratuit avec l'Innsbruck Card. Audioguide en français inclus.*
Installé dans le *Burg Hasegg,* château du XIVᵉ s, ce petit musée est centré sur une innovation majeure qui eut lieu ici même, à Hall in Tirol : la frappe du ***guldiner,*** une pièce en argent qui devint vite une monnaie de référence en Europe au début du XVIᵉ s, et qui donna lieu au ***thaler,*** l'ancêtre du dollar (voir encadré), frappé un peu plus tard en Bohême. Énorme machine en bois du XVIIᵉ s, pleine de roues et d'engrenages, qui permettait de frapper 400 pièces de monnaie par jour (une révolution pour l'époque !). Le haut de la tour du château (168 marches), abrite des collections archéologiques et, surtout, la plus grande pièce en argent au monde (plus de 20 kilos !), frappée en 2008 pour le 500ᵉ anniversaire de la naissance de Maximilien Iᵉʳ. Possibilité de se faire frapper une pièce de monnaie, comme autrefois, sur cuivre (3 €), cuivre doré (8 €) ou argent (là, compter 18 €).

LES ORIGINES BOHÉMIENNES DU DOLLAR

Le mot « dollar » trouve son origine à la fin du Moyen Âge, dans le village de Bohême de Sankt Joachimsthal. On y exploitait une mine d'argent, avec lequel on frappa une monnaie, le thaler. Cette monnaie se répandit dans l'empire des Habsbourg, puis dans l'Amérique coloniale espagnole, où elle se prononçait « dólar ». Les États-Unis l'adoptèrent à leur tour en 1785.

DANS LES ENVIRONS DE HALL IN TIROL

Karlskirche* :** en bordure de la route, un peu avant ***Volders en allant vers l'est. Cet édifice rose et blanc fut la 1ʳᵉ église baroque du Tyrol (1620), construite par le docteur Guarinoni de Hall. Elle est aussi « fantaisiste » et lumineuse à l'intérieur qu'à l'extérieur. Magnifiques fresques au plafond du peintre baroque Martin Knoller.

Kristallwelten Swarovski* :** *Kristallweltenstr. 1, à* ***Wattens, *à env 15 km à l'est d'Innsbruck (direction Schwaz). ☎ (05224) 510-80. • kristallwelten.swarovski.com • Navette spéciale depuis la gare d'Innsbruck (et le palais des congrès)*

4-5 fois/j. 10 € A/R. Tlj 9h-19h, fermeture de la caisse 1h avt. Entrée : 23 € (!) ; réduc ; gratuit (y compris la navette) avec l'Innsbruck Card. Audioguide en français 2 €.
Inaugurée en 1995 pour célébrer le centenaire de la cristallerie ***Swarovski,*** cette expo-musée (à l'entrée chère, certes) en surprendra plus d'un par l'excentricité de son contenu ! En tout, 18 « salles des merveilles » à thème, nichées sous la couverture herbeuse d'un parc jonché de curiosités, auxquelles on accède en passant sous la tête d'un ***géant végétal cracheur d'eau,*** permettent d'apprécier le cristal dans tous ses états et sous toutes ses formes.
On retiendra, par exemple, le ***Dôme du Cristal,*** une étonnante salle sphérique couverte de miroirs triangulaires ; la salle *Lumière silencieuse,* qui baigne dans une atmosphère hivernale féerique (où le cristal remplace la neige) ; le ***Silent Light*** où la température peut descendre jusqu'à - 10 °C ; l'***Eden,*** où l'on se croirait dans une forêt enchantée (grâce au cristal...) ; les modèles réduits – en cristal – de monuments célèbres ; ou encore la salle ***Timeless,*** qui présente les plus belles créations de la cristallerie.
On sort par la grande boutique qui abrite des pièces (bijoux, stylos, animaux, étuis à smartphones et même des masques anti-Covid), tous en cristal, bien entendu. La visite s'achève dans le parc agrémenté, lui aussi, de joyeusetés tel ce ***Nuage de cristal*** constitué de 800 000 petits cristaux. Cafétéria dans le même esprit.

Schloss Tratzberg : *sur la commune de **Jenbach,** à l'est de Schwaz. ☎ (05242) 635-66. • schloss-tratzberg.at • Juin-août, tlj 10h-16h. Fermé mar en avr-mai et sept-début nov. Entrée : 14,50 € ; réduc. Visite guidée.*
La bâtisse d'allure extérieure gothique fut construite aux XIIe et XVIe s. Magnifique cour Renaissance à arcades peintes et fenêtres en trompe-l'œil. L'empereur Maximilien Ier y résidait lors de ses parties de chasse. Propriété des ***Fugger d'Augsbourg*** au XVIe s, le lieu est depuis 1847 aux mains de la famille Enzeberg. ***François-Joseph,*** alors archiduc, y logea avec Sissi. Visite de différentes salles où se succède une profusion de meubles d'époque, d'objets décoratifs, de trophées de chasse, de détails architecturaux que ne manquera pas de vous pointer le guide.
Noter ***l'étonnante fresque généalogique*** de 46 m de long des 148 descendants et ascendants de Maximilien Ier ; les branches mortes de la dynastie Habsbourg sont peintes en marron, les branches vertes représentent les rameaux dynastes et les ascendants en bleu. Cette fresque est également une formidable histoire du costume à travers les âges. Magnifique plafond marqueté et sculpté dans la salle des Reines. Chapelle voûtée de style gothique avec autel baroque. Sabres turcs, armures impressionnantes et épées de décapitation dans la salle d'armes.

LE ZILLERTAL

À la hauteur de Jenbach débute, vers le sud, la route 169 qui se faufile dans le riant Zillertal, une des vallées les plus appréciées des amateurs de beaux alpages sur fond de cimes enneigées à plus de 3 000 m. Sur 23 km, la route sinueuse *Zillertal Höhenstraße* (payante) offre de magnifiques points de vue dans une nature qui se modifie au fur et à mesure que l'on monte en altitude.
À la belle saison, on y pratique la randonnée et le VTT, mais aussi l'escalade (autour du village de Ginzling) et le parapente, tandis qu'en hiver, les domaines skiables attirent les amateurs de glisse. La vallée compte quelques localités charmantes comme Mayrhofen et Zell am Ziller.
Pour ceux qui ne sont pas motorisés, il est possible de la remonter, en été, à bord d'un vieux train à vapeur (le *Zillertalbahn*) jusqu'à Mayrhofen. De là,

des téléphériques permettent de rejoindre les sommets et les champs de neige. Dans la vallée de Tux, une vallée latérale à l'ouest, se trouve l'un des 8 glaciers autrichiens où l'on pratique le ski durant toute l'année. Les équipes nationales de 50 pays s'y entraînent d'ailleurs régulièrement. On peut y parcourir un labyrinthe serpentant à 60 m sous la surface du glacier de Hintertux.

Adresse utiles

i *Zillertal Tourismus :* *Bundesstr. 27d, à **Schlitters,** à l'entrée de la vallée, juste après la station-service. ☎ (5288) 87-187. • zillertal.at • Lun-jeu 8h30-12h, 13h-17h30 ; ven 9h30-12h. Fermé le w-e.* Vente de la ***Zillertal Activcard,*** valable pour 3, 6, 9 ou 12 jours consécutifs *(69,50 € pour 3 j., 100 € pour 6 j. ; réduc).* Offre la possibilité d'utiliser les transports publics locaux, de faire chaque jour une randonnée en montagne en empruntant l'une des 10 remontées mécaniques (ou télécabines), d'accéder aux 6 piscines extérieures et d'obtenir des réductions auprès des autres prestataires.

L'ALPBACHTAL

L'une des régions du Tyrol les plus méconnues des touristes, et c'est tant mieux, car elle est diablement jolie ! Maintenant que le soleil a rendez-vous à Rattenberg, village tout droit sorti d'un conte de fées, il serait dommage de le rater...

ALPBACH

L'un des plus beaux villages d'Autriche ! Au cœur de paysages alpins d'une grande douceur, ses habitants soignent la décoration de leurs chalets aux toits de bardeaux restés dans leur jus, ou presque, depuis qu'une loi a imposé, en 1953, les constructions en bois dans toute la vallée.

Adresse utile

i *Office de tourisme :* *Alpbach 404. ☎ (05337) 212-00-30. • alpbachtal.at • En saison (juil-sept et hiver), lun-mer et ven 8h30-13h, 14h-17h. Fermé jeu et dim.* L'***Alpbachtal Card,*** qui est remise gratuitement par les hébergements, offre l'accès à certains sites, permet d'emprunter librement les télécabines et donne droit à des réductions de 50 % chez certains prestataires de services.

Où dormir ? Où manger à Alpbach et dans les environs ?

Hotel Böglerhof : *Alpbach 166. ☎ (05336) 52-27. • boeglerhof.at • Doubles 135-210 €/pers (à partir de 3 nuits, dégressif selon durée), petit déj inclus. Plats 12-25 € ; menu env 45 € ; ou restauration plus simple (midi et soir) 5-16 €.* Au cœur de ce village préservé, un très gros et bel hôtel familial chaleureux, douillet et cossu. La vieille *Fuggerstube* fut, il y a 500 ans, le siège du tribunal de la région. Près de 75 chambres de style alpin, impeccables et dotées de tout le confort, avec balcon (ou terrasse) et vue sur les montagnes. Installations modernes aussi : fitness, superbes piscines (dedans et dehors), spa, sauna... Et bien sûr, on y mange très bien, et la carte des vins est remarquable. Une très belle adresse.

Gasthof Jakober : *Alpbach 169. ☎ (05336) 51-71. Tlj sauf lun 10h-minuit. Plats 12-25 €.* En plein cœur du village face à l'église, une maison toute fleurie, avec l'accueil sympathique d'une équipe en tenue traditionnelle. On se régale de plats tyroliens bien copieux, dans des salles chaleureuses ou sur l'agréable terrasse. Fait aussi hôtel *(doubles 90-110 €).*

Gasthof Rossmoos : *Alpbach 92. ☎ (05336) 53-05. Depuis l'Hotel Böglerhof, continuer toujours tt droit jusqu'à apercevoir le fléchage. Tlj sauf mar (cuisine jusqu'à 20h45). Fermé 1 mois après Pâques et en nov. Plats 12-20 €.* Beaucoup de bois dans ce chalet magnifiquement posé face à la vallée, servant des spécialités tyroliennes. Ici, les produits sont aussi riches en goût qu'en calories, comme la soupe typique au *Speckknödel* (boulette avec du lard accompagnée d'un consommé de bœuf) et viennent, pour la plupart, de la ferme des propriétaires. On peut aussi y loger et à prix encore raisonnables *(doubles à partir de 60 €).*

Jausenstation Zottahof : *Alpbach 115. 0650-27-27-023. Continuer à monter 1 gros km après l'Hotel Böglerhof et guetter le fléchage sur la gauche. Tlj sauf mer 11h-20h (19h fin déc-début avr). Congés : de mi-avr à fin mai et nov-déc. Plats 6-12 €.* Ne quittez pas l'Alpbachtal sans grimper jusqu'au *Zottahof,* une vieille ferme avec vue géniale sur la vallée ! Beaucoup de bois, et du monde venant de loin pour goûter fromage, saucisses, omelettes, soupe aux pois et goulasch sur cette terrasse super accueillante... ou, si le temps est maussade, dans le petit *Stube* de 4 tables. Bon *Tiroler Gröstl* servi dans sa poêle et authentique *Kaiserschmarrn* pour le goûter, une grosse crêpe aux œufs saupoudrée de sucre impalpable, à déguster (mais mieux vaut avoir un solide creux) avec de la confiture maison et un grand verre de lait frais. Mérite vraiment le détour !

Sigwart's Tiroler Weinstuben : *Marktstr. 40, à* ***Brixlegg,*** *avt de monter sur l'Alpbach. ☎ (05337) 633-90. Jeu-dim slt 10h30-(17h jeu)-minuit (21h30 cuisine). Plats 26-58 € ; menus 58-135 €.* Une vraie *Weinstube* de carte postale datant de 1777. Balcons en bois croulant sous les fleurs, volets peints, fresques sur les murs, rien ne manque au tableau. Et rebelote à l'intérieur avec boiseries sculptées, tables nappées de frais et fleuries, fenêtres à carreaux en fond de bouteille et serveurs en costume traditionnel. Pas pour toutes les bourses, mais sa réputation gastronomique n'est plus à faire, et on y sert une cuisine tyrolienne joliment revisitée. Le genre d'adresses où amuse-bouches, sorbets et mignardises ne sont pas facturés.

KRAMSACH

À la sortie de l'autoroute, un joli village tyrolien entouré de lacs qui donnent envie de barboter dans ces eaux parmi les plus chaudes du Tyrol. Notre préféré : le lac **Berglsteiner See** pour son paysage doux et mélancolique. On y accède par une belle route (mais étroite).

Où dormir ?

Camping Stadlerhof : *Seebühel 14. ☎ (05337) 633-71. • camping-stadlerhof.at • À 1 km du village de Kramsach (c'est le 1er camping en arrivant aux abords du lac, sur la gauche). Compter 23-39 € pour 2 avec tente ou caravane (et électricité) ; apparts 2-4 pers 40-120 €.* Plus petit et intime que les 2 autres campings du coin. Site bien vert et agréable, au pied des montagnes. Aire de jeux, sauna, salle de fitness, piscine et sympathique resto... Et pour les non-campeurs, les appartements, tout confort, valent bien l'hôtel ! Pour ceux qui souhaitent être au plus près du lac, vous pourrez toujours vous rendre au ***Camping Seehof*** et au ***Camping Seeblick Toni*** (ils sont si grands qu'on peut les comparer à des mini-villages !).

À voir

Museum Tiroler Bauernhöfe *(musée des Fermes tyroliennes)* **:** *Angerberg 10. ☎ (05337) 626-36. • museum-tb.at • À quelques km du village, après le lac (très bien fléché). Pâques-oct, tlj 9h-17h (18h mai-sept) ; dernière entrée 1h30 avt fermeture. Entrée : env 10 € ; réduc ; gratuit avec l'Alpbachtal Card. Visite guidée sur demande.* Remarquable ensemble de fermes anciennes de différents coins du Tyrol. Menacées pour la plupart de destruction, elles furent transférées et reconstruites ici. Des images filmées de paysans fictifs, racontant leurs activités, redonnent vie à certaines d'entre elles, tout comme les animaux qui occupent les remises et autres dépendances. Animations le dimanche.

RATTENBERG

Une toute petite ville d'à peine plus de 400 habitants, mais des milliers de visiteurs qui arrivent, en bus ou en voiture (parkings à l'extérieur), pour découvrir la ***3e cité médiévale du pays,*** après Innsbruck et Hall in Tirol. En été, du moins.
Rattenberg a attiré l'attention des médias européens en 2005, quand quelques-uns de ses habitants se sont mobilisés pour trouver un remède à la déprime qui frappe la ville en hiver. Car le ***Stadtberg,*** culminant à 900 m, empêche les rayons rasants du soleil hivernal d'éclairer les maisons bourgeoises et les tortueuses ruelles du centre. À moins que... d'immenses miroirs ne puissent réfléchir la lumière naturelle et infléchir l'ordre des choses. Projet fou, certes, et qui fut d'ailleurs abandonné, mais que n'imaginerait-on pas pour une place au soleil... En attendant, profitez des beaux jours pour découvrir un bourg bien vivant autour de son église en marbre de Kramsach (2 nefs, car 2 couches sociales, la bourgeoisie et les mineurs !), sa brasserie, ses 2 petits musées (d'art religieux et d'histoire locale)...

Adresse utile

Office de tourisme : *sur le parking à l'entrée ouest de la ville. ☎ (05337) 21-20-50. • alpbachtal.at/rattenberg • En principe, lun-ven 8h30-17h. Fermé w-e.*

Où manger ?

Café-Restaurant Malerwinkel : *Pfarrgasse 93. ☎ (05337) 20-991. Au cœur du bourg. Tlj sauf lun 11h-minuit (22h dim). La cuisine ferme à 21h. Plats 15-35 €.* Plutôt une adresse du soir, pour l'ambiance tamisée et romantique ! Service charmant et cuisine soignée et goûteuse, tyrolienne mais avec quelques échappées transalpines. C'est aussi un bar à vins. Un lieu très apprécié des gens du coin.

À voir

Augustinermuseum Rattenberg : *Klostergasse 95. ☎ (05337) 648-31. • augustinermuseum.at • Mai-fin oct, tlj 10h-17h. Entrée : 5 € ; réduc ; gratuit avec l'Alpbachtal Card.* Collection d'objets de culte en or et argent (calices, croix, ostensoirs...), d'habits religieux, de sculptures et de peintures (du XVIIe au XIXe s) dans le cadre de l'ancien couvent des Augustins, fondé en 1385. On peut aussi monter dans la tour et découvrir les cloches et le mécanisme de l'ancienne horloge. Belle chapelle et église baroque.

Handwerkskunstmuseum : *à l'entrée ouest de la ville, près du grand parking. 0664-856-21-93. Tlj 9h-18h mais vérifiez tt de même avt de vous y rendre. Fermé dim en avr et de mi-janv à fin mars. Entrée : 4 €.* Un riche petit musée sur le patrimoine de Rattenberg, auquel les amateurs d'histoire locale jetteront un œil sans déplaisir, même si tout est en allemand.

KITZBÜHEL (6370) 8 490 hab. IND. TÉL. : 05356

• Plan *p. 129*

L'histoire de Kitzbühel débute au IXe s, avec l'exploitation et le commerce du cuivre. En 1255, jouissant d'une situation favorable sur l'axe Venise-Munich, Kitzbühel obtient le statut de commune, et en 1271, le duc Louis de Bavière lui accorde celui de ville. En 1504, Kitzbühel est rattachée au Tyrol.
Jusqu'à la fin du XIXe s, la ville sommeille loin des catastrophes et des affres de la guerre. Puis, peu à peu, Kitzbühel devient une ville touristique internationale. Les voyageurs sont attirés par le cadre idyllique de ce bourg médiéval et par les vertus médicinales de la tourbe du Schwarzsee, l'un des plus beaux lacs de baignade des Alpes. Bien que très touristique et chic, Kitzbühel n'en est pas moins aujourd'hui une petite ville agréable. Son petit centre est mignon, et dès que l'on quitte les abords moins folichons de la ville, les paysages environnants se révèlent magnifiques.

« *BEST OF THE ALPS* »

Aujourd'hui, Kitzbühel est l'une des stations de ski les plus connues mais aussi les plus huppées d'Autriche. Elle appartient, tout comme St. Anton au club très fermé des « *Best of the Alps* », qui représentent ce qui se fait de mieux tant au niveau de l'offre sportive et touristique que de la préservation des sites, tout au long de l'année. En été, la ville est aussi la capitale du tennis en Autriche, et le ***Generali Open Kitzbühel*** (une semaine, entre fin juillet et début août) est à la belle saison ce que la compétition de ski du ***Hahnenkamm*** est à l'hiver.

PÉPINIÈRE DE CHAMPIONS

En 1892, Franz Reisch – futur maire de la ville –, impressionné par un livre norvégien sur le ski, se fit livrer la 1re paire de skis venue de Norvège. Avec ses « chaussures de neige », il dévala le Kitzbüheler Horn, et peu après les 1res courses de ski se déroulèrent à Kitzbühel. En 1902, l'Association de Ski de Kitzbühel fut créée, et en 1931, on organisa la 1re et spectaculaire compétition du Hahnenkamm.

Arriver – Quitter

En train

Gare ferroviaire *(hors plan par A1) : Bahnhofplatz 2. ☎ 05-17-17. • oebb.at •*

➢ ***De/vers Munich, Vienne, Salzbourg et Innsbruck :*** plusieurs trains/j.

Adresses et info utiles

Office de tourisme *(plan A2)* **:** *Hinterstadt 18. ☎ 666-60. Tlj 9h-17h (14h dim).* Équipe efficace et bonne doc en français. Possibilité d'y réserver des chambres. En face, la fontaine *Stadtbrunnen Kitzbühel in der Hinterstadt,* œuvre du sculpteur Sepp Dangl, réalisée à l'occasion du 700e anniversaire de la vllle en 1971. Personnages représentés : Louis Sévère de Bavière (fondateur de la ville), Margarete Maultasch du Tyrol et l'empereur Maximilien Ier.

– **Red Card :** délivrée par votre hôtelier, elle offre des réductions auprès de certains prestataires.

Location de vélos : **Intersport** *(plan B2,* ***1****), Jochberger Str. 7 ; ☎ 666-03 ; • kitzsport.at • (loue aussi des skis) ou* **Element 3** *(plan A2,* ***2****), Klostergasse 8 ; • en.element3.at •* Ces 2 boutiques louent des VTT, électriques ou non. Cher, comme toujours.

Où dormir ?

Camping

Camping Schwarzsee : *Reither Str. 24. ☎ 628-06. • bruggerhof-camping.at • À 3 km au nord-ouest de la ville, près du lac Schwarzsee ; accès par la 170, en direction de Kirchberg et Innsbrück. Ouv juil-nov. Compter env 35-50 € pour 2 avec tente et voiture.* L'unique camping de Kitzbühel. Très grand, très bien équipé (piscine, différents types de sauna, tennis, jeux pour enfants, billard, minigolf, épicerie bio et bar-resto), avec des emplacements herbus et partiellement ombragés, mais l'endroit manque un peu d'intimité, et les prix font un peu froid dans le dos.

Bon marché

SnowBunny's Backpackers Hostel *(plan B2,* ***10****)* **:** *Bichlstr. 30. 0676-794-0233. • snowbunnys.co.uk • Lit en dortoir env 35 € et double 100 €, petit déj (informel) inclus.* En plein centre, un *hostel* un peu (voire pas mal) défraîchi. On conseille plutôt cette adresse pour ses prix doux. Les quelques chambres, de 2 à 6 lits, sont simples, à l'image de la cuisine à disposition. Pour le petit déj, on se sert dans le frigo (œufs venant des poules du jardin). Pour dépanner et ne pas casser sa tirelire.

Prix moyens

Hotel Gamshof *(plan B1,* ***11****)* **:** *Franz-Erler-Str. 7. 0670-5050-408. • gamshof.at • Doubles 99-149 € en été, 150-220 € en hiver, petit déj et parking privé compris.* On a été séduits par cet hôtel rénové dans un beau gros chalet rouge ! Chambres coquettes et douillettes avec balcon et vue sur la montagne. Jolies parties communes : espace petit déj charmant, où le chamois est à l'honneur, petit bar avec coin canapés et cheminée allumée en hiver, très cosy tout ça !

Pension Rainhof *(plan B1,* ***12****)* **:** *Hornweg 17. 0664-302-7001. • pensionrainhof.com • Doubles 100-120 € en été (plus cher en hiver), petit déj et parking inclus.* Un sympathique chalet garni d'un poirier grimpant. Chambres à la déco un peu surannée mais bien tenues. Double vitrage, et heureusement, car c'est vraiment en bord de voie ferrée ! Adorable jardin-verger (mais lui aussi en bord de voie ferrée). Une option convenable dans cette catégorie.

De chic à très chic

Hotel Kaiserhof *(hors plan par A2,* ***13****)* **:** *Hahnenkammstraße 5. ☎ (5356) 755-03. Doubles à partir de 180 € (voire bien plus en saison). Parking 15 €.* Un hôtel aux allures de chalets avec volets typiques rouge et blanc. Qu'il est bon d'y rentrer en hiver ! Chambres douillettes avec tous les équipements possibles (grande TV !), certaines avec vue sur la célèbre piste Hahnenkamm et les œufs qui passent tout près. Sauna, salle de fitness, piscine et petit déj

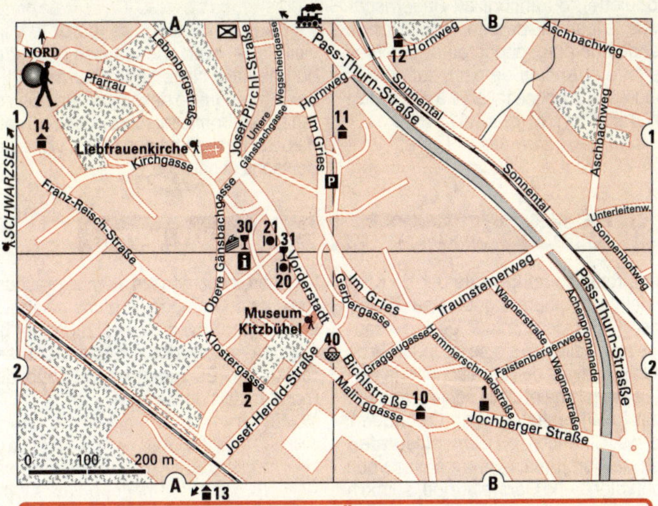

■	**Adresses utiles**		14 Hotel Kitzhof (A1)
	ℹ Office de tourisme (A2)	|●|	**Où manger ?**
	1 Intersport (location de vélo ; B2)		20 Huberbräu-Stüberl (A2)
	2 Element 3 (location de vélo ; A2)		21 Bar Centro (A1)
	Où dormir ?		**Où boire un verre ?**
	10 SnowBunny's Backpackers Hostel (B2)		30 Tutto Italia (A1)
	11 Hotel Gamshof (B1)		31 Ursprung-Beisl(A1-2)
	12 Pension Rainhof (B1)		**Achats**
	13 Hotel Kaiserhof (hors plan par A2)		40 Huber Metzger (Charcuterie Huber; A-B2)

pantagruélique. Un coup de cœur dans cette catégorie.

Hotel Kitzhof *(plan A1, **14**) : Schwarzseestr. 8-10. ☎ 63-21-10. • hotel-kitzhof.com • Doubles standard 190-270 € en été, à partir de 300 € en hiver, petit déj inclus. Attention, les prix grimpent vite !* Une façade rouge côté rue et blanche côté jardin, mais partout des balcons dégoulinants de fleurs. L'art de mêler la tradition et le contemporain, avec un intérieur chaleureux, tout en bois, des baies vitrées et des meubles aux formes épurées. Chambres élégantes et cosy, toutes avec balcon et une bonne grosse literie bien fraîche. Joli bar-terrasse se prolongeant dans un magnifique jardin. Piscine et sauna. En bref, du solide, du beau, du très confortable... et du très cher !

Où manger ?

|●| **Huberbräu-Stüberl** *(plan A2, **20**) : Vorderstadt 18. ☎ 656-77. Tlj 9h-23h (cuisine jusqu'à 21h45). Plats env 10-20 €. CB refusées.* Super pour manger typique et dans une ambiance chaleureuse ! Goûtez donc au *Blutwurstgröstl*, le boudin noir, au *Bierkäse* (fromage à la bière avec oignons et

ciboulette), ou encore au *Bauernschmaus,* le festin du paysan, avec diverses viandes de porc, choucroute, pommes de terre et *Knödel* de pain, superbe et roboratif ! La bonne taverne à Kitzbühel !

Bar Centro *(plan A1,* ***21****) : Vorderstadt 12. ☎ 658-62. Tlj sauf dim 10h-22h. Menus du jour en sem 8-9 € ; pizzas et pâtes 7-17 € ; autres plats 19-30 €.* Un italien, au cœur de la vieille ville, avec une terrasse couverte ou une salle claire sans charme particulier mais qui ne désemplit pas ! On se régale de bonnes pizzas cuites au feu de bois. Également des pâtes, viandes, poissons et salades.

Où dormir ? Où manger dans les environs ?

Dans tous les refuges, autour de Kitzbühel, vous pourrez goûter au ***Tiroler Gröstl,*** plat de pommes de terre sautées auxquelles on ajoute lard, viande ou saucisse, avant de l'assaisonner de persil et marjolaine et de le servir recouvert d'un (ou 2) œuf(s) au plat. Calorique ? Certes. Ou encore au ***Schweinsbraten*** (rôti de porc), mais vous pouvez vous contenter d'une ***Gerstelsuppe,*** soupe à base d'orge cuite avec carottes, persil et lardons, et d'une planche de charcuterie maison accompagnée d'un verre de pinot noir du Burgenland. Vous n'aurez plus froid si vous voulez redescendre à skis dans la vallée. Sinon, les cabines sont là, généralement, à quelques minutes à pied dans la neige...

Pour les adresses dans les environs, voir aussi plus loin à St. Johann in Tirol.

Rosi's Sonnbergstuben : *Oberaigenweg 102. ☎ 646-52. • sonnberg stuben.at • À 7 km au sud-est du centre de Kitzbühel ; suivre la 161 vers le sud (direction Jochberg) et guetter sur votre gauche, à la sortie de la ville, la Bichlnweg et le fléchage de la pension ; c'est alors parti pour une belle ascension ! Resto tlj sauf lun-mar 12h-minuit. Doubles standard 150-180 € (250-300 € en hiver). Plats 14-30 €, viandes et fondues plus chères (dont la chinoise).* Superbement perchée, cette maison tyrolienne abrite quelques jolies chambres à l'ancienne avec balcon ou terrasse et vue sur la vallée. La propriétaire, en tant que véritable vedette, apparaît sur les photos accrochées au mur, presque toujours en compagnie d'une célébrité (notamment avec Schwarzenegger !). Cuisine généreuse, idéale pour se réchauffer. Du monde, beaucoup de monde, mais quelle vue !

Hallerwirt : *Oberaurach 4, 6371* ***Aurach.*** *☎ 64-502. À env 5 km au sud de Kitzbühel, par la 161 ; dans Aurach, prendre à gauche vers Oberaurach (indiqué). Tlj sauf lun-mar 11h30-23h30. Plats 18-32 € ; soupes 9,50-13,50 €.* Prendre le meilleur des produits locaux et réinventer la cuisine régionale, c'est ce que cette très sympathique maison s'applique à faire ici. Des balcons fleuris, un intérieur en bois, le poêle en faïence, ici et là un crucifix. Belle terrasse sur l'avant. Un endroit qui mérite vraiment le détour, d'autant que le village et l'église, juste en face, sont bien jolis.

Ruetzenhof : *Hinterer Sonnberg 14,* ***Kirchberg.*** *☎ (05357) 28-55. À 10 km à l'ouest de Kitzbühel. Sur la 170 (direction Wörgl), sortir à Kirchberg Nord et guetter les indications. Puis belle montée au milieu des alpages, par une route sinueuse. Tlj sauf lun 11h-20h (cuisine). Plats 10-22 €.* Dans un magnifique chalet de 1736, construit dans la grande tradition, on vient goûter une bonne cuisine locale bien méritée et préparée en partie avec les produits de la ferme. Le tout à déguster dans un *Stube* tout en bois bien chaleureux, en savourant la vue sur le village tout en bas.

Où boire un verre ?

Tutto Italia *(plan A1,* ***30****) : Hinterstadt 16. ☎ 722-44. Tlj sauf dim 9h30-17h.* Petit bar-boutique sympa avec quelques chaises colorées en extérieur. Pour un verre de vin à accompagner de quelques appétissants *antipasti* et autres bons produits italiens.

Ursprung-Beisl *(plan A1-2,* ***31****) : Vorderstadt 16. Tlj sauf dim 10h-minuit.* Petit et chaleureux en soirée, sous des voûtes ornées de fresques. Belle terrasse.

L'hiver, l'ambiance est chaude en fin d'après-midi dans de nombreux ***bars « après-ski »,*** comme le ***Fünferl, The Londoner,*** le ***Pavillon*** ou encore l'***O'Flannigans Irish Pub.*** Laissez-vous guider par les « après-skieurs » chevronnés !

Où acheter de bons produits à Kitzbühel et dans les environs ?

Huber Metzger *(plan A-B2,* ***40****) : Bichlstr. 14. ☎ 624-80. Tlj sauf dim 8h-13h, 15h-18h (jusqu'à 12h sam).* Une charcuterie qui offre une gamme impressionnante de salaisons maison, avec dégustation sur place dans le coin café.

Brennerei Erber *(distillerie Erber) : Dorfstr. 57, à* ***Brixen im Thale.*** *☎ (05334) 81-07. • erber-edelbrand.com • À 12 km à l'ouest de Kitzbühel par la 170. Tlj sauf mer et dim 10h-18h (9h-12h sam).* Une des distilleries les plus traditionnelles, dont la spécialité reste l'eau-de-vie de sorbier. Visite possible (sur résa) en français avec dégustation de schnaps.

– ***Marché fermier :*** *avr-début nov, sam mat dans le centre de Kitzbühel.*

À voir. À faire, été comme hiver

Liebfrauenkirche *(plan A1) : juste au nord du centre piéton.* Elle daterait de 1373. Une tour de 48 m, érigée en 1566-1569 du côté ouest, abrite la cloche de 6 332 kg qui fait la fierté de Kitzbühel. Intérieur baroque.

Museum Kitzbühel *(plan A2) : Hinterstadt 32. ☎ 672-74. • museum-kitzbuehel.at • Tlj sauf lun 14h (10h sam)-18h. Entrée : 7,50 € ; réduc.* La collection se compose des peintures d'Alfons Walde (au dernier étage), l'artiste local dominant dans les années 1920-1930, qui faisait surtout dans les nus et les paysages enneigés. Salles dédiées à l'âge de bronze et à l'histoire de la ville aussi, de même qu'une expo sur les sports d'hiver (avec des luges centenaires !). Également des expos temporaires.

Schwarzsee : *situé à 2,5 km au nord-ouest de la ville.* Ce lac de 8 ha, à température agréable l'été, a fait de Kitzbühel un centre de cure. Les plages sont payantes *(compter 4 €/pers ; réduc avec la Red Card).* Possibilité d'y faire des balades en bateau et d'y pêcher, à condition de payer 11 € à la *Polizei* et d'avoir un permis de pêche en France. L'hiver, c'est une patinoire, et on y joue au hockey et au curling.

À voir. À faire l'été

– La visite du joli centre-ville où les boutiques chics sont à touche-touche avec les restos et les bars. Possibilité aussi de ***visites guidées gratuites*** (infos à l'office de tourisme).

– ***Kitzbüheler Alpen Sommer Card :*** *69 € pour 3 j. ; 100 € pour 7 j., avec la Red Card ; réduc.* Elle s'achète aux guichets des téléphériques et permet d'emprunter librement ceux-ci, mais aussi les remontées (et, en option, les bus), et de bénéficier de tarifs réduits dans la plupart des musées, piscines et attractions du coin. Il existe aussi le ***Flex Walking Ticket*** *(61-75 € avec la Red Card : un ticket valable pdt 3 j. à choisir sur une période de 5 j. – ou 5 j. sur 7 j.),* ainsi que plusieurs autres formules avantageuses.

– ***Remontées en fonctionnement l'été :*** *env 29 € (A/R) pour le Hahnenkammbahn, les Kitzbüheler Hornbahnen, le Fleckalmbahn et le Panoramabahn Kitzbüheler Alpen ; 16,50 € pour le télésiège du Gaisberg et de Bichlalm.*

Alpenblumengarten am Kitzbüheler Horn : un jardin de fleurs et de plantes gratuit, auquel on se rend en empruntant les remontées mécaniques du Kitzbüheler Horn (puis 10 mn de marche), ou la route panoramique *(péage env 25 € + 45 mn de marche)* du Kitzbüheler Horn. Là-haut, resto *Alpenhaus*.

Randonnées : en été, Kitzbühel, Reith et Aurach comptent un réseau de sentiers de randonnée balisés sur plus de 1 000 km, entre 800 et 2 000 m d'altitude. Infos à l'office de tourisme. Avec la *Red Card* d'une de ces 3 communes, possibilité de balade gratuite avec un guide de montagne du lundi au vendredi entre début mai et mi-octobre *(se renseigner à l'office de tourisme pour le lieu et l'heure du rdv)*, autour de divers thèmes qui varient. Une des plus récentes et des plus faciles, en haut des télécabines du Hahnenkamm, vous entraîne au fil des 4 saisons.

En été, le ***Bergbahn AG*** propose aussi des randos guidées gratuites (à l'achat d'un ticket de téléphérique) sur différents thèmes (point de rendez-vous variant selon les randos). *Rens : ● kitzski.at ●*

Kitzbühel possède le plus grand réseau en Europe de pistes adaptées aux ***vélos électriques*** *(carte gratuite donnant un accès limité aux pistes, sinon comptez 1-4 € pour plus de liberté ; infos à l'office de tourisme)*, avec possibilité de recharger ou de changer les batteries en cours de route. Si vous n'avez pas encore testé ce moyen de locomotion, peut-être est-ce le moment d'essayer, car c'est une excellente façon de découvrir, le nez au vent, cette belle région normalement réservée aux mollets aguerris.

LE TYROL

À faire l'hiver à Kitzbühel et dans les environs

Ski

– ***Kitzbüheler Alpen Super-SkiCard :*** *tarifs hte saison 66 € la journée, 187 € les 3 j., 354 € les 7 j. ; réduc.* Ce forfait est valable sur 926 remontées mécaniques et plus de 2 750 km de pistes (domaines *AG Kitzbühel*, du *Schneewinkel*, du *Wilder Kaiser*, de l'*Alpbachtal*, du *Wildschönau*, de *Zell am See-Kaprun* et *Saalbach Hinterglemm Leogang*, et bien d'autres !).

MORT D'EFFROI !

Kitzbühel possède la piste de ski la plus terrifiante du monde. Sur 3,3 km, la pente de la Streif atteint à un endroit (en fait au début) 85 % d'inclinaison. On franchit les 100 km/h en à peine 6 secondes pour atteindre les 140 km/h. Vive les raquettes !

234 km de pistes et 59 remontées mécaniques. *Infos : ● kitzski.at ●*

Randonnées d'hiver

➢ 100 km de sentiers de randonnée d'hiver. L'office de tourisme propose 5 fois par semaine, du lundi au vendredi, des ***randonnées guidées gratuites*** (se renseigner pour les horaires). Attention, le transport jusqu'au point de départ, les éventuelles remontées mécaniques et l'équipement (bâtons, bottes de neige...) sont payants.

DANS LES ENVIRONS DE KITZBÜHEL

Wildpark Aurach : *Wildparkweg 5, 6370* ***Aurach.*** *☎ (05356) 65-251. ● wildpark-tirol.at ● À env 8 km au sud de Kitzbühel, par la B 161 en direction de Jochberg-Felbertauern. À Aurach, tourner vers d'Oberaurach et suivre le fléchage.*

Fin avr-fin juin et sept-fin déc, mer-dim 10h-16h ; juil-août et fin déc-début janv, tlj 10h-17h. Fermé le reste de l'année. Prix : 9,50 € (6,80 € avec la Summer Card) ; 6-14 ans 6 €. Environ 200 animaux en liberté (lynx, sangliers, chèvres, ânes, yacks, faisans, paons, cerfs, mouflons, bouquetins, mais aussi des singes, lamas et kangourous) : la plus grande réserve d'animaux du pays, à 1 100 m d'altitude et sur 40 ha. Distribution de nourriture à 14h30 (sauf pendant la période de rut, en septembre et octobre).

Café-Restaurant à côté pour déjeuner à votre tour (interdiction de pique-niquer sur le site).

ST. JOHANN IN TIROL

(6380) env 9 675 hab. IND. TÉL. : 05352

Station de sports d'hiver et de villégiature à une dizaine de kilomètres au nord de Kitzbühel. Un endroit très touristique encore, où les chalets-hôtels de style néo-rustico-tyrolien côtoient de vénérables auberges aux façades couvertes de grandes fresques, notamment aux abords de l'église paroissiale. Celle-ci, édifiée au XVIIIe s, présente une vaste nef baroque. À droite du chœur, douce et ravissante *Madone* de 1440.

C'est à St. Johann aussi que débute (ou se termine) la Voie de l'Aigle, le fameux sentier de grande randonnée traversant tout le Tyrol (lire à « St. Anton am Arlberg » la rubrique « À voir. À faire en été »).

RÈGLEMENT DE COMPTES INTERALLEMAND

À 12 km à l'ouest de St. Johann, le château d'Itter servit de lieu de détention aux prisonniers français de haut rang. En mai 1945, l'armée américaine donna l'assaut contre les SS qui gardaient la forteresse. Les alliés eurent alors la surprise de recevoir le soutien des soldats allemands de la Wehrmacht contre les SS fanatisés.

Adresse utile

St. Johann Information : *Poststr. 2. ☎ 63-33-50. • kitzbueheler-alpen.com/de/st-johann-in-tirol • Tte l'année, tlj, sauf dim hors saison.*

Où dormir ? Où manger à St. Johann et dans les environs ?

Tirol-Camp Energiebrunnen : *Lindau 20, 6391* **Fieberbrunn.** *☎ (05354) 56-66-60. • tirol-camp.at • À env 12 km au sud-est de Sankt Johann, à la sortie de Fieberbrunn ; sur la 164, prendre à droite vers Lindau (fléché). Mai-oct et de mi-déc à avr. En été, compter 45 € pour 2 avec tente et voiture ; plus cher en hiver. Wifi payant.* À l'écart du village et bien en retrait de la route, un camping tout confort, calme et propre, appréciable pour sa piscine (en partie couverte). Côté emplacements (légèrement étagés), c'est un peu moins idyllique pour les tentes : l'ombre est rare et le sol assez dur. Spa, resto, boutique et jeux pour enfants (un échec géant !).

Landhaus Schwarzinger : *Dechant-Wieshoferstraße 19. ☎ (5352) 627-33. • landhaus-schwarzinger.at • Ouv* *tte l'année sauf une dizaine de j. en oct-début nov. Doubles 110-125 €.* Dans cette ancienne ferme de plus de 300 ans, avec une magnifique fresque sur la façade, le couple propriétaire y vit depuis plus de 30 ans (avec leurs 2 enfants). Une dizaine de chambres aux meubles anciens, toutes avec balcon ou terrasse (certaines avec kitchenette). On conseille vivement, d'autant que l'accueil est agréable et les prix raisonnables (pout le coin) ! Sauna, jeux pour enfant et sympathique jardin.

Pension Mirabelle : *Austr. 35, à* **Ellmau.** *☎ (05358) 28-08. • pension-mirabelle.com • À 12 km à l'ouest de St. Johann. Congés : nov-fin-déc. Doubles 110-150 € selon saison, petit déj inclus. Également 1 appart (110-180 €).* Des chambres de style alpin, toutes différentes mais impeccables, à 100 m des télécabines les plus modernes d'Europe (wifi à l'intérieur !). Une adresse douce à vivre, tenue par une Française et sa famille. Solide petit déjeuner pour partir en balade, et possibilité de demi-pension le soir en accord avec un établissement voisin (la pension, elle, ne fait pas resto).

Huberbräustüberl : *Brauweg 2. ☎ (05352) 622-21-15. En plein centre de St. Johann. Tlj 11h-22h (cuisine jusqu'à 20h45). Plats 8-20 €.* Au sommet de la tour d'une brasserie (dont on peut voir les cuves au rez-de-chaussée depuis la rue), dans une salle carrée et toute vitrée, entourée d'une terrasse, avec une vue superbe sur les montagnes du coin. Ça, c'est déjà une excellente raison de pousser jusqu'ici. Mais il y a aussi la bonne cuisine tyrolienne (porc à la bière, saucisses et l'assiette *Brauhaus* vaut son pesant d'euros !), pour accompagner les bières blondes, ambrées ou noires maison. Et en plus, les prix sont doux alors foncez-y !

Angerer Alm : *Berglehen 53, dans la montagne au sud de St. Johann. ☎ (05352) 627-46. • angereralm.at • Accès en voiture (7 km depuis St. Johann) slt pour les clients du soir (résa obligatoire). Le midi, il faut monter avec le téléphérique vers le Harschbichl, descendre à la Mittelstation Angerer Alm, puis marcher 10 mn. Doubles en ½ pens env 180 € en sem et env 200 € le w-e (plus cher en hiver). Plats env 13-25 € le midi et menus 3-5 plats 35-60 € le soir.* À 1 300 m d'altitude, Annemarie Foidl, aubergiste et sommelière diplômée, veille tout à la fois sur un gîte extra et sur l'une des meilleures caves à vins des Alpes. Les petites salles rustiques et vitrées, offrant une vue sur toute la vallée, se remplissent vite le midi d'une clientèle de tous âges et de toutes nationalités, venant se régaler de plats simples et consistants, servis souvent dans leur poêle. On peut aussi décider d'y venir le soir (résa alors obligatoire), ou d'y passer la nuit (en demi-pension). Les chambres (sans sanitaires privés) sont douillettes au possible et bourrées de charme ! Enfin, les amateurs de la dive bouteille ne sauront où donner de la tête, avec notamment des vins albanais, arméniens ou canadiens, ou encore quelques crus très rares de la 1re moitié du XXe s (et même plus anciens...). Une auberge unique au Tyrol !

LE TYROL ORIENTAL (OSTTIROL)

La vallée de la Salzach, qui appartient au pays de Salzbourg, sépare l'*Osttirol* de l'autre partie du Land, et seul le *Felbertauerntunnel* (compter 11 € en voiture) relie Lienz à Kitzbühel. 5 fois plus petit que le Tyrol septentrional duquel il dépend administrativement, le Tyrol oriental est le produit des bouleversements politiques qui ont suivi la Grande Guerre. En 1919, le Tyrol du Sud fut rattaché à l'Italie, tandis que la bourgade de Tirolo (près de Merano) – qui donnera son nom au Land – resta autrichienne.

Aujourd'hui, la région constitue un véritable sanctuaire pour les amoureux des sports de pleine nature : 2 500 km de randos pédestres balisées, 560 km

de parcours VTT, sans oublier, à Lienz, le plus grand parcours d'accrobranche d'Autriche (une tyrolienne, quoi...). Dominée par le *Grossglockner,* le point culminant du pays (3 798 m), la région compte, en outre, pas moins de 266 sommets à plus de 3 000 m. Un vrai paradis pour les alpinistes !

LIENZ

(9900) 11 875 hab. IND. TÉL. : 04852

• Plan *p. 137*

Le chef-lieu du Tyrol oriental se niche au milieu d'un grand bassin fertile. Au nord se dresse, quasiment sans transition, la barre abrupte du massif du *Felbertauern.* Au sud, les Dolomites. Les Romains appréciaient déjà la région, comme en témoignent les vestiges d'*Aguntum,* mis au jour en périphérie de la ville. Cruellement atteinte par les bombardements de la dernière guerre, Lienz n'en possède pas moins un charme discret et feutré, avec cette touche méditerranéenne qui rappelle l'Italie toute proche. C'est en aussi un centre très important de sports d'hiver (notamment de ski de fond).
Bien prononcer le « e » : « Lieunz », pour éviter la confusion avec le Linz du nord du pays, et aussi de vous faire reprendre à tout bout de champ !

Arriver – Quitter

En train

Gare ferroviaire *(plan B2)* **:** *Bahnhofsplatz. Rens : ☎ 05-17-17. • oebb.at* • Consigne.
➢ Dessert ***Salzbourg, Innsbruck, Graz, Vienne, Klagenfurt, Villach, Spittal...***
– Nombreuses destinations internationales (avec changement).

En bus

Terminal des bus *(plan B2)* **:** *à côté de la gare. Rens : ☎ 649-45.*
➢ Dessert ***Kitzbühel***, ***Zell am See, Salzbourg, Heiligenblut, Spittal, Kötschach-Mauthen, Hermagor...***

Adresse et infos utiles

Tourismusinformation Lienz *(plan B2)* **:** *Mühlgasse 11. ☎ (050) 212-400. • osttirol.com • Fin juin-début sept, lun-sam 8h-18h30 ou 19h ; dim (sauf sept) 9h30-12h. Le reste de l'année, lun-ven 8h-18h ; sam 9h-12h ; fermé dim.* Brochures gratuites sur Lienz et les Dolomites. Possibilité d'y acheter l'***Osttirol's Glockener-Dolomiten Card,*** qui donne accès à 7 télésièges, 4 piscines et 13 activités nature. *52 € pour 3 j. (26 € pour les 6-14 ans) ; 73 € pour 7 j. (37 € pour les 6-14 ans ; gratuit moins de 6 ans).*

Où dormir ? Où manger ?

Beaucoup de *Privatzimmer* (chambres chez l'habitant)

Liste à l'office de tourisme. Les randonneurs qui souhaitent s'époumoner sur les sentiers du coin sans sacrifier ni la bière ni la douche chaude opteront pour le camping.

Campings

Camping Seewiese : *Tristachersee 2.*

☎ 697-67. • campingtirol.com • Service de navette depuis la gare de Lienz ttes les heures 8h45-17h env. De mi-mai à mi-sept. Site inaccessible à partir de 22h. Compter 32-37 € pour 2 avec tente et voiture. CB refusées. Un camping tranquille lové au pied d'une montagne sur les bords d'un petit lac prisonnier d'une forêt de hauts sapins. Très bel environnement. Snack-bar. Excellent accueil.

Camping Falken : Falkenweg 7. 0664-41-07-973. • camping-falken.com • De l'autre côté de la Drau. En sortant de la gare, prendre à gauche jusqu'au pont, traverser puis suivre Amlacher Str. De mi-avr à mi-oct. 28-34 € pour 2 avec tente et voiture. 15 € pour les séjours de moins de 3 nuits ! Camping bien aménagé, à environ 10 mn de marche du centre-ville dans un quartier résidentiel. Petite épicerie et sauna (payant).

Nature & Family Camping : à Oberdrauburg. ☎ (4710) 22-10. • camping.oberdrauburg.info • À env 20 km de Lienz en direction de Spittal an der Drau (route 100). Mai-sept. 16-30 € pour 2 avec tente, voiture et accès piscine. Loin de la route et bien ombragés par des érables et des bouleaux, des emplacements sur herbe rase qui fleurent bon les vacances en famille. Petite piscine avec toboggans aquatiques. Camping très agréable, soigné et fleuri.

Prix modérés

Gästehaus Goldener Stern (plan A1, **10**) **:** Schweizergasse 40. ☎ 621-92. • goldener-stern-lienz.at • Dans la rue principale. Congés : d'oct à mi-déc. Doubles env 80-100 €, petit déj-buffet compris. Réduc à partir de 3 nuits. Parking gratuit. La façade ocre rouge est très fleurie et l'intérieur est plein de charme (voûtes, meubles anciens, parquet qui craque) ! 8 chambres dont 2 avec salle d'eau sur le palier pour les petits budgets. Joli jardinet. Une de nos meilleures adresses à Lienz pour le rapport qualité-prix.

Prix moyens

Hôtel-restaurant Goldener Fisch (plan B1, **11**) **:** Kärntner Str. 9. ☎ 621-32. • goldener-fisch.at • Ouv de mi-nov à avr. Doubles env 125-150 €, petit déj compris. Réduc à partir de 3 nuits. Resto tlj sauf lun-mar, midi et soir. Plats 10-30 €. Parking gratuit. 30 chambres modernes et confortables, dont 4 familiales. Dans la cour sur l'arrière ou dans la salle de resto plutôt moderne, des truites de la région (comme l'indique le nom de la maison) et des grillades... Gardez une petite place pour les très bons desserts. Sauna.

Kirchenwirt (hors plan par A1, **13**) **:** Pfarrgasse 7. ☎ 625-00. Tlj sauf mar-mer, midi et soir (plats chauds jusqu'à 21h). Plats 13-21 €. Belle ambiance sur la grande terrasse de ce restaurant qui offre un joli point de vue sur le centre ancien de Lienz. Les habitués s'y retrouvent avec plaisir en soirée pour partager un moment convivial et une cuisine maison, copieuse et absolument délicieuse.

Adlerstüberl (plan B2, **14**) **:** Andrä-Kranz-Gasse 7. ☎ 625-50. Tlj sauf jeu 9h30-23h30. Plats env 9-24 €. Grand choix de spécialités du ragoût de cerf au foie de veau à la tyrolienne, de la *Schnitzel* à la viennoise au potage hongrois... à déguster dans l'une des salles voûtées aux murs lambrissés ou en terrasse, avec un œil sur le va-et-vient de la rue.

Chic

Wildauers Ansitz Haidenhof (hors plan par B1, **12**) **:** Grafendorferstr. 12. ☎ 624-40. • wildauers.tirol • Sur les hauteurs de Lienz, à une dizaine de minutes à pied du centre-ville. Congés : avr et nov. Doubles à partir de 170 € (mais peut vite grimper !), petit déj compris. Réduc pour un séjour de 3 j. min. Plats 10-40 €. Dans une brasserie qui produit une excellente bière naturellement trouble, se cache un bijou d'hôtel zen et design. Un pan de mur entièrement vitré ouvre sur une terrasse : 3 pas dans le gazon et on plonge dans l'étroite et longue piscine filtrée naturellement. De la chambre au restaurant, splendide vue sur la vallée, la ville et les Dolomites, particulièrement au coucher du soleil.

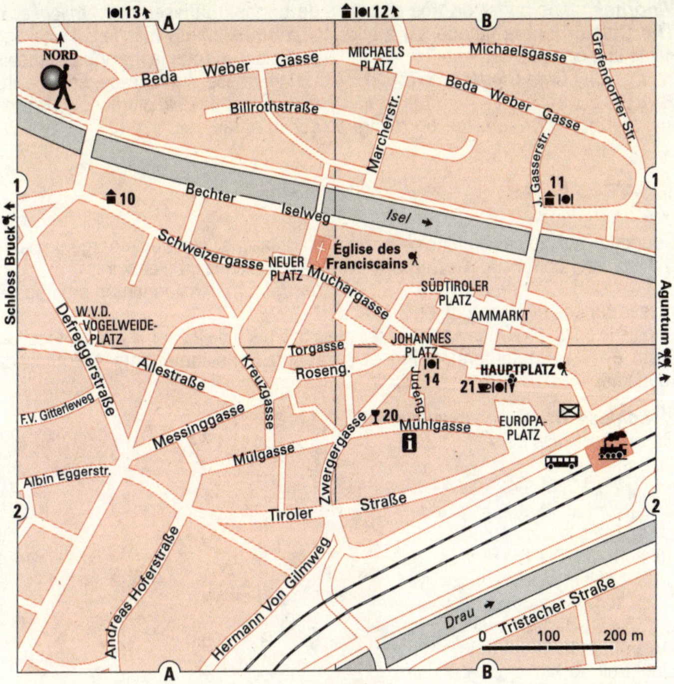

LIENZ

- **Adresse utile**
  - Tourismusinformation Lienz (B2)
- **Où dormir ? Où manger ?**
  - **10** Gästehaus Goldener Stern (A1)
  - **11** Hôtel-restaurant Goldener Fisch (B1)
  - **12** Wildauers Ansitz Haidenhof (hors plan par B1)
  - **13** Kirchenwirt (hors plan par A1)
  - **14** Adlerstüberl (B2)
- **Où déguster une pâtisserie ou une glace ? Où boire un verre ?**
  - **20** Zwergergasse (B2)
  - **21** City Cafe Glanzl (B2)

La cuisine, réalisée à base de produits locaux de saison, est raffinée et créative... à l'image de ce lieu enchanteur !

Où déguster une pâtisserie ou une glace ?

Où boire un verre ?

Celles et ceux qui recherchent une blonde ambrée opteront pour la ***Zwergergasse*** *(plan B2,* ***20****)*. Là se succède une petite dizaine d'établissements dont la plupart proposent de la musique live en fin de semaine. Parmi ceux qui nous ont séduits, citons : ***s'Stöckl, Zeitlos,***

Vinothek, sans parler du très réputé ***The Celt's,*** dont la façade est à elle seule une œuvre d'art.

City Cafe Glanzl *(plan B2,* ***21****)* ***:*** *Hauptplatz 13. ☎ 620-73. Tlj 8h-19h ; jusqu'à minuit en été.* Ici, on mange de bonnes pâtisseries *(Marillenfleck, Apfelstrudel, Nuss-röllchen...)* ainsi que des glaces, sous les grands parasols de la terrasse, sur la place. En face, il y a aussi le *Café Eck,* plutôt pour un apéritif en soirée.

À voir. À faire

Pour ceux qui ont envie d'une petite dose d'adrénaline, la région regorge de parcs d'aventures, comme le ***Kletterpark*** avec ses tyroliennes, balançoires... *(0664-121-28-99 ; • kletterpark-lienz.at •),* l'***Osttirodler,*** impressionnantes montagnes russes sur une piste de luge de 2,7 km *(☎ 63-975 ; • lienzer-bergbahnen.at •),* ou encore le *bikepark* ***Alban Lakata Trail*** avec une piste de 2,2 km traversant forêt et piste de ski. Également rafting et parapente (renseignements à l'office de tourisme).

Schloss Bruck *(château de Bruck ; hors plan par A1)* ***:*** *à 2 km du centre, en direction de Matrei par la B108 (fléché). ☎ 625-80. • museum-schlossbruck.at • Juin et sept-oct, tlj sauf lun 10h-16h ; juil-août, tlj 10h-18h. Entrée : 9 € en visite libre. Billet combiné avec le musée Aguntum : 12 €. Gratuit avec l'Osttirol's Glockener-Dolomiten Card.*
Construit au XIIIe s, puis agrandi au XVIe s, le château abrite des expositions temporaires de qualité. On commence par une partie ethnographique avec des portraits de paysans du XIXe s, souvenirs et témoignages divers (fêtes, chorales), instruments de musique, costumes typiques, gravures, manuscrits, beau livre de 1604, différents protocoles des XVIIe et XVIIIe s, coiffes paysannes très anciennes. Côté histoire, un édit de ***Maximilien Ier*** établissant Lienz capitale provinciale en 1515. La reconstitution d'une chapelle, avec fresques et tribunes de bois sur 3 côtés, est splendide (accès par l'étage supérieur). ***Admirable tenture de 34 m exécutée en 1598 racontant la vie et la passion du Christ.***
Au dernier étage, superbes portraits de paysans et de gens du peuple croqués par le peintre autrichien ***Albin Egger-Lienz*** (1868-1926).
Cafétéria avec terrasse agréable. Resto à l'intérieur assez cher.
– *À noter :* un monument du peintre Albin Egger se trouve dans la Schweizergasse.

LE MASSACRE OUBLIÉ

En mai 1945, 60 000 Cosaques, opposés à Staline, s'étaient établis au Frioul dans l'espoir d'y créer un État indépendant. Réfugiés à Lienz, ils furent entassés de force par les Anglais dans des wagons à bestiaux, destination : l'URSS. Une partie des soldats de Sa Majesté se désolidarisa de l'opération, invoquant leur mission de combattre les Allemands, et non de maltraiter des civils, fussent-ils des collaborateurs des nazis. Plus de 300 Cosaques, hommes, femmes et enfants, y laissèrent la vie. Cet épisode peu glorieux est évoqué dans le James Bond, « Golden Eye ». Eh oui !

Hauptplatz *(plan B2)* ***:*** très méditerranéenne, avec ses façades fleuries, ses palmiers, son légionnaire en bronze – clin d'œil au Manneken-Pis – et son *Rathaus* au décor d'opérette. Aux beaux jours, un grand marché à la brocante envahit la place chaque samedi.

L'église des Franciscains *(Franziskanerkloster ; plan A1)* ***:*** *Muchargasse. Entrée par le cloître.* Une seule nef romane, mais chœur gothique. Vestiges de fresques du XVe s, qui devaient sans doute recouvrir la majeure partie de la nef à l'origine. Pietà polychrome (près de la chaire) et grand christ en croix. En sortant par le cloître, disposés autour d'une courette fleurie, des panneaux retracent la vie des carmélites, ordre qui créa le couvent au XIVe s (c'est Joseph II qui, au XVIIIe s, donnera l'ensemble conventuel aux Franciscains). L'un d'entre eux représente un Turc au chevet d'un saint. Le message est assez ambigu : vient-il l'achever... ou bien se convertir ?

L'église St. Andrä : *de l'autre côté de l'Isel, au bout de la Schweizergasse.* Construite au XVe s sur les vestiges d'une église romaine, c'est désormais l'église paroissiale. Détruit par un incendie au XVIIIe s, cet édifice, gothique à l'origine, fut gentiment baroquisé. Dans le chœur, plafond abondamment stuqué et christ en gloire du XVIIIe s. Monumental retable sur colonnes de marbre rouge. Tabernacle richement décoré. À droite, fresques de 1454. Dans la crypte, belle pietà du XVe s. Statues de la Vierge en marbre rouge sculpté. En sortant, remarquez le curieux cimetière (fresques derrière chaque tombe).

La chapelle Saint-Antoine-de-Padoue *(Antoniuskirche ; plan B2)* **:** *au bout de la Hauptplatz.* Minuscule chapelle jaune édifiée vers 1660 et offerte à la communauté russe orthodoxe à la fin de la Seconde Guerre mondiale. Joli clocher à bulbe qui semble avoir du mal à porter sa trop grosse horloge. À l'intérieur, 3 petits autels baroques (rien que ça !) et de jolies voûtes gothiques.

Aguntum *(hors plan par B2)* **:** *Stribach 97, 9991* ***Dölsach.*** *☎ 61-550. • aguntum.at • En sortant de Lienz, direction Spittal par la B 100. De mai à mi-sept, tlj 9h30-16h ; de mi-sept à oct, tlj sauf dim 9h30-16h. Entrée : 7 € ; réduc ; gratuit moins de 6 ans. Billet combiné avec le Schloss Bruck : 12 €. Gratuit avec l'Osttirol's Glockener-Dolomiten Card. Audioguide.* Un parc archéologique sur un chantier de fouilles de plus de 30 000 m² et un musée qui reconstitue fidèlement la vie quotidienne d'une riche cité romaine grâce aux objets découverts sur le site : stèles funéraires, poteries, objets en bronze, pièces de monnaie... Aguntum reçut le statut de municipe au Ier s de notre ère, sous le règne de l'empereur Claude. Stratégiquement placée, la ville s'est enrichie à l'époque grâce au commerce du cuivre, du bois et des produits laitiers. Un film en réalité virtuelle, des collections, des costumes romains à enfiler le temps d'une photo, une tour d'observation à gravir pour découvrir les vestiges de la cité antique... Une visite très ludique pour une immersion dans le Tyrol romain ! On peut venir de Lienz ou de Lavant par une piste cyclable. Et pour manger ou même dormir à Dölsach :

Gasthaus Marinelli : *☎ 682-08 • gasthaus-marinelli.at •*

Festivités

– ***Olala Festival :*** *théâtre de rue, une sem fin juil. • olala.at •*

Superbes balades

Renseignez-vous à l'office de tourisme pour les randos et itinéraires balisés, leurs accès et les auberges de montagne pour les petites pauses réparatrices.

D'abord, dans le ***massif du Zettersfeld*** (à 1 820 m). Accès par le téléphérique du quartier de Grafendorf (juste à la sortie de Lienz). *En principe : fin juin-fin sept, tlj 9h-16h ; en hiver, horaires soumis aux conditions atmosphériques. 13 € pour un trajet, plusieurs forfaits disponibles selon nombre de trajets. Gratuit avec l'Osttirol's Glockener-Dolomiten Card.*

Plus simplement, promenade sympa jusqu'aux villages de **Gaimberg** (l'un des villages les plus ensoleillés d'Autriche, avec plus de 2 000 heures de soleil par an) et de ***Nussdorf,*** au pied du Zettersfeld.

Le pic du Hochstein : à l'ouest de la ville, un télésiège peut vous mener en 2 étapes au Hochstein, à 1 511 m. Départ du quartier de Schlossberg (à côté du château de Bruck).

La vallée de la Virgental : itinéraire particulièrement agréable en automne mais toujours charmant quelle que soit la saison. À 40 km de Lienz, prendre la direction de Matrei et s'enfoncer dans la vallée (indications à l'entrée du village). Plusieurs curiosités à ne pas manquer. À ***Matrei,*** l'*église Saint-Nicolas* est un joyau de l'art roman. Vieille de 800 ans, elle tire sa célébrité de ses fresques et de la disposition sur 2 étages de son chœur. La *Pfarrkirche* est une jolie église baroque au clocher roman. À l'intérieur, beaux plafonds peints et bel orgue. À ***Obermauen,*** la très vieille *église Notre-Dame* (XVe s) renferme des fresques de Simon von Taisten (un fresquiste du gothique tardif) magnifiquement conservées. L'hiver, naturellement, compter sur tous les plaisirs de la montagne : super domaine skiable à près de 2 000 m d'altitude, chalets, etc.

Le parc national des Hohe Tauern : *centre d'infos, à **Matrei,** Kirchplatz 2. ☎ (04875) 51-120 ou 51-610. • hohetauern.at • Juil-sept, tlj 10h (14h dim)-18h ; hors saison, horaires plus restreints. Brochures gratuites sur le parc ; audioguide en français 4 €.* Ce parc national est l'un des plus grands d'Europe. Il s'étend sur 3 provinces, la Carinthie, le pays de Salzbourg et le Tyrol. L'idée de sa création est née en 1971, mais sa taille et son statut actuels datent de 1991. D'une superficie de 1 786 km^2, il regroupe 304 sommets à plus de 3 000 m et 246 glaciers. Vous le traverserez pour passer dans le pays de Salzbourg, en empruntant la fameuse route du ***Grossglockner*** jusqu'à *Zell am See.*

LE PAYS DE SALZBOURG

• Carte *p. 143*

Un Land un peu à part, rattaché à l'Autriche depuis le début du XIXe s. Très longtemps principauté ecclésiastique, il présente à cet égard quelques particularismes bien à lui. Ne serait-ce que son nom, qu'il partage avec sa capitale Salzbourg, dont l'atmosphère paraît parfois plus italienne qu'autrichienne ! Par ailleurs, ce territoire de 555 000 habitants a en commun avec le Tyrol, son rival et grand voisin de l'ouest, une situation géographique et un relief semblables, une nature intacte et de fameuses stations de ski. À l'est, il partage avec la Haute-Autriche et la Styrie la merveilleuse région du Salzkammergut, parsemée de lacs et de villages bien préservés.

LE SEL DE L'HISTOIRE

Et pour cause, puisque c'est au sel que le Salzburger Land (« le pays du château de Sel ») doit sa fortune... D'abord avec les Romains qui reprennent aux Celtes la fructueuse exploitation des gisements d'halite (le sel gemme) et développent, en 15 av J.-C., *Juvavum,* qui deviendra plus tard Salzbourg.

Important municipe sous l'***empereur Claude,*** la région contrôle toutes les voies de passage est-ouest et nord-sud (par le col du Grossglockner vers la Vénétie et Rome). Après les invasions barbares et les épidémies, la région décline rapidement. Ensuite, les Bavarois puis les Francs succombent aux charmes des rives de la Salzach.

Un missionnaire franc, ***saint Rupert,*** évangélise le pays au VIIe s. Avec leur aptitude à choisir les sites les plus spectaculaires, des moines fondent l'abbaye Saint-Pierre au pied du Mönchsberg. En 774, l'évêché de Salzbourg se voit confier l'évangélisation d'une grande partie des Alpes et du bassin du Danube.

En l'an 1000, les limites du pays de Salzbourg s'étendent jusqu'à la Hongrie, et cet ensemble devient un important bastion du Saint Empire romain germanique à sa frontière sud. L'exploitation du ***sel de Hallein*** et de l'or des monts Tauern lui assurent en outre une prospérité sans pareille. La construction de la forteresse de *Hohensalzburg* débute au XIe s et l'édification de la cathédrale romane, au XIIe.

En 1328, l'empereur Rodolphe Ier de Habsbourg accorde le titre de prince aux évêques de Salzbourg. La puissance des ***princes-archevêques,*** régnant tant sur le plan spirituel que temporel, devient considérable. Ils siègent comme électeurs à la Diète d'Empire. Au faîte de leur puissance, les princes de Salzbourg peuvent alors, sans état d'âme, décider de la destruction de la cathédrale romane pour construire un édifice plus prestigieux. Débute alors la *baroquisation* à marche forcée de la ville.

Au début du XVIIe s, l'université, compte autant d'étudiants que celle de Vienne. En outre, la très habile diplomatie des princes leur permet de préserver la paix sur le territoire et de prévenir toute invasion étrangère. C'est dans ce magnifique décor baroque que naît, en 1756, ***Mozart*** (*Wolferl* pour les intimes).

En 1802, ***Napoléon,*** comme en maints endroits d'Europe, rompt le statut douillet de la principauté. L'occupation française affaiblit considérablement Salzbourg, qui rejoint naturellement l'Autriche en 1816, à la suite du congrès de Vienne. La ville tombe alors quelque peu dans l'anonymat et ne fait plus trop parler d'elle durant le XIXe s. Tant mieux pour les touristes d'aujourd'hui, qui découvrent un décor qui a échappé aux ravages de la modernité !

LA THÉORIE DES SIGNATURES

Au XVIe s, le fameux médecin Paracelse (mort à Salzbourg) théorise cette croyance médiévale. On soigne mieux un organe malade par une plante lui ressemblant : le marron contre les hémorroïdes, la noix pour le cerveau, l'écorce du saule blanc (qui pousse dans les marais, vecteurs des fièvres) contre la migraine. On a découvert plus tard que cet arbre contenait de l'acide salicylique. L'aspirine était née !

UN PEU DE GÉOGRAPHIE

Le pays de Salzbourg, ce n'est pas seulement, au nord, la ville de Mozart et le lac de *Sankt Wolfgang.* C'est aussi tout un Sud encore méconnu et accroché à ses traditions, à découvrir en suivant la ***Salzachtal,*** depuis les chutes de *Krimml* à la frontière avec le Tyrol jusqu'à Hallein, aux portes de la capitale, en passant par les vallées alpines du parc national des ***Hohe Tauern,*** l'un des derniers grands espaces naturels d'Autriche, figurant parmi les plus grandioses paysages du monde !

Quelques chiffres éloquents : plus de 10 % de la superficie du pays de Salzbourg affichent le label de parc national, et 30 % celui de zone naturelle protégée. Dans cet espace de nature exceptionnel, plus de 30 % des agriculteurs respectent les normes de l'agriculture biologique. Pour mieux protéger l'environnement en montagne, la circulation des véhicules particuliers est interdite dans la majorité des vallées latérales. Ce sont des bus de randonnée qui les remplacent, un réseau très bien organisé ayant pour but de vous amener à renoncer à votre voiture.

Des sommets du parc national des ***Hohe Tauern*** jusqu'aux douces montagnes du ***Salzkammergut,*** aucune autre province ne dispose d'autant d'alpages (1 800 sont en exploitation). Et ce sont 550 refuges de montagne qui incitent, à faire une pause autour d'une planche de lard et de jambon, de fromage et de pain de campagne arrosés de lait frais. De quoi passer la nuit et repartir du bon pied au petit matin. Hébergements à l'ancienne dans un authentique grenier à foin, ou chambre tout confort avec sauna, on en trouve pour tous les goûts !

Si vous tenez la forme, le ***chemin des alpages,*** long de 350 km, traverse la région en proposant une trentaine d'étapes parfaitement balisées. Pour toute info (en allemand ou en anglais) : • *salzburger-almenweg.at* •

Quant au ***Tauernradweg,*** l'itinéraire de randonnées cyclistes, il traverse le pays en suivant lui aussi le cours de la Salzach. Pour les vététistes, 5 000 km de chemins sont aménagés dans les forêts et les prés, s'adressant autant aux néophytes qu'aux aux descendeurs inconditionnels. Plus de 80 hôtels sont spécialisés dans l'accueil des cyclistes. Pour toute info (en allemand ou anglais) : • *rennrad-austria.at* •

Une fois l'été fini, la vie continue dans les alpages, avec la plus grande fête du pays début septembre l'***Automne paysan*** (en v.o. : *Bauernherbst*), qui voit se dérouler plus de 2 000 manifestations dans plus de 70 localités. Fêtes de la moisson, retour des troupeaux de l'estive, marchés locavores... Vous ne pourrez pas les manquer : chaque village concerné annonce la couleur, plaçant des personnages en habits d'autrefois près de la route, sous des panneaux annonçant l'événement.

Pour les plaisirs de la table, 9 routes ou circuits de saveurs composent la « ***Via Culinaria*** » qui sillonne tout le pays. Site en anglais et en allemand : • *salzburgerland.com/en/via-culinaria* •

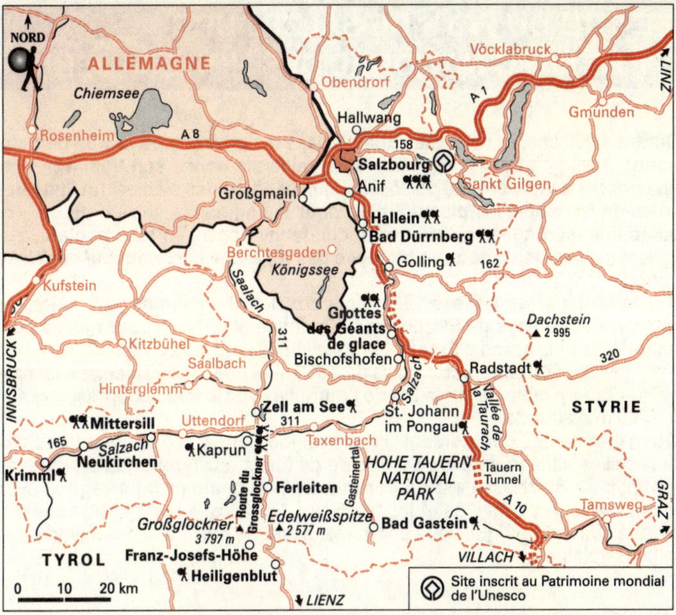

LE PAYS DE SALZBOURG

Et si vous avez l'occasion de passer Noël à la neige ce sont non seulement des kilomètres de pistes et des remontées mécaniques sécurisées qui vous attendent, mais aussi des marchés de Noël d'un autre temps, bercés par un air né il y a près de 200 ans près de Salzbourg mais qui, depuis, a fait le tour du monde : « ***Douce nuit, sainte nuit*** ». En allemand uniquement : *● salzburgerland.com/de/stille-nacht-land-salzburg ●*

À propos de douces nuits, procurez-vous la brochure annuelle d'***Autriche pro France,*** bien utile pour réserver un hôtel familial. Les établissements se situent essentiellement au Tyrol, mais une poignée se trouvent au Salzburgerland : *● autriche.com ●*

Adresse et infos utiles

i *Salzburgerland Tourismus GmbH:* *Wiener Bundesstr. 23, 5300* ***Hallwang.*** *☎ (0662) 66-88-44. ● salzburgerland.com ● Lun-ven 8h-17h30 (17h ven). Fermé w-e.* Idéal pour glaner des infos en anglais sur toute la région, en toute saison.

– La ***SalzburgerLand Card*** permet de voir beaucoup de choses et de profiter de l'entrée gratuite dans 180 musées et attractions de la région. *Carte valable dans tout le Land : 6 j. (90 €) ou 12 j. (108 €) ; ½ tarif 4-15 ans ; gratuit moins de 4 ans. Disponible à l'achat dès la mi-avril.*

– En hiver, demander la ***Super Ski Card*** *● superskicard.com ● (1 sem 965 € ; ½ tarif enfants).* L'accès à 2 750 km de pistes et 926 remontées mécaniques est inclus dans ce *pass* qui couvre aussi d'autres régions que le pays de Salzbourg.

LE SUD DU PAYS DE SALZBOURG ET LE PARC NATIONAL DES HOHE TAUERN

Durant 4 000 ans, le sel a été exploité dans les environs de la ville de Salzbourg, à tel point que cette substance minérale donna son nom à la ville, au Land, et à la rivière – la *Salsbach* – qui, pendant des siècles, fut l'une des voies de transport les plus utilisées pour le commerce lucratif de cet « or blanc des montagnes ». Une rivière qui donne accès, en la remontant, aux vallées de la plus vaste zone protégée des Alpes : le *parc national des Hohe Tauern.*
Il a fallu dans les années 1970, l'accord des 3 provinces autrichiennes concernées (le pays de Salzbourg, la Carinthie et le Tyrol) pour que ce parc national, le plus grand d'Europe centrale (1 800 km²), soit créé.
Avec plus de 300 sommets de plus de 3 000 m et près de 250 glaciers, le massif des Tauern culmine sur le toit de l'Autriche avec le fameux *Grossglockner,* à 3 798 m d'altitude.
Que vous veniez directement d'Innsbruck à l'ouest, en suivant l'une des plus belles vallées du pays ou encore de Lienz, au Tyrol oriental, l'arrivée au pays de Salzbourg est un pur moment de bonheur à partager... avec les motards, les cyclistes et les tracteurs. Quelle que soit l'option choisie, c'est à *Zell am See* que vous aboutirez, avant de partir à la découverte des vallées voisines.

LA VALLÉE DE LA SALZACH, DE KRIMML À ZELL AM SEE

C'est la route la plus prisée par les touristes pour entrer dans le pays de Salzbourg en venant du Tyrol. Sur une cinquantaine de kilomètres, cette voie (partiellement à péage) longe la rivière tout au long d'une vallée où l'on a multiplié les ralentisseurs visuels (gaffe aux radars !) pour permettre de l'admirer.

KRIMML

Dans la vallée de *Pinzgau* (à 53 km de Zell am See). En arrivant du Tyrol depuis Innsbruck, c'est le 1er contact avec le pays de Salzbourg, qu'on atteint, ensuite, en remontant la vallée de la Salzach jusqu'à Hallein. En hiver, la région offre près de 75 km de pistes de ski, 50 km de pistes de ski de fond et 35 remontées mécaniques, notamment sur les pentes du *Königsleiten* (2 315 m). • *zillertalarena.com* •
➢ Bus vers et depuis Zell am See.

Adresse utile

Office de tourisme de Krimml : *Oberkrimml 37, au centre du village.* ☎ *(06564) 723-90.* • *krimml.at* • *En juil-août, lun-ven 8h-18h, sam 8h-11h30 ; en hiver, lun-ven 8h-12h, 14h-17h.* Doc en français sur le village, les chutes et le parc national. Accueil aimable et efficace.

Où dormir ? Où manger ?

Camping

Alpencamping Aigner : *Lahn 65,* ***Wald im Pinzgau*** *(sur la route qui relie Krimml à Wald im Pinzgau). ☎ (06565) 844-60. • aignercamping.at • Ouv tte l'année. Compter 35 € pour 2 avec voiture et électricité (douches payantes, 1 € les 6 mn).* En bordure du village sur une vaste pelouse, un camping agréable de 50 emplacements. Resto sur place. Appart pour 6 pers *(min 5 nuits).*

De prix moyens à chic

Hotel Post : *Oberkrimml 18. ☎ (06564) 73-580. • hotelpost-krimml.at • Au centre du village, près de l'église. Doubles 130-160 € (jusqu'à 180 € l'hiver), plantureux petit déj inclus. Plats 12-25 €.* Cette vaste auberge familiale offre de belles chambres design donnant sur la grande terrasse commune. Sauna, yoga, solarium. Également des apparts. Au resto, une cuisine régionale traditionnelle agrémentée de tapas et de quelques plats internationaux.

À voir. À faire

Krimmler Wasserfallweg *(chutes de la Krimmler Ache) : • wasserfaelle-krimml.at • De mi-avr à fin oct, 8h-18h. Accès 5 € ; billet combiné avec accès au Wasserwelten : 10,60 €, réduc. Parking inclus. Appli gratuite* Krimml Waters. Les plus hautes chutes des Alpes ! Elles sont vraiment impressionnantes et tombent en 3 cascades d'une hauteur de 380 m. De la cascade inférieure (accès en 10-15 mn à pied depuis le parking), possibilité de monter jusqu'aux autres à 1465 m, par un chemin sinueux à travers la forêt (env 1h30 de marche) avec un final assez abrupt. Quelques points de vue arrosés et de beaux effets de lumière le matin. Elles sont surprenantes par leur débit et les embruns qu'elles projettent. C'est très touristique, bien sûr, mais bien agréable.

À l'entrée du site, possibilité de visiter le ***Wasserwelten.*** *☎ (06564) 201-113. • wasserwelten-krimml.at • Mai-oct, tlj 9h-17h. Entrée : 13,90 € (prix comprenant le parking et l'accès aux chutes), réduc.* Une attraction pour petits et grands autour du ***thème de l'eau*** et de tous ses bienfaits. Didactique et ludique tout à la fois. Si vous voulez faire des économies, prenez directement le chemin des chutes.

NEUKIRCHEN

Entre Krimml et Mittersill, un de ces villages où l'on trouve bonne table et bon gîte, comme souvent dans le parc. Charcuterie réputée avec plats à emporter au cœur de Neukirchen *(Fleischhauerei Rumpold).* Consulter le site pour se mettre en appétit : *• fleischhauerei-rumpold.at •*

Où dormir ?

Pension Sonneck : *Roßberg 108. ☎ (06565) 68-62. • pension-sonneck.at • Sur la route 165, en direction des chutes, rouler 700 m à partir de la sortie de Neukirchen, puis, à droite, suivre les panneaux sur 4,7 km. Doubles 90-115 €, petit déj inclus.* Pension familiale en haut de la vallée, l'une des dernières sur la route. Superbe panorama sur le glacier et la vallée ; d'ailleurs, la plupart des chambres disposent d'un balcon avec vue. Mobilier de bois clair et aménagement cosy. Également de petits apparts bien équipés. Nombreuses balades dans les environs. Accueil chaleureux de Maria Hofer. Repas possible dans l'auberge voisine.

MITTERSILL

Une ville de 5 400 habitants idéalement placée pour découvrir la région. Elle n'est passée que récemment du statut de village à celui de capitale du parc des Hohe Tauern, en accueillant l'un des espaces muséographiques les plus réussis du pays.

Adresse utile

i ***Nationalparkzentrum Hohe Tauern*** *(Maison du parc des Hohe Tauern)* **:** *Gerlosstr. 18. 5730. ☎ (06562) 409-39. • nationalpark.at • Traverser le bourg, c'est à 5 mn du centre, à la sortie de la ville, sur la droite (panneaux très visibles). Même bâtiment que le musée (voir ci-après). Tlj 9h-18h (8h le w-e) et 10h-17h de mi-nov à fév. Parking sur place.* Accueil attentif. Brochures sur le parc. Et une bonne sélection d'hébergements dans les hôtels, pensions et les innombrables *Privatzimmer* des environs.

À voir. À faire

Nationalparkwelten Hohe Tauern *(le Monde du parc ; musée et centre d'accueil)* **:** *Gerlosstr. 18. ☎ (06562) 409-39. • nationalpark.at • Tlj 9h-18h (17h de mi-nov à fév). Fermé 2 sem en nov. Entrée : 13 € ; réduc (notamment ½ tarif 6-14 ans). Gratuit avec la SalzburgerLand Card. Boutique et resto sur place.* Il aura fallu des années pour mener à bien la création de cet espace muséographique original construit en bois, qui fournit toutes les explications souhaitées sur le parc, sur un mode ludique et interactif. Dans le 1er espace, maquette du *Grossglockner* entourée d'écrans qui permet de se prendre pour un aigle et de survoler la région en actionnant un simple bouton. Les saisons, les animaux, la nature ; au fil des salles, on traverse le temps, de l'infiniment grand à l'infiniment petit. Les enfants se glissent dans un terrier de marmotte ou grimpent comme un bouquetin, les parents, font la sieste dans un drôle d'alpage, et la famille se retrouve pour découvrir les secrets de la forêt, apprendre qui vit dans les arbres et comment se forment les glaciers et les avalanches. Film en 3D racontant la création du monde qui vous entoure. Et surtout le *Kino 360,* superbe attraction qui emporte le visiteur, à la découverte d'un paysage émouvant, où l'homme semble ne pas avoir sa place.

ZELL AM SEE

(5700) 9 800 hab. IND. TÉL. : 06542

À l'entrée des vallées de Kaprun et de Glem, lovée au bord d'un lac au bleu profond et qui offre un panorama de montagnes aux neiges éternelles, Zell am See est une ville de carrefour. Elle occupait autrefois un lieu stratégique, pour encaisser des droits de douane sur le passage du sel d'un côté et du vin de l'autre.

Desservie pourtant par le chemin de fer dès 1875, la localité ne reçut le statut de ville qu'en 1928, et devint peu à peu une station touristique chic, été comme hiver... d'où des prix assez élevés !

Certes, on ne vient pas à *Zell am See* pour admirer l'architecture ni le patrimoine culturel. Mais les belles promenades à faire le long du lac et dans les environs permettent d'y passer un moment agréable. L'été, on peut profiter de plusieurs « plages » gratuites autour du lac (sauf en cas de terrain privé) ; et dès le mois d'octobre, les 408 km de pistes de ski (fond ou alpin) du

domaine de l'*Europa-Sportregion* font le plein. Rattachée à *Kaprun,* le village voisin, l'endroit est devenu un grand complexe de sports d'hiver et une base de loisirs très dynamique. C'est de Kaprun que l'on peut prendre la télécabine pour monter au glacier du *Kitzsteinhorn.* Dernièrement, une clientèle en provenance du Moyen-Orient s'est entichée de la région ; elle fréquente désormais assidûment les hôtels, restaurants et... bars à *chicha.*

Adresses et infos utiles

Office de tourisme : *Brucker Bundesstr. 1a. ☎ 77-00. • zellamsee-kaprun.com • (site en français). Lun-ven 8h-12h, 13h-17h ; w-e 9h-13h.* Brochures (allemand-anglais) avec les infos culturelles et sportives. Horaires des transports. Informez-vous sur la ***Zell am See – Kaprun Card,*** que l'on obtient en réservant dans un hôtel ou une pension partenaire de l'opération : cette carte offre la ***gratuité*** pour la plupart des musées et de nombreuses activités (dont certains téléphériques, bateaux...) en période estivale *(de mi-mai à mi-oct).* Également une ***Mobility Card*** *gratuite* permettant l'accès aux transports publics de la région de Pinzgau. Vous pouvez aussi télécharger gratuitement l'appli *Zell am See-Kaprun.*

Location de vélos : Fahrrad Center, *Kitzsteinhornstraße 1. ☎ 531-51. Tlj sauf dim 9h-18h (15h sam).*

Où dormir ? Où manger ?

Nombre considérable d'hôtels et de pensions : on ne compte pas moins de 18 000 lits à *Zell am See* ! Là encore, l'office de tourisme se fera un devoir de vous orienter. Les prix sont élevés, avec un pic en hiver.

Campings

Panorama Camp : *Seeuferstr. 196. ☎ 562-28. • panoramacamp.at • Au sud du lac. Fermé 3 sem en janv, nov et déc (jusqu'avant Noël). Compter 33-40 € pour 2 avec tente et voiture ; apparts 60-82 € pour 2.* Comme une oasis au milieu des montagnes, pas directement au bord du lac (la plage est à 400 m) mais très mignon, propret et calme. Propose également 2 appartements d'un bon rapport qualité-prix. Pour dîner, il faut filer sur la plage où se trouve un resto.

Auberge de jeunesse

Haus der Jugend : *Seespitzstr. 13. ☎ 571-85. • seespitz.hostel-zellamsee.at • De la gare ferroviaire, bus vers Schüttdorf et descendre à Karl-Vogt-Str. (15 mn à pied). Tte l'année. Nuitée 32-40 €/pers en dortoir de 4-6 lits, avec petit déj ; doubles à partir de 82 € (réduc si plus de 2 nuits).* Une AJ complètement rénovée et profitant de l'un des meilleurs emplacements sur le lac, avec une vue féerique. Chambres avec douches et w.-c. Baignade et location de planches à voile, ou d'embarcations à pédales. *Skatepark* et terrains de sport à proximité. Accueil très aimable.

De prix moyens à chic

Lebzelter : *Dreifaltigkeitsgasse 7. ☎ 77-60. • hotel-lebzelter.at • Tlj midi et soir. Doubles 122-180 €. Plats 12-25 €.* Proche de l'église, dans la zone piétonne, une grande *Gasthof* jaune qui occupe tout un pâté de maisons. L'hôtel existe depuis... 500 ans, et propose des chambres où le bois règne en maître, pas toujours très grandes mais propres. 2 salles à manger, l'une d'esprit alpestre et l'autre à l'ambiance pub ; les plats d'inspiration tyrolienne sont soignés, mais tout ça manque un peu de variété. Terrasse sur rue.

Pension Hubertus : *Gartenstr. 4. ☎ 724-270. • hubertus-pension.at • Juste au pied du téléphérique.*

Congés : avr-mai et oct-début déc. Doubles 135-185 €, petit déj compris. Parking. Dans un grand chalet jaune aux volets verts, avec géraniums aux balcons, une agréable pension de famille où l'on est accueilli avec beaucoup de gentillesse et en français. Gestion écologique affirmée. Très bonnes prestations : chambres confortables au style champêtre, claires et spacieuses, certaines avec balcon. Petit déj-buffet extra, à base de produits bio régionaux. Dehors, chaises longues pour les beaux jours et table de ping-pong. Grand frigo à dispo pour les clients. Location de vélos.

Hotel Grüner Baum : *Seegasse 1. ☎ 771. • gruener-baum.at • À la limite de la zone piétonne. De la gare ferroviaire, 10 mn à pied. Tte l'année. Doubles 122-252 €, petit déj inclus. Plats 15-33 €. Parking et sauna gratuits.* D'un côté de la rue, un bel hôtel aux chambres avec vue, plus chères et plus spacieuses que les autres ; et de l'autre côté, le resto *Greens,* avec une carte variée tendance gastro, aussi bien autrichienne qu'italienne, et chaque jour des spécialités plutôt créatives. Belle terrasse. Bar animé le week-end.

Steinerwirt : *Dreifaltigkeitsgasse 2. ☎ 725-02. Tlj sauf lun-mar 11h-22h. Fermé nov-début déc. Plats 11-35 €.* Installée ici depuis 1493, c'est une valeur sûre pour goûter une cuisine de tradition (canard rôti, *tafelspitz, bauernbratl* à la bière) et de saison (gibier, champignons, etc.). À l'intérieur, *stuben* rustico-chics avec parquet qui craque, mais difficile en saison de résister à la magnifique terrasse ombragée par des marronniers. Les chambres *(150-200 €)* au design immaculé sont vraiment confortables, mais un peu trop près de la route.

De chic à très chic

Grand Hotel : *Esplanade 4-6. ☎ 78-80. • grandhotel-zellamsee.at • Doubles 220-424 €. Prix cassés hors saison.* Un véritable palace de luxe, bâti entre 1894 et 1896 puis rénové en 1984. Les 2 bâtiments communiquent par le sous-sol. Raffiné du hall aux chambres, qui sont bien sûr vastes et confortables. Style assez bling-bling, prisé par la clientèle moyen-orientale. Préférer les chambres à l'opposé de la voie ferrée. Spa, sauna, piscine, casino et plage privée. Resto de cuisine internationale. Vu les prix, il est peut-être plus sage d'y prendre seulement un verre sur la magnifique terrasse...

Où déguster une pâtisserie ?

Mosshammer : *Stadtplatz 4. ☎ 726-410. Tlj 9h-22h30.* Bel éventail de pâtisseries gourmandes dans cette institution du centre-ville. Atmosphère un brin viennoise, avec lumière douce et musique discrète. Agréable terrasse sur la place, devant la fontaine. Pizzeria à l'étage.

À voir. À faire

Rathaus *(mairie)* **:** ancien château de Rosenberg (1583). Style typique de la région de Salzbourg avec ses 4 tours carrées et sa tour ronde. Rues plaisantes tout autour.

Activités d'été : avis aux sportifs, on peut skier le matin sur le glacier du *Kitzsteinhorn,* à 2 900 m, redescendre en profitant d'un panorama à couper le souffle depuis la télécabine, faire ensuite une sortie à VTT ou en kayak, et finir la journée par un *lama-trekking.* Pour les amateurs de farniente, petite bronzette sur la plage (celle du centre est payante, pas celle du lac) du *Zeller See,* avant d'embarquer pour un tour du lac ou d'aller contempler le coucher de soleil sur le ***Schmittenhöhe,*** à 2 000 m d'altitude.

Pour rappel, la ***Zell am See – Kaprun Card*** (voir plus haut « Adresses et infos utiles »), offerte avec la nuitée dans de nombreux hôtels partenaires, permet de bénéficier gratuitement de l'accès aux téléphériques (*City Express, Sonnenalmbahn, Schmittenhöhe* mais pas celui de *Kitzsteinhorn* de Kaprun), trains locaux, balades en bateau, plages... De quoi faire de belles économies ! *Infos et horaires sur les diverses activités proposées : ☎ 789-211, • schmitten.at •*

Balade en train jusqu'à Krimml : un train assure la liaison de Zell am See à Krimml. Possibilité d'aller seulement jusqu'à Mittersill, la capitale des Hohe Tauern. *Départs nombreux de la gare 6h30-19h.* Le jeudi, en plein été, la *Dampfsonderzug,* une vaillante locomotive à vapeur, reprend du service pour faire une rotation dans la journée. Un bus vous conduit ensuite aux chutes. *Départ à 9h18 et retour à Zell am See un peu avt 14h. • pinzgauerlokalbahn.at • Billet A/R pour Krimml : env 22 €, gratuit avec la* Mobility Card.

DANS LES ENVIRONS DE ZELL AM SEE

KAPRUN (5710)

Moins connue que Zell am See, cette station de montagne accueillante lui est administrativement associée. Elle s'étale au fond d'une large vallée encadrée par des sommets. Départ vers de très belles randonnées et surtout montée au glacier de *Kitzsteinhorn.*

Adresse utile

Office de tourisme : *sur le Markt. ☎ (06547) 80-80. • zellamsee-kaprun.com • Lun-ven 8h-12h, 13h-17h ; w-e 9h-13h.* Infos sur les télécabines pour grimper jusqu'au glacier et sur les randonnées.

Où dormir ?

Haus Kathrin : *Birnwiesenweg 7. 0664-370-42-71. • haus-kathrin.at • Apparts 82-195 € selon saison.* La famille Reindl, comme beaucoup d'autres par ici, propose en saison 2 appartements (pour 2 à 6 personnes) accueillants et bien équipés, dans un grand chalet avec terrasse. Accueil sympa (en anglais s'il le faut). Salle de billard.

À voir. À faire

Télécabines du glacier de Kitzsteinhorn : *à la sortie du village. • kitzsteinhorn.at • Accès tlj 8h15-16h30. Fermé mi-avr pour la révision annuelle. Compter env 52,50 € l'A/R ; réduc. Attention, non compris dans la* Zell am See – Kaprun Card. Montée jusqu'à la plateforme ***Top of Salzburg,*** perchée à 3 029 m d'altitude. Vue extraordinaire sur tout le massif des Hohe Tauern. Restaurant avec plateforme panoramique, comme il se doit ; petit centre d'informations et cinéma. Ici, on peut skier, faire de la luge ou du *snowboard* d'octobre à juin.

Le musée du Véhicule Vötter : *Schlossstr. 32. ☎ (06547) 713-40. • oldtimer-museum.at • Lun-ven 10h-18h. Fermé w-e. Entrée : 12 € ; réduc.* Près de 200 modèles d'anciens véhicules populaires des années 1950-70 (voitures, motos, scooters, trains du glacier Kitzsteinhorn...). Voir aussi le ***Kaprun Museum,*** petit musée d'histoire locale, sur la Kirchplatz *(entrée 4,50 €, gratuite dans ces 2 musées avec la* Zell am See – Kaprun Card*).*

Le barrage hydraulique de Limberg : *compter 26 € la visite avec trajet en bus compris ; réduc avec la Zell am See – Kaprun Card. De fin mai à mi-oct.* Visite guidée possible (en supplément) de ce barrage de 120 m de haut, qui offre une belle vue sur les glaciers. On peut aussi y pratiquer l'escalade.

LA ROUTE DU GROSSGLOCKNER

La route 107, la plus élevée d'Autriche, traverse le parc national des Hohe Tauern, offrant au regard de grandioses panoramas, notamment sur le *Grossglockner* (3 797 m), mais aussi le *Pasterze,* le plus grand glacier du pays. À prendre tôt le matin ou en fin d'après-midi, pour profiter du calme, puis progresser à son rythme de lacet en lacet, de parking aménagé en terrasse de café chauffée par le soleil, jusqu'à la *Hochtor,* à 2504 m, le tunnel qui est en fait la vraie porte d'entrée du pays de Salzbourg (avant, du côté de *Heiligenblut,* vous étiez encore en Carinthie, un Land dont on vous parle plus loin)... Cette route attire chaque jour de nombreux cyclistes que l'on voit peiner, le souffle court et les mollets en feu, sur les pentes raides qui se succèdent sur 48 km de long. L'idéal est de passer une nuit sur place, ou pas très loin, afin de pouvoir s'offrir le lendemain un passage dans l'autre sens, et découvrir sous une autre lumière ce massif impressionnant.

COMMENT PROFITER D'UNE ROUTE UNIQUE AU MONDE ?

Ouverte début mai-début novembre : juin-août, 5h30-21h ; mai, 6h-20h et sept-oct, 6h-19h30 (dernier passage 45 mn avt la fermeture). ☎ (06546) 650 ou (4824) 2212. • grossglockner.at • (en français). Appli à télécharger gratuitement utilisable sans connexion Internet. • grossglockner.at/gg/en/multimediaguide • Portion à péage dans sa partie la plus haute : voiture 40 €, moto 30 €, voiture électrique 32 €. Achat en ligne ou CB aux postes de péage. Valable tte une journée pour l'A/R (le lendemain, si vous ne dormez pas sur la portion payante, vous n'aurez que 14,50 € à payer pour le retour). Tarif réduit après 18h, en fin de saison ou en cas de mauvais temps. Trajet en bus : 6,30 €.

Vérifiez bien les conditions de circulation avant de vous y engager. Là-haut, il n'est pas rare qu'il tombe jusqu'à 20 m de neige sur une saison. Les travaux de déblaiement durent au moins 3 semaines. S'il fallait charger la neige dégagée dans un train de marchandises, celui-ci ferait près de 140 km de long !

Plus de 1 million de personnes empruntent chaque année la *Grossglocknerstraße,* ce qui en fait le site autrichien le plus visité après *Schönbrunn...* Elle fut construite en 5 ans seulement, de 1930 à 1935, et ce, grâce à la crise économique de l'époque, qui permit l'emploi de 3 000 chômeurs.

En haute saison, de Lienz et Zell am See, le *Glocknerbus* assure plusieurs liaisons quotidiennes jusqu'au *Franz-Josefs-Höhe* (sommet François-Joseph).

FERLEITEN

Pour ceux qui arrivent du nord, de Zell am See (voir plus haut), péage de la route du Glockner (à 1 145 m). Le matin, beaucoup plus de monde dans ce sens-là. Bureau d'info au péage.

Petit ***parc animalier alpin*** *(☎ 06546-220 ; • wildpark-ferleiten.at • ; mai-oct tlj 9h-18h (20h juil-août) ; entrée : 9,50 € ; réduc).* On peut y découvrir les animaux d'Europe centrale : lynx, loups, ours bruns, bisons, bouquetins... Enclos pas très grands, tout de même...

Berggasthof Wallackhaus : *Untertauern 20. ☎ (04824) 22-23. • wallackhaus.at • Sur la route du Glockner, après le péage direction Heiligenblut. Mai-15 oct et déc-Pâques, tlj. L'été, doubles 90-110 €, petit déj compris (moins cher si résa en direct) ; l'hiver, double env 150 €. Resto ouv le soir slt.* Dans cette grosse auberge, on a l'habitude de recevoir sans façons familles, sportifs et randonneurs de tous âges. Vues spectaculaires depuis certaines chambres (les plus chères, bien entendu). C'est propre, net et calme. Ici, on se couche et on se lève tôt, avec le soleil. En soirée, repas simples à prix corrects, mais rien n'est cuisiné sur place, choix limité donc... Terrasse couverte pour profiter du soleil et de la vue. Bar-lounge et sauna. Tout à côté des pistes en hiver.

Plus haut, l'***Alpine Naturschau*** *(mai-oct, tlj 10h-17h ; GRATUIT)* présente une expo bien faite sur la géologie, la faune et la flore (textes en français). Sentier botanique et café-snack en self-service.

EDELWEIß STRASSE

Depuis le parking du *Fuscher Törl* à 2428 m, une minuscule route pavée part à l'assaut de l'*Edelweißspitze,* point le plus haut de la route avec ses 2 571 m. Depuis la tour d'observation, panorama absolument somptueux : plus de 30 cimes dépassant les 3 000 m et près de 20 glaciers. Vraiment magique !

Edelweißhütte : *☎ (06545) 74-25. • edelweissspitze.at • Mai-oct. Résa le plus tôt possible : les chambres s'arrachent ! Doubles 104-156 €, petit déj inclus. Resto 9h-19h ; plats 10-20 €.* Ce refuge abrite une dizaine de chambres. La déco rappelle l'histoire du Grossglockner et de ses débuts touristiques : dans le resto, sur une grande photo en noir et blanc datant des années 1960, on voit le parking de l'*Edelweißspitze* rempli de Coccinelles et autres ancêtres motorisés. Cuisine de pays bien copieuse qui ne cherche pas à en mettre plein la vue, la terrasse étant là pour ça.

FUSCHER TÖRL

Au pied du *Fuscherkarkopf* (3 331 m), 1er arrêt autour du *Fuscher Lacke* (2 262 m). Un peu plus loin, la route débouche sur le grand parking de *Fuscher Törl* (2 428 m). Halte possible sur la terrasse ensoleillée du *Fuschertörl,* un snack hautement touristique. Arrivez tôt en plein été si vous comptez trouver de la place. Expo gratuite sur la construction de la route et petit mémorial. Aire de jeux pour les enfants.

LES GALÉRIENS DU GLOCKNER

Lors de la restauration de la route il y a quelques années, on a découvert de nombreux restes humains, enchaînés les uns aux autres par le cou. L'origine ? Au XVIIe s, les criminels de Salzbourg condamnés aux galères rejoignaient Venise par ce col. Une petite mise en jambe en quelque sorte...

LE TUNNEL DE LA HOCHTOR

À 2 504 m, le point culminant de la route du col, « frontière » entre le pays de Salzbourg et la Carinthie. Petite expo sur les vestiges du passage des Romains et des Celtes : monnaies, statuettes... Ces découvertes archéologiques prouvent que, dès l'âge du bronze, des hommes sont passés par le col de la *Hochtor.*

Les Celtes utilisaient l'or de la région pour fabriquer des bijoux. Du Moyen Âge au XVIIe s, ce fut l'une des principales routes commerciales entre l'Allemagne et Venise (et donc l'Orient !). Vers 1560, la production d'or dans la région aurait atteint 10 % de la production mondiale. D'anciennes entrées de mines subsistent d'ailleurs sous la *Hochtor,* aux virages des *Knappenstube.*

ROSSBACH

À 1 700 m. Sortie de la route à péage. Environ 2 km plus loin, possibilité de voir les ruines de la voie romaine sur les parois de la montagne. Pour ceux qui veulent approcher le Grossglockner, quitter la route vers ***Heilingenblut*** ; et tourner à droite pour suivre celle se dirigeant vers le glacier ***Pasterze.***

FRANZ-JOSEFS-HÖHE

À ***Schöneck,*** vue plongeante sur le village de Heilingenblut et son clocher pointu.

Wunderwelt Glocknerwiesen : dans une maison au milieu des prés, une expo botanique sur la flore de ces pairies d'alpages et leur faune d'insectes particulière. Sentier didactique de randonnée dédié.
Départ de la route du glacier menant au ***sommet François-Joseph,*** à 2 369 m. Le ***Pasterze*** est le glacier le plus vaste d'Autriche. En 1856, l'empereur effectua l'ascension en 4h, avec sa femme, l'impératrice Élisabeth (si, si, croyez-nous, c'est écrit partout). En chemin, perché sur un éperon, l'hôtel ***Glocknerhaus*** (resto) qui appartient au Club alpin autrichien. C'est un rendez-vous prisé des amateurs de rallyes autos.

Tout au bout de cette route en cul-de-sac, après avoir longé le lac turquoise résultant de la fonte du glacier en amont, vaste esplanade d'où l'on jouit d'un incroyable panorama sur le *Glockner.* Des marmottes grassouillettes viennent quémander des friandises auprès des touristes (ne leur donnez rien !).
– Parking couvert gratuit et resto en self-service *(10h-19h30),* dont les baies vitrées donnent sur le glacier. Cuisine quelconque.

De petites expos au centre d'accueil du ***Kaiser-Franz-Josefs-Höhe*** *(tlj 10h-17h ; GRATUIT),* vous attendent sur 4 étages : la 1re sur la formation des glaciers et la faune locale. La 2de sur des autos-motos avec quelques rutilants bolides. La 3e sur l'alpinisme féminin et, pour finir, une galerie d'art sur le thème de la montagne.

Observatoire Wilhelm Swarovski au-dessus de la *Kaiser-Franz-Josef-Haus* *(tlj 10h-17h ; GRATUIT).* On peut gratuitement, à l'aide d'optiques très développées, observer marmottes, rapaces et autres animaux comme si on se trouvait à quelques mètres d'eux.

En contrebas de l'esplanade, départ du ***Gletscherbahn,*** un vénérable ***funiculaire*** qui grimpait autrefois jusqu'au bord du glacier *(de mi-juin à mi-sept, tlj 10h-16h ; 14 € l'A/R).* Avec le réchauffement climatique, il faut à présent marcher ½ heure de plus pour parvenir à la langue du glacier.
Les plus courageux peuvent aussi descendre à pied par un escalier bien raide, sur la gauche, et suivre le ***Gamsgrubenweg*** (« fossé aux chamois »), un parcours d'initiation à la connaissance des glaciers, jalonné de panneaux explicatifs.
À pied encore, possibilité de continuer à monter sur la droite pour les amateurs de sensations vertigineuses. Panorama impressionnant sur le Grossglockner.

Une grande balade de 3h aller-retour mène au 1er gîte de montagne : l'***Oberwalderhütte.*** On y trouve un resto et 50 lits *(résa nécessaire au ☎ (04824) 25-46).* Au

LE PAYS DE SALZBOURG

cours de la promenade, on croise d'insolentes marmottes qui viennent solliciter votre générosité. Pour leur équilibre alimentaire, ne partagez pas votre goûter avec elles, même si elles sont vraiment craquantes et pas du tout sauvages.

HEILIGENBLUT

Un village ultra-romantique au pied du Grossglockner en allant vers Lienz (on est déjà en Carinthie). Ne pas manquer la visite de l'église du XVe s. Elle conserverait dans son tabernacle une ampoule reliquaire du Sang sacré du Christ (d'où le nom du village) dont on se demande bien, cela dit, par quel miracle elle aurait atterri ici... Superbe retable en bois polychrome du XVIe s d'un élève de *Michael Pacher* (auteur de celui de l'église de St. Wolfgang, voir plus loin dans le Salzkammergut). À gauche, retable de sainte Véronique et sur l'autel principal, 12 panneaux peints.

Adresses utiles

Office de tourisme, Haus der Steinböcke: *Hof 38. ☎ (04824) 2700-20. • heiligenblut.at • Sur la gauche en arrivant. Lun-ven 9h-17h (18h juin-sept), plus sam 14h-18h l'été slt. Fermé dim.* Petite carte gratuite de la région et vente de cartes de rando. Brochure bien faite présentant les possibilités d'hébergement aux alentours. Accueil très prévenant. Expo didactique payante *(7,50 €)* consacrée aux bouquetins *(steinböcke)* avec un superbe film animalier en introduction. Café-panorama.

Où dormir ? Où manger ?

Attention, le territoire du village est très étendu : vous risquez de faire pas mal de kilomètres (en vous acquittant parfois du péage), si vous avez réservé une auberge dans la montagne en pensant pouvoir descendre dîner en ville.

Camping

Nationalpark Camping Grossglockner : *Hadergasse 11. ☎ (04824) 20-48. • nationalpark-camping.at • Tt au fond du vallon, en contrebas du village. Ouv de mai à mi-oct et en saison de ski. Compter 21-28 € pour 2 avec tente et voiture ; douches payantes.* Installé au calme en fond de vallée, dans un environnement verdoyant splendide, entre torrent et forêt. Resto-bar à la déco vintage encombré de vieilles bécanes.

Auberge de jeunesse

Familien & Jugendgästehaus Heiligenblut : *Hof 36. ☎ (04824) 22-59. Ouv déc-15 oct. Réception tlj 8h-10h, 17h-22h. Nuitée env 26-38 €, petit déj compris ; 3,50 € en sus pour les non-membres.* Une auberge de jeunesse idéalement située, installée dans un gros bâtiment moderne avec vue imprenable sur la vallée et le Grossglockner. Un peu en retrait de la route, au calme, mais à 2 pas du centre du village. Près d'une centaine de lits, répartis dans des chambres et dortoirs spacieux de 1 à 6 personnes. Déjeuner ou dîner possible sur résa. Sauna et mur d'escalade.

De bon marché à prix moyens

Café-Restaurant Dorfstüb'm : *Hof 4. ☎ (04824) 20-19. Dans la rue centrale Tlj 8h30-minuit (cuisine 11h30-14h30, 18h-20h30). Plats 14-19 €.* Un lieu villageois et authentique, où les habitués se retrouvent avec bonheur. Cuisine essentiellement locale, mais également quelques pizzas (appelées ici « *pinsa* ») à la carte. Service enjoué.

Chalet-Hotel Senger : *Hof 23. ☎ (04824) 22-15. • romantic.at • Juste avt le village, sur la droite. Juin-sept et Noël-Pâques, tlj. L'été, doubles env 130-220 €, avec petit déj ; l'hiver, ½ pens 170-260 € pour 2.* Idéalement placé, au pied de la route du Grossglockner, une ancienne ferme de plus de 250 ans, qui donne tout son sens au mot *gemütlich.* Rustiquement meublées, à la fois confortables et chaleureuses, toutes les chambres jouissent d'un balcon et d'une vue splendide. Terrasse pour prendre le soleil. Balades en été, ski en hiver. Resto de tradition (le soir seulement). Excellent accueil, très attentionné.

Restaurant Rupertihaus : *Hof 12. ☎ (04824) 22-47. Tlj 12h30-15h, 17h-21h. Plats 10-21 €.* Une adresse qui déploie sa large terrasse avec vue sur le Grossglockner dès lors qu'un rayon de soleil pointe le bout de son nez. Carte assez classique, mais assiettes appétissantes : truite fumée des montagnes, soupes de saison, *Kartner Kasnudeln* de Carinthie avec leurs herbes fraîches...

À faire

Bergbahn Heiligenblut-Schareck : *☎ (04824) 22-88. En juil-août, tlj 9h30-16h ; en sept, jeu-sam slt (mêmes horaires) ; en hiver, tlj 9h30-16h. Billet été : 17,50 € l'aller, 23,50 € l'A/R ; sous forme de forfaits en hiver.* Ce téléphérique, dont le départ est situé au cœur du village de Heiligenblut, permet de grimper en 2 montées successives au sommet du Schareck, à 2 600 m d'altitude. Vues exceptionnelles sur le Grossglockner et les sommets alentour. Bar-snack sur place.

DE ZELL AM SEE À BAD GASTEIN

Avant de remonter la vallée de la Salzach jusqu'à Salzbourg, petit détour vers le sud, pour découvrir, après Zell am See, une autre vallée alpine célèbre pour ses eaux autant que pour ses pistes.

Kitzlochklamm (gorges de Taxenbach) : *à env 12 km à l'est de Zell am See, à la sortie du village sur la droite. • taxenbach.at • Mai-sept, tlj 8h-18h ; oct 9h-16h. Fermé le reste de l'année. Entrée : 9 € ; réduc. Parking gratuit à l'entrée.* On visite les 2 km du parcours des gorges en suivant un chemin balisé constitué d'escaliers et de passerelles suspendues surplombant, à 100 m de haut, les eaux d'une cascade grondante.

BAD GASTEIN ET LA VALLÉE DE GASTEIN

(5640) | 4700 hab. | IND. TÉL. : 06434

Aux XVe et XVIe s, on y venait déjà se baigner, dans des baquets en bois, tout en jouant aux dames et aux échecs, et en comptant sur les vertus de l'eau de source pour retrouver force et jeunesse. Après la guerre de Trente Ans, la vallée de *Gastein* resta assoupie, et ce jusqu'au XIXe s. En 1828, l'archiduc Jean d'Autriche fit bâtir la maison « Meran » et donna le coup d'envoi de l'aménagement de Bad Gastein. La ville devint à la mode, et de nombreuses personnalités comme *Franz Schubert, Richard Strauss* ou *Arthur Schopenhauer,* y firent des cures. D'autres encore, au tempérament moins artistique, comme l'empereur allemand *Guillaume Ier*, son acolyte autrichien

_François-Joseph I_er ou _Bismarck,_ y séjournèrent. Au XXe s, la construction du chemin de fer accrut les facilités d'accès à la station thermale.
De nombreux bâtiments fin XIXe-début XXe s attestent du faste de cette Belle Époque ; certains ne sont vraiment plus fringants, mais des travaux de rénovation sont en cours. Les nostalgiques déambuleront dans un décor que la tombée de la nuit rend encore plus fantasmagorique. En basse saison, la ville manque un peu d'animation mais après tout, n'est-ce pas ce calme que les curistes recherchaient ? L'hiver (la haute saison), la clientèle venue skier redonne quelques couleurs à la belle endormie.

UNE HISTOIRE D'EAU QUI VAUT DE L'OR

Gasteinertal *(vallée de Gastein)* **:** *sur la droite après Taxenbach, panneau à ne pas manquer.* • *gasteinertal.com* •
Cette vallée connue pour ses sources thermales, ses chutes d'eau et ses lacs de montagne est un ***paradis pour les randonneurs*** : 350 km de chemins balisés de tous niveaux, jalonnés d'une quarantaine de refuges authentiques.

RADIOACTIVITÉ CURATIVE ?

En 1951, des chercheurs d'or partis à l'assaut des montagnes du coin se trouvèrent mystérieusement débarrassés de leurs douleurs, fatigues articulaires et asthme. En fait, les propriétés radioactives de l'eau de source de Bad Gastein la rendent curative. Ce n'est donc pas l'or (on en a très peu découvert), mais bien le radon, un gaz rare, qui a fait la fortune de la ville. Radioactivité à contrôler quand même !

– À l'entrée de la vallée, ***Dorfgastein,*** village au romantisme montagnard inaltéré avec ses alpages propices aux nombreux départs de randonnées (sentier des contes et légendes, etc.) et doté d'un domaine skiable de 80 km de pistes.
Hôtels de style campagnard comme le *Römerhof,* idéal pour se ressourcer. Pour toute info : • *roemerhof.com* •

– À mi-chemin de la vallée, ***Bad Hofgarstein*** s'est développé au fur et à mesure du déclin de Bad Gastein, et propose un choix hôtelier important, un parc thermal et une piscine moderne. C'est aussi en hiver la station la plus indiquée pour pratiquer le ski de fond avec 70 km de pistes.

La renommée de ***Bad Gastein*** provient avant tout d'études sur les vertus des sources thermales. On s'est aperçu que l'eau chaude jaillie des montagnes (5 millions de litres par jour) est en fait de l'eau de pluie tombée il y a... 3 000 ans ! Elle s'est infiltrée peu à peu, jusqu'à 2 000 m de profondeur. Cette eau riche en uranium et en minéraux, enfouie à de grandes profondeurs, doit ses propriétés au ***radon***, un gaz rare, provenant de la décomposition continue du radium contenu dans la pierre. Elle est entre autres censée stimuler la régénération des cellules et le système immunitaire...
Aujourd'hui, on vient à Bad Gastein pour soigner rhumatismes, arthrose, problèmes cardiaques, mais aussi pour profiter du bon air et faire du ski.

Arriver – Quitter

➢ ***En voiture :*** depuis Zell am See, il suffit de ne pas manquer le virage à droite, à Bruck. Sinon, par la Tauern-Autobahn A10, sortie Bischofshofen en venant du nord ; sortie Villach/Mallnitz en venant du sud.

➢ ***En train :*** presque ttes les heures depuis ***Salzbourg*** (1h30), direct ou avec correspondance en bus à Bad Hofgastein ou Schwarzach. Également 1 train/h depuis ***Zell am See*** (1h30) avec changement à Schwarzach. Sinon, trains longue distance pour ***Vienne*** (via Salzbourg ou Villach), ***Munich, Zurich*** (via Salzbourg ou Schwarzach) et ***Zagreb*** (via Schwarzach). Au bout de la vallée, le Tauern tunnel ferroviaire (8,5 km de long) permet de franchir les Alpes vers le sud en embarquant les voitures sur des plateformes

Adresses utiles

🛈 ***Office de tourisme :*** *Kaiser Franz Josef-Str. 27. ☎ (6432) 33-93-560. • gastein.com • skigastein.com • À l'entrée de la ville. Mar-ven 8h-18h ; sam 9h-12h. Fermé dim-lun. Prendre la carte de la vallée.* Bonnes infos sur les locations, thermes, remontées mécaniques, randos à pied ou à vélo, les forfaits de ski, etc. Téléchargement de l'appli *Bike Guide* avec tous les circuits VTT et du tour audio-guidé de la station. Très bon accueil.

La ***Gastein Card*** délivrée par votre hébergement permet de bénéficier de pas mal de gratuités, et donne droit à des réductions sur les transports et les activités. Son équivalent hivernal donne en plus l'accès à la patinoire, au prêt de luges, et encadre des sorties à ski.

🛈 ***Office de tourisme Gasteinertal:*** *Gasteiner Bundesstr. 367 à **Bad Hofgastein** ; ☎ (6432) 33-93-290. Tlj sauf w-e 8h-17h.* Mêmes prestations que la précédente.

Où dormir ? Où manger ? Où boire un verre dans la Gasteinertal ?

Camping

▲ ☗ ***Kurcamping Erlengrund :*** *Erlengrundstr. 6. ☎ 302-05. • kurcamping-gastein.at • Accès par le bus 555. Avt d'arriver à Bad Gastein, prendre sur la gauche direction Badbruck. Tte l'année. Réception 8h-10h30, 16h-17h30. Compter en hte saison 33 € pour 2 avec tente et voiture ; apparts 66-77 € pour 2 pers en été.* Larges emplacements bien ombragés et situation plutôt agréable, malgré la présence d'une importante route juste derrière. Resto sauna et piscine, même l'hiver, d'ailleurs les équipements sanitaires sont adaptés pour cette saison !

Bon marché

☗ ***Jugendherberge** (AJ) :* *Ederplatz 2. ☎ 20-80. • hostel-badgastein.at • À 1 km au sud de la gare. Tte l'année ; réception 8h-11h, 16h-21h. Nuitée à partir de 27 €/pers en été ; 33 € en hiver ; petit déj inclus. Parking gratuit.* Au total, 180 lits sont disponibles dans cette AJ un peu austère située non loin du centre. Salle de jeux, d'un salon TV et même d'un sauna ! Toutes les chambres de 2 à 4 pers ont une salle de bains attenante. Dans les doubles, TV et serviettes incluses. Accueil adorable.

☗ 🍽 ***Euro Youth Hotel Krone :*** *Bahnhofplatz 8. ☎ 23-30. • euro-youth-hotel.at • À 200 m de la gare. De mi-mai à fin sept et déc-début avr. Lits 29-31 € ; doubles 88-136 € et apparts à la semaine pour 5 pers 113-300 € ; petit déj inclus. Parking.* Ça ressemble plus à un véritable hôtel qu'à une AJ, et pourtant on y trouve des lits pas chers en dortoirs (3-4 lits pour les plus petits, 22 lits pour le plus grand). L'été, il y a toujours des disponibilités, mais dur dur de dégoter une place en hiver ! Les dortoirs récents et les chambres sont équipés de salles de bains, parfois d'un balcon. Déco très standard, mais bonnes prestations. Bar, resto et BBQ sur place. Organise des sorties rafting, VTT, parapente et canyoning. Randos raquettes en hiver.

🍸 🍽 ⛱ ♩ ***Hexenhäusl :*** *Mozartplatz 11. 📱 0664-40-39-676. En bordure du rond-point d'entrée de la ville, face à l'office de tourisme. Mer-sam 17h-2h (jeu 11h-22h30). Fermé dim-mar. Plats 10-12 €.* Petit chalet en bois entouré de sapins qui sert quelques plats, mais c'est surtout un bar. Déco rustique avec panoplies montagnardes, four traditionnel en faïence, statue de chasseur fumant la pipe d'une main et tenant un fusil de l'autre... Terrasse à l'arrière, surplombant la ville basse. Juste à côté, le ***Hexenstube,*** petit resto tenu par le même proprio, ouvre uniquement en journée et permet de grignoter. Live music mercredi.

Betty's Bistro : *Kaiser-Franz-Josef-Str. 17. 0650-627-26-27. Tlj sauf dim-lun 18h-23h. Petite restauration 10-16 €.* Un petit bijou d'adresse à l'atmosphère chaleureuse dans un décor de mosaïques. Idéal pour partager, à l'intérieur ou en terrasse, quelques tapas, déguster un délicieux sandwich garni, une généreuse salade asiatique ou se régaler d'une tarte flambée.

De prix moyens à très chic

Alpenblick : *Kötschachtaler Str. 17. ☎ 20-620. • alpenblick-gastein.at • À env 1 km du centre, de l'autre côté de la cascade en montant sur les hauteurs (c'est fléché). Doubles 126-170 € en été, 138-240 € en hiver ; ½ pens possible. Parking.* Un hôtel accroché à flanc de montagne, avec la vallée entière à ses pieds. Rien à redire sur le confort des chambres à la déco lumineuse. Bonne nouvelle, la plupart donnent sur la ville et la vallée (les plus chères avec balcon). Mais le vrai plus, c'est la jolie petite piscine et le paisible jardin agrémenté de bassins d'eau chaude ou froide pour se délasser. Sauna, soins thermaux et tout le toutim. Accueil d'une extrême gentillesse et détente assurée.

Villa Solitude : *Kaiser-Franz-Josef-Str. 16. ☎ 51-01. • villasolitude.com • Doubles 80-200 €. Petit déj en plus. Resto ouv tlj, midi et soir sauf lun et de mi-oct à mi-déc. Plats 18-30 €.* Ancienne résidence aristocratique de la Belle Époque, cette jolie maison jaune vif met une touche de couleur dans le paysage, et de la vie sur cette voie autrefois royale. Charmantes chambres cossues avec boiseries et salles de bains délicatement carrelées, un peu nostalgiques de la grande époque de Bad Gastein. Au restaurant *Lutter & Wegner,* cuisine créative à déguster dans un élégant décor de brasserie ou sur la terrasse avec une vue spectaculaire sur la vallée.

Jägerhäusl : *Kaiser-Franz-Josef-Str. 9. ☎ 20-254. Tlj sauf jeu 16h-22h (12h le w-e). Plats 10-35 €.* Sur la place centrale de Bad Gastein, un établissement qui conjugue *wirtshaus* traditionnelle et pizzeria. Jolies salles aux tonalités vert et doré, qui se prolongent sur la grande terrasse. À la carte, une brassée de classiques autrichiens, des pizzas au feu de bois bien croustillantes, ainsi que de copieuses salades. Pour trinquer, vins autrichiens ou italiens, histoire de ne pas faire de jaloux. Concerts de musique tyrolienne de temps en temps.

Où boire un café ? Où faire une pause ?

Kraftwerk : *Wasserfallstr. 7. 0664-19-70-200. En saison, tlj sauf mar 11h-18h.* Dans une ancienne centrale électrique offrant de beaux volumes au milieu des turbines, un café au décor design flashy, qui a planté sa terrasse face à la cascade de Bad Gastein. Vue époustouflante ! Le midi, on peut grignoter salades ou *Flammekueche* ; l'après-midi, on s'y accorde une agréable pause *Kaffee-Kuchen* ou une bière fraîche.

À voir. À faire

À environ 1 000 m d'altitude, la station thermale et de sports d'hiver de Bad Gastein se blottit en cul-de-sac à l'entrée de gorges alimentées par une succession de ***cascades*** qui dévalent sur 341 m, jusqu'au centre de la bourgade. Les maisons s'accrochent aux pentes abruptes, desservies par des rues en spirale qui serpentent à travers la ville, en montant et en descendant dans tous les sens : les trekkeurs urbains auront fort à faire mais peu à visiter : le centre ancien constitué d'anciens hôtels Belle Époque, étant toujours en rénovation.

C'est désormais ***Bad Hofgastein,*** dotée d'infrastructures modernes à 7 km en amont, qui draine la plus grosse partie des estivants et les villégiateurs hivernaux.

Le délicieux ***Gasteiner Museum*** *(jeu 14h30-18h ; 7 €),* avec ses gravures *du temps de Sissi* et ses affiches 1900, a dû se réfugier dans un coin du *Grand Hôtel,* emportant avec lui ses souvenirs d'un temps que les moins de 100 ans ne peuvent pas connaître.

Nikolauskirche : *Bismarkstrasse sur le versant opposé au centre (lun 8h-19h slt).* Église Saint-Nicolas du XVᵉ s. Fresques du gothique flamboyant des XVᵉ et XVIᵉ s bien conservées, chaire de pierre (la plus ancienne de la région de Salzbourg) et autel baroque. Derrière l'église, un cimetière avec des tombes de soldats autrichiens morts pendant la Seconde Guerre mondiale, et statue de Paracelse, l'alchimiste-philosophe de la Renaissance.

Flying Waters : *au départ de la* Villa Solitude *(voir plus haut). Kaiser-Franz-Josef-Str. 16. Horaires (sauf mauvais temps) : mai et sept jeu-dim 11h-14h, 15h-18h ; juin mer-dim et juil-août plus à certaines périodes en hiver, tlj sauf dim. Tarif : 20 € ; réduc.* Spectaculaire **descente de 300 m en tyrolienne** par-dessus le cours de la cascade depuis la villa jusqu'au parc thermal en contrebas. Les enfants doivent peser 30 kilos minimum.

Stubnerkogel : *Stubnerkogelstr. 23. ● skigastein.com ● Gare de départ en face des thermes. Horaires : en été, tlj 8h30-16h30, dernière descente à 16h ; en hiver (de déc à mi-avr) tlj 8h30-16h, dernière descente à 15h45. Tarifs : en été, compter 34 € l'A/R (27 € après 13h) ; en hiver forfait valable sur ttes les remontées de la vallée 68,50 €/j ; réduc.*
La télécabine orange pétard vous hisse à 2 251 m en quelques minutes. Là-haut, un spectaculaire pont suspendu de 140 m de long offre une vue extra sur les sommets de la région, avec le Grossglockner en majesté. La plateforme d'observation du *Glocknerblick* finira de donner des sueurs froides aux lecteurs sujets au vertige.

Felsentherme : *Bahnhofpl. 5. ☎ 22-230. ● felsentherme.com ● Tlj 9h-21h. Billet 3h : 27 € ; billet journée : 31,50 € ; réduc.* Les thermes de la ville se sont refaits une jeunesse ! Accordez-vous un moment de détente dans les différents bassins intérieurs et extérieurs avec chute d'eau, aqua-massage ou jacuzzi, le tout dans une eau radioactive riche en bienfaits (voir encadré). Splendides vues sur les montagnes et grand sauna (interdit aux moins de 16 ans).

ALPAGES ET VALLÉES AU SUD-EST DE SALZBOURG

Quelle que soit la façon de redescendre des montagnes, il faut retrouver la vallée de la Salzach, quelque peu encombrée par la circulation des camions en semaine. Jolie route parallèle à la rivière et à la voie de chemin de fer, jusqu'à *Bischofshofen,* d'où on peut retrouver l'autoroute A1 pour rejoindre Salzbourg.

DU PONGAU AU TENNENGAU, PAR LES CHEMINS DE TRAVERSE

Les chemins d'alpage du pays de Pongau : à partir de **Sankt-Johann im Pongau,** 120 alpages au long de 350 km de longues balades à travers la micro-région montagneuse de Pongau, au sud-est du pays de Salzbourg. Une autre façon de rejoindre l'entrée de la *Gasteintal* à Lend, depuis *Bad Gastein* (voir plus haut), ou de remonter jusqu'à Bishofshofen et de là, bifurquer au sud-est pour parcourir la ***vallée de la Taurach***. Des sentiers qui sont tous, ou presque, entre 1 000 et 2 000 m, et des centaines de gîtes, pour goûter aussi bien le lait frais et le fromage maison, que le pain, le lard et l'eau-de-vie du cru. Pour en savoir plus : *• salzburger-almenweg.at •*

Le pays de Radstadt, une autre région pleine de charme ; quitter la vallée de la Salzach à Bishofshofen pour rejoindre, plus à l'est, la microrégion entourant la cité médiévale de ***Radstadt*** (5 000 habitants). Petite balade sur les remparts avant d'aller randonner ou faire du vélo ou, en hiver, profiter des pistes du domaine skiable ***Amadé,*** un des plus étendus du pays.

Zum Jungen Römer : *Römerstr. 18, 5550* ***Radstadt.*** *☎ (6452) 67-12. • roemer.at • Doubles en ½ pens 224-256 € en été, 256-278 € en hiver (tarif dégressif pour séjours plus longs.* Grande maison où sportifs et moins sportifs se rencontrent, au resto ou autour de la piscine intérieure. Chambres zen, spacieuses et confortables. Salle de fitness. Ici, on s'efforce de parler le français, à l'accueil et même au resto. Normal, c'est un membre d'*Autriche pro France.*

Bürgerbergalm : *Bürgerbergweg 4. ☎ (0664) 592-74-40. Sur les hauteurs après 3-4 km de lacet. Ouvert tte l'année sauf lun 10h30-20h. Plats 8-21 €.* La grimpette vaut la peine jusqu'à ce chaleureux chalet-refuge ! Un fantastique emplacement panoramique en terrasse surplombant Radstadt, pour déguster la savoureuse cuisine locale bien roborative. Dans la salle, trône un gros poêle en faïence. On a bien aimé le *Blunzelgröstl mit sauerkraut* servi dans un poêlon. Jeux pour enfants à côté de la terrasse ensoleillée.

En remontant vers Salzbourg, arrêt pour admirer la ***forteresse Hohenwerfen,*** qui domine la vallée depuis le XIe s. Durant longtemps, ce fut une résidence des princes-évêques, utilisée comme pavillon de chasse, puis une prison. Aujourd'hui, elle a été réhabilitée et se visite accompagné d'un guide (50 mn). *☎ (6468) 76-03. • burg-hohenwerfen.at • Mai-sept, tlj 9h-17h (18h de mi-juil à mi-août) ; avr et oct-nov, tlj sauf lun 9h30-16h. Entrée : 16,90 € avec funiculaire 12,90 € sans (moins cher en ligne). Réduc avec la Salzburg Card. Audioguide. Pour monter à pied, compter env 20 mn.* Démonstrations de fauconnerie en vol suivant la météo *(tlj à 11h15 et 15h15 ; 11h, 14h15 et 16h30 de mi-juil à mi-août).*

Les grottes des Géants de glace (Eisriesenwelt) : *au-dessus de* ***Werfen,*** *dans le massif de Tennen. ☎ (6468) 52-48. • eisriesenwelt.at • Mai-oct, tlj 8h30-15h (15h30 juil-août). Grotte + téléphérique : 39 € ; réduc (moins cher en ligne). Site très fréquenté, arriver tôt et compter une demi-journée de visite.* Les plus vastes grottes glacières au monde, découvertes en 1879 (42 km ont été explorés). Accessibles par une route de montagne de 5 km (20 mn), bien fléchée depuis la vallée, puis par un parcours vertigineux en téléphérique, et ensuite 20 mn de marche. Dans la grotte, 700 marches à gravir et à descendre, pour atteindre des salles spectaculaires et finir par un tunnel de glace de 70 m de long. Il vaut mieux ne pas souffrir de problèmes de locomotion ; de bonnes chaussures et un pull sont indispensables.

La route de la vallée de la Salzachn traverse ensuite une autre microrégion du pays de Salzbourg, le *Tennengau* aux villages d'allure bavaroise. ***Chutes d'eau romantiques*** à 3 km **de Golling** *(mai-oct tlj 9h-19h ; 5 €, réduc),* pour un bref arrêt, avant d'arriver à Hallein.

HALLEIN *(5400)*

Située à 16 km au sud de Salzbourg, une petite cité qui a fait la fortune des princes-archevêques, grâce à l'exploitation de ses mines de sel dès le XIIe s (et connues bien avant puisque *hall* signifie « sel » en celte). Ville-étape à ne pas manquer pour les fans de la civilisation celtique. Festival culturel (théâtre, danse, musique...) durant la 2de quinzaine de juin. Hallein a fêté en 2018 les 200 ans de la composition de la chanson qui fait sa gloire depuis cette époque : « Douce nuit, sainte nuit... ».

Arriver – Quitter

➢ ***De/vers Salzbourg : en train*** ou ***en bus.*** Liaisons régulières et fréquentes.

Adresse utile

Office de tourisme : *Mauttorpromenade 6. ☎ (6245) 85-394. ● hallein.com ● Lun-ven 8h30-17h. Fermé w-e.* Réservation gratuite d'hôtels, pensions ou chambres chez l'habitant.

Où dormir ? Où manger à Hallein et dans les environs ?

Pension Sommerauer : *Tschusistr. 71. ☎ (6245) 800-30. ● pension-hallein.at ● ♿ À env 5 mn du centre à vélo et 15 mn à pied. Doubles 94-120 €, petit déj inclus. Réduc si on reste plusieurs nuits.* Légèrement à l'écart du village, 2 maisons confortables qui proposent une vingtaine de chambres, toutes avec salle de bains. Également 3 apparts pouvant accueillir jusqu'à 5 pers. Grand jardin et jolie piscine chauffée semi-couverte. On entend un peu la rumeur de l'autoroute au loin, mais rien de bien méchant. Accueil courtois au possible et en français.

Gasthaus Hager : *Salzachtal Str. 10. ☎ (6245) 70-592. Tlj sauf sam 10h-21h30 (9h30-15h dim). Plats 15-19 €.* Une auberge située de l'autre côté de la rivière, sur la route qui traverse le village. Un rendez-vous prisé des familles de la région, surtout le week-end. Cuisine aussi traditionnelle que généreuse : goûtez donc au *goulash* bio, bien parfumé ! *Biergarten* pour la belle saison.

Die Genusskrämerei : *Gollinger Torgasse 1. 📱 0664-750-322-36. Tlj sauf dim-lun 17h (11h30 sam)-23h.* Un café-bistrot rafraîchissant avec ses vieux comptoirs et ses étagères encombrées de bouteilles. Idéal pour une pause ou grignoter un plat du jour ou des tapas en sortant du musée celte. Bien aussi pour l'apéro, le choix de vins étant pléthorique ! Brunch le samedi.

Hotel-Apartment-Camping Auwirt : *Salzburger Str. 42. ☎ (6245) 804-17. ● auwirt.com ● À 3 km, en direction de Salzburg. Doubles 88-165 €, petit déj inclus ; camping 33-37 € pour 2 avec tente.* Très agréable auberge, qui propose plusieurs solutions d'hébergement : une partie camping sur des carrés de gazon proches de la rivière, des chambres doubles colorées confortables et des studios ou appartements modernes en bois clair, avec cuisine et salon. Mention spéciale pour l'accueil, vraiment chaleureux.

Où déguster une pâtisserie ?

Braun : *Unterer Markt 8. Tlj sauf dim-lun 8h-18h (17h sam).* La meilleure pâtisserie d'Hallein, avec terrasse sur la rue piétonne. Si vous n'avez pas encore eu votre compte d'*Obstkuchen* ou autres parts de tartes alléchantes.

À voir. À faire

LE PETIT JÉSUS, ROCK STAR !

On connaît à ce jour près de 300 traductions de « Douce nuit, sainte nuit » (en v.f.), chant de Noël interprété pour la 1re fois le soir de Noël 1818 lors de la messe de minuit à Oberndorf, village au nord de Salzbourg.

La vieille ville : en partie piétonne sur l'Unterer Markt, dans la *Thunstraße,* sur la *Schöndorferplatz* et dans les ruelles alentour. Hallein a été victime d'un terrible incendie en 1943, mais un gros travail de reconstruction et de réhabilitation a tenté de lui redonner son visage d'antan. De la période médiévale subsistent encore quelques demeures ventrues aux larges porches ou avec arcades. Nombreuses façades de style rococo également.

En face de l'église, ***maison du compositeur Franz-Xaver Gruber*** (1787-1863) qui y vécut pendant 35 ans jusqu'à sa mort. Elle abrite un petit musée présentant quelques effets personnels et des instruments de musique *(tlj 9h-17h : 5 €).* Sa tombe se trouve juste devant. *Stille Nacht, Heilige Nacht (Douce nuit, sainte nuit)* a été son plus grand « tube ». L'auteur de ces paroles réconfortantes, ***Joseph Mohr,*** avait remis le texte à Gruber la veille de Noël, et celui-ci écrivit aussitôt une musique adaptée pour 2 voix en solo et chœur.

Keltenmuseum *(musée des Celtes)* **:** *Pflegerplatz 5, le long de la rivière. ☎ (06245) 807-83. • keltenmuseum.at • Tlj 9h-17h. Entrée : 8 € ; réduc. Réduc avec la* Salzburg Card. *Livret d'explications en français dispo à l'accueil.*

Installé dans l'ancien bâtiment administratif des mines de sel (qui fonctionnèrent pendant près de 3 siècles avant de fermer en 1989), un musée moderne et lumineux qui justifie à lui seul le voyage à Hallein.

Les Celtes de la région, 600 ans av. J.-C., avaient déjà découvert ***l'or blanc,*** le sel, moyen d'échange très important qui fit leur fortune. Il suffit d'observer la richesse des découvertes archéologiques réalisées dans les quelque 380 tombes mises au jour : bijoux, armes, casques coniques, pièces votives en or, etc. Au 1er étage, une ***tombe en bois*** unique du Ve s av. J.-C. (d'ordinaire, elles étaient en pierre).

On découvre ensuite le mode de vie des Celtes de la région de *Bad Dürrnberg,* à commencer par l'exploitation des fameuses mines ; plans, maquettes, outils, tout sur le processus d'extraction... C'est là qu'on trouve les plus belles pièces du musée, notamment la ***Schnabelkanne,*** une cruche à bec de 50 cm dont le design trahit de nettes influences étrusques : magnifique travail que ces petits animaux mystérieusement mêlés à des visages humains. Plusieurs vitrines passionnantes sur l'habillement, l'armement, les mythes celtes, leur alimentation, leurs costumes et aussi leur savoir médical...

Au 2e étage, on présente l'histoire du bâtiment et on retrace les grandes heures du commerce du sel à travers les âges et la navigation sur la Salzbach. On peut aussi, à la sortie d'une galerie, essayer un petit toboggan de mineur ! De belles salles d'apparat, préservées dans leur état d'origine, accueillent une superbe série de 74 tableaux intitulée le *Cycle du sel,* peints en 1757. Précision et réalisme des scènes tout à fait remarquables. Espaces ludiques pour les enfants.

BAD DÜRRNBERG (5422)

Petite station thermale et de sports d'hiver, située à 3 km au-dessus de Hallein.
– Pour plus d'infos : • *duerrnberg.at* •

À voir

La mine de sel (Salzwelten) : *Salzbergstr. 21. À 5 km d'Hallein. ☎ (06132) 200-24-00. • salzwelten.at • Avr-début nov, tlj 9h-17h ; le reste de l'année, tlj 10h-15h. Fermé début janv-début fév. Entrée chère : 32 € ; réduc (notamment pour les familles). Résa en ligne. Durée : env 1h. Appli de visite gratuite, sinon audioguide en français avec caution.* ***Attention,*** *les enfants de moins de 4 ans ne sont pas admis, et accès un peu difficile pour ceux qui ont des problèmes de mobilité.*
Des 4 ou 5 mines de sel qui se visitent dans toute la région, c'est sans doute la plus complète. Après avoir enfilé une combinaison, on accède à la mine par un curieux petit train. Attention, il fait frisquet (environ 7-10 °C), un pull ne sera pas superflu. Audioguide en français pour suivre l'histoire de l'exploitation du sel, cruciale pour l'économie du pays de Salzbourg. Après plus de 3 000 ans d'activité, la mine a récemment été fermée pour raison de rentabilité.
Rouverte plusieurs fois au VIIe s, puis au XIIe s, la mine contribua largement à la prospérité d'un évêché en pleine expansion. Les revenus du commerce du sel furent également utilisés pour la protection de la ville et du Land. Le belliqueux ***Leonhard von Keutschach*** (1495-1519) utilisa cet argent pour faire de la forteresse *Hohensalzburg* un vrai bastion. Un de ses successeurs, *Wolf Dietrich von Raitenau* (1587-1612), profita d'une hausse record des revenus de la mine pour construire nombre d'églises baroques, châteaux, places et fontaines. Il y fit également percer beaucoup de nouvelles galeries. Mais il ne réussit pas à sortir victorieux de la « guerre du sel » qui l'opposa au duc de Bavière, et finit sa vie à la forteresse.
Explications sur la mine (panneaux en français), show multimédia, balade à pied à travers les galeries (on passe même sous la frontière allemande), descente de quelques petits toboggans de bois qui amuseront les enfants, présentation de vieux instruments et d'objets celtes et romains découverts sur place, mini balade sur le lac souterrain en radeau (une barge à fond plat, en fait)... C'est ici qu'en 1573 et en 1616, on trouva 2 hommes de l'époque celtique conservés dans le sel.

Keltendorf Salina *(le village celte)* : *au-dessus de la mine de sel, tt près de l'église. De début mai à mi-oct, tlj 9h-17h. Entrée comprise dans le billet de la mine.* Reconstitution d'un village celte à l'emplacement exact de la zone d'habitation de l'époque. Tumulus d'un prince avec les objets qui l'entouraient. Murs en bille de bois et couverts de roseaux. Bon, il n'y a que 6-7 maisons, mais la reconstitution dans un cadre verdoyant est réussie.

SALZBOURG ET SES ENVIRONS

SALZBOURG

(5020) 151 400 hab. IND. TÉL. : 0662

• Plan *p. 164-165*

C'est du haut du Mönchsberg ou de la forteresse de *Hohensalzburg* que la ville apparaît dans toute sa splendeur. Son indéfinissable charme émane d'une forêt de clochers baroques dans un écrin d'une naturelle élégance toute italienne. Spectacle garanti à toute heure, mais c'est tôt le matin ou au coucher du soleil, quand Salzbourg se pare d'une douce lumière, que la séduction opère totalement. Laissez-vous aller, il n'y a nul sentimentalisme désuet là-dedans : les écrivains *Stefan Zweig* et *Hugo von Hofmannsthal* ont craqué avant vous...

4e ville du pays, inscrite au Patrimoine mondial de l'Unesco, Salzbourg est avant tout une cité de culture : son cœur bat au rythme des festivals de musique classique qui se succèdent tout au long de l'année, et sa programmation culturelle se révèle d'une richesse hors du commun. L'esprit de Mozart imprègne chaque ruelle et passage de la vieille ville. Il faut dire que l'image de Wolfgang est surexploitée et accommodée à toutes les sauces…

Peu de villes peuvent se targuer d'avoir donné naissance à l'un des plus grands génies de l'histoire de la musique, sans oublier Herbert von Karajan, l'un des plus grands chefs d'orchestre du XXe s, né lui aussi à Salzbourg. Un génie plus controversé, celui-là, quoique… L'autre fierté de la ville, c'est bien sûr, d'avoir servi de décor à la comédie musicale multi-oscarisée *La Mélodie du bonheur (The Sound of Music)*, tournée ici même en 1965 avec Julie Andrews. Près de 60 ans après, cette œuvre-fleuve doit en grande partie sa 3e place dans l'histoire du cinéma mondial à un public fidèle, asiatique notamment, qui ne se lasse pas de la revoir (et surtout de visiter les lieux du tournage !). Tout cela pourrait fixer l'image d'une ville figée dans le passé et ce n'est pas entièrement faux : l'ambiance de Salzbourg est plutôt sage, assez conventionnelle et pour tout dire un peu bourgeoise. Les auteurs de polars locaux se régalent, eux qui n'hésitent pas à occire leurs personnages dans les coulisses du festival ou même dans la maison natale de Mozart, l'un d'eux étant trouvé raide mort dans ce lieu mythique pour avoir avalé une *Mozartkugel* dosée à l'arsenic. Ce qui n'empêche nullement la célèbre maison *Fürst* de vendre par centaines, chaque jour, à 2 pas du lieu où le petit *Wolferl* est né, ces délicieuses boules en chocolat fourrées de massepain et de pistaches et enrobées dans leur traditionnel papier bleu argent.

Mais Salzbourg n'est pas uniquement la ville des festivals et sucreries classiques, la culture moderne y est aussi très présente : on y trouve 2 musées d'Art contemporain, de nombreuses galeries, et des œuvres d'artistes de renom parsèment la ville. Elle héberge aussi 18 000 étudiants, qui rajeunissent l'atmosphère en animant les élégantes rives de la Salzach.

DIVIN KARAJAN

Herbert von Karajan, qualifié parfois de « Generalmusikdirektor » *(pas besoin de traduire !), avait une très haute opinion de lui-même, c'est le moins qu'on puisse dire. Un jour, le violoniste Augustin Dumay lui dit en plaisantant :* « Bonjour, Dieu ! » *Et le maestro de répondre :* « Vous êtes le premier, mon cher, qui a le courage de me le dire en face ! ».

MOZART À SALZBOURG

C'est au nº 9 de la *Getreidegasse,* l'une des rues les plus connues de la ville, que *Johannes Chrysostomus Wolfgang Theophilus (*Amadeo, en italien ça faisait plus chic !) voit le jour, le 27 janvier 1756. Fils de Léopold et d'Anna Maria, Wolfgang a 6 frères et sœurs, mais seuls Maria Anna *(Nannerl)* et lui survivent.

Son père, *Kapellmeister* et compositeur attitré à la cour du ***prince-archevêque,*** s'aperçoit bien vite des talents exceptionnels de son fiston de 5 ans. Un an plus tard, il entraîne l'enfant prodige dans un long périple européen de 4 ans, où éclot ce

SURDOUÉ… ET SÛR DE LUI !

Dès l'âge de 5 ans, avant même de savoir écrire, Mozart compose déjà quelques œuvres et les joue à son père, qui les transcrit aussitôt sur papier. Plus tard, sans avoir fréquenté le collège, Mozart parle plusieurs langues, correspond en italien et en français (en plus de l'allemand) et possède quelques notions de latin et de grec.

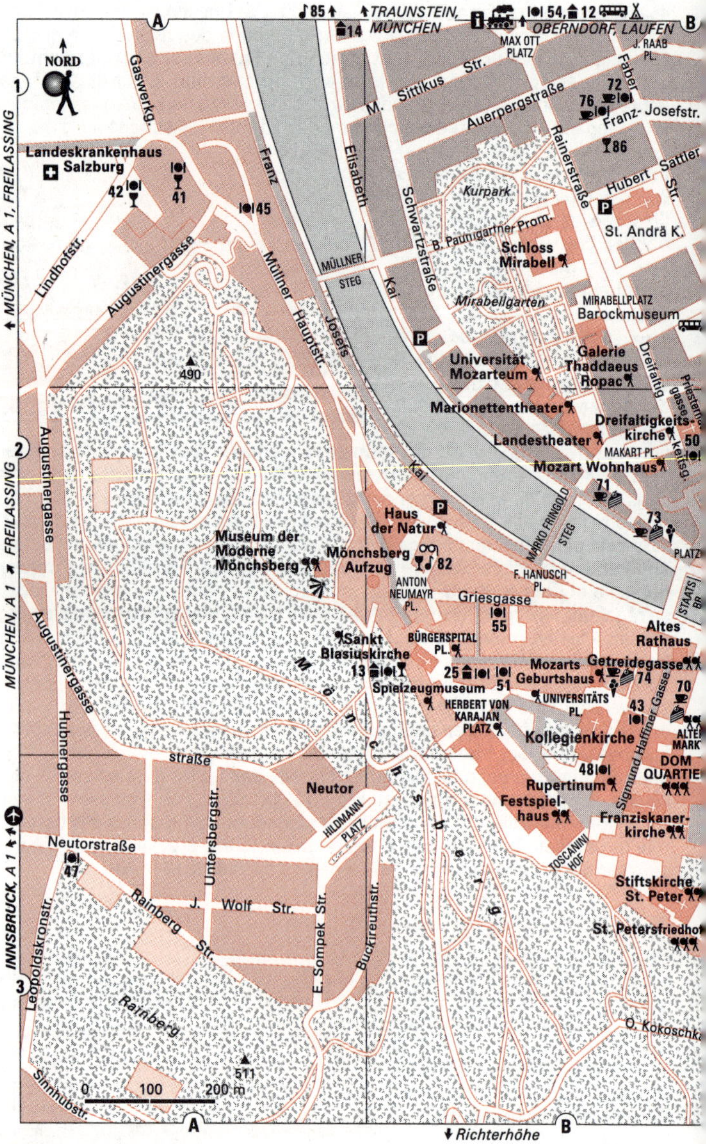

LE PAYS DE SALZBOURG

SALZBOURG

Adresses utiles

- Salzburg Information (C2)
  Salzburg Information Hauptbahnhof (hors plan par B1)

Où dormir ?

11 YoHo International Youth Hostel (C1)
12 A&O Hauptbahnhof et Wolfgang's (hors plan par B1)
13 Naturfreundehaus Stadtalm (B2)
14 Motel One Salzburg-Mirabell (A1)
15 Sommerhotel Schwarzes Rössl (C2)
17 Institut Sebastian (C1)
19 Pension Katrin (hors plan par C3)
21 The Mozart Hotel (C1)
23 Hotel Amadeus (C1)
24 Hotel et Villa Auersperg (C1)
25 Arthotel Blaue Gans (B2)

Où manger ?

13 Gasthaus Stadtalm (B2)
40 Die Weisse (C1)
41 Bräugasthof Krimpelstätter (A1)
42 Augustiner Bräustübl (A1)
43 Wirtshaus Elefant (B2)
44 Stieglkeller (C3)
45 Bärenwirt (A1)
46 Zum Fidelen Affen (C2)
47 Osteria Cavalli (A3)
48 Triangel (B3)
49 Alter Fuchs (C1)
50 Johannes Keller im Priesterhaus (B2)
51 Herzl (B2)
52 K + K (C2)
53 Zwettler's Wirsthaus (C3)
54 Gasthof Auerhahn (hors plan par B1)
55 Sternbräu (B2)
56 Paradoxon (hors plan par plan C3)
57 More i Vino (C2)

Où boire un café ? Où déguster une pâtisserie ou une glace ?

70 Café Tomaselli (B2)
71 Café Sacher (B2)
72 Café-Konditorei Fingerlos (B1)
73 Café Bazar (B2)
74 Schatz Konditorei (B2)
75 220 Grad (C3)
76 Café Wernbacher (B1)

Où boire un verre ? Où écouter de la musique ?

77 Café Glockenspiel (C2)
81 Monkeys cafe.bar (C2)
82 Szene et Szene Lokal (B2)
83 Rockhouse Bar (hors plan par C1)
84 Darwin's (C2)
85 Jazzit Musik Club (hors plan par A1)
86 Academy (B1)

Achats

101 Café Fürst (C2)
102 Christmas in Salzburg (C2)
103 Stiftsbäckerei St. Peter (C3)

qui s'avérera rapidement être de la graine de génie. Tous les souverains et têtes couronnées du Vieux Continent assistent avec ravissement aux récitals du petit virtuose. Il stupéfie les mélomanes par sa capacité à restituer de mémoire, sans repère, un air tout juste entendu. Il a ce qu'on appelle l'« ***oreille absolue*** », phénomène observé chez un individu sur 10 000.
Ses années salzbourgeoises, qui représentent les 2 tiers de son existence (25 ans, sans compter les longs voyages), sont extrêmement fécondes. À 11 ans, il compose la musique d'*Apollon et Hyacinthe,* qui sera joué à l'université de Salzbourg. À 13 ans, il est nommé « maître de chapelle sans solde » à la résidence du prince-archevêque de Salzbourg. La Cour profite des sérénades, des symphonies et autres *divertimenti* fraîchement sortis de la tête de l'adolescent.
La maison de la *Getreidegasse* devient trop petite et la famille déménage en 1773, dans une grande et belle maison sur l'autre rive de la rivière Salzach, au n° 8 de la *Makartplatz.* C'est là qu'il crée la plupart de ses œuvres (plus de 150). En 1779, il est nommé organiste du prince-archevêque ***Colloredo,*** mais leur relation est orageuse et Wolfgang supporte de moins en moins l'autorité de la Cour. 2 ans plus tard, il quitte Salzbourg pour Vienne où il rencontre Constance Weber, une soprano qu'il épouse en 1782.
Salzbourg perd son génie, et il ne revient dans sa ville que le 26 octobre 1783 pour rendre visite à son père et à sa sœur, les 2 seuls membres restants de sa famille. Il en profite pour diriger à l'abbatiale Saint-Pierre, pour la 1re fois, sa célèbre *Messe en ut mineur.* Mozart meurt à Vienne le 5 décembre 1791, à l'âge de 35 ans, dans le dénuement le plus total, en essayant d'achever son *Requiem.* Les circonstances de sa mort n'ont jamais été élucidées. Criblé de dettes, il est inhumé dans une fosse commune.

Arriver – Quitter

En avion

✈ ***Aéroport W.A. Mozart*** *(hors plan par A3)* **:** *Innsbrucker Bundesstr. 95, à 5 km à l'ouest de la ville.* ☎ *85-800. Rens vols :* ☎ *85-80-79-11.* • *salzburg-airport.com* • Liaison directe avec Paris-CDG, avec Air France, et Brussel Airport en hiver avec Transavia.
➢ Pour rallier le centre-ville, bus n° 10 ttes les 10-20 mn tlj, env 5h30-23h30 (6h w-e). Dessert entre autres la gare *(Hauptbahnhof)* et Mirabellplatz. Bon marché (env 2,90 €) et rapide (env 20 mn). Location de voitures à la sortie de l'aéroport, juste en face. ***Salzburg Card*** en vente à l'agence *Reisewelt,* au terminal 1.
– Compter 15-20 € en taxi.

En train

Gare ferroviaire (Hauptbahnhof ; *hors plan par B1)* **:** *Südtiroler Platz 1.* ☎ *435-17-17.* • *oebb.at* • *Consigne 24h/24.* À env 1 km de Mirabellplatz. Pour rejoindre le centre, prendre à gauche la *Rainerstraße* en sortant de la gare et continuer toujours tout droit jusqu'à la Mirabellplatz *(plan B1).*
Salzbourg est relié aux principales villes autrichiennes (Innsbruck, Graz, Vienne, Klagenfurt, Villach), ainsi qu'au parc des Hohe Tauern et au Salzkammergut voisins, via, principalement, le réseau national des chemins de fer ÖBB et également à Munich avec Deutsche Bahn. • *oebb.at* • *bahn.com* • *svv-info.at* •
– ***À noter que le nouveau train de nuit ÖBB Paris-Vienne*** *(en partenariat avec la SNCF),* ***fait escale à Salzbourg.***

En bus pour le Salzkammergut

Terminal des bus *(hors plan par B1)* **:** *Südtiroler Platz (face à la gare ferroviaire).*
➢ ***Salzburg Verkher :*** • *salzburgverkher.at* • Ligne n° 150 pour ***Fuschl am See, Sankt Gilgen*** et ***Bad Ischl.*** Une autre ligne, n° 140, dessert ***Mondsee.*** Départs ttes les heures.

Adresses et infos utiles

Informations touristiques

Salzburg Information *(plan C2)* **:** *Mozartplatz 5. ☎ 88-98-73-30 ou 88-98-70 (résas d'hébergement). • salzburg.info/fr • Juin-sept, lun-sam 9h-18h ; le reste de l'année 9h-17h.* Plan gratuit du centre, et carte plus large. Vente de tickets de concert, de théâtre, visites guidées de la ville, etc. Résa d'hébergement et brochure *Hotels in Salzburg.*

Salzburg Information Hauptbahnhof *(hors plan par B1)* **:** *Süd-Tiroler Platz 1. ☎ 88-98-73-40. Tlj 9h-18h (17h le dim mars-nov).* Mêmes prestations que le précédent.

– **Salzburg Card :** *s'achète à l'aéroport, dans les hôtels, les offices de tourisme et en ligne sur • salzburg.info • Valable 24h (27-30 € selon saison), 48h (35-39 €) ou 72h (40-45 €) ; ½ tarif 6-15 ans.* Comme toujours, l'intérêt de ces cartes dépend du nombre de visites que vous programmez, mais celle-ci a le grand avantage de donner droit à la **gratuité dans TOUS les musées de la ville** (château de Hellbrunn compris) et dans les transports en commun, bateaux compris. Donne droit à un aller-retour dans les funiculaires ou ascenseurs ; valable aussi pour le téléphérique de l'Untersberg (qui sinon coûte déjà 28 € A/R !). Également des réductions sur certains concerts et visites guidées.

Résa de concerts

■ ***Salzburg Panorama Tours :*** *Schrannengasse 2, voir « Transports ». • panoramatours.com •* Vend des billets de concert.

– Le site de l'office de tourisme, lui, propose 3 services : *• salzburg-ticketshop.at • salzburgticket.com • neubaur.at •*

Urgences

Landeskrankenhaus Salzburg *(hôpital ; plan A1)* **:** *Müllner Hauptstr. 48. ☎ 05-72-550.*

Transports

Le centre-ville est interdit à la circulation automobile. Le stationnement est payant partout (nombreux parkings, mais très chers !). Si vous logez dans le centre, soit votre hôtel est l'un des très rares à disposer d'un parking réservé, soit il a un accord avec un parking voisin, ce qui est généralement le cas ; le prix est alors légèrement minoré *(env 16 €/24h).* Sinon, les parkings très proches du centre (indiqués sur la carte de l'office de tourisme) sont généralement hors de prix *(env 2,50 €/h ; env 20 €/24h).*

Autre solution (mais uniquement si vous venez pour la journée) : les parkings ***Park and Ride*** (indiqué *P+R*). Il y en a 3 : le ***P+R Messe*** (au nord-ouest de la ville ; sortie 291 sur l'A1) ; le ***P+R Airport*** (à l'ouest ; sortie 296 sur l'A1) et le ***P+R Süd*** (au sud-est ; sortie 8 sur l'A10). Ces parkings sont bien reliés au centre-ville par les bus et proposent un ticket spécial *(15 €/24h)* incluant le stationnement et 1 ticket pour 1 à 5 personnes valable sur tout le réseau de bus. En juillet-août, le parking *P+R Messe* est même gratuit en semaine avec le seul billet de bus pour le centre *(3 €).*

Obus : *• salzburg-ag.at • Tickets : 1,90-2,90 €. Pass 24h : 4,20-6,40 €. Moins cher aux automates et kiosques que dans les bus et trolleybus.* Excellent réseau desservant toute l'agglo salzbourgeoise. La plupart des trolleybus et bus partent de la gare *(Hauptbahnhof),* de Hanuschplatz, face à la passerelle Makartsteg *(plan B2)* ou de Mirabellplatz *(plan B1).* À moins de loger en dehors du centre (au camping par exemple), ce sera rarement utile.

Location de vélos : ***City Bike*** *(plan B2), Hanuschplatz, côté fleuve. • citybikesalzburg.at • 1re heure gratuite, puis 1 € par heure supplémentaire. Paiement par CB.* Le vélo est une bonne formule (notamment pour ceux qui dorment au camping), puisque de superbes pistes cyclables sillonnent la ville. Certaines auberges de jeunesse et hôtels louent (voire prêtent) aussi des vélos.

■ ***Salzburg Panorama Tours :*** *départ de Mirabellplatz (plan B1).* ☎ *88-32-110.* • *panoramatours.com* • Un large éventail de tours thématiques de la ville et des environs (château de Hellbrunn, lieux de tournage de *The Sound of Music,* Salzkammergut) en minibus privé avec commentaire en français succinct mais intéressant. Assez cher mais permet d'avoir une vision d'ensemble si on n'a pas de voiture.

■ ***Salzkammergut Hop On Hop Off :*** *départ de Mirabellplatz (plan B1).* • *salzburg-sightseeingtours.at* • *Départ ttes les heures, 8h05-17h05. Forfait 30 €/j. pour l'accès illimité aux 2 lignes de bus spéciales et à tt le réseau salzbourgeois ; réduc.* Un service pratique qui propose une variété de tours à partir de 21 €, pour ceux qui ne disposent pas de véhicule et souhaitent entre autres, découvrir les lacs du Salzkammergut (*Fuschlsee, Mondsee* et *Wolfgangsee*). 2 lignes de bus qui se croisent à St. Gilgen parcourent la région de long en large (16 arrêts), avec la possibilité de monter/descendre à souhait.

■ ***Fiacre :*** *départ de Residenzplatz (plan C3) ; 4 pers max/voiture. Env 50 € pour 20-25 mn de balade.* Cher mais romantique, reconnaissons-le...

Topographie de la ville

Salzbourg est enserrée entre 3 collines et traversée par la rivière Salzach. Quasiment tout le centre ancien est piéton et, pour la plupart, les sites et monuments à visiter ne sont accessibles qu'à pied, ce qui rend la balade formidable et relativement sereine malgré l'affluence de touristes, plus forte pendant l'été et les périodes de festivals. N'hésitez pas à découvrir le centre-ville moderne sur l'autre rive, du côté de la Linzer Gasse, moins touristique et plus animé le soir.

Où dormir ?

IMPORTANT : l'office de tourisme de Salzbourg est l'un des rares à donner les prix par chambre et non par personne. Ne vous affolez donc pas en multipliant par 2 (c'est déjà assez cher comme ça !).

CAMPINGS

⛺ ***Camping Nord-Sam*** *(hors plan par B1)* **:** *Samstr. 22a.* ☎ *66-04-94.* • *camping-nord-sam.com* • *De la gare, bus n° 23 direct jusqu'à Samstr. Sinon, belle piste cyclable qui mène direct au centre. À 3 km de la ville, sortie de l'A1 Salzbourg-Nord. Pâques-début oct. Compter 34-44 € pour 2. CB refusées.* Agréable, dans un cadre verdoyant bien ombragé, et plutôt calme puisqu'il ne compte qu'une centaine de places. Mieux vaut dormir du côté gauche, plus éloigné de la voie ferrée qui longe le camping, à droite. Emplacements pas grands mais délimités par des haies, ce qui donne un peu d'intimité. Une Petite rivière au bout du terrain. Équipements globalement satisfaisants. Cafétéria avec terrasse et belle piscine chauffée et location de vélos. Atmosphère familiale et très bon accueil. Grand supermarché à quelques minutes à pied et *food truck* en été. Organisent des visites de Salzbourg. S'il est complet, tentez votre chance au ***camping Schloss Aigen*** (au calme, au sud de la ville, au pied du mont Galsberg, accessible avec le bus n° 7. • *campingaigen.com* •

AUBERGES DE JEUNESSE

■ ***A & O Hauptbanhof*** *(hors plan par B1,* ***12****)* **:** *Fanny-von-Lehnert-Str. 4.* ☎ *234-20-00.* • *aohostels.com* • *Lits en dortoir 12-50 €/pers. Doubles 30-100 €. Serviette et draps 1,50 € en dortoir. Parking 15 €/j. Petit déj buffet payant.* Dans un bâtiment de plus 200 ans qui a été entièrement restructuré, voici un vaste *hostel* qui propose 480 lits. Toutes les chambres, du dortoir de 8 lits à la double, disposent de sanitaires privés. Cuisine commune basique, bar, machines à laver, casiers etc. Juste à côté l'hostel ***Wolfgang's,*** plus récent et piloté par la même direction, propose d'agréables chambres et dortoirs, parfois avec des vues sur la ville.

YoHo International Youth Hostel *(plan C1, **11**)* **:** *Paracelsusstr. 9. ☎ 87-96-49. • yoho.at • Tte l'année. Lits 18-30 €/pers en dortoir ; doubles avec sdb 40-90 € ; petit déj payant. Laverie et loc de vélos (10 €/j.).* À quelques minutes de la gare, une grosse bâtisse avec parquet en bois, des locaux plutôt avenants et vraiment confortables. 185 lits en tout. Dortoirs de 4, 6 ou 8 lits, la plupart avec sanitaires et casiers et chambres doubles impeccables, parfois avec balcon. Bonne atmosphère internationale, comme son nom l'indique. Repas fixes et pas chers à prendre le soir au resto. Location de vélos et organisation d'activités sportives. *Live music* le soir au bar dès 19h.

Naturfreundehaus Stadtalm *(plan B2, **13**)* **:** *Am Mönschberg 19c. ☎ 84-17-29. • stadtalm.at • Accessible par l'ascenseur (Mönchsberg-Aufzug) de Anton-Neumayr-Platz, en service 8h-21h (19h lun, 23h juil-août) ; 4,10 € l'A/R. Puis 5 mn de marche. Tte l'année. Env 25-30 €/pers en dortoir ; double 50 €/pers, petit déj inclus.* Une AJ qui a du cachet ! En pleine nature et en surplomb de la ville, cette petite maison ceinte d'un rempart du XVe s offre une magnifique vue sur Salzbourg. Les chambres de 2, 4 ou 6 personnes, pas bien grandes sont plutôt basiques, mais l'atmosphère y est chaleureuse. Voir aussi la rubrique « Où manger ? ».

HÔTELS ET PENSIONS

Attention à l'inflation des prix au moment des festivals. Pour éviter les mauvaises surprises, on indique dans le texte la fourchette de prix complète, de la basse saison à la (très) haute saison (le festival d'août affichant complet partout ou presque).

Nous n'indiquons aucune *Zimmer* (« chambres chez l'habitant »), mais sachez qu'elles sont assez nombreuses. L'office de tourisme tient une liste à disposition.

De bon marché à prix modérés

Institut St. Sebastian *(plan C1, **17**)* **:** *Linzer Gasse 41. ☎ 87-13-86. • st-sebastian-salzburg.at • Entrée par la cour. Réception 8h-12h, 16h-18h. Doubles 79-97 € pour séjour de longue durée ; chambre 4 lits avec sanitaires privés env 35,50 €/pers ; petit déj payant ; supplément de 5 € si séjour de 1 nuit slt.* Bien situé, en plein centre mais au calme (si ce n'est les cloches de l'église !), dans un ancien couvent adjacent à l'église St. Sebastian. Grande bâtisse à l'intérieur austère, chambres un brin monacales, mais c'est propre et les prix sont plutôt doux pour la ville. Et puis on aime bien la grande terrasse tout en haut, avec vue sur les toits de Salzbourg. Laverie et cuisine commune. Attention, d'octobre à fin juin, seule une cinquantaine de lits est disponible (le reste est réservé aux étudiants).

De prix modérés à prix moyens

Sommerhotel Schwarzes Rössl *(plan C2, **15**)* **:** *Priesterhausgasse 6. ☎ 87-44-26. • academiahotels.at • Attention, hôtel ouv slt juil-sept. Doubles 82-124 € (moins cher si résa en direct), petit déj dans un café voisin. Accord avec le Mirabell-Garage pour le parking (env 18 €/j.).* Fort bien placé, dans une rue animée donnant dans Linzer Gasse. C'est en fait une résidence d'étudiants dont les chambres sont disponibles l'été. Les styles et les époques s'y mélangent sans complexe alternant entre l'ameublement pratique de collectivité avec un cadre rustique salzbourgeois avec meubles peints. Au total, une soixantaine de chambres de 1 à 3 lits. Les moins chères sont équipées d'un simple lavabo. Douches dans le couloir. Petite terrasse sur l'avant. Un bon compromis entre l'hôtel et l'auberge de jeunesse. Bar à bières au rez-de chaussée.

Pension Katrin (hors plan par C3, **19**) : *Nonntaler Hauptstr. 49b. ☎ 83-08-60. • pensionkatrin.at • Pas trop loin du centre (15 mn à pied) et arrêt de bus (nº 5 depuis la gare et le centre) à 100 m. Doubles 135-160 €, petit déj généreux compris. Parking.* Dans le cadre propret d'une grande maison particulière cernée d'un jardin fleuri, un endroit reposant et de bon confort, où l'on est accueilli avec une grande gentillesse. Une dizaine de chambres confortables, très bien tenues et aménagées avec un mobilier de bois clair et moquettes rouges. Agréable véranda pour le petit déj.

De chic à très chic

Motel One Salzburg-Mirabell (plan A1, **14**) : *Elisabethkai 58-60. ☎ 88-52-00. • motel-one.com • Doubles 123-203 €, petit déj parfois compris. Parking env 13 €.* Un établissement d'une chaîne hôtelière dynamique, qui propose généralement de bonnes prestations à prix encore raisonnables. Situation agréable pour celui-ci, planté sur le quai de la Salzach. Chambres vraiment cosy et modernes, dotées de salles de bains pas bien grandes mais fonctionnelles. Vue spectaculaire sur la rivière et la vieille ville pour les plus onéreuses. Bon accueil, très pro.

Hotel et Villa Auersperg (plan C1, **24**) : *Auerspergstr. 61. ☎ 88-94-40. • auersperg.at • Doubles 155-286 €, copieux petit déj compris. Snacking sympa le soir au bar. Parking.* Dans un quartier calme, une adresse raffinée précédée d'un hall élégant, des meubles anciens ou design, et des chambres très confortables, au luxe discret. Une alliance réussie de classicisme pas guindé et de modernité. Tissus précieux, du lin surtout, et des couleurs franches. On retrouve la même qualité dans les chambres de l'annexe (la *Villa Auersperg* du XIXᵉ s). Charmant jardin avec étang couvert de nénuphars et tables pour le petit déj. Sauna et bar dès 18h30. Vélos à dispo. Accueil charmant.

The Mozart Hotel (plan C1, **21**) : *Franz-Josef-Str. 27. (0720) 11-57-46. • themozarthotel.com • Doubles 140-190 €, petit déj compris. Bistrot tlj sauf lun 18h-22h. Parking : 15 €/j.* Cet hôtel de charme au mélange de tradition et de modernité est idéalement placé, légèrement en retrait du tumulte de la ville. Les chambres claires et élégantes sont meublées avec goût et décorées de photos ou d'œuvres d'art. Certaines avec balcon. Salles de bains au look imparable avec grandes douches à l'italienne, miroirs et robinets en laiton. Bar et bistrot ouverts en soirée. Un vrai coup de cœur.

Hotel Amadeus (plan C1, **23**) : *Linzer Gasse 43-45. ☎ 87-14-01. • hotelamadeus.at • Doubles 130-300 €. Parking à proximité. Pas de petit déj.* On aime bien cet hôtel romantique, niché dans une maison typiquement salzbourgeoise multicentenaire où il fait bon séjourner. Toutes les chambres, joliment décorées, ont fait l'objet d'un soin particulier : murs aux couleurs tendres, meubles en bois brut, etc. Quelques familiales. Accueil charmant. Reposante terrasse pour certaines dominant le cimetière St. Sebastian. Espace détente pour une douceur l'après-midi.

Arthotel Blaue Gans (plan B2, **25**) : *Getreidegasse 41-43. ☎ 84-24-910. • blauegans.at • Doubles 195-295 €, petit déj inclus.* Au cœur du centre animé, ce boutique-hôtel à l'enseigne de l'oie bleue se déploie dans un ensemble de bâtiments de plus de 650 ans d'âge, autour de cours intérieures et de couloirs anguleux. Les chambres et suites au design très étudié ont toutes été conçues par des créateurs locaux et internationaux habitués des galeries. Pas moins de 7 catégories différentes : les moins chères se révèlent un peu décevantes ; il faut ajouter quelques dizaines d'euros pour trouver plus d'espace, une baignoire, etc. Séduisants bar et restaurant, assez cher, sur place *(12h-1h)*. Personnel pro et souriant.

Où manger ?

Bistrots, biergarten et brasseries

Ici, pas besoin de se mettre à table au sens habituel pour se fondre dans le paysage culturel de la ville, partager ses goûts et ses traditions. Même pendant le festival. On peut manger sur le pouce à peu près partout, à commencer par les marchés, comme celui du **Grünmarkt** *(plan B2 ; lun-ven 7h-19h, sam 6h-15h, fermé dim),* qui rassemble des producteurs de la région autour de la *Kollegienkirche.*

Régime *Wurst* sous toutes ses formes, sur le bord d'un tonneau, au fond d'un *Biergarten* ou d'une brasserie pour se régaler d'une *Wiener Schnitzel* (l'indétrônable escalope panée), d'une *Sauerkraut* (choucroute) ou de *Braten* (rôtis), le tout arrosé d'une pression fraîche, dans une ambiance rugissante, avec un service à la bonne franquette.

Dans les adresses qui suivent, on débourse de 8 à 18 € pour un plat copieusement servi ; compter 3,50 à 5 € le demi-litre de bière.

Augustiner Bräustübl *(plan A1, **42**) : Lindhofstr. 7 (autre entrée par Augustinergasse 4). ☎ 43-12-46. En sem 15h-23h ; w-e 14h30-23h (22h pour la cuisine). Parking gratuit.* Pittoresque « usine à bière » dans un monastère augustinien drainant, depuis le XVIIe s, plusieurs centaines de convives dans un immense *Biergarten* sous de vénérables marronniers ou dans de vastes salles voûtées aux grandes tables de bois. On va chercher soi-même sa chope en grès, un demi-litre au minimum (!), on la rince sous le robinet, on paie au comptoir et on vous la remplit. Un rituel immuable ! Au 1er étage d'un édifice aux volumes impressionnants, plusieurs stands latéraux proposent une large palette de plats typiques ou exotiques à prix doux. On peut aussi apporter son pique-nique.

Bräugasthof Krimpelstätter *(plan A1, **41**) : Müllner Hauptstr. 31, entrée par l'arrière. ☎ 43-22-74. Mar-sam 11h-minuit (cuisine ouv 12h-20h30). Fermé dim-lun et j. fériés.* L'un des *Biergarten* les plus fréquentés et les plus anciens, datant de 1548, où vient se restaurer une clientèle d'habitués. On y boit comme on y mange, à toute heure selon l'humeur et l'appétit, à prix très démocratiques. Cuisine, rustique et joliment présentée. Parmi les spécialités de la maison : *Blutwurst* (boudin noir), *Rindsgulasch* servi avec des *Knödel* plus goûteuses et légères que d'habitude, et gibier en saison. Côté bières, on ne sert que de l'*Augustiner,* brassée à un jet de pierre d'ici. Quelques salles à l'intérieur.

Stieglkeller *(plan C3, **44**) : Festungsgasse 10, en surplomb de la vieille ville, on peut y accéder directement en venant du couvent de Stift Nonnberg. ☎ 84-26-81. Tlj 11h30 (11h w-e)-23h. Fermé lun-mar janv-mars, et tt le mois de fév.* Resto d'une grande marque de bière locale, la *Stiegl,* brassée depuis 1492 aux portes de la ville (visite possible, lire « À voir. À faire. Plus loin du centre... »). Ses terrasses bénéficient de l'un des plus beaux panoramas sur les toits de la ville : magique ! Sinon, salles pompeuses très hautes de plafond, ornées de têtes de cerfs en bois sculpté. Fréquenté par les groupes. En été, pour plus d'intimité, choisir les tables en terrasse tout en haut (il y a 3 niveaux). En revanche, sur ces hauteurs, c'est à vous d'aller chercher vos consos ! Plats roboratifs à prix abordables : *Rindersaftgulasch, Tafelspitz...* Côté bière, on a le choix entre une demi-douzaine de cuvées : les *Radler* sont vraiment rafraîchissantes !

Die Weisse *(plan C1, **40**) : Rupertgasse 10. ☎ 87-22-46. Tlj sauf dim 10h-minuit (à partir de 17h côté bar).* Institution très populaire aux vastes et chaleureuses salles décorées de bois. *Biergarten* agréable avec une partie plus moderne, aux allures de bar à la mode avec ses cuves en cuivre où est brassée la délicieuse bière maison. Elle s'accompagne de spécialités copieuses et bien tournées (prenez un *Schweinsbraten* pour faire passer les *Knödel,* ou vice versa). Service brut de décoffrage, ne vous formalisez pas si les plats arrivent en décalage, c'est normal. Plein comme un œuf le soir.

De prix moyens à chic

Zwettler's Wirsthaus *(plan C3, **53**) : Kaigasse 3. ☎ 84-41-99. Tlj 11h30-minuit. Cuisine jusqu'à 22h. Plats 14-23 €. Plat du jour le midi env 11 € (en sem slt, jusqu'à 14h).* On peut s'asseoir à l'extérieur, mais préférez l'intérieur voûté et lambrissé de cette ancienne demeure de cordonnier, qui affiche fièrement ses 5 siècles d'existence (elle a été un peu reconstruite en 1944, quand même). Déco clin d'œil à l'Autriche éternelle (coucou, bure de lait, moules, instruments anciens, etc.) sans oublier les serveurs en culotte de peau. Plats à l'ardoise copieux, genre salade de joue de bœuf en entrée, pintade avec risotto de champignons en saison. Du simple, du goûteux. Savoureux dessert traditionnel.

Johannes Keller im Priesterhaus *(plan B2, **50**): Richard-Mayr Gasse 1. ☎ 84-91-99. Tlj sauf dim-lun 7h-23h. Résa conseillée. Plats 13-25 €. Pas de CB.* On descend un escalier raide pour déboucher dans ces caves voûtées, cuisine apparente dans l'une, bar dans l'autre. Courte carte de plats populaires, généreusement servis et à prix modiques. Attention, à 20h30, le chef décroche, au propre comme au figuré. Bien aussi pour prendre un *sprizter* en dehors des horaires de service.

Zum Fidelen Affen *(plan C2, **46**) : Priesterhausgasse 8. ☎ 87-73-61. Tlj sauf dim-lun 17h-minuit. Pensez à réserver. Plats 12-26 €.* Un lieu au cadre chaleureux et rustique, avec voûtes, boiseries et colonnes de pierre recouvertes. Clientèle mixte de locaux et de touristes qui partagent une même table. Atmosphère animée et service avenant. Cuisine autrichienne à prix fort raisonnables, proposant des plats copieux qui tiennent bien au corps. Également des raviolis, du risotto et des salades pour ceux qui en ont marre du cochon. Aux beaux jours, tables conviviales au-dehors.

Osteria Cavalli *(plan A3, **47**) : Leopoldskronstr. 1. 0650-71-00-420. Dans le quartier de Riedenburg, au sud-ouest de la ville, derrière le Mönchsberg par le tunnel. Tlj 11h30-14h, 17h30-23h30. Pâtes 10-15 € ; pizzas 7-13 €.* Un resto italien, populaire auprès des locaux. Au choix, une enfilade de salles à la déco sans folklore ou une grande terrasse, dans le jardin. Cuisine transalpine plutôt généraliste, où on trouve aussi bien du risotto que des pâtes *al dente*, en passant par des pizzas bien croustillantes. Le patron, est assez haut en couleur. Beaucoup d'ambiance, en particulier pendant la *Festspiele*, où c'est carrément la foire d'empoigne.

More i Vino *(plan C2, **57**) : Steingasse 5. 0660-260-27-84. Tlj sauf dim 16h30-2h. Plats 18-25 €.* Dans une ruelle au pied du couvent des Capucins, un resto-bar italo-croate au décor moderne soigné avec de petites tables fleuries. Cuisine inventive aux couleurs méditerranéennes, plats bien tournés et joliment présentés, composés de produits locaux bio. Vins italiens ou croates comme la malvoisie. Bien aussi pour un cocktail au bar. Petit jardin.

Gasthaus Stadtalm *(plan B2, **13**) : Mönchsberg 19c. ☎ 84-17-29. Resto de la Naturfreundehaus (voir « Où dormir ? »). Tlj 10h-23h. Plats 11-17 € ; ajouter 4,10 € pour l'A/R en funiculaire si vous vous sentez le mollet faible (possibilité aussi de ne prendre que l'aller et de redescendre à pied).* En haut du Mönchsberg, une adresse où l'on jouit d'une vue splendide sur la vieille ville. Plats consistants, qui, eux, ne cherchent pas à en mettre plein la vue. Spécialités autrichiennes, servies dans une ambiance conviviale. Bien aussi pour un verre ou une douceur dans l'après-midi.

Wirtshaus Elefant *(plan B2, **43**) : Sigmund-Haffner-Gasse 4. ☎ 84-40-20. Tlj sauf dim-lun 11h30-minuit. Plats 15-27 €.* Dans une ruelle du centre, un resto d'hôtel tout de bois clair vêtu, surtout fréquenté pas les locaux. Déco évoquant le monde alpestre et le bois sculpté, les pachydermes. Suggestions du jour sur ardoise, plats savoureux majoritairement d'inspiration autrichienne présentés dans une jolie vaisselle ou dans un poêlon de fonte à arroser d'une *weissbier* bien fraîche. Les desserts ne sont pas à négliger. Quelques tables dehors.

Bärenwirt *(plan A1,* ***45****) : Müllner Hauptstr. 8. ☎ 42-24-04. Tlj 11h-23h (cuisine 11h30-14h, 17h30-21h30). Plats 14-27 €.* Intérieur au décor de vieille auberge (et pour cause, le *Bärenwirt* existe depuis... 1663). Vieux poêle de faïence pour se réchauffer l'hiver et aux beaux jours, une petite terrasse en triangle à l'arrière, avec vue sur la rivière. Solide cuisine salzbourgeoise, à base de bons produits locaux, notamment le cochon maison, de sa naissance à la cuisson. Également, selon la saison, des soupes ou de copieuses salades. Ambiance conviviale.

Sternbräu *(plan B2* ***55****) : Linzer Griesgasse 23. ☎ 84-21-40. Tlj 9h-minuit. Plats 14-24 €.* Sous l'enseigne de la bière à l'étoile, un complexe de restauration incluant tout à la fois, un *stube*, une *trattoria*, un *biergarten*, un *lounge trendy* et un resto plus chic. Dans ce dernier, déco lambrissée, grandes toiles historiques au murs et plats classiques de la gastronomie locale : *schnitzel*, *bratwurst* et *goulash* en vedettes. Ouvert depuis 1542, de nombreux convives l'ont fréquenté, depuis Mozart qui était tombé amoureux de la fille du boulanger voisin, jusqu'à Sir Anthony Hopkins et Angela Merkel. Service rapide en costume local.

Alter Fuchs *(plan C1,* ***49****) : Linzer Gasse 47-49. ☎ 88-20-22. Tlj sauf mer 11h45-23h. Menus déj env 9 € ; plats 14-24 €.* Une ancienne auberge relookée, où l'on vient écluser quelques chopes de bière entre potes ou déguster des spécialités de viande de bœuf *(Rind)* ou d'agneau *(Lamm)*. Soupes et salades pour les petites faims. Déco typique sur le thème du renard (comme son nom l'indique). Superbe terrasse côté jardin, et une autre sur la rue.

Plus chic

Triangel *(plan B3,* ***48****) : Wiener-Philharmoniker-Gasse 7. ☎ 84-22-29. Mar-sam 11h30-minuit (bar ouv tard en été). Fermé dim-lun. Plat du jour à midi env 11 € ; plats 18-30 €.* Salle chaleureuse avec photos aux murs et banquettes en bois pour cet ancien repaire d'étudiants attardés attirant désormais artistes et mélomanes, en particulier pendant le *Festspiele*. À l'ardoise, quelques plats bien ficelés de cuisine autrichienne, plus soignés qu'ailleurs et à base de produits locaux. Des propositions plus colorées aussi, apportant une touche de dépaysement. Glaces maison en dessert. Terrasse très agréable, donnant sur le palais du Festival. Un coup de cœur !

Herzl *(plan B2,* ***51****) : Getreidegasse 37. Accès par la place von Karajan. ☎ 808-48-89. Tlj 11h30-22h (21h30 pour la cuisine). Menu déj en sem 19 €. Plats 15-32 €.* C'est la *Stube* du très élégant hôtel *Goldener Hirsch*. Atmosphère intime dans les élégantes salles voûtées surmontées de poutres. Les serveuses en tenue traditionnelle proposent un large choix de plats : salade de bœuf piquante, boudin maison *(Blutwurst)*, saucisse aux oignons *(Saure Zipfel)*, goulasch, etc. Courte carte de vins autrichiens plutôt chère, faisant vite monter l'addition (mais vin au verre possible).

K + K *(plan C2,* ***52****) : Waagplatz 2. ☎ 84-21-56. Tlj 12h-22h (23h le w-e). Plats 22-32 €.* Avec ses 800 ans d'âge, c'est la plus vieille maison de Salzbourg ! Large fourchette de prix selon que l'on mange en terrasse, dans la *Stube* contemporaine (au rez-de-chaussée) ou dans la partie resto, plus alléchante mais aussi plus chère. Une superbe cage d'escalier grimpe vers les petits salons très cosy des étages, où se retrouve une clientèle bien mise. Remarquez le vieux puits peuplé de poissons rouges. Parmi les spécialités : le *Tafelspitz* et gibier en saison. Service un rien compassé.

Paradoxon *(hors plan par C3,* ***56****) : Zugallistr. 7. 0664-16-16-191. Jeu-ven 18h-minuit ; w-e 10h-14h, 18h-minuit. Fermé lun-mer. Plats 19-35 €.* La bonne table de *Nonntaler*, le quartier qui monte à Salzbourg. L'occasion de découvrir la nouvelle cuisine autrichienne, créative et volontiers voyageuse : viandes, gibier ou poisson, tout est ultra frais et parfaitement sourcé. Pain maison délicieux et motte de beurre fermier des alpages voisins. Carte de vins bio ou naturels variée, pour la plupart autrichiens. Le tout dans un cadre moderne très réussi, à l'atmosphère décontractée. Une belle adresse.

Gasthof Auerhahn *(hors plan par B1, **54**) : Bahnhofstr. 15. ☎ 45-10-52. Bus n° 23 ou 10 mn à pied de la gare. Mer-sam (ouv lun pdt festivals) 11h30-13h30, 18h-21h30 ; dim 11h30-14h. Plats 19-35 € ; menus 53-75 €, menu végétarien 47 € ; ts en version avec vins d'accompagnement.* Une des tables réputées de la ville. Ne soyez pas rebuté par la distance depuis le centre ni par l'environnement. Vraie cuisine de chef, qui varie au rythme des saisons et du marché. Poissons de rivière cuits « à la seconde », viandes fondantes servies avec des sauces légères, gibier et champignons en saison. Également des plats traditionnels autrichiens, moins chers mais tout aussi soignés. La salle ouvre sur un jardin ombragé. Service agréable et ambiance décontractée.

Où boire un café ? Où déguster une pâtisserie ou une glace ?

Café Bazar *(plan B2, **73**) : Schwarzstr. 3. ☎ 87-42-78. Tlj 7h30-19h30, dim 9h-18h (jusqu'à minuit pdt les festivals). Env 5 € la part de gâteau.* Dans la plus pure tradition des grands cafés viennois. Boiseries, lustres, banquettes confortables de style *Jugendstil* et journaux divers à disposition. Fréquenté par les acteurs, musiciens et citoyens de tout poil. Terrasse ombragée donnant sur la Salzach, particulièrement recherchée aux beaux jours... Bonne sélection de gâteaux maison (en particulier le *Milchrahmstrudel*).

Café Sacher *(plan B2, **71**) : Schwarzstr. 5-7. ☎ 889-77-23-84. Tlj 8h30-18h.* C'est l'antenne du célébrissime hôtel viennois. Banquettes de velours rouge, dorures, gravures, et serveuses en *dirndl*, voilà le décor planté pour un service raffiné au petit déj ou une douceur au goûter. Terrasse au bord de la rivière. Prix à la hauteur du standing de l'hôtel.

Café-Konditorei Fingerlos *(plan B1, **72**) : Franz-Josef-Str. 9. ☎ 87-42-13. Tlj sauf lun 7h30-19h. Carte de petit déj 5-17 €.* Un salon de thé avec, en son centre, de frêles palmiers qui prennent leurs aises jusqu'à l'étage supérieur. L'endroit idéal pour un petit déjeuner un peu raffiné ou un vrai goûter à l'autrichienne, mais on peut aussi y déjeuner léger en bouquinant. Et accompagner le tout d'un excellent café ou thé.

Schatz Konditorei *(plan B2, **74**) : Getreidegasse 3 (dans le passage). ☎ 84-27-92. Tlj sauf dim-lun 9h-18h ; sam 8h-17h.* Une vraie bonbonnière que ce salon de thé-pâtisserie à 2 pas de la maison natale de *Wolferl*. Élégante devanture ancienne en bois et petite salle voûtée aux papiers peints fleuris, dans les tons roses. Atmosphère délicieusement kitsch. On choisit son gâteau ou sa glace en vitrine. Vente à emporter également.

Café Wernbacher *(plan B1, **76**) : Franz-Josef-Str. 5. ☎ 88-10-99. Tlj sauf mer 8h-18h30 (15h dim).* Un très joli café au look vintage, où rien ne semble avoir bougé depuis l'ouverture, en 1952. Salons cosy, qui invitent à prendre son temps, et belle terrasse alanguie sur le boulevard. Petits déj' généreux, solides gâteaux pour le *Kaffee-Kuchen* et *spritz* divers pour l'apéro. Bien aussi pour déjeuner d'une salade ou d'un risotto.

220 Grad *(plan C3, **75**) : Chiemseegasse 5. 0664-88-16-65-50. Tlj sauf mer-jeu 9h-18h.* Dans ce quartier jeune, un lieu qui plaira aux amateurs de café. Atmosphère colorée à l'influence italienne certaine, avec ses habitués, étudiants, intellos ou voisins. Petite terrasse pour un vrai petit déj' sur la terrasse au soleil ou une grignoterie saine entre ami(e)s le midi. Pour la petite histoire, 220°, c'est la température de torréfaction du café ! Succursale, beaucoup plus vaste, dans un ancien bâtiment industriel du quartier de Nonntaler *(Nonntaler Hauptstr. 9A ; plan C3, 75, tlj sauf dim-lun 9h-18h).*

Café Tomaselli *(plan B2, **70**) : Alter Markt 9. ☎ 84-44-880. Tlj 7h (8h dim)-19h et jusqu'à minuit pdt le festival d'été. Petit déj à 17,40 €, 1 € de plus avec prosecco.* Le plus vieux café salzbourgeois en activité depuis 1705. Leopold Mozart y amenait souvent ses enfants. Après la mort de Wolfgang, *Constanze Weber* y vécut dans la maison adjacente. Décor traditionnel avec boiseries et atmosphère discrètement surannée, qui sied à ces lieux mythiques. Serveurs qui font la tronche si vous n'êtes pas un habitué, surtout si vous oubliez le pourboire. On passe vous proposer les pâtisseries (pas terribles) à part. Terrasse au rez-de-chaussée, mais on préfère celle du 1er étage, dominant la place, avec vue sur le château et le clocher du *Dom.* Pas le meilleur café de la ville, mais il fait partie des institutions.

Où boire un verre ? Où écouter de la musique ?

2 quartiers de la ville attirent particulièrement les étudiants et autres noctambules en quête de sensations... Vous les retrouverez surtout vers la *Anton-Neumayr-Platz* (au pied du *Mönchsberg*) ou bien le long de la Salzach, de l'autre côté de la vieille ville (sur *Imbergstraße* et *Giselakai* ; *plan C2*).

Café Glockenspiel *(plan C2, **77**) : Mozartplatz, 2. ☎ 23-10-68. Tlj 8h30-19h.* Face à la statue de Mozart une terrasse stratégique avec galerie couverte pour prendre le pouls de la ville en sirotant un *spritz* et en profitant des notes cristallines du carillon voisin. Pâtisseries et petite restauration.

Monkeys cafe.bar *(plan C2, **81**) : Imbergstr. 2a. ☎ 87-66-52. Tlj 11h30-1h (2h ven-sam).* Un endroit qui attire toujours pas mal de monde. Aux beaux jours, terrasse au bord de la rivière, aux places très convoitées. Vue superbe sur le château, joyeuse faune locale et accueil sympa. S'il pleut, tout le monde se serre dans la petite salle.

Darwin's *(plan C2, **84**) : Steingasse 1. Tlj 9h-minuit (2h ven-sam).* Au pied du Kapuzinerberg, un petit bar animé, qui ouvre dès l'heure du petit déjeuner, mais qui est surtout réputé pour ses apéritifs réjouissants et ses excellents cocktails. Intérieur avec de solides piliers de pierre venant rythmer un espace intime, avec quelques touches industrielles. Terrasse devant les jeux d'eau sur le *Platzl,* idéale pour observer la vie locale.

Academy *(plan B1, **86**) : Franz-Josef-Str. 4. ☎ 87-57-97. • academy-salzburg.at • Tlj sauf dim 16h-minuit (2h sam).* Un café-bar alternatif et artistique qui appartient à une agence événementielle. Petite scène qui accueille des concerts intimes ou des spectacles informels, genre *stand up* ou impro. Clientèle jeune et fêtarde, pour une atmosphère bohême et chaleureuse.

Szene Lokal *(plan B2, **82**) : Anton-Neumayr-Platz 2. ☎ 27-65-15. Tlj 11h-minuit (2h ven-sam).* Le café-bar du complexe culturel *Szene* (voir ci-après), situé dans le hall d'entrée du cinéma qui a eu ses heures de gloire dans les années 1950. Le lieu a été entièrement repensé dans un esprit contemporain. Clientèle jeune et remuante, bonne musique plutôt *groovy* et DJ le week-end. Burgers et grillades en cas de faim. Vaste terrasse sur la place.

Szene *(plan B2, **82**) : Anton-Neumayr-Platz 2. ☎ 84-34-48. • szene-salzburg.net •* C'est le grand théâtre et la salle de concerts d'avant-garde de Salzbourg. Tout ce qui se fait d'insolite, de nouveau, de surprenant, voire de provocateur, passe par cette *Szene.* Dans tous les domaines : concerts, danse, théâtre, etc. Spectacles parfois « poil à gratter » qui contribuent grandement à la renommée culturelle de Salzbourg ! Durant l'été, le *Sommerszene,* festival de cinéma, théâtre, danse et spectacles divers.

Rockhouse Bar *(hors plan par C1, **83**) : Schallmooser Hauptstr. 46.*

☎ 88-49-140. • rockhouse-bar.at • Tlj 17h-1h (2h ven-sam). Créée avec le soutien de la municipalité, une Maison du afin que les groupes puissent répéter et donner des concerts. Concerts dans une longue salle voûtée, tous les jours ou presque (entrée payante). Soirées électro le week-end. Un endroit qui bouge, indéniablement. Très bonne ambiance.

Jazzit Musik Club (hors plan par A1, **85**) : Elisabethstr. 11. ☎ 88-32-64. • jazzit.at • Mar-sam à partir de 18h. Fermé dim-lun. Pas très loin de la gare, dans un bâtiment appartenant au Parti communiste autrichien, une adresse bien connue des amateurs de jazz, qui chassent dès 20h la note bleue dans sa cave. DJs les soirs de week-end. En été, *Biergarten* dans le jardin.

Achats

Marchés : **Schrannenmarkt** (jeu 5h-13h, ou mer si jeu férié, autour de l'église St. Andrä, plan B1, non loin de Mirabellplatz). Très pittoresque et couru par les Salzbourgeois. Bons produits, et nombreux stands de saucisses, *leberkäse*... pour grignoter un morceau. ***Grünmarkt :*** Universitätsplatz et Wiener-Philharmoniker-Gasse. Lun-ven 7h-19h ; sam 6h-15h. Fermé dim. Plus proche de l'esprit du *Naschmarkt* viennois, à ses débuts du moins.

Café fürst (Beli Mozartball Di Sini ; plan C2, **101**) : Brodgasse 13. ☎ 84-37-59. Sur l'Alter Markt. Tlj 9h-19h (8h sam). C'est ici même, dans la maison-mère qu'ont été inventées en 1890 les *Mozartkugeln,* ces boules de pâte d'amande et pistache enrobées de chocolat connues aujourd'hui dans le monde entier. Certes, elles sont ici plus chères que celles fabriquées industriellement, mais quand vous y aurez goûté, vous ne jurerez plus que par les vraies ! Salle voûtée et terrasse, pour manger un gâteau ou boire un thé ou un café.

Christmas in Salzburg (plan C2, **102**) : Judengasse 9-11. ☎ 535-71-11. Tlj 10h-19h (18h dim). Incroyable boutique spécialisée dans... les œufs de Pâques, peints à la main dans toutes les couleurs et les motifs imaginables. Certains font de jolies décorations de Noël. Pour le transport, on vous les emballe dans une boîte à œufs.

Stiftsbäckerei St. Peter (plan C3, **103**) : dans l'enceinte du monastère St. Peter ; entrée par Kapitelplatz ; juste avt l'entrée du cimetière ; en contrebas de la roue du moulin. Tlj sauf mer et dim 7h45-17h (13h sam). C'est la plus vieille boulangerie de Salzbourg, qui dépendait à l'origine du monastère bénédictin de Saint-Pierre voisin. La fabrication du pain se fait toujours à l'ancienne et la cuisson au feu de bois, dans un four de plus de 900 ans !

À voir. À faire

IMPORTANT : tous les musées et monuments de la ville sont gratuits avec la ***Salzburg Card*** (voir « Adresses et infos utiles »), de même que le funiculaire pour monter à la forteresse et l'ascenseur du Mönchsberg (mais pour un seul aller-retour).

– Une des plus belles façons de découvrir Salzbourg autrement, en profitant de la verdure et de la tranquillité, est de ***se promener sur ses hauteurs boisées***. On peut y accéder de différentes manières. Par l'ascenseur (payant) du *Mönchsberg,* et de là, rejoindre la forteresse à pied (à 1 km) ou redescendre vers la *Festspielhaus.* Belle balade également depuis la forteresse jusqu'au centre par le sentier qui se promène au gré des ruelles en pente. Les plus courageux choisiront de partir à l'assaut de la colline à pied, c'est tout à fait faisable ; en revanche c'est difficile (voire exclu) avec une poussette : le sentier qui part derrière la *Festspielhaus* est en réalité un long escalier très raide, et le sentier de la forteresse est lui aussi très pentu (et couvert de fins gravillons).

– Pour ceux qui souhaiteraient avoir une autre image de Salzbourg, le ***quartier de l'université*** (le Nonntal, de l'autre côté de la *Nonntaler Hauptstraße* ; *plan C3*)

mérite aussi d'être exploré. Joliment situé, aux portes de la vieille ville et au pied de la forteresse, il est en plein renouveau avec, ici et là, des constructions plus contemporaines.
– Fatigué de Mozart ou amateur d'art ? La ville compte ***une cinquantaine de galeries*** (référencées dans la brochure – en allemand ou en anglais seulement – *Kunst in Salzburg*), de quoi donc satisfaire d'autres appétits. Par ailleurs, de 2002 à 2012, la *Salzburg Foundation* a invité 12 artistes contemporains de renom (Anselm Kiefer, Christian Boltanski, James Turrell, pour n'en citer que quelques-uns) à « s'exprimer » dans la ville : vous pourrez découvrir leurs œuvres en parcourant les rues de Salzbourg. Le dépliant *Walk of Modern Art* (en allemand seulement) les référence et les situe tous sur une carte. Nous en mentionnons quelques-uns au fil des sites.

Le quartier des princes-archevêques

Dom St. Rupert und Virgil *(cathédrale Saint-Rupert-et-Saint-Virgile ; plan C3) : Domplatz. • salzburger-dom.at • Tlj 9h-18h (13h dim, 17h janv-fév et nov, 19h en été). Participation à l'entretien (!) 5 € ; gratuit moins de 18 ans. Concerts d'orgue de 25 mn à midi tlj sauf dim : accès 6 €. Visite guidée de 40 min ; tlj à 14h (5 €). Résas en ligne.*
C'est ***le monument le plus visité de la ville***. Construit par Santino Solari, un architecte italien, à la place de l'ancienne cathédrale romane (endommagée par un incendie en 1598). Le prince-archevêque ***Wolf Dietrich von Raitenau*** souhaitait que la nouvelle cathédrale soit plus grande que Saint-Pierre de Rome. Mais bien opportunément destitué, son successeur préféra un projet moins mégalo. Elle est cependant considérée, aujourd'hui, comme le monument italien le plus important au nord des Alpes.
Volume intérieur sans conteste impressionnant mais qui ne procure guère d'émotion. Trop ample, trop froid peut-être. Superbe coupole octogonale cependant. Décor au rythme chromatique, alternant cernes noirs, fresques et peintures sépia orange. La raideur de la décoration intérieure est aussi probablement liée au fait que la cathédrale fut en grande partie reconstruite après les bombardements de la dernière guerre. Dans la 1re chapelle gauche, remarquables fonts baptismaux de 1321, reposant sur des lions. Mozart y fut baptisé. Nommé organiste à la Cour, c'est pour la cathédrale qu'il composa nombre de ses messes, chants religieux, sonates. À droite de l'autel, l'orgue devant lequel il s'asseyait pour jouer durant les offices.
La crypte abrite l'une des 12 œuvres financées par la *Salzbourg Foundation* : *Vanitas* de **Christian Boltanski,** une interprétation moderne de la *Danse macabre* médiévale.

Residenzplatz *(plan C3)* **:** l'une des 4 places qui, dans l'esprit des architectes baroques de la ville, devaient rappeler la magnificence de Rome. Assez réussie, bien qu'un peu austère. La Résidence, l'ancien palais des princes-archevêques et la Neue Residenz (destinée à accueillir les hôtes princiers de passage) ferment la place. Au centre, la *Residenzbrunnen,* fontaine datant de 1658. Cette vaste place abrite aussi la poste centrale et un curieux Panorama à l'ancienne, dans le même bâtiment, à voir si vous avez la *Salzburg Card* ou si vous visitez le Salzburg Museum (billet combiné). Quant au ***Glockenspiel,*** fabriqué à Anvers, célèbre carillon de 35 cloches à l'abri dans son beffroi depuis 1704, il émet des sons couvrant 3 octaves. Parmi les 40 morceaux de musique à son répertoire, 16 seraient de *Johann Michael Haydn* et d'autres de *Leopold Mozart* (le père du petit génie). Il joue pour vous chaque jour à 7h, 11h et 18h *(visite guidée fin mars-fin oct, jeu à 17h30 et ven à 10h30 ; billet à retirer au Salzburg Museum ; 4 €).*

Domquartier *(quartier de la cathédrale ; plan B-C3) : Residenzplatz 1. ☎ 80-42-21-09. • domquartier.at • Billetterie accessible après passage sous le*

porche d'entrée. Août, tlj 10h-18h. Le reste de l'année, tlj sauf mar 10h-17h. Entrée pour le Domquartier (incluant la Residenzgalerie et le Dommuseum) : 13 € ; réduc. Audioguide en français inclus. Résa en ligne.
Une bonne idée que d'avoir réuni dans le quartier de la cathédrale les ***3 lieux incontournables de la place***, présentés désormais dans une muséographie revisitée.

Un peu d'histoire
Vaste palais datant pour l'essentiel des XVIe et XVIIe s, époque où siégèrent les plus prestigieux d'entre eux, *Wolf Dietrich von Raitenau, Markus Sittikus von Hohenems* et *Paris von Lodron.* Façade assez austère, hormis son portail Renaissance. En revanche, appartements richement décorés. On compte 180 pièces autour de 3 cours intérieures. Et le nouveau circuit proposé a permis, par-delà l'ouverture d'un musée unique, de restaurer l'unité du bâtiment. On passe des appartements à la galerie de peinture avant d'atteindre une terrasse cachée avec vue sur la ville. Le parcours permet aussi de traverser la cathédrale par le chemin des organistes et d'atteindre l'ancien musée de la cathédrale, le merveilleux cabinet de curiosités des évêques et les trésors que recèle le musée de l'abbaye Saint-Pierre. Un circuit fermé au public durant près de 200 ans !

LA RÉSIDENCE DES MÉLOMANES

En 1615, c'est dans le palais des princes-archevêques qu'est, pour la 1re fois en terre germanique, joué un opéra ; il s'agit d'une œuvre de Monteverdi, probablement son célèbre Orfeo. *En 1767, on joue à la Residenz un oratorio dont Mozart, à peine âgé de 10 ans, a composé la 1re partie. En 1772, lors de l'investiture du prince-archevêque Hieronymus von Colloredo, c'est cette fois un opéra,* Sogno di Scipione, *du petit prodige, qui couronne l'événement.*

La visite
Certaines salles d'apparat (Prunkräume) méritent une attention toute particulière, mais l'audioguide mène à l'essentiel.
– *Salle des carabiniers et salle des chevaliers :* intéressantes pour leur riche décor de stucs. Fresques remarquables de ***Johann Michael Rottmayr.***
– *Salle des conférences :* superbe plafond relatant un épisode de la vie d'Alexandre le Grand, *La Bataille du Granique* d'***Altomonte.*** Mozart a donné ici son 1er concert à la Cour. Il n'avait que 6 ans.
– *Dans l'antichambre :* stucs ornés de dorures, grandes tapisseries de Bruxelles du XVIe s. 2 ravissants miroirs gravés de Venise du XVIIIe s.
– Somptueuse *salle des audiences* : la plus fastueuse de la Résidence. Parquet marqueté datant de 1714, tapisseries de Bruxelles du XVIIe s. Toujours cette fascination pour Rome ! Au plafond, stuc doré à la feuille d'or, fresque de ***Rottmayr.*** Magnifique poêle et horloge marquetée indiquant les années.
– *Bureau du prince :* portrait de l'archevêque *Franz Anton von Harrach.* Et encore un magnifique poêle.
– *Chambre du prince-archevêque :* au plafond, *Apothéose d'Alexandre.* Chapelle privée encadrée de 2 anges, avec belle *Vierge à l'Enfant.*
– *Petite Galerie :* au plafond, *Allégorie des arts et des sciences.* Cheminée de marbre rouge sculptée. Statue avec *putti* s'interrogeant sur le sexe des hommes.
– *Grand salon des fêtes :* murs couverts de soie française du XVIIIe s. Portraits de Ferdinand Ier et de François-Joseph.
– *Salle blanche :* extraordinaires décors de stuc blanc. En entrant, observer la patte de cheval qui sort littéralement de la scène au plafond.
– La *salle des évêques* est couverte d'un plafond en bois à caissons et présente un superbe sol en marbre.

La Residenzgalerie (galerie de la Résidence)
Créée initialement par les princes-archevêques en 1789 pour accueillir leur collection de tableaux, disparus pour la plupart dans la tourmente napoléonienne, la ***galerie de la Résidence*** est l'une des grandes curiosités du ***Domquartier.*** Les collections sont axées sur la peinture européenne du XVIe s à la fin du XIXe s. Difficile de faire un descriptif précis salle par salle car les œuvres bougent régulièrement en fonction des expos temporaires.
– *Peinture médiévale et flamande : Le Cardinal Matthäus Lang von Wellenburg* (1529) de l'école du Danube. Remarquer la vue de Salzbourg en arrière-plan, avec l'ancienne cathédrale romane. Effrayante *Tentation de saint Antoine* d'un suiveur de ***Jérôme Bosch,*** petit ***Jan Bruegel l'Ancien*** et un minuscule (et inquiétant) ***Rembrandt,*** qui méritait une salle rien que pour lui, *La Mère de l'artiste.*
– *Peinture baroque française et du XVIIIe s :* ***Hubert Robert, Vernet, François Boucher.***
– *Peinture baroque autrichienne :* large présence des maniéristes, tels que ***Paul Troger, Maulbertsch*** ou ***Rottmayr.***
– *Peinture autrichienne du XIXe s :* de ***Ferdinand Georg Waldmüller,*** *Kinder im Fenster.* Intéressants portraits de *Hans Makart* et *Friedrich von Amerling.* Enfin, quelques naturalistes et paysagistes. Le circuit passe par une terrasse extérieure en galerie où se poser un moment en prenant un café.

Musée de la cathédrale, cabinet des curiosités et musée Saint-Pierre
On suit ensuite un circuit qui permet de découvrir à l'aise les œuvres exposées (par roulement) dans l'oratorium nord, d'admirer de près l'orgue du Dom et d'avoir une vue plongeante sur tout l'intérieur de la cathédrale. Il faut garder des réserves pour découvrir les merveilles du célèbre ***cabinet de curiosités*** des archevêques. Fascinante collection d'objets insolites dans des armoires-vitrines de bois sculpté : chapelets, crucifix, objets de piété, balances de bijoutier, petits instruments de mesure, cadrans solaires, globes, minéraux, cristaux, fossiles, poissons, coquillages, étoiles de mer, dent de narval, objets d'art, mappemonde, serrures anciennes, os de mammouth et même un tatou naturalisé. L'ensemble relève du poème à la Prévert...
La Longue Galerie (70 m), remarquablement stuquée, mène au ***musée Saint-Pierre,*** où se trouvent les pièces les plus rares : la ***croix de saint Rupert*** du VIIIe s, un fascinant pigeon en émail de Limoges du XIIIe s, une impressionnante *Crucifixion* du XVIIe s, une superbe *Nativité* de l'atelier du Maître du *Kefermarkter Flügelaltar...* Vaste collection de reliquaires, couvertures de missel en cuivre niellé et filigrané, crucifix en or incrusté de rubis... Sur 15 000 m^{2}, on aura alors, mine de rien, parcouru quelque 13 siècles de pouvoir ecclésiastique. En sortant, on peut reprendre des forces dans l'un des célèbres cafés de la place voisine.

¶ ***Domgrabungsmuseum*** *(musée des Fouilles de la cathédrale) : Residenzplatz. Accès par un petit escalier sur le côté. Juil-août, sur rdv slt. Entrée : 3,50 € ; réduc.* Intéressante plongée dans l'histoire de la cathédrale et du quartier. Plan indiquant les emplacements des fondations des 3 églises qui se superposèrent : celle de Saint-Virgile du VIIIe s, celle de 1181 et, enfin, la cathédrale romane. Vestiges carolingiens et ruines romaines découvertes sous la cathédrale et son parvis (fragments de rues et de villas, mosaïques).

¶¶ ***Mozartplatz*** *(plan C2-3) :* une place incontournable, avec une statue de... Mozart, et, au n° 1, la Neue Residenz qui abrite les collections du Salzburg Museum (voir plus loin). Belle terrasse du café *Glockenspiel (voir « Où boire un verre ? »).* Au n° 4, jolie demeure rococo.

¶¶ ***Weihnachtsmuseum*** *(musée de Noël ; plan C2-3) : Mozartplatz 2. ☎ 84-35-23. ● salzburger-weihnachtsmuseum.at ● Mer-dim 10h-18h. Entrée : 9 € ; réduc.* Un vrai musée de Noël, loin du folklore commercial habituel. Il expose des objets rares collectés durant 40 ans par ***Ursula Kloiber.*** Et c'est un beau cadeau de Noël que son mari lui a fait en lui offrant ce musée installé au-dessus du café

Glockenspiel. Magnifiques pièces artisanales, et objets chargés d'émotion font revivre un siècle de Noëls d'antan (1840-1940) : crèche mécanique de 1880, pâtisserie miniature de vitrine pour mettre l'eau à la bouche des passants en 1900, jouets en bois ou en plomb qui font rêver. Certes, les sorcières, les Casse-noisette, les petits ramoneurs porte-chance parlent plus particulièrement à une clientèle locale qu'aux visiteurs d'un jour. Mais leur vision, une fois expliquée, participe de l'émotion ressentie ; pour preuve, cet arbre de Noël rescapé d'un front de guerre, ou cet intérieur Biedermeier restitué, avec le casque à pointe posé près du piano...

Salzburg Museum *(musée d'Histoire de Salzbourg ; plan C3)* **:** *Mozartplatz 1. ☎ 620-80-87-00. • salzburgmuseum.at • Tlj sauf lun 9h-17h. Entrée : 9 € ; réduc. Ticket combiné avec le Panorama Museum : 10 €. Audioguide en anglais ou en allemand inclus et livret de présentation en français.*

C'est le musée d'Histoire de la ville au sens large, de la préhistoire à nos jours. La muséographie moderne peut sembler confuse au 1er abord, mais elle s'avère vite très bien pensée, et le musée, passionnant. Mine de rien, le ton y est en plus souvent teinté d'humour, voire impertinent – les commentaires ici et là n'hésitant pas à relever les « travers » de la ville et de ses habitants.

MÊME EUX !

Les nazis ont persécuté les juifs, les gitans, les communistes et les homosexuels. On sait moins que les sourds ont été aussi inquiétés. Pour les malentendants, en Autriche, les ennuis ont commencé dès l'annexion par l'Allemagne (1938). Les mères sourdes furent stérilisées. Les écoles spécialisées, fermées et les listes d'enfants, rassemblées. À Salzbourg, le directeur de l'école des malentendants fit preuve de courage : il mit le feu aux archives.

Le sous-sol est consacré aux expos temporaires, généralement en lien avec la ville. Au ***1er étage***, section consacrée aux personnages remarquables de Salzbourg, comme, entre autres, le médecin et alchimiste Paracelse enterré à Salzbourg. Au ***2e étage***, intéressante réflexion sur ***la « construction » de Salzbourg,*** tant dans un sens abstrait que concret. Par qui et pourquoi la ville fut-elle construite ? Salzbourg ne serait-elle qu'un mythe développé à l'époque romantique ? À l'époque déjà, elle était conçue comme une ville à vocation touristique. Y sont aussi abordés le conflit entre conservatisme et modernité, les inconvénients et les avantages du tourisme. Toujours au même étage, intéressante section sur la musique à Salzbourg avec quelques instruments précieux dont ce piano-forte aux couleurs des touches inversées (l'ivoire était plus rare que l'ébène).

En complément de visite, le ***Panorama Museum*** permet, depuis une plateforme au centre d'une rotonde, de découvrir l'œuvre panoramique originale de ***Johann Michael Sattler,*** installée dans les locaux voisins de l'ancienne poste. Une vision du Salzbourg de 1825 qui laisse rêveur...

À côté de la Mozartplatz, la délicieuse ***Waagplatz,*** ancien marché au pain au Moyen Âge ; le poids public au centre servait à peser le grain. C'était aussi le cadre des exécutions publiques à côté de l'ancienne cour de justice. De là, début de la *Judengasse,* l'une des rues les plus anciennes de Salzbourg, qui a conservé son tracé médiéval.

Alter Markt *(plan B-C2)* **:** c'est l'une de nos places préférées, qui annonce en fait le quartier de la bourgeoisie et des commerçants (voir plus loin). Fontaine *Saint-Florian* du XVIIe s, entourée d'une grille Renaissance. Sur l'un des côtés, le célèbre *Café Tomaselli* (voir « Où boire un café ? Où déguster une pâtisserie ou une glace ? » plus haut). Côté sud, la ***Wetterstation*** une station-météo du XIXe s, en style néo-Renaissance tout en fer forgé et dorures.

De l'autre, la vieille pharmacie de la cour des princes-évêques *(Alte fürst-erzbischöfliche Hofapotheke),* avec son cadre intérieur de style rococo, ses vieux pots

et ses fioles. Étagères en bois sculpté et doré, comptoir en marqueterie. Ne pas oublier, en passant, de jeter un coup d'œil au café *Fürst,* du nom de l'inventeur des *Mozartkugeln* (voir « Achats » plus haut).
Juste à côté, en revenant vers la Residenzplatz, entrer quelques instants chez ***Jahn-Markl,*** le fabricant de *lederhausen* (culotte de peau) le plus réputé de Salzbourg, qui officie depuis 1408. Son livre d'or collectionne les signatures prestigieuses, de l'empereur François-Joseph à Vivienne Westwood.
Enfin, allez jeter un œil, sur Residenzplatz, à la plus ancienne église de la ville *(Michaelskirche),* toute rose, reconstruite au XVIIIe s.

La forteresse

Festung Hohensalzburg *(forteresse de Hohensalzburg ; plan C3) : sur le Mönchsberg. ☎ 84-24-30-11. • salzburg-burgen.at • Mai-sept 9h-19h ; janv-avr et oct-déc 9h30-17h (18h w-e de l'Avent et Pâques). Entrée : 13,30 € sans le funiculaire, 16,60 € avec ; réduc en ligne, 15,90 € ; également un billet familial. Attention, les salles princières ne sont pas accessibles avec la* Salzburg Card.
Le billet donne accès aux salles princières de la forteresse, aux 3 musées et, si vous avez opté pour le billet le plus cher (ou la *Salzburg Card*), au funiculaire qui permet de monter tout là-haut *(départ ttes les 10 mn 9h-20h – 22h en août, 17h en hiver).* Montée possible à pied, par un chemin qui grimpe derrière le *Festspielhaus.* En tout cas, on conseille vraiment de s'y rendre au coucher du soleil pour profiter de la vue admirable, même si vous avez déjà fait une visite dans la journée. Les clochers rougeoient, la Salzach sinue (elle fait ça très bien !) et les montagnes jouent aux ombres chinoises.
Construite probablement à partir de 1077, la forteresse fut agrandie par les princes-archevêques successifs. Son aspect actuel date du XVIe s, ce qui en fait l'une des rares forteresses d'Europe à demeurer dans son état quasi initial. On découvre une accumulation d'édifices défensifs, arsenaux, tours, bastions, ajoutés dans tous les sens. Elle est toujours restée imprenable. En faisant le tour de l'enceinte par la gauche, on parvient à la ***chapelle Saint-Georges.*** Au milieu de la place, puits de 1539. Un passage donne accès à une terrasse surplombant la ville, offrant une vue extraordinaire. Un peu plus loin, tunnel d'accès au chemin redescendant vers le couvent de Nonnberg. En poursuivant autour du bloc central, côté sud, on parvient à un panorama, cette fois côté campagne, avec les Alpes en toile de fond.
La visite de l'intérieur se décompose en plusieurs étapes (compter 2h pour voir l'essentiel).
- *Circuit 1 :* parcours du chemin de ronde et tour d'observation à 360°.
- *Circuit 2 :* visite libre du *Marionettenmuseum,* des *Fürstenzimmer* (salles princières), du *Festungsmuseum* et du *Rainermuseum.*
- ***Rundgang*** *(chemin de ronde et tour d'observation) :* après avoir passé la galerie de portraits des archevêques qui résidèrent ici, puis une salle de torture (où personne ne fut jamais torturé), on accède à la tour supérieure, qui domine toute la ville d'un côté, la vallée et la montagne de l'autre. Le parcours s'achève avec un orgue mécanique à cylindres de 1502, sur lequel Mozart père jouait 2 fois par semaine. Le son rappelle le souffle du taureau.
- ***Marionettenmuseum*** *(musée des Marionnettes) : au rez-de-chaussée.* Petit musée (parfois fermé) dédié aux fameuses marionnettes de Salzbourg. C'est l'occasion de voir quelques extraits des spectacles.
- ***Festungsmuseum*** *(musée de la Forteresse) : au 2e étage.* Riches collections d'art médiéval. Tapisseries, mobilier (lit à baldaquin peint, coffre en bois sculpté), armes, objets religieux, pièces de monnaie, armures présentées comme des marionnettes au combat, instruments de musique et... de torture, etc.
- ***Fürstenzimmer*** *(salles princières) :* salles gothiques du XVIe s, copieusement dorées et dont les murs sont recouverts de panneaux de bois. On entre d'abord

dans le grand salon de réunion, où sont donnés toute l'année des concerts de musique de chambre (lire plus loin « Où écouter un concert... ? »). Poutre centrale de 17 m de long ornée de blasons en forme de bretzel, et grosses colonnes torsadées de marbre rouge où l'on voit la trace de l'impact d'un boulet tiré du dehors lors d'une révolte des paysans. Au plafond, 3 000 boutons d'or évoquent la voûte céleste. Au-dessus des portes à accolades, vous remarquerez un curieux emblème, un navet... L'oncle de l'archevêque ***Leonhard von Keutschach*** lui aurait un jour jeté un navet à la tête pour lui remettre les idées en place (c'est en tout cas l'explication amusante donnée ici). Dans la *Salle dorée,* riche de boiseries gothiques sculptées, l'un des plus magnifiques poêles en faïence d'Autriche datant de 1501. Posé sur des lions de bronze, il est orné de scènes bibliques, d'une forêt de pinacles ainsi que de motifs floraux et végétaux à la polychromie délirante. La chambre à coucher voisine était équipée d'un cabinet d'aisance, un vrai luxe pour l'époque !
– ***Rainermuseum*** *(Musée militaire)* **:** *au 3e étage.* Petite expo avec armures médiévales, costumes, uniformes, pistolets, décorations... qui intéressera les amateurs d'histoire militaire.
– Possibilité de redescendre vers la vieille ville à pied ; sentier raide, mais très promenade agréable.

➢ Un chemin qui débute à la sortie basse de la forteresse permet de rejoindre le ***musée d'Art moderne*** le long d'une crête surplombant la ville. Compter env 20 mn de marche, entre bois et clairières. Superbes vues, d'un côté sur la ville et de l'autre sur les sommets des Alpes. On croise quelques belles villas ainsi que la *Gasthaus Stadtalm,* un resto-bar perché (voir « Où manger ?). Tout est parfaitement fléché.

LE PAYS DE SALZBOURG

Le quartier des moines

Stift Nonnberg *(couvent de Nonnberg ; plan C3)* **:** le plus ancien couvent de femmes des pays germaniques. Les fans de *La Mélodie du bonheur* y viendront en pèlerinage : c'est dans ce couvent que vit Maria (Julie Andrews) au début du film. Possibilité de visiter l'église *(ouv de 7h à la tombée de la nuit ; changements possibles).* Avec son petit cimetière calme et fleuri, elle forme un ensemble charmant, bucolique. Portail du XVe s avec vestiges du tympan roman. Remarquer les curieux graffitis sur la gauche, qui ont probablement plus de 500 ans ! À l'intérieur, chaire en marbre datant de 1475 et maître-autel de style gothique tardif. Jubé sur colonnes octogonales de marbre rouge, avec sculptures de têtes. ***Fresques romanes*** de 1150, visibles en insérant une pièce dans la boîte *(0,50 €).*
À droite, crypte sur fines colonnettes. Retable : *Vierge à l'Enfant.* Sur les volets, scènes de la Passion (lumière à droite, près de la crypte).

Au retour, la route conduit tranquillement au cimetière ***St Peterfriedhof.*** Empruntez la *Herrengasse,* qui justifie toujours son nom puisqu'elle abrite une maison close, dont la lanterne rouge éclaire le passage. Tout à côté, *Biergarten* et salles à l'ancienne de la taverne voisine, ***Pauli Stubm*** *(Herrengasse 16 ; tlj sauf dim-lun 17h-minuit ; plats 13-22 €).*

St. Petersfriedhof *(cimetière Saint-Pierre ; plan B3)* **:** *en principe, avr-sept, 6h30-19h (18h oct-mars).* On vous dirait bien, si ce n'était un lieu de recueillement, que c'est l'un des plus adorables et romantiques cimetières que l'on connaisse. Mais comme on n'est pas les seuls à l'apprécier, au fil des ans, les religieux ne supportent plus l'attitude des visiteurs qui s'égaient au milieu des tombes pour se faire photographier dans des attitudes peu en rapport avec le lieu. Collé à la falaise, abondamment fleuri entouré d'arcades du XVIIe s aux grilles de fer forgé, c'est d'abord le cimetière des grandes familles de Salzbourg, d'où son intérêt

aux yeux des amoureux d'histoire. Fresques datant de 1630 aux caveaux n°s 15 et 16 (ce dernier est celui de la famille *Hagenauer,* propriétaire de la maison natale de Mozart).
Au n° 31, tombeau de *Santino Solari,* l'architecte de la cathédrale. *Michael Haydn* (le frère de Joseph) et la sœur de Mozart, *Maria Anna* (Nannerl), ont aussi été enterrés ici, mais inutile de chercher leurs tombes, ils ont été inhumés dans une fosse commune. Au milieu du cimetière, *chapelle Sainte-Marguerite* de 1491. Sortie vers l'abbatiale Saint-Pierre *(Stiftskirche).*
– Ne manquez pas d'aller faire un tour sur la Kapitelplatz, si elle est ouverte, à la ***Stiftsbäckerei St. Peter*** *(plan C3,* ***103****),* la boulangerie dans l'enceinte du monastère St. Peter, en contrebas, à côté de la roue du moulin (voir plus haut « Achats »).

Autre originalité, accessible au départ du cimetière : la visite des ***catacombes,*** creusées dans le Mönchsberg et remontant à l'origine de la chrétienté. Rendez-vous à l'arcade n° 54 pour la visite. ☎ *844-57-60. Tlj 10h-12h30, 13h-18h (17h oct-avr). Entrée : 2 € ; réduc.*

Stiftskirche St. Peter *(église du monastère Saint-Pierre ; plan B3)* **:** *• erzabtei.at • Tlj 8h-12h, 12h30-18h30.*
C'est en fait l'église du plus ancien monastère d'hommes de l'Europe germanique, fondé par saint Rupert au VIIe s. Édifiée en style roman en 1130 mais largement baroquisée aux XVIIe et XVIIIe s, elle compose avec son harmonieuse place, sa fontaine et le Mönchsberg en fond l'une des plus séduisantes images de la ville. L'intérieur, d'une belle harmonie, enchantera les amateurs de baroque. Mozart y dirigea la 1re de sa *Messe en ut mineur,* en 1783.
Porche admirable avec tympan roman très bien préservé et grille en fer forgé chargée de dorures. Plafond de la nef abondamment stuqué, avec fresques. À la croisée du transept, élégante coupole octogonale. Maître-autel en marbre rouge sculpté (1777). Dans le transept gauche, autel *Maria Säul* présentant une gracieuse statue de *Vierge à l'Enfant* (1420). Impressionnante série de confessionnaux. À gauche de la nef, petites arcades du XIIIe s (vestiges de l'édifice roman). À droite, revers du dernier autel particulièrement ornementé. Au revers de celui de saint Rupert (qui fonda l'abbaye), tombeau du saint.

Franziskanerkirche *(église des Franciscains ; plan B3)* **:** *à 2 pas de la Stiftskirche St. Peter. Tlj 7h-19h30 (pas de visites pdt les messes, bien sûr !).*
Peu fréquentée des touristes et pourtant ! Par le grand portail de la cour de l'abbaye, on accède à cette intéressante église, présentant tous les styles. De son origine romane subsistent la nef et le portail ouest.
Ce qui frappe d'emblée, c'est le contraste entre la nef romane, basse et sombre, et le chœur gothique, donnant un fabuleux sentiment d'élévation, d'aspiration vers le ciel. Extrême délicatesse de la construction, dite en « voûte en palmier » (fins piliers et plafonds à nervures). Le maître-autel du chœur est un chef-d'œuvre du baroque. Abondante statuaire. *Vierge à l'Enfant* du célèbre sculpteur tyrolien ***Michael Pacher.*** Tout autour, 9 chapelles abondamment décorées de stucs et peintures. Dans la 5e chapelle (dans l'axe de l'église), beau retable de la Résurrection en marbre. Dans la 7e, *Martyre de saint Sébastien.* Dans la 9e, peintures de Rottmayr.
Une dizaine de franciscains continuent de veiller sur ces lieux (les bénédictins voisins seraient plus nombreux, une bonne vingtaine).

Le quartier de la bourgeoisie et du commerce

Museum der Moderne Rupertinum *(musée d'Art moderne Rupertinum ; plan B3)* **:** *Wiener-Philharmoniker-Gasse 9 (Max-Reinhardt-Platz).* ☎ *84-22-20-451. • museumdermoderne.at • Tlj sauf lun (hors festivals) 10h-18h (20h mer). Entrée valable pendant 14 j. aussi pour le* Museum der Moderne Mönchsberg *et l'ascenseur du Mönchsberg : 15 € ; réduc (moins cher en ligne).*

Le musée d'Art moderne et contemporain est abrité dans un édifice du XVIIe s organisé autour d'un atrium à arcades. Il présente uniquement des ***expos temporaires*** de peinture, sculpture, art graphique ou photographie des XXe et XXIe s. Comme souvent dans cette sorte de musée, l'intérêt dépend vraiment de l'expo. Connexion au *Museum der Moderne Mönchsberg* (lire plus loin).

Universitätsplatz *(plan B2)* **:** place tout en longueur. Petit marché en semaine et le samedi matin *(Grünmarkt)*. Bordée par la **Kollegienkirche,** l'église de l'université, construite en 1694 par *Johann Bernhard Fischer von Erlach* (architecte prolifique) et entièrement rénovée en 2013. Volume intérieur bien équilibré. Au maître-autel, allégorie des Sciences et des Arts avec l'Immaculée Conception. Dans les 4 chapelles correspondant aux 4 universités, tableaux de *Rottmayr.* L'église accueille de prestigieux concerts durant le *Festspiele.*
En face, on peut accéder à l'entrée arrière de la ***maison natale de Mozart,*** avec son décor rococo.

Mozarts Geburtshaus *(maison natale de Mozart ; plan B2)* **:** *Getreidegasse 9. ☎ 84-43-13. • mozarteum.at • Tlj 9h-17h30 (8h30-19h juil-août). Dernière entrée 30 mn avt fermeture. Fermé durant la Mozartwoche (fin janv-début fév). Visite guidée sur demande. Entrée : 12 €. Possibilité de billet combiné avec la 2de maison de Mozart, sur l'autre rive de la Salzach, la Mozart-Wohnhaus (voir plus loin) : 18,50 € ; réduc.*
C'est au 3e étage de cette demeure, l'une des plus anciennes de la ville, que s'installa en 1747 Leopold Mozart, musicien de la chambre princière de Salzbourg, avec sa femme Anna-Maria. Ils y restèrent 26 ans et eurent 7 enfants, dont 2 seulement survécurent. C'est donc là que naquit, le soir du 27 janvier 1756, le génial petit dernier *Johannes Chrysostomus Wolfgangus Theophilus* (pas encore Amadeus !) *Mozart.*
Aujourd'hui, la mythique maison jaune abrite l'***appartement de Mozart,*** où il ne reste malheureusement rien du mobilier d'époque, seulement quelques objets personnels et reliques de Wolfgang dont une mèche de cheveux et le petit violon de son enfance, et divers panneaux retraçant la vie de Mozart et de sa famille (et plein, plein de visiteurs en saison !). Au ***1er étage,*** appartement bourgeois traditionnel du XVIIIe s. Au ***2e étage,*** collection de maquettes de décors de théâtre et d'opéras écrits par le compositeur. Un vrai effort de muséographie a été réalisé ces dernières années : on apprécie !

DOUÉ, LE PETIT !

Le Miserere de Gregorio Allegri, composé pour la Semaine sainte, a suscité un tel engouement que le pape Urbain VIII, considérant ce morceau comme le plus beau du monde, interdit toute copie de la partition. Elle doit rester la propriété du Vatican et ne jamais en sortir. En 1770, à Rome, à 14 ans, Mozart entend ce morceau exceptionnel. Après une seule écoute, il réussit à retranscrire l'œuvre, et sans une erreur ! Grâce à sa mémoire incroyable, l'œuvre d'Allegri a pu traverser les siècles...

Getreidegasse *(ruelle du Blé ; plan B2)* **:** la rue la plus célèbre de Salzbourg. Bordée de hautes maisons bourgeoises, elle est connue pour ses ***superbes enseignes*** en fer forgé. Un véritable festival tout au long de la rue, même *McDo* a la sienne ! C'est aussi un haut lieu du shopping chic. Ne pas hésiter à entrer dans les passages reliant la rue à la place de l'Université pour jeter un œil aux cours intérieures, souvent à arcades (notamment aux n°s 23 et 25), où s'étagent les niveaux d'appartements allant des plus aisés aux premiers niveaux jusqu'aux chambres des domestiques, tout en haut. Au n° 24, ancienne tour de remparts avec arcades sur grosses consoles de pierre.

Herbert-von-Karajan-Platz *(plan B2)* **:** point de départ d'un ***tunnel de 125 m de long creusé dans le Mönchsberg,*** dans sa partie la plus étranglée. Véritable exploit technique, réalisé en 1764 et qui a permis de relier directement la vieille ville au quartier de Riedenburg. Le portail de style néoclassique fut, bien entendu, sculpté à même le rocher.

Festspielhaus *(palais des Festivals ; plan B2-3)* **:** *Hofstallgasse 1. Rens : ● salzburgerfestspiele.at/guided-tours ● En saison, visite guidée normalement juil-août tlj à 9h30 et 15h30, plus 14h sam et j. fériés le reste de l'année, mais horaires aléatoires en fonction des répétitions ou mises en place de spectacles. 7 €/pers.* Lieu emblématique fameux pour la qualité de son acoustique. 3 salles, dont la plus grande, réservée aux opéras les plus connus, possède une scène large de 100 m !
– Le *Furtwänglerpark*, face au palais, abrite l'***A.E.I.O.U.*** d'*Anselm Kiefer.* Un ***cabinet des curiosités*** d'aujourd'hui avec, à l'intérieur, un tableau grand format, une étagère avec des livres en plomb et une inscription murale. Juste à côté, remarquez les curieux ***Gurken*** (cornichons) de l'artiste autrichien Erwin Wurm.
– De l'autre côté du *Festspielhaus,* l'ancien abreuvoir des chevaux, de 1695 (on ne se moquait pas d'eux à l'époque !). Paroi avec fresques de chevaux qui servit, dit-on, à cacher une ancienne carrière de pierre.

Spielzeugmuseum *(musée du Jouet ; plan B2)* **:** *Bürgerspitalgasse 2. ☎ 620-80-83-00. ● spielzeugmuseum.at ● Tlj sauf lun 9h-17h. Entrée : 5 € ; 4-15 ans 2 €.* S'appuyant sur la falaise même, l'ancien hôpital, qui a accueilli des malades jusqu'à la fin du XIXe s, abrite aujourd'hui un *musée du Jouet* dont le nom-même prête à confusion. Nulle place ici pour poupées et maisons, petits trains, anciennes voitures ou autres lanternes magiques. « Musée du Jeu » serait plus approprié pour cet espace où l'on entre en retirant ses chaussures. Le lieu reçoit, comme une garderie des temps modernes, des familles venues voyager dans le temps et s'amuser avec leurs enfants, qui peuvent vraiment toucher, et explorer un univers à leur portée. Expos thématiques souvent originales. Comprendre l'allemand n'est pas obligatoire pour apprécier tout ça, mais ça aide pas mal quand même.

St. Blasiuskirche *(église Saint-Blaise ; plan B2)* **:** *juste à côté du Bürgerspital.* Date du XVe s. Halle à 3 nefs d'égale hauteur. Une tribune était autrefois réservée aux malades de l'hôpital. Au-dessus de la sacristie, fresque de 1600. Sur l'autel, à droite du chœur, *Adoration des Mages* de ***Paul Troger.*** Dans la nef, à gauche, superbe tabernacle en bois sculpté de style gothique.

La montée au Mönchsberg *(plan A-B2-3)* **:** *du n° 13 de la Gstättengasse (Anton-Neumayr-Platz). ☎ 88-84-97-50. Accès au belvédère du Mönchsberg par un ascenseur payant* (Mönchsbergaufzug). *Juil-août, tlj 8h-23h : hors saison, 8h-21h (19h lun). Montée et descente : 4,10 € (trajet simple 2,80 €).*
On peut également y grimper à pied par un escalier qui part derrière le *Festspielhaus,* via le passage de *Toscaninihof.* De là-haut, beau panorama (de jour comme de nuit) sur la ville, avec la forteresse en fond.

Museum der Moderne Mönchsberg *(plan A2)* **:** *Mönchsberg 32. ☎ 84-22-20-403. ● museumdermoderne.at ● Tlj sauf lun (hors festival de Pâques et été) 10h-18h (20h mer). Entrée valable pendant 14 j. aussi pour le musée der Moderne Rupertinum et l'ascenseur du Mönchsberg : 15 € ; réduc (moins cher en ligne).*
Autre musée dédié à ***l'art contemporain,*** tout comme le *Rupertinum* (lire plus haut). Le bâtiment en marbre clair, conçu par une équipe d'architectes munichois, bénéficie d'une situation exceptionnelle, sur la falaise abrupte du Mönchsberg. Vastes volumes intérieurs à dominante de béton brut, accueillant principalement des expositions temporaires de qualité, toujours dans l'air du temps. À la sortie, l'espace cylindrique ***Skyspace*** de plus de 8 m de hauteur est l'œuvre de l'artiste américain *James Turrell.*

***M 32* :** *à côté du musée d'Art moderne. Tlj sauf lun 10h-minuit.* Café-resto chic et cher, au design flamboyant. Étonnant plafond lumineux

LE PAYS DE SALZBOURG

réalisé à partir de 500 bois de cerfs. Quant à la terrasse, elle offre un extraordinaire panorama sur tout Salzbourg, de la ville baroque jusqu'à la forteresse. Allez y boire un verre ou un café, ça suffira !

Haus der Natur *(Maison de la nature ; plan B2)* **:** *Museumsplatz 5.* ☎ *84-26-530.* • *hausdernatur.at* • *Tlj 9h-17h. Entrée : 9,50 € ; réduc. Commentaires en allemand et anglais. Feuillet en français à l'entrée.* Présentation très claire et pédagogique, avec des activités interactives et un planétarium. Tout, vous saurez tout sur les animaux, les fossiles, la géologie, l'astronomie... Aquarium, vivarium (alligators, pythons albinos). Salon de thé en terrasse côté rue (pas très nature !).

Sur l'autre rive de la Salzach

Sans qu'elle atteigne la force d'attraction de la vieille ville, elle abrite néanmoins un quartier très ancien datant du XIIe s, avec de ***vénérables demeures*** qu'il faut prendre le temps de découvrir, le nez au vent. Remontez et redescendez l'agréable *Linzer Gasse* (avec au passage les ruelles alentour). Grandes demeures à arcades du XVIe s sur la *Steingasse.* Ces quartiers ont aussi le mérite d'être moins touristiques en journée, et plus animés en soirée.

Mozart-Wohnhaus *(maison d'habitation de la famille de Mozart ; plan B2)* **:** *Makartplatz 8.* ☎ *87-42-27-40.* • *mozarteum.at* • *Tlj 9h-17h30 (8h30-19h juil-août). Fermé durant la Mozartwoche (fin janv-début fév). Entrée : 12 € ; billet combiné avec la Mozarts Geburtshaus : 18,50 € ; réduc.*

TÊTE-BÊCHE

Mozart, un génie ? Oui ! Il composa en effet une musique qui pouvait se lire dans les 2 sens : la partition posée à plat sur une table, un violoniste l'interprète à l'endroit, et un autre en face à l'envers. On appelle cela le « canon inversus ».

En 1773, trop à l'étroit dans l'appartement de la *Getreidegasse,* la famille Mozart déménagea dans cette maison de 8 pièces, surnommée la « Maison du maître de danse » *(Tanzmeisterhaus)* car c'est ici que les jeunes Salzbourgeois prenaient auparavant des leçons de maintien. En 1938, la *Fondation internationale Mozarteum* acquiert 3 pièces pour créer un musée. Mais la maison est endommagée par les bombardements de 1944... C'est grâce à la campagne menée par la fondation que la maison a été partiellement reconstruite, pour ouvrir au public en 1996.
Comme dans la maison natale de la *Getreidegasse,* le mobilier n'est évidemment pas d'origine et, hormis quelques instruments de musique et de rares objets, les documents exposés (partitions, lettres) ne sont que des copies. Néanmoins, l'audioguide offre un émouvant voyage dans l'univers musical mozartien. Il permet de suivre les chemins de la création de celui qui écrivit ici, de 1773 à 1780, symphonies, sérénades, concertos pour piano et violon, messes et bien sûr opéras *(La Finta Giardiniera, Idoménée...).* La visite est axée sur la famille de Wolferl, principalement sur son père **Leopold** et sa sœur **Nannerl.** Dans la grande salle, superbe portrait de famille peint par *Johann Nepomuk della Croce* (1780), avec au piano Mozart, sa sœur au violon et leur père ; au mur un portrait de la mère décédée. Des expositions temporaires complètent ou remplacent parfois l'expo permanente.
Café Classic : café sympathique à l'entrée du musée, donnant sur une cour cachée, où il fait bon s'attarder après la visite.

Dreifaltigkeitskirche *(église de la Trinité ; plan B2)* **:** *Makartplatz.* Œuvre de 1694 du prolifique J. B. Fischer von Erlach, architecte de la Karlskirche de Vienne. Partie centrale en renfoncement et de forme convexe, encadrée de 2 petits clochers. À l'intérieur, belle fresque dans la coupole par *Rottmayr (Le Couronnement de Marie).*

LE PAYS DE SALZBOURG

Schloss Mirabell *(château et jardins Mirabell ; plan B1)* **:** Mirabellplatz. Cette modeste demeure fut construite en 1606 par l'archevêque *Wolf Dietrich von Raitenau* pour sa maîtresse *Salomé Alt* (qui lui donna 15 enfants !). Malheureusement, l'ensemble brûla au début du XIXe s. Reconstruit de manière très classique et un peu ennuyeuse, c'est aujourd'hui l'***hôtel de ville de Salzbourg.*** Des concerts y sont donnés régulièrement (voir plus loin « Où écouter un concert... ? »).
Bel escalier de marbre (rampe particulièrement originale), seul élément rescapé des anciens édifices. Pour le voir, franchir la porte au niveau de la statue de Pégase, puis sous le porche à gauche. Superbes entrelacs de marbre surmontés de chérubins dans des postures variées. L'escalier mène à la somptueuse salle des mariages, tout en dorures, œuvre de ***Lukas von Hildebrandt.***
Séduisants ***jardins à la française,*** avec parterres fleuris et jeux d'eau, éclairés la nuit. Bassin dominé par un Pégase de bronze du XVIIe s. En s'éloignant un peu vers le fleuve, on tombe sur l'étonnant *Zwergel Garten,* envahi de statues de nains et d'êtres fantastiques, comme sortis d'une légende germanique...

Galerie Thaddaeus Ropac *(plan B1)* **:** Mirabellplatz 2. ☎ 88-13-930. • ropac.net • Mar-sam 10h-18h (14h sam). Fermé dim-lun et entre 2 expos. GRATUIT. Installée dans l'élégante *Villa Kast,* c'est la plus célèbre galerie d'art de la ville et peut-être même d'Autriche (succursale à Paris). Expositions exceptionnelles, avec des pointures de l'art moderne ou contemporain.

Sur la Schwarzstraße sont alignés le ***Landestheater*** (théâtre régional), le ***Marionettentheater*** et l'***Universität Mozarteum*** *(plan B1-2).* Sous la façade austère de cette dernière se cache un intérieur contemporain et aéré, ainsi qu'une salle de concerts (c'est un conservatoire réputé).

St. Sebastianskirche – Friedhof St. Sebastian *(église et cimetière Saint-Sébastien ; plan C1)* **:** Linzer Gasse 41. Avr-oct 9h-18h ; nov-mars 9h-16h. Construite en 1750, l'église présente un joli portail baroque. Un saint Sébastien sculpté sur la façade dans un médaillon. Charmant cimetière à arcades, où ont été enterrés *Léopold Mozart, Constanze Weber* et *Nissen,* son 2e mari danois, ainsi que d'autres membres de la famille. Un lieu de paix et de méditation. Au milieu, chapelle testament d'un évêque de Salzbourg, avec une rotonde tapissée de céramique de couleur (visible de l'extérieur seulement). Mémorial du médecin-alchimiste Paracelse (1493-1541) enterré là.

UN MÉDECIN AUX MÉTHODES NOUVELLES

Paracelse a accumulé de l'expérience médicale dans le traitement des blessures de guerre quand il était chirurgien de l'armée de Venise. Au lieu de les soigner avec des emplâtres de mousse et de fumier sec, selon les méthodes de l'époque, il recommandait plutôt de les drainer en faisant sortir le sang et le pus, avançant qu'il fallait laisser agir la nature.

Kapuzinerberg *(mont des Capucins ; plan C1-2)* **:** accès par le nº 14 de la Linzer Gasse et le Stefansweg (chapelles du chemin de croix). Accès également par la Steingasse et les marches de l'Imbergstiege. Mont boisé où vivent encore quelques moines capucins (et des... chamois, c'est une réserve naturelle). Le ***3e plus beau panorama de la ville*** après ceux du château et du Mönchsberg. Dans la montée, à la hauteur de l'église, un buste de l'écrivain *Stefan Zweig* rappelle qu'il vécut ici même, de 1919 à 1934, dans la grosse maison jaune qu'on aperçoit à travers des grilles (*Paschinger Schlössl,* fermé au public). C'est ici qu'il commença à écrire son œuvre autobiographique *Le Monde d'hier* avant de fuir en 1934 vers le Royaume-Uni puis le Brésil. Un peu plus haut sur la colline, buste de Mozart portant l'épitaphe : « Grand jeune, tardivement reconnu, jamais égalé.»

Plus loin du centre, en direction de l'aéroport

Stiegl-Brauwelt *(brasserie Stiegl)* : *Bräuhausstr. 9. ☎ 83-87-14-92. • brauwelt.at • Accès par le périphérique sud-ouest (suivre les panneaux « Aéroport »). Visite guidée en anglais : tlj 10h-19h (durée : 2h mai-sept, 1h30 oct-avr) ; dernière entrée 1h avt fermeture. Entrée : 13 € ; réduc avec la* Salzburg Card.
Nul besoin de suivre les effluves de houblon pour la trouver, il suffit de suivre le logo de la *Stiegl* représentant un escalier, qui remonte aux origines de cette bière, du temps où il fallait monter et descendre les marches près de la rivière Salzach pour charger et décharger les fûts. Même Mozart en buvait, apprend-on en visitant les différentes salles de ce temple de la bière. Présentation visuellement attrayante : voilà une expo tout à fait instructive. Après, vous pouvez vous asseoir dans le ***Biergarten*** car votre billet vous donne droit à une ***dégustation de 3 bières*** (petites rations, rassurez-vous) ainsi qu'à un petit cadeau. Également d'agréables restos et *Stuben* aux plats classiques sur place *(tlj 10h-minuit).*

Flugzeugmuseum, Hangar 7 *(musée de l'Aviation)* : *Wilhelm-Spazier-Str. 7a. ☎ 219-70. • hangar-7.com • Accès identique à celui de l'aéroport (et pour cause). Tlj 9h-22h. GRATUIT.* Le fameux Hangar 7, est devenu l'un des emblèmes architecturaux du Salzbourg moderne : 1 200 t d'acier et 7 000 m² de verre en forme d'aile composent cette œuvre d'art futuriste de 14 m de haut. Elle abrite la collection d'avions historiques des *Flying Bulls,* présentés aux côtés d'expositions d'art contemporain. Entrée éclairée des 2 côtés comme une piste d'aéroport. Pas mal d'hélicos et d'avions de secours en montagne, un *AlphaJet* et, côté ancêtres, un *Lockheed P38 Lightning* à double queue ; en grands formats, un *Bombardier B25* et un *Douglas DC 6.* Quelques zincs d'acrobaties aériennes aussi. Un peu plus loin, le hangar *Red Bull* : eh oui, nous sommes ici chez ***Didi Materschitz*** (décédé en 2022), le propriétaire de la fameuse marque de boisson énergisante, sponsor de la Formule 1, de sports extrêmes et propriétaire de clubs de foot (Salzbourg et Leipzig). Il possède aussi à Salzbourg, outre les restos et bars du complexe du Hangar 7, une autre adresse dans le vent à l'entrée de la fameuse *Getreidegasse,* le resto-bar *Carpe Diem.*

Les festivals

Salzburger Festspiele (festival d'été)

– Programme et réservations au ***Kartenbüro der Salzburger Festspiele*** *(Herbert-von-Karajan-Platz 11, Postfach 140, A-5010 Salzburg ; ☎ 804-55-00 ; ou en ligne • salzburgerfestspiele.at •).* Réservations au moins 6 mois à l'avance, voire dès la publication du programme mi-novembre (prix plus avantageux, par ailleurs). Cela dit, quelques places sont conservées pour être vendues le jour même.
– Le festival se tient de ***mi-juillet à fin août.*** Les concerts se déroulent aux palais du Festival (le petit et le grand), à la *Aula* (dans la vieille université), à la grande salle du Mozarteum et au Landestheater.
– À noter que tous les concerts, opéras, etc., sont retransmis ***gratuitement*** en direct sur un écran géant installé sur la *Kapitelplatz (plan C3).* L'installation est sponsorisée par la firme *Siemens* : *• siemens.at/festspielnaechte/de •*
Sans oublier, émouvantes et drôles à la fois, les représentations du *Marionettentheater* ***(théâtre de marionnettes)*** interprétant des opéras de Mozart et bien d'autres, dans un somptueux décor et avec de ravissants costumes.
En raison de sa pratique unique, le théâtre de marionnettes a été inscrit en 2016 sur la liste du Patrimoine culturel immatériel de l'UNESCO.
Si Mozart ne reçut pas de la ville toute la reconnaissance qu'il méritait en son temps, en revanche, il a fait (et continue de faire) sa fortune. L'idée du festival,

dans l'air dès la fin du XIXe s, prit corps chez le poète *Hugo von Hofmannsthal,* le metteur en scène ***Max Reinhardt*** et le compositeur ***Richard Strauss.*** Ils organisèrent la 1re tentative en 1920.
Cette année-là, on ne joua que *Jedermann,* un mystère, sur le parvis de la cathédrale (où il est toujours donné, d'ailleurs). En 1922 vint le tour des 1ers opéras, tous de Mozart. Par la suite, le festival gagna en notoriété et on y joua également des œuvres d'autres compositeurs. En 1937, juste avant l'*Anschluss,* eut lieu le dernier grand festival, marqué par les personnalités de ***Toscanini,*** un antifasciste convaincu, et de ***Bruno Walter,*** d'origine juive. On y joua les plus grandes œuvres : *Don Giovanni, Les Noces de Figaro, Falstaff, Fidelio, La Flûte enchantée, Les Maîtres chanteurs, Le Chevalier à la rose,* etc.
Le festival repartit de plus belle après 1945. C'est en 1960 que fut inauguré le grand palais du Festival. Les plus grands chefs d'orchestre se produisirent à Salzbourg : *Karl Böhm, Lorin Maazel, Ferenc Fricsay, Herbert von Karajan.* Ce dernier en fut même le directeur exigeant pendant 30 ans. Son directeur artistique actuel (depuis 2016) est *Markus Hinterhäuser.*

Mozartwoche (la Semaine de Mozart)

• *mozarteum.at* • La ***2de quinzaine de janvier,*** en référence au mois de naissance de Mozart. Programmation 100 % Mozart, au Mozarteum et dans la grande salle du palais du Festival. Musique de chambre, symphonique, solistes. Toujours un opéra.

Salzburger Festspiele Pfingsten Barock (festival de la Pentecôte)

Créé par Karajan, grand festival de musique baroque durant la semaine de la Pentecôte. Plus abordable que les autres, il se déroule au palais du Festival, au Marionettentheater et au Mozarteum. Renseignements à l'office de tourisme et sur • *salzburgerfestspiele.at* •

Osterfestspiele (festival de Pâques)

• *osterfestspiele-salzburg.at* • À Pâques, comme son nom l'indique, et durant 10 jours. Dans diverses salles de la ville et au Mozarteum. Musique classique, un opéra et aussi un peu de musique contemporaine. Ce festival a été créé par *Herbert von Karajan* pour rendre hommage à la ville dont il était originaire.

Où écouter un concert de musique classique ? Où assister à un opéra en dehors des festivals ?

Toute l'année, Salzbourg programme une riche vie culturelle, encouragée de façon dynamique par la municipalité. L'office de tourisme (voir plus haut « Adresses et infos utiles ») informe sur tous les concerts et vend des billets pour les représentations, parfois contre une commission. On conseille plutôt de consulter • *salzburg.info* • pour connaître tous les concerts, de faire sa réservation auprès des différents endroits par carte de paiement, puis de retirer les billets avant le spectacle.
Pour connaître tous les concerts :

■ ***Salzburger Festungskonzerte*** *(concerts de la forteresse Hohensalzburg)* **:** ☎ 82-58-58. • *salzburghighlights.at* • Toute l'année, concerts de musique de chambre organisés presque tous les soirs dans la salle princière de la forteresse Hohensalzburg. Si vous n'avez jamais entendu jouer la *Petite musique de nuit* de Mozart, c'est le moment et l'endroit. Concerts spéciaux pendant la période de l'Avent, de Noël et de la Saint-Sylvestre.

■ ***Salzburger Schlosskonzerte*** *(concerts du château Mirabell)* **:** ☎ 82-86-95. • *schlosskonzerte-salzburg.at* • Tout au long de l'année, plus de 230 concerts organisés dans la salle de Marbre baroque du château Mirabell.

■ ***Salzburger Landestheater*** *(théâtre régional)* **:** *Schwarzstr. 22.* ☎ *87-15-12-222.* ● *salzburger-landestheater.at* ● Pièces de théâtre classiques et modernes, opéras et opérettes, comédies musicales. Une programmation de qualité.

■ ***Marionettentheater*** *(théâtre de marionnettes)* **:** *Schwarzstr. 24.* ☎ *87-24-06.* ● *marionetten.at* ● *Caisse ouv 2h avt les spectacles et lun-ven 9h-12h.* Spectacles de marionnettes interprétant des opéras de Mozart, entre autres. D'une qualité que les tournées ont fait connaître bien au-delà des frontières. Un joli moment à partager, même (surtout !) pour des adultes.

Autres fêtes et manifestations

Nous vous précisons ici les événements les plus importants car la vie culturelle est riche à Salzbourg, avec pas moins de 4 000 manifestations par an (en dehors des grands festivals cités ci-avant).

– ***AspekteFestival*** **:** *5 j. au printemps, ts les 2 ans, prochain en 2024.* ● *aspekte-salzburg.at* ● Concerts de musique contemporaine exclusivement. Au Mozarteum.

– ***Jazz & the City*** **:** *5 j. en oct.* ● *salzburgaltstadt.at* ● Dans une cinquantaine d'endroits de la vieille ville, une centaine de concerts gratuits de jazz, musique du monde ou électro offerts par des artistes aussi bien locaux qu'internationaux.

– ***Christkindlmarkt*** **:** *fin nov-26 déc.* Tout simplement le marché de Noël, mais quel charme, quel enchantement !

LE PAYS DE SALZBOURG

DANS LES ENVIRONS DE SALZBOURG

À moins de 2 km du centre, au nord de Salzbourg, bien indiqué si vous avez pris l'autoroute A1, le ***sanctuaire de Maria Plain,*** édifié en 1671, au riche décor intérieur. On y trouve une icône très vénérée de la Vierge au milieu d'un magnifique retable. La famille Mozart y faisait souvent dire des messes. Le compositeur en rédigea une en *fa* majeur. Chaque année, on y interprète sa *Messe du couronnement.*

➢ Au sud de Salzbourg, prévoir une ***journée supplémentaire*** pour visiter tous les autres musées ainsi que les attractions que nous avons choisi de regrouper autour de la visite du château de Hellbrunn, mais dont l'accès est gratuit (ou à prix réduit) pour certaines, avec la *Salzburg Card.*

LE CHÂTEAU DE HELLBRUNN

Résidence d'été construite de 1613 à 1616 par l'architecte italien Santino Solari, celui de la cathédrale de Salzbourg, pour le prince-archevêque *Markus Sittikus von Hohenems.* C'est une grosse bâtisse toscane aux toits pointus, toute jaune, élégante et assez sobre, encadrée de 2 ailes plus basses au sein d'un très beau parc. C'est d'ailleurs dans ce parc qu'on s'aperçoit que cet archevêque était un joyeux drille et un vrai fêtard. Si vous ne deviez faire qu'une visite, choisissez en priorité celle des jeux d'eau, qui amusera petits et grands.

À 6 km au sud de Salzbourg (autoroute sortie Anif ou route bien indiquée depuis le centre-ville). ☎ *(0662) 82-03-720.* ● *hellbrunn.at* ● *Bus n° 25 depuis la Mirabellplatz ou la gare. Visite audioguidée en français tlj : juil-août 9h30-18h ; mai-juin et sept 9h30 17h30 ; avr et oct 9h30-16h30. Fermé nov-mars. En plus, visite des jeux d'eau en soirée en juil-août ttes les heures 18h-21h. Ticket combiné (visite du château + jeux d'eau + musée d'Art populaire) : 13,50 € ; réduc ; gratuit avec la Salzburg Card. Accès gratuit au parc.*

Parking : attention, mieux vaut se garer assez loin du château (parking devant le zoo remboursé en oblitérant sa carte sitôt passé le guichet) car celui situé juste devant, mieux signalé, est privé et payant.

Restauration possible sur le pouce à l'entrée du château ou, plus chic, restaurant avec terrasse dans la cour.

Visite des jeux d'eau

Ne se visitent pas isolément. Attente parfois un peu longuette (beaucoup de monde en été pour se rafraîchir les idées en famille), mais vous ne regretterez pas cette étonnante visite audioguidée où l'on passe en revue les innombrables fontaines, jeux d'eau, alcôves aquatiques, bassins, caves ludiques imaginées par notre petit plaisantin d'archevêque.

Le parcours débute autour d'un bassin et d'une table de marbre entourée de tabourets, sur lesquels les enfants seront invités à se poser. On pourrait narrer par le menu toutes les facéties que le guide se fera un plaisir de vous offrir, actionnant au fur et à mesure des circuits à peine réaménagés depuis les grandes soirées données ici même par Monseigneur, mais nous nous contenterons de décrire celle de l'encadré ci-contre, vous laissant découvrir les autres.

Une bonne vingtaine de jeux d'eau, construits dans des styles très variés, ponctue la visite, riche en rires d'enfants et en cris divers (les parents n'échappant que rarement à l'arrosage) du 1er « parc d'attractions » du pays : la grotte de Neptune (et son automate), la grotte des Miroirs, les Tritons luttant, la fontaine de Vénus. Voir aussi le beau théâtre mécanique, etc. Plein de petites merveilles étonnantes, à découvrir lorsqu'il fait beau de préférence, ou avec un ciré sur le dos.

LES VANNES DE L'ARCHEVÊQUE

Assis au bout de la table de marbre, près du bassin du parc du château de Hellbrunn, l'archevêque regardait ses invités festoyer joyeusement. Quand ils étaient bien imbibés, l'hôte faisait ouvrir les vannes, et de fins jets d'eau placés sous chaque tabouret arrosaient les convives. Évidemment, seul le siège de l'archevêque restait au sec.

Visite du château

Audioguide à l'entrée. Commentaires classiques mais complets et intéressants. Une visite complémentaire à celle du parc (une fois n'est pas coutume), qui permet de découvrir, assez vite, une dizaine de salles réaménagées au XVIIIe s, dont certaines possèdent des fresques décoratives et un beau mobilier baroque. Salle chinoise, salle des poissons (peintures de poissons), etc. Les 2 dernières pièces, la ***salle des fêtes,*** couverte de fresques mythologiques, et la ***salle de l'Octogone*** voisine (où jouaient les musiciens quand l'archevêque et ses invités dînaient à côté), avec son canapé rotatif, ses murs couverts d'angelots dorés grimpant à une folle végétation, sont de loin les plus belles.

Volkskundemuseum (musée d'Art populaire et de Folklore)

Monatsschlösschen : *dans le parc du château. ☎ 620-80-85-00. On y accède à pied par le parc du château de Hellbrunn en 10 mn. Avr-oct, tlj*

10h-17h30. Entrée incluse dans le billet du château ; entrée seule : 3,50 € ; réduc. C'est dans la petite maison jaune tout en haut de la colline. Passer derrière le grand bassin, puis emprunter le petit sentier escarpé. De là-haut, superbe vue sur la campagne et le château en contrebas. Pavillon d'été du château, il abrite une collection d'art populaire, ameublement et costumes traditionnels.

Zoo de Salzburg

À 1 km du château de Hellbrunn (le contourner et prendre direction Anif si vous arrivez du centre-ville ; sinon, vous le longez forcément, et pouvez même garer votre voiture devant, stationnement remboursé dans ce cas). ☎ 82-01-760. • salzburg-zoo.at • Tlj 9h-18h30 en été (18h printemps et automne, 16h30 hiver) ; nocturnes jusqu'à 22h30 ven-sam en août. Entrée : 14 € ; réduc (achat en ligne).
Un zoo aménagé intelligemment tout autour d'une vaste colline sur 14 ha. Les espaces réservés à chaque espèce sont vastes, vous ne verrez pas forcément tout de suite puma, jaguar ou léopard des neiges ; en revanche, difficile de louper le bout de la corne du rhinocéros blanc, ou les capucins, même s'ils ne font pas les singes lors de votre passage. Bon, soyons honnêtes, ce zoo n'est rien en comparaison de celui de Schönbrunn à Vienne, on peut en faire l'économie.

UNE RACE PRESQUE ÉTEINTE

Le cheval de Przewalski serait l'un des ancêtres du cheval domestique, mais il ne fut jamais apprivoisé. Il fut découvert en 1879, dans les montagnes bordant le désert de Gobi, par le colonel Przewalski, un explorateur russe. Décimée pour sa viande par les chasseurs mongols, l'espèce était considérée comme éteinte. Elle fut conservée grâce aux spécimens des zoos ; on en dénombre près de 1 800 individus en captivité, mais aussi désormais en liberté en Mongolie.

DANS LES ENVIRONS DU CHÂTEAU DE HELLBRUNN

À ***Anif*** (en sortant du château de Hellbrunn, direction Salzbourg), ***château*** sur le lac *(ne se visite pas)*. Il date du XIXe s, de style néogothique. Belle vision, surtout en hiver, lorsque le lac est gelé. C'est là qu'est enterré Herbert von Karajan, pour les nostalgiques en périple musical.

Hotel Kaiserhof *: Salzachtalbundesstr. 135. ☎ 6246-89-20. • kaiserhof-anif.at • Doubles 108-188 €, petit déj compris (meilleurs prix si résa en direct ; plus cher en hiver). Au resto, tlj 7h-21h30 (22h30 w-e), plats 12-32 €* Une grande maison en bord de route, à quelques minutes seulement de Hellbrunn. Chambres confortables, dans l'air du temps, mais pas forcément très grandes. Salle de resto pour goûter tout à la fois aux spécialités de Salzbourg et de la Styrie, et grande terrasse pour prendre une bière ou même dîner en été. Le propriétaire, passionné par le développement durable, sert autant que possible des produits bio et a installé un générateur pour recharger les voitures électriques de ses hôtes.

➢ ***Le téléphérique de l'Untersberg*** (à une dizaine de kilomètres au sud de la ville) grimpe jusqu'à 1 776 m. Il se prend au village de St. Leonhard. Beau point de vue et agréables ***randonnées sur le plateau.*** Dommage que le prix de la grimpette soit si élevé (mais bonne nouvelle, il est compris dans la *Salzburg Card*). *• untersbergbahn.at • Bus n° 25 depuis la gare de Salzbourg. Mai-oct tlj 8h30-17h30 (17h mai-juin et oct) ; nov-fév 9h-16h. Dernier accès 30 mn avt fermeture. A/R : 28 € ; réduc. Gratuit avec la Salzburg Card.*

LE PAYS DE SALZBOURG

Salzburger Freilichtmuseum *(musée de plein air de Salzbourg)* **:** *Hasenweg, à* **Großgmain.** ☎ *(0662) 85-00-11.* • *freilichtmuseum.com* • Postbus *n° 180 (ligne Salzburg-Bad Reichenhall) ttes les heures en sem et ttes les 2h w-e et j. fériés depuis la gare de Salzbourg. À env 10 km au sud-ouest de Salzbourg, juste avt le bourg de Großgmain. Juil-août, tlj 9h-18h ; le reste de l'année, tlj sauf lun (hors Pâques et Pentecôte) jusqu'à 17h (16h fin nov début déc). Entrée : 12 € ; réduc. Gratuit avec la* Salzburg Card.

Très beau musée de plein air, consacré à la ***vie de la province*** pendant les 5 derniers siècles. Maisons rurales restées dans leur jus, écoles avec la salle de classe au 1er étage et la chambre de l'instituteur, scieries, moulins, chalets, etc. Présentation d'outils et de métiers traditionnels, comme celui de brasseur, avec un champ de houblon tout à côté... Bref, belle et instructive promenade forestière, à savourer en prenant son temps. Petit magasin avec de vieilles plaques émaillées pour acheter des bonbons, *Biergarten* pour se restaurer. Impressionnant arbre coupé qui, avant de repartir, vous invite à méditer sur votre propre place dans le temps : 1756, naissance supposée de l'arbre, en même temps qu'un certain Mozart ; 1809, combat contre les Français ; 1826, création du 1er arbre de Noël ; 1865, dernier homme pendu ; 1895, 1re voiture...

EXCURSIONS DANS LE SALZKAMMERGUT

• Carte *p. 196-197*

Partagé entre le pays de Salzbourg, la Haute-Autriche et la Styrie, le Salzkammergut est une vaste région de lacs et de moyenne montagne (sommets à 3000 m tout de même), offrant d'innombrables occasions de balades (à pied, à vélo, en bateau) et d'activités sportives (voile, escalade, ski nautique, deltaplane, parapente, etc.). Ses paysages culturels environnants sont inscrits au Patrimoine mondial de l'Unesco. Ici, chaque lac possède sa couleur, dit-on : le *Fuschlsee* est émeraude, le *Mondsee* vert pâle, le *Wolfgangsee* bleu clair, l'*Attersee* bleu turquoise, etc.

L'une des originalités de la région est l'alternance harmonieuse de collines douces, de paysages amples et sereins, et d'abruptes montagnes tombant soudainement en falaises dans les lacs. Les Romains appréciaient déjà le coin, pour le sel, bien entendu, mais ils s'accordaient aussi de doux séjours au bord des lacs. Sinon, pourquoi auraient-ils appelé le Traunsee *Lacus Felix* (lac de Félicité) ?

Une excursion rafraîchissante, à faire au départ de Salzbourg, quand le temps s'y prête.

Adresse et info utiles

i ***Salzkammergut Tourismus :*** *Salinenplatz 1, 4820* ***Bad Ischl.*** *☎ (06132) 269-09. • salzkammergut.at • En saison, tlj sauf dim 9h-18h (14h sam).* Pour tout renseignement sur la région, même si on peut regretter l'absence de doc en français.

– ***Salzkammergut Sommer-Card et Winter Card :*** *valables respectivement mai-oct et nov-avr ; 4,90 € (GRATUIT si l'on passe plus de 3 nuits sur le territoire).* Elle permet d'obtenir jusqu'à 25 % de réduction sur les visites de 120 lieux, les liaisons maritimes entre les différents lacs de la région, les remontées mécaniques et les trains. Elle s'achète dans les offices de tourisme ainsi que dans certains hôtels et auberges.

Arriver – Quitter

➢ ***Train :*** une ligne dessert Gmunden, Ebensee, Bad Ischl, Obertraun et Bad Aussee. Location de vélos dans la plupart des gares. Pas le plus pratique, on doit l'avouer.

➢ ***Bus :*** réseau important de *Postbus.* Plusieurs passages quotidiens. Fiches horaires détaillées dans les principaux offices de tourisme ou les stations de bus. Quelques lignes de bus traditionnels aussi. Renseignements dans les gares.

Où dormir dans la région ?

⌂ Une dizaine d'***auberges de jeunesse*** bien réparties offrent leurs nuits réparatrices aux cyclistes ou aux randonneurs lessivés. Notamment à Bad Ischl, St. Gilgen, Ebensee, Gosau, Mondsee, Obertraun, Weyregg am Attersee, Bad Aussee.

⛺ Beaucoup de ***campings,*** certains

ouverts en hiver, confortables pour la plupart, à découvrir sur le site internet • *salzkammergut.at* • Dans les plus touristiques cependant, caravanes et camping-cars à touche-touche.

BALADE À L'OUEST DES GRANDS LACS, DE SALZBOURG À BAD ISCHL

MONDSEE (5310) 3 700 hab. IND. TÉL. : 06232

Au bord du lac dont il porte le nom, entouré de montagnes abruptes qui se découpent fièrement sur le ciel, et de ravissants alpages, Mondsee est resté un village paisible. Les abords du lac sont superbes, peu construits, avec tout juste une poignée de cafés et restos pour se poser tranquillement. Bonnes infrastructures pour la pratique des sports nautiques (planche à voile, canoë-kayak, plongée, etc.) et belles balades en bateau également.

Adresses et infos utiles

Office de tourisme : *Dr.-Franz-Müller-Str. 3. ☎ 22-70. • mondsee.salzkammergut.at • En bas du village. Juil-août, lun-ven 8h-18h, w-e 9h-13h ; mai-juin et sept, fermé dim ; oct-avr, lun-ven 8h-17h, fermé w-e.* Pourra vous renseigner sur les hébergements et les activités proposées. Bon accueil. *Autre office à l'entrée nord du village, slt juil-août.* S'il est fermé, une borne extérieure informe sur les hôtels et pensions disponibles.

Parkings gratuits : un près du cimetière, pratique, l'autre au-dessus du château.

Où dormir ? Où manger autour du Mondsee ?

Campings

Austria-Camp Mondsee : *au bord du lac, à 5 km de Mondsee, en direction de St. Gilgen. (0664) 832-63-27. • austriacamp.at • Pâques-oct. Réception 9h-12h, 14h-18h. Compter 33-39 € pour 2 avec tente et voiture.* Le plus proche du centre-ville, qui a l'avantage de donner directement sur le lac. À part ça, même s'il y a 140 emplacements, on est vraiment les uns sur les autres et cerné par les caravanes et autres camping-cars. Restaurant, sauna payant et *paddle* à louer.

Camping Mondsee Land : *Punzau 21, 5310* **Tiefgraben.** *À 3,5 km au nord de Mondsee. ☎ 26-00. • campmondsee.at • Compter 25-35 € selon confort, pour 2 pers avec tente et voiture. Chalets 4 pers : 64-95 €. Wifi payant.* Un joli camping 4 étoiles perché au-dessus de Mondsee, en partant vers le lac sauvage d'Irsee. Cadre magnifique, avec vues sur les doux sommets du coin, aux alpages émaillés de grosses fermes. 120 emplacements, tous plantés sur une pelouse bien grasse et plutôt spacieux. Très bien tenu : sanitaires récents et nickel, petite piscine et jeux pour les enfants. Accueil aux petits soins. Mini-market et resto en saison. Quelques chalets à louer également.

De bon marché à prix modérés

***Jugendgästehaus** (AJ) :* *Krankenhausstr. 9. ☎ 24-18. • oejhv.at • À env 5 mn du centre à pied. Réception*

EXCURSIONS DANS LE SALZKAMMERGUT

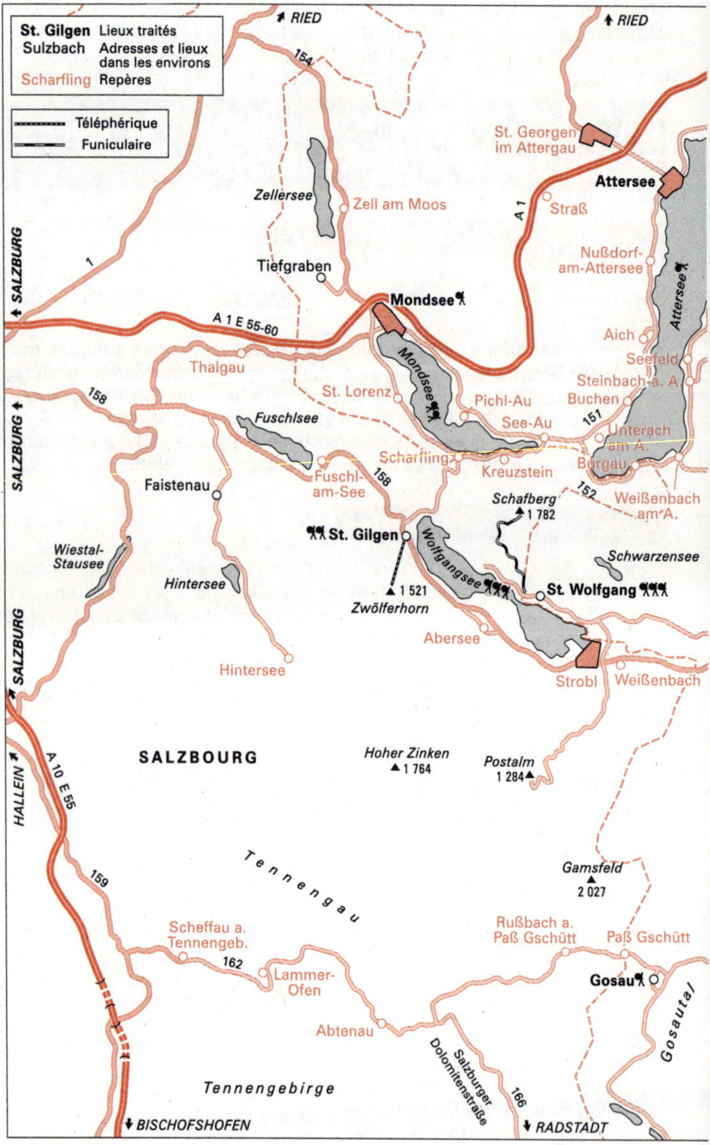
St. Gilgen Lieux traités
Sulzbach Adresses et lieux dans les environs
Scharfling Repères
Téléphérique
Funiculaire
RIED
RIED
154
St. Georgen im Attergau
Attersee
Zellersee
Zell am Moos
A 1
Straß
Nußdorf-am-Attersee
Attersee
SALZBURG
1
Tiefgraben
Mondsee
A 1 E 55-60
Aich
Seefeld
Thalgau
Steinbach-a. A.
Mondsee
St. Lorenz
Pichl-Au
Buchen
158
SALZBURG
Fuschlsee
See-Au
151
Unterach am A.
Scharfling
Kreuzstein
Burgau
Fuschl-am-See
158
Faistenau
Schafberg
1 782
152
Weißenbach am A.
St. Gilgen
Wolfgangsee
Wiestal-Stausee
Schwarzensee
Hintersee
St. Wolfgang
1 521
Zwölferhorn
Abersee
SALZBURG
Hintersee
Strobl
Weißenbach
A 10 E 55
SALZBOURG
Hoher Zinken
1 764
Postalm
1 284
HALLEIN
159
Tennengau
Gamsfeld
2 027
Scheffau a. Tennengeb.
Rußbach a. Paß Gschütt
Paß Gschütt
162
Lammer-Ofen
Gosau
Gosautal
Abtenau
Salzburger Dolomitenstraße
166
Tennengebirge
BISCHOFSHOFEN
RADSTADT

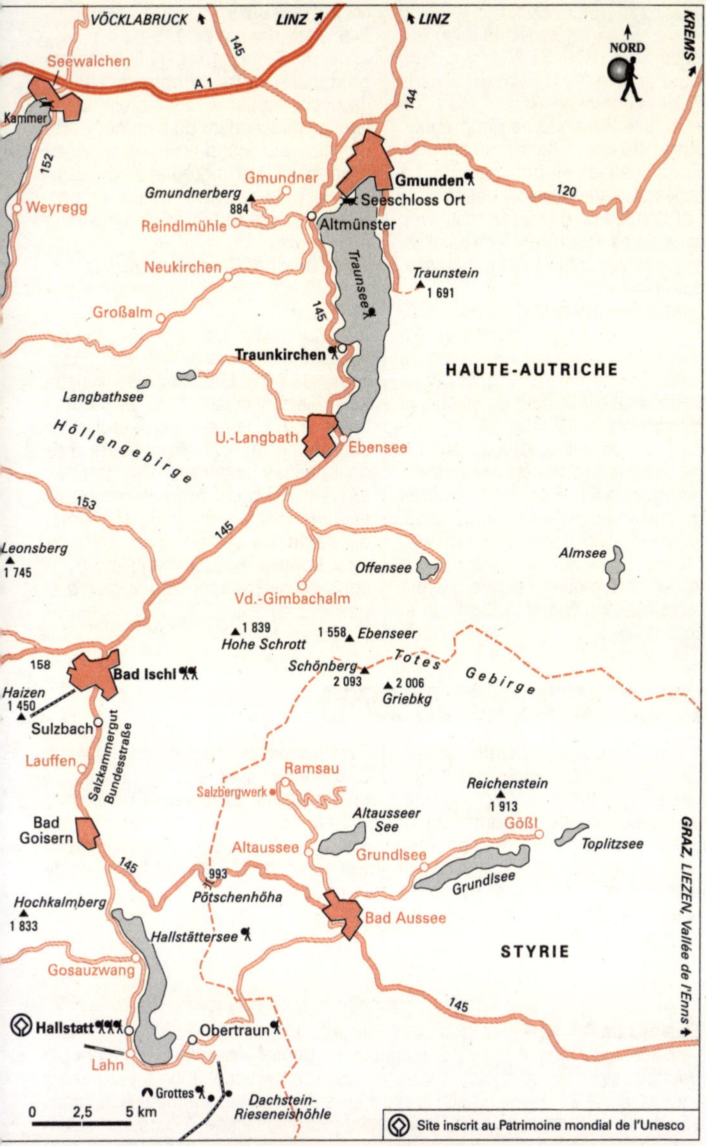

LE SALZKAMMERGUT

8h-13h, 17h-19h. Fermé 15 j. en fin d'année. Résa indispensable en été (groupes). Compter 29-33 €/pers avec douche et w-c. Possibilité de ½ pens et de pens complète. Réduc à partir de 3 nuits. Une AJ moderne qui propose quelque 80 lits. Chambres simples mais lumineuses en bois clair de 1 à 4 lits (les plus grandes sont des familiales) et dortoirs de 5 et 6 lits, tous avec salle de bains et lumières individuelles. Salle à manger confortable et terrasse. Accueil pro.

Landhaus Meingast : *Bader Göblstr. 2. ☎ 24-270. • landhausmeingast.at • Ouv mars-sept. Doubles avec ou sans balcon 95-120 €, petit déj en sus.* Établie dans le haut du village, la famille Meingast a l'habitude de recevoir des hôtes depuis des décennies. L'une des 2 maisons a été entièrement aménagée pour eux. 12 chambres bien entretenues, très lumineuses, avec vue sur la campagne environnante ou le clocher du village. Meubles peints typiques un peu partout dans la maison. Grand jardin fleuri et excellent accueil.

Wirts Kultur : *Marktpl. 9. ☎ 20-245. Tlj sauf mer 11h-22h30 (22h dim). Menu 24 €, plats 19-30 €.* Dans la rue principale, cette *Wirtshaus* affiche un décor moderne, avec d'élégantes lampes descendant du plafond. Carte qui joue sur les classiques mais en proposant des ingrédients de qualité, le plus souvent locaux et parfois bio. Le menu du midi, offre plus d'originalité.

Gasthof Drachenwand : *St. Lorenz 46. ☎ 33-560. À 5 km au sud de Mondsee, à l'entrée du village direction Sankt Lorenz. Ouv jeu-dim midi et soir. Fermé lun-mer. Plats 15,50-34,50 €.* Une coquette maison aux volets décorés, dans un paisible hameau. À l'intérieur, belles boiseries et banquettes patinées, fleurs fraîches, tables juponnées. Des cuisines arrivent de bons produits préparés avec respect, simplicité et même, ô miracle, un certain souci de légèreté. Bonnes viandes marinées, poissons de rivière simplement grillés et desserts fameux.

Où déguster une pâtisserie ?

Café-Konditorei Braun : *Marktplatz 7. Tlj sauf jeu en été, et lun en basse saison, 8h-18h.* Depuis 1924, cette maison fleurie de géraniums et couleur fraise écrasée est l'adresse idéale pour de doux péchés de gourmandise... et quelques centimètres de plus autour du ventre ! Classiques et merveilleux gâteaux à la crème, avec encore un peu de crème à côté. Savoureux *Obstkuchen* (gâteaux aux fruits) pour les plus raisonnables. Déco totalement rétro. Sert également des petits déj et de bonnes glaces.

À voir

Basilika St. Michael (basilique Saint-Michel) **:** *au bout et à droite de la grande Marktplatz (où se tient un marché sam mat).* En dehors des offices, on entre par la boutique (tout un symbole). Imposante façade baroque jaune à deux tours casquées. Bâtie à l'origine au VIIIe s. elle a été transformée en abbatiale gothique à la fin du XVe s. Statues de saint Paul et saint Pierre en façade. À l'intérieur, splendide nef gothique (sans baroquisation, faute d'argent) de 70 m de long et près de 30 m de haut, parcourue de nervures roses. Autels noir et dorés de la fin du XVIIe s. Monumental maître-autel de 18 m de haut avec couronnement de la Vierge. Quelques pierres tombales médiévales incrustées dans les murs à droite et à gauche au niveau du chœur.

Dans la rue principale, de pimpantes ***façades baroques.*** Au rez-de-chaussée, concours de terrasses si vous cherchez où prendre un verre.

DANS LES ENVIRONS DE MONDSEE

Où dormir ?

Hotel Stadler am Attersee : *Stockwinkel 1. ☎ (7665) 83-46. • seegasthof-stadler.at • Idéalement situé en bordure du lac. Doubles 120-300 €, petit déj inclus.* Hôtel familial de charme aux installation modernes et au confort sans pareil. Chambres lumineuses et douillettes, avec, pour la plupart, balcon et vue sur le lac dont la surface reflète les contours montagneux. Pelouse-solarium et ponton pour une balade en barque ou en kayak. Certains hôtes osent y tremper plus d'un orteil. Sauna, massages et salle de fitness. Au resto décontracté et fréquenté aussi le soir par les locaux, qui profitent d'une navette sur le lac pour y venir depuis les rives voisines, cuisine de qualité, à base de produits locaux. Hospitalité sans faille pour un séjour empreint de zénitude.

L'Attersee : en longeant le Mondsee vers l'est sur environ 4 km, on atteint le lac d'Attersee, qu'on peut suivre vers le nord en direction du village du même nom, pas très attractif. C'est le lac le plus vaste de la région, et ses eaux turquoise poissonneuses en font un lieu de baignade estivale prisé. La partie sud vallonnée du lac est la plus attractive. Pontons et toboggan pour amuser les enfants. ***Gustav Mahler*** appréciait la tranquillité du lieu et venait y composer durant l'été. Les abords du lac font l'objet de belles randonnées balisées (détaillées dans une épaisse brochure disponible dans les points info de chaque village). Arrêt à *Kammer-Schörfling* pour une balade sur les pas de ***Gustav Klimt*** – le centre qui lui était dédié a été malheureusement ***fermé en 2022***, faute de moyens.

Gustav Klimt themenweg : on peut tout de même entreprendre quelques promenades sur les traces du peintre sur les bords du lac d'Attersee. *3 itinéraires sans difficulté d'une durée de 1-2h env chacun (audioguides à l'office de tourisme). Départs et arrivées à Seewalchen, Litzlberg, Weißenbach et Kammer-Schörfling am Attersee.*

C'est au cours de ses villégiatures sur les rives de l'Attersee que Klimt peint ses célèbres ***tableaux paysagistes,*** qui constituent le quart de toute son œuvre (une quarantaine en tout).

Son choix se porte sur des sujets simples : jardins, fermes dans une végétation abondante, prairies avec arbres fruitiers et vues du lac et de ses rives. Il peint des points de vue pris à l'aide d'un viseur, depuis un lieu situé en hauteur ou depuis le lac, le regard tourné vers la rive, ce qui peut expliquer aussi l'originalité de son œuvre.

– On peut ensuite continuer vers le nord pour rejoindre Gmunden ou boucler le tour du lac pour redescendre vers Bad Ischl, via St. Gilgen et le Wolfgangsee.

ST. GILGEN (5340) 3 900 hab. IND. TÉL. : 06227

Un amour de petit village au charme irrésistible, à moins de 30 km de Salzbourg, campé au bord ouest du *Wolfgangsee,* le plus beau des lacs de la région. Une maison sur 2 fait pension, et l'autre moitié propose des chambres. Un rien artificiel certes, en particulier quand des groupes de touristes déambulent dans les ruelles, mais on ne va pas faire les difficiles. Essayez donc

de venir en fin de journée, quand tout redevient tranquille. St. Gilgen est aussi le village natal de la mère de Mozart, mais celui-ci ne s'y est jamais rendu, alors même que sa sœur s'y était installée après son mariage. L'ingrat !

➢ ***De Salzbourg :*** le *Postbus* qui dessert tout le Salzkammergut passe par Fuschl am See puis St. Gilgen.

Adresses et infos utiles

Office de tourisme : *Mondsee-Bundesstr. 1a. ☎ 23-48. • wolfgangsee.salzkammergut.at • Sur la B 158, juste au-dessus de la ville. Horaires variables selon période, voir sur le site mais globalement lun-ven 9h-17h ; w-e 10h-15h (sauf en basse saison).* Bonnes brochures sur les curiosités qu'offre la région dans son ensemble.

Panneaux d'informations : *à la sortie du village (vers Bad Ischl).* Un panneau lumineux indique les hôtels qui possèdent des chambres libres. Un téléphone permet de faire une réservation gratuite. Pratique.

➢ ***Bateaux*** pour faire le tour du lac. Billets à l'embarcadère. Ne boudez pas votre plaisir, c'est le moyen de transport idéal pour découvrir le Wolfgangsee et, bien sûr, pour se rendre à St. Wolfgang (voir plus loin).

Où dormir ? Où manger ?

Jugendgästehaus *(AJ) : Mondseestr. 7-11. ☎ 23-65. • oejhv.at • Fermé 15 j. en fin d'année. Résa conseillée. Lits en dortoir env 29-45 €/pers ; double 90 € ; petit déj compris. Moins cher à partir de 3 nuits. Parking.* Grande bâtisse aux allures de chalet, extrêmement bien située, à 5 mn du centre et face à la « plage » principale de St. Gilgen. 14 doubles, 2 triples et une vingtaine de dortoirs de 4-6 lits. Chambres très plaisantes, occupées souvent par des familles ou des groupes. Certaines ont la vue sur le lac. Réservation vivement conseillée, car sa situation idéale en fait une résidence de vacances très prisée.

Pension Falkensteiner : *Salzburger Str. 13. ☎ 23-95. • pension-falkensteiner.at • En prenant la rue qui monte de la Mozartplatz. Doubles 100-146 €, petit déj-buffet inclus.* Pension familiale à l'agréable ambiance. Les chambres sont simples mais confortables, et toutes dotées de salle de bains. Celles de l'annexe sont un peu moins chères. Bout de jardin derrière. Petit déj-buffet pour se mettre en condition. Quelques vélos à louer, pour perdre des calories ensuite.

Hotel Schernthaner : *Schwarzenbrunnerstr. 4. ☎ 24-02. • hotel-schernthaner.at • À 2 mn de la Mozart Platz en allant vers l'extérieur. Doubles 128-139 €, petit déj inclus. Garage gratuit en face.* Tenu depuis 1970 par la famille Eisl. La maison, un grand chalet aux balcons fleuris date de 1663, mais on a du mal à l'imaginer car elle a été agrandie et transformée pour les besoins de cet hôtel-garni (de bibelots ?), dans la grande tradition autrichienne. Accueil gentil, pour une atmosphère gentiment désuète. Sauna, solarium. Accès à la plage et prêt de vélos gratuits.

Gasthaus Wirt Am Gries : *Steinklüftstr. 6. ☎ 23-86. Tlj sauf mar (plus lun hors saison) 17h30-21h, plus le w-e 11h30-14h. Plats 9,50-26 €.* Une bonne table installée entre un agréable jardin et un intérieur en bois chaleureux, typique et soigné. Cuisine de saison séduisante, toujours fraîche. Les recettes sont exclusivement réalisées avec des produits locaux de 1re qualité, poissons du lac, gibier ou champignons, le tout agrémenté d'herbes des montagnes. Accueil vraiment chaleureux. Un coup de cœur.

Hotel Gasthof zur Post : *Mozartplatz 8. ☎ 21-57. • gasthofzurpost.at • Doubles 176-268 €. Prix dégressifs pour plusieurs j. Resto tlj sauf lun-mar, midi et soir. Plats 17-31 € ; quelques snacks moins chers.* L'hôtel le plus fameux de la ville, d'un vrai confort

EXCURSIONS DANS LE SALZKAMMERGUT

traditionnel, qui existe depuis plus de 600 ans. Cela dit, on a surtout aimé le resto car les 40 chambres, certes très charmantes, nous ont paru un peu chères. La terrasse circulaire domine légèrement la place et propose une excellente cuisine récitant ses classiques régionaux. Très agréable le soir.

Gimsenwirt : *Segenwald 1. (0664) 169-27-38. Sur la route de Salzbourg, à 3 km de St. Gilgen. Tlj sauf jeu 15h (12h w-e)-22h. Plats 13-36 €.* Ce restaurant décoré d'une grande fresque en façade fait revivre les grandes heures culinaires de l'empire des Habsbourg. Au menu, *Babgulyas* (goulasch aux haricots), *Puszta Szelet, Tojásos Nokedli* (pâtes aux œufs), côtelettes ou truite grillée... Quelques plats végétariens également. Salle claire et moderne, qui change un peu de ce qu'on voit ailleurs. La route très passante ne permet pas de profiter sereinement de la terrasse, dommage. Bon accueil.

Où dormir ? Où manger dans les environs ?

Bramsau-Bräu : *Braumsaust 36, 5324* ***Faistenau.*** *☎ (06228) 25-66. Un peu à l'écart du village, à 10 mn à pied de la pension. Mer-sam 15h-23h ; dim 11h30-22h. Fermé lun-mar.* Un lieu convivial, authentique, où les habitués se retrouvent en fin d'après-midi pour boire une chope de la délicieuse mousse maison, brassée sur place. La maîtresse des lieux et ses filles cuisinent et animent le service. Vraie cuisine de pays bien copieuse. *Biergarten* avec une vue et une aire de jeux pour les enfants.

Où boire un verre ?

Wolferl & Wein : *Aberseestr. 9. (0664) 21-38-278. Mer-sam slt, 17h-minuit. Fermé dim-mar.* Bar à vins et à grignotage de tapas ou de pizzas. Salle élégante, où le cuivre répond au bois brut, avec comptoirs et banquettes cosy. Superbe carte de vins autrichiens (large choix au verre) et cocktails extra. Une belle adresse.

À voir

Commencez par faire une petite promenade dans le village, qui regorge de maisons arborant des ***fresques en façade*** : les plus anciennes se trouvent sur le fronton de l'***hôtel Zur Post,*** et auraient été peintes... en 1618. On y devine de charmantes scènes champêtres. Sur la place principale, ***fontaine Mozart,*** évidemment ! Puis, en descendant vers le lac, mignonne petite église baroque à bulbe de ***St. Aegydius,*** qui cache un charmant cimetière entouré d'arcades jaunes. Ne pas manquer de se balader le long du lac, entre chemins et pontons. Le paysage est tellement harmonieux qu'il en devient émouvant.

Musikinstrumentemuseum der Völker *(musée des Instruments de musique populaires)* **:** *Aberseestr. 11. ☎ 82-35. • hoerart.at • Tlj sauf lun 9h-11h, 15h-19h ; hors saison, horaires variables, voir le site. Entrée : 4 € ; réduc.* Un musée grand comme un mouchoir de poche, tout près de la poste. Collection absolument fabuleuse, rassemblant pas moins de 4 000 instruments de musique, dont une bonne moitié sont mis en scène dans de grandes vitrines. Cet endroit ne serait qu'un « petit musée parmi tant d'autres » s'il n'était animé de façon étonnante par *Askold zur Eck,* passionné par ces trésors venus des 4 coins de la planète que ses parents avaient commencé de collectionner dans les années 1960. Il maîtrise d'ailleurs la pratique d'un bon nombre d'entre eux et anime le musée en offrant des démonstrations permanentes. La visite se transforme alors en récital, et on est littéralement transporté, tour à tour, par le son du *didgeridoo* australien, du *ch'in* (cithare chinoise), du *sheng* (orgue à bouche thaïlandais), etc.

Heimatkundliches Museum (Musée régional) **:** *Pichlerplatz 6. ☎ 26-42. • heimatkundliches-museum-sankt-gilgen.at • À 50 m de la pl. principale. Juin-sept, tlj sauf lun 10h-12h, 15h-18h. Entrée : 4 € ; réduc.* Dans une maison de 1665, un aperçu de l'histoire de la région vu à travers une petite collection d'objets d'artisanat local. Tissage, verrerie, etc. Méfiez-vous, les portes sont très basses !

La mère de Mozart est née au nº 15 Ischler Straße en 1720. Visite de la maison, la ***Mozarthaus*** *(• mozarthaus.info • ; ouv juin-sept slt, tlj sauf lun 10h-16h ; entrée : 4 €, réduc).* Expo relative à Nannerl, la sœurette de Wolfie. L'intérêt de ce musée ne saute pas forcément aux yeux...

À faire

➢ ***Téléphérique*** permettant de grimper au ***Zwölferhorn,*** à 1 225 m sous le *Schafberg* (1782 m). *Env 33 € l'A/R, réduc avec la* Salzkammergut Card. *• zwoelferhorn.at •* Plusieurs sentiers de rando dans les alpages une fois là-haut, et possibilité de faire du parapente depuis 1552 m d'altitude, avant de casser la croûte dans un des restos proches de l'arrivée des cabines. Vue magnifique sur le Wolfgangsee.

Lac très propice à la baignade, avec son eau claire et souvent chaude en été. La meilleure plage publique se trouve juste après le *Yacht-Club,* au nord du village.

➢ Liaisons directes en ***bateau pour St. Wolfgang.*** Une bonne solution, on ne peut que vous le répéter, même si vous êtes en voiture, car St. Wolfgang est tellement encombré qu'y aller en bateau est une formule à envisager si vous comptez revenir vers St. Gilgen après. Ça vous fera économiser le parking. Et vous allez adorer la traversée, si le temps est au beau, bien sûr...

ST. WOLFGANG (5360) 2 800 hab. IND. TÉL. : 06138

Opérette pour opérette, la municipalité a mis le paquet. Le village est entièrement piéton, les balcons débordent de fleurs, les meubles sentent bon l'encaustique, le lac scintille comme une star sous les projecteurs... Revers de la médaille, tous les matins, des dizaines de cars déversent des centaines de touristes dans les ruelles du village. Mais le soir venu, tout redevient tranquille, et c'est le moment de déambuler, sourire aux lèvres, dans ce décor étonnant. Reste le spectacle du lac lui-même, éblouissant, surtout au petit matin lorsque les voiles de brumes se dissipent pour dévoiler les coteaux et les crêtes proches.

LA 1RE VRAIE COMÉDIE MUSICALE !

St. Wolfgang est célèbre pour son Auberge du Cheval Blanc (Weißes Rössl), *qui a donné son nom à l'une des opérettes de l'entre-deux-guerres jouées de par le monde. D'ailleurs, l'unique cinéma du village propose le film (tiré de l'opérette !) tous les après-midis. Plusieurs scènes ont été évidemment tournées sur place. Son succès international en a fait la 1re vraie comédie musicale, avec, en invité d'honneur, l'empereur lui-même.*

Arriver – Quitter

➢ ***De Salzbourg, en bus :*** les *Postbus* partent de la gare (ou de *Mirabellplatz,* dans le centre) et desservent *Fuschl am See, St. Gilgen, Strobl* et *St. Wolfgang.*
➢ ***De St. Gilgen, en bateau :*** C'est en bateau qu'il est le plus agréable de venir, depuis St. Gilgen, notamment. Avec **Wolfgangsee Schifffahrt :** *• 5 schaetze.at • A/R env 18 €. Achat en ligne. La compagnie assure des liaisons entre les villages de Strobl, Abersee, Sankt Wofgang et Sankt Gilgen.* Le *WolfgangseeTicket (24 €)* donne droit de s'arrêter une fois dans n'importe laquelle des escales autour du lac.

Adresses et infos utiles

Office de tourisme : *au 140, sur la droite en arrivant de Strobl, avant l'entrée du tunnel qui contourne le village. ☎ 80-03. • wolfgangsee. salzkammergut.at • En été, dim-ven 9h-17h, sam 9h-13h ; hors saison, lun-ven 9h-16h, sam 9h-12h, fermé dim.* Brochure exhaustive sur tous les hébergements avec prix, situation sur la carte, etc. Accueil très pro.
Location de vélos électriques : *chez* ***See-Biker,*** *Markt 54, à l'entrée du village. • seebiker.at • En saison, tlj sauf dim 9h-12h, 14h-18h. Compter 39-69 €/j. selon modèle.* Location de VTC, VTT et *Fatbikes* (pneus très larges), tous électriques. De nombreux chemins ont été tracés sur les rives du lac mais aussi sur les hauteurs, à travers les alpages. Avec l'assistance électrique, on peut grimper sans effort et profiter de vues époustouflantes.
P Pour ceux qui viennent en ***voiture,*** St. Wolfgang est un (joli) cul-de-sac. Obligation de garer son véhicule dans l'un des parkings payants situés à l'entrée du village ou dans le village même.

Où dormir ? Où manger ? Où sortir ?

3 petits ***terrains de camping*** dans les environs, plusieurs autres autour du lac. Au fait, ici, la haute saison c'est l'été : pas évident de se loger à cette période.

Hotel Anzengruber : *Markt 115, la rue principale. ☎ 23-70. • hotel-anzen gruber.at • Pas de réception après une certaine heure, appeler avt. Doubles à partir de 140 €, petit déj payant.* Prix encore « raisonnables » pour le confort général et l'emplacement, en particulier pour les *standard.* Quelque 6 chambres cossues mais un peu datées réparties en 3 catégories, disposant toutes de salle de bains. Vue sur le lac et balcon pour certaines. Possibilité de garer sa voiture. Accueil chaleureux.
Zum Weissen Hirschen : *Markt 73. ☎ 22-38. • weisserhirsch. at • Doubles 156-198 €, petit déj inclus. Plats 9-22 €.* Face au *Weißen Rössl,* un hôtel-resto familial qui fait plus dans la simplicité. Emplacement très recherché, juste devant le lac et en plein centre. Les chambres, classiques et vraiment confortables, offrent bien souvent des vues extra sur le Wolfgangsee. Prenez un verre ou un en-cas le midi sur la terrasse ombragée, en regardant danser les voiles des bateaux. Ponton sur le lac pour se baigner, sauna et jacuzzi.
Hotel Försterhof : *Ried 14. ☎ 25-350. • foersterhof.at • Depuis l'embarcadère du Schafberg, remonter sur 300 m. Doubles 176-440 €. Plats 15-20 €. Parking gratuit.* Un hôtel un peu à l'écart du centre, qui a forci au fil des ans (48 chambres) mais n'en joue pas moins la carte du bien-être. Jolies chambres avec parquet, murs colorés et grandes armoires, équipées de salles de bains rutilantes. Très bon accueil, plein de professionnalisme. Location de vélos.
Im Weißen Rössl : *Markt 74, accès par la rue principale mais parking obligatoire après dépose des bagages. ☎ 23-06. • weissesroessl.at • Doubles*

320-400 € avec petit déj. Au rdc, snack ouv tlj 11h-18h (21h le w-e) ; plats 22-45 € ; compter au moins le double au resto gastro (menus 70-83 €). Propose aussi une douzaine d'appartements 2-8 pers. Un palace qu'on ne pourrait trouver qu'en Autriche, au bord du lac, construit autour de ce qui fut l'auberge familiale chantée par des dizaines de patronnes d'opérette, toutes nommées Josepha. Aujourd'hui un village dans le village, au point qu'il faut carrément un plan pour se repérer, du snack au bord de l'eau à la piscine chauffée dans le lac même, de la chambre ancienne mais avec vue imprenable à la salle du petit déjeuner ou du dîner, au milieu des habitués parfois eux aussi d'un autre temps. Spa et *welness*.

Paul Der Wirt : *Markt 54/1. ☎ 41-20. En juil-août, tlj 12h-21h30 ; mai-juin et sept-nov, tlj sauf lun 12h-21h. Plats 15-33 €.* Un resto réputé pour sa savoureuse cuisine, au rez-de-chaussée de l'*Hotel Peter.* Séduisante salle de *Wirtshaus* moderne, mais on vient surtout pour la géniale terrasse qui domine le village et le Wolfgangsee. Cuisine plus recherchée qu'ailleurs, volontiers aventureuse et à la présentation soignée. Pas donné certes, mais on n'est pas déçu. Concerts tous les vendredis en été.

W3 Alt Neu Anders : *Markt 30. ☎ 22-72. (0664) 462-80-92. Tlj sauf dim-lun 18h-2h.* C'est le bar animé de St. Wolfgang, village qui manque de vie une fois la nuit tombée. Chaleureuse salle voûtée, où les jeunes du coin ou d'ailleurs trinquent bruyamment. Cocktails, bières diverses, le tout dans une ambiance chaleureuse. Concerts de temps à autre et petite terrasse de poche.

À voir. À faire

***Pfarrkirche St. Wolfgang** (église paroissiale) : tlj 8h-19h (17h en hiver). Entrée libre.*

Important lieu de pèlerinage au Moyen Âge, elle est située en surplomb du lac. Construite au XIe s, modifiée au XIVe s, l'église abrite depuis le XVe s un ***sublime retable*** du célèbre artiste tyrolien ***Michael Pacher.*** L'un des plus admirables chefs-d'œuvre de sculpture gothique que l'on connaisse ! Détailler le panneau de Jésus couronné bénissant la Sainte Vierge (entouré de saint Wolfgang et saint Benoît). Finesse des traits, véritable travail d'orfèvrerie et de ciselure (la chevelure de la Vierge, le dais en gothique fleuri, etc.). Les panneaux peints du triptyque sont également superbes. Une anecdote révélatrice de la domination du baroque du XVIIe s : on avait commandé à un sculpteur un nouveau retable en remplacement de celui de Pacher. Le sculpteur, amoureux de l'œuvre de Pacher, exécuta le sien beaucoup plus grand exprès, pour que la substitution soit impossible ! Église et visiteurs y ont donc gagné un 2d remarquable retable, cette fois de style baroque, que l'on peut admirer au centre de l'église.

Possibilité de visiter le petit *musée* de la tour *(mai-oct, 14h-16h ; entrée : 1,50 €).* Au programme, reliques de saint Wolfgang et ***salle des trésors,*** dans laquelle est retracée son histoire.

***Promenade en bateau sur le lac avec Wolfgangsee Schifffahrt :** ☎ 223-20. • wolfgangseeschifffahrt.at • Début mai-fin déc, tlj à partir de 9h. Départ ttes les heures env (ttes les 30 mn en été). En direction de St. Gilgen (8,80 €) et de Strobl (6,70 €).*

Belle ***balade pédestre*** vers St. Gilgen en longeant le lac. Un peu raide dans le sens inverse, compter env 2h30 l'aller.

Balades en ***petits bateaux électriques,*** en embarcations à pédales, kitesurf, ski nautique, etc., à l'embarcadère *Schafberg.*

Quelques ***plages*** autour du lac.

De fin avril à début octobre et quelques semaines en fin d'année, un petit ***train vapeur à crémaillère*** construit en 1893, permet de monter au *Schafberg* en 40 mn. Sa pente est la plus raide d'Autriche. Au sommet (1783 m), vue à couper le souffle (normal à cette altitude) sur plusieurs lacs de la région. *• 5schaetze.at • Départ à l'embarcadère : 47,60 €/pers l'A/R (moins cher en hiver), réduc.* De là-haut, plusieurs départs de randonnée.

DE BAD ISCHL AU SUD DU SALZKAMMERGUT

BAD ISCHL

(4820) 14 000 hab. IND. TÉL. : 06132

Difficile de visiter le Salzkammergut sans passer par Bad Ischl, à équidistance de la plupart des autres villes et villages de la région. Autrefois, c'était l'un des lieux de villégiature les plus en vue du coin, de nos jours un peu moins ; la désignation de la ville comme Capitale européenne de la Culture 2024 devrait lui redonner un peu de lustre.
Programme sur *• salzkammergut-2024.at •*
La petite capitale du Salzkammergut est en fait la seule ville de la région à ne pas être située au bord d'un lac. Autrefois important centre d'extraction et de raffinage du sel, elle rencontre son destin au début du XIXᵉ s : en 1823, un médecin viennois ouvre un établissement de cure thermale. Un de ses collègues, qui soigne les ouvriers du sel avec des bains salins, lui donne l'idée. Le succès est fulgurant et tout Vienne vient « prendre les eaux », à commencer par la famille impériale. François-Joseph en fait même sa résidence d'été et y célèbre ses fiançailles avec Sissi.
Souvenir moins joyeux, c'est de Bad Ischl qu'il signe en 1914 la déclaration de guerre à la Serbie, qui commence par ces mots : « À mes peuples ! ». Il ne sait pas encore qu'il vient de plonger l'Europe dans l'horreur et de précipiter son empire vers sa perte.
Aujourd'hui, la ville affiche toujours cet air élégant et gentiment démodé de station thermale de la fin du XIXᵉ s. Ne manquez pas vendredi matin, le marché sur les quais de la *Salinenplatz*.
Parmi les natifs de Bad Ischl, on mentionnera Helmut Berger, qui incarna Luis II pour Luchino Visconti.

COUP DE FOUDRE

L'archiduchesse Sophie, mère de François-Joseph déjà âgé de 23 ans, s'était mis en tête de lui faire épouser, Hélène en Bavière, fille du duc Maximilien. La rencontre entre les 2 promis est organisée dans la résidence impériale d'été de Bad Ischl. Hélène est accompagnée de sa jeune sœur Élisabeth, dite Sissi. À la surprise générale, l'empereur tombe raide amoureux de cette jouvencelle de 15 ans. Dès le lendemain, il annonce son intention de l'épouser. La suite au cinéma...

Arriver – Quitter

En train : *la gare se situe légèrement à l'écart du centre, à l'est.* Pour ***Salzbourg,*** env 2h de trajet, avec changement à Attnang-Puchheim. Plus long qu'en bus. Pour ***Linz,*** env 1h35, également avec changement à Attnang-Puchheim.

Le train s'arrête auparavant à Gmunden et Traunkirchen, et continue jusqu'à Hallstatt.

En Postbus : bus directs pour ***Salzbourg.*** Compter 1h30. Préférable à tous points de vue.

Adresses et infos utiles

Office de tourisme : *Trinkhalle, Auböckplatz 5. ☎ 277-57. • badischl.salzkammergut.at • Tlj sauf dim 9h (10h sam)-17h.* Brochures en allemand ou en anglais sur les hôtels et pensions. Bonne carte pour se repérer. Infos musées, festivals, etc.

Tourismusregion Salzkammergut : *Salinenplatz, 1. ☎ 269-09. • salzkammergut.at • Lun-ven 8h-18h ; w-e 9h-12h.* Tout sur la région.

Parking gratuit : *à la gare. Sinon, compter 3-8 €/j. pour se garer dans le centre.*

Où dormir ? Où manger ?

De bon marché à prix modérés

Jugendgästehaus *(AJ) : Am Rechensteg 5. ☎ 265-77. • oejhv.at • Dans le centre, en remontant la Götzstraße, ruelle sur la droite. Tte l'année sauf 18-31 déc. Réception 8h-13h, 17h-20h. Nuitée 28,50-44 €/pers, petit déj inclus.* Bâtiment peu avenant mais l'intérieur a été entièrement rénové. Bonne situation au calme, juste derrière la piscine municipale. Au total, 120 lits répartis dans des dortoirs de 1 à 5 personnes. Vite complet car utilisé par les groupes, arriver donc tôt. Pas de couvre-feu, on vous donne la clé. Dîner possible *(9,50 €).*

Hotel Oase : *Kreutererstr. 72. ☎ 23-329. • hotel-oase.at • À 3 km après la sortie de la ville, direction Strobl. Fermé en nov. Doubles 120-150 €, petit déj inclus. Parking.* Au vert, sinon au calme (la route ne passe pas loin). Déco passe-partout, mais chambres plutôt spacieuses, avec balcon. Petit jardin agréable. Accueil amical. On peut se baigner dans la rivière située au bout de la route.

Taverna Corfu : *Kaiser-Franz-Josef-Str. 3. ☎ 294-15. Tlj 11h30-14h30, 17h-22h (fermé oct-nov). Plats 12-23 €.* Sur la place de l'église, une taverne grecque avec quelques tables posées dehors, comme sur les îles Ioniennes. Sans surprise, *moussaka, souvlaki, mezze* ou *giros*, tous les classiques sont à la carte, servis en portions généreuses. Idéal pour se passer du régime *Schnitzel-Knödel.* Service efficace des proprios, originaires d'Igoumenítsa. Salle plus formelle à l'étage.

De prix moyens à chic

Gasthof Goldener Ochs : *Grazer Str. 4. ☎ 235-29. • goldenerochs.at • Presque à l'angle du quai, une imposante maison jaune. Doubles 120-170 €, petit déj inclus. Resto fermé lun-mer. Formules du jour 10-15 € ; plats 12-28 €. Parking public juste à côté.* Voici un bien bel établissement familial historique, qui sent bon le propre et le sérieux. Des chambres dont la plupart ont été joliment redécorées, pour s'offrir une halte bien reposante. Et surtout, une bonne table où dans la grande salle voûtée, l'on apprécie, des spécialités autrichiennes de bonne tenue. Service et conseils charmants. Piscine et spa pour se détendre.

Goldenes Schiff : *Adalbert-Stifter-Kai 3. ☎ 242-41. • goldenesschiff.at • Doubles 130-186 €, petit déj inclus. Parking payant à 100 m.* Hôtel moderne, central et très bien situé puisqu'il jouxte la rivière. Chambres de qualité diverse avec déco design et vue sur les toits de la ville ou les environs. Sauna, hammam et salle de massage. Côté resto, carte chère et décevante qui se veut actuelle entre pâtes et « *pissa* », (une variété de pizza ovale). Le généreux buffet du petit déj rattrape la déception. Sinon, terrasse aux beaux jours, surplombant la Traun.

Où prendre un verre ?

K.u.K. Hofbeil & Hofwirt : *Wirerstr. ☎ 272-71. Tlj 9h-4h. CB refusées.* Dans 2 maisons voisines aux entrées distinctes, une adresse décorée à la gloire de la double monarchie. À la fois taverne servant des plats autrichiens sans surprise et des salades jusqu'à 21h, et un bar ouvert très tard qui est le seul à animer un peu la ville le w-e avec ses bières à la pompe et ses nombreux cocktails. Large terrasse en bordure de l'avenue avec DJs aux manettes le samedi.

Où manger sur le pouce ?

Konditorei Zauner : *Pfarrgasse 7. ☎ 233-10. Tlj 8h30-18h.* Extraordinaire pâtisserie au décor Art nouveau faussement pompeux, qui peut aisément rivaliser avec les grandes maisons viennoises. Presque une centaine de gâteaux différents les grands jours ! Pour déguster, salles cossues et confortables, pour se tremper dans une ambiance un peu surannée, mais bon Dieu, qu'est-ce que ces gâteaux fondent en bouche ! Serveuses dans le ton. Presque une légende !

S'il fait beau, tentez l'autre ***Zauner*** situé sur l'esplanade, au bord de la rivière. *Hasnerallee 2. ☎ 237-22. Tlj sauf lun-mar 9h30-19h, plus tard en été. Plats 10-17 €.* Dans le cadre d'un agréable pavillon prolongé d'une terrasse, spécialités de *Zaunerstollen*, *Kaisertorte* (chocolat + crème caramel) et *Haustorte* (tarte au nougat), sans oublier des dizaines d'autres gâteaux. Également, au resto, des plats autrichiens traditionnels et des salades. Atmosphère doucement désuète, avec vue pas triste sur la Traun. Parfois des concerts classiques le dimanche.

À voir

L'office de tourisme organise des visites guidées (en allemand) de la ville *(visite classique de la ville – mer à 16h et dim à 10h ; départ de la Trinkhalle ; durée : 1h30 ; prix : 7 €).*

Kaiservilla : *à 5 mn du centre, dans le Kaiserpark. ☎ 232-41. • kaiservilla.at • Mai-sept, tlj 9h30-17h ; avr, oct et 26 déc-6 janv, tlj 10h-16h ; idem pour janv-mars, mais slt le mer ; idem pour 1er-26 déc, mais slt le w-e. Fermé nov. Entrée parc + villa : 16 €. Entrée parc + villa + photomuseum : 22 €. Pour la villa, visite guidée obligatoire (45 mn) en allemand (texte en français pour suivre, et même très pratique pour devancer un gros groupe).*

Résidence d'été de l'empereur François-Joseph, dans un grand parc sur le versant du *Jainzen*. Cette grande villa cossue de style italien, classique et élégante à la fois, offerte par l'impératrice Sophie, accueillait à la belle saison le couple impérial, qui y coula une vie douce pendant de nombreuses années. Depuis, les lointains héritiers de l'empereur ouvrent la villa aux visites pendant une partie de l'année.

Après l'entrée truffée de dizaines de trophées de chasse, comme témoins macabres de cette passion de l'empereur, on passe en revue 15 pièces au total. Salon de conférences, petite chapelle, salon rouge... le tout parfaitement conservé, avec une magnifique vue sur *Bad Ischl* d'un côté, et sur le *Jainzen* de l'autre. Cabinet de travail de Sissi, série de gravures, buste de l'impératrice à 40 ans, tablette avec trèfles séchés incrustés... Cabinet de travail de François-Joseph, d'où il déclara la guerre à la Serbie en 1914.

Dans la dernière pièce (la salle à manger), souvenirs personnels, masque mortuaire de Sissi, bustes du Kaiser... Une table est également dressée, comme pour le repas du couple impérial.
Musée intéressant, notamment pour remettre le mythe de Sissi à sa juste place (avant d'aller visiter le musée Sissi à Vienne, plus explicite). La maîtresse de l'empereur, une actrice de 23 ans sa cadette, disposait d'une villa à proximité que Sissi avait personnellement choisie pour eux.
Ne pas manquer de se promener dans le vaste parc planté d'essences rares.
Café à l'entrée du musée, avec terrasse face au parc, pour se désaltérer après la visite.

Photomuseum *(musée de la Photo) : Marmorschloss (au fond du Kaiserpark). ☎ 244-22. • ooekultur.at • De la Kaiservilla, remonter un chemin bien indiqué ; c'est à 5 mn. De mi-mai à sept, tlj 9h30-17h ; avr et oct, tlj 10h-16h. Le billet combiné, incluant visite du jardin impérial et villa, permet d'y accéder (22 €). Feuillet d'explications disponible en français.* Construit pour Élisabeth d'Autriche en 1861, ce « petit château de marbre » bâti en 1861 comme un cottage anglais, était à l'époque le « salon de thé » de l'impératrice, où elle aimait recevoir ses amies. Impressionnante collection d'appareils anciens, réunis ici par un amateur richissime. Vraiment superbe. Photos anciennes et autres appareils vénérables. Excellentes expos temporaires. De fin avril à début octobre, la visite est complémentaire de celle du ***Gartenfestival,*** avec ses 8 jardins à thème, ses expos et son programme d'animation pour passionnés d'horticulture plus que d'histoire impériale.

LE SECRET DE SISSI

Elle consacrait 3h par jour à entretenir ses cheveux, longs jusqu'aux chevilles. Elle testait sans cesse de nouvelles crèmes et onguents. Et elle dormait sans oreiller pour conserver son port altier. Elle était aussi une cavalière accomplie. Son seul défaut : ses dents jaunes. Elle ne les montrait à personne et il n'existe aucune photographie d'elle souriant.

Lehár-Villa : *Franz-Lehár-Kai. ☎ 26-992. En venant de l'office, de l'autre côté de la rivière, à l'entrée du quai portant son nom.* ***Fermé temporairement.***
Franz Lehár, auteur de *La Veuve joyeuse,* et d'autres chefs-d'œuvre pas toujours immortels comme *Le Pays du sourire, Le Comte de Luxembourg, Paganini,* est né hongrois en 1870 dans un patelin devenu slovaque depuis. Les frontières étant fluctuantes, il devint le roi de l'opérette austro-hongroise au début des années 1900. Il gagna une renommée mondiale en 1905 avec sa célèbre *Veuve* qui illustre bien l'esprit de frivolité caractéristique de l'Autriche-Hongrie début du siècle. La valse viennoise prédomine, mais Lehár y a également inséré de nouveaux rythmes.
Devenu un monsieur très aisé grâce à sa musique, il vint s'installer dans cette villa en 1912 et y passa ses étés jusqu'en 1948 (année de sa mort). Toute la maison respire d'ailleurs l'opulence. Meubles de styles très variés. En fait, la plupart des objets sont des cadeaux faits au compositeur par ses admirateurs dans tous les pays où furent données ses œuvres.
Parmi le mobilier, les objets d'art et les nombreux souvenirs, on notera les photos en noir et blanc dans le bureau (où il composa la plupart de ses opérettes) et le beau chandelier de Bohême. Dans la salle de réception, buffet offert par un grand théâtre et superbe piano Steinberg sur lequel les visiteurs qui savent jouer peuvent se dégourdir les doigts.

Museum der Stadt *(Musée municipal) : Esplanade 10. ☎ 254-76. • stadtmuseum.at • Avr-oct et déc, mer 14h-19h, jeu-dim 10h-17h ; janv-mars, ven-dim 10h-17h. Fermé lun-mar et nov. Entrée : 7,50 € ; réduc. Brochure en français.*
François-Joseph et Élisabeth (Sissi) y ont annoncé leurs fiançailles le lendemain

du bal où ils se sont officiellement rencontrés. Tout sur la région de Bad Ischl. Géographie, extraction du sel, maquettes, Sissi et son mari, section religieuse, costumes... Le musée propose aussi des opérettes, concerts, expos temporaires, etc.

Siriuskogl : *accès par la Siriuskoglgasse, puis 20 mn de marche en montée.* • *siriuskogl.at* • *Ouv mai-janv slt, tlj sauf lun-mar, à partir de 10h.* Si vous avez des fourmis dans les jambes, grimpez jusqu'à cette tour en bois perchée sur une colline. Là-haut, excellent resto et belle vue sur la ville, la vallée de la Traun et les montagnes du Dachstein. Jeux pour enfants et petite ferme.

Fête et festival

– ***Kaiserfest :*** une semaine autour du 18 août, date de la naissance de l'empereur. Les habitants revêtent les costumes d'époque.
– ***Lehár Festival :*** *8 juil-27 août en 2023 presque ts les soirs.* • *leharfestival.at* • Un festival dédié à l'opérette qui se déroule au palais des congrès de Bad Ischl.

DANS LES ENVIRONS DE BAD ISCHL

Museum Fahrzeug-Technik-Luftfahrt *(musée de l'Automobile, de la Technique et de l'Aviation)* **:** *à* **Sulzbach.** *☎ 266-58.* • *fahrzeugmuseum.at* • *À 3 km de Bad Ischl, sur la route B 145, en direction de Graz. Avr-oct, tlj 9h-18h. Entrée : 10 € ; réduc.* Dans un grand hangar sont réunis vieux engins agricoles du début du XXe s, vélos à moteur, série de moteurs d'avion, voitures anciennes, vieux camions de pompiers, et une belle collection de motos des années 1950 à 1970. À l'extérieur, avions militaires comme le *Sukhoi* 22 et le *Mig 19* russes. Surtout pour les passionnés, voire les enfants.

TRÉSOR NAZI

À 25 km au sud-est de Bad Ischl, le village d'Altaussee recèle des mines de sel, immortalisées par le film de George Clooney, Monuments Men. Cette unité américaine, missionnée par Roosevelt, y a récupéré 7 000 chefs-d'œuvre dérobés en Europe : des Van Eyck, Michel-Ange, Rembrandt, Vermeer... Pendant la guerre, ces mines constituaient le plus riche musée au monde. Et le plus secret !

Katrin Seilbahn : *☎ 23-788.* • *katrinseilbahn.com* • *D'avr à mi-nov, tlj, départ ttes les heures, 9h-17h (16h le reste de l'année). Durée : 20 mn. Tarif A/R : 23 € en été (montée seule 17 €), 15 € (et 10 €) en hiver ; réduc.* Un téléphérique qui monte à 1 415 m d'altitude. Vue spectaculaire sur le *Dachsteinmassiv,* le *Traunsee,* le *Hallstättersee* et le *Wolfgangsee.* Et pour ceux à qui l'altitude donnerait faim, restaurant à 500 m : *Katrinalm* (à 1 393 m tout de même).

HALLSTATT (4830) 800 hab. IND. TÉL. : 06134

C'est pour beaucoup de visiteurs, la perle du Salzkammergut au bord du *Hallstättersee,* le lac le plus méridional et le plus froid du pays. Le préfixe *hall,* d'origine celtique, est synonyme de l'allemand *Salz,* qui signifie « sel ». Il désigne tous les anciens sites d'extraction du sel. L'Unesco ne s'y est pas trompé en inscrivant ce site à l'inventaire du Patrimoine mondial dans la catégorie « Paysages culturels ».

LES AFFRES DU TOURISME DE MASSE

Le village hautement « instagrammable » provoque, au fil des années, un flux touristique incessant. Mais Hallstatt est entré dans une ère nouvelle depuis que des petits malins ont reproduit ***en Chine*** ce site qui se croyait unique au monde. Ce que les habitants de Hallstatt n'auraient jamais imaginé, même dans leur pire cauchemar, est arrivé : en 2012, leur village a été cloné par des entrepreneurs chinois qui étaient venus photographier les moindres détails de leur quotidien. Le résultat ? Des millions de curieux venus d'Asie veulent désormais découvrir (et surtout photographier) ce lieu aussi célèbre pour eux que les châteaux de Louis II en Bavière, qu'ils visitent d'ailleurs dans la foulée. Ce sont des demoiselles japonaises ou chinoises en *dirndl* (robe traditionnelle) qui, désormais, posent dans les rues, tandis que les appareils photo au bout de leurs perches enregistrent le moindre détail d'un village où seuls les chats restent réellement imperturbables.

CONTREFAÇON CHINOISE

Un promoteur chinois est tombé en pâmoison devant le petit village de Hallstatt. Durant des mois, de faux touristes originaires de l'Empire du Milieu ont pris des milliers de photos ainsi que les mesures des bâtiments afin de les reproduire à l'identique dans la province du Guangdong, où un lac artificiel a été creusé. Une erreur a cependant été commise : le village a été reproduit... à l'envers !

Le village (l'original, bien sûr, pas le clone) blotti autour du lac continue, heureusement, de faire l'admiration des visiteurs sensibles à son harmonie. Certaines maisons semblent avoir été comme poussées à l'eau par celles situées derrière, elles-mêmes coincées contre la montagne. Elles se retrouvent ainsi sur des pilotis, ce qui leur va finalement très bien. Ruelles étroites, venelles tortueuses, passages, voûtes, le tout convergeant immanquablement vers une mignonne placette. Irrésistible !

En haute saison, on conseille d'***arriver en fin d'après-midi,*** quand les groupes de touristes ont déserté les lieux. Mieux vaut prendre tout ça avec le sourire et réserver la petite balade sur le lac pour les heures de repas, visiter l'église et l'ossuaire, se perdre dans les ruelles quand le calme est revenu. Au crépuscule, le soleil embrase le lac de son reflet sur les montagnes. Mieux : il faut dormir ici pour pouvoir se lever dès potron-minet et profiter de la balade sous une autre lumière. Et puis, il y a tant de choses à découvrir dans les environs...

UN VILLAGE QUI NE MANQUE PAS D'« ÈRE »

« L'ère de Hallstatt », c'est ainsi qu'on appelle la toute 1re civilisation de l'âge du fer. Et pour cause, en 1924 et dans les années qui ont suivi, on a découvert une étonnante nécropole de près de 2 000 tombes, contenant des bijoux mais aussi des vases, vasques, tonnelets et de superbes armes. Les résultats des fouilles ont été si riches et les découvertes si importantes que le nom « Hallstatt » a été conservé pour qualifier toute une période de notre civilisation. Le musée de la ville abrite quelques-unes de ces merveilles. À ne pas manquer.

Arriver – Quitter

➢ ***En train puis en bateau :*** 1 train/h depuis Salzbourg ou Linz, avec changement à Attnang-Puchheim. Le train arrive de l'autre côté du lac, en face du village. Heureusement, un bateau attend les voyageurs à chaque arrivée (billet à bord 3,50 €) pour rejoindre la rive opposée de l'*Hallstättersee*.

Amusant de voyager par le train et d'arriver en bateau. En prime, vue extra sur le village.

➢ ***En voiture :*** en arrivant, se garer au parking P1 ou P2 proche du terminal des bus, au sud du village. Inévitablement payant. Il est impossible de se garer dans le centre. *Si on dort dans le village, forfait parking env 15 €/24h. Sinon env 4 €/h.*

➢ ***En bus :*** en fait, si on n'est pas motorisé, c'est le moyen de transport idéal car on fait la tournée des grands lacs en arrivant de Salzbourg. Changement à Bad Ischl cependant. Liaisons fréquentes avec Bad Ischl et Gosau.

Adresse utile

Office de tourisme : *Seestr. 99. ☎ 05-95-09-530. • hallstatt.net • dachstein.salzkammergut.at • Ne pas se fier aux numéros de rue, incohérents : le bureau se trouve 250 m après l'entrée du village. Lun-ven 8h30-13h, 13h30-17h (15h déc-avr). Fermé w-e.* Accueil fort sympathique. Brochure sur tous les hébergements, comme d'habitude. Pas de réservation de chambre, mais ils pourront vous dire où il y a de la place. Infos sur les balades des environs. Vente de topoguides. Et bien pratique : un local pour déposer les bagages.

Où dormir ? Où manger ?

Globalement, les prix sont plus élevés qu'ailleurs dans la région.

Prix moyens à chic

Pension Haus Sarstein : *Gosaumühlstr. 83. ☎ 82-17. • pension.sarstein@aon.at • À 2 mn du centre et de l'église. Après avoir passé celle-ci, poursuivre l'unique route en surplomb de l'eau ; c'est sur la droite. Fermé d'oct à mi-avr. Résa par mail slt. Double 160 € ; apparts 2-4 pers 140-180 €.* Dans un coin un peu plus calme, un petit bijou de pension comme on les aime. 4 chambres doubles simples mais douillettes, et 3 appartements, tous avec balcon donnant directement sur le lac. Vue démente, évidemment. Sauna et pelouse privée au bord du Hallstättersee, avec plongeoir. Une pension familiale tenue par un couple franco-autrichien qui vous accueillera avec beaucoup de gentillesse.

Gasthof Hirlatz : *Malerweg 125. ☎ 84-43. • gasthof-hirlatz.at • À 20 mn à pied du centre. Double 116 €, petit déj compris. Parking gratuit (rare !).* Au bord d'un torrent et à l'écart de l'agitation, une auberge bien équipée et parfaitement tenue. Chambres confortables à défaut de jouir d'une déco moderne, toutes avec salle de bains et certaines avec balcon. Vue sur la montagne depuis la petite piscine et agréable jardin. Ambiance familiale.

Bräugasthof : *Seestr. 120. ☎ 206-73 (resto) ou 82-21 (hôtel). • brauhaus-lobisser.com • Dans la rue principale. Doubles 150-190 €, petit déj inclus. Plats 19,50-29 € ; dernière commande à 20h30. CB refusées.* Belle auberge à la façade abondamment fleurie, avec terrasse sur l'eau. Cette vénérable avec tous ses recoins, ses meubles anciens et son vieux poêle crépitant dans la salle à manger. Une dizaine de jolies chambres tout confort, à la déco patinée par les années. En bref, une bonne adresse qui conserve une atmosphère séduisante. Resto typique, avec une cuisine qui tient au ventre. Service efficace et souriant. Le soir, venir dès 19h pour être assuré d'avoir une table.

Gasthof Simony : *Wolfengasse 105. ☎ 82-31 ou ☎ 206-37. • gasthof-simony.at • En plein centre, dans une maison du XVe s au bord du lac. Resto fermé mer. Doubles 109-148 €, petit déj compris. Au resto, plats 13-23 €. CB refusées.* Plusieurs niveaux de prix en fonction de la vue, sur le lac ou sur le village. Bon petit déj-buffet et très bon accueil. Resto agréable avec sa terrasse au bord de l'eau. Sur le site sont indiquées les provenances des visiteurs : un vrai tour du monde !

Très chic

Seehotel Grüner Baum : *Marktplatz 104. ☎ 82-630. • gruener baum.cc • Dans la rue principale. Doubles 250-380 €, petit déj inclus. Plats 15-33 € ; dernier service à 21h30.* Le grand boutique-hôtel de la ville, resté dans son jus (un peu trop, même). Ici logèrent Sissi et Agatha Christie (à quelques années d'écart, tout de même). Service agréable, pas guindé. Restauration en terrasse de qualité mais chère, tables nappées et bougies pour l'ambiance. Vue extra pour les chambres qui donnent sur le lac (et dotées soit d'un petit balcon, soit d'une grande terrasse, qui compensent l'aspect vieillot de l'ensemble). Sauna et bar-lounge.

Heritage Hotel : *Landungsplatz 101. ☎ 200-36. • hotel-hallstatt.com • Doubles 220-360 €.* Un complexe hôtelier de grand confort, au design contemporain, composé de 3 maisons anciennes, à l'atmosphère très différente. Au-dessus de la réception, près de l'embarcadère, l'hôtel traditionnel, avec balcon et vue sur le lac. Dans le village même, la maison Stocker, la plus vieille paraît-il (5 siècles), joliment rénovée et se trouve sur les hauteurs. Au pied de la roche, un peu plus loin, la maison Seethaler, qui offre la plus belle vue sur le lac. Cuisine pas mémorable, dommage.

Où manger dans les environs ?

Steegwirt : *au 12, 4822* ***Bad Goisern am Hallstättersee.*** *☎ (06135) 83-02. En été, tlj 10h-22h (20h pour la cuisine) ; fermé lun-mar en hiver. Plats 16-24 € ; menu du jour 20 €.* Une énorme maison traditionnelle rose qui existe depuis 1571, située à l'entrée du Hallstätter See juste après le pont. Décor de *Wirtshaus* revisité de touches modernes et élégantes. Large carte traditionnelle, où fleurissent les *Schnitzel* mais également d'excellentes viandes locales (de race Angus), des poissons du lac *(reinanke)* et quelques curiosités comme les abats de veau. Pour terminer, assiette de fromages autrichiens ou desserts réconfortants, comme les *Kaiserschmarren.* Belle terrasse aux beaux jours, en bord de torrent. Concerts les dimanches d'été.

Où boire un verre ? Où manger sur le pouce ?

Zur Ruth : *Marktplatz 59. ☎ 200-17. Sur la pl. centrale. Tlj 11h-minuit (2h w-e).* Petit café animé, où on peut grignoter quelques plats simples ou engloutir un gâteau maison. Agréable terrasse et ambiance sympa.

À voir

Se promener dans les ruelles, tout simplement... D'ailleurs, l'office de tourisme organise des visites guidées de la ville en saison *(avr-sept, prix divers selon thème).* On peut aussi louer un audioguide en français *(5 €, dépôt de caution)* pour visiter à son rythme.

Pfarrkirche *(église paroissiale)* **:** ce n'est pas celle au centre du village (protestante), mais celle qui le surplombe. Toute petite, gothique du XVe s, composée de 2 nefs jointes et de 2 chœurs côte à côte qui se tiennent chaud les soirs d'hiver. 2 retables intéressants également ; le plus beau est celui de droite, du début du XVIe s, tout en bois doré, figurant la Sainte Vierge entourée de sainte Barbe, patronne des mineurs principalement (et de l'ennui accessoirement), et de sainte Catherine.

Beinhaus (ossuaire) **:** *Kirchenweg 40. ☎ 82-79. Dans le cimetière, derrière l'église, dans la chapelle Saint-Michel. Mai-oct, tlj 10h-18h (17h oct) ; nov-avr, mer-dim 11h30-15h30. Sept-avr, possibilité de regarder l'ossuaire depuis l'extérieur (gratuit) ; sinon, entrée : 1,50 €.*

Le cimetière est peut-être le plus bel endroit de la ville, du moins aux yeux du fossoyeur. Protégé par les rochers et placé harmonieusement au-dessus des toits et du lac, c'est une large terrasse cernée d'un mur, à l'ombre de l'église paroissiale catholique. Derrière une porte en arc grillagée reposent, nettoyés et empilés, d'innombrables tibias, os iliaques et os des bras, et près de 1 300 crânes. Ce minuscule ossuaire, qui voit passer quelque 250 000 touristes par an.

La coutume voulait que l'on déterre les morts lorsque le cimetière était trop plein et que l'on place leur crâne dans cet ossuaire. Mais ce n'était pas fait n'importe comment. Le nom du défunt était calligraphié sur le sommet du crâne, accompagné de motifs floraux variés. Et l'artiste variait sans cesse son dessin, avec délicatesse. Le plus vieux crâne date du début du XVIIIe s et le plus récent de la fin du XXe s.

Pour avoir le droit d'avoir sa tête en bonne place, il faut avoir déjà un bail d'au moins 15 ans passés au cimetière avant de postuler pour l'ossuaire. Les familles demandent l'autorisation, et quand elle est accordée, on ramasse les crânes (tous les 10 ans environ). Autre contrainte, il faut être adulte et originaire de Hallstatt. Le peintre, quant à lui, doit également être du village. Une coutume originale, à tout le moins !

Marktplatz (place du Marché) **:** adorable avec son décor de maisons de poupées aux tons pastel (rose, jaune, vert, crème, bleu...), ses bancs disposés en rond et sa fontaine centrale.

World Heritage Museum: *Seestr. 56, en plein centre. ☎ 82-80. • museum-hallstatt.at • Mai-sept, tlj 10h-18h ; avr et oct, tlj 10h-16h ; nov-mars, tlj sauf lun-mar 11h-15h. Entrée : 10 € ; réduc. Boutique.*

Les installations multimédia facilitent la compréhension au fil des 26 étapes chronologiques. L'importance de Hallstatt se situe entre le Néolithique et l'âge du bronze : on a retrouvé par ici, des milliers d'armes et d'outils celtes mais aussi des bijoux superbes, des vasques de cuivre, des ossements, et 3 jarres admirables du IVe s av. J.-C., avec leur long bec... La plupart des tombes découvertes à Hallstatt datent des VIIe et VIe s av. J.-C. Cela correspond à la période de grande prospérité du centre d'extraction du sel de Hallstatt, le 1er et le plus grand.

Mais à partir de 600 av. J.-C., la concurrence de Hallein provoque le déclin de Hallstatt, car son accès est beaucoup plus facile. Les découvertes postérieures au VIe s y sont donc très rares. Au fil des salles, c'est à un voyage exceptionnel que l'on est convié, grâce à une muséographie actuelle et ludique qui va à l'essentiel. Vraiment des pièces exceptionnelles pour un si petit musée.

Salzwelten (les Mondes de sel) **:** *☎ (06132) 200-24-00. • salzwelten.at • D'avr à mi-sept, tlj 9h-16h30 (début de la dernière visite) ; de mi-fév à mars et de mi-sept à début nov, 9h30-14h30 ; début nov, 9h30-14h. Fermé le reste de l'année. Entrée, montée comprise : 40 €. Entrée mine seule : 25 €. A/R en funiculaire seul : 20 € ; 11 € l'aller. Résa obligatoire en ligne. Audioguide en français 3 € à prendre au départ du funiculaire.*

La montée en *cable-car* *(départ 30 mn avt chaque visite)* est l'une des plus anciennes du monde encore en activité. L'entrée est à 10 mn du centre, dans le quartier de Lahn (parking P2). De là, on prend un funiculaire payant On peut aussi monter à pied : gratuit, mais compter facilement 45 mn de marche.

Même genre de visite que dans les autres mines : balade en petit train, descente de toboggans miniers, excursion dans les galeries et explications (en allemand et en anglais) sur l'histoire de la mine depuis 7 000 ans et l'exploitation du sel depuis les Celtes. En prime, un cinéma New Age, qui projette les aventures d'Udo, le 1er homme « conservé dans le sel », découvert en 1734. Attraction un poil « disneyenne » et carrément chère. Prévoir de bonnes chaussures.

À faire

Balades en bateau : promenade sur le lac plusieurs fois par jour vers la rive est, pas du tout desservie par la route. Quelques arrêts autour du lac. L'été, un bateau propose un tour de la partie sud du lac pour 11 €. Départ à l'entrée du centre de Hallstatt. Durée : 50 mn. Autre tour, plus grand, avec la partie nord du lac pour 15 €. Durée : 1h30. Sinon, ticket journée : 22 €. ☎ *82-28.* • *hallstattschifffahrt.at* •

Circuits de randonnée autour du lac : brochure et infos à l'office de tourisme. Les promeneurs seront à la fête. Le tour du lac prend environ 3h. Le chemin débute soit à Hallstatt, soit à Obertraun. Sentiers parfois fermés en cas d'intempéries.

DANS LES ENVIRONS DE HALLSTATT

Toute la région du Dachstein est un paradis pour les ***randonneurs*** ou les amateurs de parapente, de spéléologie de canyoning et d'escalade (plusieurs *via ferrata*). Si vous avez du temps, les vallées environnant Hallstatt méritent qu'on y passe quelque temps, offrant leur lot de curiosités. Mais ces visites ne sont vraiment pas données !

– Pour plus de renseignements, adressez-vous à l'office de tourisme de Hallstatt, d'Obertraum ou de Bad Goisern. • *dachstein.salzkammergut.at* •

CHASSE AU TRÉSOR

Isolé à 30 km à l'est de Hallstatt, le lac de Toplitz, très difficile d'accès, a servi de lieu secret aux nazis pour tester des torpilles. Il attire de nos jours les aventuriers qui espèrent trouver dans ses eaux boueuses un trésor caché par les derniers fidèles du IIIe Reich. Ceux-ci auraient fait immerger des caisses de fausses livres sterling en 1945. Mais ses profondeurs, où l'oxygène se raréfie à 20 m, sont très dangereuses. Plusieurs plongeurs y ont perdu la vie.

LES GROTTES DU DACHSTEIN

*Accès par le petit village banal d'**Obertraun,** situé à 2 km à l'est de Hallstatt, en suivant les indications « Dachsteinhöhlen ». ☎ 50-140. Parking (payant) au pied du téléphérique (départ ttes les 15 mn). Plusieurs arrêts permettent de visiter les différentes attractions. Tarifs sur • dachstein-salzkammergut.com •, très variables, allant de 39,60 € pour le ticket dit « Panorama » (moins cher après 13h) jusqu'à env 58 € pour s'offrir la totale, avec les 2 sites. Résa en ligne pour un créneau horaire.*

Si vous commencez à trouver tout ça un peu cher, vous pouvez monter à pied, mais il faut compter 2h de grimpette pas facile, facile. Le bon compromis consiste à monter en téléphérique *(mai-début nov, départ tes les 15 mn),* et à redescendre à pied.

Là-haut, possibilité de visiter 2 grottes, l'*Eishöhle* (grotte de glace) et la *Mammuthöhle* (grotte du mammouth), de début mai à fin octobre. Contentez-vous de l'*Eishöhle,* qui possède les mêmes caractéristiques que sa voisine, avec en plus une partie prise dans les glaces.

Découvert en 1910, ce réseau de grottes qui perfore la région couvre un circuit total de 80 km avec plus de 500 grottes. Elles dateraient de plusieurs millions d'années et leur formation est due aux importants bouleversements tectoniques de l'ère tertiaire – date de la création des Alpes.

Eishöhle (grotte de glace) : *vente des tickets à l'arrivée du téléphérique. Ouv mai-oct. Visites guidées régulières 9h-16h env (15h30 en basse saison). Durée 50 mn. Entrée : 40,10 € avec le téléphérique. Audioguide gratuit sur smartphone. Billet combiné avec la Mammuthöhle : 47 € ; réduc. Durée de la visite : 50 mn.*
Pour accéder à l'entrée de la grotte, petit chemin escarpé qui grimpe, qui grimpe... Quelques plantes assez rares sur le trajet (bien indiquées). On rappelle qu'il fait un froid de canard dans les grottes (env 1 °C) et qu'une petite laine est absolument nécessaire.
Balade de 1 km dans les galeries naturelles de la roche, qui s'étirent sur 3 km. Il faut pénétrer bien profondément dans la grotte pour atteindre la partie glacée. On se promène dans le réseau glaciaire en admirant les concrétions, les stalactites et -mites, un petit lac gelé, des formations assez fantastiques avec passages, crevasses, trouées circulaires, pont suspendu... Évidemment, on a trouvé des noms poétiques à souhait pour qualifier ces créations naturelles. À certains endroits, la glace est épaisse de 25 m. La plus vieille glace daterait du XVe s. En tout cas, une belle visite.

Mammuthöhle (grotte du Mammouth) : *vente des tickets au même endroit que la précédente. Ouv mai-oct. Entrée : 40,10 €, téléphérique inclus, ou 47 € combinée avec l'Eishöhle ; réduc. Audioguide gratuit sur smartphone.* Appelée ainsi à cause de sa taille. Avec ses 1 000 m de dénivelée, c'est sans doute la plus vaste d'Autriche. Des guichets, petit sentier jusqu'à l'entrée. L'*Eishöhle* est plus intéressante car ici, on ne voit que de la pierre. Dimensions impressionnantes mais visite assez répétitive. Œuvres d'art et installations jalonnent le parcours. Explications sur la formation, la recherche et la composition des grottes.

Museum : avant les petits chemins qui mènent aux différentes grottes, on peut visiter une cabane en bois transformée en micro musée *(GRATUIT)* dans lequel sont présentés les minéraux composant les grottes, les espèces qui y habitent (il n'y en a que 3) et un petit diaporama.

Ceux qui le souhaitent pourront reprendre le téléphérique pour accéder à la 2e station, au sommet du **Krippenstein** (2 109 m) : *Panoramaticket : 35,30 €.* Là-haut, en 15 mn de marche, on atteint une 1re plateforme panoramique, la **Welterbespiral,** qui offre des vues à couper le souffle sur le glacier du Dachstein, avec au 1er plan une petite chapelle, la *Heilbronnerkapelle.*
En 15 mn de marche supplémentaire, on atteint la plateforme d'observation « à 5 doigts » ***5 Fingers.*** Vue extraordinaire sur toute la région, avec un à-pic de plus de 400 m sous vos pieds. Vertige assuré ! Prévoir un coupe-vent et de bonnes chaussures de marche.
Un refuge chic, le **Lodge am Krippenstein** *(0664) 380-40-54 ; ● lodge.at ● ; doubles 90-300 € ; petit déj et ½ pens en sus ; au resto (11h30-19h30), menus 23,90-25,90 €),* permet de profiter de la féerie des sommets le temps d'une nuit ou seulement pour déjeuner. On peut également, toujours avec le même ticket, poursuivre en téléphérique vers une 3e station, celle du **Gjaidalm,** située un peu plus bas (1 768 m).

KOPPENBRÜLLERHÖHLE (grotte de Koppenbrüller)

Pour y accéder, redescendre à Obertraun et prendre la direction Bad Aussee sur env 3 km ; bien indiqué sur la gauche (parking sur la droite). Fin avr-début oct, visite guidée ttes les heures 10h-16h (durée : 50 mn). Entrée : 15 € ; réduc.

Encore un système de grotte, mais qui, cette fois, laisse sourdre une rivière souterraine. Beaucoup moins bien que l'*Eishöhle* mais intéressante quand même. Au total, 800 m de balade, idéal s'il pleut, ici on est à l'abri !

LA VALLÉE DE GOSAU (4824) IND. TÉL. : 06136

Large et ouverte, la vallée de Gosau (779 m) (une ancienne vallée glaciaire) demeure très hospitalière. Son habitat dispersé s'étire presque jusqu'au *Gosausee,* superbe lac dont la photo (avec celle de Hallstatt) est l'une des plus présentes en couverture des brochures touristiques. Très fréquentée en hiver en raison d'un enneigement très sûr, elle offre en été beaucoup d'espaces pour les marcheurs, les amoureux de tranquillité et ceux qui fuient les lieux touristiques sur-fréquentés.

UN PEU D'HISTOIRE

Au XVIe s, durant les périodes difficiles de la ***Contre-Réforme,*** des protestants trouvent refuge dans la vallée de Gosau. En 1601, une révolte de plusieurs mois se solde par une répression catholique sanglante. Les 2 meneurs sont exécutés : l'aubergiste est pendu et le chirurgien-barbier écartelé. Aïe ! Dès lors, les persécutions devenant de plus en plus dures et inhumaines (tortures, déportations par le Danube en Hongrie, etc.), le protestantisme secret s'organise.
À Gosau, on lui prête le nom d'***église de mousse et de grottes,*** en référence aux cachettes utilisées par les Réformés. En 1731, des Gosauer rallient un groupe d'évangéliques de Salzbourg et migrent vers les principautés allemandes protestantes. À la fin du XVIIIe s, ***Brigitta Wallner,*** habitante de Gosau, passe pendant des années des écrits évangéliques en contrebande, des pays allemands vers le Salzkammergut. Aujourd'hui, les protestants représentent encore une grande majorité de la population de la vallée, ce qui est loin d'être anecdotique dans une Autriche majoritairement catholique.

Adresse utile

Office de tourisme : *Gosausseestr 5. ☎ 05-950-95-20. • dachstein.salzkammergut.at • Lun-ven 8h30-12h, 12h30-17h ; w-e 8h30-13h. Fermé le w-e nov-déc.* Fournit une carte de la vallée avec la localisation des maisons (pratique pour trouver une pension), ainsi que des brochures détaillant les randonnées dans la vallée. Location de vélos.

Où dormir ? Où manger ?

Gasthof-Pension Kirchenwirt : *Wirtsweg 18,* ***Gosau.*** *☎ 81-96. • kirchenwirt-peham.at • Près de l'église (celle de gauche), indiqué depuis la route principale. Doubles avec petit déj 138 € (min 2 nuits) ; ½ pens possible. Plats 12-24 €.* Grande maison avec 23 chambres confortables, simples, doubles ou familiales, avec salle de bains et w-c. Déco plutôt désuète (tableaux kitsch, moquette) et salles de bains à l'ancienne, mais bon confort et entretien scrupuleux. Fait aussi resto (la cuisine ferme à 21h). Sauna. Table traditionnelle (avec quelques propositions végétariennes).

À voir. À faire

Zwieselalm : au bout de la vallée, la route s'arrête juste avant le *Vorderer Gosausee.* Nombreux parkings. Le téléphérique *(départ ttes les 15 mn, 8h15-17h50, de juil à mi-sept ; compter 18 € l'A/R)* mène à un petit promontoire. De là, en 30 mn, on atteint la *Zwieselalmhöhe.* Superbe panorama. Les courageux peuvent faire toute l'ascension à pied, à condition d'être bien chaussés. Accrochez-vous, la pente est raide !
Le sommet (2 996 m) du ***Donnerkogel*** s'offre aux marcheurs chevronnés (4h de marche) et non sujets au vertige, à partir de *Gablonzer Hütte,* le 1er refuge sur le chemin entre l'arrivée du téléphérique et la *Zwieselalm.*

Les lacs de Gosau : ces 3 lacs jalonnent une vallée glaciaire exemplaire. La plupart des touristes se contentent de faire le tour du 1er lac, le *Vorderer Gosausee* (environ 1h). Possibilité d'aller jusqu'au dernier des 3 à 1 150 m, le *Hinterer Gosausee* sans grande difficulté, même pour le marcheur occasionnel (petit bar-resto sur place). Balade d'un peu moins de 2h.

Gasthof Gosausee : *la ferme-auberge bordant le parking, au pied du Seilbahn. ☎ 85-14. Tlj. Congés : nov-janv. Plats 9-19 €.* Bien pour se rafraîchir en bord de lac après une balade. Cuisine peu convaincante en revanche, mais superbe décor du *stube.*

Le Dachstein : le plus haut sommet (2 996 m) du massif du Dachstein. Les amoureux de grands espaces et de nature grandiose y trouveront leur compte. Le *refuge Adamek* (à 1 900 m), situé au-dessus du *Hinterer Gosausee,* fournit le matériel pour franchir le glacier avec un guide. Randonnée souvent groupée : l'office de tourisme donne le contact des guides locaux, et vous voyez ensuite directement avec eux. Contrairement à la face du côté *Hallstatt-Obertraun,* il n'y a pas de téléphérique pour raccourcir le parcours.

En repartant vers le village de Gosau, les familles pourront s'arrêter à ***Urzeitwald*** *(de mi-juin à début sept, a priori tlj 10h-18h ; 13 €/adulte, réduc),* un petit parc d'attractions destiné aux enfants : jeux d'eau agrémentés de quelques dinosaures en toc, autour du thème de l'évolution des espèces.

AU NORD DU SALZKAMMERGUT

Sur la rive ouest du Traunsee, 8 km depuis le sud avant Gmunden, délicieux village à la situation idyllique, qui se caractérise par son éperon rocheux surmonté d'une petite église.

TRAUNKIRCHEN (4801) 1 630 hab IND. TÉL. 07617

Sur la rive ouest du Traunsee, 8 km avant Gmunden, délicieux village à la situation idyllique, qui se caractérise par son éperon rocheux surmonté d'une petite église.

Info utile

Pas d'office de tourisme dans le village. Se renseigner auprès de celui de Gmunden. Sinon sur • *traunsee-almtal.salzkammergut.at* •

Où dormir ? Où manger ? Où boire un verre ?

Symposion Hotel Post : *Ortsplatz 5. ☎ 23-070. • hotel-post-traunkirchen.at • Doubles 156-250 €, petit déj compris. Tlj 12h-21h30. Plats 16-26 €.* Une auberge qui existe depuis le XIVe s, époque à laquelle elle était fréquentée par les moines de l'abbaye bénédictine. On a beaucoup aimé son restaurant à la déco très soignée, le *Wirtshaus Poststube 1327*, qui prend place sous d'amples voûtes. Poissons du lac (en particulier le *Reinanke*), *Tafelspitz* remarquable (il a reçu des récompenses), *Schnitzel* bio, délices de champignons et fromages locaux. Bien aussi dans l'après-midi pour engloutir un *strudel*, confortablement installé. Dans les étages, une quarantaine de chambres claires et élégantes, rénovées petit à petit. La plupart disposent de balcons avec vue sur le lac.

Klosterstube : *Klosterplatz 2. 0664-99-06-28-70. En saison, ouv tlj sauf lun-mar 16h (12h ven-sam, 10h dim)-minuit ; ferme à 22h en hiver.* Belle surprise que ce bar à vins séduisant, qui se déploie dans une enfilade de caves du monastère bénédictin. Aux beaux jours, on profite du charme de la terrasse, installée dans le cloître fleuri où se trouve un vieux puits. Bucolique ! Quelques petits plats à tendance portugaise pour accompagner les libations.

À voir. À faire

Pfarrkirche *(église paroissiale)* **:** surplombant le lac et entourée d'un cimetière romantique. Elle contribue grandement au charme de l'endroit. À l'intérieur, chaire baroque à la limite du kitsch, où est évoquée la partie de pêche de *saint François-Xavier* pendant laquelle les poissons se battent pour avoir une place dans son filet (peu plausible, on en convient !). L'église appartenait à l'ancien monastère bénédictin, partiellement disparu.

Balade sur le promontoire : grimper ensuite sur le rocher dominant le village, au sommet duquel se trouve une chapelle. Belles vues sur le lac et l'église. Un petit chemin fait tout le tour.

Baignade : au pied du rocher, un bassin clos permet aux petits de se baigner sans danger pendant que les adultes, eux, font bronzette sur la pelouse.

Handarbeitsmuseum *(musée de l'Artisanat)* **:** *Klosterplatz 2. 0664-54-01-364. Juil-août, jeu-dim 14h-17h ; mai-juin et sept-oct, ven-dim aux mêmes horaires. Fermé nov-avr. Entrée : 3 €.* Dans un ancien cloître, un petit musée destiné aux passionnés de dentelle.

GMUNDEN (4810) 13 200 hab. IND. TÉL. : 07612

À l'embouchure de la rivière Traun et au bord du lac Traunsee, c'est une grosse bourgade tranquille vivant par elle-même, pas trop encombrée par les touristes. Ce n'est certes pas la plus attractive des villes du Salzkammergut, Gmunden n'ayant pas le côté « léché » des autres villages, mais

sa belle situation, au bord d'un lac cerné de montagnes, lui donne tout de même bien un petit air de Riviera. En fait, c'est avant tout une ancienne ville de cure, connue pour la pureté de son air. Et une bonne étape avant de partir à la découverte de Linz et du reste de la Haute-Autriche, la province dont le Salzkammergut fait historiquement partie.

Arriver – Quitter

➢ ***De Salzbourg : Postbus*** ttes les heures (1h30 de route) ou ***train*** ttes les heures (1h30 là aussi) avec changement à Attnang-Puchheim.

➢ ***De Linz : train*** avec changement à Attnang-Puchheim (1h-1h15 de trajet).

Adresse et infos utiles

ℹ ***Office de tourisme :*** *Toscanapark 1, à l'entrée sud de la ville. ☎ 74-451. • traunsee-almtal.salzkammergut.at • Mai-sept, lun-ven 8h30-17h, w-e 9h-15h (17h juil-août) ; le reste de l'année, fermé w-e.* Brochures en allemand et en anglais. Résa d'hébergement. Autre antenne dans le *Kammerhof Museum* : *tlj sauf lun 10h-16h.* Accueil en dents de scie.

🅿 ***Grand parking gratuit*** près de l'office de tourisme du *Toscanapark.* À 10 mn à pied du centre. Navette.

Où dormir ?
Où manger à Gmunden et dans les environs ?

Camping

⛺ ***Camping Traunsee :*** *Hauptstr. 14, à* ***Altmünster.*** *☎ 89-313. • camping-traunsee.at • À env 3 km en direction de Traunkirchen. Ouv mai-sept. Compter 31-37,50 € pour 2 en tente.* Minuscule (45 places, dont 35 réservées aux touristes) mais remarquablement situé, au bord du lac. Courts de tennis (indépendants du camping) et baignade possible sur place. Bar et snack.

De prix moyens à chic

🍽 🏠 ⛱ ***Seehotel Schwan :*** *Rathausplatz 8. ☎ 633-910. • seehotel-schwan.at • Double 160 €. Resto 7h-22h. Plats 12-26 €.* Posé au bord du lac, cet hôtel réputé est installé dans un bâtiment historique datant de 1883, époque où François-Joseph régnait sur l'empire austro-hongrois. Chambres confortables entre tradition et modernité, dotées de parquet et agrémentées de couleurs douces, qui offrent pour la plupart de magnifiques vues sur le Traunsee. Grand resto de type brasserie ; si la carte est sans surprise, son atmosphère rétro se révèle bien agréable. Spécialité de poissons. Grande terrasse couverte. Sert jusqu'à tard, ce qui est plutôt rare par ici.

🏠 🍽 ***Landhotel Grünberg :*** *Traunsteinstr. 109, à Gmunden. ☎ 777-00. • gruenberg.at • À env 2,5 km du centre, sur la rive est du lac, non loin du Grünbergseilbahn. Doubles 160-240 €, petit déj compris. Resto tlj jusqu'à 22h (20h30 cuisine). Formules le midi 13,50-24 € ; plats 13-23 € ; ½ pens possible pour séjour de 3 nuits min.* Chambres confortables bien qu'un peu vieillottes dans leur déco, préférez celles avec balcon. Sinon, la table est réputée pour sa généreuse cuisine régionale : poissons du lac, *Spätzle* maison et *Knödel* bien fondants... Le service est impeccable et l'ambiance, plutôt relax, sans chichis ni fioritures. Petite plage privée et possibilité de pratiquer le ski nautique.

🍽 ⛱ ***Urzn :*** *Gmundnerberg 91, à* ***Altmünster,*** *entre Gmunden et*

Traunkirchen. ☎ *87-214. Tlj sauf mer-jeu, jusqu'à 19h30 env. Fermé 2de quinzaine de fév. Plats 12-20 €.* Une véritable institution dans la région, surtout pour les locaux. Grande auberge perchée sur une colline et dominant le Traunsee, à 884 m d'altitude, tout au bout de la route (bien fléché). Pour profiter de la vue exceptionnelle sur le lac et la région, venir soit le midi, soit en début de soirée l'été. Solide cuisine traditionnelle à prix doux servie en salle ou en terrasse. Chaque jour, quelques suggestions, selon l'humeur. Très bruyant.

Où manger sur le pouce ?
Où déguster une pâtisserie ? Où boire un verre ?

KonditoreiBaumgartner : *Esplanade 1.* ☎ *630-57. Tlj sauf jeu-ven 9h-18h (20h en été).* Pâtisserie chic dans la lignée des *Demel* à Vienne ou autre *Zauner* à Bad Ischl, qui existe depuis plus d'un siècle. Un lieu pour déguster l'un de ses succulents gâteaux ou une grosse glace (40 parfums) dans la véranda cossue, en partie suspendue au-dessus du lac. Également des plats du jour à prix démocratiques. Avant de partir, acheter un *Schwanenei,* un œuf de cygne en chocolat.

Brod & Wein : *Marktplatz 20. (0650) 924-19-65. Tlj sauf dim-lun 17h-22h (11h sam).* Coup de cœur pour ce bar à vins caché dans une superbe cave voûtée, en plein centre de Gmunden. Atmosphère chaleureuse avec un air de jazz en fond, quelques vieux tapis d'Orient, des affiches d'art pour habiller les murs et une très belle carte de crus autrichiens, qui illustre toute la variété des terroirs du pays. On fait facilement des rencontres, en particulier sur les grandes tables d'hôtes. Planches à grignoter et petits plats, tendance *slow food* et locavore.

À voir

Toscanapark : agréable presqu'île au milieu de la baie qui donne son identité à la ville. Parc sauvage au centre duquel on trouve la *villa Toscana,* une bâtisse d'inspiration... toscane.

Mais le plus intéressant se trouve au bout d'un ponton de bois, qui enjambe le lac : le ***Seeschloss Ort,*** un élégant *château* bâti au Xe s réfugié sur une île, rendu célèbre par la série TV *Schlosshotel Orth.* Jolie cour avec escalier extérieur en gothique tardif et façades Renaissance avec des ***sgraffites*** (grattage d'un enduit blanc sur fond noir).

Petit ***café*** dans le château, avec une charmante terrasse posée sur l'eau.

K-Hof (Kammerhofmuseen) : *Kammerhofgasse 8, sur l'esplanade, au pied du pont.* ☎ *79-44-20. • museum.gmunden.at • Ouv mer-dim 10h-15h. Entrée : 6 € pour l'ensemble des expositions ; réduc.*

Un musée destiné à promouvoir la céramique de Gmunden tout en présentant des collections variées sur la ville, comme cette partie consacrée à *Johann Nepomuk Salvator* (un Habsbourg), ou celle dédiée à *Johann Orth,* qui acheta le château sur le lac. On y voit un peu d'art sacré, du mobilier, une belle série de bustes sculptés de *Heinrich Natter* et une sublime collection de céramiques, de Gmunden et d'ailleurs. Une salle Brahms rappelle aussi que le compositeur venait souvent par ici.

Un petit tour dans les étages s'impose : avec au musée ***Klo & So***, l'histoire de ce que l'on nommait autrefois « les commodités ». 300 pièces qui racontent l'histoire cachée des toilettes ou sanitaires, appelez ça comme vous voulez, du pot de chambre au cabinet de toilette, du bidet à la baignoire sabot. Une collection pour le moins originale !

L'esplanade permet de contempler de belles façades, notamment celle de la ***Rathausplatz,*** de style Renaissance avec une pointe de baroque.

Dans l'***église*** paroissiale, belle *Adoration des Mages,* groupe de bois sculpté.

Gmundner Keramik Manufaktur : *Keramikstr. 24. ☎ 786-381. • gmundner.at • Tte l'année 10h-18h (17h sam). Visites guidées (sur résa) de la fabrique : voir le site. Tarif : 9,50 € (réduc si achats de 50 € et plus à la boutique). Magasin ouv lun-sam 9h-17h (16h30 sam). Fermé dim.*
La plus grande fabrique de céramique du pays, fondée en 1903. Motifs assez modernes et gammes très complètes. De très beaux objets à glisser dans votre valise.

À faire

Balade en bateau : *mai-sept 10 trajets A/R par j., compter env 14 €, réduc • traunseeschifffahrt.at •.* Avec la compagnie *Traunsee Schifffahrt,* qui possède plusieurs bateaux (à moteur ou à aubes). L'une de ces embarcations, le *Gisela,* navigue sur le lac depuis... 1839 *(en juil-août slt et parfois le dim avec petit supplément).* Plusieurs haltes autour du lac. Certains arrêts sont prévus sur des petits bouts de plage pour permettre la baignade (on peut reprendre un autre bateau plus tard).

Promenade en ***embarcation à pédales*** ou ***bateau électrique.***

Un ***tram du XIXe s*** propose un petit parcours. Départ plusieurs fois par jour de la Franz-Josef-Platz. Arrivée à la gare ferroviaire. Amusant pour les enfants.

Baumwipfelpfad Salzkammergut : *Karl-Josef-von-Frey-Gasse 4. ☎ 219-000. • baumwipfelpfade.at • D'avr à mi-nov, tlj 9h30-19h (18h avr et oct, 17h 1re quinzaine de nov). Fermé de mi-nov à mars. Entrée : 28,70 €, téléphérique du Grünberg-Seilbahn inclus. Entrée belvédère seule : 13 €. Résa en ligne.*
Étonnante plateforme d'observation (encore une), qui se présente comme une rampe-belvédère en colimaçon, grimpant en pente douce jusqu'à 40 m de hauteur. Vue sublime sur le Traunsee et le massif du Salzkammergut.

LA VALLÉE DU DANUBE EN HAUTE-AUTRICHE

• Carte *p. 223*

En Haute-Autriche, le Danube traverse un paysage apaisé dont la lecture attentive rappelle l'histoire pourtant mouvementée du pays. L'ancienne voie des empereurs et des rois, qui descendaient le fleuve de Straubing à Vienne en passant par Passau, décrit une courbe à Linz et change de direction. Ce n'est pas un hasard si cette ville a connu de nombreuses mutations.

Durant des siècles, le fleuve a servi de ligne de démarcation, séparant l'Empire romain des Barbares, découpant même après la Seconde Guerre mondiale la ville de Linz en deux, le Danube servant de frontière entre les secteurs d'occupation, soviétique au nord et américain au sud. Quant aux monastères qui jalonnent les rives du Danube, ils n'étaient pas que des lieux spirituels, mais aussi des centres de développement économique régionaux. Aujourd'hui, Linz est le centre de gravitation de ce qu'on appelle ici l'*Europaregion Donau-Moldau,* ce qui ne l'empêche pas d'assumer son rôle traditionnel de capitale de la Haute-Autriche.

Les adeptes du « hors des sentiers battus » seront à l'aise dans ce Land qui échappe encore aux nuisances du tourisme de masse. Au nord, vers le massif de Bohême, on trouve le *Mühlviertel,* un plateau faiblement vallonné entrecoupé de forêts, avec une vie rurale quasi intacte. Autour de Linz, la capitale du Land de Haute-Autriche, s'étend une région industrielle dynamique. Avec un centre historique plein de vie, qui ne ressemble en rien au projet pompeux de capitale culturelle dont un certain Adolf Hitler, un enfant du pays, avait rêvé pour son Reich millénaire, Linz demeure une ville attachante. Plus de 40 000 voyageurs débarquent chaque année de leurs bateaux de croisière et quelque 70 000 cyclotouristes rejoignent la ville sur la piste cyclable d'un Danube plus vert que bleu et porteur d'avenir pour toute la région.

LINZ

(4020) 207 300 hab. IND. TÉL. : 0732

• Plan *p. 225*

Principale ville industrielle d'Autriche, Linz a cependant réussi la performance de maintenir son activité portuaire et ses usines dans ses banlieues sud et est. C'est une ville universitaire, commerçante, dynamique, qui se découvre principalement à pied. Depuis son ravissant centre-ville, on ne voit même pas les fumées ! D'ailleurs, le seul nuage dont on parle ici, c'est le Nuage musical de Linz, grande manifestation culturelle pendant laquelle, du monde entier, on vient écouter les symphonies de Bruckner, un autre natif du pays.

Moins gâtée que Vienne et Salzbourg sur le plan historique, Linz, en mutation constante, fait beaucoup d'efforts pour attirer les touristes comme le laisse entendre le slogan affiché partout, en allemand comme en anglais : *Linz change(d).* Depuis 2009 (année où elle fut capitale culturelle européenne), ce sont des festivals comme *Ars Electronica* qui en font une ville en phase avec son époque.

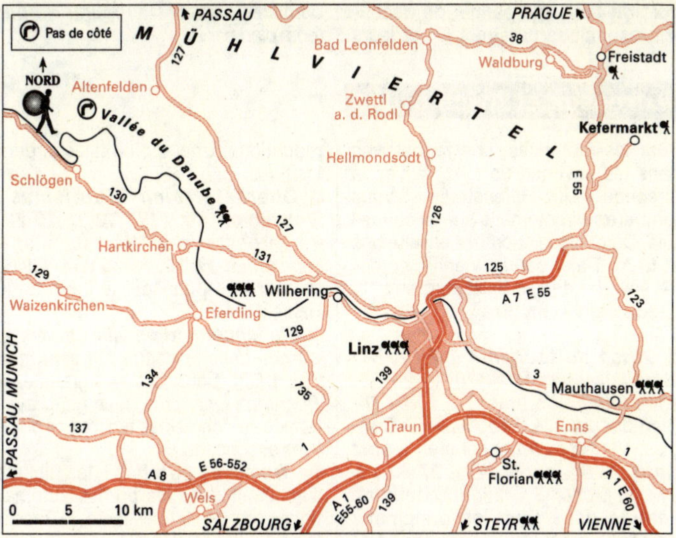

LA VALLÉE DU DANUBE EN HAUTE-AUTRICHE

Autre distinction : en 2015, Linz a été reconnue par l'Unesco, *City of media arts* (ici, tout le monde parle l'anglais, dès le plus jeune âge !). La diversité de l'offre culturelle, son originalité, sa qualité en étonneront plus d'un !
Au panthéon des célébrités locales l'astronome *Johannes Kepler,* le mathématicien et physicien *Christian Doppler,* célèbre pour la découverte de l'effet qui porte son nom et le compositeur *Anton Bruckner.*

Arriver – Quitter

En train

Gare ferroviaire *(Hauptbahnhof ; plan B3)* **:** *Bahnhofstr.* ☎ *(5) 17-17.* • *oebb.at* • *Guichets ouv tlj 6h-21h. Automates en dehors des horaires d'ouverture.* Consigne.
➢ Pour ***Salzbourg*** (env 1h15 de trajet) ; pour ***Vienne*** (env 1h15 de trajet ; dessert aussi l'aéroport de Vienne) ; pour ***Prague*** (par *České Budějovice* ; env 4h de trajet).

En bus

Terminal des bus *(plan B3)* **:** *en face de la gare ferroviaire. Postbus :* ☎ *(1) 711-01.* • *postbus.at* •

En bateau

Le port fluvial se situe sur Untere Donaulände à côté du musée Lentos. *En saison (mai-oct), 1-2 liaisons/j. (sauf lun et ven) avec* ***Passau*** *et* ***Regensburg*** *en Allemagne, 1 liaison/sem avec* ***Vienne*** *et* ***Krems*** *dans la* ***Wachau.*** 2 compagnies assurent ces rotations, ***Donauschiffahrt*** *(☎ 78-36-07 ;* • *donauschiffahrt.eu* •*)* et ***Donau Reisen*** *(Lederergasse 4-12 ; ☎ 2080 ;* • *donaureisen.at* •*).* Pour venir de Vienne, compter 15h de bateau ; 11h30 pour y aller.
– Sympa si vous n'avez pas envie de passer une journée entière sur un bateau, la ***minicroisière autour du***

port de Linz, qui permet de découvrir les maîtres du street art et leurs dernières créations au ***Mural Harbor*** *(hors plan par B2).*

Adresses et infos utiles

Pour les motorisés, une fois arrivés dans les environs de Linz, suivez la direction « Linz-Hafenstraße » : vous tomberez directement sur le centre-ville. Garez-vous et prenez ensuite bus et tram. Trajet depuis Vienne, compter env 2h ; depuis Salzbourg env 1h, depuis Prague env 3h.

Office de tourisme *(plan A-B1-2) : Hauptplatz 1. ☎ 70-70-20-09. • linztourismus.at • Tlj 10h-17h.* Bien documenté. Brochures en français. Vous pouvez y acheter la ***Linz Card*** *(16 €/j. et par pers, 27 € pour 2 j., 35 € pour 3 j. ; réduc),* qui offre l'entrée dans tous les principaux musées, ainsi que les transports publics illimités et de nombreuses réductions. Une appli à télécharger : *Visit-linz.*

Oberösterreich Tourismus : *Freistädter Str. 119. ☎ 22-10-22. • oberoesterreich-tourismus.at • Lun-ven 8h-17h30, fermé w-e.* Office de tourisme pour tout le Land de la Haute-Autriche.

Stationnement en ville : *payant la journée dans le centre lun-sam midi (env 1 €/h).* Seule solution gratuite, la *TipsArena Linz,* près de la gare, mais fermée au rythme des rencontres sportives et concerts.

➢ ***Trams et autobus :*** les tickets s'achètent dans les bornes automatiques orange. Intéressante, la *Tageskarte (5,20 €)* valable 1 journée avec gratuité jusqu'à 4 enfants *(4-15 ans).*

Où dormir ?

Camping

Camping-Linz *(hors plan par B3,* ***11****) : Wiener. Str. 937 (Pichlinger See, à Linz). ☎ 30-53-14. • camping-linz.at • Ouv 15 mars-15 oct. Au sud de la ville, à env 20 mn en voiture. Bus n° 400 direction Enns ou train avec arrêt à Pichling puis 10 mn de marche. Réception ouv 7h30-13h, 15h-22h (horaires restreints en moyenne saison). Compter 25 € pour 2 avec tente et voiture, douche comprise. Wifi payant.* Assez grand, ombragé et bien entretenu, mais proche de l'autoroute (demandez un emplacement au fond à gauche). À côté, un grand parc avec plans d'eau et sa verdure. Snack et épicerie. C'est quand même sacrément loin du centre !

De très bon marché à prix modérés

Jugendgästehaus *(AJ ; hors plan par A3,* ***13****) : Stanglhofweg 3. ☎ 66-44-34. • oejhv.at • Pour s'y rendre de la gare, bus nos 17 ou 19, arrêt Froschberg, ou bus n° 27, arrêt Botanischer Garten. À pied, env 30 mn du centre. Un peu excentrée mais très calme. Réception 8h-21h. Résa conseillée en été. Nuit 30 €/pers en dortoir ; 33 €/pers en double ; petit déj et draps compris. Supplément de 3,50 € pour les non-membres. Parking.* Petit immeuble moderne de 3 étages, sans aucun charme mais fort bien équipé. Au total, plus de 280 lits, principalement en chambres de 4 ou 5 mais aussi quelques doubles et triples. Toutes les chambres ont des sanitaires privés et des casiers. Repas servis à la cafétéria. Court de tennis et salle de sport. Très fréquentée par les cyclistes qui suivent l'Eurovélo 6 le long du Danube.

Wilder Mann *(plan B3,* ***14****) : Goethestr. 14. ☎ 65-60-78. • wildermann.cc • Résa conseillée. Doubles 65-99 €, petit déj compris ; env 79 € sans petit déj.* Pas loin de la gare ni du tram, ce bâtiment Biedermeier classique, à l'environnement peu folichon, abrite 10 chambres d'un rapport qualité-prix intéressant, propres et d'un confort

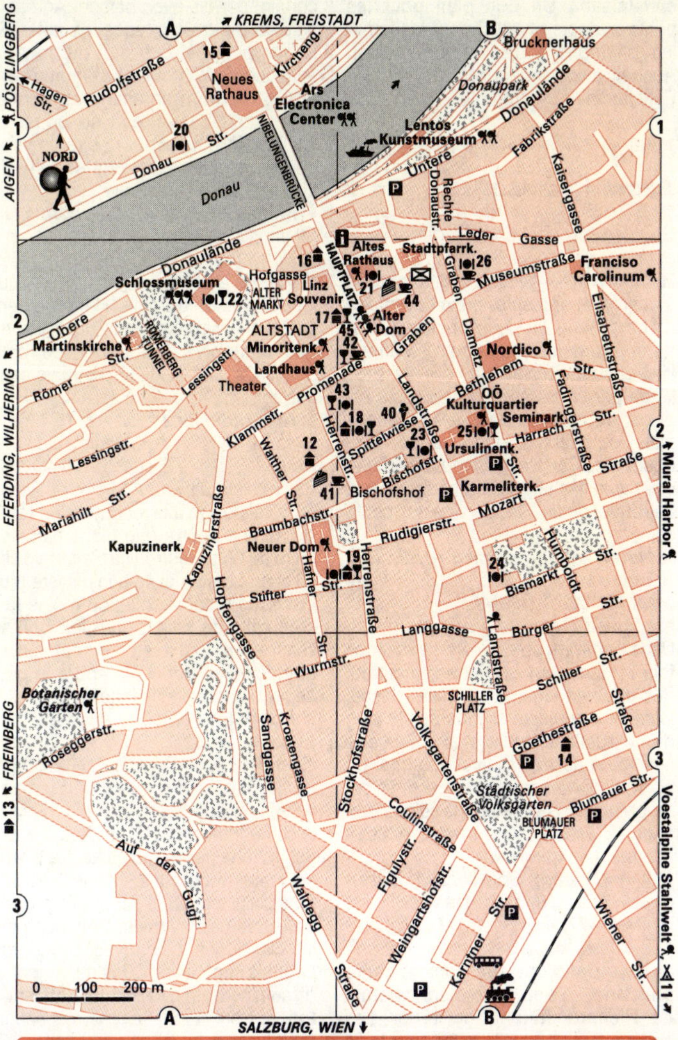

LINZ

■ **Adresse utile**

- **i** Office de tourisme (A-B1-2)

Où dormir ?

- **11** Camping-Linz (hors plan par B3)
- **12** Star Inn (A2)
- **13** Jugendgästehaus (hors plan par A3)
- **14** Wilder Mann (B3)
- **15** Arte Hotel Linz (A1)
- **16** Motel One (A2)
- **17** Hotel Wolfinger (A-B2)
- **18** Zum Schwarzen Bären (B2)
- **19** Hotel Am Domplatz (B2)

Où manger ?

- **19** Paul's (B2)
- **20** Fischerhäusl (A1)
- **21** Keintzel Wirtshaus-Bar (B2)
- **22** Das Schloss (A2)
- **23** Stieglbräu Klosterhof (B2)
- **24** Josef (B2)
- **25** Das Gelbes Krokodil (B2)
- **26** Little Dancer (B2)

Où déguster une pâtisserie ? Où manger une glace ?

- **40** Eis Greissler (B2)
- **41** Jindrak (A-B2)
- **42** Café Traxlmayr (B2)
- **44** K. u. k. Hofbäckerei (B2)

Où boire un verre ?

- **43** Alte Metzgerei (A-B2)
- **45** Walker (A-B2)

satisfaisant. Un bon plan pour les petits budgets et aussi pour les familles (chambres triples et quadruples). Accueil discret mais pro, en anglais. Petit jardin à l'arrière.

De prix moyens à chic

Star Inn (plan A2, **12**) : *Steingasse 6.* ☎ *210-400.* • *starinnhotels.com* • *Doubles 112-159 €, petit déj payant. Parking public avec places réservées 22 €/j.* Un hôtel de chaîne certes, mais moderne et agréable, qui a l'avantage d'être proche du centre historique et de ses rues les plus commerçantes. Hall d'accueil plaisant, qui se prolonge par un escalier aux tonalités Art déco. 120 chambres pas immenses mais confortables, toutes parfaitement équipées. Certaines disposent d'une vue sur la flèche de la cathédrale. Petit déj-buffet de qualité. Service aux petits soins.

Hotel Wolfinger (plan A-B2, **17**) : *Hauptplatz 19.* ☎ *773-29-10.* • *hotelwolfinger.at* • *Doubles 114-154 €, avec petit déj-buffet. Parking (15 €/j.).* Dans cet immeuble du XVIe s maintes fois remanié sur la place principale, des doubles lumineuses, très classe, joliment meublées, et réparties le long d'une ruelle intérieure avec galerie sur voûte assez typique. Pas mal de charme dans son genre. Le petit déj se prend dans un élégant salon. Bon accueil, assez décontracté. Accueil charmant en français.

Zum Schwarzen Bären (plan B2, **18**) : *Herrenstr. 9-11.* ☎ *77-24-77.* • *linz-hotel.at* • *Doubles 120-185 €, petit déj inclus. Parking payant.* Dans une rue commerçante piétonne, c'est la maison natale de Richard Tauber, un ténor des années 1930-1940. Une cinquantaine de chambres aux lignes contemporaines, tout en sobriété et d'un confort certain, parfois avec balcon. Agréable café au rez-de-chaussée, où est servi le bon petit déj-buffet et où on peut faire une pause pour un savoureux en-cas. Le *rooftop* aménagé au dernier étage accueille, en terrasse, un resto-bar branché. Idéal pour boire un verre ou grignoter en admirant les toits de Linz. Accueil très aimable.

Motel One (plan A2, **16**) : *Hauptplatz 10-11.* ☎ *210-011.* • *motel-one.com* • *Doubles 89-115 € sans petit déj.* Hôtel de chaîne à la déco design, où la couleur turquoise domine. Hébergement à l'excellent rapport prix-qualité avec des chambres fonctionnelles bien agencées. Bar. Accueil pro mais sans chaleur.

Arte Hotel Linz (plan A1, **15**) : *Fiedlerstr. 6.* ☎ *73-37-33.* • *arte-linz.at* • *Doubles 95-175 € sans ou avec petit déj. Parking payant.* À 200 m du fleuve un hôtel design à la reconversion réussie, qui ne pourra que plaire aux visiteurs de l'*Ars Electronica Center* voisin. 70 chambres au style minimaliste plus ou moins grandes, plus ou moins fun, côté salle de bains, où il fait bon se sentir en accord avec son temps. Bar, grande véranda pour prendre le petit déj, sauna et salle de fitness.

Hotel Am Domplatz (plan B2, **19**) : *Stifterstr. 4.* ☎ *77-30-00.* • *hotelamdomplatz.at* • *Doubles 112-162 €. Petit déj cher (mais réduc si résa en ligne). Parking public pas loin.* Face à la cathédrale, un hôtel au design épuré qui tranche par sa radicalité. Sa bonne soixantaine de vastes chambres aux tons clairs s'ouvrent sur la ville grâce à de larges baies vitrées. Douches pour les classiques, baignoires top confort pour les supérieures. Des œuvres d'art disséminées un peu partout donnent le ton. Spa sur le toit, hammam et sauna, pour s'accorder un peu de temps pour soi. Resto attenant à 2 pas (voir « Où manger ? »).

Où manger ?

Bon marché

Marché municipal (plan B1-2) : *Les mar et ven matin (8h-midi) sur la Hauptplatz.* Marché de producteurs locaux. De quoi se confectionner un bon casse-croûte.

Little Dancer (plan B2, **26**) : *Graben 9.* ☎ *232-371. Lun-ven 7h30-16h ; sam 8h-17h ; dim 9h-15h.*

Petit déj varié 14 € ; plats 11-12 €. CB refusées. Un adorable *Melbourne style* café (les patrons ont vécu en Australie) qui propose pour le lunch un tas de petits en-cas originaux, frais et sains, dans une ambiance informelle et relax. Insolite : des Polaroïd de chiens, couvrent les murs. Brunch le week-end. L'endroit est un mouchoir de poche : mieux vaut réserver.

Keintzel Wirtshaus-Bar (plan B2, **21**) : *Rathausgasse 6, dans la galerie où se trouve l'Office de tourisme. ☎ 777-550. Tlj sauf dim 10h-minuit (service 11h30-14h, 17h30-21h30). Plats 10-20 €. CB refusées.* Derrière l'ancienne mairie, une cour agréable l'été, loin de l'effervescence de la Hauptplatz, avec vue sur les arcades aux étages supérieurs. Carte autrichienne pas trop rustique. Également pâtes et salades pour les végétariens. Menu en anglais et accueil amical.

Stieglbräu-Klosterhof (plan B2, **23**) : *Landstr. 30. ☎ 77-33-73. Tlj (sauf lun-mar en hiver) 11h-23h. Buffet au poids le soir en sem ; plats à la carte 15-20 €.* Un établissement appartenant à *Stiegl*, la fameuse brasserie salzbourgeoise. Resto au 1er étage et vaste *Biergarten* dans un jardin ombragé, bien animé les soirs d'été. Clientèle populaire et familiale. Pour le buffet, on va se servir sans chipoter. Les classiques plats de la carte sont un peu mieux troussés. Pour arroser le tout, de grands bocks des différentes *Stiegl* !

Das Gelbes Krokodil (plan B2, **25**) : *OK-Platz 1. ☎ 784-182. Lun-ven 12h-15h, 17h (18h mar)-22h30 ; w-e 16h-22h30. Plats 10-18 €.* Un café au décor moderne situé au sous-sol du *OÖ Kulturquartier*, qui dispose d'une jolie terrasse planquée, au calme. Carte qui change tous les jours, avec une large place laissée aux plats végétariens : salades, pâtes ou currys, mais aussi de bons classiques autrichiens. Desserts appétissants. Service affairé et efficace malgré l'affluence. Le midi, le lieu est carrément pris d'assaut.

De bon marché à prix moyens

Fischerhäusl (plan A1, **20**) : *Flussgasse 3. ☎ 23-27-00. Sur le quai du Danube. Tlj sauf dim-lun 16h30-23h (cuisine 22h). Plats 15-24 €.* Un petit endroit qui attire une clientèle locale fidèle grâce à son agréable terrasse au bord du fleuve. Vieux bateau reconverti en bar, ou salle plus rustique en retrait, pour les froides soirées d'hiver. Cuisine éclectique et généreuse. On ne se lasse pas de cette vue apaisante sur Linz...

Paul's (plan B2, **19**) : *Domplatz 3. ☎ 782-338. Tlj sauf dim 11h-23h. Menu le midi lun-jeu 12,90 € ; plats 16-22 €.* Face à la cathédrale, le resto et le bar-lounge de l'hôtel *Am Domplatz*. Déco style baroque-industriel, brut de décoffrage. Impressionnante carte des liquides. Côté assiettes, tapas, burgers et grillades ainsi que des plats de bistrot bien tournés. Également des choix végétariens. Vins autrichiens au verre. Large terrasse pour écouter le concert des cloches de Sainte-Marie.

Josef (plan B2, **24**) : *Landstr. 49. ☎ 77-31-65. Mar-sam 11h-minuit, dim 9h-13h. Plats 11-34 € ; brunch le dim 33 €.* À la salle de resto traditionnelle, préférer le café et son très plaisant *Biergarten*, toujours très animé. Clientèle variée mais à tendance jeune. Longue carte, où l'on trouve un peu de tout : inutile de finasser, contentez-vous de la *gulash* maison à la bière ou l'omble de rivière. Pas super raffiné, mais efficace et bien fait. Traditionnelle formule le midi en libre-service.

Das Schloss (plan A2, **22**) : *Schlossberg 1a. ☎ 30-23-15. Mar-sam 11h-14h, 17h-21h30 ; dim 11h30-14h. Menu midi la sem env 15 € ; plats 15-28 €.* C'est le restaurant du château-musée, perché au-dessus de la ville. Agréable en journée avec son cadre moderne et sa grande terrasse pour déjeuner ou boire un verre en profitant de la vue. Le soir, c'est plus chic et plus intime, et on dîne à la lueur des bougies. On finit par oublier le panorama pour se concentrer sur la cuisine, mariage assez réjouissant entre l'Autriche et l'Italie.

Où déguster une pâtisserie ?
Où manger une glace ?

Jindrak *(plan A-B2,* ***41****)* **:** *Herrenstr 22-24. ☎ 779-258. Tlj 8h30 (9h dim)-18h.* Depuis 1929, ce minuscule café à droite de la partie pâtisserie propose l'incontournable spécialité de Linz, la *Linzer Torte,* délicieuse tarte garnie de confiture de framboises, dont la pâte est parfumée à la cannelle. Salon de thé sur 2 niveaux, décoré dans des tons acajou. Tout Linz (et pas mal de touristes) s'y retrouvent, serrés autour des petites tables. Aux heures de pointe, c'est une véritable fourmilière. Terrasse sur la rue. Petit déj le matin et glaces en saison. Vous trouverez un peu partout des filiales *Jindrak* (*Hauptstraße, Landstraße, Südbahnhofmarkt,* etc.), mais elles n'ont pas le même charme.

Café Traxlmayr *(plan B2,* ***42****)* **:** *Promenade 16. ☎ 773-353. Lun-sam 8h-22h ; dim 9h-20h (19h oct-mars).* Grand café à la viennoise, fidèle au poste depuis 1847. Salle bien agréable, où on prend le temps de lire le journal et de siroter son *Kleiner Brauner.* Un espace a même été prévu pour les joueurs d'échecs. Grande terrasse où, l'été, la belle jeunesse a ses habitudes. Possibilité de grignoter, de déguster une glace et de prendre son petit déj.

K. u. k. Hofbäckerei *(plan B2,* ***44****)* **:** *Pfarrgasse 17. ☎ 78-41-10. Lun-ven 6h30-18h30, sam 7h-12h30.* Une pâtisserie dont les débuts remontent à 1807 et restée dans son jus, où l'on vient s'offrir une part de *Linzer Torte* avec un café, pour oublier le temps qui passe ou celui qu'il fait dehors. Aux murs, fiers portraits d'aristocrates autrichiens.

Eis Greissler *(plan B2,* ***40****)* **:** *Spittelwiese 2. ☎ 474-29-50. Tlj 11h-20h.* Un fameux glacier dans une ville qui ne manque pas d'adresses du genre. Glaces bio, produits locaux, fermiers partenaires du pays des 1 000 collines, fruits frais et de saison... Les gourmands ne manqueront pas de goûter aux parfums *Sachertorte,* graines de pavot gris ou... fromage de chèvre. Juste 2 tables dehors, sinon c'est à emporter.

Où boire un verre ?

Alte Metzgerei *(plan A-B2,* ***43****)* **:** *Herrenstr. 5. ☎ 774-434. Tlj sauf w-e 11h-22h (minuit jeu-ven).* Excellente adresse que ce bar à vins squattant une ancienne boucherie. Très belle carte, avec des références puisées dans tous les vignobles autrichiens. Petits plats et grignotages pour accompagner la dégustation (*Leberkase,* goulasch maison, quiches, fromages, etc.). Atmosphère très animée en début de soirée, avec pas mal d'habitués. Le midi, intéressante formule déj avec une option végétarienne possible.

Walker *(plan A-B2,* ***45****)* **:** *Hauptplatz 21. ☎ 788-070. Tlj 9h-minuit.* La terrasse la plus cool de la magnifique Hauptplatz, dominée par la colonne de la Trinité. Clientèle qui aime se retrouver ici à l'heure de l'apéro. Quand le soleil n'est pas de la partie, on grimpe au 1er étage pour s'installer au fond des banquettes et se mêler à une foule particulièrement fêtarde. Grignotages pour parer au *delirium tremens.*

À voir. À faire dans le centre ancien

Rappel : la ***Linz Card*** est très rentable si vous comptez visiter au moins 3 ou 4 sites. Elle est vendue à l'office de tourisme, dans les musées et les hôtels.

Hauptplatz *(plan A-B2)* **:** superbe espace tout en longueur : ce serait d'ailleurs la plus grande place fermée d'Europe. C'est surtout le cœur de la cité qui a battu souvent fort, mais avec un sang sensiblement différent au fil de l'histoire. Elle a d'ailleurs changé 5 fois de nom entre 1873 et 1945 : à 2 reprises *Franz-Joseph-Platz, Platz des 12 November, Adolf-Hitler-Platz,* puis *Hauptplatz* depuis 1945... Au milieu, colonne baroque de la Trinité, édifiée en 1723 pour remercier Dieu d'avoir évité à la ville la grande peste, les incendies et l'invasion turque et autres calamités. La place est bordée de fières maisons baroques aux couleurs pastel et palais Renaissance, dont l'ancienne ***hôtellerie Stadt Frankfurt,*** où descendait Beethoven. Au nº 18, la ***Feichtinger Haus*** (1686), avec son pignon à carillon (pour l'entendre, rendez-vous chaque jour à 11h03, 15h03 et 17h03). Le soir, la place s'anime progressivement. Il y règne alors une atmosphère gaie, quasi méditerranéenne.

L'office de tourisme *(plan A-B1-2)* occupe le rez-de-chaussée de l'***Altes Rathaus,*** ancien hôtel de ville, construit en 1514 et décoré des portraits de l'empereur *Frédéric III,* de 2 anciens maires, d'*Anton Bruckner* et de l'astronome *Kepler* (qui vécut ici de 1612 à 1626). Traversez la cour de la *Keintzel Wirtshaus* (voir « Où manger ? ») pour rejoindre la Pfarrgasse, avec ses maisons typiques à 3 fenêtres sur rue, et la *k. u. k. Hofbäckerei,* confiserie-pâtisserie restée identique depuis l'époque de François-Joseph, ou presque. Longez ensuite le *Zahnmuseum* et rejoignez la Grand-Place.

UN REPAIRE POUR LE BUTIN

Linz était la ville préférée de Hitler. Il y passa son adolescence et souhaitait même y finir ses jours. La veille de son suicide, il regardait encore dans son bunker berlinois la maquette du Führermuseum, imaginé par Albert Speer et qui devait abriter ses œuvres d'art favorites, pillées aux 4 coins de l'Europe.

➢ Balade dans l'***Altstadt*** *(plan A-B2),* la vieille ville, principal centre de la vie nocturne. Treillis de ruelles avec ses petits bistrots, restos et terrasses. Quittons la *Hauptplatz* par la *Hofgasse* bordée de palais du XVIIᵉ s. Beau tir groupé de demeures baroques et rococo au carrefour *Hofberg* et *Altstadt,* notamment l'***Apothekerhaus*** sur le coin supérieur d'Alter Markt. Au nº 10 d'Altstadt, la ***Kremsmünsterer Stiftshaus*** du XVᵉ s (portail avec blason de l'archevêque). L'empereur *Frédéric III* y est mort en août 1493. Au nº 12, rappelant le marché qui se tenait là autrefois, la ***Waaghaus*** *(maison du poids)* datant de 1524.

Quant à la ***Mozarthaus*** (entrée au nº 17 Altstadt), une belle maison Renaissance de la seconde moitié du XVIᵉ s, elle ne s'apprécie que de l'extérieur. Mozart, hôte du comte du Thun, y a composé la symphonie dite *Linzer.* On peut même en entendre un extrait en appuyant sur un bouton !

UNE SYMPHONIE AU PIED LEVÉ

1783. Au retour d'un voyage à Salzbourg, Mozart se voit offrir l'hospitalité à Linz. Son hôte le convie à donner un concert public. Mozart n'a aucune partition dans ses bagages ; il n'a qu'une solution : écrire une symphonie en 4 jours. À la 1ʳᵉ, l'œuvre est exécutée quasi sans répétition. La Symphonie en ut majeur nº 36, dite « Linzer », était née. Elle est devenue l'une de ses plus célèbres.

Minoritenkirche *(église des Frères mineurs ; plan A2)* **:** intégrée au *Landhaus,* date du XIIIᵉ s, reconstruite au XVIᵉ s. Décoration intérieure rococo. Nef « ondoyante » avec effet de perspective. Chœur et chapelles en marbre rouge veiné du plus bel effet. Au maître-autel, tableau d'*Altomonte* et 4 autres présentant des œuvres de *Kremser Schmidt.*

Landhaus *(plan A2)* **:** siège du gouvernement de la province construit sur l'emplacement du couvent des Frères mineurs (dont il reste l'église) en 1564. Côté *Klosterstraße,* magnifique porche Renaissance (1570), œuvre d'un artiste vénitien.

À la fin du XVIIe s, l'édifice a servi de collège protestant durant quelques années. L'astronome allemand ***Johannes Kepler*** y a enseigné les mathématiques. À l'intérieur, élégante cour à arcades avec la fontaine des Planètes (de 1582). Concerts en été.

***Schlossmuseum** (musée du Château ; plan A2) : Tummelplatz 10. ☎ 772-05-22-00. • ooekg.at • Mar-dim 10h-18h. Fermé lun. Entrée : 6,50 € ; réduc. Intéressante brochure en français. Compter au moins 2h de visite.*
Mieux qu'un château, mieux qu'un musée de la ville, on a ici un espace passionnant qui permet de jeter un nouveau regard sur la Haute-Autriche, dans la mesure où l'histoire et la géographie se confrontent dans une muséographie contemporaine passionnante. Le château a été bâti par l'empereur ***Frédéric III*** en 1477, et reconstruit au XVIIe s par ***Rodolphe II.*** Incendié en bonne partie en 1800, il a fallu attendre 2009 pour que soit ajoutée à l'emplacement de l'aile disparue, une extension qui fait aujourd'hui son originalité et sa richesse : *le plus grand musée universel du pays,* comme on dit ici. Il concentre sur un même site toute l'histoire du pays : naturelle, culturelle, artistique et technologique. Très riches collections d'art et d'histoire, bien sûr. À l'entrée, maquette en relief de la ville.
Au rez-de-chaussée, on commence par la petite section archéologique, reliant art grec et art médiéval. *Vierge et Anges musiciens* de 1520, *Saint Jérôme* de ***Rueland Frueauf.*** Riche collection d'armes de tournoi, étendards, uniformes, scènes de batailles. Peintures du XIIe au XVIIIe s, retables, grande salle pour les ***instruments de musique.*** Orfèvrerie religieuse. Expo sur les arts et traditions populaires du XXe s. On passe vite, en fait, car le musée recèle d'autres trésors, à commencer par des expos temporaires remarquables qui ont fait sa réputation.
Les enfants craquent, dans la partie contemporaine du musée, pour la faune danubienne ou alpine, avec des ***animaux naturalisés*** ou reconstitués, mis en situation dans des décors très réalistes : ours bruns, castors, élans, insectes et champignons surdimensionnés et même une reconstitution du ***mégalodon,*** l'ancêtre du requin. Expo interactive traitant des sciences et techniques : tout sur l'évolution des transports, de l'énergie, des télécommunications... exemplaire de la voiture Steyr de 1938, ressemblant furieusement aux 1res Coccinelles. Ne pas manquer l'exceptionnelle ***collection d'instruments scientifiques.***
Pour se rassurer en remontant le temps et les étages, coup d'œil sur la peinture académique du XIXe s. Intérieur d'*August von Pettenkofen,* portraits de *Johann Baptist Reiter.* Peintures d'***Anton Faistauer*** et d'***Egon Schiele*** pour terminer (collection Kastner).
Ensuite, on entame un vaste tour du bâtiment, en passant en revue différentes salles encombrées d'objets d'art hétéroclites. Superbe pharmacie reconstituée, étains et serrures, splendides et extravagants poêles en faïence, céramiques de Nuremberg du XVIe s ou de Gmunden. Mention spéciale pour les extraordinaires ***meubles peints*** et les nombreux coffres sculptés. Pour les passionnés d'ethnographie : objets domestiques, battoirs de lavandière sculptés, croix de cimetière en fer forgé, imagerie religieuse, verrerie, céramique ancienne, textiles et vêtements d'époque, etc. Presque trop de choses à voir !
Brasserie et café chic *Das Schloss* en terrasse (voir « Où manger ? ») ou barresto à la bonne franquette de l'autre côté du château, avec vue plongeante sur le Danube.

***Martinskirche** (plan A2) : Römerstr.* Simple et modeste curiosité : la plus vieille église d'Autriche. Édifiée au VIIe s avec des pierres romaines (on en retrouve dans les piliers). Sous Charlemagne, les espaces entre les arcades ont été comblés (sur les murs, traces de fenêtres en plein cintre). Dans la 1re niche, fresque de 1440.

➢ Reprise de l'itinéraire à la Hauptplatz, à partir de l'*Altes Rathaus.* Au n° 5 de la *Rathausgasse,* demeure de l'astronome *Johannes Kepler.* Au n° 6, on aperçoit la cour à arcades de l'*Altes Rathaus.*

Sur la *Pfarrplatz* s'élève la ***Stadtpfarrkirche*** *(plan B2)*, l'église paroissiale. Elle date de 1286 (le clocher de 1453), « baroquisée » en 1648. *Anton Bruckner* en fut l'organiste. Fresques du chœur et tableau de *Bartolomeo Altomonte.* En façade, longue litanie gravée des noms des morts des 2 guerres.
Par la *Domgasse,* on parvient à la ***Jesuitenkirche*** du XVIIe s. Elle fut longtemps cathédrale (de 1785 à 1909).

La Landstraße *(plan B2-3),* est la grande artère commerçante de Linz (la 2e d'Autriche après la *Mariahilfer Straße* de Vienne). Bordée par les anciens palais des abbayes de la région et de belles demeures baroques. Notamment au n° 12 avec porche à puissants atlantes. Au n° 16, celui de l'***abbaye de Schlägl*** (de 1641), au n° 22, la ***Florianer Stiftshaus.*** Au n° 30, ***palais de Kremsmünster*** (aujourd'hui le resto *Klosterhof,* voir « Où manger ? »). En face, l'***Ursulinenkirche*** (ancienne église transformée en centre culturel) et la ***Karmeliterkirche.***

Derrière ces 2 églises se cache l'une des entrées de l'***OÖ Kulturquartier*** *(● ooekulturquartier.at ● ; horaires et prix en fonction des événements et expos).* C'est le rendez-vous incontournable des amateurs de culture expérimentale, notamment pendant l'*Ars Electronica Festival,* début septembre. Un grand moment à ne pas manquer : le *Höhenrausch,* installé sur les toits du quartier, promenade scénographiée dont le thème est généralement en rapport avec les préoccupations écologiques du moment.

Au milieu d'une rue perpendiculaire, la *Spittewiese,* ***une fontaine*** en forme de main réalisée par *Fiedensreich Hundertwasser* en 1994. En hiver elle disparaît sous un coffrage protecteur en bois.

La *Bischofstraße* (parallèle à la précédente) mène à la nouvelle cathédrale ***(Neuer Dom ;*** *plan A2),* la plus grande église d'Autriche. Flèche de 134 m pour ne pas dépasser celle (à 136 m) de Saint-Étienne à Vienne ! Construite en 1862, en style néogothique, elle possède des proportions impressionnantes et d'étonnants vitraux contemporains dans l'abside. La visite guidée permet d'accéder à la crypte. Sur *Bischofstraße,* le ***palais épiscopal*** (de 1721). Voir la porte en fer forgé de l'escalier.

Retour vers l'ouest et les rives du Danube

Nordico *(musée de la Ville ; plan B2) : Dametzstr. 23. ☎ 70-70-19-01. ● nordico.at ● Tlj sauf lun 10h-18h. Entrée 8 € ; réduc.* Un musée qui entend instruire les visiteurs sur l'identité de la ville et son art de vivre à travers une collection permanente hétéroclite, nommée *100 % Linz.* Maquettes, objets divers, photos et vidéos offrent une vision kaléidoscopique rafraîchissante de la cité. Également d'importantes expositions temporaires, qui se succèdent avec plus ou moins de bonheur. Se renseigner pour en connaître le thème, car elles sont souvent étonnantes.

Das Francisco Carolinum Linz *(plan B2) : Museumstr. 14. ☎ 772-0-522-00. ● ooekultur.at ● Tlj sauf lun 10h-18h. Entrée : 6,50 € ; réduc. Gratuit avec la Linz Card.* Dans un bâtiment éclectique de 1895, ce musée d'art moderne est consacré à la communication de l'histoire de l'art du XXe s en référence à la Haute-Autriche. Mais il contient surtout, la plus grande collection au monde d'œuvres signées ***Alfred Kubin*** : quelque 1 000 tableaux, sculptures et installations. Expos temporaires de photo et d'art contemporain.

Lentos Kunstmuseum *(musée d'Art moderne ; plan B1) : Ernst-Koref-Promenade 1. ☎ 70-70-36-00. ● lentos.at ● Tlj sauf lun 10h-18h (21h jeu). Entrée : 11 € ; réduc.* Son enveloppe de verre illuminée la nuit en a fait le nouvel emblème de la ville. Sur les rives du Danube, ce bâtiment élégant et translucide accueille de remarquables expos temporaires et un fonds de peinture autrichienne et allemande de la fin du XIXe et du XXe s hérité de la ***Neue Galerie*** (***Lovis Corinth,*** *Klimt, Kokoschka, Schiele, Egger-Lienz,* entre autres). Mais on craque tout autant devant une œuvre rare de ***HR Giger*** que devant les portraits en lithos de Marilyn, de Diane Keaton et de Mao par ***Andy Warhol...*** Du musée démarre une balade culturelle à travers le *Donaupark,* où sont visibles nombre de sculptures grand format, à commencer par celles de *Herbert Bayer,* artiste du *Bauhaus.*

Café-resto *(tlj sauf dim-lun 9h-23h)* du musée en face de l'entrée. Déco très moderne, avec vue sur le Danube. Idéal pour boire ou grignoter en terrasse.

Ars Electronica Center *(plan A1)* **:** *Hauptstr. 2. ☎ 72-720. • ars.electronica.art/center/en • Tlj sauf lun 10h-17h. Entrée : 11,50 € ; réduc. Explications en anglais et en allemand.* Sur 5 étages, une sorte de Cité des sciences proposant des expériences interactives dans divers domaines : intelligence artificielle, neurobionique, génie génétique, astronomie, optique, robotique, anatomie, impression 3D... Salle de ciné avec écran géant en 3D où sont projetés des films sur l'espace, les sites antiques (Thèbes, Pompéi, l'anatomie humaine, le cosmos la tour de Babel par Bruegel...) ou la descente à skis de Kitzbühel ! Les zooms permettent de distinguer des détails à peine visibles à l'œil nu. Expos temporaires. La nuit, difficile d'échapper au jeu des couleurs de la plus grande façade d'Europe éclairée par des LED.

À midi ou en soirée, grimpez donc au ***Cubus*** *(tlj sauf dim soir-lun),* le resto-bar perché au dernier étage du centre, qui offre une vue extra sur Linz. Parfois des concerts ou DJs le jeudi.

À voir. À faire plus loin du centre

Botanischer Garten *(jardin botanique ; plan A3)* **:** *Roseggerstr. 20. ☎ 70-70 (18-70). • botanischergarten.linz.at • Bus nº 27 depuis Landstr. Sur les pentes du Freinberg. Avr-sept, tlj 9h-19h ; mars et oct, 9h-17h ; nov-fév 9h-16h. Entrée : 3,70 € ; réduc.* Riche collection de cactées et d'orchidées. Plus de 10 000 espèces !

Voestalpine Stahlwelt *(hors plan par B3)* **:** *Voestalpine Str. 4. • voestalpine.com/stahlwelt/en • Accès en bus nº 25, arrêt Betriebsgebäude 41. Au sud-est du centre, dans la zone industrielle près de l'A 7. Tlj sauf dim 9h-17h. Entrée : 10 €, audioguide inclus ; réduc. Possibilité de visite guidée de l'usine (20 €, comprenant le musée).* Une étonnante expo sur la fabrication et les multiples usages de l'acier. Expériences interactives et nombreuses explications sur l'industrie sidérurgique. L'architecture elle-même est impressionnante, composée de sphères et d'une rotonde géante.

Mural Harbor *(hors plan par B2)* **:** *• muralharbor.at •* À découvrir au cours d'une croisière en bateau, de préférence. Pour les amateurs une vision de la ville nouvelle qui leur fera oublier le ronron du bateau. Le port commercial de la ville est en train de se transformer en gigantesque galerie à ciel ouvert avec 300 œuvres de ***street art*** visibles. Minicroisière de 1h40 au départ du ***port fluvial,*** Untere Donaulände 1. *En saison (fin avr-début oct), tlj sauf lun, 3 départs/j. : à 11h, 13h et 15h, avec Donauschiffahrt. ☎ 78-36-07. • donauschiffahrt.eu • Compter env 17,50 € la croisière de 1h20.*

Le Pöstlingberg *(hors plan par A1)* **:** *au nord-ouest de Linz. On y grimpe en 20-25 mn à bord du Pöstlingbahn, un petit tramway (il gravit une dénivelée de 255 m en 2,9 km) en service depuis 1898. Tlj 6h (7h30 dim)-22h. Départ ttes les 30 mn depuis la Hauptplatz : 7,20 € l'A/R.* Tout en haut, sanctuaire baroque du XVIIIe s. Beau panorama.

Succursale de ***Jindrak*** (voir « Où déguster une pâtisserie ? ») pour ceux qui auraient un petit creux. Terrasse vertigineuse.

Pour les enfants, sur la colline aussi, la ***Grottenbahn.*** Visites en petit train dragon en partance pour le pays des contes et légendes. *Tlj 10h-18h (17h* *l'hiver) ; entrée : 5,90 €, réduc.* À mi-chemin, au retour, vous pouvez vous arrêter pour visiter le ***zoo de Linz*** *(compter 7 € l'entrée, 3,50 € pour les 6-13 ans ; ● zoo-linz.at ●).*

Fêtes et manifestations

– ***Marchés sur la Hauptplatz :*** les agriculteurs de la région viennent vendre leurs produits *(mar et ven 7h-14h).* L'hiver, ce marché se transforme bien sûr en ***marché de Noël.*** Également un ***marché aux puces*** *(sam 6h-14h).*
– ***Animations culturelles :*** *tte l'année.* Concerts, théâtre, danse, musique, etc. Demander le dépliant avec le programme à l'office de tourisme.
– ***Next Comic Festival :*** *en mars. ● nextcomic.org ●* Le 1er festival de B.D. d'Autriche.
– ***Linzer Krone Stadtfest :*** *fin août pdt 3 j. ● kronefest.at ●* L'occasion de vastes réjouissances populaires autour d'une dizaine de scènes gratuites (musique folk autrichienne surtout) et de nombreux stands de victuailles disséminés un peu partout dans le centre.
– Plus de 100 000 personnes assistent, début septembre, au festival ***Linzer Klangwolke*** dans le parc du Danube (les fameux nuages musicaux). Superbes illuminations lasers. Nombreux concerts en plein air dans différents endroits (Donaupark, Hauptplatz, etc.).
– ***AArs Electronica :*** *5 j. début sept, à l'AC Center, au OK (Offenes Kulturhaus) et dans tte la ville. ● ars.electronica.art ●* Vivant, et pour tous les âges, tous les publics. En anglais, puisque tous les enfants ici parlent la langue de Shakespeare dès leur plus jeune âge...
– ***Festival international Bruckner :*** *de début sept à mi-oct (1 sem), dans la Brucknerhaus. ● brucknerhaus.at ●* Tout le monde est sur son nuage... Renseignements à l'office de tourisme pour les programmes et réservations (plusieurs mois à l'avance, bien sûr).

DANS LES ENVIRONS DE LINZ

★★★ ***Stift Wilhering :*** *sur la rive droite du Danube, à 8 km en amont de Linz. En bus, accès ligne nº 1 de Linz Obere Donaulände. ☎ (07226) 23-11-12. ● stiftwilhering.at ● Ouv en hte saison mar-sam 10h-16h30, dim 9h30-17h ; en basse saison jeu-dim 11h (9h30 dim)-16h . Entrée : 6 €.*
Le ***monastère cistercien*** de Wilhering a étendu ses bâtiments conventuels et son église abbatiale du XIIe s, sur la rive sud du Danube. À l'origine construit en style roman, il est devenu au fil des siècles un chef-d'œuvre du rococo. En 1733, l'ensemble est ravagé par un incendie. La reconstruction, selon les plans d'un maître d'œuvre local, ***Johann Haslinger,*** dure 15 ans, et le résultat est époustouflant. Sitôt passé la porte d'entrée de l'abbatiale à la sobre architecture, on est littéralement frappé de stupeur (sans tremblement) par le décor de la nef. Le style rococo dans toute sa munificence ! Spectacle éblouissant des ***voûtes peintes*** dans des volutes de coloris pastel : stucs délicats, fleurs, anges, drapés, tout semble virevolter au milieu des marbres, des *puttis* dégoulinant des balcons et des statues d'évêques en pâmoison. La coupole de la croisée du transept se révèle un festival de ***trompe-l'œil.*** Le buffet d'orgue est intégré dans une mise en scène spectaculaire. Emphase, surabondance certes, mais le tout s'inscrit dans une harmonie pas du tout écœurante. Difficile de faire mieux dans la profusion ; un décorum censé représenter le paradis céleste.
Pour redescendre sur terre, signalons que le maître-autel qui met en scène l'Assomption de la Vierge a été peint par *Martino Altamonte,* un maître du genre, et que c'est son fils Bartolomeo qui réalisa les peintures de la voûte. Petit musée et cloître dans le bâtiment adjacent.

LE MÜHLVIERTEL

À une vingtaine de kilomètres au nord de Linz s'étend, jusqu'à la frontière tchèque, une région de collines et de coteaux doucement vallonnée. Patchwork de cultures, pâturages et forêts entrecoupés de jolis villages. Architecture bien particulière des fermes (blanches tachetées de gris ou de noir). Région encore peu touristique, paisible à souhait, qui plaira aux ***randonneurs*** et aux ***cyclistes.***

Freistadt : adorable petite cité médiévale encore dotée de son enceinte, par la *Böhmertor,* porte de ville de 1783 (on voit encore les 2 longues fentes pour le pont-levis). Ruelle fleurie menant à la place principale, dominée par l'église Sainte-Catherine et son beau clocher à bulbe. Au 5, Böhmergasse, cour à arcades. *Rathaus* de 1491. À côté, demeure avec élégant balcon d'angle en encorbellement. Détailler les maisons autour de la place, beaux porches ou arcades de granit. Le ***château*** de 1363 affublé d'un haut donjon se visite *(● museum-freistadt.at ● ; mar-ven 9h-12h, 14h-17h, w-e 14h-17h ; 6 €).* Cour circulaire sur arcades avec galerie circulaire.

> **149 CITOYENS QUI NE BRASSENT PAS QUE DE L'AIR !**
>
> *La vraie curiosité de la ville de Freistadt, c'est sa brasserie. En 1363, Rodolphe IV donna l'autorisation à 149 bourgeois de brasser à domicile. Droit qui faillit disparaître lorsqu'il fut question, en 1770, de créer une brasserie, la* Freistädter Brauhaus, *hors la ville ancienne. Les propriétaires décidèrent alors de s'associer. Depuis, chaque année, leurs descendants continuent de percevoir les royalties, mais en... liquide.*

Adresse utile

Office de tourisme : *Waaggasse 6. ☎ (07942) 75-700. ● muehlviertler-almfreistadt.at ● Avr-sept, lun-ven 8h30-12h30, 13h-17h ; oct-mars, lun-ven 9h-14h.* Infos sur la ville et la région. Vers mi-juillet début août, 10 j. de festival de musique.

Où dormir ? Où manger ?

Camping : *Eglsee 12. ☎ (07942) 725-70. ● ffc-freistadt.at/camping.htm ● Au bord de la rivière, près de la porte Böhmertor. Tte l'année Env 25,30 € pour 2 avec tente, voiture et électricité.* Au bord d'une rivière, dans les faubourgs de la ville. Bar-resto sur place.

Auberge de jeunesse : *Schloßhof 3. ☎ (07942) 743-65. (0680) 207-18-81. ● jugendherberge-freistadt.at ● Tte l'année. Réception ven-sam 16h-20h (dim 15h). Sur résa slt. Nuitée 20 €/pers ; draps et petit déj en sus.* Installée dans une vénérable demeure. À peine 2 chambres et 10 lits. Bien vérifier que c'est ouvert avant de vous pointer, car ce n'est pas toujours le cas.

Hotel Zum Goldenen Hirschen : *Böhmergasse 8-10. ☎ (07942) 722-58. ● hotels-freistadt.at ● Doubles 121-135 €, sans ou avec petit déj. Resto fermé jeu-ven et dim. Plats 13-21 € ; menu bière 23 €.* Un hôtel idéalement placé, entre le château et la porte Böhmertor. Chambres confortables et déco évoquant vaguement les chalets de montagne. Certaines ont vue sur le château. Les couloirs sont décorés de coffres et céramiques, ainsi que d'une armure.

Freistädter Brauhaus : *Brauhausstraße 2. ☎ (07942) 72-772. Tlj sauf lun 9h-minuit (15h dim). Plats 9-19 €.* Au sein de la brasserie historique de la ville, active depuis 1777, une bonne table servant cuisine locale et bière maison. Agréable *Biergarten* installé dans la cour fleurie de la brasserie ou vastes salles voûtées à l'intérieur, rehaussées de discrètes touches design. Belle ambiance générale, entre tradition et *high tech*, sur laquelle flotte une enivrante odeur de céréales. Pour goûter aux breuvages maison, on peut commander une plaquette présentant 5 bières élaborées sur place. Visite de la brasserie possible *(lun, jeu et sam à 14h, mais en allemand slt ; 10 €).*

Café Konditorei Lebzelterei Lubinger : *Hauptplatz 10. ☎ (07942) 72-686. Tlj sauf mer 8h (9h dim)-18h30.* Une pâtisserie traditionnelle réputée, où on se presse à l'heure du *Kaffee-Kuchen*. Tous les classiques sont présents, de la *Mozarttorte* à la *Nusstorte*, mais ne pas louper la forêt noire, qui a reçu de nombreux prix. Salle cosy à la déco désuète et petite terrasse à l'arrière, avec vue sur le château.

À voir dans le secteur

À 11 km au sud de Freistadt, arrêt à ***Kefermarkt*** pour visiter l'***église St. Wolfgang*** qui abrite l'un des plus remarquables retables d'Autriche, sculpté en 1490 dans un tilleul. Véritable dentelle de bois et travail extraordinaire de ciselage sur 13 m de haut ! Au milieu, saint Wolfgang, entre saint Pierre et saint Christophe. Superbes drapés des vêtements et richesse des expressions.

LE CAMP DE CONCENTRATION DE MAUTHAUSEN

À plus de 20 km à l'est de Linz, au sud du Mühlviertel. Prendre la direction de Perg. Suivre la signalisation sur fond vert « Donausaal », puis celle sur fond vert « KZ mémorial », la route monte en serpentant jusqu'au camp.

Mauthausen ! Comment imaginer un seul instant que ce ravissant et paisible village au bord du Danube puisse avoir été le cadre de tant de souffrances et d'atrocités, au point qu'il est considéré comme le plus sinistre camp de la mort nazi en Autriche ? À 4 km de ces façades rococo pimpantes, l'une des plus effroyables machines à anéantir jamais inventées par l'homme fonctionna pendant 7 ans. Quand on se retrouve dans la carrière, au pied de l'escalier de la Mort, ou bien dans les sous-sols de l'infirmerie, qui servaient de chambre à gaz, c'est un moment très dur.

L'histoire du camp

C'est en 1938 que le site fut choisi en raison de la présence de l'importante carrière de granit *Wiener Graben*. Himmler avait besoin d'énormément de matériaux pour réaliser les grands projets architecturaux nazis. Les 1ers déportés, des condamnés de droit commun, arrivèrent le 8 août 1938. Ils furent d'abord affectés à la construction du camp. D'autres vinrent ensuite et furent mis au travail à la carrière : des « asociaux » communistes, socialistes, tziganes, que les nazis dénommaient *Volksschädlinge* (parasites du peuple) puis des prisonniers de guerre de toutes provenances. Entre août 1938 et le 5 mai 1945, ils furent 206 000 à être envoyés à Mauthausen.

Au total, ***122 766 déportés*** y périrent (dont 8 203 Français et près de 32 000 Russes). Si des milliers d'entre eux continuèrent d'aller à la carrière, beaucoup d'autres travaillaient dans les usines d'armement de la région. Mauthausen était le camp central. Plus d'une quarantaine d'installations secondaires en dépendaient, dont les industries souterraines de *Melk, Gusen, Ebensee*, etc. Le taux de mortalité était effrayant. Dès mai 1940, on construisait le 1er four crématoire.

Nous n'allons pas énumérer ici toutes les atrocités commises à Mauthausen et communes aux autres camps de la mort nazis (privations, tortures, assassinats, expérimentations médicales, exécutions et tant d'autres). Simplement, rappelons-en quelques-unes propres à Mauthausen. Ainsi, ceux qui travaillaient à la carrière étaient contraints d'escalader les ***186 marches de l'escalier*** reliant la carrière au camp avec des blocs de pierre de plusieurs dizaines de kilos sur le dos. L'atroce jeu des SS consistait à faire trébucher l'un des détenus qui, lâchant la pierre, entraînait une grande partie des autres dans sa chute, ce qui provoquait une « bouillie » effroyable d'hommes écrasés par l'avalanche. Des milliers de ***républicains espagnols*** laissèrent leur vie sur l'escalier de la Mort. Une autre technique consistait à précipiter des groupes de détenus du haut de la falaise abrupte de la carrière, surtout les déportés juifs. Les SS l'avaient baptisée le « mur des Parachutistes ».

Cependant, malgré les conditions d'existence inhumaines des détenus, un certain nombre d'entre eux réussirent à se regrouper clandestinement en une « organisation internationale de résistance ». L'une de leurs 1res revendications victorieuses fut l'élimination des « droits communs » de leurs fonctions d'encadrement. Début 1945, il existait même à Mauthausen des unités militaires clandestines. Le 4 mai 1945, avant l'arrivée des troupes alliées, elles dirigèrent la libération du camp.

ATROCITÉS NAZIES

Une torture particulièrement appréciée des SS était de rassembler des prisonniers dans la cour en plein hiver, puis de leur ordonner de se déshabiller complètement. Un SS les arrosait alors d'un jet d'eau glaciale. Les prisonniers devaient ensuite rester immobiles, en plein air, jusqu'à ce qu'ils meurent de froid. Cette torture était toujours mortelle dans une région où la température moyenne en hiver est de - 10 à - 15 °C.

La visite du camp

☎ (07238) 22-69-10. • mauthausen-memorial.org • Tlj (sauf lun nov-fév) 9h-17h30 (15h45 nov-fév). Fermé Noël et Nouvel An. GRATUIT. Brochure avec plan et audioguide en français 3 €. Durée de la visite : env 2h.

Une grande partie du camp a été conservée. Le mur d'enceinte, la porte d'entrée, les miradors en granit et plusieurs baraques d'habitation dans lesquelles on découvre photos, documents et explications.

Même si l'audioguide suit une autre logique, on vous conseille de commencer la visite par le ***musée,*** qui a été installé dans l'ancienne infirmerie. On y découvre des explications sur la mise en place de la solution finale dans le IIIe Reich puis l'histoire très détaillée du camp de Mauthausen. Absolument glaçant. Après le musée, on descend au sous-sol, où subsistent une salle d'exécution, des ***fours crématoires*** et aussi des ***chambres à gaz.*** À la suite de cette visite éprouvante, on enchaîne par les différents baraquements, le cimetière et une chapelle du souvenir. En ressortant du camp, de part et d'autre de la voie d'entrée – où se tenaient les baraques des gardes SS – chaque pays a élevé des ***monuments*** ou déposé des plaques pour rendre hommage à ses morts.

Suivre le chemin qui part à droite, au bout de la route du camp. À quelques centaines de mètres, on parvient aux ***186 marches de la mort.*** Il est évident qu'elles ne se présentaient pas ainsi à l'époque. La plupart des marches n'étaient que des blocs de pierre grossièrement taillés, souvent de hauteur différente. Quant à la carrière, qu'ajouter de plus ? Le site parle de lui-même.

À signaler qu'on peut y arriver directement par la route au-dessous. Se garer au parking en face et effectuer le circuit dans l'autre sens si on veut.

L'abbaye de St. Florian : *à 22 km au sud-est de Linz. ☎ (07224) 89-02-0. • stift-st-florian.at • Église et extérieurs libres d'accès ; juin-sept, tlj 7h-19h ; l'hiver, 7h-18h. Visite guidée en allemand slt mai-oct à 11h, 13h et 15h (tarif : 12 € ; 16 € avec les Kaiserzimmer). Audioguide en français inclus. Concert d'orgue de fin mai à mi-oct, tlj sauf mar et sam à 14h30 (tarif : 7,50 €).*

Saint Florian, l'un des saints les plus populaires du pays, martyr sous Dioclétien, est le patron de la Haute-Autriche et de Linz. Un monastère a été fondé au IXe s sur l'emplacement de sa sépulture, suivi 2 siècles plus tard, par une grande abbaye. Reconstruite au XVIIe s, c'est l'un des plus beaux édifices baroques du pays et l'une des plus anciennes abbayes du monde encore en activité.
En arrivant, on est impressionné par la très longue ***façade ouest.*** La visite guidée commence par la grande cour, à laquelle on accède par un splendide portail sculpté. À l'intérieur, monumentale ***fontaine de l'Aigle*** du XVIIIe s. En se retournant, on aperçoit un ***élégant escalier*** couvert et rythmé par des pilastres : c'est l'escalier d'honneur, que l'on emprunte un peu plus loin.
– ***La bibliothèque :*** l'émerveillement commence dès cette 1re salle où se trouve l'une des plus grandes bibliothèques abbatiales d'Autriche. Son exceptionnel décor baroque a été réalisé en 1744 par des ébénistes virtuoses originaires de St. Florian ainsi que par divers peintres, tel ***Bartolomeo Altomonte.*** La bibliothèque renferme plus de 150 000 volumes, dont 800 incunables et 1 000 manuscrits. La majorité des ouvrages date toutefois des XVIe et XVIIe s et traite de théologie. En sortant, nombreuses œuvres d'art représentant le martyre Saint Florian.
– ***La salle de marbre :*** de dimensions exceptionnelles, décor hors normes. La salle de marbre a clairement été créée pour en mettre plein la vue. Son style baroque imaginé par ***Jakob Prandtauer*** ne fait pas dans la demi-mesure : miroirs gigantesques, fresques allégoriques représentant la victoire d'Eugène de Savoie au service des Habsbourg contre l'Empire ottoman, marbres précieux de différentes couleurs... Cette salle des fêtes impériale accueille régulièrement des concerts.
– ***La galerie d'Altdorfer :*** dans l'aile opposée à la bibliothèque, ces 2 pièces rassemblent une collection de peintures de l'allemand *Albrecht Altdorfer,* illustre représentant de l'école Renaissance du Danube. Peintures sur bois peintes sur des panneaux appartenant à des retables dans un état exceptionnel. Sont représentés le *martyre de saint Sébastien,* le *Christ au mont des Oliviers, Ponce Pilate se lavant les mains,* etc. Grande fraîcheur de ton et délicatesse rare. Quelques œuvres d'autres peintres de la même époque complètent l'ensemble.
– ***L'église abbatiale :*** construite par ***Carlo Antonio Carlone,*** elle présente une large façade encadrée de tours de 84 m de haut. Remarquable grille en fer forgé à l'entrée de la nef. À l'intérieur, les voûtes sont recouvertes de trompe-l'œil retombant sur de riches décors en stuc. Étonnante chaire de marbre noir et stalles ciselées. Quelque 8 chapelles rythment l'espace, décorées de grandes peintures baroques, dont une est signée ***Johann Michael Rottmayr.*** Le grand orgue possède un joli décor ainsi que 7 343 tuyaux, 4 claviers et 103 registres. ***Anton Bruckner*** en fut de nombreuses années le titulaire. Le musicien repose d'ailleurs sous l'orgue, ce qui permet à son âme de vibrer à l'unisson de sa musique pour l'éternité.
– ***La crypte :*** elle date du XIIIe s et accueille les tombeaux des abbés qui ont exercé le pouvoir ici. Extraordinaires marbres sculptés.
– ***Les appartements impériaux :*** *accessibles uniquement avec le billet spécial. Visite guidée en allemand slt.* Partie de l'abbaye qui correspond aux appartements destinés aux hôtes illustres. Cette longue enfilade de chambres baroques présente des décors extravagants. Les boiseries et stucs jouent à cache-cache avec les plafonds peints, les trompe-l'œil se reflètent dans des miroirs dorés, et des poêles imposants répondent à des meubles précieux. Remarquer à ce propos le lit d'apparat entouré de statues de Turcs enchaînés, pour le moins originales. Parmi les hôtes célèbres ayant séjourné ici, de nombreux empereurs et princes, ainsi que le pape Pie VI. Tableau représentant l'impératrice Marie-Thérèse avec son mari. Pour terminer, on découvre le piano de Bruckner et son lit de mort (qui n'était pas ici).

Possibilité de dormir et de manger dans le monastère. ☎ *(07224) 89-02-70. Résas 9h-12h. Double 104 €, avec petit déj. Resto Stiftskeller lun-mer et ven-sam, 10h-minuit ; dim 8h-16h. Plats 9-18 €.* À ce prix-là, on ne dort pas dans de simples cellules mais dans l'une des 20 chambres confortables aménagées dans le monastère, toutes avec salle de bains.

Historisches Feuerwehrzeughaus *(musée des Pompiers)* **:** *Stiftstr. 2, à côté de l'abbaye. ☎ (07224) 42-19. • feuerwehrmuseum-stflorian.at • Mai-oct, tlj sauf lun 10h-12h, 14h-17h. Entrée : 5 €.* Camions rouges, cuivres astiqués, casques et uniformes... de quoi susciter des vocations.

STEYR

(4400) 40 000 hab. IND. TÉL. : 07252

Avant de poursuivre en direction de Vienne par la vallée du Danube (voir chapitre suivant), petit détour par Steyr, cité certes industrielle, mais qui a parfaitement conservé les traces de son passé médiéval, tout en cultivant la mémoire ouvrière de sa ville moderne. Située juste à la frontière de la Haute et de la Basse-Autriche, au confluent de l'Enns et de la Steyr, à 45 km de Linz, la ville a fait fortune grâce au commerce du fer. Rien d'étonnant donc à ce qu'elle ait développé dès le XIIe s des fabriques de coutellerie et d'armes blanches.

Au XIXe s, à l'avènement de l'ère industrielle, *Josef Werndl* y créa une grosse usine d'armement. L'importance de la ville était telle que Steyr fut la 1re en Autriche à bénéficier en 1884 de l'électricité. À la mort de *Werndl,* l'usine devint la *Steyr-Daimler-Puch-Werke* et produisit, entre les 2 guerres, tracteurs, voitures, camions, roulements à billes et armes. Bien sûr, elle fut la cible des bombardements de 1944, mais la vieille ville échappa en partie aux destructions. Elle a fabriqué longtemps, sous licence Fiat, la célèbre *Fiat 500.* Aujourd'hui, les usines de Steyr emploient environ 10 000 personnes, et BMW y a annoncé, en 2022, un investissement de 1 milliard d'euros pour fabriquer ses voitures électriques.

Arriver – Quitter

En train

Gare ferroviaire : *Hessenplatz 1, sur la rive droite de l'Enns. ☎ 05-17-17. • oebb.at •* La plupart des lignes de bus y mènent.

➢ Pour ***Linz,*** compter 55 mn de trajet ; pour ***Vienne,*** compter 1h50 mn de trajet, avec changement à Sankt Valentin.

Adresses et info utiles

Office de tourisme : *dans le mignon Rathaus, Stadtplatz 27. ☎ 53-22-90. • steyr-nationalpark.at • Lun-ven 9h-18h ; sam 9h-12h ; plus dim 10h-15h juil-août et durant la période de l'Avent début déc.* Accueil vraiment sympa et bonne documentation sur la ville. Joli plan avec les croquis des plus belles demeures.

Parking : *payant la journée lun-sam midi 1 €/h. Gratuit, à Eybl, le long de la rivière Enns. En sortant du centre-ville par le pont Schönauer Brücke, immédiatement sur la droite.*

Où dormir ? Où manger ?

Jugendherberge *(AJ)* **:** *Josef-Hafner-Str-14. ☎ 455-80. • myhostel.at • De l'autre côté de l'Enns. Réception tlj 17h-20h. Fermé aux fêtes de fin d'année. Nuitée à partir de 16 €/pers, petit déj inclus.* Chambres de 6 lits. Couvre-feu à minuit. Cuisine à dispo. Accueil et entretien corrects.

Gasthof Bauer : *Josefgasse 7. ☎ 544-41. • bauer-gasthof.at • Sur* *une petite île au milieu de la Steyr. Réception fermée lun-mar. Double env 84 €, petit déj compris. Plats 9-14 € ; menu midi env 9,50 €. Parking. CB refusées.* Pension simple dans un quartier ouvrier, à 10 mn à pied du centre. Atmosphère très particulière : on se croirait un peu dans un film de *Ken Loach.* 14 chambres réparties entre 2 bâtiments, toutes confortables et calmes, équipées de douches et w-c. Les plus récentes, plus vastes, disposent même d'une kitchenette. Fait aussi resto (plats traditionnels) dans un décor ultra vintage.

Hotel Mader : *Stadtplatz 36. ☎ 53-358. • mader.at • Resto tlj 8h (17h lun et ven)-minuit (cuisine 22h) ; brunch dim 8h-12h. Doubles 149-166 €. Menus le midi env 16 €, sinon 32 € ; plats 11-32 € ; brunch dim 25 €. Parking payant.* Superbe hôtel de charme au sein d'un ensemble de bâtiments gothiques, face au *Rathaus.* Longue tradition dans l'accueil, puisque c'était déjà une auberge au XVIIe s. La cour Renaissance est particulièrement élégante avec ses galeries et arcades. 60 chambres doubles décorées avec beaucoup de goût. Resto sur place.

Jedermann's : *Stadtplatz 35. ☎ 42-000. Tlj sauf mar-mer 11h30-14h30, 17h30-22h. Plats 15-24 €.* Dans une maison ancienne à la façade peinte de la magnifique Hauptplatz, voici une adresse hautement recommandable. Carte autrichienne très classique (en allemand seulement), avec quelques propositions de saison qui donnent du relief. Très copieux. Grande terrasse sur la place ou salles voûtées en cascade, nichées au fond d'un passage.

À voir

L'office de tourisme organise plusieurs types de visites guidées de Steyr en allemand et en français : *version solitaire avec un audioguide en français ; visite guidée de la vieille ville, départ devant le Rathaus (mairie) tte l'année sam à 14h en allemand ; et visite guidée avec les gardiens de nuit, départ devant le* Rathaus *jeu et sam à 20h l'été, à 18h l'hiver pour la ronde de nuit. Inscription obligatoire avt 12h.*

Découverte de la ville

Stadtplatz : longue place de forme oblongue, bordée de rangées de demeures gothiques, Renaissance ou baroques, lui conférant un charme exceptionnel.
Commencer par le **Rathaus,** au n° 27, édifié en 1778. Sa façade rococo et son beau beffroi élancé en jettent ! Sur le même trottoir, la ***Marienkirche*** *(église Sainte-Marie),* ancienne église dominicaine, date de 1647. Son riche intérieur baroque vaut le détour.
En face, en haut de la ruelle, s'élève la ***Stadtpfarrkirche*** *(église paroissiale)* de 1443. Face à l'abside, remarquer la petite ***Mesnerhaus.***
Plus loin, petit escalier menant à l'***Innerberger Stadel*** (1612), au 26, Grünmarkt. Belle maison Renaissance (ancien entrepôt à blé) abritant le ***Heimathaus*** *(musée local d'Arts et Traditions populaires).* Reconstitution d'une forge, collection de couteaux. Au bout du Grünmarkt, la ***Neutor,*** porte de ville construite en 1573.
Retour ensuite vers le *Rathaus* et départ dans l'autre sens. Au n° 32, la ***Bummerlhaus*** (1497) abrite désormais une banque. Sur le même trottoir, remarquer la ***Sternhaus,*** une élégante demeure bourgeoise de 1768. Au n° 39, arcades Renaissance et sgraffites.

À l'entrée du pont sur la Steyr, bel ensemble constitué par la ***Burgtor*** *(porte de ville)* et la ***Löwenapotheke.*** Au-dessus, le ***Schloss Lamberg*** *(château),* reconstruit au XVIIIe s. Un café agréable, à côté du pont, pour faire une pause en toutes saisons : le ***Cafe Werndl*** *(tlj 8h-18h).* Du pont, pittoresque vue sur le ***Bürgerspital*** (1302) et la ***Michaelerkirche.*** Les beaux soirs d'été, l'ensemble se teinte de tons éclatants et lumineux.

Passé le pont, emprunter la route du cimetière pour découvrir encore quelques demeures remarquables. D'abord, la ***Messererhaus*** de 1543, mais surtout le secret ***Dunklhof*** (au nº 16 Kirchengasse). Ravissante cour intérieure et fraîcheur totale : tout est moussu et couvert de lierre ! Galerie à arcades avec colonnes Renaissance et fenêtres à meneaux.
Sur une petite place avec fontaine, la ***Lebzelterhaus*** de 1567, avec une exquise façade. Tout en haut, le ***Schnallentor,*** une autre porte de ville, datant de 1613.

Museum Arbeitswelt *(musée du Monde du travail)* **:** *Wehrgrabengasse 7. ☎ 773-510. • museum-steyr.at • Bien indiqué à l'entrée de la ville en venant de Linz. Tlj sauf lun 9h (10h w-e)-17h. Fermé fin déc-début mars. Entrée : 7 € ; réduc.*
Plutôt que de laisser les usines arrêtées devenir des friches industrielles, on a pensé à les réutiliser et à créer un immense musée de la mémoire ouvrière de la ville. Superbes expos à thème (utilisant le dernier cri du multimédia). Par exemple, les luttes sociales, la consommation populaire, les conditions de travail, les métiers, l'évolution des machines, etc.
3 itinéraires permettent de visiter les différents sites industriels. Humour et point de vue social ne sont jamais absents des textes de présentation (mais, bien entendu, il faut comprendre l'allemand). Là aussi, un musée insolite et bien intéressant.

Autre élément incontournable du patrimoine ouvrier, la ***Schwimmschule.*** Uniques en Autriche, ces bains publics furent le symbole de la libération prolétaire à la fin du XIXe s.

DANS LES ENVIRONS DE STEYR

L'ABBAYE DE KREMSMÜNSTER

À env 20 km à l'ouest de Steyr. ☎ (07583) 52-75-150. • stift-kremsmuenster.at • Accès : A1, sortie Sattledt, ou A9, sortie Reid im Traunkreis. Trains régionaux depuis Linz. Visite gratuite de l'église et des extérieurs.
Collections visibles slt sur visite guidée de 1h. Kunstsammlungen (collections d'art, trésor et bibliothèque) : fin mars-oct, tlj à 10h, 11h, 14h, 15h30 et 16h ; nov-fin mars, slt à 11h30 et 14h. Fermé en fév. Prix : 11 € ; réduc (4 pers min ; durée 1h).
Collections scientifiques de l'Observatoire (histoire naturelle, minéraux, astronomie) : mai-oct, tlj à 10h et 14h (plus 16h en été et le w-e) ; fermé nov-avr. Prix : 11 € ; réduc (4 pers min ; durée 1h30).
Cette grande abbaye bénédictine fondée en 777 est ***l'une des plus anciennes d'Autriche.*** Elle fut érigée sur ordre du duc de Bavière ***Tassilo III*** (un cousin de Charlemagne), suite à la mort de son fils Gunther, tué à la chasse par un sanglier. Incidemment, la création de ce sanctuaire était inscrite dans une politique d'expansion bavaroise au détriment de l'Empire carolingien. ***Charlemagne*** n'appréciant guère les intrigues tramées par son cousin, il le fit déposer et condamner à mort, puis le gracia et l'obligea à devenir moine. Aujourd'hui, 80 moines vivent ici, et l'abbaye abrite un lycée de quelque 300 élèves. Pour les passionnés, accès possible aux collections scientifiques de l'observatoire.

L'entrée se fait par la boutique. Une porte sur la gauche permet d'accéder aux ***bassins de pisciculture*** *(Fischkalter),* où s'ébattent truites et esturgeons. Eh oui, on mangeait du poisson le vendredi et les jours de carême. Fontaines encadrées par d'élégantes arcades.

L'église *(Stiftskirche)* **:** elle date du XIIIe s mais fut baroquisée au XVIIe s. Depuis la campagne environnante, on aperçoit déjà les 2 bulbes noirs surmontant les tours carrées de la façade.
À droite après l'entrée, le tombeau de *Gunther* (le fils de Tassilo III) : superbe gisant de 1304 avec, à ses pieds, le sanglier tueur et un chien de chasse. À gauche, une partie présente des fresques primitives sur les voussures. On voit les pierres nues telles qu'elles étaient avant la « baroquisation ». Icône en forme de croix avec un christ à la mine aussi mortifiée que verdâtre et 2 médaillons représentant le soleil et la lune.
À l'intérieur, on notera les proportions remarquables de la nef : 78 m de long et 18 m de haut. Piliers ornés de tapisseries, plafond de stucs ciselés entrecoupés de fresques baroques. De part et d'autre, grandes toiles de ***Karl Remp*** et ***Karl Loth*** (surnommé Carlotto). Tout au fond, le chœur octogonal. Côté sud, les reliques de *saint Agapit,* un martyr du IIIe s devenu patron de l'abbaye. Son squelette est paré d'une quantité effarante de bijoux (le voilà habillé pour l'hiver !).

L'intérieur de l'abbaye : on commence par la *Kaisersaal* (salle impériale), d'inspiration baroque, dont l'immense plafond est recouvert d'une fresque racontant la lutte entre la lumière divine et les ténèbres. La ***chambre du trésor*** abrite notamment une incroyable pièce d'orfèvrerie du VIIIe s : le ***calice de Tassilo,*** l'œuvre la plus précieuse de la collection. Ne pas manquer une autre pièce majeure, le ***Codex Millenarius,*** écrit vers l'an 800 et dont les enluminures représentent les 4 évangélistes. La collection de peinture présente un large éventail d'œuvres du XIVe au XIXe s, parmi lesquelles *Les Quatre Éléments* de ***Jan Bruegel l'Ancien.*** Cabinet de curiosités, salle d'armes et superbe bibliothèque de plus de 150 000 ouvrages... En plus de 12 siècles d'existence, Kremsmünster a eu le temps d'amasser de formidables collections : vous ne regretterez pas votre détour par l'abbaye avant de repartir vers Linz et la vallée du Danube.

Restaurant Stiftsschank : *dans la cour face à la billetterie. Tlj sauf mar, jusqu'à minuit. Plats 9-19 €.* Beau cadre pour ce restaurant qui prend ses aises dans une salle voûtée. Quelques touches modernes bienvenues.

LA VALLÉE DU DANUBE EN BASSE-AUTRICHE

• Carte *p. 244-245*

La magnifique vallée du Danube, jalonnée de villes et villages charmants, va nous servir de fil rouge (si l'on peut dire pour un fleuve censé être toujours bleu) tout au long de la traversée de la Basse-Autriche, jusqu'aux portes de Vienne. Entre Melk et Krems s'étend la *Wachau,* étroit goulet du fleuve dans sa partie la plus romantique.

La Basse-Autriche, la plus grande des provinces, a perdu Vienne en 1920, lorsque la ville est devenue un Land à elle seule. Étrangement, elle se passa de capitale jusqu'aux années 1980, lorsqu'un référendum consacra St. Pölten capitale de substitution.

La Basse-Autriche présente une grande variété de paysages. Au nord, le *Waldviertel,* vaste plateau vallonné recouvert de forêts. Plus à l'est s'étend le *Weinviertel,* terre viticole descendant en terrasses les derniers monts de Bohême. Au sud apparaissent les 1ers contreforts alpins avec des sommets atteignant les 2 000 m, comme le *Schneeberg,* l'*Ötscher* et la *Raxalpe.* Sur le plan architectural, c'est une province riche de jolies petites cités médiévales, d'abbayes, d'églises pittoresques et de châteaux.

Elle produit 60 % du vin autrichien, et c'est une véritable tournée des foudres et des tonneaux que vous allez entamer dans les pages suivantes, de la Wachau au lac Neusiedl, dans le Burgenland, en passant par les villages viennois.

Autre petite précision : cette province s'enorgueillit d'être le berceau de l'Autriche. Les Romains en avaient fait la frontière de leur empire, comme en témoignent les vestiges de leurs villes : *Cetium* (St. Pölten), *Comagenae* (Tulln), *Vindobona* (Vienne) et *Carnuntum* (Petronell). Charlemagne créa la Marche de l'Est (Ostmark ou Ostarichi), à l'origine d'*Österreich* (Autriche). Un document datant de 996 la mentionne pour la 1re fois. À son tour, la famille Babenberg en fit l'axe central de son comté pendant 250 ans, avant que les Habsbourg n'ancrent définitivement la région à leur empire.

TOUS EN PISTE (CYCLABLE) !

La région qui s'étend des portes de la Haute-Autriche à Vienne est très certainement l'une des plus envoûtantes du pays !

➢ De *Ybbs* à *Weiten,* c'est ***la Nibelungengau,*** une large vallée où résonnent des noms connus des amateurs de littérature germanique. C'est en effet ici que débute le *Nibelungenlied.*

➢ À *Melk,* on entre dans ***la Wachau.*** La vallée se resserre, ses coteaux se couvrent de vignes. Les châteaux abondent, et certains villages de vignerons sont de véritables joyaux d'architecture. Au Moyen Âge, cette région constituait le véritable cœur de l'Autriche, et des villes comme Melk et Krems surpassaient Vienne.

➢ Enfin, de *Tulln* à *Klosterneuburg,* ***le Wagram*** et ***le Tullnerfeld*** marquent le début de la grande plaine viennoise. Le lit du fleuve s'élargit et se perd en une multitude de marécages et de bras morts.

On recommande chaudement de découvrir cette région à vélo (plusieurs ***centaines de kilomètres de pistes cyclables*** ; voir également la rubrique « Transports intérieurs » dans « Autriche utile ») ou en ***bateau*** (des lignes régulières desservent Melk et Krems). D'autant qu'il est facile de faire certaines parties en bateau, d'autres en louant un vélo *Nextbike* (voir plus bas). Possibilité également de combiner location de vélo, bateau et bus (voir la rubrique « Arriver – Quitter » à Melk).

On peut donc pour se passer de la voiture et profiter librement des plus beaux points de vue sur la vallée elle-même, ses villages coquets, ses châteaux et abbayes nichés dans les bois ou perchés.

Intéressant pour faire des économies sur les visites, plusieurs châteaux, forteresses et monastères ont mis en place des ***billets valables sur plusieurs lieux,*** *Kombinat.* Ne pas hésiter à poser la question car l'info n'est pas toujours affichée.

Infos utiles

Informations touristiques : *bureau d'info de Basse-Autriche, fermé au public.* ☎ *(02742) 9000-9000.* • *info@noe.co.at* • *niederoesterreich.at* • Pour commander les brochures (en allemand ou en anglais) ou poser vos questions (idem), les joindre par mail ou par téléphone *(tlj sauf w-e).*

■ ***DDSG Blue Danube :*** ☎ *(01) 588-80.* • *ddsg-blue-danube.at* • Compagnie assurant les croisières sur le Danube. De fin avril/début mai à fin octobre, environ 4 départs/jour dans les 2 sens entre Melk et Krems (avec arrêt à Spitz et Dürnstein). Compter 37,50 € pour une croisière aller-retour entre Melk et Krems, 31,50 € pour un aller simple. Vélo en sus (2 €). On déconseille en revanche les croisières au départ de Vienne, longues et pas toujours passionnantes.

■ ***Brandner :*** ☎ *(07433) 25-90-21.* • *brandner.at* • Là aussi des excursions sur le Danube. De mi-avril à fin octobre, 1-2 départs/jour dans les 2 sens entre Melk et Krems (avec arrêt à Spitz et Dürnstein). Compter 33 € pour un aller simple et 39 € pour un AR.

Nextbike : ☎ *(02742) 22-99-01.* • *nextbike.at* • *Tarifs : env 0,60 € pour 30 mn ; 14,90 €/24h. Téléchargez l'application sur votre smartphone.* Location de vélo en libre-service dans n'importe quel village longeant les 2 rives du Danube, de Melk à Krems.

➢ ***Bus :*** ☎ *0800-22-23-24.* • *vor.at* • 2 lignes régulières relient Krems à Melk. Le bus WL 1 longe la rive nord (par Spitz) et le bus WL 2 passe par la rive sud (via Aggstein).

ST. PÖLTEN (3100) 22 490 hab. IND. TÉL. : 02742

Voici la plus récente des capitales autrichiennes, créée après un référendum en 1986 ! Cette grosse bourgade commerçante et industrielle a pris des allures de capitale régionale. On peut s'y arrêter pour une pause *Kaffee-Kuchen,* le temps de jeter un œil sur un centre historique baroque tout à fait plaisant autour de la Rathausplatz.

La ville doit son visage baroque à quelques-uns de ses plus illustres résidents, les architectes *Jakob Prandtauer* et *Joseph Munggenast,* et les peintres *Daniel Gran* et *Bartolomeo Altomonte.* Une flânerie au hasard des vieilles rues révèle d'autres bonnes surprises, notamment quelques bâtiments

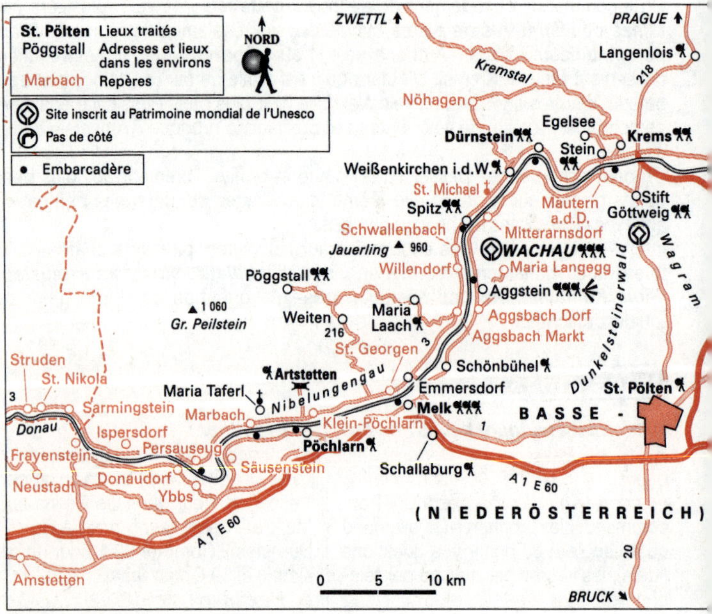

Jugendstil de la meilleure veine. St. Pölten se vante aussi d'être la « plus ancienne » ville d'Autriche, puisque son droit municipal lui fut accordé dès le XIIe s.

Arriver – Quitter

En train

Gare : *Bahnhofplatz, à 300 m au nord de la Rathausplatz. ☎ 05-17-17. ● oebb.at ●*

➢ Dessert plusieurs villes dont ***Vienne*** (30 mn-1h), ***Melk*** (15-20 mn), ***Linz*** (45 mn) et ***Salzbourg*** (env 2h).

En voiture

➢ ***De Vienne :*** 1h par l'autoroute A 1.

➢ ***De Melk, Linz et Salzbourg :*** toujours par l'A 1, 25 mn de Melk, 1h15 de Linz et 2h15 de Salzbourg.

Adresses et infos utiles

Office de tourisme : *Rathausplatz 1. ☎ 333-5000. ● stpoeltentourismus.at ● Lun-ven 8h-17h, plus le w-e avr-oct 9h (10h dim)-17h.*

Parkings : *payant la journée lunsam midi dans le centre, env 4 € pour 3h.* Mieux vaut stationner en dehors du centre, en grande partie piéton.

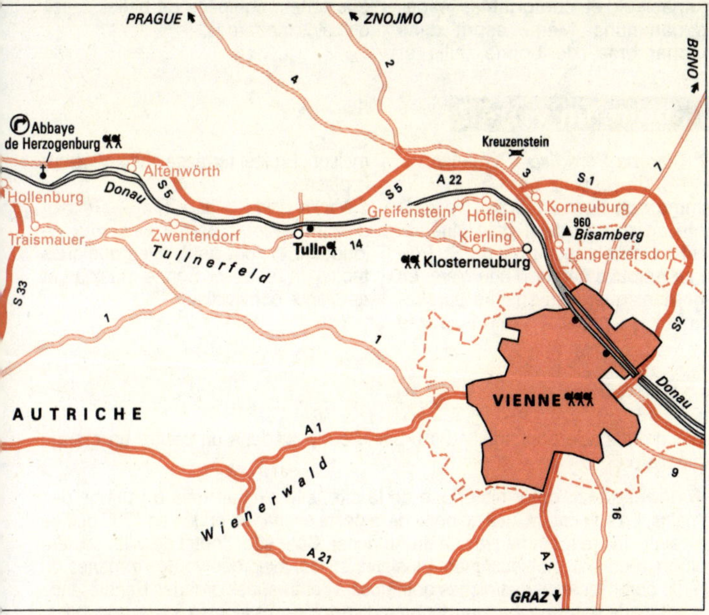

LA VALLÉE DU DANUBE EN BASSE-AUTRICHE

Où dormir ? Où manger ?

Camping

Camping am See **:** *Bimbo-Binder-Promenade 15. 0676-898-798-898. • campingamsee.at • Bus nº 7 depuis la gare (1 bus/h). À 5 km au nord-est de la ville, au bord du Ratzersdorfer See. De mi-avr à oct. Compter 56 € pour 2 avec tente et voiture.* Petit camping assez agréable, posé au bord d'un lac. Laverie. Tennis, minigolf, squash, billard et beach-volley à proximité.

Auberge de jeunesse

Jugendherberge : *Bahnhofplatz 1a/4. ☎ 32-196. • oejhv.at • Réception tlj 7h30-10h, 17h-20h ; check-in slt l'ap-m. Chambres 4-6 lits env 22 €/pers, petit déj inclus.* Dans un bâtiment bien tristounet collé à la gare, des chambres et dortoirs très simples mais mieux que la façade dissuasive ne le laisse supposer.

De prix moyens à très chic

Gasthof Graf **:** *Bahnhofplatz 7. ☎ 35-27-57. • hotel-graf.at • Resto jusqu'à 22h30. Fermé le w-e. Doubles env 120-160 €, petit déj inclus. Plats env 10-30 €.* Un hôtel aux chambres classiques sans charme particulier mais impeccables et confortables. Bar assez design en revanche, plutôt mignonnet. Resto traditionnel à prix doux.

Cityhotel Design & Classic **:** *Völklplatz 1. ☎ 75-577. • cityhotel-dc.at • Doubles 150-270 €, petit déj inclus. Parking payant.* Un grand hôtel doté de spacieux et confortables espaces communs. Même esprit dans les chambres, de bonne taille et douillettes, équipées de belles salles de bains modernes.

Où boire un verre ?

Cinema Paradiso : *Rathausplatz. ☎ 21-400. • cinema-paradiso.at • Tlj.* Comme son nom l'indique, ce café abrite en son fond un petit cinéma. C'est ici que la jeunesse de St. Pölten se retrouve autour d'une bière, en grignotant quelques snacks ou simplement les pop-corn offerts par la maison. En été, terrasse ensoleillée sur la place.

Mitt'n drin : *Wiener Str. 10. Tlj sauf dim 16h-minuit.* Bar à vins tout en longueur et tout petit, avec quelques tables en terrasse. Bonne musique et ambiance conviviale.

À voir

Petite promenade pour trekkeurs urbains curieux, dans un centre en grande partie piéton.

Rathausplatz : cœur historique de la cité, elle existait déjà du temps des Romains. En son centre, une colonne de la peste en marbre érigée en 1782 dédiée à la sainte Trinité (comme partout en Autriche). Côté sud, l'hôtel de ville, couleur saumon, réunit harmonieusement plusieurs styles, avec des voûtes romanes du côté du commissariat, des niches gothiques à l'entrée, des arcades Renaissance et une façade baroque. La tour décorée d'armoiries fut ajoutée à la fin du XVIe s. À gauche, belles maisons bourgeoises, dont celle au no 2 de la *Rathausgasse* appelée *maison de Schubert* en raison d'un bref passage en ces lieux qui généra, 100 ans plus tard, la pose d'un médaillon à son effigie. Côté ouest, le *Stadttheater* (théâtre municipal).

Franziskanerkirche : église du monastère des franciscains, côté nord de la place, qui affiche une belle façade rococo rose et blanc, et semble un peu posée de guingois. Son clocher n'est pas dans l'axe ! À l'intérieur, festival de la dorure remplissant une nef à double travée flanquée de galeries, maître-autel aux imposantes colonnes, et chaire rococo à l'abat-voix festonné et surmonté d'un soleil avec l'œil de Dieu.

Au no 16 ***Linzer Straße,*** l'ancien ***hôtel du Lion d'Or*** (en français, s'il vous plaît !), une vieille auberge qui joua son petit rôle dans l'histoire car elle hébergea l'empereur *Joseph II* incognito et, en 1805, le *maréchal Koutousov* en retraite face aux troupes de Napoléon. La salle de bal a fait valser des générations de débutantes de la région. Dans la jolie cour, pierre tombale du XVIe s.

Retour vers le centre par le chemin piéton de la *Linzer Straße* vers l'***Institut der Englischen Fräulein*** *(demoiselles anglaises),* aux nos 9-11, qui aligne l'une des plus belles façades baroques d'Autriche, due initialement au talent de ***Jakob Prandtauer*** au début du XVIIe s. Belle alternance des coloris rose et blanc soulignée par le noir des grilles de fer forgé. Jolis portiques en forme de tabernacle.

On poursuit notre petit bonhomme de chemin vers la ***Riemerplatz,*** ancien carrefour routier bordé de fort belles demeures, dont certaines, remontant à la Renaissance, furent baroquisées.

Herrenplatz : elle tient son nom de l'ancien manoir féodal seigneurial qui se trouvait au no 12 de la *Wiener Straße.* Superbe façade baroque jaune rehaussée de blanc au no 2 de la place. Le pignon triangulaire représente la mise en échec des puissances des ténèbres par celles de la lumière. Au no 4, un immeuble *Jugendstil* d'un élève d'Otto Wagner, au style déjà un peu abâtardi par rapport aux canons du genre ; sculptures d'angelots et éléments classiques. Plusieurs autres belles demeures dans les environs (vers la partie inférieure de la *Wiener Straße*) : ***une vraie leçon d'architecture s'étalant sur 5 siècles.*** Au centre, colonne de la Vierge de 1718 et la moderne « fontaine des Commères ».

Domplatz : la vaste place de la cathédrale se dévoile au sortir d'une ruelle en angle. En face, ***Dom Mariä Himmelfahrt*** *(cathédrale de l'Assomption),* dont les saints Hippolyte et Augustin dans leurs niches, le bel élan de la tour et la sobriété de façade ne préparent pas au choc du contraste de l'intérieur. Là, le baroque se déchaîne dans un maelström de marbres, de stucs et de dorures qui frise l'indigestion.

L'évêché : ancien chapitre des Augustins accolé au nord de la cathédrale. Il abrite, au 1er étage de la cour du cloître, le ***Diözesanmuseum*** *(Musée diocésain)* : *☎ 32-40. • museumamdom.at • Mai-oct, mar-ven 9h-12h, 14h-17h ; sam (plus dim en juill-août) 10h-13h. Visites guidées (en allemand ou en anglais) sur résa. Entrée : 6 € ; réduc. Expos temporaires.* Y sont rassemblées des œuvres sacrées, de l'art roman à la période contemporaine. Ne pas manquer le cloître, où sont encastrées des pierres tombales de la fin du Moyen Âge, et la magnifique bibliothèque du monastère, aux voûtes recouvertes de fresques de Paul Troger et Daniel Gran. À voir pour finir, le *Brunnenhof,* cour à la fontaine de marbre du XVIIe s et, dans la partie est, une magnifique grille baroque en fer forgé.

Klostergasse : au nord de l'évêché, cette rue a connu des jours meilleurs mais elle possède encore de beaux restes dont, au nº 15, la maison de Jakob Prandtauer, l'architecte favori de la ville. Dans le jardin de l'ancien chapitre des Augustins, un joli pavillon à 2 étages construit par Prandtauer, orné d'ouvertures en arc en trompe-l'œil avec des représentations d'animaux exotiques.

Au bout de la *Kremsergasse,* vers la gare, on termine la promenade devant la ***maison Stöhr,*** bel exemple du style Sécession, construite par ***Joseph Maria Olbrich*** pour le compte du directeur de l'hôpital de l'époque. L'architecture très novatrice en 1899, d'une rare élégance, ainsi que la fresque de la façade sur le thème de la médecine furent décriées par les bons bourgeois de St. Pölten, qui l'affublèrent du sobriquet de « maison de l'ambassade de Chine ».

Klangturm *(tour sonore)* ***:*** *Kulturbezirk 1, dans le complexe culturel (bibliothèque, Musée régional, etc.). ☎ 900-517-121. • klangturm.at • Accès à la tour tlj 8h-18h. GRATUIT.* De ses 77 m de haut, cette tour offre un joli panorama de la ville, mais son but 1er est de nous faire vivre des expériences sonores au travers d'expositions temporaires.

DANS LES ENVIRONS DE ST. PÖLTEN

L'abbaye de Herzogenburg : *à env 14 km au nord. Rens et résas : ☎ (02782) 831-12. • stift-herzogenburg.at • Sur visite guidée : avr-oct, tlj sauf mer à 11h, 14h et 15h30. Durée : 1h25. Entrée : 11 € ; réduc.* Grandiose abbaye, peu connue, œuvre de plusieurs maîtres du baroque : *Prandtauer, Fischer von Erlach* et *Munggenast.* Les origines de Herzogenburg remontent à 1244, lorsque l'abbaye originelle, située sur les rives du Danube, fut déplacée à l'intérieur des terres.
- *L'église Saint-Joseph :* maintes fois détruite, elle fut entièrement reconstruite au XVIIIe s. Seul le portail principal présente encore quelques éléments gothiques. Remarquer l'original campanile ajouré, œuvre de ***Prandtauer.*** À l'intérieur, habituel foisonnement de dorures, de stucs et de trompe-l'œil.
- Le *monastère* abrite toujours une communauté religieuse. Dessiné en 1714 par *Prandtauer,* il fut terminé par *Munggenast le Jeune.*

– La *Kunstsammlung* et la *Schatzkammer* rassemblent des œuvres d'art religieux du Moyen Âge au XIXe s. Troublant crucifix de 1310, reliquaires baroques croulant sous les ors et les pierreries.
– La *salle des fêtes (Festsaal)* a été dessinée par ***Fischer von Erlach.*** Abondance de trompe-l'œil. Portraits des principaux abbés. Un peu plus loin, la petite *chapelle (Chorkapelle)* arbore de belles teintes pastel.
– La *bibliothèque* abrite plus de 80 000 volumes, le plus ancien remontant à l'an 988. Nombreuses enluminures. Mappemonde du XVIIe s. Remarquer la voûte ornée de riches stucs. La *Bildersaal* constitue un exemple rare de galerie de peinture baroque. Ses murs sont entièrement tapissés de peintures sacrées.
– Dans le village et aux alentours, vous pourrez jeter un coup d'œil au château baroque de *Heiligenkreuz-Gutenbrunn,* à l'église baroque de *St. Andrä* (colonne de peste sur la place) et à la charmante *Reither Haus* (sur la place principale), qui présente une façade à mi-chemin entre les architectures classique et baroque.

LA NIBELUNGENGAU

Bienvenue au pays des légendes ! Avant d'arriver à Melk (sur la rive nord), vous trouverez, à 3 km du fleuve, la petite ***église de Maria Taferl,*** près de *Marbach an der Donau,* lieu de pèlerinage très populaire en Autriche. Une apparition miraculeuse de la Vierge a fait de ce lieu surplombant la vallée une sorte de Lourdes miniature. Bondieuseries en tout genre.

On gagne par les chemins de traverse, à 4,5 km de Klein-Pöchlarn, le ***château d'Artstetten*** où sont enterrés l'archiduc François-Ferdinand et son épouse, assassinés le 28 juin 1914 à Sarajevo. ***Musée*** sur sa vie et sur toute cette période historique. ☎ *(07413) 80-06.* • *schloss-artstetten.at* • *Avr-nov, tlj 10h-16h30. Billet combiné avec le château : 11,50 € ; avec l'abbaye de Melk : 24 €. Audioguide en français 2,50 €.* Ce château du XVIIe s remanié au XIXe s, avec ses tours coiffées de bulbes, fut la résidence d'été de la famille impériale. Expo permanente retraçant la généalogie et les activités des derniers Habsbourg, la tragique destinée de certains, et la vie plus paisible de leurs descendants (quoique !). Souvenirs de famille de ***François-Ferdinand,*** chasseur, marin et voyageur sur tous les continents. Meubles et objets, et toute une section consacrée à l'attentat du 28 juin 1914, dont des coupures de presse illustrant la folie meurtrière qui s'empara de l'Europe à la suite de cet événement. Le château appartient toujours aux descendants de l'infortuné archiduc.

ÉTIQUETTE SÉVÈRE

1895 : à 32 ans, Franz-Ferdinand, l'héritier du trône, était toujours célibataire. Une de ses cousines, l'archiduchesse Isabelle, avait 7 filles ; l'archiduc lui rendant souvent visite, elle espérait qu'une de ses filles serait l'élue. Un jour, ce dernier perdit sa montre à gousset. Isabelle l'ouvrit, espérant y découvrir la photo de la promise. Stupeur : c'était leur dame d'honneur. Elle chassa la demoiselle, mais l'archiduc tint bon. Problème : s'il l'épousait, il renonçait à la succession. L'empereur trancha : son neveu conserva son rang, mais l'épouse ne fut pas associée au trône et leurs enfants ne purent jamais hériter de la Couronne.

En face, rive sud, ***Pöchlarn,*** bourgade qui brûla entièrement en 1766. On en profita pour reconstruire l'église paroissiale en style baroque. Dans le mur extérieur, quelques pierres romaines réutilisées lors de la construction.
C'est à *Pöchlarn* que naquit le peintre ***Oskar Kokoschka.*** Pour les « kokoschkistes » (et ils sont nombreux), sa ***maison*** se situe *Regensburger Straße 29.*

☎ *(02757) 76-56 ou 2310-14.* • *oskarkokoschka.at* • *De mi-mai à fin sept, tlj 10h-17h. Entrée : 7 € ; réduc (2 € en sus pour la visite guidée).* 2 maisons : le musée et l'accueil se cachent dans le 2d bâtiment, derrière l'office de tourisme, auquel on accède en traversant le 1er. Quelques œuvres de l'artiste y sont présentées au travers d'expositions temporaires.

LA WACHAU

Inscrite au Patrimoine mondial de l'Unesco, la Wachau est une bien jolie région, très fréquentée et assez touristique. Toutes les villes citées ci-après sont relativement proches (Melk et Krems sont distantes d'une quarantaine de kilomètres), alors pourquoi ne pas poser son sac quelques jours au même endroit pour ensuite sillonner le secteur ? D'autant plus que les séjours d'au moins 3 nuits bénéficient généralement de tarifs plus doux. Ne pas manquer, autour de la Saint-Jean (24 juin), les animations le long du Danube (voir « Jours fériés, fêtes et festivals » dans « Autriche utile » en début de guide). Et pourquoi ne pas abandonner la voiture pour vous joindre aux très nombreux cyclistes (de tous âges et tous niveaux), et découvrir la région à deux-roues ou en bateau (les vélos sont autorisés à bord et dans chaque ville on trouve à en louer) ?

MELK

(3390) 3 890 hab. IND. TÉL. : 02752

• Plan *p. 250-251*

Située rive sud, l'abbaye se révèle l'un des plus beaux exemples du baroque autrichien en pleine gloire (mais aussi l'un des sites les plus visités de la région). D'avoir choisi cet éperon rocheux pour la promotion de ce style ne fut assurément pas une mauvaise idée. Les Romains y édifièrent d'abord un fortin, puis les Babenberg un château. En 1113, Léopold III en fit cadeau aux moines, qui le transformèrent en abbaye fortifiée. Le renom et l'influence de l'abbaye s'étendirent bientôt à toute la vallée du Danube. Durement éprouvée par les guerres, notamment contre les Turcs, elle dut être reconstruite totalement en 1702 en style baroque triomphant. Napoléon y résida 2 fois, en 1805 et 1809, pendant ses campagnes autrichiennes. La petite ville, comme écrasée par la démesure de son abbaye, possède un certain charme.

Arriver – Quitter

En train ou en bus

Gare ferroviaire et terminus des bus *(plan B2)* **:** *Bahnhofstr.* ☎ *05-17-17.* • *oebb.at* • *Même tél et même guichet pour l'achat des billets de train ou de bus.*

En train

➢ ***De Vienne*** (1h), ***de Linz*** (env 1h-2h).

En bus

➢ ***Pour Emmersdorf, Maria Laach, Pöchlarn, Pöggstall, Spitz et Krems*** (env 1h de trajet pour Krems) **:** départs réguliers.

➢ ***De Krems à Melk :*** ☎ *0800-22-23-24.* • *vor.at* • 2 lignes régulières desservent tous les villages situés au bord du Danube entre Krems et Melk. Un bus longe la rive nord (par Spitz) : départ ttes les heures. Un autre passe

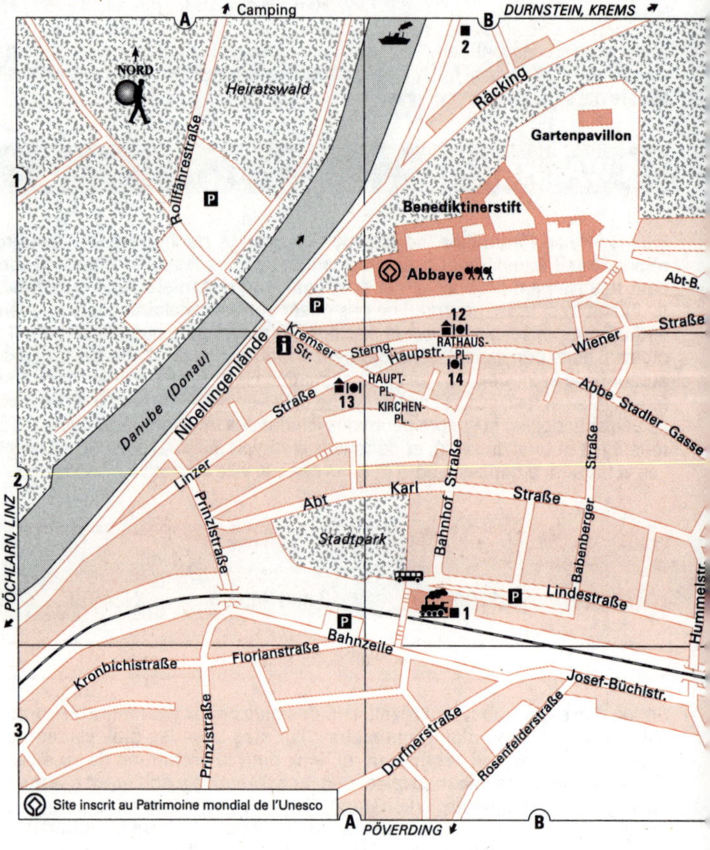

par la rive sud (via Aggstein) : départ ttes les 2h. Possibilité de combiner bus, bateau et vélo (voir aussi « Infos utiles » au début du chapitre « La vallée du Danube en Basse-Autriche »).

En bateau

Pour plus d'informations, se reporter à « Infos utiles » au début de ce chapitre consacré à la vallée du Danube en Basse-Autriche.

À vélo

Possibilité de louer un vélo dans quasiment tous les villages longeant le Danube entre Krems et Melk (voir « Infos utiles » au début du chapitre « La vallée du Danube en Basse-Autriche »).

Location de vélos* : *Nextbike *(plan B2,* ***1****) :* dispose de quelques bornes dans le centre. Compagnie ***WTB*** *(plan B1,* ***2****).* *0664-22-22-070 (tlj 9h-15h).* • *wachau-touristik.at* • Cette dernière n'est présente qu'à Melk et à Spitz, mais possibilité de rendre son vélo (électrique ou non) à Krems (mais pas de le prendre !) avec un petit supplément.

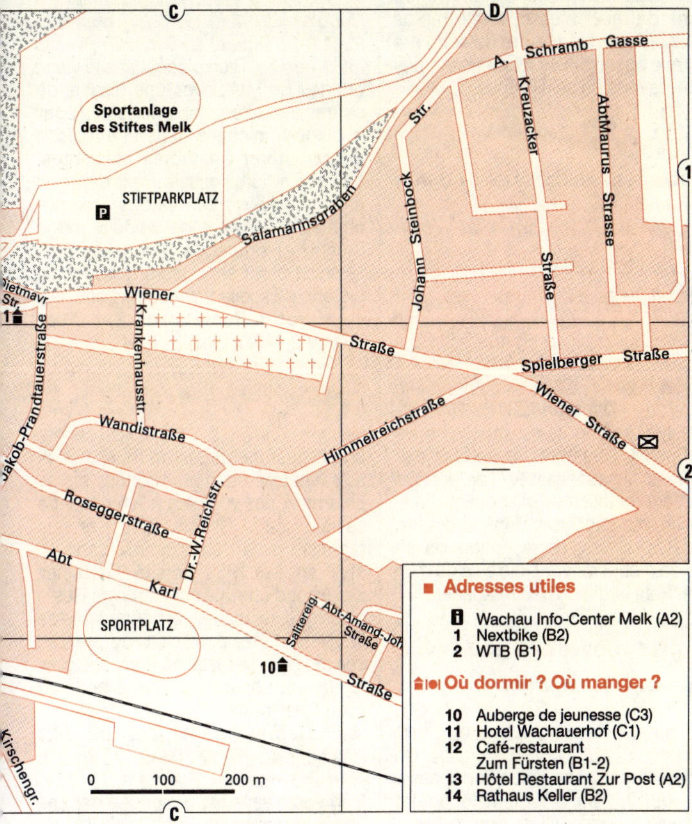

MELK

Adresse utile

Wachau Info-Center Melk *(plan A2)* **:** *Kremser Str. 5. ☎ 511-60. • visitmelk.com • Mai-sept, tlj 9h30-18h (17h sam, 15h30 dim) ; avr et oct, lun-sam 9h30-17h (16h sam), dim 10h-14h ; mars, lun, mer et ven 9h30-15h30.* Excellent accueil, parfois en français. Carte de la ville et un document de promenade *(Der Rote Faden)* pour explorer la ville. Audioguide disponible en allemand et en anglais pour suivre cette balade *(3 €).* Infos sur les pistes cyclables. Consigne possible sur place.

Où dormir ? Où manger ?

Nombreuses *Privatzimmer* aux prix généralement doux *(env 60-80 €),* mais confort parfois un peu spartiate. Liste disponible à l'office de tourisme.

Sur Haupstraße, une brochette de salons de thé, cafés et petits restos installés de part et d'autre de cette rue piétonne qui déploient leur terrasse dès les 1ers rayons du soleil venus.

Bon marché

Auberge de jeunesse (plan C3, **10**) : *Abt-Karl-Str. 42. ☎ (02272) 651-65-13. • melk.noejhw.at • À env 10 mn à pied du centre de Melk, à côté du stade. Mars-oct. Réception 16h-21h. Compter env 29 €/pers en dortoir avec petit déj ; env 36 €/pers en ½ pension et env 43 €/pers en pension complète. Moins cher pour les moins de 18 ans. Résa à l'avance conseillée (lieu pris d'assaut en hte saison).* Dans un bâtiment impersonnel (et même assez moche) mais fonctionnel. Chambres et dortoirs exigus, avec lits superposés. Les dortoirs (vraiment minuscules) disposent d'une douche, mais toilettes dans le couloir. Hors des horaires de réception, possibilité de récupérer votre clé à l'aide d'un code. Petit jardin un peu tristounet.

De prix moyens à plus chic

Hotel Wachauerhof (plan C1, **11**) : *Wiener Str. 30. ☎ 522-35. • wachauerhof-melk.at • Doubles standard env 85-100 €, petit déj inclus.* Un établissement sans rien qui dépasse, mais qui fait parfaitement le boulot dans sa catégorie. C'est propre, fonctionnel et calme. Petit déj très correct. Loc de vélos et de vélos électriques.

Café-Restaurant Zum Fürsten (plan B1-2, **12**) : *Rathausplatz 3. ☎ 523-43. • kaffeehaustradition.at • Doubles 89-98 €, petit déj compris. Plats 8-11 € (carte en français !), servis tte la journée.* Bien placé, dans le vieux quartier de Melk avec une dizaine de chambres assez spacieuses (pour la plupart), nichées dans une maison de caractère. Chambres plaisantes, épurées et lumineuses. Petit déj servi dans la salle du bar-resto, au rez-de-chaussée, revêtue de velours rouge théâtre et précédée d'une agréable terrasse aux beaux jours dans la rue piétonne. Excellent *strudel* maison.

Hotel Restaurant Zur Post (plan A2, **13**) : *Linzer Str. 1. ☎ 523-45. • post-melk.at • Fermé de janv à mi-fév. Doubles 115-158 €, petit déj inclus. Plats env 12-27 € ; large carte des vins. Parking privé.* En plein centre, une belle auberge aux murs jaunes et aux fenêtres fleuries. Intérieur moins charmant, pas vraiment à la hauteur de sa fière façade. Chambres sans grande fantaisie mais confortables, dans un style années 1950 revisité. Certaines jouissent d'une vue sur l'abbaye. Resto classique, de qualité, la bonne table de la ville. En été, possibilité de prendre ses repas en terrasse ou dans une cour intérieure. Location de vélos pour les clients de l'hôtel.

Rathaus Keller (plan B2, **14**) : *Rathausplatz 13. ☎ 204-60. Tlj 7h-21h (11h-21h cuisine). Plats env 13-30 €.* L'agréable salle est prolongée par une généreuse terrasse l'été. On s'y installe avec plaisir pour profiter de préparations habillement tournées et bien servies. Les locaux ne s'y trompent pas, et ce depuis des années.

Où dormir ? Où manger dans les environs ?

Campings

Donaucamping Emmersdorf : *à* **Emmersdorf.** *☎ 71-469 ou 71-707. • emmersdorf.at • À 3 km au nord de Melk ; bien indiqué. Mai-sept. Réception 8h-10h, 19h-20h (mais on peut s'installer tte la journée). Compter env 20 € pour 2 avec tente et voiture.* Petit camping communal peu intime et à l'équipement sommaire, mais correct. Situé sur la rive nord du Danube (sympa !) et au bord d'une route très passante (beaucoup moins sympa...).

Camping Fam. Stumpfer : *à* **Schönbühel,** *à env 5 km de Melk. ☎ 85-10. • stumpfer.com • Avr-oct. Compter env 25 € pour 2 avec tente et voiture.* Petit camping tout simple posé sur la rive sud du Danube, quasiment au pied du château de Schönbühel. Peu d'ombre, et guère d'intimité là aussi. Sanitaires propres.

De bon marché à prix moyens

Hotel Ringl Wachau : *Familie Ringl, Hauptplatz 3,* ***Maria Laach.*** *☎ (02712) 83-03. • hotel-ringl-wachau.at • À env 12 km au nord de Melk, à Maria Laach, village perché dans les montagnes. À l'ombre de l'église. Congés : janv-Pâques. Doubles 110-140 €, avec petit déj ; un peu moins cher au-delà de 4 nuits. ½ pens possible. Plats env 10-15 €.* Hébergement réparti entre 3 maisons. La principale, où se trouvent également le resto et la réception, est une vieille demeure restaurée. Chambres impeccables, claires, calmes et spacieuses, décorées simplement de meubles en pin. Également 2 piscines, dont une couverte. Au resto, bonne cuisine maison, saine et copieuse. Possibilité de rayonner dans les monts environnants et dans la réserve naturelle de Jauerling.

Zum Schwarzen Bären : *Marktplatz 7, à* ***Emmersdorf.*** *☎ 712-49. • hotelpritz.at • De Melk, traverser le Danube ; Emmersdorf est à 3 km au nord. Doubles 130-205 €. Plats déj en sem 8,50-10 € et menu le midi env 15 €. Plus cher le soir.* Une belle auberge cossue, pleine de charme, à la mode d'autrefois. Grandes chambres confortables, équipées de meubles en pin blond. En cuisine, du beau, du bon, aussi bien pour les amateurs de poisson que de gibier en saison. Également de bonnes pâtes fraîches (moins chères). En hiver, on se réunit au coin du feu ou près des *Kachelöfen,* les poêles en faïence typiques, après un bon sauna. En été, direction la piscine et le solarium !

À voir. À faire

L'abbaye (plan B1) : *☎ 555-232. • stiftmelk.at • Mars-nov, tlj 9h-17h (16h30 mars et nov) ; dernier billet 30 mn avt fermeture. Référez-vous au site pour connaître en détails les horaires des visites guidées (en anglais ou allemand). Nov-mars, sur visite guidée (en anglais ou allemand), tlj à 11h, 13h30 et 15h. Entrée : 13 € (16 € avec une visite guidée) ; réduc.*

« Arrivé au terme de ma vie de pécheur, tandis que chenu, vieilli comme le monde, [...] désormais retenu par mon corps lourd et malade dans cette cellule de mon cher monastère de Melk, je m'apprête à laisser sur ce vélin témoignage des événements admirables et terribles auxquels dans ma jeunesse il me fut donné d'assister [...]. » C'est ainsi que commence *Le Nom de la rose,* le célèbre roman d'***Umberto Eco*** (adapté au cinéma par Jean-Jacques Annaud). Si l'action du roman ne se déroule pas à Melk mais dans un monastère du Moyen Âge inventé par Eco, l'histoire se base sur un manuscrit du XIVe s dont l'auteur, *Dom Adso de Melk,* a bel et bien vécu dans le vieux monastère bénédictin (détruit et reconstruit sous sa forme baroque actuelle).

L'abbaye de Melk est ***l'un des plus beaux et plus vastes ensembles baroques en Europe.*** Les moines bénédictins y prient et y travaillent depuis près de 900 ans (il en reste 29 aujourd'hui) et gèrent, entre autres, un lycée d'une trentaine de classes installé dans l'abbaye, le *Stiftsgymnasium.*

Visite de l'abbaye

– ***La cour du prélat :*** remarquable fontaine du début du XIXe s. L'abbaye était autrefois rose, mais, en hommage aux architectes du château de Schönbrunn, il fut décidé de la peindre en jaune.

– ***Les appartements impériaux :*** ces 11 pièces font office de musée. Et quel musée ! Belle scénographie présentant la place de l'abbaye dans l'histoire de l'Autriche, ainsi que l'aspect spirituel de la vie des Bénédictins et les règles de cet ordre (et leur évolution due à la Réforme). Excellente mise en scène des espaces. Au fil des salles, on découvrira, entre autres, des boîtes à reliques sculptées (os et bronze), une sélection d'objets liturgiques, un minuscule bréviaire de voyage, un remarquable christ en croix du XIIIe s... Intéressante salle des miroirs où sont mis en valeur calices, reliquaires, ostensoirs... Noter plus loin les vénérables chasubles en cuir. Admirable ***retable*** du XVe s, divisé en 8 scènes d'un côté et autant de l'autre, évoquant la passion du Christ. Intéressante maquette de l'abbaye. Aux murs du vaste couloir, galerie de portraits des Habsbourg.

– ***La salle de Marbre*** *(Marmorsaal)* **:** dans cette grande salle d'apparat étaient donnés des cérémonies fastueuses et des festins impériaux. Noter les splendides peintures ornementales à motifs architecturaux. Les fameux marbres ne sont en réalité que des stucs d'imitation...

– ***La terrasse*** **:** de forme semi-circulaire, reliant la salle de Marbre à la bibliothèque, elle domine une partie de la ville. De ce promontoire exceptionnel, propice à la méditation aux heures du soleil couchant, les moines auraient-ils imaginé qu'un jour, un puissant barrage hydroélectrique canaliserait le cours du plus légendaire fleuve d'Europe ?

Avant d'entrer dans la bibliothèque, se retourner pour admirer la façade de l'église peinte en jaune « Marie-Thérèse ».

– ***La bibliothèque*** **:** l'une des plus somptueuses bibliothèques d'Autriche, une merveille. Elle renferme environ 10 000 volumes, 1 200 manuscrits du IXe au XVe s et quelque 800 manuscrits de l'âge baroque et du siècle des Lumières. On a le sentiment que les murs sont des livres. « Dans un monastère bénédictin, seule l'église est plus importante que la bibliothèque », annonce un panneau. Une phrase qui prend ici tout son sens ! Plafond admirable signé ***Paul Troger,*** représentant une allégorie de la Foi et les 4 Vertus cardinales d'une grande fraîcheur. Noter les 6 fausses portes dissimulant des fenêtres. Les globes terrestres, œuvre de Coronelli, datent du XVIIe s, époque où la terre n'a pas encore été totalement explorée.

IMPÉRIALISMES

Sur la mappemonde de la bibliothèque de Melk, l'Asie du Sud-Est (zone du monde alors très convoitée par les Européens en raison de ses îles aux Épices) est plus exacte que la Californie. La péninsule de la Basse-Californie (Baja California, au Mexique) n'est même pas rattachée au continent américain ! Ce qui prouve qu'en 1670, on connaissait mieux les Moluques et les Célèbes que l'Ouest américain, qui n'intéressait personne.

Dans les vitrines sont exposés les manuscrits et incunables les plus intéressants. Dans la petite salle, joli escalier en colimaçon protégé par une superbe grille en fer forgé. Au plafond, belle allégorie de la science de Paul Troger.

– ***Stiftskirche*** **:** l'église est le sommet de l'art baroque (religieux) en Autriche. Épousant le plan de l'église du Gesù à Rome, elle offre des proportions harmonieuses. Pourtant, l'abondance de ses dorures, le maniérisme de sa décoration lui donnent une incroyable allure théâtrale. 2 hypothèses à tant de débauche artistique de cette église-spectacle : le désir des moines de l'époque de ne pas déplaire à l'empereur omnipotent (et de droit divin), mais aussi leur volonté de réagir au dépouillement du protestantisme et de la Réforme. C'est l'esprit même de la Contre-Réforme, courant d'idées hostiles aux protestants et source de l'art baroque au XVIIe s.

Haute coupole (65 m) couverte de magnifiques peintures de ***Rottmayr.*** L'artiste a réalisé les fresques de la nef et une partie des tableaux des murs latéraux. Puis il y a ces dorures, si éclatantes qu'on les dirait fraîchement réalisées et qui courent au-dessus et en dessous des 6 balcons. De l'or liquide partout, en jet continu, qui monte à l'assaut des colonnes, des murs et des plafonds.

Les autels latéraux de la nef et des loges d'apparat sont l'œuvre d'un décorateur du théâtre italien nommé ***Antonio Beduzzi.*** Le culte des reliques n'a pas été oublié. De sinistres squelettes, allongés comme des odalisques de carnaval, et des ossements occupent l'intérieur des sarcophages dans les bas-côtés de la nef. On peut ainsi y voir les os de 2 martyrs des catacombes romaines et ceux de *saint Coloman,* un fils de roi irlandais. Sur la route d'un pèlerinage à Jérusalem, il fut accusé d'espionnage, arrêté et pendu... Enfin, l'autel, qui joue avec les dorures et le marbre, plein de toute la démesure décorative de l'époque. Élégantes fenêtres à meneaux. Jetez encore un coup d'œil au grand orgue, œuvre de ***Gottfried Sonnholz.***

– ***Le jardin :*** *mai-oct, tlj 9h-18h. Entrée incluse dans le billet du monastère. Possibilité de le visiter seul : 4,50 €.* L'un des rares jardins baroques à avoir survécu aux guerres et aux restaurations abusives. Le 3e niveau de la terrasse abrite des tilleuls vieux de 250 ans, plantés lors de l'édification du jardin. À l'entrée, remarquer le ***Gartenpavillon.*** Ce petit bijou baroque abrite des fresques originales représentant terres exotiques et bons sauvages tels que les imaginaient les artistes du XVIIIe s. Un café s'est installé en ces lieux. Rien de gastronomique, on vous prévient. Entre le jardin et l'abbaye, le ***bastion nord*** offre une belle vue circulaire sur Melk et la campagne environnante. À l'intérieur, expos temporaires d'œuvres réalisées par les élèves de l'école.

DANS LES ENVIRONS DE MELK

Burgruine Aggstein (château en ruine d'Aggstein) **:** *à env 12 km au nord-est de Melk. ☎ (02753) 82-28. • ruineaggstein.at • Fin mars-oct, tlj 9h-18h (dernière entrée 17h30). Entrée : env 7,90 € ; réduc. Possibilité de manger sur place.* Construite vers l'an 1100, à l'abandon depuis le XVIIe s, cette forteresse a connu plusieurs destructions et reconstructions, et c'est finalement sous la forme d'une ruine qu'elle se présente aujourd'hui. Mais quelle ruine ! Un charme fou en vérité. ***Construite sur un piton*** lui permettant de culminer à 320 m au-dessus du Danube, à l'endroit le plus étroit du fleuve, elle offre un ***panorama exceptionnel sur la Wachau.*** C'est donc à une balade le nez en l'air que l'on vous convie. Pas de dates historiques assommantes, pas de vraies pièces aménagées, pas de mobilier... Un excellent système de passerelles de bois et d'escaliers permet d'accéder au moindre recoin de l'édifice, offrant ici et là des vues exceptionnelles sur la vallée, la forêt et le Danube tout en bas.

En déambulant, on découvre quelques parties réhabilitées, dont les anciennes cuisines, devenues une taverne fière de ses plats à l'ancienne mais aux prix bien actuels. Également la chapelle (toute simple), construite dans les hauteurs de la forteresse, dans laquelle sont encore célébrés des mariages. Après la visite, on peut prendre un plat traditionnel au restaurant situé dans la cour arborée.

Schloss Schallaburg : *à env 6 km au sud de Melk. ☎ (02754) 63-170. • schallaburg.at • De mi-mars à début nov, tlj 9h-17h (18h le w-e). Dernière entrée 1h avt fermeture. Entrée : 12 € ; réduc. Audioguide en allemand et en anglais (5 €).* Château édifié en 1570, de style Renaissance. C'est surtout la cour qui est intéressante, avec ses arcades et colonnades en terre cuite sculptée, à l'italienne. Tour peinte en trompe l'œil pour donner de loin l'impression d'une construction en pierre, plus valorisante. Mise à part cette cour (qui ne vaut pas le prix d'entrée !), les salles du château (modernisées) accueillent uniquement des expos temporaires. Si le thème de l'expo ne vous passionne pas, l'endroit perd beaucoup de son intérêt.

Schloss Schönbühel : *au nord-est de Melk.* Château surplombant le Danube, qui malheureusement ne peut se visiter.

Au nord-ouest de Melk, jolie route jusqu'à ***Weiten*** à une dizaine de kilomètres. L'église renferme de ravissants vitraux des XIVe et XVe s.

Maria Laach : village de montagne situé à environ 15 km au nord de Melk. La plus jolie route pour y aller passe par la vallée de *Weiten.* Avant Weiten, prendre à droite la route de *Haslarn* et de *Loitzendorf.* Paysages de prés, de champs de maïs, de vergers et de forêts, à une altitude avoisinant les 800 m. Superbe vue au sommet du *Jauerling* en passant par *Oberndorf.*

Schloss Roggendorf : *Hauptplatz 1, dans le village de* ***Pöggstall.*** *☎ (02758) 23-83. • poeggstall.at • Avr-oct, tlj sauf lun 9h-17h. Cours du château en accès libre et musées payants (env 6 €).*
Une bonne occasion de pousser jusqu'à cette petite bourgade en plein cœur du *Waldviertel,* à seulement 30 mn de Melk.
Très bel ensemble architectural, donnant un cachet tout particulier au village déjà coquet. La tour, partie la plus ancienne, date du XIIIe s. À cette époque, le seigneur de Pöggstall était le juge de la région, le rez-de-chaussée étant alors la prison. C'est au XVe s que furent construits (d'après des plans d'Albrecht Dürer et de son *Traité des fortifications,* car l'homme touchait à tout) les autres corps de bâtiments formant la cour carrée, ainsi que la curieuse *Rondelle* (si, si, c'est son nom), en forme d'arène. La 2e cour est splendide, avec ses belles galeries décorées entre les XVe et XVIIe s.
Promenade dans les greniers, escaliers et boyaux du château pour arriver dans la plus complète ***salle des tortures*** *(Folterkammer)* existante en Autriche, en Suisse et en Allemagne. Les prisonniers étaient hissés de la prison par un treuil, avant d'être martyrisés jusqu'à ce qu'ils avouent leurs forfaits (ou ceux du voisin). Les exécutions avaient ensuite lieu dans la campagne environnante. Outils impressionnants, pinces, fers, roues, poulies qui vous glacent le sang. En 1724, l'impératrice Marie-Thérèse tenta « d'adoucir » ces pratiques monstrueuses, et son fils Joseph II les abolit en 1774.

UN CERCUEIL DE RÉCUPÉRATION

Parmi les pièces exposées dans le Schloss Roggendorf, *on trouve un cercueil à utilisation multiple, dessiné par l'empereur Joseph II lui-même. Il disposait d'un fond escamotable afin de déposer dans la tombe les corps sans y laisser le cercueil, permettant ainsi de le réutiliser. Une mesure écologique avant l'heure, mais surtout économique, pour réduire les frais après les batailles meurtrières...*

Dans l'enceinte du château, des petits musées consacrés aux apiculteurs, aux souverains locaux, à la torture (encore !) et au peintre-graphiste Franz Traunfellner, né à Pöggstall.

➢ Redescendez vers le Danube en jetant un œil au passage à l'*église Sainte-Anne* (souvent fermée), au sud du village. De style roman, elle a la particularité d'avoir un clocher plus bas que la toiture.

ENTRE MELK ET DÜRNSTEIN

Spitz an der Donau *(3620)* **:** à une quinzaine de kilomètres de Melk, ce charmant village au cœur de la Wachau (rive nord du Danube) est doté de maisons anciennes avec arcades et balcons. Tout autour, les vignes en terrasses bordées de murets en pierre découpent les coteaux avec élégance. Voir l'*église* du XVe s au toit de tuiles vernissées et son joli clocher à horloge. À l'intérieur, bel autel baroque avec peinture de *Kremser Schmidt* et des apôtres sculptés du XIVe s.
Au bord de la route, à 2 km de là, en allant vers Dürnstein, la curieuse *église fortifiée* (XIIe-XIIIe s) *de St. Michael,* avec des figurines d'animaux sur son toit. À l'intérieur, retable baroque joliment mis en valeur par la blancheur de l'église. Devant, un ossuaire du XIVe s.

Schiffahrtsmuseum Spitz : *Aufderwher 21. ☎ (02713) 22-46. Avr-oct, tlj 10h-16h. Entrée : 6,50 €, réduc.* Abrité dans une belle demeure du XIIIe s, remodelée à la période baroque (XVIIIe s), ce musée est dédié à la ***navigation sur le Danube*** au fil de l'histoire. Maquettes de différents types de bateaux, restes de fouilles, explication de la technique du halage, outils d'artisans bateliers... Voir le diorama où plusieurs barques attachées ensemble sont tirées par des centaines de chevaux. Intéressant également, les bateaux traversiers. Certaines maquettes présentent des embarcations appelées *fliegende brücke.* Elles étaient composées de 2 bateaux reliés par une plateforme de réception où des banquets étaient organisés l'été. Impressionnant. Apparition des bateaux à vapeur. Certaines salles de l'étage sont ornées de riches décors, avec stucs sur les plafonds et sur les frontons de portes.

Balade jusqu'aux ruines du Hinterhaus : depuis le musée, on peut gagner en 10 mn à pied les ruines de ce petit château. Belle vue depuis le sommet.

Haus Winzerin : *Am Hinterweg 11. ☎ (02713) 29-38. • winzerin-spitz.at • Congés : nov-fév. Malgré son nom, il s'agit bien d'un hébergement chez l'habitant. Doubles 60-80 € selon nombre de nuits, petit déj inclus.* Grosse maison joliment située tout en haut du village, avec vue sur le clocher de l'église d'un côté, sur les vignes et les vergers d'abricotiers de l'autre. Chambres spacieuses et lumineuses, à la déco moderne et de bois, et parfaitement douillettes (certaines avec balcon). Grandes salles de bains. Également un appartement pour 4 personnes. Accueil convivial et souriant.

Hotel Weinberghof Lagler : *Am Hinterweg 17. ☎ (02713) 29-39. • laglers.at • Congés : nov-mars. Doubles 106-146 € selon nombre de nuits, petit déj compris.* Perchée en haut du village, une solide maison plantée au milieu des vignes. Intérieur cosy, moquette moelleuse, chambres calmes et confortables, sobrement aménagées de meubles en bois blond. Très agréable terrasse pour profiter de la quiétude des paysages de la Wachau. Sauna. Dégustation et vente de vins, évidemment.

Gasthof Goldenes Schiff : *Mittergasse 5. ☎ (02713) 23-26. • goldenesschiff.at • Fermé de janv à mi-mars et 2 sem fin nov. Doubles 55-69 € avec petit déj ; ½ pens possible. Resto tlj sauf mer. Plats 15-25 €.* Juste avant le centre du village, en retrait de la petite route qui borde le Danube. Une belle auberge abritant des chambres confortables et lumineuses, impeccables et avec vue sur le Danube au loin pour certaines. Un classique parmi les classiques, où les touristes se plaisent, aussi bien pour y passer la nuit que pour s'y restaurer. Plats revigorants, servis avec générosité.

Weißenkirchen in der Wachau : autre joli village à 3 km de Dürnstein apprécié des artistes, doté d'une église fortifiée et de belles demeures Renaissance. Entre autres, la *Teisenhoferhof,* qui présente une jolie cour débordant de lierre. On y trouve le *musée de la Wachau,* aménagé dans une ferme fortifiée, où sont exposés les peintres du début du XXe s.

Hotel Weingasthof Donauwirt : *Wachaustr. 47. ☎ (02715) 22-47. • donauwirt.at • Dans le village, au bord de la route, face à l'embarcadère. Doubles env 140-170 €. Plats 10-26 €. Parking gratuit.* Chambres confortables, à la décoration soignée mais un peu datée (hormis quelques-unes). Tant qu'à faire, essayer d'en choisir une avec terrasse ou balcon, elles sont au même prix ! Agréable terrasse fleurie aux beaux jours. La maison propose également une solide cuisine autrichienne, un peu chère cependant.

DÜRNSTEIN (3601) 400 hab. IND. TÉL. : 02711

• Plan *p. 259*

Adorable village posé au bord du Danube, au pied d'un château médiéval en ruines dont les murailles épousent le relief accidenté des pitons rocheux.

Richard Cœur de Lion y resta prisonnier plusieurs mois pour s'être disputé avec le duc Léopold V lors de la 3e croisade. Pendant la campagne napoléonienne de 1805, elle fut témoin d'une sévère bataille entre troupes françaises et russes. En haute saison ou le week-end aux beaux jours, Dürnstein se révèle inévitablement touristique et devient un village-musée. Mieux vaut donc être matinal pour apprécier le charme de ses ruelles.

– À ***Dürnstein*** sont associés 2 villages de vignerons : ***Oberloiben*** et ***Unterloiben.*** Tous 2 se trouvent légèrement en retrait de la route principale, entre le Danube et les collines, dans une vallée fertile couverte de vignes.

Arriver – Quitter

En train

➢ ***De Krems ou Vienne*** *(avec changement à Krems)* **:** env 1h30 de trajet de Vienne et 1 petite heure de Krems.

➢ ***De Melk*** **:** une dizaine de départs/j., mais avec changement. Trajet : 50 min-1h20.

En bateau

Dürnstein est desservi par les mêmes compagnies et bateaux que Melk et Krems. Pour plus d'infos, se reporter à la rubrique « Infos utiles » au début du chapitre « La vallée du Danube en Basse-Autriche ».

Adresse et infos utiles

ℹ ***Office de tourisme*** *(plan)* **:** *à 250 m de l'entrée du village, près du parking. ☎ 219. • duernstein.at • Lun-mar et ven 8h-12h (13h jeu), plus mar 13h-18h.* Documentation sur les *Heurigen* de la région.

– ***Stationnement en ville*** **:** impossible dans le centre, sauf si on dispose d'une résa de chambre. Sinon, il faut se garer à l'entrée de la ville, près de la route nationale et de l'office de tourisme (grand parking payant).

Où dormir ? Où manger ?

Ici, l'accueil est parfois moyen, probablement en raison de l'afflux de visiteurs. On peut aussi choisir de dormir à Krems, à Melk, ou encore dans la campagne environnante, où l'on trouve quelques chambres chez l'habitant, généralement assez simples. Pour manger, tout est assez cher, et pas mal de boutiques ferment dès 18h.

À Dürnstein

Hotel Sänger Blondel *(plan,* **10***)* **:** *Dürnstein 64. ☎ (02711) 253. • saengerblondel.at • Resto ouv midi et soir mar-ven, plus sam midi. Congés : de nov à mi-mars. Doubles env 150-175 €, petit déj inclus. Repas 30-35 €. Parking (payant).* Vieille auberge traditionnelle, toute jaune et aux volets verts, située près de l'abbaye. L'enseigne de la maison rend hommage au troubadour qui retrouva, si l'on en croit la chanson, Richard Cœur de Lion dans une prison de Dürnstein. Adorable cour intérieure fleurie et abondamment ombragée par des marronniers. De là, jolie vue sur le clocher bleu et blanc de l'église abbatiale. Chambres classiques, confortables et scrupuleusement entretenues. Un resto réputé au rez-de-chaussée, avec une agréable terrasse.

Weinschenke Atles Presshaus *(plan,* **11***)* **:** *dans la rue principale, n° 10. 0699-119-662-52. Mars-fin oct. Le midi, tlj sauf lun. Le soir, mar, jeu et sam. Plats 10-18 €.* Carte courte et efficace pour cette adresse classique dont la petite terrasse de bois s'avère bien agréable au déjeuner, surtout quand il y du soleil. Copieuses assiettes de plats traditionnels : côtelettes grillées, saucisses-patates, *gulash* et un plat végétarien, aussi. Une belle assiette de charcuterie-fromages accompagné d'une bière peut aussi faire l'affaire.

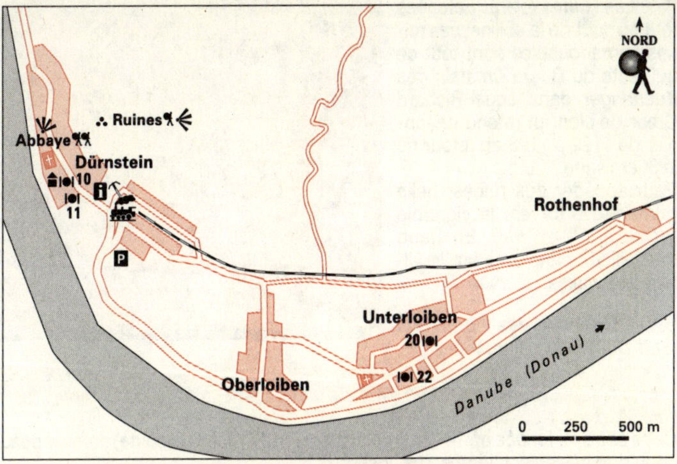

DÜRNSTEIN

■ Adresse utile

Office de tourisme

Où dormir ? Où manger ?

10 Hotel Sänger Blondel
11 Weinschenke Atles Presshaus
20 Wachauerstube Loiben
22 Weingut Loibnerhof

À Unterloiben

Bon marché

Wachauerstube Loiben *(plan,* **20***)* **:** *Unterloiben 24. ☎ (02732) 859-50. Tlj sauf mer-jeu 11h30-21h. Plats env 13-33 €.* Voici une petite auberge au décor tout simple, devancée par une terrasse de bois. Concocte une cuisine plutôt raffinée et parfois inventive. Bon service, aimable et efficace.

Chic

Weingut Loibnerhof *(plan,* **22***)* **:** *Unterloiben 7. ☎ (02732) 828-90. Tlj sauf lun-mar 11h30-minuit (22h dim). Fermé de Noël à mi-fév. Menus 54-61 €, plusieurs verres de vin inclus ; plats 22-33 €.* Une de ces bonnes adresses sélectionnées par la revue des vins *Falstaff,* qui donne le *la* par ici. L'été, quel plaisir de s'installer sur la terrasse ou, mieux encore, à l'ombre des pommiers dans le verger ! Les salles affichent un style un peu chic pour l'une, plus rustique pour la 2de. Au bout du jardin, vue sur le Danube... mais aussi sur la nationale. Bonne carte des vins, comme il se doit. Service impeccable et cuisine soignée. En dessert, strudel avec les pommes du jardin.

À voir

Hauptstraße **:** la rue principale de Dürnstein, bordée de vénérables demeures aux façades pimpantes. Au nº 4, la taverne *Kuenringer* avec un beau portail Renaissance. En face, le ***Rathaus*** de 1547.

Les ruines *(plan)* **:** perchées tout en haut de la colline, ces ruines immanquables sont tout ce qui reste du *Burg Dürnstein* des *Kuenringer,* dans lequel Richard Cœur de Lion fut retenu prisonnier de 1192 à 1193 au retour de la 3e croisade.
Pour accéder aux ruines, belle grimpette à travers le vignoble *(compter 20-25 mn).* En haut, merveilleux panorama sur le village et la vallée.

DUR D'ÊTRE ROI

Lors du siège de Saint-Jean-d'Acre, en 1191, le roi d'Angleterre Richard Cœur de Lion avait gravement offensé Léopold V d'Autriche. Revenant de Terre sainte, il fut emprisonné dans l'une des plus puissantes forteresses danubiennes. Il fut libéré en échange d'une rançon colossale qui servit à l'édification de la ville de Wiener Neustadt. Il revint en Angleterre juste à temps pour empêcher son frère, le félon Jean sans Terre, de prendre le pouvoir.

L'abbaye des Augustins *(Stift Dürnstein ; plan)* **:** *au cœur du village. ☎ (02711) 375. • stift-duernstein.at • Avr-oct, tlj 9h (10h dim)-18h (20h sam juin-sept). Dernière entrée 30 mn avt fermeture. Entrée : 7,50 € ; réduc. Visite libre. Audioguide : 2,50 €.*
Cette abbaye, fondée en 1410 et reconstruite en 1710, fut dissoute, comme beaucoup d'autres en son temps, par Joseph II.
On arrive par une cour majestueuse ornée de cheminées à cadrans solaires. Monumental portail baroque sculpté de l'église, encadré par les 4 Pères de l'Église latine : *Augustin, Grégoire, Ambroise* et *Jérôme.* Au fond de la cour, modeste expo sur le village et l'abbaye. Accès à la terrasse d'où l'on embrasse une belle vue sur le fleuve et le goulet de la Wachau. À l'étage, on pénètre dans une salle d'apparat au somptueux décor, avec scène biblique au plafond (rencontre du Christ avec une pécheresse). On visite ensuite l'église, d'une grande richesse décorative. Voir les stalles et les bas-reliefs à la feuille d'or, le somptueux maître-autel (*Assomption* de *Carl Haringer*), un rare tabernacle en forme de globe terrestre, les stucs du plafond aux teintes délicates, la frise d'angelots courant le long des voûtes. À droite du chœur, statue de *saint Jean Népomucène,* le saint patron des ponts. Luxueux confessionnaux (qui donneraient envie de se confesser, même sans avoir commis aucun péché !). Le grand orgue, conçu comme un rideau de scène, renforce cet ensemble quasi théâtral. Dans la chapelle de droite, relique de *saint Faustian* dans une châsse où apparaît son squelette revêtu de soie et de brocards. Autour du cloître, on trouve dans la chapelle centrale un autel de *Johann Schmidt* avec une crèche. En face, le *Saint Sépulcre* d'Antonio Galli Bibiena. Depuis la tribune, vue générale saisissante.
Le clocher est probablement le plus élégant d'Autriche. Architecture d'une grande beauté plastique, alliance remarquable du décor sculpté et des couleurs, où chacun met harmonieusement l'autre en valeur. À droite de l'entrée de l'église, une terrasse surplombe le Danube et le goulet de la Wachau.

KREMS (3500) 25 275 hab. IND. TÉL. : 02732

• Plan *p. 263*

C'est la capitale viticole de la Basse-Autriche, l'occasion de passer une soirée dans ces *Heurigen* en dégustant le vin du propriétaire, accompagné de charcuteries maison ou du *Frischer Landkäse,* un délicieux fromage frais. Krems a su conserver un charme suave qui invite à la flânerie. Pourtant, elle

fut au XIIe s beaucoup plus importante que Vienne, drainant tout le commerce du Danube. À cette époque, les Babenberg y introduisirent le *Kremser Pfennig* (à valeur internationale), la toute 1re monnaie d'Autriche. Puis Vienne reprit le dessus ; invasions et guerres l'affaiblirent, le chemin de fer lui vola ses clients et le Danube se vida... Restent aujourd'hui les belles demeures patriciennes et les hôtels particuliers édifiés du temps de sa splendeur, et que l'on peut toujours admirer dans la rue principale.

Arriver – Quitter

***Gare ferroviaire et terminal des bus** (plan B2) :* *Bahnhofplatz. ☎ 05-17-17 (no national). Départ des bus juste à côté de la gare.*

➢ ***En train :*** 1 train/h entre Vienne et Krems. Durée : 1h. Également des trains pour St. Pölten et l'abbaye de Göttweig.

➢ ***En bus :*** pour Melk, bus ttes les heures en été (beaucoup plus rares en hiver). Durée : 1h. Bus ttes les heures pour St. Pölten.

➢ ***En bateau :*** se reporter à « Infos utiles » au début du chapitre « La vallée du Danube en Basse-Autriche ».

Orientation

On parle toujours de ***Krems,*** mais si vous arrivez de Dürnstein, c'est ***Stein*** que vous découvrirez en 1er. Ces 2 villes sont accolées, et on passe de l'une à l'autre sans vraiment s'en apercevoir.

Adresse et infos utiles

Office de tourisme *(plan A1) : Körnermarkt 14. ☎ 826-76. • krems.info • Avr-oct, tlj 10h-18h ; nov-mars, tlj sauf mar 10h-16h.* Bonnes infos à glaner, ainsi que la liste des loueurs de vélos.

– ***Stationnement en ville :*** *payant la journée dans le centre lun-sam midi.* La circulation étant malaisée, mieux vaut laisser sa voiture à la périphérie du centre, dans la « zone verte » (« Grüne Zone », carte disponible à l'office de tourisme), où les parkings sont nettement moins chers *(env 4 €/j., 1re heure gratuite).*

Où dormir ?

Camping

Camping Donaupark : *Yachthafenstr. 19. ☎ 844-55. • donaupark camping-krems.at • Avr-oct. Emplacement env 25 € pour 2 avec tente et voiture.* Petit camping très simple, au bord du Danube, avec une jolie vue sur l'abbaye de Göttweig. Malheureusement, une route très fréquentée, et vraiment bruyante, passe juste à côté.

Très bon marché

Radfahrer-Jugendherberge *(AJ ; hors plan par A3,* ***10****) : Ringstr. 77. ☎ 834-52. • oejhv.at • Réception avr-oct 7h-10h, 17h-20h ; en hiver par code. Nuitée env 22 €/pers. Pas de petit déj nov-mars.* Grosse maison individuelle accueillant une auberge de jeunesse, avec un petit jardin derrière. Dortoirs mixtes de 4 à 6 lits, simples, clairs, pratiques, agréables et équipés d'une salle de bains. Cuisine à disposition. Parking clos pour les vélos. Barbecue.

De prix moyens à chic

Aigner Weingut & Gästehaus *(hors plan par B2,* ***11****) : Weinzierl 49. ☎ 845-58. • aigner-wein.at • Doubles env*

105-115 €, petit déj inclus (moins cher à partir de 3 nuits). Une grande maison de vigneron, dans un quartier calme et résidentiel, à 15 mn à pied du centre-ville. Une dizaine de vastes chambres (et 3 appartements) impeccables et spacieuses, avec meubles simples en bois blanc. Certaines ont un balcon donnant sur un bout de gazon. Cour intérieure agréable. Piscine. Très calme et bon accueil. Possibilité de déguster et d'acheter du vin de la maison.

Hotel Unter den Linden *(hors plan par A2,* ***12****) : Schillerstr. 5. ☎ 821-15. • udl.at • À 3 mn à pied du centre-ville de Krems. Doubles 106-112 €, petit déj inclus. Parking gratuit.* Facile à repérer avec sa grande façade jaune, cet hôtel cumule les bons points. Les chambres affichent une déco actuelle et pimpante, avec des meubles en bois et couleurs lumineuses. Derrière, une cour et quelques tables pour s'attarder. Notre adresse préférée à Krems, d'un excellent rapport qualité-prix, ça tombe bien !

Weingut Hutter *(hors plan par B2,* ***13****) : Weinzierlbergstr. 10. ☎ 820-06. • weinguthutter.at • À env 3 km au nord-est de Krems. Double env 170 € tte l'année, petit déj inclus. Resto ouv tlj sauf mar-mer. Plats 14-25 €.* Belle et solide maison de vigneron posée devant son lopin de vigne. Chambres spacieuses, douillettes, décorées aussi sobrement qu'élégamment, dans un esprit contemporain. Grande salle à manger, elle aussi très plaisante, dans un style à la fois chaleureux et épuré, pour découvrir une cuisine fine et fraîche, basée sur la tradition.

Où manger ? Où boire un verre ?

Bon marché

Pour grignoter, plusieurs boulangeries, snacks et autres salons de thé sur l'*Obere Landstraße* et le début de l'*Untere Landstraße (plan A2-B2).*

Vous trouverez plusieurs bars où étancher votre soif jusque tard le soir dans la *Margarethenstraße (plan B1).*

De bon marché à chic

Moyome *(plan A2,* ***20****) : Obere Landstr. 10. 0664-514-46-86. Lun-ven 8h-19h ; sam 8h30-18h ; dim 9h-17h. Menu env 10 € ; plats 5-10 €.* La salle est minuscule, juste quelques tabourets autour d'une poignée de tables hautes. On s'installe donc plutôt sur la terrasse posée sur le trottoir en été. Cuisine goûteuse et voyageuse qui se balade aux 4 coins de la planète (salades, *bowls,* soupes, pitta veggie...), avec comme devise la fraîcheur, les saveurs et le respect des produits, bio de préférence et végétarien pour certains plats. Jeune équipe dynamique et souriante... Tout ça nous plaît bien !

Gasthaus Schwarze Kuchl *(plan B2,* ***21****) : Untere Landstr. 8. ☎ 831-28. Tlj sauf dim-lun 9h-19h30 (17h sam). Plats env 9-16 €.* En plein cœur du centre, un resto mignon comme tout, à la cuisine ouverte et aux petites salles voûtées, abondamment décorées d'ustensiles de cuisine et vaisselle, qui donne un côté chaleureux à l'ensemble. Cuisine familiale sans prétention, servie avec générosité et grande gentillesse.

Gasthaus Jell *(plan B1,* ***22****) : Hoher Markt 8-9. ☎ 823-45. Tlj sauf dim-lun, midi et soir. Menu du jour en sem env 18 € ; plats 12-28 €.* La vieille auberge typique de carte postale, avec de la vigne accrochée aux murs et un intérieur rustique. Petites salles intimes dont une avec un joli poêle en faïence et partout un délicieux bric-à-brac. Accueil en costume traditionnel. La réputation de la maison *Jell* ne faillit pas, sa cuisine généreuse étant bien ancrée dans la tradition. Bons vins de la famille, évidemment. Service parfois un peu dépassé en saison, surtout quand la terrasse est pleine à craquer.

Weinhimmel *(B1,* ***23****) : Untere Landstr. 35. 0664-7504-19-92. Tlj sauf mar 15h (10h ven-sam, 12h dim)-21h.* Dans la rue piétonne, agréable et minuscule bar à vins où l'on pourra tester pour pas cher de nombreux blancs

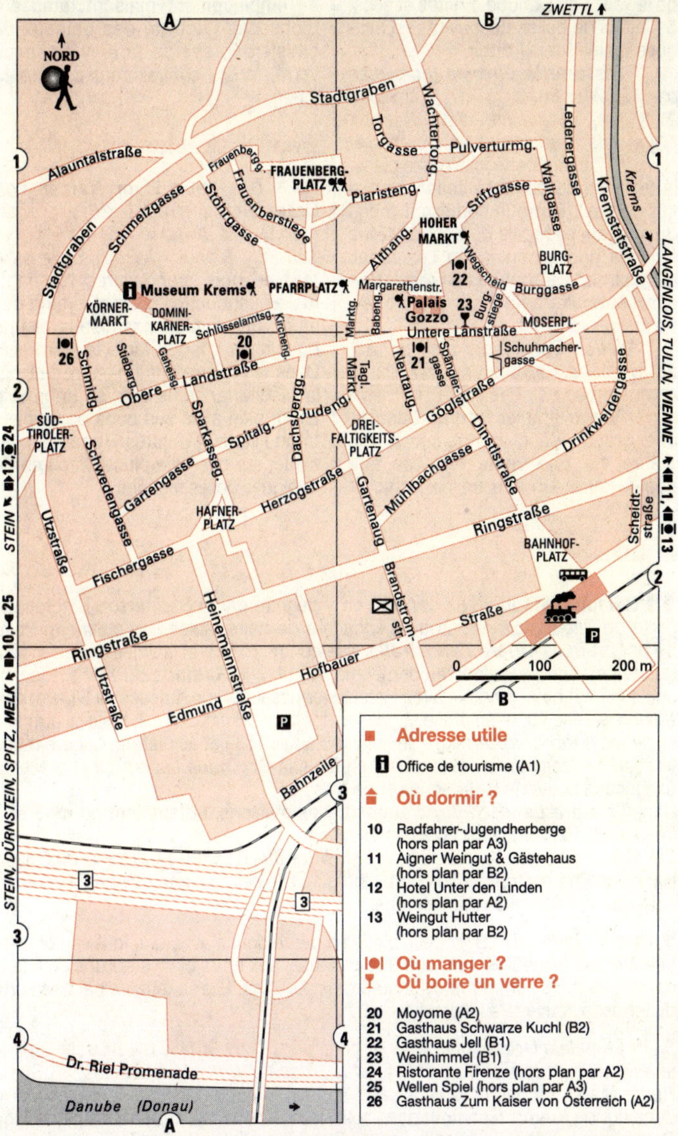

■ **Adresse utile**

Office de tourisme (A1)

Où dormir ?

10 Radfahrer-Jugendherberge (hors plan par A3)
11 Aigner Weingut & Gästehaus (hors plan par B2)
12 Hotel Unter den Linden (hors plan par A2)
13 Weingut Hutter (hors plan par B2)

Où manger ?
Où boire un verre ?

20 Moyome (A2)
21 Gasthaus Schwarze Kuchl (B2)
22 Gasthaus Jell (B1)
23 Weinhimmel (B1)
24 Ristorante Firenze (hors plan par A2)
25 Wellen Spiel (hors plan par A3)
26 Gasthaus Zum Kaiser von Österreich (A2)

KREMS

de la vallée du Danube. Fruités et secs, on fait ici de belles découvertes. Quelques tables sur le trottoir.

|●| ☂ ***Ristorante Firenze*** *(hors plan par A2,* ***24****)* ***:*** *Schürerplatz 9, à* ***Stein.*** *☎ 213-40. Tlj sauf lun-mar, midi et soir. Menu midi (mer-ven) 12 € ; pizzas et plats 9-22 €.* Sur cette jolie petite place, la terrasse de ce resto italien nous a fait de l'œil. Outre le séduisant menu du midi, on se régale de bonnes pâtes fraîches, gnocchi ou risotto. Les pizzas bien garnies ne sont pas en reste. Une excellente alternative aux plats traditionnels autrichiens.

🍸 ☂ ***Wellen Spiel*** *(hors plan par A3,* ***25****)* ***:*** *Welterbeplatz 1. ☎ 750-55. À l'embarcadère. Tlj 8h-21h (18h dim-mar).* Pour s'attabler face au Danube, une grande salle lounge vitrée qui s'étire sur une vaste terrasse aux beaux jours. Un lieu un peu chic et un emplacement plaisant (amusant d'observer l'activité des bateaux de croisière !), sympa pour y boire un verre, moins convaincant côté resto (cher).

Beaucoup plus chic

|●| ☂ ***Gasthaus Zum Kaiser von Österreich*** *(plan A2,* ***26****)* ***:*** *Körnermarkt 9. ☎ 86-001. Tlj sauf lun-mar 18h-22h. Menus 43-73 €.* Belle salle tout en bois blond, avec les habituelles banquettes courant le long des murs, des lumières tamisées et une bougie sur chaque table le soir venu. Dans le registre autrichien inspiré par la Méditerranée, le chef se débrouille plutôt bien avec ses bons petits plats tranquillement mijotés. Terrasse plaisante, sur une jolie place entourée de quelques belles façades.

À voir

🚶🚶 ***Balade dans le vieux centre :*** on y pénètre par la ***Steinertor,*** pittoresque porte de ville à clocher baroque, encadrée de tours râblées en poivrière. Point de départ de la ***Obere Landstraße,*** rue commerçante et animée (jusqu'à 18h, du moins), bordée de nobles demeures. Au nº 4, le ***Rathaus*** du XVIe s. Élégant oriel (un petit bow-window) avec Hercule terrassant le lion. En face, la ***Bürgerspitalkirche*** avec voûte en étoile et grille en fer forgé. Enfin, au nº 2, belle pharmacie ancienne ***(Mohrenapotheke),*** en activité depuis 1532 et au plafond décoré d'une fresque de Kremser Schmidt. Juste en face, la ***Göglhaus*** (fin du XVe s) présente une façade couverte de fresques et de blasons.

Dans l'***Untere Landstraße,*** d'autres belles maisons, notamment au nos 3 et 4 (maison du Pélican), ainsi qu'aux nº 38 et 41.

Sur *Margarethenstraße (plan B1),* la ***Sgraffitohaus*** de 1560 est l'œuvre du peintre Hans von Pruch. Comme son nom l'indique, elle est couverte de sgraffites, miraculeusement épargnés par le temps.

🚶 ***Hoher Markt*** *(plan B1)* ***:*** belle place en pente douce avec une fontaine ombragée. Vieilles demeures dont une très curieuse, aux murs blancs bordés de lignes roses. Ses murs sont bombés et déformés par l'âge. Elle se termine par une sorte de terrasse couverte à l'italienne.

🚶 👪 ***Le palais Gozzo*** *(plan B1)* ***:*** *Hoher Markt 11. ☎ 801-571. • museumkrems.at • Slt visites guidées organisées par le Museum Krems, sur résa par tél.* Sur le Hoher Markt, reconnaissable à ses 5 arches, le palais Gozzo est la plus vieille demeure de Krems. Construit dans la 2de moitié du XIIIe s, il fut habité par le juge Gozzo, sans doute d'origine italienne. Fresques religieuses et blasons peints du XIIIe s. Au sous-sol, petite expo sur la vie au Moyen Âge.

🚶 ***Pfarrplatz*** *(plan A-B1)* ***:*** où se dresse l'église paroissiale *Sankt Veit.* Baroquisée au XVIIe s, elle dispose d'une large nef et d'un maître-autel de marbre rouge. Fresques au plafond de Kremser Schmidt. Chaire et tabernacle entièrement en bois doré. Stalles avec scènes de martyre. Un vieil escalier couvert, aux marches en bois patinées, mène à la *Frauenbergplatz,* située plus haut.

Frauenbergplatz *(plan A-B1)* **:** très belle vue de cette place bordée de quelques vieilles maisons provinciales réunies autour de l'église *Piaristenkirche* (construction probablement finalisée au début du XVIe s). À l'intérieur, très haute nef éclairée par des fenêtres sans vitraux. Dans le fond, une rangée de 15 confessionnaux alignés comme des petites boîtes. Le plus intéressant est sans doute à l'extérieur, avec plusieurs tableaux qui composent une fresque en toile de fond, et de statues représentant la vie du Christ au 1er plan.

Museum Krems *(plan A1)* **:** *Körnermarkt 14. ☎ 80-15-67. • krems.gv.at • Avr-oct tlj 10h-18h. Dernière entrée 1h avt fermeture. Entrée : 7,50 € ; réduc ; gratuit moins de 19 ans.* Installé dans l'ancien monastère dominicain, ce musée mérite une petite visite. Autour du cloître gothique, remarquable collection de sculptures religieuses en bois polychrome des XVe et XVIe s. Vierge à l'Enfant, nombreux saints, mais aussi un étrange christ au curieux déhanché. Tout autour, salles aux collections éclectiques : mobilier, peinture, instruments de musique, série de cannes, armoire marquetée, maquettes de bateaux du Danube... L'église quant à elle, se compose d'une vaste nef élancée, dont les piliers présentent quelques restes de polychromie. Expos temporaires d'art contemporain. Dans les caves, espaces consacrés à l'histoire de la ville (archéologie et vin). Quelques poteries, tonneaux, céramiques, pressoir et matériel œnologique.

Kunsthalle Krems *(hors plan par A2)* **:** *Museumplatz 5. ☎ 90-80-10. • kunsthalle.at • Tlj sauf lun 10h-18h (17h nov-fév). Entrée : 10 € ; réduc. Billet combiné avec le Karikaturmuseum et la Landesgalerie : 18 €.* Un beau lieu culturel proposant des expos temporaires d'art contemporain d'une envergure étonnante pour une ville de la taille de Krems. Vidéos, installations, peinture, photo...

Karikaturmuseum *(musée de la Caricature ; hors plan par A2)* **:** *Museumplatz 3. ☎ 90-80-10. • karikaturmuseum.at • En face de la Kunsthalle. Tlj 10h-18h (17h nov-fév). Entrée : 10 € ; réduc. Billet combiné avec la Kunsthalle et la Landesgalerie : 18 €.* Ce musée consacré à la caricature, à la satire graphique et au dessin d'humour au XXe s, est le seul du genre en Autriche. Pour apprécier pleinement ce musée, mieux vaut posséder une solide connaissance de l'Autriche (et de l'allemand), de son histoire et de son actualité. Sinon, on passe largement à côté du sujet.

Landesgalerie *(hors plan par A2)* **:** *Museumplatz. ☎ 90-80-10. Tlj sauf lun 10h-18h (17h nov-fév). Entrée : 10 € ; réduc. Billet combiné avec la Kunsthalle et la Karikaturmuseum : 18 €.* Cet édifice résolument moderne et torsadé présente lui aussi des expos temporaires en tous genres, dans de généreux espaces. Essentiellement des artistes nationaux.

DANS LES ENVIRONS DE KREMS

Stein : jolie bourgade accolée à Krems avec, là aussi, de belles demeures anciennes à découvrir en flânant dans les ruelles. Étonnante cohabitation de l'église **St. Nikolaus** doublée quasiment en filigrane par la **Frauenkirche.** En allant vers Krems, belle **Minoritenkirche** à 3 nefs. À l'intérieur, fresques du XIVe s, belles sculptures (dont celle de la Vierge). Elles sont ouvertes tous les jours.

Stift Göttweig *(abbaye de Göttweig)* **:** *à une dizaine de km au sud de Krems. ☎ (02732) 85-58-10. • stiftgoettweig.at • De Krems, traverser le pont sur le Danube. Indiqué ensuite. Mars-oct, tlj 10h-17h30 (dernière entrée à 16h30). Visites guidées en allemand à 11h, 14h et 15h (plus 12h le w-e). Entrée : 8,50 € ; réduc. Audioguide en anglais et allemand : 3 €. Mieux vaut vérifier les infos sur internet avt de s'y rendre.*

Perchée au sommet d'une des collines (425 m) de la Dunkelsteiner Wald, entourée par la forêt qui couvre ses flancs, sa silhouette imposante se dresse dans le ciel, dominant fièrement la vallée du Danube et les monts de la Wachau.
Sur la route impériale, voici l'une des abbayes baroques les plus fastueuses de la civilisation danubienne. Par ailleurs, elle se révèle finalement plus impressionnante vue de loin que de l'intérieur (surtout si vous tombez en plein rush touristique).

Un peu d'histoire

Étrange destinée que celle de cette abbaye. À travers son histoire se dessine celle de l'Autriche, faite de splendeur et de drames, de lumière et d'obscurité. Tout a commencé en 1083 avec un modeste évêque, barbu et chevelu, nommé ***Altmann de Passau.*** Il fonde un petit couvent à l'écart du monde, sur une colline naguère vénérée par les Romains. 9 ans plus tard, des bénédictins de la Forêt-Noire (Saint-Blasien) prennent en main la maison, et y adoptent de nouvelles règles. L'élan est donné.
Au Moyen Âge, Göttweig devient un centre spirituel et intellectuel de 1er ordre. L'abbaye est fortifiée pour se protéger des invasions turques et magnifiée pour défier l'austérité de la Réforme. Agrandie, enrichie, elle est alors fréquentée par les érudits, les artistes, et même des explorateurs venus des 4 coins de l'Europe pour narrer leurs exploits !
Göttweig atteint son apogée au XVIIIe s. Sous l'impulsion de son père abbé, ***Gottfried Bessel,*** tout à la foi(s) homme d'Église, savant, diplomate et mécène, l'abbaye prend sa forme baroque actuelle : une église au milieu d'une immense cour carrée, entourée d'une série de longs bâtiments monastiques dominant la vallée. En réalité, seuls les 2 tiers du projet initial (1722) de l'architecte ***Johann Lucas von Hildebrandt*** ont été réalisés. Il avait rêvé d'en faire une « citadelle de Dieu », une « Jérusalem céleste », capable de rivaliser avec l'Escurial (Espagne), dont il s'est tout de même inspiré.
Ce rayonnement intellectuel se poursuivit au XIXe s. De 1939 à 1945, le couvent fut frappé d'interdiction par les nazis. Les moines furent enrôlés par le nouveau régime, les riches collections, confisquées. L'abbaye servit d'école aux cadres du national-socialisme, puis de quartier pour 3 000 prisonniers de guerre russes et de camp pour personnes déplacées. La Jérusalem céleste devint un cauchemar terrestre pendant ces années noires.

Visite

– ***L'église :*** épicentre de la « Montagne sacrée », au fond d'une vaste cour herbeuse, elle offre une façade rose et crème. Sur la tour de gauche, une horloge indique l'heure (sur la droite, il s'agit d'un trompe-l'œil).
À l'intérieur, superbe décor baroque, aux couleurs tendres : bleu et rose bonbon du plafond, stucs tarabiscotés, faux marbres, maître-autel d'une pompe presque byzantine avec colonnes torses turquoise et buffet d'orgue élégant. Stalles marquetées et belles fresques au plafond des chapelles latérales, surmontées d'arabesques et d'angelots dorés.
– ***L'escalier de l'Empereur :*** le *Kaiserstiege,* monumental escalier de 1738, digne d'un palais. Fresques de Paul Troger représentant l'empereur Charles VI magnifié en Apollon guidant ses muses (1739). Un large miroir permet de les admirer sans se tordre le cou.
– ***Le musée :*** toutes les salles sont colorées et ornées de superbes peintures murales sur des thèmes variés. Plafonds décorés de stucs remarquables, parquet de noyer, poêles d'apparat... Des expos diverses y sont présentées. Clou du spectacle, ***les 4 salles impériales*** : les *Kaiserzimmer,* enfilade de pièces sur l'aile nord de l'abbaye, côté vallée du Danube. Dans la *Altmanni Hall,* voir les Noces de Kana au plafond et sur les murs, différentes vues du monastère, dont 2 majestueuses. Au gré de la déambulation, on découvre ici de belles armoires hollandaises, là des secrétaires de bois sombre, plus loin des tapisseries des Gobelins et une série de petits tableaux mignons comme tout. Enfin, la chambre dite de Napoléon (il n'y coucha jamais !), avec de beaux murs blancs aux motifs vert et or, ainsi qu'un miroir particulièrement ouvragé.

Le *café-resto* à l'entrée de l'abbaye et sa terrasse offrent un magnifique panorama sur Krems et le Danube.

Loisium Weinwelt and Vinothek : *Loisium-Allee 1, à* ***Langenlois*** *(encore une jolie petite ville). ☎ (02734) 32-24-00. • loisium.com/weinwelt-langenlois • À env 14 km au nord-est de Krems. Tlj sauf mar 11h (10 ven-dim)-16h30. Visite des caves (incluant audioguide et dégustation) : 15 €, réduc. Même prix pour les visitées guidées. Parcours d'env 1 km.*
Voilà des caves vieilles de 900 ans (il ne fait que 12 °C là-dessous, couvrez-vous), aménagées de manière moderne et design. Rangée de foudres, ustensiles liés à la vinification, ancien embouteillage, tonnellerie... On découvre ensuite une intéressante maison du XIXe s avec meubles anciens et objets du quotidien (belle cuisine), chambre, salon... S'attarder sur l'atelier du cordonnier, animé avec humour. Puis à nouveau de grandes caves voûtées bordées de bouteilles et décorées de sculptures d'art moderne. À la boutique, possibilité de déguster les bons vins locaux *(1 vin inclus avec votre ticket ; 3 vins 5,50 €)* et de grignoter une assiette de fromage-charcuterie. Terrasse face aux vignobles ou salle lumineuse, aux larges baies vitrées.

LE WALDVIERTEL : DU DANUBE À LA BOHÊME

Jolie région peu fréquentée, luxuriante et paisible, parsemée de châteaux et d'abbayes, pour se changer des rives du Danube, en cas d'envie de campagne, de forêts et de champs cultivés. Possibilité de remonter, si vous avez du temps, jusqu'à la Bohême chère aux Autrichiens. L'emblème de ce coin d'Autriche est le pavot, d'où certaines spécialités culinaires locales. La culture de cette plante se concentre surtout autour du village d'Armschlag, au sud de Zwettl, où l'on peut admirer en saison de nombreux champs de coquelicots.

ZWETTL

À 50 km au nord-ouest de Krems, par la route no 37, au cœur du plateau vallonné et boisé du *Waldviertel,* Zwettl est une bourgade de marché bien tranquille, tapie au confluent de 2 rivières. Ses petites maisons peintes de couleurs vives lui donnent un cachet tout pimpant. Quelques vestiges de remparts datant du XIIe s témoignent des nécessités guerrières d'un passé où les envahisseurs déboulaient du nord pour atteindre la plaine danubienne. Zwettl est également le siège d'une brasserie qui fabrique une *Pils* renommée.

Où camper dans les environs ?

Campingplatz Lichtenfels am Stausee Ottenstein : *à* ***Lichtenfels*** *(suivre les indications pour les ruines de Lichtenfels), à env 15 km de Zwettl sur la route de Horn. ☎ (02826) 74-92. (0664) 574-68-66. • thurnforst.at • Mai-sept ; réception 8h-20h. Compter env 30-40 € pour 2 avec tente et voiture.* Un camping au vert, peinard et près d'un lac où il est possible de pêcher... comme on les aime, quoi. Sanitaires corrects.

À voir

L'abbaye cistercienne de Zwettl *(Stift Zwettl)* **:** *à 3 km au nord-est de la ville. ☎ (02822) 202-02. • stift-zwettl.at • Juin-sept, tlj 9h30-17h ; mai et oct, 10h-16h. L'église est libre d'accès. Infos pour les visites guidées sur le site. Tarif : 9,90 € (incluant un audioguide), réduc.*

Au fond d'une vallée noyée par la retenue des eaux du barrage d'Ottenstein, le clocher baroque de l'église abbatiale émerge de la brume au petit matin. La cour de l'abbaye, fondée dès 1138, s'orne d'une belle fontaine. La façade occidentale de l'église, bâtie en gothique, a reçu un habillage baroque rehaussé de statues, au XVIIIe s, tout en gris sombre. L'intérieur a la forme d'une halle à 3 nefs dotée d'un chœur avec déambulatoire de pas moins de 14 chapelles rayonnantes. Retables d'autel dus à une belle brochette d'artistes de renom : Altomonte, Troger, Schmidt pour les baroques et Jörg Breu pour les gothiques. Très joli cloître en granit avec un lavabo hexagonal pour les ablutions des bons moines. Salle capitulaire très ancienne (1180) avec pilier central. Dortoir des moines, charnier et latrines complètent une visite assez intéressante.

➢ Dans les environs de l'abbaye, balisage de promenades en forêt qui mènent aux berges du lac de retenue.

À voir dans les environs

Schloss Rappottenstein : *à 16 km au sud-ouest de Zwettl. ☎ (02828) 82-50. • burg-rappottenstein.at • L'endroit étant toujours habité, on ne peut pas s'y promener seul. Visites guidées (50 mn) en allemand, pour des groupes de 4 pers min mai-sept, en principe tlj sauf lun, ttes les heures 11h-16h sauf à 13h ; Pâques et oct, slt le w-e. Entrée : 11 € ; réduc.*

Même si la visite guidée en allemand vous décourage, venez jeter un petit coup d'œil à ce beau gaillard de pierre. ***Forteresse médiévale*** du XIIe s sur un site spectaculaire. Fenêtres bordées de sgraffites (peinture murale consistant à enduire un support sombre d'un mortier blanc puis à le gratter), salle Renaissance, cuisine à l'ancienne, chapelle gothique avec retable, salle de chasse et inévitables oubliettes sinistres au programme.

HORN

Carrefour routier au centre du Waldviertel, à 35 km à l'est de Zwettl. Encore dotée de sections de remparts, dont 3 portes du XVIIIe s. Belle *Hauptplatz* triangulaire aux maisons bourgeoises des XVIe et XVIIe s autour d'une église Saint-Georges convertie en temple protestant.

Adresse utile

Office de tourisme : *Wiener Str. 4. ☎ (02982) 23-72-1. Dans le Museum der Stadt (musée de la Ville ; 4 €, réduc). Avr-oct, tlj sauf lun 10h-16h.*

Où dormir ? Où manger ?

Hôtel-restaurant Blie : *Robert-Hamerling-Str. 17. ☎ (02982) 22-57. • blie.at •. Double env 110 €, petit déj compris.* Grande bâtisse à façade rose tenue par la famille Blie depuis des générations. Petites chambres sont accueillantes, fraîches et douillettes. Rien de luxueux, mais c'est un nid que l'on rejoint avec plaisir après une journée de vadrouille.

À voir dans les environs

L'abbaye bénédictine d'Altenburg : *à 7 km au sud-ouest de Horn. ☎ (02982) 34-51. • stift-altenburg.at • Mai-oct, tlj 10h-17h (dernière entrée à 16h).*

Visites guidées en saison le w-e à 11h et 14h. Sinon, les textes ne sont traduits qu'en tchèque (petit dépliant en français néanmoins disponible à l'accueil). Entrée : 12 € ; réduc. Mais mieux vaut vérifier avt de s'y rendre. Audioguide en anglais 2 €. L'accès à l'abbatiale est gratuit.
L'histoire mouvementée d'Altenburg remonte à 1144, date de sa fondation par la comtesse *von Poigen-Rebgau,* en souvenir de son mari. Détruits à de multiples reprises, notamment par les Suédois au cours de la guerre de Trente Ans.
– ***L'abbatiale :*** gothique à l'origine, elle fut rhabillée de fond en comble. Stucs et faux marbres dans les tons gris, rose et blanc ; les 9 coupoles décorées de fresques illustrant l'Ancien Testament sont de Paul Troger. Il réalisa aussi le tableau du maître-autel, flanqué de colonnes corinthiennes, et ceux des chapelles latérales. Derrière un balcon décoré d'angelots, un buffet d'orgue aux rutilantes boiseries dorées parachève la théâtralité des lieux.
– ***Les dépendances :*** sous les bâtiments, des excavations ont mis au jour les restes d'un cloître gothique et d'une salle capitulaire. Sculptures romanes, reconstitution de la cuisine et du réfectoire des moines, *scriptorium* avec un gros poêle de faïence. Pour accéder à la bibliothèque, on emprunte un escalier d'honneur monumental décoré, là aussi, par ***Paul Troger*** sur le thème des 5 continents, et on passe par les appartements impériaux ornés de stucs et de faux marbres.
– ***La bibliothèque :*** celle-ci est sans doute, avec celle d'Admont en Styrie, la plus fabuleuse d'Autriche par sa mise en scène. Elle participe de l'idée du « temple du savoir » chère aux Bénédictins, dont l'idéal est de se consacrer à la prière et à l'étude. La vaste nef est rythmée par les imposantes colonnades dorées à la feuille, entre lesquelles sont aménagés les rayonnages de livres. 3 coupoles peintes de fresques de Paul Troger couvrent le vaisseau.
– ***La Sala terrena :*** sous la bibliothèque. Une crypte stupéfiante par sa décoration avec des murs entièrement recouverts de fresques à l'imagination débridée. Charme, humour, tragique sublimé par la dérision s'y côtoient dans une folle sarabande : les 3 premières salles prennent pour thème l'eau, symbole de pureté et de vie avec des groupes de nymphes, de tritons, de sirènes et des personnages mythologiques. La 4e, elle, met en scène un Orient imaginaire et féerique où la mort surgit au milieu des motifs floraux et végétaux.

HARDEGG

Hardegg marque la fin du territoire linguistique germanique pour faire place à la sphère d'influence slave. Du haut de son piton rocheux, le vieux *Burg* en ruine monte la garde depuis des siècles dans l'attente d'un ennemi qui n'arrive jamais. Enfin un site romantique digne des peintures ou des romans d'autrefois ! À voir en automne ou au printemps, pour la beauté des paysages. En contrebas du château, maisons et jardins se serrent dans le fond de la petite vallée, irriguée par la rivière.

Où dormir ? Où manger ?

Gasthof Hammerschmiede : *Vorstadt 8. ☎ (02949) 82-63. • gasthof-hammerschmiede.com • Resto jusqu'à 19h30. Doubles env 100-110 €, petit déj compris (moins cher à partir de 3 nuits). Plats 9-17 €. CB refusées.* 2 salles avec meubles en « vrai-faux vieux bois », beaucoup de plantes vertes sans doute soignées comme les clients de l'établissement, aux petits oignons. Clientèle d'habitués se réunissant autour de plats copieux et rustiques, généreusement saucés. Bons gibiers en saison, et joli choix de poissons également. Bon *Apfelstrudel* épicé comme il se doit. La charmante patronne ne parle que sa langue natale, mais l'accueil est là et on se débrouille toujours. Dans la jolie maisonnette au jaune flamboyant juste à côté, 6 grandes chambres simples et confortables.

À voir

Le vieux château : *0664-21-45-855. • burghardegg.at • Avr-juin et sept-oct, w-e et j. fériés slt, 10h-17h. En été, tlj 10h-18h. Bien se renseigner si le château est ouvert (fermé en 2022). Entrée : 7,50 € ; réduc..*

Attention, laissez votre voiture en bas dans le village : seul un sentier rocailleux conduit au vieux château, le *Burg,* haut perché, tel un nid d'aigle, au sommet d'un éperon rocheux. Construite aux XIe et XIIe s dans la vallée de la Thaya pour contrer les incursions slaves, cette forteresse, en partie en ruine, en partie rénovée, présente une très belle architecture militaire. Elle a fait ses preuves et démontré son efficacité : lors de l'invasion hussite de 1683, elle servit de coffre-fort au trésor de l'église de Retz.

– ***Burgkapelle*** *(chapelle)* **:** très sobre, percée de quelques fenêtres. Vue plongeante sur la vallée. Escalier vertigineux.

– ***La crypte :*** elle abrite les 19 tombeaux des princes de Khevenhüller ; famille qui possède encore aujourd'hui le château de Riegersburg, à 8 km de Hardegg.

– ***Bergfried*** *(tour carrée)* **:** ses murs ont plusieurs mètres d'épaisseur. L'accès à 12 m du sol n'est plus emprunté que par les corneilles ; la tour n'est pas toujours ouverte. Si c'est le cas, monter au sommet pour la vue panoramique. On découvre les monts boisés de cette belle région frontalière peu connue et des horizons lointains.

– ***La tour de l'Est :*** elle abrite une exposition sur le prince de Khevenhüller.

– ***La grande salle des chevaliers :*** une des plus grandes salles des chevaliers d'Europe centrale, avec une exposition sur la construction de la forteresse.

– ***Maximilian von Mexiko-Museum*** *(musée de l'Empereur Maximilien du Mexique)* **:** 3 salles présentant documents, photographies, cartes et souvenirs sur ce merveilleux et tragique épisode de l'histoire des Habsbourg (panneaux traduits en anglais). Les documents proviennent du prince ***Johann Franz Carl Khevenhüller,*** compagnon d'infortune de Maximilien au Mexique qui, lui, est revenu vivant. Quelques exemples de ce qu'expose ce musée : des dessins faits par l'empereur enfant, une mèche de ses cheveux, une terrine de Napoléon III, une de ses pendules de bureau, son masque mortuaire, un sabre de la marine autrichienne, une peinture de Maximilien en tant qu'empereur du Mexique, des uniformes et photos montrant la diversité du corps expéditionnaire composé de volontaires français, belges, autrichiens et de la Légion étrangère. Macabre photographie de l'empereur dans son cercueil.

MAXIMILIEN ET JUÁREZ VUS PAR HOLLYWOOD

Le sujet du film Juarez, *scénarisé par John Huston, est la lutte entre le président mexicain, Benito Juárez, et l'empereur Maximilien, imposée par Napoléon III. Leur conflit était idéologique, chacun combattant pour ce qu'il croyait juste et dans l'intérêt du Mexique. Bien qu'opposés, ils avaient l'un pour l'autre une grande admiration. La dernière scène du film montre Juárez dans la cathédrale de Mexico, devant le corps de Maximilien, qu'il a fait exécuter. Il s'approche du cercueil, s'agenouille et demande pardon. Fallait y penser avant !*

À voir dans les environs

Le château baroque de Riegersburg : *à* **Riegersburg,** *à env 8 km à l'ouest de Hardegg. 0664-21-45-855. • dieriegersburg.at • Mai-sept, tlj 9h-18h ; avr et oct, tlj 10h-17h. Fermé le reste de l'année. Dernière entrée 1h avt fermeture. Extérieurs et intérieur : 21 € ; 31 € avec le show ; 6,50 € slt les extérieurs.*

Ce château est un beau palais baroque à la campagne. Une silhouette si élégante dans un si petit village, perdu aux confins de l'Autriche et de la République tchèque, a de quoi surprendre. Et quel contraste avec la campagne environnante et certaines minuscules exploitations agricoles (fonctionnant encore comme au début du XXe s !) !

Un peu d'histoire

Construit au XVIIIe s, il se distingue des autres châteaux autrichiens par une façade baroque de style français, encadrée par 2 avancées coiffées d'ardoises (on songe à Mansart). Un Atlas surmonte le portique de l'entrée. En raison du sous-sol marécageux, ses fondations reposent sur une série de gros pilotis en chêne, invisibles, devenus aussi durs avec l'âge que la pierre. Autre curiosité : l'architecture n'est pas tout à fait symétrique, et certains murs intérieurs ne sont pas bien alignés par rapport au mur de façade.

Ce château, ancienne résidence d'été, appartient toujours à la même famille (propriétaire également du château de Hardegg), descendant des ***Khevenhüller.*** Une dynastie composée d'une ribambelle de riches et de puissants, de comtes et de princes du Saint Empire : ils furent ministres, financiers, grands maîtres de la cour, aides de camp impériaux, diplomates, historiens, mais aussi naturalistes, mécènes (l'argent coulait à flots), et même cynophiles, c'est-à-dire amis et protecteurs passionnés des chiens. Dans le jardin, le cimetière canin sous un marronnier en témoigne.

Visite

Tout commence par de grosses pantoufles grises obligatoires pour la visite et par une étrange tête d'éléphant d'Asie aux oreilles déchirées. Accrochée au mur au-dessus de la cage d'escalier, elle fut rapportée d'Inde en 1899 par le grand-père de l'actuel propriétaire.

On visite plusieurs beaux salons aux boiseries somptueuses et décorées de stucs blanc et beige. Remarquable mobilier, de provenances et de styles très variés. Ici, une porte dérobée, communiquant avec un escalier en colimaçon, permettait aux domestiques du château de venir dans la nuit chercher les pots de chambre et de repartir aussitôt dans les sous-sols sans déranger le sommeil de leur maître... Plus loin, sur un mur, un admirable plan de Naples du XVIIIe s, mesurant environ 5 m sur 3 m, dévoile l'extraordinaire savoir-faire et le degré de précision atteint par les cartographes de l'époque. Là encore, un ***salon chinois*** avec du papier peint de Zuber (Alsace) et des meubles exotiques de Chine. Admirez au passage la ***cuisine du château,*** très bien conservée et encore en état de fonctionner. Quant à la ***chapelle,*** la seule du village, elle vous accueille tous stucs dehors, sauf le temps de la messe, qui y est célébrée le samedi à 15h.

> **GHOSTBUSTERS**
>
> *Une des chambres du château serait hantée. Tous les matins, on doit y défroisser les draps... comme si quelqu'un s'était couché dans le lit. Une histoire qui passionne les émissions spécialisées dans le fantastique, qui ont décelé une présence mystérieuse par le biais de caméras sensorielles...*

Pour conclure joliment la visite, ***Café-salon de thé*** à côté de la billetterie.

Retz : suivez donc la route du Vin qui rejoint Krems au départ de ce gros bourg viticole, encore doté de fortifications. Étape sympathique, le temps d'admirer quelques instants la palette chatoyante des coloris qui composent la vaste *Hauptplatz* sur laquelle on débouche par un passage voûté. Cette multitude de couleurs donne à ce vaste quadrilatère une allure d'étalage de glacier. En contrepoint, en face de la fontaine centrale à balancier, le gris charbonneux d'une étonnante façade à sgraffites aux sentences moralisantes. L'habituelle colonne de peste consacrée à la Trinité apporte sa petite note religieuse. Sous le *Rathaus,* vestiges d'une église gothique, le *Ratskeller,* point de départ du réseau étendu et profond des caves à vins de la ville. On peut visiter et déguster les vins locaux.

LE WAGRAM ET LE TULLNERFELD

TULLN

À 36 km de Krems et à 22 km de Vienne, suite de notre balade au fil du Danube. Dans le chant des *Nibelungen,* c'est à Tulln qu'Attila attend son épouse burgonde Kriemhild. Entre Krems et Vienne, le fleuve élargit son lit et s'étale comme pour se préparer à être plus grave et plus solennel avant d'arriver dans la capitale des Habsbourg. Une jolie région avec ce *Tullnerfeld* irrigué par de nombreux bras morts, quadrillé par de multiples sentiers et canaux qui font la joie des promeneurs.
C'était le royaume de *Konrad Lorenz* (1903-1989), Prix Nobel de médecine en 1973, mondialement connu pour ses études sur l'éthologie. Le savant à la barbiche blanche habitait au village d'*Altenberg,* entre Tulln et Klosterneuburg, où il vivait en compagnie de ses chères oies grises du Danube.
Enfin, c'est ici que le peintre *Egon Schiele,* passa une partie de son enfance.

Arriver – Quitter

En train

Gare ferroviaire : *Bahnhofstr. 69.* ☎ *05-17-17.* • *oebb.at* •
➢ ***De/vers Vienne*** (40 mn). Également des trains pour la Wachau.

Adresse et infos utiles

Office de tourisme : *Minoritenplatz 2.* ☎ *(02272) 67-56-60.* • *tulln.at* • *Lun-mer 7h-15h30, jeu 8h-19h et ven 7h-12h. Fermé w-e.* Bonne documentation et plan de la balade *Egon Schiele* à travers la ville.
– ***Stationnement en ville :*** *payant tte la journée dans le centre lun-ven et sam jusqu'à midi.*

Où dormir ?

Camping Donaupark : *Donaulände 76.* ☎ *(02272) 65-200.* • *campingtulln.at* • *D'avr à mi-oct. Compter 24-34 € pour 2 avec tente et voiture. Mobile homes (min 4 nuits)* Un camping bien entretenu, plutôt calme, près du Danube (et de ses moustiques). Resto sur place. Location de vélos.
Jugendherberge *(AJ) :* *Marc-Aurel-Park 1.* ☎ *(02272) 651-65.* • *tulln.noejhw.at* • *En centre-ville, bien indiqué. Tte l'année. Nuit avec petit déj 28 € en dortoir (24 € moins de 18 ans), 34-41 €/pers en double.* Dans une Imposante bâtisse jaune (un ancien hôpital), cette AJ propose une trentaine de chambres simplement aménagées mais agréables, comptant de 2 à 8 lits. Toutes avec salle de bains privée. Draps fournis, mais pas les serviettes.

À voir. À faire

Egon-Schiele-Weg : une boucle de 3,6 km permet de sillonner la ville en découvrant les lieux qui ont compté dans l'enfance de Schiele. Cette balade passe par les 2 musées ci-dessous. Dépliant au musée et à l'office de tourisme.

JUGÉ COUPABLE

Dès 1910, Schiele explora la sexualité humaine, sujet qui choquait nombre de ses contemporains. En 1912, son mode de vie non conventionnel suscita la méfiance de ses voisins. Il fut dénoncé puis emprisonné 24 jours, accusé d'avoir tenté de séduire une mineure. Les plaintes furent finalement retirées, mais il fut condamné pour ses dessins jugés trop érotiques et soi-disant immoraux.

Egon-Schiele-Museum : *Donaulände 28. ☎ (02272) 645-70. • schielemuseum.at • Fin mars-début nov, tlj sauf lun 10h-17h. Entrée : 6 € ; réduc.* Dans l'ancienne prison de la ville, au bord du Danube. On ne voit ici que quelques toiles de Schiele réalisées en 1907 et 1908, ainsi qu'une pincée de croquis, d'esquisses et de photos. Ses œuvres les plus représentatives sont dans les musées de Vienne. Le plus intéressant se trouve dans la salle où sont exposés les jouets du jeune Egon, obnubilé par les trains. On comprend mieux cette passion en visitant sa maison d'enfance... la gare de Tulln !

Egon Schiele Geburtshaus *(maison d'enfance d'Egon Schiele)* **:** *Bahnhofstr. 69. ☎ (02272) 690-135. • schiele-geburtshaus.at • Dans la gare. Tlj 9h-20h (17h nov-mars). Entrée : 2 €.* Schiele vécut dans cet appartement de fonction de son père, chef de gare, pendant 11 ans. Le mobilier – qui n'est pas d'origine mais reconstitue celui d'une maison de l'époque – est peint en gris... C'est joli, ça permet de projeter des images, mais l'âme du lieu s'en trouve dénaturée, dommage. Reste l'émotion de se retrouver où vécut Schiele pendant presque la moitié de sa vie (il mourut à 28 ans...) et, pour les germanophones, plein d'anecdotes pour mieux comprendre les inspirations tourmentées de ce remarquable artiste.

L'église Saint-Jean-des-Frères-Mineurs : à côté de l'office de tourisme, une petite église baroque assez dépouillée. Point de débordement, les architectes ont su conserver une certaine simplicité à l'édifice. Au sous-sol, petite crypte où sont enterrés quelques moines.

Dreikönigskapelle *(funérarium de la chapelle des Trois-Rois)* **:** dans le centre, à côté de la *Stadtpfarrkirche,* petit édifice roman tardif à 9 côtés. Tympan peint et sculpté.

VIENNE ET SES ENVIRONS

VIENNE

1 930 600 hab. IND. TÉL. : 01

• Plan d'ensemble *p. 276-277* • Pour les autres plans de Vienne, se reporter au plan détachable en fin de guide.

Capitale de l'empire des Habsbourg pendant près de 7 siècles, puis de la République d'Autriche à partir de 1918, Vienne est la ville historique par essence, profondément marquée par le rôle éminent qu'elle joua tout au long des siècles. Sa place dans l'Histoire expliquant évidemment celle qu'elle occupe, curieusement, sur la carte de l'Europe actuelle. Ici, on ne regrette pas d'avoir potassé autrefois les manuels d'histoire et de géographie. Ne serait-ce que pour commencer à expliquer aux nouvelles générations comment une capitale peut être aussi bizarrement excentrée dans son propre pays.

Profondément meurtrie par les attaques ottomanes, puis par les guerres napoléoniennes et, enfin, par les bombardements de 1944-1945, Vienne se releva vaillamment à chaque fois. Cette volonté de maintenir le prestige et le rang de la ville, par rapport à sa propre histoire, fascine les visiteurs du monde entier. C'est de ce riche et long passé qu'on vient s'imprégner, toutes générations confondues.

Le charme de Vienne, c'est aussi cet étonnant télescopage de tous les instants entre tradition et modernité. L'atmosphère romantique, désuète, parfois démodée de certains quartiers, cohabite avec l'audace et la créativité des rues voisines. Une ambiance bourgeoise, presque compassée parfois, qui s'estompe dès qu'on tourne le dos, comme s'il suffisait de changer de point de vue pour voir toutes ces empreintes de siècles de puissance et de gloire bousculées par la fantaisie et la légèreté. Une ville qui semble parfois figée dans le temps et qui pourtant accepte d'être bousculée par une jeunesse bouillonnante aux idées alternatives.

L'architecture trop pompeuse du Ring, ce boulevard célébrissime depuis plus de 150 ans, est contrebalancée par la découverte des grands ensembles ouvriers de la « Vienne rouge » conçus par des architectes qui n'en pouvaient plus de supporter les dorures et les effets de style de la Vienne impériale. Le talent de Vienne, c'est de vous faire aimer, comprendre, applaudir tous ces changements de décor, la pièce qui se joue ici n'étant jamais vraiment terminée. Et ce sont comme toujours les coulisses qu'on a envie de découvrir en priorité.

La beauté paisible du Belvédère et de ses jardins n'est qu'un merveilleux décor qui accueille en son sein les figures torturées d'Egon Schiele et les figures symbolistes de Gustav Klimt. La joie de vivre apparente de la ville ne peut faire oublier que Freud se penchait sur Vienne comme sur une malade difficile à soigner. Aux flonflons du Prater, aux valses légères de Strauss, répondent aujourd'hui les pulsations électro des clubs underground... Une balade nocturne, le long du canal du Danube en été, risque d'en surprendre

plus d'un, de scène rock improvisée en bars à bière s'étendant tout le long de quais noirs de monde. De jour comme de nuit, la nouvelle Vienne se révèle presque gaie, nonchalante, parfois insouciante, mais tolérante. Avec un art de vivre intelligent, des espaces verts où tous les âges se côtoient, d'authentiques bouts de campagne et même des coins de baignade dans le Danube à portée de tram ou de bus... ce n'est évidemment pas un hasard si, depuis quelques années, Vienne est citée régulièrement en tête du classement mondial des villes distinguées pour leur qualité de vie ! Freud aujourd'hui pourrait s'en donner à cœur joie sur la Toile...
Duelle, contradictoire, fascinante à souhait, si fertile en courants de pensée et mouvements artistiques qui marquèrent profondément le monde, Vienne (et ses paradoxes !) échappe aux définitions. Presque un pays à elle seule. Chacun décrypte cette ville (dont le centre est inscrit au Patrimoine mondial de l'Unesco, avec le Ring) suivant ses propres fantasmes, illusions, clichés, et y découvrira sûrement autre chose que ce qu'il imaginait. À ce stade, vous saurez que cette ville vous aura délicieusement et insidieusement piégé...

UN PEU D'HISTOIRE

Des Romains aux Habsbourg

Sous le nom de *Vindobona,* les Romains font de cet ancien campement celte au bord du Danube un poste avancé de leur empire face aux Germains. Son site privilégié, dans une vallée fertile, allait amener l'installation d'un nœud de communications assurant – déjà – une liaison facile entre l'Orient et l'Occident, le Sud et le Nord. ***Marc Aurèle*** y meurt probablement en l'an 180, après avoir vaincu les *Marcomans,* descendus des monts de Bohême. Chemin de passage obligé pour tous les barbares durant 4 longs siècles, la région de Vienne se constitue pendant la période carolingienne en « Marche de l'Est » *(Ostmark).* Il faudra attendre la fin du Xe s pour voir apparaître le nom *Ostarrichi,* qui deviendra *Österreich* (« Autriche » en v.f.).
Du Xe au XIIe s, Vienne est la petite capitale d'un duché de la famille ***Babenberg*** (cadeau de l'empereur Otton Ier). Au début du XIIIe s, construction de la 1re enceinte de la ville. Le roi *Ottokar* de Bohême tente de s'emparer du duché à la mort du dernier des *Babenberg*, en 1246, mais il se heurte à l'opposition d'une nouvelle dynastie appelée à mettre son empreinte sur tout le pays.
Débute alors (on est en 1278) le long règne des ***Habsbourg.*** L'université est fondée en 1365 par ***Rodolphe IV,*** qui fait aussi construire la version gothique de Saint-Étienne. En 1421, la communauté juive est chassée de la ville. Vienne devient en quelques années la capitale d'un territoire très convoité. Le roi de Hongrie ***Matthias Corvin Ier*** s'en empare en 1485. Après sa mort, en 1490, Maximilien Ier reprend le contrôle de la ville. Charles Quint, son petit-fils qui règne sur l'empire depuis 1519, confie par précaution l'Autriche à son frère ***Ferdinand*** en 1521. La branche autrichienne des Habsbourg régnera sur l'Autriche et l'Europe centrale durant plus de 6 siècles, jusqu'en 1918.

La capitale du Saint Empire

Le XVIe s est décisif pour Vienne : elle connaît son lot d'épreuves. Exécution du maire opposé à l'autoritarisme des Habsbourg, nouveau statut de la ville, incendies, construction de nouveaux remparts... L'attaque turque de 1529 provoque de nombreuses destructions, mais les troupes de ***Soliman,*** minées par les pluies et les maladies, doivent lever le siège après 19 jours. Vienne, à qui nul ne conteste plus le rang de capitale du Saint Empire, grandit spontanément. Les styles, comme les populations, se mêlent, le centre se couvre de beaux hôtels particuliers et bien sûr d'églises. C'est une ville alors très peuplée, qui offre aux yeux des

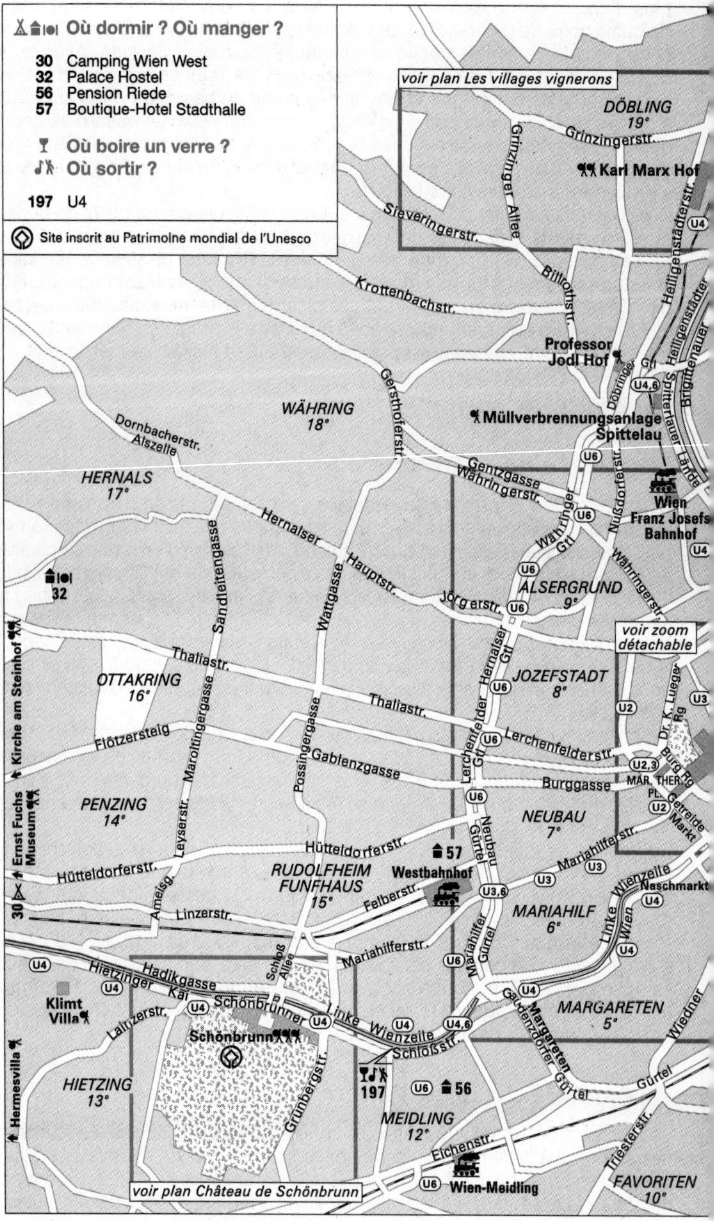

Où dormir ? Où manger ?
30 Camping Wien West
32 Palace Hostel
56 Pension Riede
57 Boutique-Hotel Stadthalle
Où boire un verre ?
Où sortir ?
197 U4
Site inscrit au Patrimoine mondial de l'Unesco
voir plan Les villages vignerons
DÖBLING 19e
Grinzingerstr.
Grinzinger Allee
Karl Marx Hof
Sieveringerstr.
Heiligenstädterstr.
Krottenbachstr.
Billrothstr.
Heiligenstädter
Professor Jodl Hof
Döblinger Gtl
Brigittenauer
Spittelauer
WÄHRING 18e
Gersthoferstr.
Müllverbrennungsanlage Spittelau
Dornbacherstr.
Alszeile
HERNALS 17e
Gentzgasse
Währingerstr.
Wien Franz Josefs Bahnhof
Spittelauer Lände
Nußdorferstr.
Währinger Gtl
Hernalser Hauptstr.
Währingerstr.
ALSERGRUND 9e
Sandleitengasse
Wattgasse
Jörgerstr.
voir zoom détachable
Kirche am Steinhof
Thaliastr.
Hernalser Gtl
JOZEFSTADT 8e
OTTAKRING 16e
Maroltingergasse
Thaliastr.
Dr. K. Lueger Rg
Flötzersteig
Lerchenfelderstr.
Lerchenfelder Gtl
Gablenzgasse
Possingergasse
Burg Rg
Burggasse
MAR. THER. PL.
Getreide Markt
Ernst Fuchs Museum
PENZING 14e
Leyserstr.
NEUBAU 7e
Neubau Gürtel
Hütteldorferstr.
Hütteldorferstr.
Mariahilferstr.
RUDOLFHEIM FUNFHAUS 15e
Westbahnhof
Linke Wienzeile
Naschmarkt
Ameisg.
Felberstr.
Linzerstr.
MARIAHILF 6e
Mariahilfer Gürtel
Mariahilferstr.
Hietzinger Kai
Hadikgasse
Schloß Allee
Klimt Villa
Schönbrunner
Lainzerstr.
Gaudenzdorfer Gürtel
Margareten
MARGARETEN 5e
Wiedner
Linke Wienzeile
Schönbrunn
Schloßstr.
Hermesvilla
HIETZING 13e
Grünbergstr.
Gürtel
MEIDLING 12e
Eichenstr.
Triesterstr.
Wien-Meidling
FAVORITEN 10e
voir plan Château de Schönbrunn

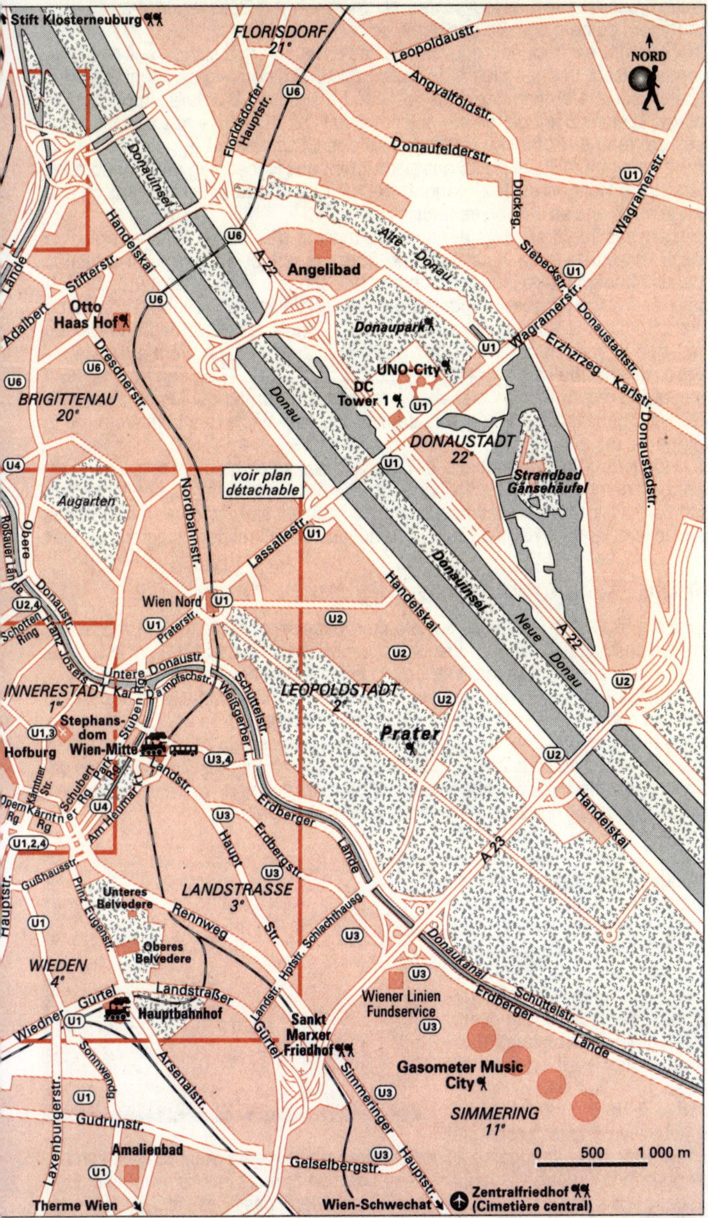

VIENNE – Plan d'ensemble

visiteurs un dédale de rues tournantes, où les maisons collées les unes aux autres se protègent du froid comme des hommes.
En 1679, la ville est frappée à nouveau par la ***peste,*** puis doit subir, 4 ans plus tard, le dernier assaut turc. Le plus rude aussi : 200 000 Ottomans campent près des remparts, sous le commandement du Grand Vizir ***Kara Mustafa.*** Après 2 mois de siège, et sur le point de tomber, Vienne reçoit l'aide décisive des troupes polonaises de ***Jean III Sobieski.*** Cette défaite des Ottomans est le point de départ d'une campagne militaire de 16 ans permettant aux Habsbourg de reprendre les territoires de Hongrie et de Croatie. Cette victoire mettra définitivement fin à la menace ottomane en Europe centrale.
Le départ des Turcs en 1683 est aussi l'occasion d'un renouvellement et d'un embellissement de la capitale impériale. Tous les nobles veulent avoir à Vienne un palais témoignant de leur goût, de leur puissance à l'image, en 1713, du Belvédère du ***Prince Eugène,*** modèle de grâce et d'élégance. Léopold Ier rêve de faire de Schönbrunn un autre Versailles. Les Viennois aiment le baroque-rococo autant que le spectacle, l'un n'allant pas sans l'autre. Le long règne de ***Marie-Thérèse d'Autriche*** va combler leurs vœux. À sa mort, en 1780, son fils ***Joseph II*** poursuit son œuvre tout en mettant en route des réformes qui feront d'une ville de 200 000 habitants ou presque la capitale de ce « siècle des Lumières » où la musique est reine.
Si, à la Cour du XVIIIe s autrichien, les préséances sont strictement respectées, en revanche il semble que la vie à Vienne, côté jardin ou dans la rue, bénéficie d'un climat particulier. On nous décrit un empereur circulant sans façon au milieu de ses sujets, la familiarité ne risquant jamais de dégénérer en irrespect. Heureux temps !

Napoléon, François-Joseph et les autres

À partir de 1804 et du sacre de Napoléon, prospérité et sérénité sont menacées par les visées napoléoniennes : Vienne est occupée en 1805 et 1809 par la Grande Armée. Entre ses 2 passages, François Ier préfère renoncer carrément à la couronne du Saint Empire romain germanique. Et même si une partie de la population a fini par s'habituer à la présence des Français, le mariage de la fille de l'empereur, ***Marie-Louise,*** avec « cet aventurier couronné » est considéré comme signe avant-coureur de « nouveaux malheurs », de futures campagnes. Une alliance voulue par le nouvel homme fort du régime, le chancelier ***Metternich,*** va entraîner le pays dans une ronde qui finira, en 1848, sur une note douce-amère.
De septembre 1814 à juin 1815, une fois l'empereur des Français exilé sur l'île d'Elbe, se déroule l'incroyable congrès de Vienne, chargé de restructurer l'Europe après la tornade napoléonienne. Une subtile partie d'échecs sous couvert de mondanités, de parties fines, de fêtes en tout genre, va alimenter les chroniques européennes pour un bon bout de temps...
De 1815 à 1848, Vienne connaît une nouvelle période prospère et paisible appelée communément ***Biedermeier,*** nom inventé pour qualifier l'archétype du bon bourgeois moyen, amoureux de son confort, qui se retrouvait aussi bien dans la décoration cosy que dans les « *schubertiades* », les bals, les cafés, les parties de campagne de l'époque.
La ville s'industrialise aussi. Spéculation immobilière, circulation et prix en hausse mais denrées alimentaires en baisse créent un climat peu propice à la réconciliation des classes. Certains s'enrichissent énormément, mais le climat

POUVOIR DES CASSEROLES OU CASSEROLES DU POUVOIR !

En 1814, au congrès de Vienne, la France était fort affaiblie par la déroute de Napoléon. Grâce au célèbre cuisinier Carême et à sa splendide nièce Dorothée, Talleyrand organisa des dîners magnifiques et fort convoités. Très vite, la France retrouva son rang autour de la table... des négociations.

social commence à se détériorer, jusqu'à la crise de 1848. Vienne n'échappe pas au mouvement des révolutions qui frappent cette année-là nombre de pays européens.
De 1848 à 1916, c'est le long règne de ***François-Joseph*** qui en fait une véritable métropole avec 2 mouvements contradictoires : Vienne, ville de 500 000 habitants, gagne une stature internationale : grands travaux du Ring construit sur le démantèlement des remparts, très riche vie intellectuelle et culturelle, tandis que l'empire (devenu « austro-hongrois » en 1867) s'effrite, puis se désagrège. Un règne de 68 ans qui verra la naissance d'un mythe, qui continue aujourd'hui de faire les belles heures de Vienne : l'***impératrice Sissi.***

Vienne 1900 : le creuset de la modernité

À son apogée, au tournant du XXe s, l'Empire austro-hongrois compte 50 millions d'habitants et couvre une grande partie de l'Europe centrale. ***François-Joseph*** règne sur 50 millions de sujets, 12 nations et 19 nationalités : de la Bohême à la Bosnie, de la Dalmatie à la Galicie, de Venise à la Silésie. Dans ce vaste conglomérat de peuples et d'ethnies, on trouve des Tchèques, des Moraves, des Polonais, des Galiciens, des Juifs, des Magyars, des Roumains, des Croates, des Ruthéniens, des Serbes, des Bosniaques, des Slovènes, et même des Italiens et des Ukrainiens. Aucune unité, pas de langue commune.
Mais à Vienne, le brassage s'effectue. On y parle l'allemand. La capitale se nourrit de ces nombreux apports culturels et devient une métropole cosmopolite et bouillonnante d'idées. L'empire a atteint son apogée, mais déjà il sombre. L'intelligence, elle, s'emballe. Tandis que l'on valse sous les stucs rococo des palais, une bande de trouble-fête jette un pavé dans la mare des conventions. En fait, c'est une vraie bombe : elle s'appelle la modernité.
Ils revendiquent la liberté du créateur et du chercheur, conspuent la tradition, rejettent les pesanteurs, s'insurgent contre la frivolité, brisent les tabous. ***Freud*** explore les bas-fonds de l'âme humaine. Ses compatriotes angoissés lui racontent leurs rêves et névroses sur son divan. Il invente la psychanalyse. L'architecte ***Adolf Loos,*** influencé par l'architecture de Chicago, dépouille les façades. ***Klimt*** met à nu le corps des femmes ou les pare d'or et, comme Freud, fait la part belle à la libido. ***Schönberg*** invente la musique dodécaphonique. Vienne se bouche les oreilles. ***Mahler*** rajeunit la symphonie classique. En littérature, ***Schnitzler,*** lui aussi médecin devenu écrivain, ausculte la société viennoise comme une grande malade, ***Karl Kraus*** vilipende ses contemporains et critique sa ville dans des écrits incendiaires, ***Wittgenstein*** explore les limites du langage. Bientôt, ***Stefan Zweig*** sera l'écrivain de langue germanique le plus lu dans le monde.

LES ORS DE KLIMT

Ce fut à la suite d'un voyage à Ravenne, où il découvrit, ébloui, les mosaïques de l'église Saint-Apollinaire, que Klimt introduisit la dorure dans sa peinture. Mais si chez les Byzantins cette splendeur illustrait l'ascèse mystique, elle devint chez lui une incitation à de voluptueuses extases, bien moins religieuses.

Vienne fourmille de têtes pensantes et d'artistes, une profusion présente dans peu de capitales européennes à l'époque. Est-ce un hasard si l'on rencontre alors beaucoup d'intellectuels juifs parmi les initiateurs de ce formidable maelström d'idées ? Dans ce creuset bouillonnant, les inventeurs du XXe s restent de grands sceptiques, des pessimistes actifs, en somme. Le doute fait bon ménage avec le génie. Freud a beau ironiser : « Voilà 50 ans que je vis ici, mais quant aux idées nouvelles, je n'en ai jamais rencontré une seule ! » L'écrivain ***Robert Musil*** l'avait prédit : la *Kakanie*, nom donné d'après les initiales « *K und K* » (*Kaiserlich und Königlich,* soit « impérial et royal »), « était peut-être après tout un pays pour génies ; et peut-être est-ce aussi de cela qu'il a péri ».

Beaucoup de ces précurseurs du XXe s s'exilent ou se suicident. Certains assistent, impuissants, à l'extinction des lumières par les nazis en 1938. « Ils étaient sans doute trop jeunes dans un monde trop vieux. »

Mort et renaissance d'une ville

En 1918, avènement de la république mais aussi année de la disparition de *Klimt, Schiele, Koloman Moser* et d'*Otto Wagner.* Les sociaux-démocrates arrivent au pouvoir : ils résolvent en grande partie la crise de logement endémique de la ville, mais ne peuvent trouver de réponse à la crise économique qui frappe l'Autriche (comme l'Allemagne). Émeutes populaires en 1927 (incendie du palais de justice), puis véritable guerre civile en février 1934 entre ouvriers viennois et milices fascistes du chancelier *Dollfuß.* Le drapeau noir flotte sur Vienne la rouge.

En mars 1938, c'est l'***Anschluss*** et Hitler proclame du balcon de la *Hofburg* l'annexion de l'Autriche à l'Allemagne. La *Heldenplatz* (place des Héros) est noire de monde. La communauté juive, forte de plus de 180 000 personnes, endure d'abominables brimades et exactions. Le tiers d'entre elles sera exterminé dans les camps.

Fin 1944, Vienne est soumise à de terribles bombardements : 25 % des habitations sont entièrement détruites. La libération de Vienne par les Russes a lieu le 12 avril 1945. Puis, comme à Berlin, la ville est partagée en 4 secteurs d'occupation (russe, américain, anglais et français). De 1945 à 1955, les Viennois connaissent une période difficile et doivent recourir à tous les expédients (trafics divers, marché noir) pour ne pas mourir de faim, tout en relevant lentement les ruines. C'est l'extraordinaire atmosphère recréée dans le film ***Le Troisième Homme*** de Carol Reed.

VIENNE, NID D'ESPIONS

Immortalisée par Carol Read fuyant par les égouts dans Le Troisième Homme, *Vienne, coincée entre l'Est et l'Ouest, est après 1945 le lieu où grenouillent les services secrets de tous bords. On y aurait dénombré quelque 2 500 espions travaillant pour 75 pays différents. D'où une longue liste de morts suspectes et d'échanges de prisonniers plus ou moins discrets...*

En 1955, la réouverture de l'Opéra marque le renouveau de la ville, mais il faudra attendre un peu pour passer aux choses sérieuses (cela dit sans vouloir froisser les mélomanes). Un quart de siècle plus tard, Vienne retrouve son importance internationale en devenant, en 1979, l'une des 4 villes-sièges de l'ONU et en accueillant de grandes conférences mondiales, comme les réunions de l'OPEP et celles de désarmement (CSCE). Aujourd'hui, l'ONU emploie à Vienne 5 000 personnes originaires de plus d'une centaine de pays.

VIENNE, LES VIENNOIS ET LES AUTRICHIENS

C'est toute cette histoire complexe qu'il faut appréhender pour avoir une chance de comprendre Vienne aujourd'hui, sa place au cœur de l'Europe nouvelle, et même celle qu'elle occupe dans l'Autriche actuelle.

Nombre de Viennois entretiennent une curieuse relation avec leur ville. L'histoire viennoise est jalonnée d'exemples de personnages qui n'ont de cesse de la dénigrer ou de la railler, tels *Thomas Bernhard* ou *Karl Kraus*... Sigmund Freud ne confiait-il pas à son ami *Wilhelm Fließ* dans une lettre, en 1900, sa haine personnelle pour Vienne, ajoutant qu'il prenait des forces nouvelles dès qu'il posait le pied hors du sol de la ville ? Pourtant, il y est resté la plus grande partie de sa vie. Certes, le climat de l'époque n'était pas à l'euphorie, ainsi que le décrit remarquablement la série policière *Les Carnets de Max Liebermann.*

Quant aux autres Autrichiens, ceux du pays profond, ils ont toujours éprouvé une certaine méfiance à l'égard de Vienne, îlot de progressisme dans un océan majoritairement conservateur.
En 2020, Vienne rendit hommage à 3 de ses enfants : les architectes Josef Hoffmann et Adolf Loos, pour le 150e anniversaire de leur naissance et, non le moindre en importance, Ludwig van Beethoven pour les 250 ans de la sienne.

VIENNE, UN ART DE VIVRE UNIQUE !

Dans les classements mondiaux, Vienne est numéro un des villes où il fait bon vivre... rien que ça ! Art de vivre qui, de la cathédrale *Saint-Étienne* aux faubourgs viticoles, de *Schönbrunn* au *Donaukanal,* nous a vraiment séduits. Mêlez-vous à la foule pour fêter l'arrivée du vin nouveau dans les *Heurigen,* ces maisons vigneronnes qui cultivent le sens de la fête et des traditions dans les villages. Toutes les générations, toutes les classes se mélangent. Arpentez dans le centre historique ou autour des gares, des stations de métro, les allées de stands où grillent non-stop ces fameuses saucisses qu'habitants du quartier, travailleurs en cravate, habitués de l'Opéra ou touristes affamés se partagent, à toute heure...
Où pensez-vous trouver ailleurs une capitale qui ne méprise pas architecturalement ses ouvriers (ou, encore mieux, ne les relègue pas au fin fond de tristes banlieues) ? Grande tradition d'***urbanisme populaire*** donc. Un petit jardin fleurit toujours entre 2 HLM, et ces dernières sont fières d'afficher en grosses lettres leurs nom et date de naissance.
Ville d'***espaces verts,*** avec des chiffres qui laissent rêveur : 120 m² de verdure par habitant à Vienne, alors qu'un Parisien doit se contenter de 14,5 m² !
Ville rêvée pour les ***piétons*** et les ***cyclistes*** grâce à l'un des plus remarquables réseaux de transports urbains que l'on connaisse, et l'un des plus efficaces tissus de voies cyclistes au monde. Les voitures sont présentes sans être envahissantes, les chauffeurs devant toujours patienter derrière les calèches !
Les familles se retrouvent volontiers dans les restaurants pour partager un repas, notamment en été quand les restaurants s'installent en terrasse, ou, mieux encore, dans leurs jardins aux allures de guinguette, au cœur de la ville. Bien sûr, la jeunesse n'échappe pas à un certain vague à l'âme, comme ailleurs. Mais il fait quand même sacrément bon être jeune à Vienne, avec un choix incroyable d'***activités,*** de ***bars*** et de ***lieux alternatifs*** où l'argent n'est pas nécessairement le seul droit d'entrée...
Vienne ville sûre, tout le monde vous le confirmera, même si sa quiétude s'est révélée légèrement troublée par le problème des réfugiés des ex-pays de l'Est ou par celui de la drogue.
Quant aux ***préoccupations écologiques,*** elles sont omniprésentes. Il suffit de voir l'impressionnant alignement des poubelles qui affichent chacune leur spécialité : déchets traditionnels, verre, métaux, plastique, etc. Et ne jetez pas un mégot ni un papier dans la rue ! Outre le fait de passer pour un grossier personnage, vous risquez une amende.

CONCERTS CLASSIQUES ET OPÉRAS À PRIX DOUX

Au XVIIIe s, Vienne était à la musique classique ce que Hollywood fut au cinéma du XXe : un creuset unique pour les créateurs et un foyer de production artistique sans commune mesure avec les autres villes européennes.
Même si l'âge d'or de *Mozart, Schubert, Beethoven* et *Mahler* appartient définitivement au passé, la ville semble être toujours entraînée dans une farandole musicale incessante. Il suffit de consulter le programme des concerts pour s'en rendre compte. Séjourner à Vienne et ne pas assister au moins une fois à un ***concert de musique classique*** ou à un ***opéra*** serait vraiment dommage. Plusieurs raisons à cela : d'abord, la qualité et la variété des orchestres en

présence, ensuite le prix des billets. Bon, d'accord, le plus dur est de trouver des places (achetez en ligne si vous ne voulez pas faire la queue ou tomber sur des salles déjà archipleines).
Contrairement aux idées reçues, les places de concert ne sont pas hors de prix et, surtout, elles ne sont pas réservées à un public restreint d'initiés. Le prix des billets varie selon la notoriété de l'orchestre. Les Viennois qui aiment la musique vont au concert plusieurs fois dans l'année, souvent plusieurs fois dans le même mois. Aucun snobisme particulier, il suffit d'être correctement vêtu. Inutile de se parer d'une robe longue ni de porter une cravate. Certains le font, d'autres pas. Mais, par simple courtoisie pour les Viennois un peu plus habillés, mieux vaut éviter les tenues débraillées.
Bref, à Vienne, pour quelques dizaines d'euros, n'importe qui peut jouir des meilleures choses de l'esprit dans des décors somptueux.
Voir plus loin « Adresses et infos utiles. Écouter un concert ou assister à un opéra... ».

LA BELLE HISTOIRE DU CAFÉ VIENNOIS

Il en va d'ailleurs des cafés comme des concerts : tout le monde ici se côtoie au sein d'***institutions*** qui ont fait pour certaines l'histoire (la petite comme la grande) de la ville. Lorsque, battus en 1683 au siège de Vienne, les Turcs s'enfuient, ils laissent des tonnes d'équipement, d'armes, de vivres. Notamment des tas de petits grains vert foncé qu'on prend d'abord pour de la nourriture pour dromadaires. Avant que cela ne finisse dans le Danube, un jeune Polonais bien informé nommé ***Kolschitzky,*** qui espionnait par ailleurs les Turcs, s'avise qu'il s'agit en fait de café. Lui qui a passé quelques années chez eux connaît la torréfaction des grains et sait comment préparer un café... turc, évidemment. Pour prix de ses bons et loyaux services, il obtient d'ouvrir le 1er établissement pour y servir le *Wiener Café.* Une belle histoire, trop belle pour être vraie. La preuve : des recherches plus récentes ont prouvé qu'un Arménien du nom de ***Johannes Diodato*** avait reçu, le 17 janvier 1685, le droit de « préparer sous forme de café le breuvage turc ». Le 1er cafetier, c'est lui !

« Eine Melange, Herr Ober, bitte ! »

Ainsi, un grand merci aux Ottomans pour avoir contribué à la naissance d'une extraordinaire institution : le ***café viennois.*** Il y en a eu jusqu'à 1 500 avant la Seconde Guerre mondiale et il en reste encore la moitié aujourd'hui. Beaucoup ont disparu dans les bombardements, d'autres sous les coups des pelleteuses de la voracité immobilière (l'évolution des goûts ayant bon dos).
Les cafés ont été longtemps le ***centre de la vie politique, littéraire et culturelle.*** Dans la 1re moitié du XXe s, écrivains, journalistes et politiciens les fréquentent assidûment. D'abord, il y fait chaud, alors que les grands appartements viennois sont difficiles à chauffer. On aime venir y jouer aux dames, aux échecs, au billard, mais encore plus lire les journaux. Les gens prennent ainsi l'habitude de boire leur café d'une main et de tenir la hampe de bois verni du journal de l'autre. Le poète *Peter Altenberg* disait : « Être au café, c'est se

> **ET UN CROISSANT AVEC LE CAFÉ, UN !**
>
> *C'est à Vienne que fut lancé le café-croissant. Par ironie, les Viennois reprirent l'emblème de l'islam pour confectionner ce délicieux feuilleté (« viennoiserie »). Un hommage, en fait, rendu aux boulangers, qui avaient aussi contribué à l'échec du siège de 1683 en travaillant de nuit dans les fournils en sous-sol. Là, ils purent entendre les ennemis ottomans en train de creuser des tunnels.*

retrouver chez soi, sans être à la maison ! » Aussi trouvait-il souvent des patrons qui acceptaient, après le départ du dernier client, qu'il dorme sur une moelleuse banquette.
Une oasis de tranquillité hors des contraintes du temps, lieu de convivialité certes, mais un poète habitué du *Griensteidl* ajoutait : « C'est aussi le meilleur endroit pour être seul en compagnie. » En effet, un client peut s'y installer aussi longtemps qu'il le souhaite, sans devoir prendre plus d'une consommation. Chaque habitué peut y recevoir son courrier, demander du papier pour écrire et on peut y laisser des messages à son intention. Des tables y sont dressées pour organiser des parties de cartes ou d'échecs, et la répartition des sièges répond à une stratégie délicate, conforme aux exigences de la hiérarchie sociale et bien sûr, des affinités et des inimitiés de chacun.
Aujourd'hui, les cafés viennois sont courus par une clientèle jeune, d'étudiants, d'artistes, à laquelle se mêlent touristes, hommes d'affaires, mères de famille... Ce qui n'a guère changé, pour beaucoup d'entre eux, c'est la classe et le métier des serveurs. Même l'Unesco s'y est laissé prendre puisque, depuis 2011, les cafés viennois sont inscrits sur la liste du Patrimoine culturel immatériel. Rien que ça !
Le café, quant à lui, est presque toujours apporté sur un petit plateau en métal argenté avec un verre d'eau fraîche.
Pour conclure, si le café viennois n'est plus l'endroit où se forge l'opinion publique et la source privilégiée des journalistes, il reste le lieu idéal pour se préserver des agressions du dehors. Idéal pour rêver, écrire ses lettres, ou travailler sur son ordinateur ! Normal, c'est souvent spacieux et confortable. Certains cafés très traditionnels, ni huppés ni snobs, ressemblent même à de beaux salons ou à des salles à manger bourgeoises cossues. Peu bruyants, en outre. Ici, pas de machines à sous, pas de tensions (on y boit peu d'alcool) et plus de volutes de fumée.

Orientation : question de bon sens !

– ***Sur la carte, à l'extrême-est de l'Autriche :*** voilà une capitale bien excentrée par rapport au reste du pays, plus proche de la Hongrie, de la République tchèque ou de la Slovaquie que de la Suisse ou de l'Italie. D'ailleurs, Bratislava, capitale slovaque, n'est qu'à 65 km ! En ville, de grands panneaux bleus indiquent la direction de Prague, à 311 km. Il est presque plus aisé d'aller de Vienne à Budapest que de Vienne à Salzbourg. Bref, on est bel et bien au cœur de cette zone que l'on nommait jadis la *Mitteleuropa*.

– ***Une ville 4 fois plus grande que Paris :*** parsemées de prés et de bois, blanches en hiver, vertes et éclatantes en été, les collines de la *Wienerwald* marquent en fait la fin des Alpes. C'est un peu la queue de l'arête du grand poisson alpin. De ce balcon en forêt, unique accident du relief autour de cette ville plate, on embrasse Vienne d'un seul coup d'œil. L'agglomération viennoise, qui compte 23 arrondissements, s'étend sur une surface 4 fois plus grande que Paris intra-muros, mais elle est moins peuplée. Du centre, on sort rapidement de la ville.

– ***Mais où est passé le Danube ?*** On croit qu'un fleuve traverse la ville. Non, il s'agit d'un canal, le *Donaukanal,* qui décrit une grande courbe de plusieurs kilomètres, quittant le cours principal du fleuve à l'entrée nord de l'agglomération, le rejoignant dès sa sortie au sud. C'est un ancien bras du fleuve actuellement canalisé. En réalité, le fameux Danube (plus jaune-gris que bleu) passe tranquillement au nord d'une ville qui l'a longtemps dédaigné, le remarquant à peine. Fleuve romantique et wagnérien par excellence en amont, dans la *Wachau* notamment, le voilà à Vienne plus austro-hongrois que nature, et il devient magyar à mesure qu'il se dirige vers la plaine hongroise toute proche. Il n'y a que *Franz Lehár,* au fond, qui l'a bien compris !

– La ville s'organise autour du *Bezirk 1,* le 1er arrondissement, le ***centre historique*** *(Innere Stadt).* Beaucoup des monuments à visiter (musées, églises, palais...) y sont rassemblés, ça tombe bien. Il s'agit de l'endroit le plus fréquenté par les touristes. La découverte de ce secteur, presque exclusivement piéton, peut se faire entièrement à pied.

– ***Le Ring*** est une succession de grands boulevards qui ceinturent la vieille ville depuis plus de 150 ans, tel un anneau bourdonnant de vie et de circulation. Plantés d'arbres, ouverts aux tramways et aux voitures, ces boulevards portent des noms qui se terminent tous par « ring » : *Schottenring, Burgring, Opernring, Schubertring,* etc. C'est un point de repère important dans la topographie de la ville : en empruntant les lignes 1 et 2 du tram, on peut en voir l'essentiel, par étapes ou non.

– La 2e ceinture de boulevards, plus connue sous le nom de ***Gürtel,*** se trouve 2 km plus loin, au-delà du Ring. Il s'agit là encore de boulevards qui se suivent sur des kilomètres et dont le nom se termine toujours par *Gürtel* (ce qui se traduit par « ceinture ») : *Lerchenfelder Gürtel, Mariahilfer Gürtel, Margaretengürtel,* etc. Ils encerclent réellement la ville une 2e fois. Le métro aérien y passe. 2 importantes gares ferroviaires les balisent : la *Westbahnhof* (gare de l'Ouest) et la *Hauptbahnhof* (la nouvelle gare principale).

– ***Entre les Ring et les Gürtel,*** plusieurs arrondissements se suivent, du 3e jusqu'au 9e. C'est là que se concentre aujourd'hui l'essentiel de la vie viennoise avec ses grandes artères commerciales *(Mariahilfer Straße),* ses quartiers branchés (autour de la *Wienzeile*) et sa faune underground (dont le WUK sur la *Währinger Straße* constitue le lieu de rassemblement favori). La meilleure façon d'y circuler : à pied, en tram, en bus ou à bicyclette.

– ***Au-delà des Gürtel*** s'étend une Vienne plus provinciale, plus aérée, avec d'immenses cimetières, des parcs fleuris au printemps, des espaces verts, des quartiers résidentiels. Les quartiers industriels s'étendent au sud et au sud-est de Vienne, entre la ville et l'aéroport notamment.

– **Le château de Schönbrunn** est situé à seulement 4 km à l'ouest du centre de Vienne, c'est souvent le 2e monument (après la *Hofburg*) que visitent ceux qui « font la ville » en quelques jours. On peut s'y rendre très rapidement (10 mn) en U-Bahn.

Comment lire une adresse ?

On peut déceler le numéro de l'***arrondissement*** *(Bezirk)* d'une adresse rien qu'à la lecture de son code postal. Exemple : *Pension Riedl,* Georg-Coch Platz 3, A-1010 Wien. Le numéro de l'arrondissement est formé par les 2e et 3e chiffres, soit 01, c'est donc dans le 1er arrondissement qu'est située cette pension.

Sur certaines brochures, des adresses sont parfois libellées de la façon suivante : *Pension Kraml,* 6 Brauergasse 5, etc. Le chiffre 6 brut de brut, sans être précédé du zéro et placé devant le nom de la rue, indique le numéro de l'arrondissement, et le 5 indique le numéro de la ***rue*** (idem sur les plaques indiquant le nom des rues : le chiffre de l'arrondissement précède le nom)...

Autre piège : vous devez vous rendre chez un mystérieux correspondant qui détiendrait les mémoires secrets de Sissi (si, si !). Sur sa carte de visite, on trouve : A-1070 Wien, Nouvorichgasse 45/3/6. Il habite donc l'Autriche (le A), dans le 7e arrondissement de Vienne, au numéro 45. Le 3 après 45 indique l'entrée dans un bâtiment « à entrées multiples », et le 6 après le 3, le numéro de la porte de l'appartement. Et s'il ne répond pas, c'est qu'il a trouvé quelqu'un d'autre à qui vendre ses mémoires, le temps que vous cherchiez...

Arrivée à l'aéroport

C'est généralement par avion que la plupart des visiteurs non motorisés arrivent à Vienne. On peut facilement rejoindre les gares de ***Hauptbahnhof*** et ***Wien Meidling*** depuis l'aéroport (2 trains/h).

L'aéroport de Vienne-Schwechat

✈ ℹ ***Aéroport*** *(Flughafen)* ***de Vienne-Schwechat :*** *à 19 km au sud-est de la capitale.* Petit office de tourisme dans le hall d'arrivée *(tlj 7h-22h).*
– ***Renseignements :*** *• viennaairport.com •*

Compagnies aériennes

■ ***Air France :*** *09-69-39-36-54 (appel non surtaxé 7 j./7). • airfrance.fr •*
■ ***Austrian Airlines :*** *☎ 0820-81-68-16 (8h-23h). • austrian.com •*

Comment rejoindre le centre-ville depuis l'aéroport ?

En train

Train ÖBB (S-Bahn) : relie l'aéroport à la gare Wien Mitte *(plan, F3-4)* en 20 mn. Départs ttes les 30 mn env, de très tôt le matin (avant 5h) à tard le soir (env minuit). Prix : 4,30 €. La solution la moins chère pour gagner le centre. Kiosque de vente des billets dans le hall des bagages. Puis suivre le fléchage « ÖBB » pour gagner la station. Son trajet se poursuit jusqu'à *Wien Nord* et *Wien Floridsdorf.*

City Airport Train (CAT) : liaison directe en 16 mn entre l'aéroport et la gare **Wien Mitte** *(plan, F3-4).* Départ ttes les 30 mn de 6h à 23h30 env depuis l'aéroport ; de 5h30 à 23h env dans le sens inverse. Billet : 11 € l'aller simple et 19 € l'A/R ; 1 € de moins avec la *Vienna City Card* ; gratuit moins de 15 ans. Billets en vente dans le hall des bagages, au distributeur automatique ou en ligne sur *• cityairporttrain.com •*

En bus

En face du hall des arrivées.
– ***VAL1 : Aéroport – Hauptbahnhof (corresp. U1), puis Westbahnhof et Europaplatz, (corresp. U3, U6)*** en 40 mn ttes les 30 mn (6h-0h30 env). Mêmes fréquences dans le sens inverse 4h-0h30.
– ***VAL2 : Aéroport – Morzinplatz/Schwedenplatz (corresp. U1, U4)*** en 22 mn. Départ ttes les 30 mn env.
– ***VAL3 : Aéroport – Donauzentrum (corresp. U1)*** départ ttes les 30 mn env 6h-21h. En sens inverse, mêmes fréquences 5h-20h. Durée : env 40 mn. Tickets sur *• viennaairportlines.at •* auprès du conducteur (en liquide) ou aux automates des Vienna Airport Lines à l'aéroport ou à la Westbahnhof. *Adultes : 9 € et A/R 15 € ; 8 € et A/R 14 € avec la Vienna City Card. Gratuit pour les enfants de moins de 6 ans ; 4,50 € et 9 € A/R 6-14 ans.*
Le trajet de/vers l'aéroport est inclus dans la *Vienna City Card Transfer* et la *Vienna City Card Transfer+Tour.*

En taxi

Taxis : *env 40 € selon distance parcourue (durée min : 30-45 mn). Prix majorés 23h-6h et dim et j. fériés, ainsi que de la ville vers l'aéroport.* Pratique si vous êtes au moins 3, chargés et qu'il n'y a pas de station de métro à proximité de votre hébergement.
– ***Renseignements :*** *☎ 71-101 (7h-19h).*

Les gares de Vienne

Hauptbahnhof *(plan, E6) :* *• hauptbahnhof-wien.at •* La *Hauptbahnhof* est la plaque tournante du trafic ferroviaire des grandes lignes. Tous les trains de l'ÖBB s'arrêtent ici, ainsi qu'à la gare de *Wien Meidling*, un peu plus au sud. Les *Railjets* ainsi que les trains *Intercity Express* venant de l'ouest (trains de grandes lignes) passent aussi par la *Hauptbahnhof*, ce qui permet les correspondances. Les villes de *Bregenz, Innsbruck, Salzbourg, Linz* et *Sankt Pölten* sont directement reliées à l'aéroport de Vienne en passant par la *Hauptbahnhof.* Elle dessert également *Budapest, Prague, Bratislava* et le nord de l'Europe, mais aussi de nombreuses villes italiennes et slovènes.

Wien Mitte *(plan, F3-4) :* gare d'arrivée du ***train ÖBB*** et du ***City Airport Train (CAT),*** les trains qui font la

liaison entre l'aéroport et la ville. Nombreux services.
Wien Meidling (plan d'ensemble) **:** accueille les trains régionaux et certains trains longues distances.
Wien Franz-Josefs-Bahnhof *(plan, C1)* **:** de là partent les trains régionaux pour le nord-ouest *(Tulln, Krems, Gmünd, Česke Velenice).*
Westbahnhof (BahnhofCity ; *plan d'ensemble)* **:** • bahnhofcitywienwest.at • Terminus des lignes venant de l'ouest, dont *Sankt Pölten, Melk* et *Amstetten.*

Numéros utiles

■ ***Chemins de fer*** *(Bahnverkehr)* **:** ☎ 05-17-17. • oebb.at •
■ ***Westbahn*** **:** ☎ 899-00. • westbahn.at • Compagnie reliant Vienne (Westbahnhof) à Salzburg.
■ ***Autocars*** **:** ☎ 05-17-17. • postbus.at •

Transports urbains

Vienne est une ville idéale pour les trekkeurs urbains. Le centre historique est peu étendu et se parcourt très facilement à pied. Pour couronner le tout, ***les transports en commun sont sûrs, très bien conçus et couvrent toute la ville.*** En revanche, la circulation automobile étant assez dense et peu logique, rouler en voiture ne présente vraiment aucun intérêt (on insiste, mais c'est pour votre bien).

À pied

Le paradis du trek urbain ! Mais attention, traverser en dehors des passages protégés et au feu rouge est (théoriquement) passible d'une amende. Perdez donc rapidement vos mauvaises habitudes...
La concurrence avec les cyclistes est aussi rude. Les pistes cyclables ayant souvent été créées par division des trottoirs en 2, il faut bien respecter sa ligne. En effet, si par mégarde vous, piéton, marchez dans le couloir réservé aux cyclistes, vous risquez fort de vous faire invectiver vertement ! Il arrive même que piétons et cyclistes partagent le même trottoir (trop étroit pour être divisé en 2). Tendez l'oreille, pour entendre les sonnettes, ne regardez pas trop en l'air, et ouvrez l'œil !

Transports en commun

– L'application ***WienMobil*** offre aux détenteurs d'un smartphone la possibilité d'accéder gratuitement aux plans et horaires détaillés des métros, bus et tramways de la ville de Vienne.
– Sinon, n'hésitez pas à utiliser des applications comme ***Citymapper ou Google Maps,*** qui vous donneront immédiatement les différents moyens de transport à proximité, avec les horaires et les points de passage, plus la durée du trajet.

Le métro (U-Bahn)

• Pour le plan du métro, se reporter au plan détachable en fin de guide.

Avec 5 lignes (elles sont numérotées de 1 à 6, mais il manque la 5 !), il couvre relativement bien la ville. Entretenu, spacieux, très propre et très sûr. En semaine, départs très fréquents 5h-minuit. Il circule 24h/24 du vendredi soir au dimanche matin et la veille des jours fériés. Le réseau se complète vers les faubourgs par les lignes du S-Bahn, une sorte de RER local.

Le bus et le tramway

Réseau extrêmement dense permettant toutes les combinaisons possibles. Pour le plus grand bonheur des noctambules, une vingtaine de lignes d'autobus de nuit *(Nightline)* sillonnent la ville jusqu'à 5h environ. Fréquence : ttes les 30 mn. Les arrêts des bus de nuit sont marqués par un « N ».

Titres de transport

Ces titres sont valables dans tous les métros, bus et tramways du réseau Wiener Linien. À acheter aux distributeurs dans les stations de métro, à l'entrée ou directement sur les quais, dans les kiosques à journaux et bureaux de tabac.

– ***Ticket à l'unité :*** quel que soit le trajet (métro, bus ou tramway), le billet coûte 2,40 € (1,20 € pour les enfants ; gratuit pour les moins de 6 ans). Un ticket à l'unité oblitéré est valable pour un trajet seulement jusqu'à l'arrivée à destination, avec correspondances possibles. On peut l'acheter dans le tram directement, mais le prix est majoré (2,60 € et 1,40 € pour les enfants).

– ***Pass 24, 48 ou 72 h :*** intéressant vu le prix du ticket à l'unité, on vous le conseille vivement, dès le 1er jour. Carte au choix : ticket valable 24h à oblitérer au 1er voyage (8 €), ticket 48h (14,10 €) ou ticket 72h (17,10 €), idéal pour un court séjour sauf si vous pensez faire beaucoup de musées (voir plus bas dans la rubrique « Musées et sites touristiques »).

– ***Carte hebdomadaire :*** même système mais pour 1 semaine, à partir de n'importe quel jour de la semaine, pour 17,10 €.

– Autre astuce : le ***Ticket à sections 8 jours*** à 40,80 €. Il s'agit en fait d'un long billet avec 8 cases qu'il faut oblitérer au début de chaque journée. Ce billet non nominatif peut être utilisé à plusieurs (le nombre de jours est alors réduit), il suffit pour cela d'oblitérer une case par personne. Les 8 journées ne sont pas obligatoirement consécutives.

– Pour plus d'infos, les horaires en temps réel et l'achat de billets, consulter le site • wienerlinien.at • ou appeler le ☎ 790-91-00 (lun-ven 6h-22h ; w-e et j. fériés 8h30-16h30).

À vélo

Le vélo est ***très répandu*** à Vienne, et ce mode de transport est très soutenu politiquement. La preuve : la ville offre plus de 1 400 km de pistes cyclables (renseignements sur les différents circuits à l'office de tourisme) ! Ces longues voies réservées aux bicyclettes (en général de couleur lie-de-vin) ont d'ailleurs priorité sur les automobilistes aux carrefours.

À savoir : les vélos sont ***admis dans certains wagons du métro et du S-Bahn*** à certaines heures de la journée (mais on les tient à la main).

Location de bicyclettes (Radverleih)

Citybike : *infos et carte interactive des différents emplacements des bornes* Plus de 1 500 vélos peuvent être empruntés aux 120 bornes réparties dans l'agglomération et être rendus à n'importe laquelle de ces bornes. Pour utiliser un vélo, il suffit d'insérer sa carte de paiement dans une borne de départ. Au moment de rendre votre bicyclette, attention à bien vérifier qu'elle soit correctement raccrochée pour ne pas avoir de mauvaises surprises sur votre compte ! Sachez que la 1re heure est gratuite, la 2e à 1 €, la 3e à 2 €, la 4e et pour toutes les suivantes à 4 €... ***Astuce :*** patienter 15 mn après la 1re heure écoulée, puis reprendre un vélo pour profiter à nouveau de la gratuité !

Pedal Power *(zoom, D4, **21**) :* *Bösendorferstrasse 5 (Wien 1). ☎ 729-72-34. • pedalpower.at • Mars-oct, tlj 9h-18h. Loc de vélos env 30-45 € pr 24h (55 € les vélos électriques). C'est cher !* Livraison possible devant la porte de votre hôtel. Avec le vélo, on vous remet un petit cahier explicatif (en français, en plus !) indiquant différents itinéraires dans la ville.

À cheval

Ou en fiacre, si vous préférez. Un site : *• fiaker-wien.at • Compter au départ de la cathédrale 55 € le fiacre pour 20 mn de balade (95 € pour 40 mn, 120 € pour 1h).* Voici, pour vous éviter de trotter, les 5 stations principales de la ville : *Stephansplatz, Michaelerplatz, Albertinaplatz, Petersplatz* et *Burgtheater.*

En taxi

Radio Taxis : *☎ 313-00, 401-00 ou 601-60. Tarifs majorés 23h-6h et dim et j. fériés. Tarifs spéciaux pour l'aéroport (voir plus haut « Arrivée à l'aéroport »).*

En voiture

Stationnement à Vienne

Garer sa voiture dans les rues de Vienne revient cher, surtout dans les *Garagen,* où l'on paie aux caisses.

Beaucoup d'arrondissements proches du centre réservent des places aux seuls riverains (signalées par des panneaux d'interdiction de stationnement). Sachez qu'il vous faudra acheter une carte de stationnement *(Parkschein)* en vente dans les bureaux de tabac *(Tabak Trafiken)*, les stations-service, les gares et au guichet des transports publics. Ces billets sont à valider en cochant la date et l'heure et en les apposant de manière visible derrière le pare-brise. Compter 1,10 € pour 30 mn.

– Stationnement en ***zones bleues*** *(Blaue Zonen)* : du lundi au vendredi (sauf jours fériés) de 9h à 22h dans les arrondissements 1 à 9, ainsi que dans le 20e, durée maximum de 2h ; du lundi au vendredi (sauf jours fériés) de 9h à 19h dans les arrondissements 10 à 12 et 14 à 19, durée maximum de 3h ; du lundi au vendredi de 9h à 22h, et le week-end et jours fériés de 18h à 22h autour de la *Stadthalle* (durée maxi 2h).

– Dans certains hôtels, vous pouvez vous procurer une carte de stationnement permettant de stationner dans le centre-ville une journée *(Tagespauschalkarte)* ou, plus souvent, 15 mn.

– La solution la moins onéreuse consiste à se garer en périphérie et à emprunter les transports en commun. Les parkings ***P + R (Park & Ride)*** sont particulièrement intéressants : situés en bordure des stations de métro, ils ne coûtent que 3,60 € par jour.

Toutes les possibilités de stationnement dans Vienne sont recensées en ligne sur • *parken.at* • (où vous pourrez aussi télécharger une application smartphone, bien pratique).

Adresses et infos utiles

Informations touristiques

i ***Tourist-Info Wien*** *(office de tourisme ; zoom, D4,* ***1****)* **:** *Albertinaplatz 1 (Wien 1). ☎ 24-5-55. • wien.info • vienna.info • . À l'angle d'Albertinaplatz et de Maysedergasse. Tlj 9h-18h. Également un petit comptoir d'info dans la Hauptbahnhof et à l'aéroport.* Service de réservation d'hôtel pour le soir même ; 1re nuit payable d'avance (commission comprise). Visites guidées, billetterie des spectacles. Demander le *Journal de Vienne*, disponible en français, pour avoir un 1er aperçu de la ville et de ce qui s'y passe. Également le *Vienna Intl*, magazine annuel gratuit qui présente la ville sous ses multiples aspects. Le dépliant *Architektur, vom Jugendstil bis zur Gegenwart* (pas toujours dispo) recense les principaux bâtiments contemporains de Vienne. Carte de la ville, *Wien-Programm* (dépliant recensant les manifestations du mois), brochures pour tous les goûts et tous les styles : Vienne pour les familles *(Für Familien)*, Vienne gay et lesbienne *(Queer Guide)*, etc. Vente de la ***Vienna City Card*** (voir plus bas « Musées et sites touristiques »).

i ***Wien-Xtra Jugend-Info*** *(Info Jeunes ; zoom, C4,* ***2****)* **:** *Babenbergerstr. 1 (Wien 1). ☎ 400-08-41-00. • wienxtra.at/jugendinfo/ • Lun-ven 14h30-18h30. Fermé w-e. 30 mn d'Internet gratuites.* Bureau d'information destiné aux jeunes, lycéens et étudiants. Infos sur les concerts, spectacles, expositions, manifestations à Vienne. Possibilité de tarifs réduits pour les 14-26 ans. La brochure *Jugendinwien* (à télécharger) répertorie les nombreuses activités proposées par la ville.

i ***Wien-Xtra Kinder-Info*** *(Info Enfants ; zoom, C4,* ***3****)* **:** *Museumsplatz 1 (Wien 7). ☎ 400-08-44-00. • wienxtra.at/kinderaktiv • Dans le MuseumsQuartier. Mar-jeu 14h-19h ; ven-dim et j. fériés 10h-17h. Fermé lun.* Pour savoir tout ce que vous pourrez faire ***en famille*** lors de votre séjour et pour connaître les manifestations, musées ou activités qui sont proposés ou destinés particulièrement aux enfants.

■ Pour tout ce qui concerne les environs de Vienne, la vallée du Danube et la Wachau (Krems, Dürnstein et Melk), consulter le site de l'***office de tourisme de la Basse-Autriche :*** • *loweraustria.info* •

Musées et sites touristiques

Vienna City Card

Pour un séjour à Vienne, possibilité d'acheter la ***Vienna City Card,*** en vente au *Tourist-Info Wien (zoom, D4,* ***1****),* au guichet des transports publics, à la réception des hôtels ou sur le site *• viennacitycard.at •* Pour 17 € (24h), 25 € (48h) ou 29 € (72h), elle permet de circuler sur tout le réseau des transports en commun viennois et de bénéficier de réductions (parfois minimes, certes) et d'offres spéciales dans de nombreux musées, magasins, cafés et restos de la capitale. Avec cette carte, vous pouvez emmener un enfant de moins de 15 ans (ou votre chien) gratuitement dans les transports en commun. N'oubliez pas de demander votre carnet de coupons.
Calculez bien sa rentabilité si vous êtes étudiant ou déjà porteur d'une carte de transport achetée à votre arrivée. Mais elle peut toutefois avoir ses avantages, car un séjour à Vienne, pour qui veut s'offrir un maximum de musées, coûte cher ! Vous n'aurez à oblitérer votre *Vienna Card* qu'à partir du moment où vous l'utiliserez régulièrement (reculez l'échéance au maximum si vous restez 4 ou 5 jours).

Vienna Pass

Comme la *Vienna City Card,* le **Vienna Pass** est une formule qui s'avère vite rentable si vous souhaitez visiter plusieurs musées. Pour 85 € (24h), 119 € (48h), 134 € (3 jours) ou 170 € (6 jours), il donne accès à 60 sites et musées à Vienne, ainsi qu'à toutes les lignes de bus touristiques *Hop on Hop off Vienna Sightseeing Tours.* Réduc de 10 % sur le site et demi-tarif pour les enfants. Le *Vienna pass* s'achète en ligne et peut être envoyé à votre domicile (payant), être récupéré à votre arrivée à l'aéroport ou dans votre hôtel. *• viennapass.de/en •*
Les prix mentionnés sont ceux qui étaient en vigueur à la fin 2022. Les prix peuvent varier !

Visites guidées et circuits à pied, à vélo, en bus, en bateau ou en tram

À pied

■ ***Découvrir Vienne :*** *📱 699-113-000-41. • decouvrir-vienne.com • Visites thématiques hebdomadaires en français. Départ de l'Albertinaplatz (zoom, D4). Durée : 1h30. Tarif : 25 € ; réduc ; gratuit moins de 12 ans.* C'est à une guide française chaleureuse, Anne-Isabelle Costa, que l'on doit cette initiative sympathique. Idéal pour un petit groupe de 6-7 personnes car les prix de la prestation à la carte ne sont pas donnés. Sauf si vous voulez suivre, aux beaux jours *(avr-sept),* le vendredi à partir de 18h, l'une des drôles de dames de l'équipe pour une plongée au cœur d'une ville que vous découvrirez d'un autre œil. Propose également des circuits à pied et à vélo.

■ ***Dritte-Mann-Tour :*** *☎ 4000-3033. • drittemanntour.at • Départ de la station Stadtpark (U4), sortie Johannesgasse (zoom, E4). Mai-oct, jeu-dim 10h-20h. Durée : 2h-2h30. Résa conseillée. Tarif : 10 € ; réduc. Interdit aux moins de 12 ans ! 1 visite/j. en anglais à 15h.* Une façon très originale de découvrir la ville, sur les pas du *Troisième Homme* et de Harry Lime, héros du film emblématique de Vienne. Possibilité, sur demande, de faire le circuit à vélo.

À vélo

🚲 **Pedal Power** (zoom, D4, **21**) **:** *Bösendorferstrasse 5. ☎ 729-72-34. • pedalpower.at • Mai-sept, sur résa slt. Visite guidée de 3h et loc du vélo : 37 €/pers (réduc avec la Vienna City Card).* Une formule vraiment plaisante pour visiter Vienne en journée. La tête et les jambes, en quelque sorte !

En tram ancien

■ ***Vienna Ring :*** *☎ 712-46-83. Tlj 10h-17h30. Départ de la Schwedenplatz (zoom, E3), en principe ttes les 30 mn. Si le tram ne fonctionne pas pour un temps, on emprunte à la place les bus jaunes* Hop On Hop Off. Une tranche de nostalgie et un circuit historique à bord d'un tramway jaune de 1929. Celui-ci assure la liaison entre toutes ces curiosités, 13 arrêts invitent à monter ou à descendre du tram. Une installation multimédia fournit des informations intéressantes en 8 langues (dont le français) durant le trajet.

En bus et en bateau

■ ***Vienna Sightseeing*** *(zoom, D4)* : *Opernpassage à côté de Karlplatz. ☎ 71-24-683. • viennasightseeing.at •* Compagnie proposant de nombreuses visites guidées à thème en bus et des excursions en bateau.

Calendrier culturel

– ***La saison des bals :*** plus de 450 bals ont lieu chaque année à Vienne, fréquentés par quelque 300 000 danseurs venus du monde entier. Tentez votre chance mais pensez au *dress code.* Renseignez-vous avant de louer smoking ou robe longue. Si vous ne savez pas valser, prenez des cours à l'école Rueff, juste derrière l'hôtel de ville *(Hop on Waltz, 6 ; tlj, à partir de 17h ; 25 €/pers).*

Pour connaître le programme des festivités de la saison, qui ouvre le 31 décembre avec le ***Grand Bal*** au palais impérial *(• hofburgsilvesterball.com •),* informez-vous dès octobre auprès de l'office de tourisme. En avant-première, il est précédé par le bal des Ramoneurs de Vienne et celui de la Croix-Rouge, entre le 15 et le 30 novembre. Une fois la nouvelle année fêtée, d'autres bals prennent le relais pendant l'hiver. Entre autres, le ***Jägerball*** *(bal des Chasseurs)* : *fin janv, dans la Hofburg (le palais impérial). • verein-grueneskreuz.at •,* le ***Wiener Kaffeesiederball*** *(bal des Cafetiers)* : *fin fév, là encore dans la Hofburg. • kaffeesiederball.at •,* ou le ***Wiener Opernball*** *(bal de l'Opéra)* : *fin fév, au Staatsoper. • wiener-staatsoper.at •* Sans parler d'autres, plus déjantés, une fois la saison d'hiver terminée.

– ***Summer Stage :*** *de mi-avr à mi-sept. Sur le Donaukanal, vers la station de métro Rossauer Lände. • summerstage.at •* Concerts gratuits, restos, beach-volley, trampoline et même pétanque, il y en a pour tous les goûts.

– ***Wiener Festwochen*** *(festival de Vienne)* : *de mi-mai à fin juin. • festwochen.at •* Concerts de musique classique ou contemporaine, performances, spectacles de théâtre d'avant-garde ou de danse présentés dans le MuseumsQuartier et d'autres lieux.

– ***MQ Summer of Fashion :*** *juin-sept, dans le MuseumsQuartier. • mqw.at •* Expos, films, conférences, défilés, séances photo et même animations destinées aux enfants et aux ados. Le tout autour de la mode.

– ***Theater am Spittelberg :*** *fin mai-sept. • theateramspittelberg.at •* Le temps d'un été, le charmant quartier de Spittelberg se transforme en une scène très éclectique, accueillant concerts, chansonniers, théâtre... L'occasion de découvrir la scène locale.

– ***Vienna Pride et Regenbogenparade*** *(parade arc-en-ciel)* : *1 sem. en juin. • viennapride.at •* Festival LGBT (spectacles de danse, de théâtre, concerts, soirées...), qui s'achève en apothéose avec la *gay pride.* Village installé sur la Rathausplatz.

– ***Donauinselfest*** *(fête de l'Île du Danube)* : *3 j. fin juin. • donauinselfest.at •* Le plus grand festival à ciel ouvert d'Europe gratuit : 500 h de musique live, près de 2 000 artistes... Cette fête réunit quelque 3 millions de jeunes autour de concerts de rock, pop, jazz, électro, hip-hop, hard-rock... et autres manifestations.

– ***Jazz Fest Wien :*** *fin juin-début juil. • jazzfest.wien •* Manifestation qui met le jazz à l'honneur (mais aussi le blues et la soul). Nombreux concerts dans les lieux les plus prestigieux de la ville (certains gratuits).

– ***Sommerkino :*** *juil-août, sur la Rathausplatz.* Tous les soirs, cinémas en plein air sur écran géant. Juste à côté, toutes sortes de petits stands pour grignoter.

– ***ImPulsTanz Festival :*** *de mi-juil à mi-août. • impulstanz.com •* Festival de danse contemporaine (le plus grand d'Europe !) durant lequel le MuseumsQuartier, le Burgtheater et bien d'autres lieux présentent des compagnies internationales de renom ou des talents prometteurs. Riche calendrier d'ateliers.

– ***Open House Wien :*** *en principe un des 1ers w-e de sept.* ● *openhouse-wien.at* ● Portes ouvertes dans de nombreux sites qui présentent une architecture remarquable (plutôt du XXe s), publics comme privés.

Poste

✉ ***Poste principale*** *(zoom, E3) : Fleischmarkt 19 (Wien 1).* ● *post.at/en* ● *Tlj 7h (9h w-e et j. fériés)-22h.* Prévoir un affranchissement de 1 € pour envoyer une lettre ou une carte postale vers la France. Plutôt que de chercher une poste et de faire la queue, ***demandez des timbres à la réception de votre hôtel.*** Les boîtes aux lettres sont de couleur orange et jaune.

Argent, banques, change

– ***Horaires d'ouverture des banques :*** *en principe, tlj sauf w-e 8h-15h (17h30 jeu). Succursales fermées 12h30-13h30. Pour ceux qui seraient concernés, bureaux de change ouv en général 9h-20h.*

Représentations diplomatiques

■ ***Consulat de France*** *(zoom, D3, **5**) : Wipplingerstr. 24 (Wien 1).* ☎ *502-75-210.* ● *ambafrance-at.org* ● *Lun-ven 8h45-12h15, plus mer 13h30-17h. Fermé w-e.*

■ ***Ambassade de France*** *(plan, E5, **11**) : Technikerstr. 2 (Wien 4).* ☎ *502-750.* ● *ambafrance-at.org* ● *Lun-ven 8h45-12h15, plus mer 13h30-17h. Fermé w-e.* L'ambassade peut vous assister juridiquement en cas de problème.

■ ***Consulat et ambassade de Belgique*** *(plan, D6, **12**) : Schönburgstr. 10 (Wien 4).* ☎ *502-070.* ● *austria.diplomatie.belgium.be* ● *Lun-ven 9h-12h, 14h-16h. Fermé w-e.*

■ ***Consulat et ambassade de Suisse*** *(plan, E5, **13**) : Prinz-Eugen-Str. 9a, 1030 Wien.* ☎ *795-05.* ● *eda.admin.ch* ● *Lun-ven 9h-12h. Fermé w-e.*

■ ***Consulat et ambassade du Canada*** *(zoom, E3, **6**) : Laurenzerberg 2 (Wien 1), 3e étage.* ☎ *531-38-30-00.* ● *canadainternational.gc.ca* ● *Lun-ven 8h30-12h30. Fermé w-e.*

Écouter un concert ou assister à un opéra : où, quand, comment ?

Vienne est la seule ville au monde qui propose des opéras, opérettes et ballets, 10 mois durant, tous les jours de septembre à juin. Alors, c'est le moment de se faire plaisir !

Staatsoper *(Opéra national ; zoom, D4) : Opernring 2 (Wien 1). Résas :* ☎ *514-44-22-50.* ● *wiener-staatsoper.at* ● L'un des théâtres lyriques les plus en vue de l'élite internationale du bel canto. Une cinquantaine d'opéras et autant de ballets donnent lieu à quelque 300 représentations par an. En mai-juin et septembre, vous pouvez même assister gratuitement à certaines diffusions en direct, sur la place voisine.

Volksoper *(Opéra populaire ; plan, B1) : Währinger Str. 78 (Wien 9).* ☎ *514-44-36-70.* ● *volksoper.at* ● Autre salle chère au cœur des Viennois, permettant d'assister à des opéras, des comédies musicales, mais surtout des opérettes. Moins cher que le Staatsoper.

Kammeroper *(Opéra-comique viennois ; zoom, E3, **8**) : Fleischmarkt 24 (Wien 1).* ☎ *588-30-10-10.* ● *theater-wien.at* ● Il s'est spécialisé dans les trésors peu connus de l'art lyrique : opérettes rarement jouées, comédies musicales et vaudevilles, opéras baroques et contemporains. En été, il offre aussi des représentations d'opérettes au château de Schönbrunn.

Theater an der Wien *(plan, C4-5) : Linke Wienzeile 6 (Wien 6).* ☎ *588-30-10-10.* ● *theater-wien.at* ● Ce théâtre est spécialisé dans les opéras baroques et contemporains, mais il propose également différents concerts et spectacles de danse.

Comment choisir son orchestre ?

Le plus réputé est le ***Wiener Philharmoniker*** *(Philharmonique de Vienne),* dont le port d'attache est au

Musikverein. C'est aussi le plus cher ! Très demandé dans le monde entier ; mais avec un peu de chance, vous pourrez assister à l'un des concerts qu'il donne toute l'année, ou presque. Pour réserver des places, il faut s'adresser directement aux organisateurs du spectacle. Si vous désirez assister à l'un des 3 ***concerts du Nouvel An*** (31 décembre au soir, 1er janvier en matinée et en soirée), sachez qu'il faudra vous inscrire très vite sur le site internet, les inscriptions étant closes dès... fin janvier (parfois en février) pour le Nouvel An suivant ! En plus, désormais, succès oblige, un tirage au sort est effectué. Heureusement qu'il reste la télé ! Pour en savoir plus, consultez le site • *wienerphilharmoniker.at* •

Il existe de nombreux autres orchestres de très haut niveau, même s'ils ne sont pas aussi prestigieux.

– ***Wiener Mozart Orchester :*** *concert quasi tlj à 20h15.* ☎ *505-77-66.* • *mozart.co.at* • Quelque peu à part, il est réputé pour l'allure romantique de ses musiciens habillés en costumes du XVIIIe s. C'est l'orchestre le plus « touristique » d'Autriche.

– ***Wiener Hofburg Orchester :*** *plusieurs concerts/sem à 20h30.* ☎ *587-25-52.* • *hofburgorchester.at* • Concerts là aussi en costumes.

Quelle salle de concerts choisir ?

Musikverein *(zoom, D4) : Musikvereinsplatz 1 (Wien 1).* ☎ *505-81-90.* • *musikverein.at* • *Guichet en été : en sem 9h-18h ; sam 9h-13h.* De forme rectangulaire (très rare pour une salle de concerts), somptueusement décorée tel un temple baroque, dominée par un buffet d'orgue couvert de dorures, cette salle offre une acoustique étonnante. Elle abrite la plupart des concerts de l'Orchestre philharmonique et organise les fameux concerts du Nouvel An.

– Pour les fans des *Wiener Sängerknaben* (les « Petits Chanteurs de Vienne »), programmation de concerts tous les dimanches à 9h15, de juin à octobre, dans la ***Hofburgkapelle*** (chapelle du palais impérial). Le plus vieux groupe de garçons du monde (519 ans au compteur !) s'est vu offrir une salle de concerts bien à lui, dans le Augarten, le plus vieux parc baroque de Vienne : le ***MuTh***. Comme ils sont souvent en tournée, programmation sur le site • *wienersaengerknaben.at* •

Konzerthaus *(zoom, E4) : Lothringerstr. 20 (Wien 3).* ☎ *24-20-02.* • *konzerthaus.at* • Construite en 1912 dans les styles Art nouveau et sécessionniste, la Konzerthaus réunit 3 salles superbes : la *Großer Saal* (la plus impressionna te !), la *Mozart-Saal* et la *Schubert-Saal*. En été, il n'y a pas de production maison, mais des concerts sont cependant organisés.

Signalons aussi la ***salle Bösendorfer*** *(zoom, E3) : dans la Mozarthaus, Domgasse 5.* ☎ *512-17-91.* • *mozarthausvienna.at* •

– De nombreux concerts se déroulent également dans les ***églises de Vienne*** *(Stephansdom, Augustinerkirche, Evangelische Kirche, Ruprechtskirche, Karlskirche...)* et dans certains ***palais,*** comme le *palais Eschenbach* ou l'*Eroica-Saal du palais Lobkowitz.*

Où et quand acheter ses billets ?

■ ***Tourist-Info Wien*** *(office de tourisme ; zoom, D4,* ***1****) : Albertinaplatz 1.* ☎ *24-5-55.* • *wien.info* • *À l'angle d'Albertinaplatz et de Maysedergasse. Tlj 9h-19h.* On vous conseille d'y consulter le programme des spectacles et de vous procurer la brochure gratuite *Wien-Programm.* Commission plus ou moins importante. La solution la plus économique reste d'acheter son billet en ligne pour être assuré d'avoir une place.

■ ***Vienna Ticket Office :*** ☎ *513-11-11.* • *viennaticketoffice.com* •

■ ***Vienna Classic :*** ☎ *890-55-55.* • *viennaclassic.com* •

■ ***Österreich Ticket :*** ☎ *900-94-960-96.* • *oeticket.com* •

Si l'on se décide à la ***dernière minute,*** on peut généralement trouver de la place en se présentant à la caisse 1h avant le concert. Beaucoup d'habitués agissent ainsi... pour les places de concert, mais aussi pour le théâtre et l'opéra.

– ***Pour les étudiants :*** sur présentation de la carte d'étudiant, on peut obtenir

des places de théâtre juste avant le début de la représentation. Ces billets sont généralement meilleur marché que les billets au tarif habituel.
– ***Pour les plus de 60 ans :*** pour certains concerts, tarifs préférentiels accordés aux seniors. Se munir d'une pièce d'identité.

Presse, librairies

– ***Presse internationale et nationale :*** pour lire la presse sans avoir à l'acheter, allez dans l'un des cafés indiqués dans la rubrique « Les plus fameux cafés viennois », et dans tous les lieux, mode ou non, qui ont pris cette saine habitude. Mais les temps changent, là aussi, et ce sont les smartphones qui remplacent doucement les journaux.

■ ***Morawa*** *(zoom, E3,* ***9****)* **:** *Wollzeile 11 (Wien 1). Tlj sauf dim 9h-18h30 (18h sam).* Une librairie qui fait aussi maison de la presse. On trouve de nombreux titres de la presse autrichienne et internationale. Un grand rayon consacré aux voyages avec un large choix de revues, de guides, de cartes (plusieurs langues mais surtout en allemand)...
■ ***Cartes et plans :*** *librairie* ***Freytag & Berndt*** *(zoom, D3,* ***10****), Wallnerstraße 3 (Wien 1). Tlj sauf dim 9h30-18h30 (18h sam).* Choix important de cartes routières de l'Autriche et de cartes détaillées pour les randonnées en montagne ou les balades à vélo le long du Danube...

Culture, cinéma

■ ***Institut français*** *(plan, C2)* **:** *Praterstrasse 38 (Wien 2), dans le palais Rohan. ☎ 90-90-89-90. • institut francais.at • Lun-ven 8h-20h30 ; sam 10h-13h. Fermé dim.* Rencontres culturelles, films français, spectacles de danse, expos... Dans la médiathèque *(fermée lun),* des ouvrages ainsi que des films et journaux, majoritairement en français.
■ ***Burgkino*** *(zoom, D4)* **:** *Opernring 19 (Wien 1). ☎ 587-84-06. • burgkino. at •* Ce cinéma historique passe, entre autres, 2 ou 3 fois par semaine, en v.o. (en anglais), *Le Troisième Homme (The Third Man),* un classique des classiques !
– ***Infos spectacles, soirées et clubbing :*** indispensable de se procurer la brochure gratuite *Wien-Programm* auprès du *Tourist-Info Wien* ou le magazine *Falter* (en allemand), l'hebdomadaire de la ville, qui indique spectacles, concerts, expositions du moment. *• falter.at •* Pour les jeunes, télécharger la brochure *Jugendinwien* sur le site *• wienxtra.at/jugendinfo/ •* (voir « Informations touristiques », plus haut).

Piscines, plages et thermes

■ ***Piscine couverte*** *(hors plan par E6 et plan d'ensemble)* **:** ***Amalienbad,*** *Reumannplatz 23 (Wien 10). ☎ 607-47-47. Ⓜ Reumannplatz (U1). Tlj mais horaires variables, consulter le site • wien.gv.at •* Pour se baigner dans une piscine bien entretenue, au beau décor Art nouveau (seule piscine de ce style à Vienne). Saune et bain turc aussi.
■ ***Piscines en plein air :*** il en existe une bonne douzaine à Vienne, dont une à Schönbrunn, donnant sur le parc du château, mais on préfère celles situées au bord du Danube, telles que ***Angelibad*** *(plan d'ensemble ; an der Oberen Alten Donau, Wien 21)* ou ***Gänsehäufel*** *(plan d'ensemble ; Moissigasse 21, Wien 22).* La plus belle reste cependant la ***Krapfenwaldlbad*** *(hors plan, Les villages vignerons par L10 ; Krapfenwaldgasse 65-73, Wien 19 ; tram nº 38A),* située sur une colline qui domine Vienne. Vue superbe. *Ttes sont ouv aux beaux jours, de mi-mai à fin août, tlj 8h (9h w-e)-20h.*
■ ***Therme Wien*** *(hors plan d'ensemble)* **:** *Kurbadstraße 14 (Wien 10). ☎ 680-09-96-00. • thermewien. at • Ⓜ Reumannplatz. Terminus de la ligne U1 (Oberlaa-Therme Wien). Tlj 9h-22h. Compter 24-27 € pour 3h ou 33-34 €/j. ; réduc.* Ces immenses thermes modernes comprennent pas moins de 26 bassins d'eau (intérieurs ou extérieurs), 24 saunas et hammams, des salles de massage, de nombreux jacuzzis et même 4 toboggans, un parc

de jeux aquatiques et un théâtre de marionnettes pour les plus petits.

Plages au bord du Danube : 42 km de plages à Vienne (logique, puisque l'île fait 21 km de long) ! Pour faire trempette, il faut aller sur l'île du Danube *(Donauinsel ; plan d'ensemble)*, cette longue et mince bande de terre à la fois sablonneuse et caillouteuse, étirée au milieu du fleuve, à 2 km au nord du centre historique de Vienne. Accès seulement à pied ou en transports publics : métro U1 (station Donauinsel) ou U6 (station Neue Donau). En été, c'est Vienne-sur-Mer, avec ses baigneurs rouges comme des écrevisses, son animation intense, sa ribambelle de bars et de guinguettes, son toboggan aquatique, le plus grand du monde, paraît-il... On joue même au beach-volley.

Si vous avez oublié le maillot, pas de problème, les plages marquées « FKK » sont réservées aux naturistes. C'est également ici qu'a lieu, le temps d'un week-end de juin, la fête de l'Île du Danube (la *Donauinselfest*), **la plus grande fête européenne de la jeunesse.** Sont alors organisés des concerts et des animations diverses. Plus d'infos sur : *• donauinselfest.at •*

Urgences

- **Police :** ☎ *133.*
- **Pompiers :** ☎ *122.*
- **Ambulances et urgences médicales :** ☎ *144.*
- **Urgences médicales** *(pour un 1er diagnostic en français) :* ☎ *0800-633-42-46.*
- **ViennaMed** *(service téléphonique de médecins pour touristes) :* ☎ *513-95-95.*
- **Urgences dentaires :** ☎ *512-20-78 (répondeur en allemand).*
- **Pharmacies de garde :** ☎ *14-55 (répondeur en allemand).*
- **Dépannages 24h/24** (voiture) : ***ARBÖ,*** ☎ *123.* ***ÖAMTC,*** ☎ *120.*
- **Objets trouvés :**

– **Fundservice der Stadt** *(bureau des objets trouvés de la Ville ; hors plan par B6) : Siebenbrunnenfeldgasse 3.* ☎ *40-00-80-91. • wien.gv.at • Lun-ven 8h-15h30 (17h30 jeu). Fermé w-e.*

– Pour les objets perdus dans les transports publics, s'adresser dans les 72h au **Wiener Linien Fundservice** *(plan d'ensemble) : Erdbergstr. 202 (Wien 3).* ☎ *79-09-100. Lun-ven 8h-15h30 (17h30 jeu). Fermé w-e.* Passé 3 jours, les objets sont transférés au *Fundservice der Stadt.*

– Pour les objets perdus dans les trains, s'adresser à l'**ÖBB Fundbüro** de la Hauptbahnhof *(gare principale ; plan E6).* ☎ *5-1778-9722-222. Lun-ven 8h-15h30 (17h30 jeu). Fermé w-e.*

– ***En cas de perte ou de vol de document officiel*** (passeport, permis de conduire, etc.), le signaler au commissariat le plus proche, qui établira le rapport nécessaire pour que l'ambassade ou le consulat délivre une copie de ces papiers.

Où dormir ?

Excepté pour les adeptes des AJ (d'un bon rapport qualité-prix), l'hébergement à Vienne peut coûter un bras. Budgets serrés, évitez le 1er arrondissement : à 1 ou 2 exceptions près, c'est hors de prix. Les arrondissements des alentours offrent des tarifs plus raisonnables et sont moins touristiques. De plus, la plupart des adresses d'hôtels et de pensions que nous proposons ne sont pas vraiment excentrées. Le centre-ville reste donc à courte portée des inconditionnels de la marche et toujours facilement accessible en transports en commun.

CAMPINGS

Camping Wien West *(hors plan d'ensemble par l'ouest,* ***30****) : Hüttelbergstr. 80 (Wien 14).* ☎ *914-23-14. • campingwien.at/fr/camping-wien-west • Ⓜ Hütteldorf (U4), puis bus nos 52A ou 52B. Arrêt Campingplatz Wien II. À 8 km à l'ouest du centre. Fermé début fév. Compter env 20 € pour 2 avec tente et voiture ; bungalows (2-3 pers) 45-75 €.* Posé en lisière de forêt et à proximité des sentiers de randonnée, un camping confortable, avec supermarché, possibilité de laver son linge, cafétéria, etc. En haute saison, les caravanes et tentes sont un peu les unes sur les autres, mais l'environnement reste agréable.

AUBERGES DE JEUNESSE ET HOSTELS

Ces adresses se trouvent presque toutes dans la partie de la ville comprise entre le Ring (1re grande ceinture de boulevards) et le Gürtel (2e grande ceinture de boulevards desservant la gare de l'Ouest - *Westbahnhof* - et la gare principale - *Hauptbahnhof*). Les séjours dans certaines AJ ne peuvent être supérieurs à 4 nuits consécutives...

- *Bon à savoir :* la chaîne **Meininger,** au concept qui mixe hôtel et *hostel,* dispose de 2 implantations à Vienne ● *meininger-hotels.com* ●

🏠 ***The Wombat's Naschmarkt*** *(plan, C5,* ***35****) : Rechte Wienzeile 35 (Wien 4).* ☎ *897-23-36.* ● *wombats-hostels.com* ● Ⓜ *Kettenbrückengasse (U4). Dortoirs (3-8 lits) env 25-35 € ; doubles env 70-100 €.* Le plus central des *hostels,* idéalement placé en face du Naschmarkt, pouvant recevoir jusqu'à 500 personnes ! La réception donne le ton, avec son salon accueillant et son espace *lounge* bien aménagé. Chambres et dortoirs impeccables (2 sont réservés aux filles), aux murs blancs ravivés de couleurs gaies, avec salles de bains nickel et casiers individuels. Vue dominante sur le marché depuis certaines chambres. Bar chaleureux avec billard et lumière tamisée. En été, tour guidé de la ville chaque jour à 10h30 (3 fois/sem hors saison). Accueil adorable et polyglotte.

🏠 ***Franz Meininger Hotel - Wien Downtown Franz Hostel*** *(plan, D1,* ***42****) : Rembrandtstrasse 21 (Wien 2).* ☎ *720-88-20-65.* ● *meininger-hotels.com* ● Ⓜ *Schottenring (U2 ou U4). Ouv tte l'année. Dortoirs (4-6 lits) env 10-30 €/pers ; doubles env 70-120 €.* Avec 130 chambres et près de 500 lits, voici une AJ ultramoderne, dans un édifice tout rouge, proposant des chambres pouvant devenir des dortoirs selon la demande. Impeccables, lumineuses, toutes avec sanitaires privés. Un dortoir est réservé aux femmes. Noter à chaque porte les portraits façon hologramme évoquant de manière amusante l'empereur Franz. Cuisine dernier cri à disposition, très complète. Une AJ à l'aise dans son époque, bien qu'assez aseptisée. Billard et vélos à louer.

🏠 ***Hostel Ruthensteiner*** *(plan, A5,* ***37****) : Robert-Hamerling Gasse 24 (Wien 15).* ☎ *893-42-02.* ● *hostelruthensteiner.com* ● Ⓜ *Westbahnhof (U6 ou U3). Ouv tte l'année. Résa conseillée. Dortoirs (6-10 lits) env 15-30 € ; doubles env 90-130 €/pers ; studios 110-115 €. Séjour de 4 nuits max.* Petit immeuble bien tenu, abritant des chambres, des studios et des dortoirs (mixtes ou non) de taille réduite, simples mais propres, modernes et agréables, ainsi que 2 charmantes courettes intérieures à la végétation luxuriante. Sanitaires à partager pour les dortoirs et certaines chambres doubles. Au rez-de-chaussée, bar et salles communes aux couleurs vives. Cuisine bien équipée et barbecue à disposition, laverie, garage (fermé) pour les vélos.

🏠 ***Westend City Hostel*** *(plan, A5,* ***38****) : Fügergasse 3 (Wien 6).* ☎ *597-67-29.* ● *viennahostel.at* ● Ⓜ *Westbahnhof (U6 ou U3). Ouv 24h/24. Dortoirs (4-12 lits) 21-30 € ; doubles (lits superposés) 30-40 €/pers ; petit déj inclus.* Les chambres et dortoirs possèdent tous douche et toilettes privées. Possibilité de repas sur place ou à emporter. Installé dans une bâtisse datant du début du XXe s, à la façade rafraîchie dans des tons bleu-mauve assez vifs. Bon rapport qualité-prix. Laverie automatique. Petit jardin. Ambiance tranquille.

🏠 ***Jugendherberge Wien Myrthengasse*** *(plan, B4,* ***36****) : Myrthengasse 7 (Wien 7).* ☎ *523-63-160.* ● *1070vienna.at* ● *Bus n° 48A. Nuitée env 23-28 €/pers, petit déj compris. Sans la carte* Hostelling International, *séjour de 6 nuits max.* Au total, 260 lits, répartis dans des chambres (2-6 personnes) parfaitement tenues, certaines avec toilettes. Bâtisse du XIXe s à la belle façade mais à l'intérieur moderne et fonctionnel, située dans une petite rue calme. Les dortoirs sont spacieux et propres. Le plus sympa reste la cour intérieure ombragée, avec des tables et des chaises pour prendre le soleil. La cafétéria propose des repas bon marché le soir. Laverie peu onéreuse. Bon accueil et ambiance bien cool.

Palace Hostel *(plan d'ensemble, **32**) : Savoyenstr. 2 (Wien 16). ☎ 481-03-00. • hostel.at • Ⓜ Ottakring (U3), puis bus nos 46B ou 146B (très réguliers en sem). À l'ouest de la ville. Assez excentré, mais quelle belle adresse ! Ouv tte l'année. En dortoir de 4 pers, compter env 15-25 €/pers ; en chambre double 60-70 €, petit déj inclus (sinon 6 €). Possibilité de manger sur place. Parking gratuit.* Pour un séjour au château (celui de Wilhelminenberg), ou plutôt juste à côté, dans une petite annexe nichée dans un écrin de verdure qui, de sa hauteur, offre une vue embrassant Vienne. Chambres agréables avec salle de bains et toilettes privées, dont certaines sont prolongées par une terrasse. Laverie mais pas de cuisine à disposition.

BED & BREAKFAST

À l'est du Ring (3e arr.)

Hotel Spiess & Spiess *(plan, G4, **40**) : Hainburger Str. 19. ☎ 714-85-05. • spiess-vienna.at • Ⓜ Rochusgasse (U3). Doubles à partir de 155 € ; studios ; familiales.* À la lisière du centre historique, des chambres et studios (mais sans kitchenette) d'environ 30 m², bien équipés, lumineux, calmes et à la propreté irréprochable. Certains bénéficient d'un agréable balcon donnant sur un petit jardin. Sauna *(tlj 13h-20h).*

PENSIONS ET HÔTELS

IMPORTANT : le petit déj est parfois inclus dans le prix des chambres ci-après (c'est pourquoi nous le précisons). Consultez les sites internet pour profiter des meilleurs tarifs, ceux-ci variant notablement d'une semaine sur l'autre pour les grands hôtels, selon l'offre du moment.

Dans le centre historique (1er arr.)

De prix modérés à chic

Motel One Wien-Staatsoper *(zoom, D4, **72**) : Elisabethstr. 5. ☎ 585-05-05. • motel-one.com • Ⓜ Karlsplatz (U1, U2 ou U4). Doubles env 110-140 € sans petit déj.* Les hôtels de chaîne sont rarement notre tasse de thé, mais il faut reconnaître que celui-ci (400 chambres tout de même !), installé dans un magnifique édifice classé, tire brillamment son épingle du jeu. Vastes espaces communs où l'ancienne partie, richement ornementée et flanquée d'un charmant patio, se pare d'une déco design, très réussie. Chambres du même acabit, où quelques éléments colorés viennent dynamiser la blancheur des murs et de l'excellente literie. Une bonne adresse, offrant un service pro et décontracté.

Pension Suzanne *(zoom, D4, **63**) : Walfischgasse 4. ☎ 513-25-07. • pension-suzanne.at • Ⓜ Karlsplatz (U1, U2 ou U4). Réception au 1er étage. Doubles ou apparts 120-200 € ; petit déj en plus.* Un classique viennois ! Ne pas se fier aux escaliers froids et tristes, car les chambres à la déco classique sont une bonne surprise. Également de petits appartements avec cuisine. Petit déj bien copieux.

Pension Dr. Geissler *(zoom, E3, **60**) : Postgasse 14. ☎ 533-28-03. • hotelpension.at/dr-geissler • Ⓜ Schwedenplatz (U1 ou U4). Réception au 8e étage (ascenseur), 6h30-22h. Doubles env 55-155 € (ou un peu plus) ; avec petit déj ; les moins chères partagent les sanitaires. Réduc sur le site si résa en direct.* Une vingtaine de chambres dans cette pension où l'accueil et les prix font vite oublier le côté austère de l'immeuble. Chambres donnant sur rue (plutôt calmes à moins de dormir fenêtres ouvertes), petites et banales mais confortables.

City Pension *(zoom, D3, **61**) : Bauernmarkt 10. ☎ 533-95-21. • citypension.at • Ⓜ Schwedenplatz (U1 ou U4) ou Stephansplatz (U1 ou U3). Réception 7h-22h. Doubles env 120-140 € ; familiales. Petit déj en plus, 16 €. 3 nuits min.* Belle cage d'escalier et bel accueil. Chambres rénovées, confortables et impeccables, malgré des salles de bains un poil exiguës. Très calme.

Hotel Post *(zoom, E3, **62**) : Fleischmarkt 24. ☎ 51-58-30. • hotel-post-wien.at • Ⓜ Schwedenplatz*

(U1 ou U4) ou Stephansplatz (U1 ou U3). Doubles 80-180 €, petit déj inclus. Un 3-étoiles d'une centaine de chambres qui peut se targuer d'une longue tradition hôtelière. En entrant dans le *lobby*, on remarque tout de suite l'agréable salon et l'élégante salle du petit déjeuner. Larges couloirs et chambres plutôt spacieuses, classiques dans leur déco mais claires et confortables.

Pension Riedl *(plan, E3,* ***41****) : Georg-Coch Platz 3. ☎ 512-79-19. • pensionriedl.at • Ⓜ Schwedenplatz (U1 ou U4) ou Stubentor (U3). Au 4e étage avec ascenseur. Congés : janv. Doubles 96-134 €.* Sur une place tranquille, dans un bel édifice Art nouveau, une pension charmante et paisible d'une dizaine de chambres à la déco fraîche et contemporaine. Accueil à la fois discret et chaleureux.

De chic à très chic

Hotel Kärntnerhof *(zoom, E3,* ***65****) : Grashofgasse 4. ☎ 512-19-23. • karntnerhof.com • Ⓜ Schwedenplatz (U1 ou U4). Doubles env 145-270 €, petit déj compris. Parking privé à proximité (25 €/nuit).* Derrière une belle et grande façade Biedermeier, tranquillement calé au fond d'une impasse, se cache le plus petit « Grand Hôtel » de Vienne, comme certains l'ont appelé. Plus rien à voir évidemment avec l'ancienne maison de passe de Mme Rosa, qui a donné son nom à l'une des suites. Toutes les chambres ont été rénovées dans un design intemporel très doux, dans des tons gris et bleu. Subsistent quelques beaux éléments d'origine comme de superbes carrelages et un ascenseur à l'ancienne. Jolie terrasse sur le toit avec un bout de vue.

Hotel Wandl *(zoom, D3,* ***66****) : Petersplatz 9. ☎ 53-45-50. • hotel-wandl.com • Ⓜ Stephansplatz (U1 ou U3). Doubles 210-250 €, petit déj-buffet inclus. Promos sur le site.* Les prix élevés de cet hôtel sont justifiés par sa situation, en plein cœur historique. Chambres de grand confort, rénovées dans un style contemporain plaisant, dans les tons blancs (avec une touche de rouge ou de doré), réparties autour d'un patio central.

Hotel König von Ungarn *(zoom, E3,* ***67****) : Schulerstr. 10. ☎ 51-58-40. • kvu.at • Ⓜ Stephansplatz (U1 ou U3). Doubles env 170-235 €, petit déj compris.* Belle demeure patricienne du XVIe s dans la pure tradition viennoise. Cet hôtel existe depuis 1746 et a accueilli de nombreux personnages célèbres. Chambres toutes différentes, délicieusement cosy et cossues dans la partie ancienne, plus moderne dans une autre. Beaux tissus et meubles anciens cohabitent avec le confort que l'on exige d'un établissement de luxe. Très agréable salon dans le patio couvert, où l'on peut aussi prendre un verre ou dîner.

Hotel Domizil *(zoom, E3,* ***68****) : Schulerstr. 14. ☎ 513-31-99. • hoteldomizil.at • Ⓜ Stephansplatz (U1 ou U3). Doubles env 155-185 €, petit déj-buffet inclus. Parking privé à 5 mn (pas donné).* Un paisible hôtel 4 étoiles, au confort discret et à l'accueil plein de gentillesse. Côté chambres, rien d'inoubliable car très classiques et sans fantaisie, mais impeccables et au confort irréprochable.

Hotel Topazz-Lamee *(zoom, D3,* ***69****) : Lichtensteg 3. ☎ 532-22-50. • hoteltopazzlamee.com • Ⓜ Stephansplatz (U1 ou U3) ou Schwedenplatz (U1 ou U4). Doubles à partir de 200-230 €, sans petit déj (25 € tout de même !). Promos sur le site.* Inspiré des travaux de Koloman Moser, ce superbe hôtel design se distingue par son allure futuriste. Façade toute noire, percée de grands et intrigants hublots. Cette austérité cache d'élégantes chambres à la déco contemporaine, soignée et bien pensée : tons noir et blanc, alternance entre bois de la chambre et marbre des luxueuses salles de bains... Dernier point fort, le superbe *rooftop* (toit-terrasse en « bon » français), ouvert à tous jusqu'à 1h, extra pour l'atmosphère, la vue sur la cathédrale et son côté *beautiful people* décontracté pour un verre en fin de journée. L'accueil et le service sont à la hauteur du standing : superbe petit déj et verre de vin (de la propriété) offert aux clients.

De l'autre côté du Donaukanal (2e arr.)

Prix modérés

Magdas Hotel (plan, G3, **43**) : Laufbergergasse 12. ☎ 720-02-88. • magdas-hotel.at • Ⓜ Praterstern (U1 ou U2). Doubles env 80-150 €, sans petit déj. Suites bien plus chères. Un concept pour le moins original. D'abord pour son engagement social – les employés sont des réfugiés ou des personnes en cours de réinsertion –, puis pour ce lieu improbable face au parc du Prater, une ancienne maison de retraite réhabilitée en hôtel à prix doux, et enfin pour sa déco réalisée par des étudiants de l'Académie des beaux-arts. Plusieurs catégories de chambres, toutes spacieuses, certaines avec balcon donnant sur le Prater, aménagées avec du mobilier de récup' et quelques idées malignes, qui donnent à l'ensemble un look vintage très sympa. Ambiance conviviale, bar, location de vélos, bibliothèque... Bravo !

Meininger Downtown Sissi Hotel (plan, E2, **39**) : Schiffamtsgasse 15. ☎ 720-88-20-66. • meininger-hotels.com • Ⓜ Schottenring (U2 ou U4). Doubles env 60-100 €. Petit déj-buffet en sus, 10 €. Bien que rehaussé de rouge, le bâtiment ne respire pas la gaieté. Son intérieur est pourtant très agréable, où règne propreté, chaleur et fonctionnalité. C'est avant tout la modestie des prix qui attire, ainsi que la proximité du centre historique. Grand salon avec billard et cuisine à dispo. Noter les portraits de personnages habillés en Sissi sur les portes : amusant. Accueil au top.

Au sud du Ring (4e et 6e arr.)

De prix modérés à chic

Carlton Opera Hotel (plan, C-D5, **53**) : Schikanedergasse 4 (Wien 4). ☎ 587-53-02. • carlton.at • Ⓜ Karlsplatz (U1, U2 ou U4) ou Kettenbrückengasse (U4). Doubles 75-250 €, petit déj-buffet inclus. Belle façade sculptée de couleur jaune et blanc. Déco intérieure style Art déco. Chambres confortables, les plus chères étant évidemment les plus belles, avec haut plafond et parquet pour certaines. Également quelques chambres en soupente au style plus moderne.

Grätzl Hotel (plan, D6, **55**) : Favoritenstr. 17/3-5 (Wien 4). ☎ 208-39-04. • graetzlhotel.com • Ⓜ Taubstummengasse (U1). Studios 2 pers 100-140 €, vélos inclus. Une équipe de 3 jeunes designers transforme d'anciens locaux commerciaux en coquets *street suites* (25-35 m² pour 2 personnes). On compte 8 studios dans un petit périmètre autour du siège (à 5 mn à pied maximum). On vous fournira une liste de bonnes adresses situées dans le quartier (café, restos, hammam...). Pour une expérience de Vienne très urbaine. Autres studios proches de *Karmelitermarkt* et de *Meidlingermarkt,* près de *Schönbrunn.*

À l'ouest du Ring (7e et 8e arr.)

Prix modérés

Pension Wild (plan, B3, **45**) : Lange Gasse 10 (Wien 8). ☎ 406-51-74. • pension-wild.com • Ⓜ Volkstheater (U2 ou U3). Congés : 2 sem fin déc. Doubles env 60-100 € ; copieux petit déj-buffet inclus. Parking payant. Pension à l'ancienne dans un quartier très vivant et central. Lieu sans charme particulier, mais les chambres sont propres, spacieuses et confortables (les moins chères avec douche et w-c à l'extérieur à partager). Location de vélos sur place. Accueil convivial. Un bon rapport qualité-prix.

De prix moyens à très chic

25hours Hotel Wien (plan, B3-4, **46**) : Lerchenfelder Str. 1-3 (Wien 7). ☎ 521-510. • 25hours-hotels.com • Ⓜ Volkstheater (U2 ou U3). Doubles avec ou sans kitchenette 120-220 € ; petit déj en sus. Probablement l'un des hôtels les plus inventifs et audacieux de Vienne... Assez génial, pour tout dire. Installées dans un ancien foyer pour étudiants entièrement remanié, 220 chambres décorées sur le thème du cirque, avec grandes fresques aux murs, plein d'objets rigolos et petites attentions en forme de clins d'œil, des balles de jonglage, des tapis de gym ou de yoga... Confort, humour et modernité cohabitent ici avec bonheur. Les 12 chambres panoramiques, dotées d'immenses baies vitrées s'ouvrant sur la ville, sont absolument uniques. Certaines ont même une baignoire sur le balcon ! Au 8e étage, en accès libre, un bar avec terrasse domine la ville (voir *Der Dachboden,* « Où boire un verre tout en grignotant ? Où sortir ? Où écouter de la musique ? »). Resto *Ribelli* au rez-de-chaussée (voir « Où manger ? »). Location de vélos. Une adresse vraiment exceptionnelle, d'un très bon rapport qualité-prix.

Hotel Rathaus Wein & Design *(plan, B3,* ***50****) : Lange Gasse 13 (Wien 8). ☎ 400-11-22. • hotel-rathaus-wien.at • Ⓜ Volkstheater (U2 ou U3). Doubles à partir de 130 € (mais peut grimper !).* Derrière une sage façade du XIXe s se cache cet hôtel contemporain dont le concept se décline autour des vins autrichiens. Chacune des chambres est liée à un viticulteur, avec les portes reproduisant – format XXL – les étiquettes de leurs meilleures bouteilles. Confort parfait (superbes salles de bains), déco épurée et joyeuse, et dégustation possible au *Wein Lounge.* Excellent petit déj-buffet (mais très cher) ! Une belle adresse, calme de surcroît et parfaitement centrale.

Altstadt Vienna *(plan, B4,* ***49****) : Kirchengasse 41 (Wien 7). ☎ 522-66-66. • altstadt.at • Ⓜ Volkstheater (U2 ou U3). Réception au 1er étage. Doubles à partir de 200 €, petit déj compris ; suites et apparts.* Une adresse de caractère qui dégage un charme que ne laissent pas soupçonner l'entrée et la réception. Son propriétaire, grand voyageur, a arpenté la planète et en a rapporté une idée de l'hôtellerie bien personnelle. Il propose sur 5 étages une soixantaine de chambres et suites à l'espace très généreux (l'immeuble, de 1902, le permet), certaines comme de petits apparts avec kitchenette. Les plus lumineuses à l'avant ont la vue sur le clocher de Sankt Ulrich, les plus calmes à l'arrière sur des terrasses aménagées. Chambres confortables, toutes différentes, mais ce sont vers les suites agencées dans le style années 1920-1930 que vont tous les suffrages. Copieux buffet au petit déj.

Hotel Trend Rathauspark *(zoom, C3,* ***71****) : Rathausstrasse 17 (Wien 7). ☎ 140-412. • radissonhotels.com • Ⓜ Schottentor. Doubles env 110-250 € ; junior suites également.* Très au calme, niché dans un édifice du XIXe s, l'établissement s'élève sur 6 étages et propose un charme discret et un confort total. À l'intérieur, il se dégage une atmosphère douillette et cossue à la fois. Chambres de grand confort, avec une excellente literie et un superbe petit déj. Une belle adresse dans sa catégorie.

Max Brown Hotel *(plan, A4,* ***51****) : Schottenfeldgasse 74 (Wien 7). ☎ 376-10-70. • maxbrownhotels.com • Ⓜ Burggasse-Stadthalle. Doubles env 90-140 €, petit déj en plus. Plats 9-15 €.* La façade kaki est bien tristounette, et pourtant l'intérieur est gai comme un pinson. Vintage, créatives et contemporaines, voici les 3 adjectifs qui viennent à l'esprit pour qualifier les chambres, sises dans 2 édifices séparés par une courette. Meubles dépareillés, murs de béton brut, déco décalée... On aime les tourne-disques dans les chambres (quelques vinyles à dispo et *bluetooth* !) façon années 1950-1970. Salon agréable en demi sous-sol, un autre avec billard et mobilier de récup. Et même une étonnante petite salle de ciné, remake de la fin du XIXe s. Location de vélos. Le grand resto au rez-de-chaussée, *Seven North,* à la déco industrielle revisitée, propose une cuisine méditerranéenne variée et de qualité (plats de légumes, pizzas, etc).

The Levante Rathaus *(plan, B2,* ***47****) : Laudongasse 8 (Wien 8). ☎ 228-282-00. • thelevante.com • Ⓜ Rathaus (U2). Bus no 13A. Ⓣ no 33. Réception 7h-18h. Apparts-hôtels tt confort 95-295 €.* Un petit hôtel à la déco intime et plaisante. Chambres sur 4 étages, donnant sur rue ou sur cour. Également des studios et appartements cosy, avec kitchenette et coin salon.

À proximité du château de Schönbrunn (12e et 15e arr.)

De prix moyens à chic

Pension Riede *(plan d'ensemble et hors plan par A6,* ***56****) : Niederhofstr. 18 (Wien 12). ☎ 813-85-76. • hotelriede.at-austria.com • Ⓜ Niederhofstr. (U6). Doubles env 95-100 €, avec petit déj.* Très grandes chambres meublées sobrement, avec parquet sombre à l'ancienne et confort d'aujourd'hui. Déco un peu passe-partout. Une vingtaine seulement, mais une adresse agréable pour un excellent rapport qualité-prix. Ambiance familiale.

Boutique-Hotel Stadthalle *(plan d'ensemble et hors plan par A4,* ***57****) : Hackengasse 20 (Wien 15). ☎ 982-42-72. • hotelstadthalle.at • Ⓜ Burggasse-Stadthalle (U6), Westbahnhof ou Schweglerstr. (U3). Doubles env 130-240 €.* Un charmant boutique-hôtel dont l'intérêt et le charme résident principalement dans le jardin, la véranda vitrée et le patio aux murs végétalisés. Chambres gaies, spacieuses, très calmes et bien équipées. Petit déj bio, bilan carbone nul grâce à ses installations solaires et éoliennes, récupération des eaux de pluie... l'hôtel multiplie les initiatives écolo, et ça se sent !

Où manger ?

IMPORTANT : si d'ordinaire les Autrichiens déjeunent et dînent relativement tôt, les cuisiniers sont au piano dès 11h et jusqu'à 22h30. Vous pouvez manger à toute heure ou presque dans une brasserie ou un *Beisl,* café-restaurant à l'ancienne redevenu à la mode, même auprès de la jeunesse. Pour avoir une chance de dîner, on vous conseille donc de chercher une table le soir avant 22h.

Ne perdez pas de vue que dans les restos viennois, on paie le pain en plus, et que parfois de petits *zakouski* sont déposés sur la table sans avoir été commandés. Si vous ne voulez pas les payer (et c'est votre droit), n'y touchez pas.

ATTENTION ! Dans ce chapitre, vous ne trouverez pas les innombrables cafés-restaurants aménagés dans les musées et sur nombre de lieux où les visiteurs affluent, ceux-ci étant signalés dans les pages « À voir » à la fin de chaque texte. Des lieux où se poser, le temps d'un grignotage express.

Dans le centre historique (1er arr.)

Sur le pouce

Si vous souhaitez manger un bout rapido, vous n'aurez aucune peine à dégoter un *Würstelstand* à chaque coin de rue. Il s'agit de cabanes installées sur le trottoir qui débitent différentes sortes de saucisses (la traditionnelle *Käsekreiner,* la *Burenwurst* mais aussi la *Currywurst allemande* ou la *Frankfurter*) généralement accompagnées d'un *Brötchen,* petit pain de farine blanche. Bon et pas cher.

Bitzinger *(zoom, D4,* ***89****) : Augustinerstr. 1. ☎ 533-10-26. Tlj 8h-4h du mat (3h lun-mar). Compter 4-5 €.* Au pied de l'Albertina, on trouve ce *Würstelstand* (kiosque à saucisses) au design moderne. Considéré comme le plus chic du centre, il possède un petit frère situé à l'entrée du Prater. Le ***Würstelstand am Hohen Markt,*** tout comme ceux proches de la *Kärtner Straße* (ouverts de 7h/9h à 4h du matin), devraient vous satisfaire tout autant... Pour la fraîcheur des produits, les Viennois vous conseilleront toujours les stands du centre, vu le passage.

Trzesniewski *(zoom, D3,* ***90****) : Dorotheergasse 1. ☎ 512-32-91. Lun-ven 9-19h ; w-e 10h-18h (17h dim). Canapé 1,40 €.* Héritage de la gastronomie tchèque, un lieu populaire pour manger sur le pouce – mais souvent debout : pratique, rapide et pas cher. Cadre tout simple : un comptoir et quelques tables. Spécialisé dans la préparation de petites tartines de pain de seigle garnies de *Paprika* *rot, Pfefferoni scharf, Schwedischer Hering, Matjeshering mit Zwiebel,* etc. Au choix donc, en vrac et en v.f. : thon et œuf mimosa, hareng, champignons en purée, foie, le tout délicatement parfumé. Pour arroser ça, de la bière (appelée « Pfiff ») servie dans des mini-chopes. Parfait pour une petite grignote pas chère.

De très bon marché à prix moyens

|●| ***Hiddenkitchen City*** *(zoom, D3,* ***88****)* **:** *Färbergasse 3. ☎ 276-83-98. Tlj sauf w-e 11h-15h. Quiche avec salade 9,30 € ; menus 10,50-11,50 €.* Une cantine végétarienne (mais pas que), toute simple et excellente. Grandes salades riches et variées, à choisir dans les grands plats présentés sur le comptoir. Des soupes aussi. Une de ces adresses qui font partie du circuit des étudiants, dans la mouvance de la Vienne actuelle, revendiquant le retour aux produits du potager. Frais, sain, coloré.

|●| ***Miznon*** *(zoom, E3,* ***92****)* **:** *Schulerstr. 4. ☎ 512-10-53. Tlj sauf dim-lun 12h-23h. Pitas 8-14 € ; légumes grillés 6-10 €.* Cette cantine méditerranéenne très branchée, tenue avec gentillesse par une jeune proprio originaire de Tel Aviv, a fait des petits en Europe. Vienne, mais aussi New York, Melbourne et Paris accueillent ce temple de la pita. Dans un joyeux bazar, on commande au comptoir une *street food* colorée, fraîche, copieuse et volontiers portée sur les légumes bio. On déguste des pitas bien garnies, une ratatouille colorée et goûteuse ou de simples légumes grillés, en terrasse ou sur les tables d'hôtes du fond. Excellente citronnade maison.

|●| ***Kleines Café*** *(zoom, E3,* ***164****)* **:** *Franziskanerplatz 3. Pas de tél. Tlj 10h-2h (minuit dim). Plats 8-10 € pour de petits en-cas. CB refusées.* Minuscule, comme son nom l'indique (*kleines* signifie « petit »). Charmante adresse située sur l'une des places les plus attachantes de la vieille ville. À l'intérieur, moleskine et jeux de glaces meublent une minuscule salle voûtée. Atmosphère le plus souvent calme et intime. À la carte, de bons petits déjeuners, des omelettes, salades mais aussi de généreuses tartines de pain couvertes de plein de bonnes choses. Jolie terrasse, calme et convoitée.

Prix moyens

|●| ***Huth*** *(zoom, E4,* ***95****)* **:** *Schellinggasse 5. ☎ 513-56-44. Tlj sauf lun 12h-23h (cuisine jusqu'à 22h). Menu midi en sem 13 € ; plats env 14-23 €.* Une institution : il y a des *Huth* de chaque côté de la rue, le patron possédant également le *Max Grill House* et une pizzeria *Huth Da Moritz* *(pizzas env 10-18 €).* Mais c'est sa *Gasthaus* traditionnelle que l'on préfère. Terrasse accueillante, belle mise de table, accueil pro et carte de spécialités locales, cuisinées et servies dans les règles de l'art. Vrai *Tafelspitz* des familles, notamment. Et toujours une option végétarienne. Salle assez banale en revanche.

|●| ***Ofenloch*** *(zoom, D3,* ***101****)* **:** *Kurrentgasse 8. ☎ 533-88-44. Tlj sauf dim 12h-23h. Plats du midi env 10 € ; plats traditionnels 15-27 € ; menus soir 42-51 €.* Depuis 1704, cette taverne située dans une ruelle pavée du quartier juif, à 2 pas de Am Hof, nourrit et abreuve les clients. Superbe immeuble baroque qui abritait autrefois le palais des légats. Dans un intérieur chaleureux, plusieurs salles voûtées, banquettes confortables et tables en bois donnent à l'ensemble un aspect rustique. Spécialités autrichiennes simples et savoureuses. La liste des vins est affichée sur une ardoise suspendue au plafond. En été, terrasse très agréable bordée de lierre.

|●| ***Figlmüller*** *(zoom, E3,* ***96****)* **:** *Wollzeile 5. ☎ 512-61-77. Tlj 12h-22h30 (21h30 cuisine). Résa recommandée. Plats traditionnels 11-17 € ; menu déj en sem (12h-15h) env 11 €.* Un lieu touristique, toujours bondé, où l'on prend place dans l'une des petites salles coquettes et chaleureuses. Cette maison plus que centenaire reste le lieu où aller s'offrir une escalope (évidemment viennoise !) taille XXL, accompagnée d'une salade de pommes de terre et d'un verre de rouge du Burgenland. Bon *veal goulash* également.

2de adresse : *Bäckerstr. 6 ; ☎ 512-17-60 ; tlj 12h-minuit (22h30 cuisine).*

🍽 ☂ **Café Landtmann** *(zoom, C3, **102**) : Universitätsring 4. ☎ 24-10-0120. À côté du Burgtheater. Tlj 7h30-22h (18h mer). Plats 11-29 € ; petit menu déj (entrée + plat) 12-14 €.* Décor de bois marqueté, lustres, atmosphère feutrée. Après le théâtre, il est de tradition d'y souper dans les petits box confortables. Cuisine classique de qualité bien qu'assez chère, mais servie copieusement : *Wiener Schnitzel, Rindsgulasch,* risottos et soupes diverses à prix plus doux. Presse nationale et internationale à disposition. Grande terrasse fleurie en été. Voir plus loin « Les plus fameux cafés viennois ».

🍽 ☂ **Lugeck** *(zoom, E3, **98**) : Lugeck 4. ☎ 512-50-60. Tlj 11h30-23h (22h cuisine). Plats 10-25 €.* La célèbre dynastie Figlmüller propose ici une version XXIe s de l'auberge viennoise traditionnelle. Déco contemporaine derrière cette superbe façade classée, aux accents Art déco, avec de grands carreaux vert d'eau et un élégant escalier de bois en spirale. Belle terrasse pour (re)découvrir la *Wiener Schnitzel* (copieusement servie) et plus raffinée que dans les restos traditionnels. Tous les classiques de la cuisine autrichienne sont bien présents, en version allégée. Si la salle du bas est un peu bruyante, grimpez donc à l'étage, plus calme.

De chic à très chic

🍽 **Labstelle** *(zoom, E3, **97**) : Lugeck 6. ☎ 236-21-22. Tlj sauf dim, midi et soir. Menus déj en sem 19-21 € (avec ou sans viande) ; frühstück/brunch sam env 35 € ; plats env 21-33 € ; menus soir 39-89 €.* Un des lieux où se retrouvent les adeptes de la mouvance locavore et saisonnière viennoise, et voulant « se régaler » ou « se rafraîchir » (*laben* en v.o.) avant tout. Salle contemporaine et stylée, bien dans son époque. Également parfait pour un brunch le samedi, puisque les Viennois ont fini par craquer pour cette formule.

🍽 ☂ **Zum Schwarzen Kameel** *(zoom, D3, **103**) : Bognergasse 5. ☎ 533-81-25. Tlj 8h-minuit. Côté bistrot, délicieux petits canapés ; côté resto, plats 15-29 €, menus 69-94 € (5 plats).* Un autre grand classique de Vienne, ouvert depuis près de 400 ans ! Une partie épicerie fine-bar, où l'on peut déguster de délicieux petits canapés avec un verre de vin, et une partie resto chic, voire très chic. Rien ne semble avoir bougé dans cet établissement plein de charme avec sa superbe décoration *Jugendstil.* Côté resto, la carte n'est pas très longue, mais les plats sont goûteux et servis avec style. Attention, l'addition peut rapidement devenir salée. Accueil soigné.

🍽 **Salon Plafond** *(plan, E3, **120**) : Stubenring 5. ☎ 226-00-46. Tlj 10h-minuit. Plats 16-30 €.* Un lieu mode et design, dans l'enceinte du MAK (c'est un musée !), qui prend sa source dans le style des années 1950. Vaste salon chaleureux, dont le riche plafond à caissons complète avec humour le patronyme. Plats issus du fond de sauce culinaire classique autrichien, mais largement revisité : une réussite ! Excellent service. Une jolie halte après la visite du musée, beau témoignage de la Vienne d'aujourd'hui.

De l'autre côté du Donaukanal *(2e arr.)*

Au marché !

🍽 **Karmelitermarkt** *(plan, E2) : tlj sauf dim.* À 10 mn du centre ancien, de l'autre côté du pont sur le Donaukanal, un petit marché de quartier, agrémenté de kiosques qui abritent des bars et petits restos sympas comme tout. Le lieu est devenu un vrai rendez-vous de la vie viennoise, en fin de semaine notamment. On achète bio, local de préférence, avant de se poser au coin d'un stand pour un petit déjeuner sucré-salé. Selon l'humeur, on s'installe à la terrasse du **Zimmer 37** *(tlj sauf dim-lun 10h-19h30, sam 8h-14h ; plats 6-10 €),* pour une bonne soupe maison ou un plat du jour bien ficelé. Autre halte sympa, chez **Kaas am Markt,** juste à côté, où l'on peut aussi faire quelques emplettes.

De très bon marché à prix moyens

Caffe Altenberg (plan, E2, **121**) : *Leopoldsgasse 33. ☎ 660-723-38-52. Tlj sauf dim 16h30-minuit (2h sam et lun). Plats 11-18 €.* On aime bien se retrouver dans ce chaleureux troquet-resto après le marché (juste à côté), soit dans la salle ornée de grands portraits retravaillés ou sur le bout de terrasse cerné de plantes. À la carte, quelques plats italiens de bon aloi (le patron est austro-italien), servis avec le sourire. Une adresse à fréquenter aussi le soir, pour un bon verre de vin (italien ou autrichien), et rencontrer les gens du quartier.

Pizza Mari' (plan, E2, **142**) : *Leopoldsgasse 23A. 676-687-49-94. Tlj sauf lun 12h-15h, 18h-22h30 ; en continu le w-e. Pizzas 7-12 €.* Une authentique pizzeria italienne qui fait toujours le plein. Pizzas cuites au feu de bois dans un four napolitain par des *ragazzi* très aguerris. Bien surtout si on loge dans le secteur, mais on ne fait pas le déplacement exprès.

De prix moyens à chic

Skopik & Lohn (plan, E2, **143**) : *Leopoldsgasse 17. ☎ 219-89-77. Tlj sauf dim-lun 18h-1h (23h cuisine). Plats 12-25 €.* Une des belles adresses de ce quartier en plein renouveau. Plutôt classique côté cuisine, avec une carte qui puise dans le répertoire austro-hongrois et italien, mais pas vraiment côté déco, due à un artiste réputé pour son originalité, Otto Zitko. *Skopik & Lohn* incarne parfaitement la modernité dans la culture des bistrots viennois. Superbe terrasse côté rue.

Schweizerhaus (plan, G2, **119**) : *à l'intérieur du Prater. De mi-mars à oct, tlj 11h-23h. Plats 10-20 €. CB refusées.* Un *Biergarten* haut en couleur ! Une adresse chère à tous les Viennois, petits et grands, qui y vont en famille ou entre amis, après une balade dans le parc. Souvent pas mal de monde, alors on tente sa chance, côté jardin ou à l'intérieur, et on est gentil avec les serveurs si on veut être servi rapidement. Quant à la carte, c'est simple, tout le monde vient ici pour partager à 2 un jarret grillé *(Schweinsstelze)* accompagné d'une bière maison moussue. Il y a des saucisses et des salades, quand même, si vous manquez d'appétit.

Café Ansari (plan, E2, **145**) : *Praterstr. 15. ☎ 276-51-02. Lun-sam 8h-23h30 ; dim 9h-15h. Plats 14-21 €.* Élégant bistrot à la déco contemporaine et feutrée, égayée par de jolis bouquets sur les tables. Dans les assiettes, le patron libanais et sa femme, d'origine géorgienne, lancent des passerelles entre les cuisines de leurs pays respectifs. Cela donne de petits plats savoureux et originaux : raviolis à la géorgienne, salades saupoudrées de grenade, houmous, viandes grillées à la broche... Grand choix de vins, avec quelques crus géorgiens vieillis en amphores. Dépaysant et raffiné.

Au sud et à l'est du Ring (3e et 4e arr.)

De bon marché à prix moyens

Salm Bräu (plan, E5, **140**) : *Rennweg 8 (Wien 3). ☎ 799-59-92. Tlj 11h-23h30. Formule déj env 8 € ; bons plats traditionnels 16-19 €. Énorme jarret de porc 25-33 € servi pour 2 pers.* Une authentique brasserie, avec bière pression et ambiance garanties maison, juste à la descente du tram et mitoyenne avec un autre monument de la vie locale (le Belvédère), ce qui explique son double succès. On a bien aimé le jarret de porc braisé, spécialité maison. Excellents travers de porc également et classique *wiener schnitzel*. Éviter la salle en sous-sol et préférer qu'une table se libère, près des cuves (c'est aussi une brasserie) ou dans la *Georgsaal* datant de 1717 (vous êtes dans le cloître des Salésiens !). Sinon, agréable terrasse dans la cour aux beaux jours.

Joseph Brot (plan, F4, **126**) : *Landstr. 4 (Wien 3). ☎ 710-28-81. Lun-ven 7h30-19h ; w-e 8h-17h/18h.* Une boulangerie-pâtisserie très réputée à Vienne, où nombre de grands restaurants viennent se fournir. Une partie resto est installée dans une grande salle design et épurée. On surfe sur la vague bio (mais pas exclusivement) et locavore ! Plusieurs formules de petits déj délicieux, sandwichs, salades, jus de fruits frais, bagels, soupe du jour... Impeccable pour satisfaire toutes les petites faims de la journée. 5 autres adresses à Vienne.

Café-Restaurant Resselpark (zoom, D4, **105**) : Wiedner Haupstr. 1 (Wien 4). ☎ 505-56-28. Tlj 11h-21h (20h w-e). Menu déj (en sem) env 9 € ; plats 9-16 €. Cuisine traditionnelle servie sur la terrasse quand les journées sont belles, et dans une salle agréable avec vue sur le parc. Voici une de ces adresses comme il y en a encore beaucoup à Vienne, qui ne sont pas forcément touristiques (on est tout près de la *Karlsplatz*), et qui continuent de proposer un menu copieux à prix imbattable le midi, des vins à prix doux et des plats qui vous permettront de repartir du bon pied. Spécialités de délicieuses *knödel* (boulettes) à la viande, aux pommes de terre ou épinards-fromage selon la saison.

Chic

Meierei im Stadtpark (plan, E4, **144**) : Am Heumarkt 2A (Wien 3). ☎ 713-31-68-10. Mar-ven et dim 8h-23h ; sam 9h-19h. Fermé lun. Brunchs 21-25 € ; plats 10-22 €. Attention, ne vous trompez pas d'entrée : *Meierei im Stadtpark* dépend de l'une des plus grandes tables de la ville qui se cache à l'est du *Stadtpark*, le *Steirereck* (menu env 125 €, si vous avez envie de vous l'offrir...). Un bar à lait et à fromages très classe, relooké par un designer contemporain, moins guindé que le restaurant classé parmi les meilleurs d'Europe, mais pas l'endroit où venir en short malgré tout. Un retour à la ferme, tout en blanc et vert. Contentez-vous donc de la partie bistrot, avec vue sur la Vienne. Une « laiterie », devrait-on plutôt dire (*Meierei* en v.o.), puisqu'ici ce sont les fromages qui sont à l'honneur, ainsi que les produits laitiers, tout comme ceux du potager. Très bon, très frais, forcément, la cuisine étant commune avec le gastro. Large choix de desserts.

Au sud du Ring, près du Naschmarkt (4e et 5e arr.)

À distance fort convenable du centre, et prolongement naturel du précédent, ce ***quartier populaire*** en pleine réhabilitation est devenu très tendance, et les tables qui s'y ouvrent vous changeront des tavernes habituelles. Tout tourne en fait autour du cosmopolite Naschmarkt (Ⓜ Karlsplatz), riche de surprises en tout genre. En s'éloignant un peu du marché, au croisement de la Schlossgasse et de la Margaretensstraße (Ⓜ Pilgramgasse), on découvre un autre quartier attachant de Vienne, avec ses maisons basses de style Biedermeier et ses nombreuses petites cours intérieures, où ont fleuri de charmantes *Beisl* (auberge).

Au marché !

Stands du Naschmarkt (plan, C-D4-5) : Wien 4. Tlj sauf dim. Repas 10-25 €. Les Viennois adorent s'y retrouver, moins pour faire leur marché que pour déjeuner ou dîner sur place. On y vient même pour le *Breakfasting*, nouvelle expression très mode. Une expérience à ne pas manquer, surtout si vous venez un samedi, jour de grand marché. Mais les autres jours, vous n'aurez ici que l'embarras du choix. Laissez votre nez et vos yeux vous guider (superbes étals d'épices, de fleurs, de produits bio). Les épiceries, boucheries, poissonneries et autres enseignes traditionnelles continuent de prospérer, au milieu des échoppes consacrées à la cuisine, toujours plus nombreuses chaque année. Les terrasses prennent leurs aises dès les 1ers beaux jours. Le plus difficile sera de vous décider entre les spécialités viennoises, indiennes, chinoises, turques, japonaises, grecques et bien d'autres encore... Sans oublier la cuisine juive, bien représentée par ***Neni*** et ses satellites. Même s'il n'y a plus de place en terrasse, grignotez sur le pouce une tartine au fromage, du poisson mariné, quelques huîtres ou un pain garni de *Leberwurst,* à moins que vous ne soyez accro aux sucreries. Si vous êtes plutôt bio, rendez-vous chez ***Tewa,*** et plutôt poisson chez ***Umarfisch.*** Le Naschmarkt offre un voyage culinaire à bon compte (enfin, presque !) en plein cœur de Vienne.

De bon marché à prix moyens

I●I ***Café Anzengruber*** *(plan, C5,* ***131****) :* *Schleifmühlgasse 19, angle Mühlgasse (Wien 4). ☎ 587-82-97. Tlj sauf dim-lun 16h-1h. Plats env 12-15 € servis non-stop jusqu'à 23h.* Un *Beisl* mythique, entre café viennois et bistrot de quartier. On vient là pour passer quelques heures à refaire le monde, ou regarder un match sur grand écran. Excellent *goulash.* S'y retrouvent joyeusement artistes, intellos, étudiants et habitués du quartier.

De prix moyens à plus chic

I●I ***Silberwirt*** *(plan, C6,* ***135****) :* *Schlossgasse 21 (Wien 5). ☎ 544-07-67. Ⓜ Pilgramgasse (U4). Un peu plus éloigné du Naschmarkt. Tlj 12h-minuit (22h30 cuisine). Formule déj env 8 € ; plats 12-32 €.* Dans un vieux quartier attachant, avec de longues maisons basses à un étage. Celle-ci ne compte pas moins de 70 fenêtres en façade ! C'est un *Biergarten* populaire et chaleureux, particulièrement agréable côté jardin. Cuisine classique et belle carte des vins. Beaucoup de monde le week-end, animation assurée par les trentenaires et autres étudiants attardés !

I●I ***Motto*** *(plan, C5,* ***134****) :* *Schönbrunner Str. 30, entrée Rüdigergasse (Wien 5). ☎ 587-06-72. Ⓜ Pilgramgasse (U4). Tlj 18h-2h (4h ven-sam). Brunch servi w-e, 11h-16h. Résa vivement conseillée. Plats 12-35 €.* La maison mère d'une enseigne aujourd'hui très tendance. L'entrée, par une porte en aluminium presque cachée, dissimule une vaste salle voûtée, à l'éclairage tamisé. À l'arrière se cache un agréable jardin partiellement ombragé. Grande fresque particulièrement osée au fond, mêlant photos et peinture. Cuisine dans l'air du temps et ambiance musicale jeune et rythmée. Look branché des serveurs, en adéquation avec le lieu.

I●I ***Gasthaus Wolf*** *(plan, D5,* ***137****) :* *Große Neugasse 20 (Wien 4). ☎ 581-15-44. Tlj sauf w-e 17h-minuit. Plats 14-23 €.* Une adresse étonnante. Décor de vieux bistrot typiquement viennois, avec ses hauts plafonds, panneaux en bois, joli comptoir animé et tables en formica. Dans la salle du fond, nappes blanches et ambiance plus feutrée. Carte assez restreinte (en allemand). Reste à lorgner les assiettes des voisins pour choisir ! Cuisine moderne pleine de saveurs équilibrées et belle sélection de vins. Service soigné.

I●I ***ON*** *(plan, C5,* ***138****) :* *Wehrgasse 8 (Wien 5). ☎ 585-49-00. Tlj 12h-minuit. Plats 12-20 €.* Ce petit resto figure en bonne place dans le carnet d'adresses des Viennois amateurs de cuisine asiatique. Par une belle journée d'été, c'est dans la cour à l'arrière qu'il faut s'installer. Les plats marient avec créativité les saveurs d'Asie et d'Occident, comme cet étonnant risotto à l'encre et aux fruits de mer, revisité à la mode chinoise. Service discret et tranquille, à l'image du lieu.

I●I ⛱ ***Zum Alten Fassl*** *(plan, C6,* ***139****) :* *Ziegelofengasse 37 (Wien 5). ☎ 544-42-98. Tlj 17h-minuit (22h sam et coupure 15h-17h dim). Plats env 10-20 €.* Cuisine traditionnelle, savoureuse et généreusement servie. Salles agréables, boisées et tapissées d'affiches, ambiance petit cocon douillet. On y vient surtout pour l'original *wienerschnitzel* ou le classique *gekochter tafelspitz.* Dès qu'un quart de demi-soleil apparaît, on dîne dans la grande cour ombragée, blottie autour d'un grand arbre. Atmosphère de quartier un peu hors du temps.

À l'ouest et au nord du Ring

(7e, 8e, 9e et 16e arr.)

La plupart des touristes se contentent de fréquenter le pittoresque quartier de ***Spittelberg*** entre une visite au *MuseumsQuartier* et une balade autour du *Rathaus.* Pourtant, été comme hiver, ce quartier offre de belles maisons baroques, mais aussi une vraie vie de quartier. Quelques rues pas plus, coincées entre la *Burggasse* et la *Neustiftgasse,* où l'on trouve de sympathiques restos qui attirent les autochtones. Mais c'est en poussant plus loin vers l'ouest, autour du Brunnenmarkt, ou en traînant dans le MuseumsQuartier, que vous pourrez prendre le pouls de la Vienne actuelle, jeune et cosmopolite. Ou encore, à partir de la très commerçante ***Mariahilfer Straße,*** le quartier gay et tendance, en direction du Naschmarkt.

Au marché !

|●| ***Brunnenmarkt et Yppenplatz*** *(plan, A2-3,* ***122****)* **:** *Wien 16. Tlj sauf dim.* Un grand marché cosmopolite de plus de 170 étals court le long de la *Brunnengasse* pour aboutir, au nord, sur *Yppenplatz.* Ces dernières années, ce quartier est devenu l'un des plus branchés, des plus alternatifs et des plus animés de la ville (surtout le samedi). Ambiance multiethnique réjouissante. Sur et autour d'*Yppenplatz,* plusieurs restos sympas, en terrasse aux beaux jours. Difficile de faire un choix, mais on a tout de même un petit faible pour le ***Wetter*** *(mar-ven 17h-minuit ; sam 10h-15h),* installé dans une ancienne laverie. Toujours sur la place, au n° 7, un sympathique bar à vins ouvert par un producteur de la région du Burgenland, ***Truksitz Vinothek Weinbar*** *(tlj sauf dim 18h-23h).* Avant de quitter le marché, faites un détour chez ***Staud's*** *(Hubergasse 3),* une institution vendant confitures, conserves maison et autres douceurs.

Bon marché

|●| ***Naturkost St. Josef*** *(plan, B4,* ***123****)* **:** *Zollergasse 26 (Wien 7). ☎ 526-68-18. Tlj sauf dim 10h-18h. Soupe 5 € ; plats env 10-15 €.* Grande boutique bio et alternative (mais chère !), où l'on s'installe sur un coin de tabouret au rez-de-chaussée, ou plus confortablement en mezzanine. Cuisine végétarienne et végan, appétissante et fraîche. Une adresse reposante pour votre régime après quelques jours de *Wiener Schnitzel,* goulasch et autres pâtisseries crémeuses...

|●| ***Schnitzelwirt*** *(plan, B4,* ***147****)* **:** *Neubaugasse 52 (Wien 7). ☎ 523-37-71. Tlj sauf dim 11h-22h. Plats 7-17 €.* Près d'un demi-siècle que cette taverne traditionnelle sert de généreux *schnitzels* (15 sortes !), qui figurent parmi les plus réputés de la ville. Agréable terrasse sur la rue, où l'on joue un peu des coudes pour trouver une place. Sinon, intérieur à l'ancienne, avec boiseries et déco bien dans son jus. Plusieurs salles en enfilade, ce qui donne l'occasion de passer devant les cuisines ouvertes pour humer des bonnes odeurs. Voici un rescapé de la Vienne populaire dans un quartier de plus en plus tendance.

|●| ***Café Florianihof*** *(plan, B3,* ***124****)* **:** *Florianigasse 45 (Wien 8). ☎ 402-48-42. Lun-ven 7h30-22h ; w-e 9h-15h. Plats env 8-11 €.* Grande salle lumineuse toute vitrée, habillée d'expos temporaires, sobre et élégante, avec éclairages bien pensés et plancher à chevrons. À la carte, quelques plats de bistrot qui changent régulièrement.

|●| ***Amerlingbeisl*** *(plan, B4,* ***125****)* **:** *Stiftgasse 8 (Wien 7). ☎ 526-16-60. Tlj 12h (10h dim)-2h. Petit déj 10 € ; plats env 10-15 €.* Un lieu charmant et contemporain, idyllique aux beaux jours, avec salles accueillantes et courette pavée sous une tonnelle adorable. Parfait pour boire un verre ou prendre un repas simple (wraps, houmous, tzatzíki, assiettes variées) dans une atmosphère estudiantine décontractée.

De bon marché à prix moyens

|●| ***Glacis Beisl*** *(zoom, C4,* ***100****)* **:** *Breite Gasse 4 (Wien 7). ☎ 526-56-60. Tlj 11h-minuit (23h cuisine). Plats env 10-25 €.* Ce restaurant avec pergola, caché à l'arrière du MuseumsQuartier, est idéal pour un soir d'été romantique sous les châtaigniers, côté jardin. Profitez-en pour découvrir, à l'entrée,

des œuvres que les amateurs de *street art* vont facilement reconnaître *(Busk, Invader)*. Outre l'escalope viennoise, d'autres plats plus colorés et plus novateurs mettent à l'honneur les produits locaux.

Ulrich *(plan, B4, **148**)* **:** *Sankt-Ulrichs-Platz 1 (Wien 7). ☎ 961-27-82. Tlj 7h30 (9h w-e)-1h. Lunch menu en sem 11-13,50 € ; plats 11-17 €.* Sur l'une des plus charmantes places de Vienne, un resto à la mode où les habitants du coin aiment se retrouver pour déjeuner en terrasse, prendre l'apéro ou dîner. Cuisine internationale saine et savoureuse : soupes, *couscous bowl*, gnocchi, agneau... Excellents cocktails pour ceux qui veulent prolonger le plaisir et profiter de la bonne ambiance.

Ribelli *(resto du 25hours Hotel Wien ; plan, B3-4, **46**)* **:** *Lerchenfelder Str. 1-3 (Wien 7). ☎ 521-51-845. Ⓜ Volkstheater (U2 ou U3). Lun-sam 12h-minuit ; dim 7h-14h. Pasta et pizzas 10-19 €.* Ceux qui résident dans cet hôtel (l'un des plus originaux de la ville), mais également les touristes de passage, n'hésiteront pas à pousser la porte de ce lieu moderne, façon vieil entrepôt revisité, avec son bar central et son ambiance relax. La tendance culinaire est ici à l'Italie, avec une sélection d'antipasti, *pasta* et *pizze*, constituant une carte flatteuse et bien ficelée. Bons fromages également.

Il Sestante *(plan, B3, **128**)* **:** *Piaristengasse 50 (Wien 8). ☎ 402-98-94. Tlj 11h30-23h. Pâtes et pizzas 7-15 € ; viandes et poissons 17-22 €.* Un authentique resto italien (tenu par des Italiens) servant des pizzas cuites au feu de bois et un large choix de plats originaires de la Botte. Salle simple et chaleureuse, à l'ambiance de cantine de quartier. Terrasse dès les beaux jours.

7 Stern Bräu *(plan, B4, **127**)* **:** *Siebensterngasse 19 (Wien 7). ☎ 523-86-97. Tlj 11h-minuit (cuisine 11h30-23h). Le midi, plat du jour env 9 € ; sinon, plats 10-21 €.* Superbe maison du XVIIIe s. On descend quelques marches pour entrer dans une immense salle dont le centre est occupé par un grand bar en U éclairé par une verrière et flanqué de 2 rutilantes cuves en cuivre où l'on brasse la bière maison. Plaques émaillées publicitaires. Brasserie animée et bruyante, où l'on déguste des plats traditionnels et copieux, dans une ambiance 3e mi-temps à certaines heures. On peut simplement y boire un verre ou y manger sans attendre de grands émois gustatifs, mais on en sort bien repu. Agréable jardin à l'arrière en été.

Rebhuhn *(plan, C2, **130**)* **:** *Berggasse 24 (Wien 9). ☎ 319-50-58. Tlj 11h-minuit (22h30 cuisine). Fermé certains w-e en juil-août. Plats 10-25 €.* Resto traditionnel et familial (*wiener schnitzel* à l'honneur !) dans une pièce tout en longueur cernée par une banquette. Les nappes blanches et les petits bouquets sur les tables apportent une touche de fraîcheur dans cet intérieur de bois. Un lieu idéal pour goûter aux spécialités autrichiennes servies généreusement, avec le sourire et dans un cadre vraiment plaisant.

Zu ebener Erde und erster Stock *(zoom, C4, **106**)* **:** *Burggasse 13 (Wien 7). ☎ 523-62-54. Tlj sauf dim-lun 12h-minuit. Plats 16-23 €.* Belle bâtisse en modèle réduit de l'architecture Biedermeier. Cet établissement compte parmi les classiques viennois, dans le registre cuisine traditionnelle, avec son *Beisl* au rez-de-chaussée et la salle du resto à l'étage. Large carte des vins.

I Ragazzi *(zoom, C4, **109**)* **:** *Burggasse 6-8 (Wien 7). ☎ 01-522-63-25. Tlj sauf lun 16h30 (12h w-e)-23h. Pasta, pizzas, risotto 9-17 €. CB refusées.* Trattoria-pizzeria, au coin d'une rue, appréciée des noctambules du *Spittelberg* et des touristes qui résident dans le secteur. Excellente cuisine de la péninsule : *antipasti* de légumes grillés, minestrone, pizzas à pâte fine et bien garnies, pâtes fraîches, sans oublier le risotto. Tiramisù à tomber.

Chic

Witwe Bolte *(zoom, C4, **107**)* **:** *Gutenberggasse 13 (Wien 7). ☎ 523-14-50. Tlj 17h30-22h30. Menus 28-46 € ; plats 15-32 €.* Une auberge dans une jolie maison de style baroque, d'où Joseph II, venu incognito, se serait fait un jour chasser pour inconduite caractérisée. Il est vrai qu'à l'époque le *Spittelberg* était connu pour héberger les prostituées viennoises. Très agréable terrasse ombragée.

Les plus fameux cafés viennois

Commander un café dans un ***Kaffeehaus*** viennois n'est pas une affaire banale. Pour y accéder, reportez-vous à la rubrique « Boissons. Petit lexique du café » dans le chapitre « Hommes, culture, environnement ». Les cafés viennois perpétuent, pour la plupart, la tradition du double K *(Kaffee-Kuchen)* : la fameuse pause sucrée autour d'un café et d'une part de tarte ou de gâteau. Tous ne sont pas aussi célèbres que *Demel* ou *Sacher.* Ces deux-là ont réussi à conclure un compromis historique, à la mode autrichienne, à propos du gâteau le plus célèbre de la ville : la *Sachertorte. Sacher* détiendrait la recette « originale », mais *Demel* aurait conservé « l'authentique ». Trop fort !

D'abord, il convient d'attendre qu'on vous attribue une place, ensuite, le plus simple pour vous est de vous rendre directement au comptoir, où sont présentés les gâteaux, pour choisir. Certains de ces établissements, où il fait bon prendre son temps, proposent régulièrement de petits concerts.

Voici notre petite sélection du moment, mais il y en a d'autres à découvrir en chemin. D'excellentes adresses qui ont toutes une histoire à raconter : le *Café Mozart,* le *Café Schwarzenberg,* entre autres. Citons encore les *Cafés Hummel* (Wien 8), *Imperial* (Wien 1) et *Dommayer* (à l'ouest de Schönbrunn ; Wien 13).

Dans le centre historique

(1er arr.)

Café Prückel *(plan, E3, **170**) : Stubenring 24. Tlj 8h30-22h. ☎ 512-61-15. Concerts de piano lun, mer et ven 19h-22h. Menus midi en sem 9-10 € ; plats env 8-16,50 €.* Un des grands classiques, situé sur le Ring et créé en 1903 par *Maxime Lurion.* Vaste salle lumineuse, aménagée dans le style des années 1950 : une déco vintage qui conserve beaucoup de charme. Habitants du quartier, étudiants, visiteurs du MAK tout proche (musée des Arts appliqués) ou joueurs de bridge en ont fait leur lieu privilégié de rencontre. Propose quelques plats d'inspiration autrichienne. Terrasse au soleil, vite prise d'assaut.

Café Bräunerhof *(zoom, D3, **161**) : Stallburggasse 2. Lun-sam 8h-19h (18h sam) ; dim 10h-18h. Menu du jour env 8 €. En principe, musique classique w-e ap-m. CB refusées.* Un *Kaffeehaus* authentique, populaire, vieillot mais charmant. Des photos rappellent la présence de Thomas Bernhard, qui aimait y venir. Salle spacieuse bien usée et patinée. Nombreux journaux à disposition. Ambiance décontractée et moins agitée que dans les autres. Ici, on prend le temps de vivre et de réfléchir. Bonne sélection de gâteaux.

Café Landtmann *(zoom, C3, **102**) : Universitätsring 4. ☎ 241-001-20. À côté du Burgtheater. Tlj 7h30-minuit (cuisine jusqu'à 22h). Voir plus haut « Où manger ? ».* Depuis son ouverture en 1873, il reste l'un des cafés-brasseries-pâtisseries les plus célèbres. Décor de bois marqueté, lustres vieillots, atmosphère assez feutrée. Un des hauts lieux des politiciens et des artistes de l'Opéra et du théâtre. Outre la belle terrasse, la grande salle se révèle cosy et séduisante. La maison a vu passer bon nombre de personnalités, dont Freud, Marlene Dietrich, Romy Schneider, Burt Lancaster... et puis vous et nous. Grande terrasse fleurie en été et chauffée en hiver. Petits salons pour le thé et les excellents gâteaux.

Demel *(zoom, D3, **165**) : Kohlmarkt 14. ☎ 535-17-17. Tlj 10h-19h. Le midi, plats 12-19 € ; pâtisserie env 5,50 €.* La pâtisserie la plus célèbre d'Autriche, longtemps fournisseur de la famille impériale. Cadre légendaire de miroirs biseautés et gravés, lustres en cristal, dorures, bibelots, etc. Boutique à l'arrière. Gâteaux plus savoureux les uns que les autres (goûtez à la *fächertorte*, la *sachertorte* ou le *Anna Demel cake*). Un conseil, restez sur les gâteaux et évitez les plats à la carte, chers et servis chichement. Service dans la tradition.

Café Diglas (zoom, E3, **163**) : *Wollzeile 10. ☎ 512-57-65. Tlj sauf dim 8h (9h sam)-22h30. Pâtisserie env 5 € ; plats 11-24 €. Musique tlj 19h-22h. CB refusées.* Salles joliment voûtées, murs écrus, bois verni, tables en marbre et banquettes de velours rouge. Classique donc, mais quelques touches de fantaisie dynamisent l'ensemble. Excellentes pâtisseries et carte très viennoise (traduite en français). Terrasse pour prendre l'air. Piano-bar. Une curiosité : les portes transparentes des toilettes qui s'obscurcissent quand on y entre !

Café Central (zoom, D3, **167**) : *Herrengasse 14. Tlj 8h (10h dim)-21h. Concert de piano tlj à partir de 17h. Formule déj en sem 12,50 € (végétarien le ven) ; plats 9-22 €.* Dans le splendide décor néo-Renaissance du palais *Ferstel*, un des grands cafés légendaires de Vienne, aujourd'hui devenu très touristique. Fréquenté par *Musil, Karl Kraus, Schnitzler*, entre autres... Trotski y attendait tranquillement le déclenchement de la révolution de Février en Russie. Très grande salle voûtée d'ogives reposant sur des colonnes de marbre, éclairée par de larges baies. On y célèbre d'ailleurs le culte de l'élégance, du raffiné, aux notes aigrelettes d'un pianiste désenchanté juste comme il faut. À l'entrée, une sculpture représente *Peter Altenberg*, le poète sans demeure, aux célèbres moustaches de morse. Célèbre autrefois pour sa gastronomie, le lieu mérite aujourd'hui qu'on s'y contente d'une pause sucrée.

Café Sacher (zoom, D4, **162**) : *Philharmonikerstr. 4. ☎ 514-560. Tlj 8h-20h. Plats 11-24 €.* Juste derrière l'Opéra, une institution aujourd'hui évidemment très touristique, créée en 1876 par le fils de l'inventeur de la célèbre *Sachertorte*. C'est en 1832 que Frank Sacher eut l'idée de ce gâteau composé de chocolat moelleux avec une fine couche de confiture d'abricots, qui a fait depuis le tour du monde. On y vient donc essentiellement pour cette tarte, porte-étendard de la maison, à déguster dans l'un des 2 salons revêtus de rouge. Quant à l'hôtel, il servit de lieu de tournage à quelques scènes du *Troisième Homme* de Carol Reed.

Café Museum (zoom, D4, **168**) : *Operngasse 7. Ⓜ Karlsplatz (U1, U2 ou U4). ☎ 241-00-611. Tlj 8h-21h. Petite carte 8-14 €. Concert de piano ven-dim 17h-20h.* Une création du grand architecte Adolf Loos. Fréquenté par Klimt et Egon Schiele, il possède des volumes intérieurs équilibrés avec élégance. Ambiance chic mais pas guindée, parfaite pour déguster les bons gâteaux. Idéal également pour observer l'art de vivre si spécifique de cette ville ! Et dès les 1ers rayons de soleil, on profite de la superbe terrasse, où 2 pianos s'offrent aux doigts des amateurs.

Café Korb (zoom, D3, **171**) : *Brandstätte 9. Ⓜ Herrengasse. ☎ 533-72-15. Tlj sauf dim 8h-minuit (23h cuisine). Menu midi en sem env 13 € ; dim 15 €.* Agréable coin de terrasse bondée dès les beaux jours, devant une jolie petite fontaine, et une salle à l'ancienne, ni belle ni laide, bien dans son jus, façon vieux troquet des années 1930. Et c'est pour ça qu'on l'aime bien. En vitrine, des gâteaux tout beaux tout frais. Des grappes d'étudiants ou de jeunes employés s'y donnent rendez-vous pour un pot d'après boulot. De temps en temps, le *Art Lounge* en sous-sol reçoit de petites formations.

Du côté du Naschmarkt (6e arr.)

Café Savoy (plan, C5, **172**) : *Linke Wienzeile 36. ☎ 430-33-04. Tlj 10h (9h sam)-1h (2h ven-sam) ; cuisine jusqu'à 21h30.* Ravissant cadre *Jugendstil* : boiseries, lustres en cristal, grandes glaces, cuivres. Un décor style bonbonnière clinquante. Idéal pour se détendre, faire une pause après vos achats aux puces du Naschmarkt, ou commenter les magnifiques façades d'Otto Wagner toutes proches. Avec les années, le café est devenu un rendez-vous gay réputé, mais pas seulement.

☕ |●| ***Café Sperl*** *(zoom, C4, **169**) : Gumpendorfer Str. 11. ☎ 586-41-58. Tlj 7h-22h (20h dim) ; ferme dim en juil-août. Plat du jour en sem 7-12 € ; pâtisseries 4 €.* En activité depuis 1880, il offre un bel exemple du *Alt-Wien*. Grandes salles hautes de plafond ; lampes de cuivre, moulures, boiseries sombres sculptées, chaises de bistrot Thonet, etc. L'un des plus beaux cafés de Vienne, jadis fréquenté par les artistes sécessionnistes et aujourd'hui par toutes les générations. Réputé longtemps pour sa cuisine soignée et ses pâtisseries, il est devenu aujourd'hui une adresse tendance du quartier de la mode. 3 belles tables de billard, dont l'une accueille tous les journaux, à feuilleter en buvant un verre.

Du côté de Mariahilf (6ᵉ arr.)

☕ |●| ***Café Ritter*** *(plan, B5, **173**) : Mariahilferstr. 73. ☎ 587-82-38. Lun-sam 7h30-22h ; dim 9h-21h. Pâtisseries 4-5 €.* Le centre-ville n'a pas l'exclusivité des cafés viennois ! Un peu en retrait de la grande artère de Mariahilferstraße, celui-ci peut se targuer d'une riche histoire : ouvert dès 1867 au sein du palais d'été du prince Esterházy, il connut plusieurs adresses. Le décor de Joseph Zotti, disciple de Hoffmann, n'a guère changé depuis les années 1930, avec chaises Thonet, panneaux de bois et plafonds en stuc. Les habitués y parcourent les journaux devant un *kleiner brauner* et une pâtisserie.

Du côté de Josefstadt (10ᵉ arr.)

☕ |●| ***Café Eiles*** *(zoom, C3, **174**) : Josefstädterstr. 2. ☎ 405-34-10. Lun-ven 7h (8h w-e et j. fériés)-minuit (23h cuisine).* Un superbe décor plus que centenaire minutieusement reconstitué (en 2016). Les confortables banquettes sont disposées en petites alcôves créant une agréable intimité. Les politiques, qui siègent au *Rathaus* et au Parlement voisins, s'invitent volontiers dans l'établissement. Alexander Van der Bellen, le chef de l'État autrichien, est paraît-il un habitué...

Où boire un verre tout en grignotant ? Où sortir ? Où écouter de la musique ?

Si vous pensez que Vienne est une ville quelque peu endormie et morose... c'est que vous n'y êtes pas revenu depuis le siècle dernier ! La Vienne du XXIᵉ s vous surprendra par la diversité et la multitude de lieux où sortir. Étonnant de se rendre compte comment une ville où la tradition a tant de poids sait, la nuit venue, revêtir ses habits de lumière et envahir les *dancefloors* ! Les week-ends et certains soirs d'été, réussir à pénétrer dans les bars et boîtes relève de l'exploit.

Le quartier à l'ouest de la *Schwedenplatz (zoom, E3)* bien desservi par le métro, le tram et les bus, attire une clientèle assez hétéroclite. La tendance actuelle pousse les *clubbers* à se perdre dans les ruelles entre la partie haute de *Gumpendorfer Straße* et *Linke Wienzeile (plan, B-C5-6)*, au sud-ouest du Ring. Quartier de la mode, quartier gay, bref un quartier où l'on ne s'ennuie pas ! Pour pousser les décibels au bout de la nuit, il faut vous rendre sous les arcades de la ligne de métro U6, entre les stations *Alser Straße (plan, A2)* et *Thaliastraße (plan d'ensemble)*, pour retrouver les jeunes de la *Wiener Szene*. On se laisse guider par le feeling, les rencontre et la musique (plutôt rock, mais pas que). Atmosphère festive et réjouissante en été !

– Pour une liste complète des clubs et discothèques, avec dates et lieux de concert, consulter le *Falter* (● *falter.at* ●), l'hebdo le plus complet sur les questions culturelles, ou sur ● *events.at* ●

Dans le centre historique (1ᵉʳ arr.)

🍷 |●| ***Kaffee Alt Wien*** *(zoom, E3, **180**) : Bäckerstr. 9. ☎ 512-52-22. Tlj 9h-1h ou 2h. Menus 10-15 € ;* goulasch, *soupes, saucisses et quelques autres plats typiques.* Le bar étudiant par excellence, mais dont la clientèle tend à se diversifier, les bobos se mêlant aux nouvelles générations. 2 grandes salles feutrées et chaleureuses, aux murs couverts d'affiches. À l'arrière, une salle plus chic pour la partie resto, avec longs canapés de velours. Nourriture familiale plutôt réussie, à prix doux.

1516 Brewing Company *(zoom, D4,* ***182****)* **:** *Schwarzenbergstr. 2. Tlj 10h-2h. Plats env 10-20 €.* Un pub à l'autrichienne, bondé tous les soirs. Décor de cuves en cuivre, dans lesquelles on brasse une dizaine de bières, de la *lager* à la brune, en passant par l'*IPA* ou la *weiss*. Tables hautes, écrans pour retransmettre les matchs de *Fußball*... Ceux qui recherchent un peu d'intimité iront voir ailleurs. Grande terrasse agréable, protégée de la rue par des plantes vertes.

Loos American Bar *(zoom, D3,* ***181****)* **:** *Kärntner Durchgang 10. ☎ 512-32-83. Tlj 12h-4h.* Un bar de légende dessiné en 1908 par le célèbre architecte Adolf Loos. Ambiance chic, élégance et sobriété sont au rendez-vous : plafond à caissons, miroirs agrandissant l'espace, banquettes de moleskine verte, boiseries d'acajou et hauts tabourets, éclairage sophistiqué, carreaux de marbre et d'onyx... Ian Fleming y situa un épisode des aventures de James Bond dans *Casino Royale.* Musique jazzy savamment distillée. Excellents cocktails, comme le *Bobe Special* fruité au gin. Tout un univers de nostalgie classieuse. Petit bout de terrasse dans la rue piétonne.

Planter's Club *(plan, D2,* ***184****)* **:** *Zelinkagasse 4. Tlj sauf dim 17h-2h (3h ven-sam).* Un bar à cocktails feutré, au décor de club pour *gentlemen.* Boiseries rutilantes, profonds fauteuils club, murs constellés de bouteilles rares... le ton est donné. Plus de 120 cocktails à la carte, qui change à chaque saison (quel boulot !). Les mixologues peuvent conseiller les indécis, sans pour autant pousser à la conso. Clientèle assez chic mais bonne ambiance, en particulier le vendredi-samedi.

Mel's Diner *(zoom, D3,* ***183****)* **:** *Wipplingerstr. 9. Tlj 11h-2h. Plats 9-14,50 € ; tasting rack 10 €.* Une longue terrasse et une salle chaleureuse tout en longueur, à la déco dominée par le bois et la brique. Au fond, un impressionnant rayonnage de bouteilles assure le décor du bar. Pas moins de 400 bières ici, uniquement des artisanales dégotées aux 4 coins du monde. Pour les curieux ou les indécis, le *tasting rack* permet de goûter 6 bières (généreusement servies), à choisir entre la vingtaine de pressions.

Palmenhaus *(zoom, D4,* ***187****)* **:** *Burggarten 1. ☎ 533-10-33. • palmenhaus.at • Café-resto dans les anciennes serres du Burggarten. Lun-ven (sauf lun-mar en janv-fév) 10h-minuit ; sam 9h-minuit ; dim 9h-23h. Menus le midi en sem 12-16 €. Cher le soir.* Sa voûte en verre et acier offre un cadre magnifique, tout en transparence, accueillant quelques plantes savamment disposées. Le soir, les lumières se font douces et la magie opère. DJs le vendredi soir *(19h-22h).* En été, terrasse surplombant les jardins.

Volksgarten Disco *(zoom, C3,* ***188****)* **:** *Burgring 1. • volksgarten.at • Ⓜ Volkstheater (U2 ou U3). Le soir, jusqu'au petit matin.* Plusieurs salles, piste de danse en plein air en été. Thèmes différents chaque soir : soirée étudiante et musique, house, hip-hop et *after* jusqu'à midi le dimanche pour les increvables. Ceux-ci pourront alors se diriger vers le café **Pavillon,** accolé à la boîte, qui propose des petits déj servis de 11h à 14h. Une terrasse donne sur le *Volksgarten.*

Jazzland *(zoom, E3,* ***185****)* **:** *Franz-Josefs-Kai 29. ☎ 533-25-75. • jazzland.at • Au-dessous de l'église Saint-Rupert. Tlj sauf dim, jusqu'à 1h... Concerts à partir de 21h. Fermé de fin juil à mi-août.* Le plus ancien café de jazz de Vienne ! Sous sa grande voûte de brique se retrouvent toujours d'excellents musiciens.

Francis Bistro *(zoom, E4,* ***192****)* **:** *Weihburggasse 18-20. Tlj 16h-2h (4h ven-sam).* Petit bar avec quelques tables à l'extérieur et une salle aux murs couverts d'affiches et de peintures (réalisées par le proprio). Du jazz et du blues en fond sonore et une clientèle locale, jeune le soir, plus âgée dans la journée. On aime bien l'atmosphère tranquille du lieu, où l'on fait halte avec plaisir pour un dernier verre.

Lukas (zoom, E3, **186**) : *Schönlaterngasse 2. Tlj 17h-4h.* Happy hours *17h-20h30.* Dans la ruelle la plus romantique de la vieille ville, l'un des bars qui ferment le plus tard, réparti dans 2 petites salles. Ambiance cosy, vieilles banquettes et belles photos, affiches et caricatures sur les murs.

À l'ouest du Ring dans Josefstadt et Mariahilf (7e et 8e arr.)

Bars et cafés du MuseumsQuartier (zoom, C4, **189**) : *horaires variables ; pour la plupart, tlj 10h-minuit.* Vous avez le choix entre les terrasses et les cafétérias des différents musées. Des ambiances et styles différents à tester quelle que soit l'heure de la journée. Si vous ne vous décidez pas, vous pourrez toujours vous allonger sur les fameux *Enzis* disposés pour le repos dans la cour, où l'architecture classique des écuries de la Hofburg se mêle avec harmonie à l'architecture moderne. Lors des chaudes nuits d'été, c'est plein comme un œuf.

Espresso (plan, B4, **203**) : *Burggasse 57 (Wien 7). ☎ 522-105-70. Lun-ven 7h30-1h ; sam 11h-17h. Fermé dim.* Un bar-café au look très fifties qui s'anime dès l'aube. Sympathique terrasse sur la rue, qui ressemble à une scène de théâtre. Cafés, petits déj, tartines, bières ou cocktails s'enchaînent selon l'heure et l'ambiance. Belle sélection de vins autrichiens (mais pas que), bio et naturels. Une adresse attachante.

Burgasse 24 (plan, B4, **205**) : *Burgasse 24 (Wien 7). ☎ 616-417-84. Tlj 10h-22h. Petit déj 6-14 €.* On entre soit par la boutique de vêtements de la rue Burgasse, soit par la place Sankt Ulrich Platz. On aime bien ces 2 salles réchauffées par de grands poêles de bois, où l'on s'installe dans de profonds canapés et fauteuils un peu défoncés : un côté *lounge* vintage en quelque sorte. Vins au verre, cocktails, le tout baigné par une musique soft. Étudiants et trentenaires s'y retrouvent avec plaisir.

Das Möbel Café (zoom, C4, **190**) : *Burggasse 10 (Wien 7). Tlj 9h-minuit (1h jeu-sam et 23h dim). Soupes et plat du jour 6-8 €.* Un café-boutique qui porte bien son nom (on peut acheter le mobilier sur le Net), cool et à l'atmosphère alternative qu'on apprécie bien. On y fait halte pour prendre un verre, mais les petits plats sont fort bien tournés.

7 Stern Bräu (plan, B4, **127**) : *Siebensterngasse 19 (Wien 7). ☎ 523-86-97. Tlj 11h-minuit.* Brasserie accueillante où l'on peut siroter différentes bières. Si vous êtes amateur de ces ambiances bruyantes et quelque peu hors du temps, il y en a d'autres dont on parle un peu plus haut (voir « Où manger ? »), et où l'on peut goûter aussi aux spécialités maison, liquides comme solides.

Der Dachboden (plan, B3-4, **46**) : *Lerchenfelder Str. 1-3 (Wien 7). ☎ 521-51-0. Au 8e étage du 25hours Hotel Wien (voir « Où dormir ? »). Lun-sam 15h-1h ; dim 14h-minuit.* Déco décalée pleine de créativité, coins cosy, et surtout cette vue magnifique sur la ville, à savourer avec un bon cocktail, bien au chaud derrière les baies vitrées ou en terrasse. DJs de temps en temps.

Café Namenlos (plan, B3, **207**) : *Lange Gasse 31 (Wien 8). ☎ 402-57-71. Ⓜ Rathaus (U2). Lun-ven 8h-20h ; sam 9h-19h.* Si vous logez dans le secteur, vous passerez sans doute devant ce café un peu bohême, bien à l'image du quartier, proposant quelques tables sur le trottoir de cette rue semi-piétonne. Pour prendre un petit déj ou s'octroyer un moment cool autour d'un café et d'un bon gâteau avant de rentrer à l'hôtel.

Tunnel (plan, B3, **193**) : *Florianigasse 39 (Wien 8). ☎ 990-44-00. • tunnel-vienna-live.at • Ⓜ Rathaus (U2). Tlj 9h-2h (minuit dim). Concerts chaque soir à 20h (jusqu'à 23h-minuit). Entrée : de gratuit à env 30 €. Open mic (micro ouvert) certains soirs.* Un des QG des étudiants viennois, du petit déj à la soupe du soir. Au rez-de-chaussée, vaste salle chaleureuse tapissée de boiseries et coins cosy pour refaire le monde. À l'étage, des petits espaces tout mignons en mezzanine, avec balustrade en bois. Ambiance vraiment sympa. Terrasse en été sur la Florianigasse.

🍸 ♩ ***Miles Smiles Jazz Café*** *(plan, B3,* ***194****) : Lange Gasse 51 (Wien 8). ☎ 405-95-17. • miles.at • Ⓜ Rathaus (U2). Lun-jeu 19h-2h ; ven-sam 20h-4h. Concerts vers 20h en général, mais pas tlj.* Sympathique petit *jazz café,* installé dans un édifice de caractère. Salle intime et paisible pour boire un verre entre amis au son d'une excellente sélection jazz. Bon choix de bières à prix modérés. Possibilité de grignoter fromages et snacks divers. Ça peut être très calme quand il n'y a pas de concert.

Sous le Gürtel (7e et 8e arr.)

🍸 ♩ ***Chelsea*** *(plan, A3,* ***195****) : Lerchenfelder Gürtel (Wien 8), arcades du métro nos 29-31. • chelsea.co.at • Ⓜ Tahliastr. (U6). Tlj 18h-4h. Concert à 21h, 21h30 ou 22h selon les soirs, entrée 30 mn avt fermeture. Entrée : jusqu'à 20 €.* Toujours un des bars les plus courus du Gürtel, depuis plus de 20 ans (ici, on se serre la « ceinture », comme dirait un traducteur plein d'humour). DJs, groupes célèbres ou pas et musique alternative animent le lieu, tout comme les matchs de foot retransmis sur écrans géants... pas en même temps que les concerts, rassurez-vous !

🍸 ♩ ***Loop*** *(plan, A3,* ***196****) : U-Bahn Bogen 26 (Wien 8). • loop.co.at • Ⓜ Tahliastr. (U6). Tlj sauf jeu 18h-2h (4h ven-sam, 1h dim). Entrée généralement gratuite, sauf pour certains concerts. Happy hours 22h-minuit.* Voici un excellent bar-cabaret posé sous les arches du métro où assister à un concert de jazz. Ambiance chaleureuse autour du bar lumineux, idéale pour converser. Dans la salle de concert, des tables disposées autour d'une microscène permettent de siroter tranquille en tapant du pied.

🍸 ♩ Sous le *Gürtel,* citons également le ***Rhyz,*** spécialisé dans la musique électronique, le ***B 72,*** qui organise concerts et soirées underground ou le ***Café Carina,*** un bar rock chaleureux.

Vers le Naschmarkt, le long des Linke et Rechte Wienzeile, et plus au sud (4e, 5e, 6e et 12e arr.)

Le drapeau arc-en-ciel flotte sur le quartier. Des adresses prisées par la communauté gay : ***Felixx, Mango Bar, Village Bar,*** mais il y en a bien d'autres... Consultez le *Vienna Gayguide* distribué dans les hôtels et à l'office, ou si vous allez sur le site *• gayguide.me •* Ici, les bars branchés ouvrent, ferment, changent de noms... Laissez-vous porter par la foule des habitués ou votre feeling.

🍸 ***Vollpension*** *(plan, D5,* ***208****) : Schleifmühlgasse 16 (Wien 4). Tlj 8h-20h.* « Bohême », c'est le 1er mot qui vient à l'esprit pour qualifier ce salon de thé cool comme tout, installé en demi sous-sol. Murs de brique tout blancs où s'accrochent vieux portraits, tableaux au crochet, objets divers aussi kitch qu'amusants. On prend place sur de vieux canapés ou des fauteuils profonds pour déguster de bons gros gâteaux accompagnés d'un thé ou d'un bon café viennois. On est bien ici, et les heures défilent sans qu'on s'en aperçoive.

🍸 |●| ♩ ⛱ ***Heuer am Karlsplatz*** *(zoom, D4,* ***204****) : Trietlstr. 2 (Wien 4). • heueramkarlsplatz.com • ☎ 890-05-90. Ⓜ Karlsplatz (U1, U2 et U4). Tlj sauf dim 11h30-1h (cuisine 12h-14h30, 17h-22h). Bar-club lun-ven 18h-2h.* Jolie terrasse contemporaine, cachée dans la verdure de la Karlsplatz. Ambiance assez proche d'un *Biergarten* berlinois mais modernisé, où l'on peut débarquer à toute heure pour un café, un plat du jour, une pâtisserie ou une grande *pils.* Le soir, place aux DJs et aux cocktails dans la partie club.

🍸 ***Phil*** *(zoom, C4,* ***191****) : Gumpendorfer Str. 10 (Wien 6). • phil.info • Tlj 9h (15h lun)-1h. Bières et verres de vin pas chers.* Un lieu dans la mouvance de cette nouvelle Vienne qui bouge, à la fois café, librairie et brocante. Petits coins et recoins pour se caler dans des canapés profonds ou des fauteuils colorés, souvent des années 1960-1970, à acheter si le cœur vous en dit.

Tout comme les lampes, les bouquins, car c'est aussi une librairie. Ambiance estudiantine cool et alternative, les yeux rivés tantôt sur l'écran de leur *laptop,* tantôt dans leur verre de vin, sur un fond musical tout en douceur. Vraiment très sympa.

Motto *(plan, C5,* ***134****) : Schönbrunner Str. 30 (Wien 5). ☎ 587-06-72. Ⓜ Pilgramgasse (U4). Tlj 18h-2h (4h ven-sam).* Bar de nuit branché, tout comme son demi-frère, près du Donaukanal. Fait aussi resto (voir plus haut la rubrique « Où manger ? »).

U4 *(plan d'ensemble et hors plan par A6,* ***197****) : Schönbrunner Str. 222-228 (Wien 12). ☎ 817-11-92. • u-4.at • Ⓜ Meidlinger Hauptstr. (U4). Très excentré ; pour y aller, prendre le métro ou un taxi. Entrée de la boîte à gauche de l'entrée du centre commercial. Tlj sauf dim-lun 22h-6h. Entrée : env 10 € ; réduc étudiants jeu.* La boîte, qui se trouve au sous-sol d'un grand bâtiment moderne abritant des commerces, est l'une des plus connues des 18-25 ans. Chaque jour un thème différent, de la techno au rock en passant par les soirées gay ou encore les seventies. Un éventail suffisamment large pour trouver danse à votre pied !

Au nord du Ring et côté Donaukanal

(1er, 2e et 9e arr.)

Café du Motto Am Fluss *(zoom, E3,* ***206****) : Franz-Josefs-Kai 2 (Wien 1). • mottoamfluss.at • Tlj 8h-minuit.* Une pause sur le pont d'une barge flottante au-dessus du Donaukanal ? Le café du *Motto Am Fluss,* en plus de sa vue extraordinaire, sert toute la journée rafraîchissements et petits en-cas. *Lunch menus* (végans ou non), délicieuses pâtisseries, vins locaux, cocktails bien balancés ou pintes de bière, vous aurez l'embarras du choix. Par beau temps, le pont se couvre de monde dès la fin d'après-midi. Également un resto en dessous, mais on se contentera de la partie bar.

Supersense *(plan, F2,* ***202****) : Praterstr. 70 (Wien 2). Tlj sauf jeu et w-e 17h-22h.* À l'entrée, le coin bar a conservé quelques éléments de cette belle demeure du XIXe s, avec des touches de modernité décalées. On y boit un verre, on y déguste un bon gâteau ou on y grignote quelques *Brötchen.* Mais c'est dans la salle du fond que le lieu affiche toute son originalité, présentant une foultitude d'articles, d'objets et d'activités liés aux 5 sens (d'où le nom !). Un petit studio d'enregistrement permet même aux groupes de graver leur musique sur vinyle. Une adresse très atypique et bien branchée, trop conceptuelle pour certains, géniale de créativité pour les autres.

Café Stein *(plan, C2,* ***199****) : Währingerstr. 6-8 (Wien 9). ☎ 319-72-41. Tlj 8h (9h dim)-minuit. Bar à cocktails mar-sam 18h-4h. Plats 9-16 € ; formule déj 8,50 €.* Comme l'illustre une inscription sur son plafond (*Die Kunst am Ende,* « Au bout il y a l'art »), *Stein* fut à l'origine un de ces « cafés des artistes » dont Vienne fourmillait. Aujourd'hui, son décor postmoderne, son service dynamique et sa bandeson agréable continuent de faire sa réputation. Au sous-sol, un bar à cocktails a fait son apparition, prenant en soirée le relais de la grande terrasse, donnant sur la Votivkirche.

Das Loft *(zoom, E3,* ***108****) : Praterstr. 1 (Wien 2). Côté resto jusqu'à 22h ; côté bar jusqu'à 1h ou 2h. Au 18e et dernier étage du Sofitel conçu par Jean Nouvel. Consos 6-16 €.* Ne serait-ce que pour la vue époustouflante embrassant Vienne à 360°, ce bar un brin snob mérite une visite. Le soir venu, le spectacle devient majestueux avec ce plafond en forme de voûte lumineuse et colorée, sorte de tapis volant éclairé. Le bar, surélevé pour profiter de la vue, trône au milieu du restaurant (bien trop cher, on vous prévient !).

Flex *(plan, D2,* ***198****) : Donaukanal (Wien 1). • flex.at • À côté du Augartenbrücke. Ouv selon programmation mais en principe tlj sauf dim 20h (18h pour le café)-6h.* Un « classique » de la nuit viennoise, aussi bien pour ses soirées électro que pour ses concerts de début de semaine. La réputation de son *sound system* attire artistes de qualité et DJs stars de la techno. En été, l'immense terrasse s'étire sur le canal du Danube. Clientèle de 18-30 ans, et plus si affinités.

La Mercerie *(plan, D2,* ***209****)* **:** *Berggasse 25, à l'angle de Servitengasse (Wien 9). Pas de tél. Lun-sam 8h30-19h. Fermé dim.* Indiquer un lieu très français pour prendre le petit déj dans un guide sur l'Autriche peut sembler un rien incongru. Pourtant ce petit cocon tout de bois revêtu, prolongé par un bout de terrasse sur le trottoir, est une adresse très prisée des locaux. Et c'est amusant, de voir les Viennois prendre un petit déj « à la française ». Une curiosité sociologique plus que culinaire, même si la baguette, les croissants et les pains au chocolat sont délicieux.

Pratersauna *(plan, G2,* ***201****)* **:** *Waldsteingartenstr. 135 (Wien 2). ☎ 664-250-20-22. • pratersauna.tv • Club : ven-sam 23h-6h (voir leur site pour infos). Piscine : mai-oct, mer-sam 11h30-20h.* Installé dans un ancien sauna, un espace de 1 800 m² à la fois festif et culturel, réunissant bar, discothèque, piscine dans un jardin et lieu d'exposition. Musique essentiellement techno et électro. Beaucoup de monde en été (mais l'espace ne manque pas !), notamment le week-end pour les soirées piscine avec DJs... Chaud !

À voir « en ville »

Quand un Viennois vous donne rendez-vous « en ville », c'est généralement au cœur du centre ancien qu'il pense. Le centre historique, *Innere Stadt,* est délimité par le *Ring,* large boulevard construit à la place des anciennes fortifications, et par le *Donaukanal,* au nord-est. On le parcourt aisément à pied. Ça tombe bien, c'est là que se concentre l'immense majorité des sites et curiosités qui font le bonheur des amoureux d'architectures médiévale et baroque.
Avant de partir, consultez le site • *wien.info* • et prenez à votre hôtel le plan général de la ville avec la liste des musées. Il est très pratique, gratuit et en français avec un peu de chance.
On s'est dit aussi qu'il fallait vous indiquer les endroits où vous allez pouvoir faire une pause salée-sucrée au fil des visites. En règle générale, dites-vous que chaque parc, chaque cour historique, chaque entrée de musée cache un lieu pour se (re)poser, dans un cadre agréable, avec souvent une terrasse aux beaux jours.
– N.B. : pour les musées et monuments, ***les prix d'entrée et horaires d'ouverture mentionnés dans ce guide sont ceux qui étaient en vigueur fin 2022.***
– Bon à savoir : ***l'accès à tous les musées municipaux est gratuit pour les moins de 19 ans et pour tous les 1ers dimanches du mois (sauf exception). Liste sur • wienmuseum.at •***

DANS LE CENTRE HISTORIQUE *(1er arr.)*

Autour de la cathédrale *(zoom, D-E2-3-4)*

Stephansdom (cathédrale Saint-Étienne ; zoom, D-E3) **:** *Stephansplatz. ☎ 515-52-30-54. • stephanskirche.at • Ⓜ Stephansplatz (U1 ou U3). Lun-sam 9h-11h30, 13h-16h30 ; dim 13h-16h30. Entrée : 6 €, audioguide en français compris. Ticket tt compris avec visite guidée des catacombes et visite libre des tours nord et sud : 20 € ; réduc enfants et familles. Visites guidées des catacombes (en allemand et en anglais) : lun-sam 10h-11h30 puis 13h30-16h30, ttes les 30 mn ; le dim l'ap-m slt : 6 €. Visite guidée des combles de 1h15 (juil-sept slt) sam à 19h : 11 € ; réduc. Grande messe dim et j. fériés à 10h15 (9h30 juil-août).*
Une pointe gothique au cœur d'un monde baroque. Qu'elle soit toujours là tient autant du miracle que de la volonté des hommes : le siège des Turcs en 1683 et les guerres napoléoniennes avaient déjà mis à mal la cathédrale construite aux XIVe et XVe s (à l'emplacement d'un édifice de style roman), mais c'est en 1945 que le pire

arriva. Si aucune bombe ne tomba sur Saint-Étienne, l'incendie qui se déclara à proximité fut destructeur. Les photos de l'époque témoignent du courage et de la volonté manifestés par les Viennois pour sa reconstruction. Pour la petite histoire, Mozart y épousa Constanze Weber en 1782.

La façade et l'extérieur

De la période romane subsiste la ***façade*** principale, avec les tours des Païens et, surtout, le portail central. Au centre, Christ en majesté entouré de 2 anges. On distingue aussi Samson et le lion, ainsi qu'un griffon. Sur le pilier gauche de l'entrée, 2 barres de fer servaient de mesure pour le commerce de la toile. Les côtés de la cathédrale et la tour sud du XVe s de 137 m de haut, chef-d'œuvre du gothique germanique, abritent une forêt de pinacles. Sur le côté, portail sculpté gothique de la *Singertor.* À noter, la toiture composée de tuiles vernissées, avec des motifs disposés en diagonale. Côté est, l'aigle à 2 têtes de l'Empire germanique.

L'intérieur et les tours

Aussi fréquenté qu'abondamment décoré. Nef d'une grande ampleur, avec une particularité : chaque pilier possède son autel de style baroque. À partir de l'entrée de la façade principale, voici les principaux points d'intérêt.

– À gauche de l'entrée, chapelle du Prince Eugène, l'homme qui revint victorieux du dernier assaut donné par les Turcs. Devant, un baldaquin de pierre gothique flamboyant du XVe s.

– À droite de l'entrée, autre baldaquin gothique à colonnes torses de 1510, abritant la *Vierge de Pötsch,* qui aida, paraît-il, à battre les Turcs en 1697. À côté, la *Singertor* par où les hommes entraient au Moyen Âge.

– ***La chaire en grès :*** au 3e pilier gauche, admirable chaire gothique flamboyant (1480). L'artiste qui l'a réalisée s'est représenté sous la rampe, dans la fenêtre, avec à la main ses outils. Les Viennois, qui ne manquent jamais d'humour, l'ont surnommé « le lorgneur » ! La chaire est ornée des 4 Pères de l'Église. Élégant et harmonieux escalier évoquant l'élévation vers le ciel.

– ***Le pied d'orgue :*** à la hauteur du 5e pilier sur le bas-côté gauche, œuvre superbe d'Anton Pilgram.

– ***La tour nord,*** inachevée, abrite la ***Pummerin.*** Le « bourdon » est accessible à gauche de la nef par un ascenseur *(tlj 9h-17h30 ; entrée : 6 €, réduc).* Cette cloche (la plus grosse d'Autriche : 3,14 m de diamètre, 21 t) fut fabriquée en 1951 sur le modèle de l'ancienne *Pummerin*, coulée avec les canons pris aux Turcs en 1683 devant Vienne et disparue en partie dans l'incendie de 1945. Ses restes furent englobés dans la nouvelle cloche, dont la majestueuse sonorité fait vibrer les façades environnantes. Une histoire qu'on retrouve dans les scènes qui la décorent.

– Dans le transept gauche, entrée des ***Katakomben*** *(catacombes). Visites guidées slt (détail des horaires plus haut).* Dans la 1re partie du XIVe s, sous la cathédrale, le caveau des Cardinaux *(Kardinalsgruft)* est affecté aux éminentes dépouilles des prélats. Dans la même section, le caveau des ducs où repose ***Rodolphe IV*** (mort de la peste à 26 ans), le fondateur de l'université de Vienne en 1365. Dans les niches, les urnes contenant les viscères des Habsbourg (voir encadré). Jeter un œil au passage sur les fragments de statues qui ont résisté au gigantesque incendie de 1945. La section suivante, le caveau des Chanoines, est masquée par des plaques de marbre.

PUZZLE IMPÉRIAL

Sous la cathédrale, les catacombes abritent, dans des niches, les urnes contenant les entrailles des Habsbourg. Jusqu'à la fin du XIXe s, le « rite espagnol » voulait que les viscères soient séparés du cœur. Quant aux corps, ils reposent dans la crypte des Capucins, sauf les derniers Habsbourg ; la coutume s'est arrêtée juste avant. Tout fout le camp !

Après avoir franchi les fondations de la cathédrale de 6 m d'épaisseur, on pénètre dans la partie située sous la place, où reposent les ossuaires de 16 000 Viennois. Dans une fosse commune pratiquée à la hâte depuis la *Stephansplatz*, on en jeta encore environ 2 000 en 1713 lors de l'épidémie de peste. Sous ***Joseph II***, des prisonniers furent contraints de venir vider les sépultures et entasser les ossements dans de vastes charniers. C'est sur cette note macabre que l'on ressort des catacombes, après une plongée dans les entrailles de la ville.

– À gauche du chœur, *cénotaphe* particulièrement imposant de Rodolphe IV, dit le Fondateur. À côté, remarquable retable polychrome (*Wiener Neustadt* ; 1447), formidablement conservé.

– Dans le chœur, *maître-autel* des frères **Pock** (1640). Derrière, de part et d'autre, des fragments des vitraux du XIVe s ont été adroitement intégrés aux nouveaux créés lors de la reconstruction.

– À droite du chœur, imposant *tombeau* en marbre rouge de Frédéric III, attribué à Nicolas de Leyde. Très chargé, avec des scènes sculptées en haut-relief, et orné de curieux animaux au sol tout autour (mais peu visible).

– Dans le transept droit, entrée de la ***Südturm***, la tour sud, dans laquelle on pénètre par l'extérieur, sur le flanc droit de la cathédrale *(tlj 9h-17h30 ; entrée : 5 €, réduc).* Monter 343 marches par un escalier étroit en colimaçon afin d'admirer le panorama sur la ville et les alentours ! Si le ciel est dégagé, vous allez pouvoir repérer nombre de monuments.

– Sur l'arrière de la cathédrale, bas-reliefs et quelques restes de fresques.

Le Dom Museum

– Pour ceux qui aiment pratiquer la chasse au trésor, celui de la cathédrale est visible dans le ***Dom Museum***, à gauche de la cathédrale : *Stephansplatz 6. ☎ 515-52-53-00. • dommuseum.at • Tlj sauf lun-mar 10h-18h (20h jeu). Dernière entrée 30 mn avt la fermeture. Entrée : 8 € ; audioguide (en français) : 3,50 € ; réduc.* Belle collection d'objets cultuels : ostensoirs, croix-reliquaires, évangéliaires, peintures gothiques, grands crucifix, retables, quelques œuvres de l'époque baroque. Descente de croix, remarquable retable du début du XVIe s, crucifixions, série de Madone du XIV-XVe s... Et au cœur de l'expo, le fameux portrait de Rodolphe IV, datant du XIVe s. Également des expositions d'art contemporain.

Derrière la cathédrale, faites une pause gourmande accompagné d'un thé, sous la tonnelle, si le temps le permet, dans un lieu caché cher aux Viennois : ***Haas & Haas***, *Stephansplatz 4. ☎ 512-26-66. Tlj sauf dim 9h-18h30. Sandwichs 5,50-11 € ; plats 11-15 €.*

Sinon, consolez-vous en faisant le plein de gaufrettes à la célèbre boutique ***Manner***, à l'angle de la *Rotenturmstraße*.

Haas-Haus *(maison Haas ; zoom, D3) : juste en face de la cathédrale, sur la place.* Un édifice contemporain, signé *Hans Hollein*, un des papes de l'architecture postmoderne, né à Vienne en 1934. Confrontation insolite (et longtemps décriée) avec la cathédrale dont le reflet se mire dans les vitres du bâtiment. Noter le jeu subtil des volumes. Belle vue sur la place, les toits et la cathédrale depuis l'***Onyx Bar*** de l'hôtel ***Do&Co***, au 6e étage (cher).

Virgilkapelle *(chapelle Virgile ; zoom, D3) : Stephansplatz, U-Bahn-Station. 0664-882-939-30. • wienmuseum.at/en/locations/virgilkapelle • Accès par le métro Stephansplatz. Tlj sauf lun 10h-18h. Entrée 5 € ; réduc ; gratuit moins de 19 ans et 1er dim du mois.*

C'est à la suite des travaux du métro, en 1973, que l'on découvrit cette ***intrigante chapelle gothique souterraine.*** Datée de 1220-1230, elle appartint un temps à la chapelle Marie-Madeleine, édifice voisin de la cathédrale aujourd'hui disparu. Elle fut par la suite totalement oubliée et ensevelie pendant plusieurs siècles. On découvre ses hauts volumes, sa voûte d'ogive et ses niches peintes de grandes croix rouges à travers une présentation moderne très réussie. Un petit musée interactif tente de percer les mystères de l'église et propose un panorama concis sur la Vienne médiévale.

Mozarthaus Vienna *(Maison Mozart ; zoom, E3)* **:** *Domgasse 5. ☎ 512-17-91. • mozarthausvienna.at • Tlj sauf lun 10h-18h (dernière entrée à 17h30). Entrée : 12 € (audioguide en français inclus) ; réduc. Billet combiné avec la Haus der Musik : 20 €.*
Dans cette demeure du XVIIe s (la seule existant encore à ce jour parmi celles où le compositeur a vécu), Mozart habita de 1784 à 1787 et composa notamment *Les Noces de Figaro,* c'est pourquoi on l'appelle souvent la *Figaro Haus.* Entièrement rénovés, ses 1 000 m² répartis sur 4 niveaux sont consacrés à l'œuvre, à la vie et à l'univers du génie de la musique. Cette maison intéressera surtout les vrais passionnés du compositeur, car outre le fait qu'il résida ici, les pièces ne conservent aucun souvenir de Mozart et sont un peu désincarnées. Le tout manque malheureusement d'âme.
La visite commence au 3e étage (ascenseur) avec ***Vienne au temps de Mozart,*** espace aménagé comme une longue introduction musicale à l'époque où Mozart habitait Vienne. Quelques gravures sur la physionomie urbaine, portraits des gens de théâtre et de gens de cour. Évocation du trio Haydn, Mozart et Beethoven. Copies de partitions. Le 2e étage passe en revue ***le monde musical de Mozart.*** On y rencontre le compositeur d'opéras, faisant halte sur la création des *Noces de Figaro.* Au 1er étage enfin, ***l'appartement de Mozart.*** Pas de meubles à part une horloge jouant du Mozart à chaque heure, une table de jeux d'époque... Les traces du passé s'arrêtent là. Boutique à l'étage.

De l'autre côté de la rue, au nº 6, jeter un œil sur le ***Kleiner Bischofshof*** avec son blason massif. C'est là que s'ouvrit en 1683 le 1er café viennois.

➢ Perpendiculaire à la Domgasse, la ***Grünangergasse,*** avec, au nº 4, le ***palais Fürstenberg*** (1720 ; *zoom, E3*) : feuillages et lévrier décorent le porche. Élégant encadrement des fenêtres. Quant à la ***Blutgasse,*** ce fut l'une des 1res tentatives (réussies) de restauration de ce vieux quartier. Ravissante la nuit avec ses pavés et arcs-boutants.

➢ ***Singerstraße*** *(zoom, D-E3) :* au nº 17, le **palais Rottal** (de 1750). Au nº 16, le ***palais Neupauer-Breuner.*** Remarquable porche avec 4 atlantes sur pilastres et une belle fenêtre au-dessus.

➢ À 2 pas, l'adorable ***Franziskanerplatz*** *(zoom, E4),* bordée de vénérables demeures, vieilles boutiques, et de la ***Franziskanerkirche*** (église Saint-Jérôme ; 1603). Admirer le pignon, rare exemple du style Renaissance bavaroise. À l'intérieur, intéressants maître-autel (avec trompe-l'œil) et buffet d'orgue.

➢ Délicieuses ***Ballgasse*** et ***Blumenstockgasse*** *(zoom, D3-4),* surtout la nuit dans le halo des réverbères. Grossièrement pavées, bordées de hautes demeures bourgeoises.

Au nº 13, le ***palais Erdödy-Fürstenberg*** (datant de 1724) s'ouvre sur un porche imposant, avec atlantes. Élégantes fenêtres. Au nº 15, belles enseignes avec auvents baroques. Blason sur la fenêtre centrale.
– Enfin, 2 rues en dessous, ne pas oublier l'***Annagasse.*** Chaque numéro se révèle digne d'intérêt. En particulier au nº 8, la maison Deybelhof, et au nº 14, la maison « À la Carpe bleue ».

Haus der Musik *(Maison de la musique ; zoom, D4) : Seilerstätte 30. ☎ 513-48-50. • hausdermusik.at • Tlj 10h-22h (dernière entrée à 21h30). Entrée : 13 € ; réduc. Billet combiné avec la Mozarthaus Vienna : 18 €.*
Le musée occupe le palais de l'archiduc Charles, où vécut le fondateur de l'Orchestre philharmonique de Vienne au XIXe s. Comment naît un son ? Comment le composer ? Qu'est-ce que la musique ? Pourquoi tant de célèbres musiciens

ont vécu à Vienne ? C'est à ces questions que ce musée tente de répondre à l'aide, entre autres, de jeux interactifs et créatifs, mais aussi avec une partie plus traditionnelle.
Le 1er étage est consacré à ***l'histoire de l'Orchestre philharmonique*** depuis sa fondation. Affiches, livrets de concerts, baguettes de chef, partitions, gravures, photos, et diffusion d'extraits de concerts dans une petite salle. Au 2e étage le ***Sonotopia Lab*** vous permettra notamment, les yeux rivés à une sorte de microscope, de combiner des formes et des sons, que l'on pourra faire projeter dans l'espace *Universe,* affalé sur de gros coussins à même le sol en reluquant le plafond. L'*Instrumentarium* présente quelques instruments de musique surdimensionnés.
Au 3e étage, ***The Great Composers*** rend hommage à la tradition musicale viennoise et aux célèbres compositeurs et musiciens qui ont marqué l'histoire de la ville à travers une muséographie classique (Haydn, Mozart, Beethoven, Schubert, Strauss et Mahler). Une salle est dédiée à chacun d'entre eux, recréant une ambiance chaleureuse, riche en objets, courriers, écrans tactiles, quelques instruments, partitions... le tout imprégné par la musique de chaque compositeur. Pour terminer, les enfants pourront jouer au chef d'orchestre virtuel de l'Orchestre philharmonique de Vienne. Café self-service au rez-de-chaussée.

Kaisergruft *(crypte impériale ; zoom, D4)* **:** *Neuer Markt, dans la* ***Kapuzinerkirche*** *(l'église des Capucins). ☎ 512-68-53-88. • kapuzinergruft.com • Entrée de la crypte à droite de la porte de l'église (et non dans l'église). Tlj 10h-18h (dernière entrée à 17h30). Entrée : 8 € ; réduc. Visite guidée en anglais à 15h30 mer-sam (+ 3,50 €).*
Quelques minutes à pied suffisent pour passer de la splendeur de la Hofburg à cette crypte macabre. En surface, l'église des capucins fut construite au début du XVIIe s dans un style extrêmement sobre. Tout le contraire des tombeaux exposés dans la crypte, où repose la quasi-intégralité des membres de la famille impériale depuis près de 4 siècles. 12 empereurs, 15 impératrices, oncles, tantes, cousins... 140 cercueils contenant les restes exclusifs d'une dynastie, sauf exception, comme il se doit : celui de la nounou de Marie-Thérèse, que celle-ci a tenu à conserver près d'elle dans l'au-delà. Presque des mausolées, dans des styles époustouflants. En particulier dans la 1re salle, au débouché de l'escalier d'entrée (crypte Charles). Cercueils en étain (du moins jusqu'à la fin du XVIIIe s) au style rococo délirant (qui, d'ailleurs, demandent un traitement spécial car l'étain se désagrège).
Le summum est atteint dans la pièce suivante, avec le cercueil de ***Marie-Thérèse*** et ***François de Lorraine,*** véritable monument du sculpteur *Balthasar Ferdinand Moll.* Orgueilleux dans la vie, pompeux dans la mort ! Voici les plus sinistres coffres mortuaires de Vienne, dernières demeures pour puissants obsédés par la longévité, dont l'exubérance des formes apparentes masque à peine l'angoisse des fins dernières. En aucun autre endroit le mot « pompe » ne s'est aussi bien accordé avec le mot « funèbre » ! Sur le côté, bas-reliefs représentant des épisodes de la vie de Marie-Thérèse.
Devant, le cercueil en cuivre tout simple de ***Joseph II,*** conforme à ses choix philosophiques du siècle des Lumières.

TOC, TOC, QUI VIENT LÀ ?

Lors d'un décès chez les Habsbourg, la coutume voulait qu'un chambellan accompagne le cercueil jusqu'à l'entrée de la crypte. Pour ouvrir la porte, le capucin de service demandait alors à 3 reprises : « Qui vient là ? » Et le chambellan devait réciter 2 fois la litanie interminable des titres ronflants du (de la) défunt(e). Accès refusé. La 3e fois, le chambellan quémandait modestement la permission d'entrer au nom « d'un pauvre pécheur aspirant à la paix éternelle ». C'était là le sésame indispensable pour rejoindre les ancêtres du défunt.

Tout au fond, la crypte avec les cercueils de l'empereur François-Joseph (mort en 1916) et de l'impératrice *(Kaiserin)* Élisabeth, dite Sissi (assassinée en 1898) – le plus fleuri de tous –, sans oublier celui de leur fils ***Rodolphe,*** qui s'est suicidé à Mayerling. C'est le seul endroit de la crypte où il y a une certaine affluence...
Enfin, après l'impératrice ***Zita*** (1892-1989), qui survécut 67 ans à son mari Charles Ier, le dernier à bénéficier de l'hospitalité de la crypte fut ***Otto*** de Habsbourg, en juillet 2011.
En remontant ensuite les marches pour revenir vers la lumière du jour, vous mettrez quelques secondes à vous réadapter...

Neuer Markt *(zoom, D4)* **:** une jolie place du centre ancien. Bordée d'élégants immeubles du XVIIIe s, avec au milieu une fontaine exécutée par *Georg Raphaël Donner* en 1738 pour le compte d'un commanditaire mauvais payeur, dont il se vengea en tournant les fesses d'une de ses statues vers les fenêtres de celui-ci ! Pour information, sachez que le thème de l'ensemble est une Providence entourée d'angelots avec, aux angles du bassin, une allégorie des rivières autrichiennes qui se jettent dans le Danube.

Traverser le ***Neuer Markt*** (là aussi, les amateurs de *Konditorei* seront servis sur un plateau) pour profiter de la *Gemütlichkeit* viennoise. Vous pouvez prendre un jus de fruits frais au rez-de-chaussée du ***Billa Corso*** (assez chic mais extra) ou vous contenter d'une saucisse sur le pouce commandée à l'un des stands qui font la réputation du quartier.

Österreichisches Theatermuseum *(musée du Théâtre ; zoom, D4)* **:** *Lobkowiczplatz 2. ☎ 525-24-27-29. • theatermuseum.at • Dans le superbe palais Lobkowicz. Tlj sauf mar 10h-18h. Entrée : 12 € ; réduc ; gratuit moins de 19 ans. Expos temporaires.*
Ce musée installé dans le *palais Lobkowicz* présente de nombreuses maquettes de décors, costumes ou estampes appartenant à l'univers du théâtre. Il est également connu pour abriter la ***salle Eroica,*** où fut jouée pour la 1re fois la *Troisième symphonie* de Beethoven lors d'un concert privé, en 1804.

NAPOLÉON A CESSÉ D'ÊTRE UN HÉROS

La Troisième Symphonie composée par Beethoven était dédiée à Bonaparte, que le musicien admirait en tant qu'incarnation des idéaux de la Révolution. Lorsque le Corse se proclama empereur des Français en 1804, Beethoven fut si dégoûté qu'il supprima le nom Bonaparte de la page titre. Plus tard, il y inscrivit : « Symphonie héroïque, composée en mémoire d'un grand homme », en fait son mécène, le prince de Lobkowicz.

Mais avec la fermeture pour travaux de l'***Académie des beaux-arts de Vienne,*** le musée accueille une partie de ses riches collections de peintures. La vedette incontestée est le triptyque du ***Jugement dernier*** de ***Jérôme Bosch*** avec comme thème central le péché originel et ses conséquences sur le destin de l'humanité. L'archange Michel sépare les défunts entre ceux qui ont droit au paradis et ceux qui iront rôtir en enfer, harcelés par une multitude de créatures fantastiques et grotesques, dirigées depuis sa grotte rougeoyante par le prince des ténèbres. Parmi les 250 œuvres de la collection, citons : ***Cranach*** *(Lucretia)*, ***Dirk Bouts*** *(Couronnement de Marie)*, ***Rembrandt*** *(Portrait de jeune fille)* ou ***Rubens*** *(Silène)*. Le musée abrite également une collection de ***manuscrits*** de poèmes ayant appartenu à Stefan Zweig, qui la légua avant de fuir les nazis (non visible).

Dorotheum *(zoom, D3-4)* **:** *Dorotheergasse 17. ☎ 51-56-00. • dorotheum.com • Tlj sauf dim 10h-17h.* Ancien couvent repris par le mont-de-piété, le palais abrite depuis 1707 l'hôtel des ventes de Vienne, l'un des plus vieux d'Europe, et peut-être le plus grand. Très régulièrement sont vendus aux enchères des tableaux de maîtres, de somptueux bijoux, de rares instruments de musique, de vieux jouets provenant des 4 coins du monde. Au rez-de-chaussée, certains objets sont vendus à prix fixes. Traversez-le, ne serait-ce que pour rêver un peu. Dans les rues adjacentes, une nuée de galeries qui exposent des œuvres d'art et des antiquités, créant une atmosphère très arty.

Graben Hotel *(zoom, D3)* **:** *Dorotheergasse 3.* ☎ *512-15-31-0. Ex-pension* Grillparzer. *En face du* Café Hawelka. ***Franz Kafka*** et ***Max Brod*** y séjournaient quand ils venaient de Prague. Sur le mur extérieur, une plaque rappelle que *Peter Altenberg,* auteur des *Esquisses viennoises,* y vécut de 1913 à 1919. Insomniaque et fauché, il occupait une chambre mansardée où, le 6 janvier 1919, des amis le découvrirent délirant de fièvre. 2 jours plus tard, le poète sans demeure s'éteignait à l'hôpital, victime d'une pneumonie. Le café du *Graben Hotel* porte aujourd'hui son nom.

Revuebar Casanova *(zoom, D3)* **:** *Dorotheergasse 6-8. En face du* Graben Hotel. L'un des plus vieux cabarets-spectacles de Vienne. On voit l'extérieur dans *Le Troisième Homme* (voir la rubrique « Cinéma. Quelques films incontournables » dans le chapitre « Hommes, culture, environnement »).

Jüdisches Museum der Stadt Wien *(Musée juif de la Ville de Vienne ; zoom, D3)* **:** *Dorotheergasse 11.* ☎ *535-04-31.* • *jmw.at* • *Tlj sauf sam 10h-18h. Fermé aux fêtes juives. Entrée (donnant accès, dans les 4 j., au Museum Judenplatz) : 12 € ; réduc ; gratuit moins de 19 ans.* Il occupe l'ancien *palais Eskeles* (XVe s), qui accueillit comme locataire, de 1805 à 1807, Constanze Mozart, la veuve de Wolfgang. Au début du XXe s, le palais abritait la galerie *Mietke* – à l'époque la galerie d'art la plus célèbre et avant-gardiste de la capitale –, où furent présentées pour la 1re fois au public les toiles d'***Egon Schiele,*** de ***Max Oppenheimer, Van Gogh, Renoir, Toulouse-Lautrec...*** Aujourd'hui, le musée présente des collections permanentes sur la communauté juive viennoise (objets liturgiques, peintures, documents), et des expositions temporaires au 1er étage.
Visite indispensable pour comprendre l'enracinement (plus de 10 siècles pour certaines familles !) de la communauté juive dans l'histoire de l'Autriche, et sa contribution exceptionnelle à l'essor de l'industrie, des sciences, de la littérature, de la musique, des arts de ce pays. Au début du XXe s, et jusque dans les années 1920-1930, Vienne abritait une communauté juive nettement plus importante en nombre (10 % environ de la population totale) et en influence que dans les autres capitales européennes. Beaucoup de juifs viennois étaient venus des provinces reculées de l'Empire austro-hongrois (Moravie, Galicie, Bucovine...) et avaient fait souche dans la capitale autrichienne. Un 1er geste de tolérance de Joseph II en 1781 leur donna les droits essentiels. Les discriminations, vestimentaires notamment, furent abolies à ce moment-là. La liste des intellectuels, artistes, journalistes de renom serait trop longue à établir. D'***Arthur Schnitzler*** à ***Sigmund Freud*** en passant par ***Theodor Herzl*** (l'auteur de *L'État juif,* livre fondateur du sionisme, habitait au no 6 de la Berggasse, non loin de Freud) et ***Stefan Zweig,*** les juifs autrichiens ont joué un rôle prépondérant dans l'épanouissement et le rayonnement de Vienne au tournant du XXe s.
L'annexion de l'Autriche par Hitler en 1938 marqua la fin de cette période d'extrême créativité intellectuelle et le début du cauchemar pour des milliers de familles juives. Avant la Shoah, près de 200 000 juifs vivaient à Vienne : 120 000 en seront chassés et déportés ; seulement 2 000 parmi ceux qui restèrent ont survécu. Aujourd'hui, la communauté est réduite à environ 8 000 membres.
L'ensemble du musée est moderne, très bien aménagé, avec de vastes salles, dont les plans ont été confiés à l'équipe d'architectes *Eichinger & Knechtl.*
Les visiteurs auront également le privilège d'admirer les réserves du musée, situées au 3e étage et qui comptent de somptueux objets liturgiques en or et plus souvent en argent, comme des couronnes de la Torah, des calices, des plats... La plupart sont issus du vieux Musée juif (fermé en 1938) et rescapés de diverses synagogues.

■ ***La librairie :*** *mêmes horaires que le musée.* Choix important de livres (beaucoup en allemand, forcément) sur la culture juive austro-hongroise et sur l'histoire de la communauté israélite à Vienne.

Graben *(zoom, D3)* **:** la plus célèbre « place » de Vienne est en réalité une longue rue marchande bordée de commerces de luxe et d'édifices prestigieux. Ancien fossé du camp romain, le *Graben* servit pendant des siècles de marché. Remanié à l'époque baroque puis au XIXe s, il devient un lieu de promenade à la mode.
– Au n° 19, remarquez les 6 élégants atlantes du grand magasin ***Julius Meinl.*** On y trouve des produits du monde entier (petit café au rez-de-chaussée et bar à vins au sous-sol).
– Au milieu de la place, la ***colonne de la peste*** *(Pestsäule),* construite à la demande de Léopold Ier pour célébrer la fin de l'épidémie en 1679 (elle fit plus de 100 000 victimes à Vienne). Sous le filet protecteur, on peut distinguer la vieille sorcière symbolisant la peste, poussée par un ange vers l'enfer. C'est un Léopold prognathe (avec la mâchoire en avant, la marque de fabrique familiale !) qui est ici représenté, d'une modestie toute relative (suivre son regard).
– Une curiosité encore : les ***w-c publics,*** œuvre de... Adolf Loos.

Peterskirche *(église Saint-Pierre ; zoom, D3) : • peterskirche.at • Tlj, ouv normalement 8h (9h w-e)-19h.* Un peu en retrait du Graben, ne manquez pas ***l'une des églises baroques qui fut la plus copiée en Europe centrale*** ! Remarquable façade, s'ajustant avec grâce dans l'étroitesse de la rue. Intérieur bien patiné, les ors se sont assombris. Monumental retable. Coupole ajourée. Chaire imbattable dans la démesure baroque, ainsi que le buffet d'orgue. De part et d'autre du chœur, 2 tribunes surmontées de verrières en forme de couronne.

Michaelerkirche *(église Saint-Michel ; zoom, D3) : Michaelerplatz 1. • michaelerkirche.at • En face de l'entrée de la Hofburg. Tlj 7h (8h dim)-22h. Compter 7 € pour la visite guidée de la crypte (sur rdv au ☎ 533-80-003). Photos interdites.*
C'est l'ancienne église paroissiale de la famille impériale. Édifiée à partir du XIIIe s, elle n'a quasiment rien conservé de la période romane. Nef, clocher et chapiteaux gothiques, chœur carré. Façade néoclassique de 1792. Orgue baroque le plus grand d'Autriche. Vestiges de fresques romanes. Au maître-autel, retable baroque particulièrement grandiloquent. On y a tourné la scène du mariage de ***Sissi*** (avec la belle Romy) et François-Joseph.
– La ***crypte*** servait de lieu d'inhumation. Sur les 4 000 cercueils entreposés ici, il n'en reste aujourd'hui que 250. Quelques corps momifiés habillés de costumes rutilants ont pu être conservés grâce à une température constante. Les cercueils sont ceux de personnes issues de la noblesse et de la cour des Habsbourg aux XVIIe et XVIIIe s.

La Hofburg et alentour
(entrée sur la Michaelerplatz ; zoom, C-D3-4)

Pour la majorité des touristes, c'est devant la ***Hofburg*** que commence la découverte de Vienne (après ou avant Schönbrunn !) : la visite du ***palais impérial,*** résidence des Habsbourg pendant plus de 6 siècles, est l'un des temps forts de la découverte du centre ancien (le 1er arrondissement) qui occupe 20 % de la surface. Ses édifices s'échelonnent du XIIIe au XXe s et concentrent à peu près tous les styles existants. Quelques chiffres : 18 ailes, une vingtaine de cours, 54 escaliers et près de 2 600 pièces. Véritable ville dans la ville, la *Hofburg* abrite aujourd'hui, en dehors des nombreux musées, la présidence de la République et quelques ministères.
On note 3 phases de construction. D'abord, de 1279 à 1681. À l'époque, c'est d'ailleurs plutôt une forteresse dont subsistent 3 édifices : l'***Alte Burg*** (le vieux

palais), la ***Stallburg*** (les écuries du manège espagnol) de 1558 et l'***Amalienburg*** de 1575 et 1600. Une fois que fut achevée l'aile Léopold en 1681, la 2e phase de construction put commencer, avec l'aile accueillant la chancellerie d'Empire en 1723, la salle d'apparat et, en 1739, le manège d'hiver *(Winterreitschule).* La 3e époque démarre sous Napoléon Ier en 1809, quand l'Empereur donne l'ordre de détruire les bastions (on trouve aujourd'hui, à la place, le *Volksgarten,* la *Heldenplatz* et le *Burggarten*). En 1857, un autre empereur, François-Joseph, fait édifier la *Neue Burg* (Nouveau Palais), l'aile qui fait face à la *Heldenplatz* et aux grands jardins bordant le Ring.

UN TRÈS LONG RÈGNE DE 68 ANS

Intronisé en 1848, Franz-Josef Ier eut l'un des plus longs règnes de l'histoire. Il incarna à lui seul les Habsbourg, désireux d'imposer au monde une monarchie universelle et catholique. En 1854, il épousa Élisabeth en Bavière, Sissi, qui lui donna 4 enfants. Sous des allures débonnaires de grand chauve à rouflaquettes, il fut le grand responsable du 1er conflit mondial. Son intransigeance obstinée vis-à-vis de la bien faible Serbie, à la suite de l'assassinat de l'archiduc héritier François-Ferdinand à Sarajevo, précipita l'Europe dans une hécatombe insensée.

L'***entrée principale*** de la Hofburg, sur *Michaelerplatz (zoom, D3),* fut réalisée en 1889 selon des plans du XVIIIe s. Façade concave avec arc de triomphe en son centre, surmontée d'un dôme. Sur les côtés, 2 fontaines monumentales : *L'Autriche dominant la mer* et, à droite, *L'Autriche dominant la terre* (il n'y avait pas encore d'avions !). De part et d'autre de la porte, 4 Hercule terrassent tout ce qu'ils peuvent à grands coups de gourdin. Une démonstration de puissance tout en délicatesse.

⭑⭑ *Les appartements impériaux et le musée Sissi* *(zoom, D3)* **:** *Michaelerplatz 1. ☎ 533-75-70. • sisimuseum-hofburg.at • Tlj 9h-17h30 (18h juil-août). Dernière admission 1h avt la fermeture. Entrée : 16 € ; réduc. Si vous prévoyez la visite des différents sites impériaux, mieux vaut prendre un Sisi Ticket à 40 € ; il donne aussi accès au musée du Meuble et dépôt du mobilier de la Cour ainsi qu'au « grand tour » du château de Schönbrunn. Pour éviter l'attente, pensez à acheter votre billet en ligne. L'excellent audioguide en français est indispensable (compris dans le tarif) pour éviter d'errer sans rien comprendre dans les innombrables pièces.*

SISSI *OR NOT* LIZI ?

Pourquoi donc l'appelait-on Sissi, alors que le diminutif de son prénom, Élisabeth, était Lizi ? L'impératrice signait Lizi, avec un L très courbé, ce qui fait que tout le monde lisait Sissi.

La visite commence au rez-de-chaussée par la collection de porcelaines et d'argenterie de la Cour, avant de se poursuivre à l'étage avec le musée Sissi et les appartements impériaux.

– ***Silberkammer*** *(collection d'argenterie de la Cour)* **:** voici une collection vraiment incroyable, d'une rare richesse tant par sa taille que sa diversité. Vitrines de faïences, porcelaines, services, carafes, centres de table et ustensiles de cuisine donnent un aperçu de la vie à la cour de Vienne et de son évolution au fil du temps. Une visite passionnante, pour peu qu'on s'intéresse aux arts de la table en général : collections de moules, de marmites, surtouts de table en bronze doré des réceptions officielles et quelques petits chefs-d'œuvre comme les couverts personnels de l'impératrice ***Marie-Thérèse,*** le service de table en or de Napoléon Ier, le service à dessert *Minton* offert par la reine ***Victoria*** à François-Joseph, ou le service de voyage de l'impératrice Sissi. En tout, quelque ***6 000 objets,*** intelligemment mis en scène par période, matériaux, type de décor, gamme de

couleurs... L'ensemble redonne vie à toute une époque de faste et de splendeurs qui laissent pantois. La vaisselle impériale fut utilisée pour les dîners d'État jusqu'à l'acquisition récente, au début de ce XXIe s, d'un service plus républicain.
– ***Sisi Museum*** *(musée Sissi)* **:** à l'étage. Ce musée est l'un des plus visités de la ville, et ne cesse de faire l'objet de réaménagements, en fonction de l'arrivée de nouveaux documents, rachetés à la famille ou aux collectionneurs... L'audioguide permet de se laisser embarquer dans l'histoire de Sissi, bien plus complexe qu'il n'y paraît. L'espace muséographique s'ouvre, tel un film en flash-back, sur ***l'assassinat de Sissi*** en 1898, qui allait faire entrer dans la légende une impératrice qui n'avait pas eu, sa vie durant, les médias de son côté pour faire parler d'elle. Documents d'époque et reconstitutions actuelles évoquent la vie privée d'Élisabeth, de ses années d'insouciance en Bavière jusqu'à son assassinat à Genève, au travers d'objets lui ayant appartenu : robe qu'elle portait la veille de ses noces, portraits officiels ou moins protocolaires, robe de chambre, ombrelles et éventails, reconstitution de son compartiment de train, masque funéraire.
La muséographie, très lyrique, nous fait entrer dans l'intimité d'une inconnue célèbre, d'une femme solitaire (ses poèmes, ses lettres permettent de la redécouvrir), attachée à une certaine idée de la liberté. La machine à remonter le temps tourne à plein régime, on se laisse emporter par le destin de celle que chaque époque aura su utiliser pour alimenter les rêves. Entre opérette, comédie musicale et opéra, entre images de films et objets cultes, une introduction souvent émouvante, parfois amusante, à la visite d'une Vienne qu'on ne peut croire éternelle.
Ce musée aborde donc le mythe de Sissi (ou plutôt Sisi, pour lui redonner son nom tel qu'il est partout écrit !) avec un regard tendre et critique à la fois : l'évasion d'Élisabeth dans le culte de la beauté, son obsession de la minceur, ses extrêmes exaltations, son rejet de la Cour et le rapport particulier à ses enfants et à son mari.
Il a fallu attendre sa mort pour que naisse un mythe qu'elle avait déjà contribué à alimenter par sa conduite indépendante et non conformiste. Sissi, contrairement à son époux, ne fut pas particulièrement populaire de son vivant. Elle ne l'a pas vraiment cherché, d'ailleurs, s'étant retirée fort tôt de la vie publique, passant son temps en voyages, en croisières, en séjours plus ou moins prolongés loin de Vienne (plus facile de voyager incognito hors de l'Autriche). Les derniers portraits d'elle ont été brossés d'après des modèles anciens et remontent à ses 42 ans, en 1879, dans la plénitude de sa beauté. Durant près de 20 ans, jusqu'à sa mort en septembre 1898, bien peu parmi ses contemporains purent se vanter d'avoir vu le véritable visage de cette dame en noir, se déplaçant caparaçonnée d'éventails, de voiles, de parasols...

SISSI, ANOREXIQUE ?

En représentation permanente au sein d'une Cour où la futilité dominait, Sissi avait l'obsession de la taille fine. Elle pesait à peine 50 kg pour 1,72 m ! En plus des régimes amaigrissants plutôt étranges (essentiellement lait, bouillons et oranges), elle s'astreignait à une gymnastique de nageuse chinoise. C'était son unique moyen d'entrer en rébellion contre une étiquette surannée... et contre sa belle-mère, l'archiduchesse Sophie, dont on disait qu'elle était « le seul homme de la famille ».

– ***Kaiserappartements*** *(appartements impériaux)* **:** après le musée Sissi, on entre directement dans les ***appartements de François-Joseph,*** sobrement aménagés (en comparaison de ceux de l'impératrice), en passant par la salle des gardes, la chambre d'audience, le cabinet de travail (superbe bureau), la chambre à coucher de l'empereur, le grand salon puis le petit salon... Chacune des pièces est chauffée par de poêles de faïence de toute beauté, véritables œuvres d'art. Des salles toutes imprégnées d'une certaine dignité mais n'affichant aucun apparat dispendieux. Quant aux ***appartements de l'impératrice Élisabeth (Sissi),*** c'est le faste et la majesté qui dominent. La série de salons est époustouflante. L'ensemble témoigne de la véritable personnalité de l'impératrice (le cabinet de toilette et sa petite salle de gymnastique pour garder la ligne, la salle de bains moderne, etc.). La visite se termine par les ***appartements du tsar Alexandre Ier,*** qui y demeura lors du congrès de Vienne en 1815.

Innerer Burghof ou In der Burg *(cour centrale ; zoom, D3)* **:** après la rotonde, accès à cette vaste cour rectangulaire, où trône au centre le monument de François II. Au XVIe s, elle servait aux tournois. Côté rotonde, somptueuse aile de la Chancellerie édifiée en 1723. On notera la longue façade rythmée par les fenêtres ouvragées et les pilastres cannelés. Sur le toit, statues, blasons et trophées. Au fond de la cour, la façade de l'*Amalienburg,* construite en 3 étapes du XVIe au XVIIIe s. Au milieu, un petit clocheton à bulbe avec horloge. En face de l'aile de la Chancellerie, celle de Léopold. Construite en 1547, puis modifiée en baroque en 1660, elle abrite aujourd'hui les bureaux du président de la République.

Schweizerhof *(cour des Suisses ; zoom, D3)* **:** la partie la plus ancienne de la Hofburg (elle date de 1279), bâtie par ***Ottokar II,*** roi de Bohême. La cour fut profondément remaniée à la Renaissance. Élégante porte des Suisses (1522) en brique rouge et ornée de lettres d'or. Vous pensez à la garde du Vatican ? Vous n'avez pas tort !

De la cour des Suisses, accès à la ***Hofburgkapelle*** *(chapelle impériale ; zoom, D3-4),* datant de 1449. *☎ 533-99-27. • hofmusikkapelle.gv.at • Lun-mar 10h-14h ; ven 11h-13h. Messe dim (sauf juil-août) à 9h15. Places assises à partir de 12 € et jusqu'à env 45 €. Résas par tél et en ligne. Billets à retirer ven 11h-13h, 15h-17h ; dim 8h-8h45.* Attention : pour les places réservées, on écoute les concerts depuis des loges aux 1er et 2e étages autour du chœur, donc sans voir la chapelle (ou via un écran). On aura une meilleure chance de participer à la messe chantée dans la chapelle en faisant la queue patiemment le matin même. En principe, il y a toujours des places assises libres au rez-de-chaussée. Mais que ne ferait-on pas pour voir et écouter les ***Petits Chanteurs de Vienne,*** un chœur créé en 1498 par l'empereur Maximilien Ier. Le plus célèbre (et le plus vieux) des chœurs d'enfants a désormais sa propre salle de concerts, le *MuTh,* à l'entrée du *Augarten* (voir la rubrique « À voir encore autour du Ring. De l'autre côté du Donaukanal »).

Kaiserliche Schatzkammer *(Trésor impérial des Habsbourg ; zoom, D3)* **:** *accès par la cour des Suisses. ☎ 525-24-0. • kaiserliche-schatzkammer.at • Tlj sauf mar 9h-17h30 (dernière admission à 17h). Entrée : 14 € ; réduc ; gratuit moins de 19 ans. Billet combiné « Schätze der Habsburger » (avec le Kunsthistorisches Museum et le Trésor impérial de Vienne) : 24 €. Audioguide en français : 5 €. Visite guidée : 6 €. Consigne payante obligatoire pour les sacs.*
Une des plus fascinantes collections d'art sacré et profane du monde ! 2 épaisses portes blindées donnent accès à une vingtaine de salles plongées dans la pénombre.
L'***audioguide*** (bien que cher), permet de découvrir l'histoire des pièces maîtresses, comme la fameuse couronne de l'empereur Rodolphe II et de son sceptre qui fut réalisée à Prague en 1602. La couronne rappelle par sa forme et par la pureté de ses diamants l'origine divine du pouvoir impérial. Seigneur du monde et maître de la terre, l'empereur était aussi le vicaire du Christ, son bras droit en somme (tout cela déplaisait aux papes de l'époque). Prendre le temps de remonter le temps, justement, car ces objets nous parlent d'un monde que les moins de 500 ans ne peuvent pas comprendre. Des panneaux permettent heureusement de se replacer dans le contexte de l'époque, et des arbres généalogiques de se repérer. Série de capes royales sublimes de dorures, mais pas faciles à porter pour danser le rock... S'ils sont exposés, voir encore les 3 voiles de Véronique, la sainte femme qui aurait essuyé le visage du Christ lors de la montée au Calvaire. Et, plus énigmatique, une dent de saint Pierre, encastrée dans un grand ostensoir !
Difficile d'échapper aux œuvres les plus célèbres, comme le berceau en argent de l'***Aiglon,*** le fils de Napoléon. Offert par la Ville de Paris, il pèse 280 kg. Noter les abeilles d'or, symboles chers à Napoléon, qui en avait fait son emblème pour

remplacer les fleurs de lys des Bourbons. Portrait de Marie-Louise. Et encore la superbe ***coupe en agate*** taillée dans un seul bloc de 75 cm de large. Elle serait la plus grande de ce genre dans le monde. Réalisée à Constantinople, probablement vers le IVe s de l'ère chrétienne, elle fut longtemps considérée comme le Saint-Graal ! Une salle consacrée aux bijoux du trésor impérial en expose une série d'énormes quasiment à l'état brut. Autre pièce intéressante, celle que l'on présenta longtemps comme la ***corne d'une licorne,*** animal mythique qui fit fantasmer l'Europe pendant des siècles : en fait, une étonnante défense torsadée de narval (2,43 m de long) !

ADOLF SE PIQUAIT D'OCCULTISME

Le Führer était fasciné par la relique de la lance de la Hofburg, utilisée par le centurion Longinus pour percer le flanc du Christ en croix. Adepte des théories fumeuses qui garantissaient la maîtrise du monde à son possesseur, il la fit transporter par train spécial à Nuremberg en 1938. Depuis, elle a tranquillement retrouvé sa place parmi les autres pseudo-reliques, une datation au carbone 14 l'ayant fait remonter au VIIIe s... apr. J.-C. !

Incontournable, le ***Trésor ecclésiastique*** : objets liturgiques, reliques et parements utilisés naguère à la cour impériale et à la chapelle de la Hofburg. Mais pas le plus passionnant.

Nos coups de cœur : une collection, très rare, de vêtements et d'habits impériaux, dont un manteau de couronnement datant de l'an 1133, réalisé à Palerme du temps des rois normands. Des vitrines de vêtements liturgiques de velours, soie et brocards du XIIe au XIXe s viennent compléter cette étonnante collection. Admirer aussi cette robe blanche, brodée d'or, portant une inscription arabe et latine de 1181. Voilà probablement la plus vieille garde-robe du monde !

Une des pièces les plus célèbres du trésor est cette somptueuse couronne du Saint Empire romain germanique, réalisée pour le couronnement de l'empereur ***Otton Ier*** en 962. Ses 8 plaques d'or garnies de pierres précieuses et de perles taillées de manière grossière, représentent les 8 portes de la Jérusalem céleste, et les 12 pierres précieuses, les 12 apôtres. On a cru longtemps que c'était celle de Charlemagne, mais celui-ci était mort bien avant sa réalisation. Dans le même registre, cette croix impériale de 1030, elle aussi incrustée de pierres précieuses.

Autre temps fort de la visite, qui justifierait à lui seul le prix d'entrée : ***l'héritage bourguignon,*** qui attire beaucoup de monde, autour de la Toison d'or. Emblème d'un prestigieux ordre de chevalerie fondé par ***Philippe le Bon*** au XVe s, la Toison d'or était attachée à un large collier composé de pierres à feu et de briquets qui symbolisaient le feu et la passion des actes valeureux (des « hauts faits »). À la mort du dernier des ducs de Bourgogne, ***Charles le Téméraire,*** sa fille Marie ayant épousé un Habsbourg, leurs fiefs passèrent entre les mains de l'illustre famille, ce qui fut à l'origine de leur montée en puissance. Vitrines de capes de toute beauté, ouvertes comme des éventails.

UN SOLDAT INCONNU HÉSITANT

Une découverte a quelque peu terni l'image de la tombe du Soldat, gisant sur la Heldenplatz, hommage aux soldats austro-hongrois tombés en 1914-1918. Sculptée en 1935, la tombe recelait un message pronazi, célébrant « la force éternelle du peuple allemand » et souhaitant un rattachement de l'Autriche à l'Allemagne pour « conduire au plus haut [leur] peuple uni sous le signe du soleil noir ». L'assistant du sculpteur aurait, quant à lui, laissé un message pacifiste totalement contradictoire. Faudrait s'entendre !

Ephesos Museum et Haus Geschichte Osterreich *(musée d'Éphèse et Maison de l'histoire*

d'Autriche ; zoom, C-D4) : *Heldenplatz, Neue Burg. ☎ 525-24-0. • khm.at • Entrée située au niveau de la statue du prince Eugène de Savoie. Tlj 10h-18h (21h jeu). Entrée : 8 € ; réduc ; gratuit moins de 19 ans. Audioguide 2 € (en allemand, en anglais et en italien).*
Cette partie de la Hofburg, dernière réalisation des Habsbourg (2e moitié du XIXe s), abrite 2 musées en un dans une vaste aile de style néo-Renaissance italienne.
- L'***Ephesos Museum*** présente, comme son nom l'indique, des pièces trouvées par les missions archéologiques autrichiennes sur le site d'Éphèse et autres lieux d'Asie Mineure, ainsi que dans les îles grecques. Une immense galerie de style néogrec du XIXe s abrite une collection de statues, de fragments de frise, de chapiteaux corinthiens, de mosaïques. Bas-reliefs, dont le monument des Parthes (frise de 40 m de long). À l'entresol, restes de l'autel du sanctuaire d'Éphèse dédié à la déesse Artémis (IVe s avant l'ère chrétienne).
- Le ***Haus Geschichte Osterreich*** quant à lui est un petit musée qui résume de manière assez succincte les décennies autrichiennes entre 1918 et 2018. Écrans interactifs, interviews, panneaux didactiques, docs. Après-guerre, montée du nazisme, de nouveau la guerre, la libération, l'Europe, les nouveaux droits... L'ensemble est un peu indigeste et intéressera surtout les passionnés.

¶¶¶ ***Weltmuseum*** *(musée du Monde ; zoom, C-D4)* : *accès par la Heldenplatz. ☎ 534-30-50-52. • weltmuseumwien.at • Tlj sauf mer 10h-18h (21h mar). Entrée : 16 € ; réduc ; gratuit moins de 19 ans. Billet également valable pour l'Armurerie impériale et le KHM. Expos temporaires.*
Installé dans le splendide corps de logis du ***Neue Burg,*** avec son atrium lumineux soutenu par une foule de colonnes de marbre et ses plafonds peints, voici le ***prestigieux musée ethnologique de Vienne.*** À travers une scénographie de qualité, il présente les chefs-d'œuvre issus de ses riches collections, contenant plus de... 200 000 objets ! Les nombreuses salles invitent le visiteur à découvrir des trésors venus de tous les continents, mais le poussent également à s'interroger sur la légitimité de les exposer, l'héritage colonial ou la rapacité des collectionneurs.
Difficile (et bien vain) de passer en revue toutes les merveilles qu'il contient. Il met l'accent sur l'***Amérique du Sud,*** notamment le Pérou, le Brésil mais aussi les pays d'Océanie et d'Asie. Parmi les joyaux présentés dans une pénombre étudiée, on admirera l'immense ***coiffe aztèque*** en plumes de quetzal, oiseau rare, l'une des pièces les plus emblématiques du musée. Parfait état de conservation et couleurs sublimes. Vitrines de statues d'idoles, poteries, instruments de musique, masques nous en mettent plein les mirettes, tout comme l'immense calendrier de pierre de forme circulaire. Les ***collections brésiliennes*** sont également remarquables : elles proviennent pour la plupart de l'expédition du naturaliste *Johann Natterer,* qui explora le pays de 1817 à 1835, pour le compte de l'Empire autrichien.
Costumes, instruments de musique, l'***Océanie*** est quant à elle richement représentée grâce aux centaines d'objets issus de l'expédition du capitaine ***James Cook.*** Saisissante figure du dieu de la Guerre, avec sa rangée de dents et ses grands yeux, en provenance des îles d'Hawaï. Puis on passe, un peu en vrac malheureusement, à de grandes vitrines sur l'Inde, Ceylan, la Chine, le Japon, l'Australie, la Grèce... Chacune est dédiée à un pays et regroupe de riches collections variées (vêtements, sculptures, instruments de musique, objets religieux, marionnettes de papier mâché, bouddhas...). Une réflexion sur la fin du colonialisme clôture cette section.
- L'***Armurerie impériale,*** au 2e étage, occupe de vastes salles. Des dizaines d'armures pour adultes, pour enfants, pour chevaux, de toutes formes, de tous les siècles et de toutes provenances donnent le tournis. Lances, hallebardes, arbalètes, mousquets, pistolet à manches d'ivoire, boucliers... Amateurs du genre, vous serez servis.

¶ ***Volksgarten*** *(jardin du Peuple ; zoom, C3-4)* : dessiné en 1819. Superbe roseraie vers le *Burgtheater* (voir plus loin l'escapade le long du Ring). On y trouve le mémorial de ***Sissi*** (l'impératrice Élisabeth, pour ceux qui ne suivraient pas !), ainsi que le temple de Thésée, véritable imitation des temples grecs du Ve s av. J.-C. On y organise souvent des expos d'art contemporain.

Pour une pause côté jardin, arrêtez-vous au café ***Le Pavillon,*** avec sa terrasse courue dès les 1ers rayons du soleil. Sinon, retraversez la Hofburg pour continuer la visite.

Josefsplatz *(zoom, D3-4)* **:** considérée comme la plus harmonieuse place viennoise. Réalisée au XVIIIe s, de style baroque tardif. Entourée de magnifiques palais, dont le palais Pallavicini avec ses doubles atlantes (1783, no 5), de la Bibliothèque nationale (lever les yeux pour admirer les globes se détachant dans un ciel qu'on vous souhaite sans nuage, tenus à droite par Gaïa, à gauche par Atlas) et du Manège espagnol. Au milieu, la statue de Joseph II.

Nationalbibliothek *(Bibliothèque nationale ; zoom, D4)* **:** *Josefsplatz 1. ☎ 534-10. • onb.ac.at • Grande salle ouv en principe tlj sauf lun 10h-18h (21h jeu). Entrée : 8 € ; réduc ; gratuit moins de 19 ans.* Édifiée en 1723, cette célébrissime bibliothèque possède plus de 2 millions de livres dont 8 000 incunables, parmi lesquels une ***bible de Gutenberg*** et le livre d'heures de Charles le Téméraire. Le visiteur a accès aux 200 000 exemplaires exposés dans la superbe grande salle d'apparat baroque *(Prunksaal),* construite par *Fischer von Erlach,* qui fait toute la longueur de la place. Beau trompe-l'œil ornant la coupole centrale encadrée de très hautes colonnes et festival de dorures, boiseries et marbres. Le ***Globenmuseum*** *(Herrengasse 9 ; voir plus loin)* intéressera nos amis lecteurs et collectionneurs de globes terrestres et célestes.

Spanische Hofreitschule *(Manège espagnol ; zoom, D3)* **:** *Michaelerplatz 1. ☎ 533-90-31. • srs.at • Tlj 9h-16h (19h ven si projection). Fermé lun janv-fév.*
– Visite guidée (en allemand et en anglais ; en français sur demande) du manège et des écuries tlj à 14h, 15h et 16h ; résa conseillée : ☎ 533-90-31 ou • office@srs.at • ; infos et prix sur le site internet.
– Représentations à partir de 30 €, réduc.
– Consulter le tableau à l'entrée, côté Michaelerplatz ; ou • srs.at • Résas : • tickets@srs.at •
Construit en 1729. Immense et magnifique salle baroque à colonnes (55 m de long, 17 m de haut) où se déroulent aujourd'hui les ***célèbres spectacles de l'École d'équitation espagnole*** fondée en 1572. Le manège fut le lieu, tout au long de l'histoire, de grands événements politiques ou mondains. Notamment le dîner de gala du mariage de Napoléon et Marie-Louise, les fêtes du congrès de Vienne, les réunions en 1848 de la 1re Assemblée constituante d'Autriche.
C'est au XVIe s que furent fondés à Lipica (Slovénie) les haras qui fournissaient les chevaux pour le manège (les 1ers chevaux venaient d'Espagne). Le changement de couleur de leur robe est l'une des principales caractéristiques des ***lipizzans***. À la naissance, le poulain est noir pour virer progressivement au gris et devenir tout blanc vers l'âge de 8 ans. Les haras sont à Piber depuis 1920 (voir le chapitre « La Styrie »).

Augustinerkirche *(église des Augustins ; zoom, D4)* **:** *Augustinerstr. 3. Donne sur la Josefsplatz. Ouv lun-ven 8h-17h30 (19h15 mar et jeu), w-e 9h-19h30.* Dans la crypte sont entreposées 52 urnes contenant les cœurs des membres de la famille impériale, charmante coutume qui s'est arrêtée avec François-Joseph *(visites slt sur rdv au ☎ 533-70-99).* Construite

HABSBOURG TOUJOURS

Décédé à 98 ans en 2011, Otto de Habsbourg, le dernier chef de la famille dynastique, ne s'était toujours pas fait à la disparition de l'Empire austro-hongrois. Un jour où on lui parlait d'un match de foot Autriche-Hongrie, sa réponse fusa : « Bien, bien, mais contre qui ? »

au XIVe s, l'église fut « baroquisée », puis « néogothicisée ». Bancs sculptés et orgues sur lesquels fut créée la *Messe en fa mineur* d'**Anton Bruckner.** Splendide cénotaphe pyramidal de ***Canova*** en marbre blanc (1801) construit à la mémoire d'une fille de l'impératrice Marie-Thérèse. Noter le pathos très lyrique des personnages. Tombeau de Léopold II (vide également, car il repose, comme les autres, dans la crypte de l'église des Capucins).

Schmetterlinghaus *(Maison des papillons ; zoom, D4)* **:** *dans le Burggarten, derrière l'Augustinerkirche.* • *schmetterlinghaus.at* • *Avr-sept, tlj 10-17h (18h30 w-e) ; nov-mars, tlj 10h-16h. Entrée : 7 € ; réduc.* Magnifiques serres *Jugendstil* dessinées par *Friedrich Ohmann.* Elles abritent aujourd'hui une collection de papillons du monde entier.

Profitez plutôt de la tranquillité des lieux en vous désaltérant à la terrasse du ***Palmenhaus*** *(zoom, D4, 187)*, un café qui occupe l'aile droite des serres (voir « Où boire un verre tout en grignotant ? Où sortir ? Où écouter de la musique ? »).

Albertina *(zoom, D4)* **:** *Albertinaplatz 1.* ☎ *534-830.* • *albertina.at* • *Tlj 10h-18h. Entrée : 14,90 € ; combiné avec l'Albertina Modern 24,90 € ; réduc ; gratuit moins de 19 ans.* Situé dans un ancien hôtel particulier des Habsbourg, ce superbe musée présente avant tout la collection privée du couple suisse Batliner, l'une des plus prestigieuses représentations d'arts graphiques en Europe. Les œuvres vont de l'impressionnisme français et allemand aux œuvres d'artistes issus des groupes ***Die Brücke*** ou ***Der Blaue Reiter.*** Pas vraiment de collection permanente, mais l'amateur d'art qui est en vous trouvera son bonheur dans l'une des expos temporaires. Dans la *Künstlerhaus (zoom, D4 ; voir plus loin),* une annexe : le musée ***Albertina Modern,*** consacré à l'art moderne et contemporain.

Petit café **Do & Co** pour faire une pause autour d'une pâtisserie de chez Demel. Jolie terrasse donnant sur le *Burggarten.*

Albertinaplatz *(zoom, D4)* **:** en sortant de l'Albertina, prenez le temps de méditer, sur la place, devant la sculpture monumentale qui commémore toutes les victimes de la guerre et du fascisme. Les Alliés ayant pris l'Opéra pour une gare, l'immeuble d'habitation voisin, qui servait en fait d'abri, fut entièrement détruit. L'Opéra (voir plus loin l'escapade au long du Ring) fut, lui, démoli aux 2/3 et reconstruit à l'identique, et l'on choisit, plutôt que de reconstruire sur le charnier, de laisser la place vide, avec ce seul monument en tant que témoin.
Juste en face, l'office de tourisme, et profitez-en pour faire une pause au ***Würstelstand*** très couru, tout à côté, avant de remonter le long de la *Hofburg,* jusqu'à la *Michaelerplatz,* pour la suite de la balade.

Au nord du centre historique, entre Hofburg et Donaukanal (zoom, C-D3)

Autour de la Hofburg, arrêtez-vous donc dans l'un des célèbres cafés viennois (*Demel, Sacher, Mozart,* etc. ; voir plus haut la rubrique « Les plus fameux cafés viennois ») avant de remonter la *Herrengasse* en direction du *Schottenring.* C'est encore un autre visage de la ville que vous allez découvrir, de place en place : ***Freyung, Am Hof, Judenplatz...***

LA BAGNOLE ÉTAIT REINE

En 1938, le constructeur automobile Opel obtint des autorités nazies le droit d'exposer ses nouveaux modèles dans l'immeuble Loos. Comme les voitures n'y entraient pas, on détruisit sans se poser de questions l'extraordinaire décor de bois rare conçu par Loos. Quelques années plus tard, il fallut aller jusqu'en Angleterre pour reconstituer ce décor mythique à l'identique.

Looshaus *(maison Loos ; zoom D3)* **:** *Michaelerplatz 3 (à*

l'angle de Kohlmarkt). Visite possible en sem 9h-15h (17h30 jeu). Réalisée en 1909, c'est l'une des œuvres les plus marquantes du grand architecte Adolf Loos. Elle déclencha l'une des plus grandes polémiques architecturales du début du XXe s. Après le ***Jugendstil,*** le style Sécession, Loos imposa, en réaction au conformisme architectural de l'époque (le style prétentieux du Ring, notamment), encore plus d'austérité et de pureté dans les lignes et les formes. Surnommée la ***maison sans sourcils*** en raison de l'absence d'auvents au-dessus des fenêtres, cette maison fut considérée par beaucoup comme une provocation face à l'orgueilleuse façade de la *Hofburg,* celle néoclassique de l'église Saint-Michel et les demeures baroques environnantes.
L'édifice donna lieu à une âpre bataille à toutes les étapes de sa construction (concours des architectes, polémique sur la nudité de la façade à laquelle la municipalité souhaitait intégrer un décor), relayée par la presse et l'opinion publique : arrêts de chantier, plaintes en justice et nouveau concours pour la façade. En 1911, Loos gagna finalement la partie. Son unique compromis fut l'installation, dans l'entrée monumentale, de 4 colonnes pour répondre à celles de l'église Saint-Michel.

Dans la *Wallnerstraße (zoom, D3),* au n° 4, le ***palais Esterházy*** du XVIIe s. Haydn y donna pendant 30 ans de nombreux concerts. Au n° 8, le ***palais Caprara-Geymüller*** de la fin du XVIIe s. Beau portail à atlantes.

Herrengasse *(zoom, D3)* **:** au n° 3, le ***palais Porcia*** : un des rares palais de la Renaissance construit en 1546. Façade classique avec blason doré. Suivent, au n° 5, le ***palais Wilczek*** du XVIIIe s et, au n° 7, un ancien palais du XVIe s, modifié au début du XIXe. Au n° 9, le ***palais Mollard-Clary*** (de 1689). À l'intérieur, puits avec grille en fer forgé du XVIe s. Au n° 13, l'ancienne ***maison Liechtenstein.***
Nos lecteurs globe-trotters peuvent aller visiter, dans le palais Mollard, le ***Globenmuseum*** *(musée des Globes)* : *☎ 534-107-10. • onb.ac.at • Tlj (sauf lun hors saison) 10h-18h (21h jeu). Entrée : 5 € pour les 3 musées ; réduc ; gratuit moins de 19 ans. Audioguide.* Le seul musée au monde qui collectionne les globes terrestres anciens... Vous êtes en fait dans une « annexe » de la Bibliothèque nationale, où un espace a été aménagé pour accueillir l'***Esperantomuseum*** et le ***Papyrusmuseum.***

Le palais Ferstel *(zoom, D3)* **:** *Strauchgasse 4, entrée sur Herrengasse 14. Autre entrée au Freyung 2.* Étonnant palais construit en 1856 par ***Heinrich von Ferstel,*** à voir surtout pour l'architecture intérieure où fusionnent sans heurt le néo-Renaissance italien et le néo-roman, avec des échappées de perspectives à travers cours et escaliers, vraiment audacieuses. Le tout jouant abondamment avec la lumière. Empruntez le superbe passage qui traverse le bâtiment de part en part avec sa fontaine aux personnages de bronze.
On y trouve aussi le célèbre ***Café Central*** *(zoom, D3,* ***167*** ; voir plus haut la rubrique « Les plus fameux cafés viennois »).

Minoritenkirche *(église des Frères-Mineurs ; zoom, C-D3)* **:** *Minoritenplatz.* Fortement endommagée durant le siège de 1683 par les Turcs, l'église érigée au XIVe s fut transformée fin XVIIe s en une très baroque « église-halle ». Façade-pignon avec beau portail et une curieuse abside avec tour octogonale à l'italienne. À l'intérieur, copie en mosaïque de *La Cène* de Léonard de Vinci.

Schreyvogelgasse 8 *(zoom, C3)* **:** lieu emblématique du *Troisième Homme* (voir la rubrique « Cinéma. Quelques films incontournables » dans le chapitre « Hommes, culture, environnement »). Carol Reed avait choisi l'un des plus beaux coins de l'Innere Stadt, au pied de la ***Beethovenhaus*** *(Mölker Bastei 8 ; tlj sauf lun ; entrée : 5 € ; gratuit moins 19 ans et 1er dim du mois).* Une des maisons de musiciens que vous pouvez retrouver dans la plaquette en français les regroupant (à l'office de tourisme) ou sur le site *• wienmuseum.at •*

Schottenkirche *(église Notre-Dame-des-Écossais ; zoom, D3)* **:** *Freyung et Herrengasse.*

D'abord il ne s'agit pas d'Écossais, mais de moines irlandais venus sur le continent à partir du VIIIe s pour évangéliser l'Europe de l'Est. À l'époque, s'agissant de l'Irlande, on disait parfois Nouvelle-Écosse. L'église fut édifiée au XIIe s, modifiée à l'ère du style gothique, puis « baroquisée » et encore remaniée au XIXe s. Élégant clocher à bulbe. À l'intérieur se trouve la plus ancienne statue de la Vierge de Vienne (XIIIe s) et de superbes retables. Fresques au plafond (scènes de la Passion).
Une anecdote : le 15 juin 1809 eut lieu ici une cérémonie funèbre à la mémoire de ***Haydn*** (enterré quelques jours plus tôt sous les bombardements napoléoniens). Dans l'assistance, un certain *Henri Beyle,* inconnu du grand public. Très ému, il écrivit par la suite son 1er livre, *Lettres sur Haydn.* Celui qui prit comme pseudonyme ***Stendhal*** devait en écrire beaucoup d'autres.

Museum im Schottenstift *(musée de l'abbaye des Écossais ; zoom, D3)* **:** *Freyung 6. ☎ 534-98-600. • schotten.wien/stift/museum • Jeu-ven 11h-17h ; sam 11h-12h30, 13h-17h. Fermé dim-mer. Entrée : 8 € (ou 10 € avec audioguide) ; réduc.* Possibilité de visiter la galerie de peinture qui présente d'intéressantes œuvres allant du XVIe au XIXe s. La pièce la plus connue, le retable des Écossais, vous plongera dans ***une Vienne médiévale à souhait,*** servant de décor à des scènes de la vie du Christ.
Dans la cour-jardin *(Schottenhof),* très agréable salon de thé.

Freyung *(zoom, D3)* **:** cette place triangulaire est bordée d'imposants palais, parmi les plus beaux de la ville. « Freyung » vient du mot *frei* (« libre ») et rappelle le droit d'asile accordé aux gens en fuite et autres routards du Moyen-Âge. Au nº 7, jeter un œil sur la fameuse ***Commode,*** ancien prieuré du couvent ainsi nommé en clin d'œil au meuble de style Biedermeier. Et pousser jusqu'au nº 4 de la Renngasse pour admirer la fine décoration de façade du ***palais Schönborn-Batthyány*** (de 1698).
– L'élégant ***palais Kinsky*** *(Freyung 4 et Herrengasse),* construit en 1713. Superbe façade dont tous les éléments s'harmonisent avec subtilité. Remarquable porte monumentale avec colonnes et atlantes.
– Le ***palais Harrach*** *(Herrengasse 16)* abrite des galeries et magasins de luxe derrière ses belles portes rococo.

Marché bio et paysan très sympathique, pour grignoter sur le pouce et se poser sur un banc près d'un stand si le cœur vous en dit *(ven-sam).* Vous pourrez goûter ici les produits de la ***Simply Raw Bakery*** voisine *(Drahtgasse 2, Am Hof ; tlj sauf dim 9h30-17h)* : smoothies, cupcakes, tartes, gâteaux et tout le tralala. 100 % bio et vegan.

Au nº 8, au centre de la Freyung, le ***Kunstforum Wien*** *• kunstforumwien.at • ; tlj 10h-19h ; entrée : 12 €, réduc ; moins cher lun-jeu 18h-19h.* Présente des expositions internationales remarquables.

Am Hof *(zoom, D3)* **:** large et charmante place, située à l'emplacement d'un ancien camp romain. Prenant des teintes dorées au soleil couchant, l'une des plus anciennes places de Vienne a retrouvé tout son charme après une belle rénovation. Au milieu, ***colonne de la Vierge*** *(Mariensäule)* de 1667. Sur les flancs, les 4 malheurs qui frappèrent Vienne : la Famine (symbolisée par un dragon), la Guerre (un lion), la Peste (un reptile de légende) et l'Hérésie (un serpent).

Kirche am Hof *(église des Neuf-Chœurs-des-Anges ; zoom, D3)* **:** *Am Hof.* De la fin du XIVe s et « baroquisée » au début du XVIIe s. Longtemps église de jésuites, aujourd'hui catholique croate. Une curiosité : la belle façade en retrait dont les 2 ailes abritent des habitations qui relient bien l'ensemble au reste de la place. À l'intérieur, jolies fresques de Maulbertsch. Dans les chapelles à droite de la nef, au fond, celles de saint Ignace et de saint Pie X méritent un petit détour. Magnifique buffet d'orgue baroque au-dessus du porche.

Le palais Collalto (zoom, D3) **:** *Am Hof 13, à gauche de l'église.* Édifié aux alentours de 1680. ***C'est ici que Mozart donna, à 6 ans, son 1er concert public*** (avant *Schönbrunn*). À côté, au n° 12, jolie maison bourgeoise baroque de 1730. Fenêtres finement décorées.

Bürgerliches Zeughaus (*Arsenal civil ; zoom, D3*) **:** *Am Hof 10.* Une des plus séduisantes casernes de pompiers que l'on connaisse. C'est l'ancien arsenal des Bourgeois, construit au XVe s, remanié au temps du baroque. Abondance de statues sur la façade. Petit ***Feuerwehrmuseum*** (*musée des Pompiers ; mar 14h-17h, dim et j. fériés 9h-12h ; GRATUIT*). Pas de quoi fantasmer...

Uhrenmuseum (*musée de l'Horlogerie ; zoom, D3*) **:** *Schulhof 2. ☎ 533-22-65. • wienmuseum.at • Tlj sauf lun 10h-18h. Entrée : 7 € ; réduc ; gratuit moins de 19 ans et ts les 1er dim du mois.* Ruelle passant sous une voûte, à côté de l'église des Neuf-Chœurs-des-Anges. Installé dans le palais Obizzi de 1690. Six siècles de production de montres, pendules et horloges, certaines vraiment magnifiques. Considérée comme la plus importante collection au monde. Horloge de tour de guet du XVe s, pendules astronomiques, cartels Empire, montres *Biedermeier* et à gousset, pendules à carillon, rares horloges japonaises du XVIIIe s, etc.

Judenplatz (*place des Juifs ; zoom, D3*) **:** cette place piétonne était le ***quartier juif aux XIIIe et XIVe s.*** En 1421, lors de l'expulsion de la communauté juive, la synagogue fut détruite. Reste, au n° 8, la maison Misrachi, le siège de la corporation des tailleurs, transformée en musée de l'Histoire juive.
– ***Museum Judenplatz* :** *☎ 535-04-31. • jmw.at • Tlj sauf sam, 10h-18h (14h ven). Entrée (comprenant un accès, dans les 4 j., au Jüdisches Museum) : 12 € ; réduc ; gratuit moins de 19 ans.* Passé et présent réunis. Un musée consacré à l'histoire juive du Moyen Âge. Banque de données en accès libre recensant les 65 000 juifs déportés par les nazis.
– Au n° 2, la maison du grand Jordan (*Haus zum Großen Jordan*) date du XVe s. Au centre, imposant ***mémorial de la déportation,*** œuvre de *Rachel Whiteread.* Chaque brique de ce monument représente un livre, symbole de l'existence disparue des déportés.
– Mozart vécut aux nos 3 et 4, juste après son mariage avec Constanze Weber en 1782.
– À l'angle de la place et de *Wipplingerstraße* s'élève l'ancienne ***Böhmische Hofkanzlei*** (*chancellerie de Bohême* ; 1709-1714), œuvre de *Fischer von Erlach.* Façade côté *Wipplingerstraße* encore plus jolie que côté *Judenplatz.* Portail à 3 portes dessiné comme un arc de triomphe. Balcon porté par des atlantes et abondante statuaire. C'est depuis ce bâtiment que les empereurs d'Autriche administraient leurs possessions de Bohême et de Moravie.
– Ravissante *Kurrentgasse,* avec son alignement de demeures du XVIIIe s.
– Dans la *Wipplingerstraße,* jeter un œil, au n° 6, sur l'***Altes Rathaus,*** l'ancien hôtel de ville où se réunirent les édiles viennois, de 1699 à 1885. Beau rythme du décor de la façade avec ses fenêtres s'arrêtant à mi-baie et ses entablements de colonnes obliques. Ne pas rater dans la cour la jolie fontaine d'Andromède. Exquis travail de fer forgé supporté par 4 amours.

Salvatorkapelle (*chapelle du Saint-Sauveur ; zoom, D3*) **:** *Salvatorgasse 5.* Splendide portail Renaissance (un des rares subsistant à Vienne). Accès à la chapelle proprement dite par l'ancien hôtel de ville, sur la *Wipplingerstraße.*

Kirche Maria am Gestade (*église Notre-Dame-du-Rivage ; zoom, D3*) **:** *Salvatorgasse 12.* C'est l'église de la communauté tchèque de Vienne. Intéressante perspective du *Tiefer Graben,* le « fossé profond » qui servit de lit autrefois à un affluent du Danube. Ruelle se finissant en goulot. Sur la droite, 2 maisons du XVIe s. Au fond, la façade de l'église s'insère avec précision et harmonie dans ce cadre restreint. D'abord église romane, à laquelle succéda au XIVe s cette construction gothique bien intéressante, en particulier pour son élégante tour en poivrière polygonale. Façade de moins de 10 m de large donnant une admirable impression d'élévation, à partir de l'auvent en forme de dais superbement orné, prolongé d'une longue verrière s'achevant sur un pignon à la balustrade délicatement ajourée. À l'intérieur, une originalité : la nef et le chœur sont d'égale longueur, mais pas dans le même axe (l'architecte épousa le tracé médiéval des rues). De même, ce sentimental n'osa pas abattre les maisons du voisinage pour construire les transepts. Très belle voûte de la nef. Tribune d'orgue Renaissance ainsi que l'autel de la chapelle Saint-Jean (à droite du chœur). Vitraux du chœur des XIVe et XVe s.

Hoher Markt *(haut marché ; zoom, D3)* **:** cette place, entièrement reconstruite après les bombardements de 1945, ne possède pas de charme en soi. Mais alors pourquoi attire-t-elle autant la foule le midi ? Jeter un œil sur l'***Ankeruhr*** (1913), horloge de l'époque *Jugendstil* reliant 2 immeubles. À midi, défilé des personnages historiques (Marc Aurèle, Charlemagne...) qui sont passés par ici, sur un fond musical très couleur locale.
- Au milieu de la place, la ***fontaine du Mariage de la Vierge*** (1729) avec son baldaquin de bronze.
Plusieurs stands gourmands se partagent les faveurs du grand magasin *Billa Plus* voisin.

Römermuseum *(Musée romain ; zoom, D3)* **:** *Hoher Markt 3. ☎ 535-56-06. Tlj sauf lun 9h-18h. Entrée : 7 € ; réduc ; gratuit moins de 19 ans et pour tous le 1er dim du mois.* Un espace intelligemment conçu autour de la vie (et de la mort) de *Vindobona.* Vestiges de 2 maisons romaines (IIIe s apr. J.-C.). Silence impressionnant, interrompu seulement par le passage des chevaux dans la rue au-dessus. Dans les étages supérieurs, objets, films d'animation.

Ruprechtskirche *(église Saint-Rupert ; zoom, E3)* **:** *Ruprechtsplatz. Horaires extrêmement variables.* La plus ancienne église de Vienne, située sur une butte. Avec ses petites tuiles moussues et son lierre, elle ressemble à une église de campagne. Tour et nef romanes du XIIe s. Dans la fenêtre centrale du chœur, vitrail du XIIIe s (là aussi, le plus ancien de la ville). C'est l'église des Français de Vienne.

Stadttempel *(grande synagogue ; zoom, E3)* **:** *Seitenstettengasse 4. ☎ 53-1-04-0. Ⓜ Schwedenplatz (U1 ou U4). Visites guidées slt (15 €), sur présentation d'une pièce d'identité.* Sous *Joseph II,* si les religions non catholiques possédaient le droit de s'exprimer, en revanche, leurs lieux de culte ne devaient pas se voir de la rue. C'est pourquoi la synagogue se trouve à l'intérieur des bâtiments de la communauté juive. Elle fut édifiée en 1826 et demeure la seule parmi la vingtaine de synagogues de Vienne qui ait échappé aux destructions de la sinistre *Nuit de cristal* du 9 novembre 1938, quelques mois après l'*Anschluss.*

Balade à l'est du centre historique, entre Donaukanal et Stadtpark *(zoom, E2-3)*

Avant de quitter le centre ancien, agréable balade dans ces ruelles romantiques, de superbes palais en hôtels particuliers. Tous les chemins mènent au *Stadtpark,* où l'on peut se poser avant l'escapade au long du Ring en partant notamment de la **Schwedenplatz,** bien desservie par le métro, et entamer le tour du Ring en tram. Pour y arriver, balade le long du Donaukanal en longeant le quai *Franz-Josefs-Kai,* trait d'union entre le *Schottenring,* à l'ouest, et le *Stubenring,* à l'est.

Donaukanal et alentour *(zoom, E2-3)* **:** tout près de la *Schwedenplatz,* petit tour de chaque côté du *Donaukanal* pour découvrir un autre aspect de la Vienne actuelle, surtout à la belle saison. Plage aménagée, bars et restos très tendance, dont le *Motto am Fluss,* au nouvel embarcadère de *Wien City (zoom, E3),* terminal des bateaux d'excursions sur le Danube et des catamarans pour Bratislava.

L'embarcadère, dessiné par les architectes *Fuchs & Fasch,* a des allures de transatlantique. Pour ceux qui auraient envie de découvrir ce quartier tendance, entre l'*Augarten* et le *Prater,* rendez-vous pour la visite dans « À voir autour du Ring. De l'autre côté du Donaukanal ».

En buvant un verre sur le pont supérieur du *Motto am Fluss (zoom, E3, **206**),* en terrasse, on découvre de l'autre côté du canal le *Sofitel Vienna,* conçu en 2010 par Jean Nouvel, et qui bénéficie d'une vue imprenable quand on est attablé au *Loft (zoom, E3, **108**).*

Et puisqu'on parle cuisine, on tombe, en traversant le pont, sur l'un des marchés les plus courus de Vienne, le ***Karmelitermarkt*** *(plan, E2 ; Wien 2 ; en cas de fatigue, T nº 2 jusqu'à Karmeliterplatz – 2 stations).*

Fleischmarkt et alentour *(zoom, E3)* **:** l'une des plus anciennes places du centre. En 1220, elle était déjà signalée comme celle des bouchers. Plus tard, fuyant les Turcs, une petite colonie grecque vint s'y installer. Au nº 14, un beau décor *Jugendstil* à feuillages, arbres et stucs dorés (de 1898). À l'angle du *Fleischmarkt* et de la *Rotenturmstraße,* le *Reinerhof,* bel immeuble de bureaux de 1909 (de A. Baron). Au nº 3, du même architecte, le *Steyrermühl,* autre édifice à usage commercial avec 3 bow-windows d'une grande élégance.

Griechische Kirche *(église des Grecs ; zoom, E3)* **:** *Fleischmarkt 11-13. Lun-ven 10h-16h30 ; sam 10h-12h30 ; dim 9h-12h.* L'église de la Sainte-Trinité fut habillée en 1861 d'une élégante façade en brique, enrichie d'ornementations dorées et d'un clocher de style néo-romano-byzantin. À côté, une belle demeure du XVIᵉ s abrite l'auberge ***Griechenbeisl,*** une institution certes charmante et fort ancienne, mais très chère, d'une qualité inégale et trop touristique à notre goût. Au milieu, la *Griechengasse,* ruelle médiévale typique avec ses gros pavés et bornes anti-carrosses, dont le nom rappelle l'arrivée des marchands grecs dans le quartier au XVIIIᵉ s.

Heiligenkreuzerhof *(zoom, E3)* **:** *accès par la Grashofgasse ou par Schönlaterngasse 5.* Vaste cour entourée d'édifices du XVIIᵉ s (mais son plan datait déjà du XIIᵉ s). Atmosphère de calme et de sérénité qui inspira les urbanistes de la Vienne rouge des années 1920.

Schönlaterngasse *(rue de la Belle-Lanterne ; zoom, E3)* **:** une de nos rues préférées. Délicieusement romantique la nuit. Beaucoup de demeures médiévales dont les façades ont été baroquisées au XVIIIᵉ s. Au nº 6, maison avec lanterne en fer forgé de 1680 (à l'origine du nom de la rue). Au nº 7, la ***Basilikenhaus*** (voir encadré). À côté habita *Robert Schumann.* Au nº 9, ancien atelier de forgeron (qui ne ferma qu'en 1974), aujourd'hui lieu de rencontres culturelles. Se balader ensuite le long de la *Sonnenfelsgasse* (au nº 15, beau porche Renaissance) et de la *Bäckerstraße* (au nº 7, jolie cour à arcades), bordées d'intéressantes habitations.

UNE BESTIOLE RÉPUGNANTE

La Basilikenhaus évoque non pas une plante, mais un reptile mythique très méchant sorti d'un œuf pondu par un coq et couvé par un crapaud (tous les fans de Harry Potter le savent !). La légende dit qu'il peut tuer par le regard, mais aussi par son souffle à l'haleine fétide, ou même par le contact de sa peau, puisqu'il sécrète du venin. On dit que la seule façon d'en venir à bout est de lui présenter un miroir, puisqu'il est effrayé par sa propre image.

Jesuitenkirche *(ancienne église des Jésuites ; zoom, E3)* **:** *Dr.-Ignaz-Seipel-Platz. Tlj 8h-18h.* Une des plus belles églises d'Autriche. Haute façade encadrée de clochetons à bulbe. À l'intérieur, tout le faste baroque de la Contre-Réforme. S'il y a une église à visiter, c'est bien celle-là, qui représente dans son genre le sommet de cet art du trompe-l'œil, œuvre du jésuite *Andrea Pozzo* ! Chaire époustouflante incrustée de nacre, retable monumental coiffé d'une couronne gigantesque, arches de la nef avec balcons, énormes colonnes torsadées (dis, Sigmund, quelle interprétation à ce sujet ?). L'ensemble est couvert de fresques. Poussez votre visite jusque dans la sacristie.

Dominikanerkirche *(église des Dominicains ; zoom, E3)* **:** *Salzstraße 10.* Succédant à une église gothique (victime d'un siège par les Turcs en 1529), cette importante église baroque fut élevée en 1631. Décor incroyablement chargé. Le moindre emplacement libre possède sa fresque. Tribune d'orgue particulièrement ornementée. Belle chaire. Chapelle Saint-Vincent avec retable du XVIIIe s (*Couronnement d'épines* et, au-dessus, *saint Vincent accomplissant un miracle*). Belle grille en fer forgé.

ESCAPADE LE LONG DU RING *(plan et zoom)*

Quittons le centre historique et remontons le ***Ring,*** bordé des monuments civils les plus marquants de Vienne. Un Ring qui a fêté ses 155 ans en 2020. Plus que jamais, l'occasion de revenir sur le projet urbanistique le plus important de l'histoire de Vienne, qui créa, en son temps, la jonction entre l'*Innere Stadt* (la ville intérieure), occupée majoritairement par la résidence impériale et ses palais aristocratiques, et les faubourgs où la petite bourgeoisie s'était implantée. Une opération à la mesure de l'explosion démographique de Vienne, dont la population augmenta de 30 % après 1865, date de l'inauguration officielle du Ring, allant jusqu'à dépasser le million d'habitants en 1890.
C'est en 1857 que ***François-Joseph*** décida de la destruction de l'ancienne enceinte de la ville, de ses bastions dont Napoléon Ier avait prouvé qu'ils ne servaient pas à grand-chose. C'était dans l'air du temps : à Paris, à l'époque, *Haussmann* défonçait les vieux quartiers. Célébrant la gloire impériale, la construction du Ring faisait en outre écho à la montée irrésistible, en Europe, de la grande bourgeoisie commerçante et industrielle, avide d'une architecture de prestige à l'image de son pouvoir, de ses ambitions et de ses goûts. Sans oublier quelques arrière-pensées d'ordre stratégique : ces boulevards larges de 56 m devaient aussi permettre le déplacement rapide des troupes en cas d'émeutes populaires (le traumatisme du soulèvement de 1848 était encore bien vivace dans les mémoires).

Une histoire de l'architecture en 3D

Les espaces qui n'avaient été impartis ni aux édifices publics, ni aux rues, ni aux parcs furent mis en vente à prix d'or. Parmi les familles qui firent bâtir leurs hôtels particuliers le long du boulevard, citons simplement les *Ephrussi,* banquiers originaires d'Ukraine, les *Epstein,* issus de la riche bourgeoisie juive de Prague, et les *Todesco,* de grands négociants roumains.
Question style architectural, le Ring fut digne du conformisme de l'époque et de son manque d'audace. On eut droit à toutes les variétés dans la veine « néo », ce qu'on appela le « ***style historiciste*** ». Néobaroque pour le *Burgtheater,* néo-Renaissance pour l'Opéra ou les musées, néogothique pour la *Votivkirche...* Il s'agissait de choisir le modèle historique se rapprochant le plus de la vocation de l'édifice : le temple grec pour le Parlement ou le forum antique pour la résidence impériale.
Un forum impérial devait relier la *Hofburg* aux musées jumeaux que vous découvrirez de l'autre côté de la *Burgtor,* le musée des Beaux-Arts et le musée d'Histoire naturelle, construits pour accueillir les collections impériales et se prolonger jusqu'aux écuries de la cour (l'actuel complexe culturel du MuseumsQuartier (voir plus loin).
Adolf Loos, adepte du minimalisme, clama son mépris pour le résultat final. ***Otto Wagner*** le trouva ridicule, mais certains édifices construits quelques décennies plus tard porteront sa signature.

Hôtels et cafés célèbres, lieux historiques et endroits fatidiques

À l'origine, aucun hôtel n'était prévu sur la ***Ringstraße,*** mais l'Exposition universelle de 1873 changea la donne. Ainsi naîtront le ***Sacher*** et le ***Grand Hôtel,*** rendez-vous prisés de l'aristocratie. 150 ans plus tard, on note une nette reprise de l'activité, les grands groupes ayant investi ces derniers temps nombre d'immeubles pour créer une hôtellerie de luxe...
En revanche, sur les 27 grands cafés que comptait le Ring autrefois, peu existent encore aujourd'hui. Parmi les plus emblématiques, citons le *Prückel,* le *Schwarzenberg* et le *Landtmann* (voir plus haut la rubrique « Les plus fameux cafés viennois »).
Avec un peu de chance, on peut assister à l'un des nombreux festivals qui rythment les saisons ici : film musical sur la *Rathausplatz,* retransmission sur écran géant des spectacles devant l'Opéra national (avril-juin et septembre), marathon de Vienne en avril... Ou encore, la parade arc-en-ciel et la *Vienna Pride* de juin ou la *Streetparade* d'août ou septembre. En octobre, c'est le design qui est à l'honneur, avant de laisser la place aux plaisirs d'hiver : marchés de Noël, patinoire et bals en tout genre.

Artère encombrée et oasis paisibles

C'est dans le sens des aiguilles d'une montre que nous allons décrire les principaux monuments, qu'on voit défiler derrière les vitres du tramway. La circulation se fait dans ce sens. Un tour que l'on peut aussi faire à vélo, à l'ombre des érables, tilleuls, micocouliers, platanes et autres marronniers. Les parcs et jardins qui longent le Ring sont chers aux Viennois, et on peut s'y aventurer en toute sérénité.
La partie la plus spectaculaire du Ring (4 km dans toute sa longueur) se situe entre l'Opéra *(zoom D4)* et la ***Votivkirche*** *(zoom, C2).* Pour admirer les *kolossale* pièces montées que sont les musées des Beaux-Arts (KHM) et des Sciences naturelles, le palais de justice, le Parlement, l'hôtel de ville, le ***Burgtheater*** et l'université, prendre successivement les ***trams n°s 1 et 2.*** Autre possibilité : le ***Ring Tram,*** qui fait le tour du Ring ; mais il est plus cher. Ce parcours permet bien sûr de découvrir les principaux monuments tout le long du Ring, mais aussi quelques curiosités à l'écart du Ring comme la maison de ***Hundertwasser.*** La *Ringstraße* et le centre de Vienne ont rejoint Schönbrunn sur la liste du Patrimoine mondial de l'Unesco.

VIENNE ET SES ENVIRONS

🏛🏛 Ⓒ ***MAK – Österreichisches Museum für angewandte Kunst*** *(musée autrichien des Arts appliqués ; plan, E3)* **:** *Stubenring 5. ☎ 711-360. • mak.at • Ⓜ Landstr. (U4) ou Stubentor (U3). Ⓣ n° 2 ; bus n° 74A. Tlj sauf lun 10h-18h (21h mar). Entrée : 15 € ; réduc ; gratuit moins de 19 ans ; 7 € mar 18h-21h. Traduction des textes en anglais. Visite guidée en allemand 3,50 €. Audioguide en anglais.*
Dans son genre, un des plus anciens d'Europe. Il occupe depuis 1871 un pompeux édifice néo-Renaissance italienne, bien dans la veine historiciste de l'époque. En 1993 eut lieu une restauration complète, où l'on eut la bonne idée de confier chaque section à un artiste différent. L'aménagement, très innovant, met les objets magistralement en valeur. Plan d'orientation distribué.

Le grand hall et le rez-de-chaussée
– Intéressantes collections permanentes. Dans la section Baroque-rococo-classicisme *(Barock-Rokoko-Klassizismus),* le concepteur a joué une carte minimaliste. Au milieu de la pièce, difficile de ne pas se focaliser sur la reconstitution d'un salon du *palais Dubsky* de Brno, en Moravie (porcelaine et mobilier du XVIIIe s). Au mur, une peinture chinoise sur papier de lin. À droite de cette section, étonnante présentation des riches collections asiatiques. C'est *Tadashi Kawamata* qui a conçu la scénographie, « enveloppant » les objets avec des caisses façon déménagement en cours et des vitrines labyrinthiques. Pas toujours simple de lire les cartels. Superbes objets japonais, comme ce *mont Fuji* en céramique ou cette nature morte dorée d'une finesse extraordinaire.

UNE RÉPUTATION BIEN ASSISE

Véritable icône du mobilier industriel, la chaise n° 14, LA référence en matière de chaise de bistrot, aurait été vendue à plus de 50 millions d'exemplaires dans le monde de 1859 à 1930. Son fabricant, Michael Thonet, jetait ses chaises du haut du toit de l'usine pour vérifier leur solidité. Au XIXe s, elle coûtait moins cher qu'une bouteille de vin !

De l'autre côté du hall, sur la gauche, la salle consacrée à la période du Moyen Âge et de la Renaissance contient des vitrines de dentelles et une série de verres et vases en cristal de Bohême finement ciselés. Cette même salle ouvre sur celle consacrée à l'Empire et à la période ***Biedermeier,*** particulièrement intéressante : elle illustre par le mobilier cette fameuse période, allant de 1815 (congrès de Vienne) à 1848 (révolution), qui constitue le sommet du « goût bourgeois » pour le cocooning et la vie de famille (en apparence du moins, car on tend à revenir sur cette vision simpliste de la période). Meubles de bois précieux au dessin confortable avec en vedette un sofa en merisier à la tapisserie rouge du plus bel effet. Belle mise en scène due à l'inventivité de *Barbara Bloomberg,* l'artiste qui a réalisé la salle consacrée à l'historicisme et à l'Art nouveau, avec une allée centrale aux côtés tendus d'un voile sur lequel s'imprime en ombre chinoise la silhouette de dizaines de chaises, dont la célèbre ***chaise de bistrot de Michael Thonet,*** qui inventa le procédé du bois courbé à la vapeur. À côté, la salle conçue par un collectif d'artistes viennois (Gang Art) vous offre une plongée dans... l'Orient, avec une collection unique de somptueux tapis.

Le 1er étage

En haut des imposants escaliers, découverte des collections du XXe s et la passionnante expérience de la ***Wiener Werkstätte*** : en 1903, l'architecte ***Josef Hoffmann*** fonde avec le peintre ***Koloman Moser*** des ateliers dont le but (en phase avec les principes de la Sécession) est de promouvoir les arts décoratifs et de créer des objets d'art accessibles à tous en revalorisant, par ailleurs, le rôle de l'artisan dans la conception et la commercialisation du produit.

Les ateliers viennois ont créé jusqu'à leur disparition en 1933 une multitude d'objets utilitaires dans des domaines aussi variés que la verrerie, les bijoux, la vaisselle, les papiers peints ou les affiches en passant par la mosaïque, le vitrail, la reliure ou le timbre-poste !

La réalisation la plus achevée de ce courant demeure de loin le *palais Stoclet* de Bruxelles, conçu par Hoffmann entre 1905 et 1911, classé au Patrimoine de l'Unesco, et dont la salle à manger est décorée de fresques de Klimt. On peut en admirer les dessins d'étude au MAK, ainsi que les cartons et projets de *Klimt* ou de *Koloman Moser.* Les dernières salles sont consacrées aux classiques du design international du XXe s. Beau mobilier, comme ces fauteuils de ***Mies Van der Rohe*** ou de ***Gerrit Rietveld.***

Le sous-sol

– Réjouissante rétrospective sur un siècle de ***design,*** vu par la lorgnette de créateurs ayant un humour indéniable. Une fantaisie autour de la cuisine, l'obsession du XXe s. Réflexion originale sur le temps qui passe, au travers de l'évolution des cafetières, des arts de la table ou des sièges, avec une question qui revient souvent : qu'est-ce que le luxe, au fond ?

– Enfin, la 2de partie du musée (accès du rez-de-chaussée) est consacrée aux ***expositions temporaires*** sur des sujets touchant à l'art, au design et à l'architecture.

En sortant, petite pause désaltérante ou restauration légère au café-restaurant du musée, le ***salon Plafond.*** Superbe décor où la modernité vient chatouiller le style pompeux du bâtiment. À moins de préférer le charme du ***Café Prückel,*** juste en face (voir plus haut la rubrique « Les plus fameux cafés viennois »).

Postsparkassenamt *(plan, E3)* **:** *Georg-Coch-Platz 2. Lun-ven 13h-18h (20h jeu).* • *ottowagner.com* • *Gratuit pour les salles des guichets.* Occupant tout un pâté de maisons, de l'autre côté du Ring, la Caisse d'Épargne postale dessinée par Otto Wagner en 1904 est l'un des édifices emblématiques de la modernité viennoise. La salle des guichets est un joyau du *Jugendstil.* Le petit ***musée*** *(lun-ven 10h-17h ; payant)* met l'accent sur le génie architectural de Wagner (Otto, bien sûr !).

Stadtpark *(zoom et plan, E3)* **:** le plus vieux parc public de Vienne, inauguré en 1862. Rien n'a vraiment changé depuis : sentiers qui serpentent bordés d'arbustes décoratifs, pelouses et bassins, statues en tout genre, dont la plus célèbre est la statue dorée en pied du « roi de la valse », ***Johann Strauss junior.*** Remarquez l'élégance de la ***station de métro*** de l'autre côté de la rivière Vienne, réalisée par Otto Wagner.

Une des meilleures tables de la ville se cache de l'autre côté du parc, le ***Steirereck.*** On se contente de la partie bistrot, avec vue sur la Vienne qui coule à vos pieds (quand il y a du débit) : ***Meierei im Stadtpark*** (voir plus haut « Où manger ? »).

Café Schwarzenberg *(zoom, D-E4)* **:** *Kärtner Ring 17. Tlj 7h30 (8h30 w-e)-minuit.* Un des cafés légendaires du Ring, qui porte le même nom depuis 1902. Très joli décor, où le marbre est omniprésent. Celui d'origine ne survécut pas à la présence de l'Armée rouge, qui avait choisi le café comme lieu de fêtes (et de beuveries). *Josef Hoffmann*, le fondateur des *Wiener Werkstätte* (voir MAK, plus loin), avait l'habitude d'y déjeuner et d'y travailler. Il conçut ainsi plusieurs de ses projets, attablé ici.

Staatsoper *(Opéra national ; zoom, D4)* **:** *Opernring 2. ☎ 514-44-2250.* • *wiener-staatsoper.at* • *Visites guidées quasi tlj, à 14h et 15h, parfois à 9h, 10h, 11h, 12h, 13h, consulter le calendrier sur le site. Tarif : 13 € ; réduc. Durée : 35 mn.* Construit en 1861 en style néo-Renaissance et 1er monument public du Ring après la destruction des remparts de ville, son architecture controversée fut critiquée vertement par ***François-Joseph,*** décidément réfractaire à toute innovation.
L'inauguration de l'Opéra en 1869 se fit avec le ***Don Giovanni*** de ***Mozart.*** Tremblement de terre musical avec la création des *Maîtres chanteurs de Nuremberg* en 1870. Cruelle ironie de l'histoire, le dernier opéra joué en juin 1944 fut *Le Crépuscule des dieux* !
Le *Staatsoper* fut quasiment détruit lors des bombardements de 1945 (à l'exception du grand escalier et du foyer). Sa reconstruction et son inauguration en 1955 furent fêtées de façon grandiose et coïncidèrent avec le départ des 4 armées d'occupation et l'indépendance recouvrée de l'Autriche. Plus qu'un symbole pour les Viennois, une véritable fête nationale ! *Karl Böhm* rouvrit l'Opéra avec *Fidelio* de Beethoven.
L'Opéra hébergea les plus prestigieux chefs d'orchestre du monde : le stakhanoviste ***Gustav Mahler*** y régna 10 ans, de 1897 à 1907, affrontant la montée du ressentiment de toute une partie de la population envers les artistes comme lui, politiquement peu corrects. Véritable boulimique de travail, il fit monter 124 opéras. Puis il y eut Richard Strauss, Bruno Walter, Karl Böhm. De 1957 à 1964, Herbert von Karajan ; de 1982 à 1984, Lorin Maazel ; de 1986 à 1991, Claudio Abbado. Leur autorité était parfois quasi divine, excluant toute contestation. Karajan y acquit une réputation de « François-Joseph de la musique ».

REMORDS IMPÉRIAUX

Profondément blessé par les critiques de François-Joseph, l'un des 2 architectes de l'Opéra, Eduard Van der Nüll se suicida, et l'autre déprima puis mourut peu après. L'empereur culpabilisa tellement que, jusqu'à la fin de sa vie, il se contentait de répéter la même phrase à chaque fois qu'on lui demandait une opinion sur quelque chose : « C'est très beau, ça m'a beaucoup plu ! »

Aujourd'hui, l'Opéra de Vienne est l'un des rares au monde à posséder sa troupe permanente de chanteurs, attachés sentimentalement à l'Opéra. Aux ponts d'or d'une carrière internationale, beaucoup préfèrent l'affection de leur public. En outre, l'Opéra possède une programmation plus longue, plus régulière. Pas de saisons, comme à l'Opéra de Paris. Ici, on privilégie un répertoire constant. Sur les 300 opéras, 60 sont choisis chaque saison, ce qui permet d'afficher chaque soir un opéra différent.
Aller à l'Opéra à Vienne est une ***expérience unique,*** quasiment hors du temps. La salle, les costumes, l'atmosphère... Tout un ensemble grandiose qui ne peut laisser indifférent.
Il y a toujours la possibilité d'acheter au guichet des places debout (1h20 maximum avant le début de la représentation) pour un prix allant de 3,50 € à 14 €. Bien sûr, il ne faut pas rêver, on est au poulailler ! Si vous arrivez en avance, vous pourrez choisir votre place et la réserver en accrochant un foulard à la rambarde, le temps de faire un tour et être sûr de retrouver votre place libre. Pour assister à un spectacle, voir plus haut « Adresses et infos utiles. Écouter un concert ou assister à un opéra : où, quand, comment ? ». Prix des places très variable *(30-250 € !).*
– Pour se mettre en appétit, il est possible d'assister sur la place (malgré les voitures et si le temps le permet), à une ***retransmission en direct*** à 19h, d'avril à juin ainsi qu'en septembre, sur grand écran. De quoi se faire une idée sur la mise en scène et la qualité des spectacles programmés. En cas de faim, pas la peine d'attendre l'entracte pour aller chercher une saucisse chaude au stand le plus proche !

Hotel Sacher *(zoom, D4,* ***162****)* **:** *Philharmonikerstr. 4.* Du temps des Habsbourg, le neveu de François-Joseph, l'***archiduc Otto y fit une apparition entièrement nu,*** ne portant qu'un ceinturon et un sabre. Divine décadence ! Des années après, à l'hiver 1948, l'écrivain anglais ***Graham Greene*** séjourna 15 jours dans ce luxueux palace encore réservé aux officiers britanniques en transit après la Seconde Guerre mondiale. Lui n'était pas nu mais chaudement vêtu, et ne se séparait jamais de son stylo ni de son carnet. Il découvrit la capitale autrichienne ravagée par la guerre, et divisée en secteurs russe, américain, anglais et français.
Pendant le tournage du film *Le Troisième Homme* (voir la rubrique « Cinéma. Quelques films incontournables » dans le chapitre « Hommes, culture, environnement »), l'acteur ***Orson Welles*** logeait à l'hôtel *Astoria* mais venait régulièrement au bar du *Sacher* siroter quelques *bloody mary,* repoussant le moment d'aller se salir dans les égouts de la ville. À 2 pas, l'***Hotel Bristol*** *(Kärntner Ring 1),* un palace 5 étoiles où descendait l'écrivain Francis Scott Fitzgerald.

Kunsthistorisches Museum – KHM *(musée des Beaux-Arts ; zoom, C4)* **:** *Maria-Theresien-Platz 5. ☎ 525-240. • khm.at • Ⓜ MuseumsQuartier (U2). Tlj 10h-18h (21h jeu), sauf lun sept-nov et janv-mai. Entrée : 18 € ; réduc de 1 € avec la* Vienna Card *; gratuit moins de 19 ans. Audioguide : 6 €. Billet combiné avec l'entrée au Trésor impérial : 21 €. Compter plusieurs heures pour tout visiter (et encore, au pas de course !). Consignes bien pratiques.*
Un musée impressionnant, comptant parmi les 10 plus grandes collections d'œuvres d'art au monde. Construit de 1872 à 1891, comme le musée d'Histoire naturelle, son symétrique vis-à-vis, en un style pompeux néo-Renaissance italienne. Longue façade rythmée de pilastres à chapiteaux ioniques et surmontée d'un dôme avec 4 clochetons.
Majestueux grand escalier avec la *Victoire de Thésée sur le Minotaure* de ***Canova.*** Monumentale rotonde au décor particulièrement chargé. Ors, marbres polychromes, imposantes colonnes (les personnages dans les arches surplombant l'escalier monumental ont été peints par Klimt, entre autres, dans sa jeunesse), pilastres et chapiteaux corinthiens, sculptures diverses, c'est une débauche de luxe, étrange pour un empire qui commençait déjà à se désagréger, mais à la hauteur des fabuleuses collections présentées ici.

Les collections sont essentiellement nées du goût pour l'art de plusieurs souverains de la dynastie des ***Habsbourg.*** Parmi ces mécènes avisés figurent l'archiduc ***Ferdinand II,*** qui, au XVIe s, accumula les trésors dans son château d'Ambras (au sud d'Innsbruck), son neveu l'empereur ***Rodolphe II,*** collectionneur impénitent depuis Prague, et surtout l'archiduc ***Léopold-Guillaume,*** qui, en sa qualité de gouverneur des Pays-Bas espagnols de 1647 à 1656, fit main basse à Bruxelles sur les trésors des peintures hollandaises et flamandes ainsi que sur les Tintoret et Titien de Charles Quint et de Philippe II, qui font la réputation du musée. ***Marie-Thérèse,*** elle, profita de la dissolution de l'ordre des Jésuites pour rafler les retables d'autel. Le choix des œuvres reflète évidemment les goûts des princes qui les rassemblèrent. C'est pourquoi, si les écoles de peinture nordique, italienne et espagnole sont bien représentées, la France et l'Angleterre sont un peu les parents pauvres du musée.
Autrefois dispersées, les collections furent rassemblées ici en 1891 à l'initiative d'un François-Joseph désireux de leur donner un écrin digne de la grandeur impériale.

Galerie de peinture : à la recherche de Bruegel l'Ancien
La galerie occupe, en théorie, le 1er étage et se subdivise en grandes salles centrales (numérotées en chiffres romains) et petites salles en pourtour (référencées en chiffres arabes). Se munir du plan gratuit pour s'y retrouver car, comme souvent dans les musées viennois, les œuvres changent fréquemment de place !
- Pour suivre un ordre chronologique, une fois en haut des escaliers, partez derrière vous sur la droite. On commence par les primitifs flamands (salle 14).
- Dans la salle XV, consacrée à l'école allemande, on ne peut manquer *L'Adoration de la Sainte-Trinité* (1511) d'***Albrecht Dürer,*** retable à la composition très élaborée et à la palette de couleurs chatoyantes, où Dürer s'est lui-même représenté dans le coin inférieur droit. Également une petite *Vierge à l'Enfant* (1512), dont la sensibilité et la plastique sont d'indéniables tributs à la Renaissance italienne, ainsi qu'un magnifique *Portrait de l'empereur Maximilien Ier* (1519), avec son nez fort et son menton prognathe qui seront la marque de fabrique de la famille Habsbourg. Dans la même salle, la fantastique *Judith* (1530) de ***Lucas Cranach l'Ancien,*** dont la virginale innocence du visage contraste avec la tête fraîchement coupée de l'infortuné Holopherne. ***Hans Holbein le Jeune,*** peintre officiel à la cour d'Angleterre, nous donne également de beaux portraits, dont celui un peu revêche de *Jane Seymour* (1536), une des épouses d'Henri VIII.
- Quelques peintres flamands dans la salle IX...
- La salle X constitue un des clous de la visite avec 12 toiles de ***Pieter Bruegel l'Ancien*** sur les 45 répertoriées actuellement dans le monde. C'est pour lui seul qu'il vous faut venir passer une heure au musée, dans cette salle regroupant ***les toiles les plus mythiques du maître brabançon.*** Tendresse et ironie se mêlent dans le coup de pinceau expressif décrivant des personnages dont il se sentait très proche. Son observation des mœurs campagnardes ne donne nullement l'impression de vouloir se moquer de ses sujets. Un grand moment d'émotion. Le regard amusé de Bruegel, reconnu pour être l'un des principaux peintres européens, descend sans cesse sur les hommes : exactitude dans le détail et réalisme du décor.
Chasseurs dans la neige, son chef-d'œuvre, appartient à la série consacrée aux saisons. Paysages flamand et alpestre se mêlent harmonieusement. Les 3 chasseurs s'en reviennent avec un seul lapin pour prix de leurs efforts. Les 4 arbres de gauche accentuent la perspective plongeante vers le village que ces hommes sont sans doute impatients de rejoindre. Là-bas, les villageois s'amusent sur le lac gelé. Comme toujours chez Bruegel, la dureté de la condition paysanne est traitée avec sa contrepartie de joies simples. Dans une époque douloureusement troublée (les guerres de Religion et la répression de l'armée d'occupation espagnole), il trouva dans la sagesse populaire des raisons de ne pas désespérer de la condition humaine.

D'autres chefs-d'œuvre encore dans cette salle absolument exceptionnelle, telle la fameuse *Tour de Babel* (1563), allégorie magistrale de la vanité humaine à vouloir réaliser le dessein divin.
- Dans la salle XI, un siècle plus tard, avec *Le roi boit*, ***Jacob Jordaens*** illustre par une description plutôt triviale la coutume du repas de l'Épiphanie.
- Avec les tableaux de la salle XI, la transition vers ***Rubens*** se fait avec son plus fidèle disciple, ***Anton Van Dyck,*** élégant peintre de cour et auteur de monumentaux tableaux d'autel bien dans la veine du maître.
- ***Pierre-Paul Rubens*** règne en majesté dans les salles 23, XIII et XIV. *La Petite Pelisse,* son œuvre la plus touchante par la vibrante sensualité qui s'en dégage, est le portrait en pied de sa 2de femme, *Hélène Fourment,* à la fois pudique et offerte malgré la pelisse dont elle s'entoure. L'*Autoportrait,* qui date de la même époque, le représente en grand seigneur arrivé et pétri de l'élégance des princes que ses missions diplomatiques lui avaient fait côtoyer. Effrayante tête de *Méduse.*
- Un petit bijou, salle 18 : *L'Atelier du peintre* du fascinant ***Johannes Vermeer*** de Delft, virtuose de la lumière et créateur de mystère à partir de sujets qui frisent la banalité. Salle 17, ce sont plusieurs autoportraits de ***Rembrandt*** qui vous attendent.
- La salle 23 brosse un panorama de l'école hollandaise, avec des portraitistes comme ***Frans Hals*** ou des moralistes comme ***Jan Steen*** – et son édifiant *Monde renversé.*

La visite continue : changement d'aile et d'esthétique avec les écoles espagnole, italienne et française.
Salle I (en arrivant en haut de l'escalier, prendre à gauche derrière vous) : ***Titien,*** peintre vénitien fécond, généreusement représenté avec des sujets aussi divers que des portraits *(Jacopo da Strada, Isabelle d'Este,* le pape *Paul III)* ou des thèmes mythologiques *(Danaé)* ou religieux *(Vierge des gitans à l'Enfant, Ecce Homo).* Sa carrière fut particulièrement longue, et on décèle dans son œuvre tous les courants qui influencèrent la peinture du XVIe s.
- Dans les petites salles (1 et 2) attenantes, d'autres peintres vénitiens célèbres : ***Bellini, Giorgione*** (voir les *Trois philosophes* à la poésie nimbée de mystère : qui sont-ils, que font-ils ?).
- ***Véronèse, le Tintoret*** *(Suzanne et les vieillards),* ***Bordone*** et ***Bassano*** se partagent les murs des grandes salles II et III, avec des réalisations d'inégale valeur.
- Suite des maîtres italiens dans les salles 3 à 9 et IV avec, dans le désordre, quelques coups de cœur, comme les toiles mythologiques pleines de suavité du ***Corrège,*** *Jupiter et Io, Ganymède* (salle 3). La *Vierge dans la verdure* et une *Sainte Marguerite* au dragon hideux, toutes 2 de ***Raphaël*** (salle 4).
- Dans la salle 10, on aborde l'école espagnole à son apogée avec ***Vélasquez*** et ses remarquables portraits de *Philippe IV* et de l'infante *Marguerite-Thérèse* à 5 ans (en blanc) et à 8 ans (en bleu).
- Salle 11, un ***Poussin,*** *La Destruction du Temple de Jérusalem,* défend les couleurs de l'école française, tandis qu'une pietà d'***Annibal Carrache*** surprend par la vivacité de ses bleus. Les salles 12 et 13 nous promènent au cœur d'une école vénitienne florissante aux XVIIe et XVIIIe s : ***Strozzi, Fetti, Guardi*** et, si la présentation des œuvres n'a pas changé, ***Canaletto*** avec des vues de la Cité des Doges.
- Les salles V, VI et VII abritent des compositions de grande taille d'une école italienne friande de sujets bibliques : *David tenant la tête de Goliath* du ***Caravage,*** ou *Repos durant la fuite en Égypte* de ***Gentileschi,*** avec un Joseph bien fourbu et un Enfant Jésus bien goulu.
- Bouclons la boucle en ne ratant pas, salle VII, les vues de Vienne, en particulier *Le Belvédère et ses jardins* et *La Freyung et son marché* du neveu de Canaletto, ***Bernardo Bellotto.***

Cabinet des monnaies
Le 2e étage abrite dans l'aile droite l'une des plus fabuleuses collections de numismatique du monde : 500 000 pièces, pas moins ! Toutes les monnaies en

usage depuis la haute Antiquité jusqu'à notre époque s'y trouvent, depuis les pierres d'Océanie destinées au troc jusqu'aux billets de banque contemporains en passant par les monnaies égyptiennes, celtes, romaines, byzantines, médiévales et Renaissance. Un millier de petits portraits en médaillon complètent ce véritable trésor.

Cabinet d'art (Kunstkammer)
À l'entresol, aile gauche. Un musée à l'intérieur du musée : prévoir du temps.
Avec plus de 2 000 objets exposés, la *Kunstkammer* est, sans aucun doute, la collection la plus importante de son genre dans le monde. Elle se répartit dans une vingtaine de salles et galeries, et invite à découvrir un monde fait de curiosité et d'émerveillement.

4 collectionneurs ont joué un rôle décisif dans la constitution de cet ensemble. ***Ferdinand II*** (1529-1595) a préservé l'héritage des empereurs ***Fréderic III, Maximilien Ier*** et ***Ferdinand Ier*** en le dotant d'armes. Ensuite, ***Rodolphe II*** (1552-1612) a ajouté de nombreuses œuvres d'orfèvrerie datant de 1600, ainsi que des bronzes. L'archiduc ***Léopold-Guillaume*** (1614-1662) a apporté son penchant pour les peintures de la Renaissance italienne, des bronzes et de petites sculptures en pierre et en bois.

De la fin du Moyen Âge au baroque donc, les souverains Habsbourg ont rassemblé des matériaux rares et exotiques auxquels ils attribuaient des pouvoirs magiques, comme des pierres précieuses, des œufs d'autruche, des coraux, des cornes de rhinocéros, des nacres, des ivoires et des dents de requin, ainsi que des *glossopètres,* considérées comme des restes de dragons (ce sont en fait des dents de requins fossilisées). À partir de ces éléments naturels, les artistes travaillant pour leur compte ont créé des œuvres d'art d'une inventivité et d'une richesse incomparables.

Parmi les joyaux que vous pourrez admirer : plats d'or incrustés de diamants et de pierres précieuses d'Anvers, statuettes en bronze, nécessaire de toilette de l'empereur Franz III, incroyable plateau en or (Nuremberg), émaux de Limoges du XVIe s, jeu sculpté en palissandre et acajou d'une grande finesse d'exécution, astrolabes du XVIIe s, globes, boussoles, instruments de mesure, montres serties de pierres, clepsydres, modèles réduits de bateaux et galères en ivoire, en or ciselé ou en cuivre martelé.

Un coup de cœur pour les ***automates*** dont on peut admirer la mécanique de précision en mode animé sur des tablettes numériques enchâssées dans les banquettes qui bordent la salle.

Le fleuron de la collection reste la merveilleuse salière en or incrustée d'émeraudes, réalisée par ***Benvenuto Cellini*** en 1540 pour le roi de France *François Ier*, représentant Neptune avec Cérès (la déesse des Moissons). Dans la même salle, une tapisserie de Fontainebleau avec *François Ier* en empereur romain.

UNE HISTOIRE QUI NE MANQUE PAS DE SEL

La salière de Benvenuto Cellini, volée dans le musée en 2005, a été retrouvée un peu plus tard, en bon état. Estimée à 50 millions d'euros et compte tenu de son immense célébrité, elle était totalement invendable, mais on pouvait craindre qu'elle ne fût fondue pour en récupérer l'or. Finalement, le voleur se rendit lui-même à la police après la diffusion des photos de son visage prises par une caméra de sécurité et la salière retrouva sa vitrine.

Salles égyptiennes et collections d'antiquités grecques et romaines
Ne manquez pas en tout cas la visite de ces salles qui bénéficient tout à la fois d'une muséographie intelligente, d'une mise en lumière savamment étudiée et d'une atmosphère bien particulière. Les salles I à VIII, à l'entresol, à droite de l'accueil, abritent tout d'abord un très intéressant département d'égyptologie.

Les salles suivantes sont consacrées aux antiquités étrusques, romaines et grecques : sculptures, sarcophages, mosaïques romaines (Thésée et Ariane), bronzes étrusques, urnes funéraires, vases, cratères, amphores grecques, tanagras, diplômes militaires romains en bronze, bijoux, stèles votives en mosaïque ou terre cuite, etc. Belle mise en espace et en lumière, là encore.
On termine par l'Antiquité tardive, l'art paléochrétien, les bijoux et tissus coptes, slaves et byzantins, et une magnifique vaisselle d'or découverte en Roumanie.

Pause salée-sucrée de rigueur au ***café-restaurant*** *(tlj 10h-17h30 - 22h jeu),* sous la coupole, au 1er étage. Un cadre hors du temps, un must du genre.

Naturhistorisches Museum *(musée d'Histoire naturelle ; zoom, C4) : Maria-Theresien-Platz. ☎ 521-770. • nhm-wien.ac.at • En face du Kunsthistorisches Museum. Tlj sauf mar 9h-18h30 (21h mer). Entrée : 14 € ; réduc ; gratuit moins de 19 ans.* Un musée qui devrait plaire aux enfants, avec ses immenses collections d'animaux empaillés, ses impressionnants squelettes de dinosaures et autres bestioles préhistoriques. Fondé par l'empereur ***François Ier de Lorraine***, l'époux de Marie-Thérèse, en 1765. Une quarantaine de salles abritent d'impressionnantes collections de minéralogie (parmi les plus importantes au monde), de préhistoire, de paléontologie, d'anthropologie et de zoologie. Parmi les musts : une magnifique topaze de 117 kg (un peu lourd pour un pendentif !), des météorites et fossiles divers, un moulage de la fameuse ***Vénus de Willendorf,*** déesse de la Fertilité (25 000 ans av. J.-C.), et un planétarium. Également une immense salle aux crocodiles et un gigantesque crabe du Japon de 2 m d'envergure. Très riches collections d'oiseaux.

Burgtor *(zoom, C4) :* porte monumentale édifiée en 1821 à l'emplacement de l'ancienne enceinte de la ville. Aujourd'hui, mémorial de la Guerre. Elle communique avec la Hofburg (voir la rubrique « À voir "en ville". Dans le centre historique »).

Parlament *(zoom, C3) : Dr.-Karl-Renner-Ring 3. ☎ 401-10-11. • parlament.gv.at •* Pompeux édifice d'inspiration grecque, construit en 1873 pour accueillir le Parlement regroupant tous les représentants des pays qui composent l'empire. Fronton richement orné (montrant la Constitution accordée par François-Joseph) et abondance de colonnes. Au pied de la rampe, statue de Pallas Athéna. Le thème de la Grèce avait été choisi pour démontrer les intentions démocratiques de l'empire. On imagine aisément à l'époque la cacophonie des pays s'exprimant chacun dans leurs langues respectives au sein de l'assemblée. Pendant les travaux, l'Assemblée nationale prend ses quartiers dans une salle du *Neue Burg.*

Rathaus *(hôtel de ville ; zoom, C3) : Friedrich-Schmidt-Platz 1. Face au Burgtheater.* Le style néogothique rappellera à certains les hôtels de ville de Bruxelles et de Munich. Pourtant, l'architecte Friedrich Schmidt s'est contenté d'y faire vaguement référence. Architecture assez académique, que l'on découvre en empruntant la ruelle intérieure qui traverse l'édifice. La cour centrale, avec son jardin et ses colonnades, a un certain charme. Haut beffroi de près de 100 m, surmonté du *Rathausmann* (l'homme de fer), symbole de la ville.
– En juillet-août, ***Festival du film musical.*** *Ts les soirs, projections d'opéras et de concerts sur écran géant. • filmfestival-rathausplatz.at • Séances gratuites et bancs à la disposition des spectateurs.* Un rendez-vous incontournable en été ! Juste à côté, toutes sortes de petits stands de cuisine pris d'assaut entre 2 séances.
– De mi-novembre à fin décembre s'y tient le ***Christkindlmarkt,*** l'un des plus célèbres marchés de Noël de la ville, où l'on peut boire du vin chaud, acheter des jouets en bois et des confiseries traditionnelles, comme les fameux pains d'épice de Noël. Grande patinoire.

Dans la *Felderstraße,* en face du Rathaus, le ***MUSA*** présente de nombreuses expositions d'art contemporain *(tlj sauf lun 10h-18h ; entrée 7 €, réduc, gratuit moins 19 ans et 1er dim du mois).* Belle série de sculptures modernes devant l'entrée.

Burgtheater *(Théâtre national ; zoom, C3)* **:** *Universitätsring 2.* ☎ *514-44-41-40.* • *burgtheater.at* • *Visite guidée en allemand tlj à 15h (avec documents en français). Entrée : 8 € ; réduc.* Construit en 1874, terriblement ravagé lors de la dernière guerre, puis complètement restauré, il put rouvrir en 1955. La « Comédie-Française » de Vienne. Mélange architectural des styles néo-Renaissance et baroque, avec un zeste de Second Empire français. Escaliers latéraux monumentaux (à l'époque, l'un pour le public, l'autre pour la cour impériale) qui échappèrent aux destructions de la dernière guerre. Ainsi peut-on admirer au plafond des fresques de ***Klimt*** et de ***Matsch.***

Universität *(université ; zoom, C2-3)* **:** *Universitätsring 1.* Édifiée dans le style néo-Renaissance italienne (en hommage à ce qui annonçait l'âge d'or du savoir). Fondée en 1365, c'est ***la plus ancienne université de langue allemande.*** *Anton Bruckner, Sigmund Freud, Marie von Ebner-Eschenbach, Karl Landsteiner* (Prix Nobel de médecine) y furent professeurs.

Votivkirche *(église votive ; zoom, C2)* **:** *mar-ven 11h-17h ; sam 11h-19h ; dim 9h-13h.* Construite à partir de 1856 pour commémorer l'échec de l'attentat contre l'empereur François-Joseph 3 ans plus tôt. Style néogothique avec un plan de cathédrale française (2 flèches joliment ajourées, 3 nefs) et une façade de style gothique germanique. À l'intérieur, beau retable d'Anvers, du XVe s.

À voir encore autour du Ring

Entre le Ring et les Gürtel, ces boulevards circulaires qui enserrent les anciens faubourgs dans un 2d anneau protecteur, de nombreux musées, sites et quartiers entiers méritent d'être découverts. Et même si la ville se reconstruit au sud du Belvédère, autour de la nouvelle gare centrale, c'est au nord, côté *Donaukanal,* que débute cette 2de balade dans le sens des aiguilles d'une montre, à pied, en tram et en métro, cette fois.

DE L'AUTRE CÔTÉ DU DONAUKANAL *(2e arr.)*

Le 2e arrondissement *(Leopoldstadt)* a beau n'être séparé de la vieille ville que par le canal du Danube, cet ancien quartier ouvrier fut longtemps oublié des circuits touristiques. Départ près de la *Schwedenplatz* pour prendre, pour 2 stations, la ligne de tram no 2 jusqu'à *Karmeliterplatz (plan, E2).* Un quartier devenu un des lieux de rencontres favoris des Viennois. On peut y aller à pied en traversant une partie de l'ancien quartier juif.

Les environs du marché du *Karmelitermarkt* doivent en partie leur vitalité à des ***bistrots*** et des ***boutiques de créateurs*** qui attirent ici toute une clientèle bobo qui se fait plaisir, entre le brunch dominical (et bio, souvent) à l'un des stands du marché et la visite chez *Nagy,* dans la *Krummbaumgasse,* qui assemble ses propres pulls et robes à partir d'étoffes tricotées produites sur place, ou chez *Taschenausgabe,* dans la *Haidgasse,* qui collectionne les labels rares.

Karmelitermarkt *(plan, E2)* **:** *tlj sauf dim.* Autour d'un mignonnet marché où les producteurs du coin viennent vendre leurs produits, plein de stands plus séduisants les uns que les autres. Très bio, tout ça. Le samedi matin, on s'y retrouve pour bruncher après avoir fait son marché. Voir plus haut la rubrique « Où manger ? ».

Kriminalmuseum *(musée du Crime ; plan, E2)* **:** *Große Sperlgasse 24. (0664) 300-56-77.* • *kriminalmuseum.at* • Ⓜ *Taborstr. (U2).* Ⓣ *no 1 ; bus no 5A, arrêt Karmeliterplatz. Tlj sauf lun-mer 10h-17h. Entrée : 9,90 € ; réduc.* Pour les amateurs du genre (germanophones de préférence, car tout est en allemand). Un musée de la criminologie plutôt que du crime, si l'on veut pinailler, mais bon... Sur plusieurs niveaux, expos sur les plus grands crimes du Moyen Âge à nos jours et histoire

VIENNE ET SES ENVIRONS

des Landru et autre Dr Petiot autrichien. Avalanche de détails sur les méthodes d'exécution, photos, articles de presse, comptes rendus de procès, d'attentats. Plus on s'enfonce dans le sous-sol, plus les affaires exposées deviennent sordides et certaines photos insoutenables.

Augarten *(plan, D-E1)* **:** le plus vieux parc baroque de Vienne. Ses jardins couvrent une surface de près de 42 ha et abritent la plus ancienne manufacture de porcelaine d'Europe, ainsi que le ***Porzellanmuseum*** *(musée de la Porcelaine ; plan, E1 ; tlj sauf dim 10h-17h ; entrée : 7 €, réduc).* La manufacture a toujours cherché à collaborer avec des artistes contemporains, et continue de le faire, visible au travers des quelque 150 pièces exposées. Faites une pause dans le café-restaurant ***Décor*** pour profiter tout à la fois du calme du parc et du service en porcelaine. Terrasses avec vue.
À la sortie du parc s'est installé le plus vieux « groupe de garçons » du monde : les ***Petits Chanteurs de Vienne*** ont maintenant une salle de concerts qui est un pur joyau technique, le ***MuTh*** *(Am Augartenspitz 1 ; ● muth.at ● ; Ⓜ Taborstr. (U2) ; Ⓣ n° 31).*
Pour les amateurs de contrastes, petit tour dans les jardins du *Filmarchiv,* dans ce coin du parc repris en main par un collectif qui y vit quasiment à demeure. C'est là aussi que les amoureux du cinéma en plein air se retrouvent les soirs d'été.

Le Prater *(plan, F-G2-3)* **:** *● praterwien.com ● Ⓜ Praterstern (U1 ou U2) ; Ⓣ n° 5 depuis la Westbahnhof (direct). Accès libre au parc mais attractions payantes (env 3-11 €).*
Un des parcs d'attractions populaires les plus fameux au monde. L'ancienne réserve de chasse, créée au XVIe s par Maximilien II, fut ouverte au public en 1766 par ***Joseph II*** et transformée en parc (cette décision libérale, conforme au siècle des Lumières, fut violemment critiquée par l'aristocratie). Très rapidement apparurent les 1res baraques de foire, suivies par les attractions et, au XIXe s, les cafés-concerts. En 1791 s'y envola la 1re montgolfière.
En vedette, la célébrissime ***Riesenrad*** (voir ci-après) bien sûr, mais il règne ici une atmosphère qui incite à prolonger la visite. Beaucoup d'autres attractions populaires (train miniature, train fantôme, théâtre de marionnettes, etc.) attendent petits et grands. On trouve aussi les montagnes russes en bois les plus anciennes d'Europe, une étonnante simulation de vol qui démarre dans une canalisation et mène jusqu'au centre de Vienne par d'étroites ruelles. À l'inverse, de vieilles attractions, type carrousel avec vrais chevaux de bois, ont été rénovées. Et bien d'autres choses encore qui permettent aux nostalgiques de trouver matière à s'émouvoir, et aux friands du grand frisson de faire grimper leur taux d'adrénaline.

Riesenrad *(grande roue ; plan, G2)* **:** *dans le Prater. ☎ 729-54-30. ● wienerriesenrad.com ● Horaires très fluctuants : grosso modo 10h-19h45 (peut varier entre 21h45, 22h45 ou 23h45 selon les saisons). Superbe en nocturne ! Fermé 2-3 sem début janv. Le tour : 13,50 € ; réduc. En préambule, petite expo sur l'histoire de la roue.* En 1896, la *Riesenrad* fut construite par un ingénieur anglais, *Walter Basset,* à l'occasion de l'Exposition universelle. Très en vogue à l'époque, d'autres grandes roues furent réalisées à Paris, Blackpool, Chicago, Londres (toutes disparues depuis). Sérieusement endommagée par les bombardements de 1945, elle fut réparée et demeure ainsi la dernière survivante ! Venez-y la nuit, pour retrouver un peu de la magie du film *Le Troisième Homme,* même si l'on sait que cette scène a en fait été tournée en studio... à Londres.

Schweizerhaus : *de mi-mars à oct, tlj 11h-23h.* Un *Biergarten* haut en couleur local. Ne pas manquer de déguster, accompagné d'une bière maison, un jarret grillé *(Schweinsstelze),* ou une saucisse si vous manquez d'appétit.

Balade le long du Donaukanal *(plan, D-E-F-G1-2-3)* **:** Idéal pour prendre l'air aux beaux jours. Petite surprise à côté de l'*Augartenbrüke,* où un bâtiment d'Otto Wagner au style quelque peu balnéaire se reflète dans le canal. Il s'agit de la ***Schützenhaus,*** réalisée entre 1906 et 1908. Elle devait faire partie d'un dispositif régulant le cours du canal qui ne fut jamais achevé. Beau point de vue depuis la terrasse du ***Tel Aviv Beach*** et ses chaises longues. De mai à septembre (voir « Piscines, plages et thermes » dans « Adresses et infos utiles »), les berges du canal du Danube se métamorphosent en plages urbaines avec bars, cafés, restaurants, discos. Possibilité de faire trempette au ***Badeschiff Wien,*** le bateau-piscine-bar. Cette ancienne péniche danubienne, est amarrée entre la *Schwedenplatz* et l'***Urania*** *(plan, F3),* élégant observatoire datant de 1910. À la hauteur de l'*Urania* ambiance plage réussie au ***Strandbar Herrmann*** *(ouv slt en été).*

À L'EST DU RING *(3e arr.)*

👍👍 ***Hundertwasserhaus*** *(maison de Hundertwasser ; plan, G3) : Löwengasse et Kegelgasse. • hundertwasser-haus.info • Ⓜ Schwedenplatz (U1 ou U4) ou Landstr.-Wien Mitte (U3 ou U4), puis Ⓣ nº 1 (arrêt à quelques dizaines de mètres).* Visite obligatoire pour les amoureux d'architecture insolite. Friedensreich Hundertwasser (1928-2000), peintre et plasticien non conformiste, imagina et construisit en 1983, cet ensemble HLM de 50 appartements, occupés par des habitants aux revenus modestes. Aujourd'hui, il n'y a plus guère de controverse, l'édifice ayant contribué au renom de l'architecture moderne à Vienne. Dans un décor assez délirant, Hundertwasser a imaginé confronter entre eux les masses de couleurs, les décrochements d'étages, les éléments végétaux, les surfaces de béton, la brique et la céramique, les angles de toutes ouvertures, le végétal et le minéral, les fenêtres de toutes tailles, les planchers qui ondulent... Bref, une anarchie de formes et de couleurs ludique, écolo et rafraîchissante. Il disait : « Un sol inégal est une mélodie divine pour les pieds. » Ou encore : « Cette jungle de lignes droites, qui nous enferment comme dans une prison, nous devons la supprimer. » Effectivement, on voit ici que les surfaces gondolent dans un désordre chromatique réjouissant. Effet pervers prévisible, la maison a eu tant de succès qu'il n'est plus possible d'en admirer l'architecture intérieure, les locataires excédés tenant maintenant (avec quelques raisons) à la tranquillité de leur vie privée. Terrasse en mezzanine et jardins suspendus tout en haut. On envie les locataires ! Au rez-de-chaussée, boutique avec produits dérivés et ouvrages consacrés au peintre architecte.

En face, ***Village Gallery*** *(tlj 9h-18h),* complexe de boutiques sans complexe et snacks conçus par Hundertwasser lui-même. Un pastiche commercial bien moins réussi. Le traverser pour rejoindre l'*Untere Weißgerberstraße* et marcher 5 mn pour rejoindre la *Kunst Haus Wien.*

👍👍👍 ***Kunst Haus Wien – Museum Hundertwasser*** *(Maison de l'art ; plan, G3) : Untere Weißgerberstr. 13. ☎ 712-04-91. • kunsthauswien.com • Ⓜ Schwedenplatz (U1 ou U4), puis Ⓣ nº 1, direction Radetzkyplatz. Au nord de la maison de Hundertwasser (suivre les panneaux). Tlj 10h-18h. Entrée : 11 € ; réduc ; gratuit moins de 10 ans. Billet combiné avec l'expo temporaire : 12 €. Audioguide (en français) : 3 €.*

Musée passionnant, qui permet de découvrir l'***univers iconoclaste de Friedrich Stowasser,*** plus connu sous le nom de *Hundertwasser.* Bâtiment forcément très original, conçu par l'artiste lui-même : formes organiques presque maladroites, façade en céramique tantôt sobre tantôt colorée, arbres et plantes qui s'invitent dans les étages et sur le toit... L'intérieur n'est pas moins étonnant avec ses sols qui ondulent et ses espaces hétéroclites, qui s'organisent sans heurts. Dans la cour intérieure dotée d'une fontaine, nombreux arbres et plantes qui viennent même s'inviter au cœur des salles d'exposition !

L'intérêt du musée réside également dans la collection de peintures, aquarelles, maquettes ou dessins du maître, visibles nulle part ailleurs, d'où se dégagent fraîcheur et naïveté. D'abord influencé par le symbolisme d'un Klimt *(Singing Steamer in Ultramarine III, la Pêche miraculeuse...)* ou par le chromatisme d'un Van Gogh *(La Styrie verte, Blumenstrauss...),* Hundertwasser a flirté avec le surréalisme, la veine psychédélique *(Le Chemin vers toi)* ou le pop art, traçant sa propre route.
Au 2e étage, place à ses ***projets architecturaux.*** Écolo avant la lettre, sorte de Merlin l'Enchanteur de l'architecture contemporaine, Hundertwasser était capable de transformer un vieil incinérateur en lieu vivant, gai et coloré, une vieille église à qui il met du rose aux joues avec de simples détails, ou une HLM qu'il transforme en feu d'artifice de formes et de couleurs. Voir aussi la grande maquette de cette incroyable cité (jamais réalisée malheureusement), sorte de village résidentiel à la conception particulièrement originale, où le végétal prend une place prépondérante. « Si l'Homme est créatif, il se rapproche de Dieu », plaidait-il. Ses projets de drapeaux néo-zélandais australien ou israélo-palestinien témoignent aussi de son engagement politique. Et toujours beaucoup de toiles, tapisseries, dessins, exposés à tour de rôle. On adore ! Ne manquez pas le petit film ***Hundertwassers Regentag,*** tourné en 1972 (20 mn), qui donne un bon aperçu du bonhomme.
Aux 3e et 4e étages, expos temporaires.

I●I *Café Kunst Haus Wien :* *Untere Weißgerberlände 14. Au rdc du musée. Tlj 10h-18h. Soupes 4 €, plats env 10 €.* Fabuleux décor végétal dans une débauche de couleurs et de formes. Tables de formes diverses, chaises toutes différentes, nappes à la palette bariolée, le tout posé presque au hasard sur un carrelage ondulant au damier noir et blanc, et une verrière d'où dégoulinent des plantes vertes. Terrasse très rafraîchissante en été. Petite carte de brasserie internationale privilégiant la légèreté. Dommage d'avoir le trafic routier en fond sonore.

Le passage Sünnhof *(plan, F4)* **:** *Landstraßer Hauptstr. 28. Dans le même quartier que la maison Hundertwasser.* Long et pittoresque passage à travers un *Hof* du XVIIIe s (idéal pour déjeuner tranquille). Côté rue, façade période *Biedermeier* (1823). En revenant sur la *Landstraßer Hauptstraße,* pour prendre le métro, on coupe la *Kundmanngasse.* Au n° 9, une maison construite en 1926, imaginée par le philosophe Ludwig Wittgenstein, dans l'esprit de Loos : simplicité et dépouillement.

AU SUD-EST DU RING

Autour de la Karlsplatz *(1er et 4e arr.)*

Gemäldegalerie der Akademie der bildenden Künste *(galerie de peinture de l'Académie des beaux-arts ; zoom, D4)* **:** *Lobkowitzplatz 2. ☎ 588-16-22-01. • akademiegalerie.at • Ⓜ Stephansplatz (U1, U2 ou U3). Tlj sauf lun 10h-18h. Entrée : 9 € ; réduc ; gratuit moins 19 ans.* L'Académie des beaux-arts fut créée en 1692 pour réunir les œuvres admises par les membres de l'Académie ou celles couronnées d'un prix. Elle fut transformée en galerie en 1822, lorsqu'elle s'enrichit de l'importante et précieuse collection du comte ***Anton de Lamberg-Sprinzenstein*** qui se caractérise par son excellence et sa grande diversité. Des œuvres majeures de Cranach, Bosch, Ruysdael et Rubens côtoient les grands Italiens du XVe au XVIIIe s (Guardi notamment), mais aussi de splendides Murillo. Paysages, thèmes religieux et scènes de genre. De riches expos temporaires complètent les présentations permanentes (mais dont le fond tourne régulièrement). Pour l'anecdote, ***l'école d'art a recalé Adolf Hitler en 1907*** ! Ils auraient dû l'accepter...

★★★ ***Secession*** *(pavillon de la Sécession ; zoom, D4)* **:** *Friedrichstr. 12 (Wien 1). ☎ 587-53-07. • secession.at • Ⓜ Karlsplatz (U1, U2 ou U4). Tlj sauf lun 10h-18h. Entrée : 9,50 € pour l'expo temporaire + la frise Beethoven ; si pas d'expo temporaire 6 € ; réduc. Audioguide en français) ou visite guidée : 3 €.*
Œuvre de ***Joseph Maria Olbrich,*** ce pavillon se voulait l'antithèse des édifices académiques et pompeux du Ring. De dimensions modestes, il constitue cependant l'un des plus fascinants exemples de ce mouvement de contestation de la fin du XIXe s. On y trouve toutes sortes de clins d'œil, comme la référence à la blancheur méditerranéenne opposée à celle de la grisaille du Ring. Lorsque l'on est face à l'escalier, on savoure les remarquables proportions de l'édifice et l'élégante économie de la décoration florale. Superbe dôme constitué d'un treillis de feuilles de laurier en l'honneur de l'Art nouveau. À côté de l'inscription « *Ver sacrum* » (Printemps sacré), la devise sur la façade donne le ton : *À chaque temps son art, à l'art sa liberté...*
Au sous-sol, ***Beethoven,*** l'admirable fresque de Klimt sur le thème de la *Neuvième symphonie,* considérée comme un must de l'Art nouveau. Son chef-d'œuvre absolu en hommage au compositeur... mais dont ne subsiste que 2 fragments qui illuminent l'atmosphère monacale de la pièce. La frise était censée être démontée et détruite après l'exposition de 1902, pour laquelle ***Klimt*** l'avait réalisée. La pièce où elle se trouve a été spécialement conçue pour l'accueillir. Expositions temporaires d'art contemporain au rez-de-chaussée.
Amusant : la *Secession* étant toujours une association d'artistes (comme à ses origines), les thèmes et artistes exposés sont désignés démocratiquement.

★ ***Karlsplatz*** *(plan et zoom, D4)* **:** très grande place centrale agrémentée d'espaces verts et de bassins, avec une statue de ***Henry Moore*** et une autre de *Weyr* consacrée à Brahms, plus cachée, au cœur du *Resselpark.* Certains pique-niquent sur un banc, d'autres s'attablent sous les arbres, dans une sympathique guinguette. Ne pas rater les pavillons du métro, l'église Saint-Charles, le musée d'Histoire de la Ville de Vienne. La balade peut s'articuler avec la visite du Belvédère. À moins que vous ne décidiez de partir à pied, ou via le métro, sur les pas... d'Otto Wagner. Celui-ci avait été chargé de réaliser une trentaine de stations à l'aube du XXe s. On peut rêver à la Vienne souterraine qui aurait pu voir le jour.

★ ***Les pavillons du métro Karlsplatz*** *(zoom, D4)* **:** de petits chefs-d'œuvre d'***Otto Wagner,*** superbement restaurés et classés Monuments historiques. L'un abrite une petite salle d'exposition sur Otto Wagner *(slt avr-oct, tlj sauf lun 10h-13h, 14h-18h ; entrée : 5,50 €, gratuit moins de 19 ans et pour tous le 1er dim du mois),* et l'autre un café avec terrasse pour en apprécier la vue. Exemples achevés du *Jugendstil,* ils présentent une admirable délicatesse, un raffinement du décor et une harmonie des proportions. Otto Wagner fut particulièrement sensible à leur insertion face à l'imposante et tyrannique église Saint-Charles. Procurez-vous, le « Otto Wagner, Wienplan » *(en allemand et en anglais ; payant),* qui répertorie sur une carte l'ensemble des bâtiments dus au célèbre architecte.

★ ***Künstlerhaus – Albertina Modern*** *(zoom, D4)* **:** *Karlsplatz 5 (Wien 1). ☎ 587-96-63. • k-haus.at • Tlj 10h-18h. Entrée : 9 €, et 19,90 € pour les 2 expos ; gratuit moins de 19 ans.* Ce palais abrite 2 lieux d'expositions temporaires (indépendantes l'une de l'autre) : le *Künstlerhaus* et *l'Albertina Modern.* Toutes formes d'arts de l'après-guerre à aujourd'hui y sont présentées, généralement d'un très bon niveau. Peinture, sculpture, installations, vidéos, arts appliqués...

★ ***Musikverein*** *(Maison des amis de la musique ; zoom, D4)* **:** *Musikvereinsplatz 1. ☎ 505-81-90 • musikverein.at • Juil-août, lun-ven 9h-12h ; sept-juin, lun-ven 9h-19h, sam 9h-13h.* On trouve dans ce bâtiment de style néo-Renaissance ***la plus belle salle de concerts de la ville,*** bien connue des téléspectateurs qui chaque année se pressent devant leur poste pour applaudir *La Marche* *de Radetzky* ou danser la valse du *Beau Danube bleu* (voir la rubrique « Écouter un concert ou assister à un opéra : où, quand, comment ? » dans « Adresses et infos utiles »).

Karlskirche (église Saint-Charles ; plan, D5) :** *Karlsplatz (Wien 4). • karl skirche.at • Lun-sam 9h-18h ; dim 12h-19h. Entrée (église + ascenseur) : 8 € ; réduc ; gratuit moins de 10 ans. Audioguide en français.*

Édifiée de 1716 à 1737. Encore un acquis des grandes épidémies de peste ! Elle fut construite pour célébrer la fin de celle de 1713. Pour être sûr que la catastrophe ne se renouvelle pas et pour attirer l'attention de Dieu le Père, ***Johann Bernhard Fischer von Erlach,*** qui gagna le concours pour la construction, mit le paquet. Certes, on peut la considérer aujourd'hui comme une énorme pâtisserie kitsch ou comme le chef-d'œuvre absolu de la monarchie impériale, dont elle exalterait la puissance à son zénith. Il est clair que, si l'architecture est le reflet culturel et idéologique de son époque, l'église Saint-Charles de Vienne, bien au contraire, se révèle un exemple parfait de la magnificence européenne du XVIIIe s.

D'ailleurs, à y regarder de près, malgré un décor plutôt chargé, tout est logique et fort bien équilibré. Ainsi, tous les éléments stylistiques composant la façade furent-ils interprétés, et les admirateurs de Saint-Charles y virent de nombreux symboles : à l'édifice baroque proprement dit vient ainsi se superposer le temple antique à colonnes, proche du temple romain de Jupiter et de la Paix (on venait de signer le traité de Rastadt). Les 2 colonnes aux fresques en spirale s'inspirent de celles de Trajan à Rome, mais évoquent aussi des minarets (la victoire ultime sur les Turcs en 1683 n'était guère loin !). Les pavillons latéraux rappellent les pagodes chinoises, très à la mode à cette époque.

L'intérieur est tout aussi époustouflant. Plan en croix grecque avec une immense nef en ellipse au milieu. Coupole culminant à 72 m avec une extraordinaire impression d'élévation. D'ailleurs, grâce aux travaux de rénovation des fresques de ***Rottmayr*** (le grand spécialiste), un ascenseur permet de s'approcher au plus près des peintures de la coupole. Une expérience rare. Attention à ceux qui ont le vertige.

Au-dessus de la chapelle centrale de gauche, propagande papiste sur les fresques : on aperçoit un ange brûler un tas d'écrits et de bibles de Luther. Remarquable maître-autel rococo. Sur fond de marbre s'élèvent en tourbillonnant des volutes de nuages portant ***saint Charles-Borromée*** vers la Trinité rayonnante.

L'église possède une fort belle acoustique, et de grands concerts y sont d'ailleurs régulièrement organisés (programme à l'entrée).

Wien Museum *(musée de la Ville de Vienne ; plan, D4-5)* **:** *Karlsplatz 4 (Wien 4). ☎ 505-87-47. • wienmuseum.at • À gauche de l'église (lorsqu'on lui fait face).* ***FERMÉ jusqu'à nouvel ordre.*** Entre l'église et le musée, jetez un œil en face sur l'***ambassade de France*** *(Technikerstraße 2).* Art nouveau typique (1901) avec des réminiscences architecturales françaises.

Pour ceux qui ne prendront pas le tram pour atteindre directement le Belvédère supérieur, petit détour par le Rennweg (l'ancienne route de sortie vers la Hongrie) : au no 2, on devine la silhouette du ***palais Schwarzenberg*** *(plan, E5),* érigé en 1697 par Johann L. von Hildebrandt. Au no 3, le ***palais Hoyos*** est l'une des 1res œuvres d'Otto Wagner. Aujourd'hui occupé par l'ambassade de Croatie, il présente une façade remarquable.

2 MONUMENTS ANTAGONISTES

Au centre de la place Schwarzenberg se dresse la fière statue équestre du maréchal du même nom, vainqueur de Napoléon à Leipzig en 1813. En face, masqué par un jet d'eau, le monument à la gloire de l'Armée rouge, libératrice de Vienne en 1945. Les Viennois, qui n'ont que très peu apprécié la présence des Soviétiques pendant 10 ans, l'ont malicieusement rebaptisée « monument au pillard inconnu ».

Le Belvédère (3e et 4e arr.)

L'un des ensembles architecturaux baroques les plus séduisants d'Europe. Composé de 2 palais conçus dès le départ comme résidence d'été : le ***Belvédère inférieur*** (château de plaisance destiné à l'habitation) et le ***Belvédère supérieur*** (destiné aux réceptions). Entre les 2, un splendide jardin à la française en terrasses.

Édifié à partir de 1714 par *Johann L. von Hildebrandt* pour le prince ***Eugène de Savoie,*** grand (si l'on peut dire, vu sa taille) vainqueur des Turcs, esthète et humaniste. Conçu sur le modèle de Versailles pour se venger de Louis XIV, car le prince garda toute sa vie une dent contre l'ancien amant de sa mère, qui lui avait refusé une charge militaire sous prétexte qu'Olympe Mancini aurait eu la main lourde avec des poisons (la belle affaire !).

Quand le prince mourut en 1736, le Belvédère fut acheté par les Habsbourg. ***Marie-Thérèse*** et son époux ne vécurent jamais dans ce palais, qui ne connut en fait qu'une seule grande nuit de folie pour la célébration, en 1770, du mariage de Marie-Antoinette avec le futur Louis XVI (16 000 invités pour un immense bal masqué !). Il abrita ensuite les collections de peinture de l'Empire jusqu'à la construction du musée des Beaux-Arts, sur le Ring, et les jardins furent ouverts au public par Marie-Thérèse. L'archiduc François-Ferdinand y habita à partir de 1894. C'est d'ici qu'il partit en juin 1914 vers son tragique destin.

L'empereur François-Joseph avait offert un appartement à ***Anton Bruckner*** (où il mourut d'ailleurs). Enfin, après une restauration rendue nécessaire par les dégâts causés par la Seconde Guerre mondiale, c'est au Belvédère supérieur que fut signé, le 15 mai 1955, le traité d'indépendance de l'Autriche (avec Antoine Pinay, John Foster Dulles, Harold Macmillan et Molotov... un sacré cocktail).

★★★ ***Oberes Belvedere*** *(Belvédère supérieur ; plan, E6)* **:** *Prinz-Eugen-Str. 27 (Wien 3). ☎ 795-570. • belvedere.at • Ⓣ Belvedere (D). Tlj 10h-18h. Entrée : 15,90 € ; réduc ; gratuit moins de 19 ans. Audioguide en français : 5 €.*

Le Belvédère supérieur héberge une ***remarquable collection de peintures et de sculptures,*** du retable médiéval jusqu'à l'art moderne en passant par le baroque agonisant. Du jardin, observer la superbe façade, fort bien équilibrée et dont les toits se détachent joliment dans le ciel. Encore une réminiscence des Turcs, leurs formes rappelleraient des tentes ottomanes. Bien sûr, abondance de sculptures et ornementations.

À noter que les collections du Belvédère étant d'une grande richesse, les tableaux sont souvent exposés par roulement, et l'organisation des salles est modifiée régulièrement. Ainsi nous évitons d'être trop précis dans les descriptifs.

Rez-de-chaussée

Le rez-de-chaussée s'ouvre sur la décoration intérieure majestueuse de la ***Sala Terrena*** (hall d'accueil du musée), habitée par 4 puissants atlantes supportant des colonnes sur voûtes. À droite de l'entrée, la section consacrée à l'***art médiéval dans les églises.*** Elle débute par la salle de marbre décorée par Carlone de fresques en trompe l'œil qui mettaient les sculptures en valeur (il ne reste évidemment plus rien du somptueux aménagement intérieur des palais). Suivent les retables d'autel aux chatoyantes couleurs : admirable *Wiener Schnitzaltar,* en bois sculpté polychrome de 1440. Noter la position originale des larrons sur la croix. Effets de foule étonnants au pied de la croix.

L'art de la ***Renaissance*** pointe déjà dans la belle *Crucifixion* (1449) de *Conrad Laib* (où Jésus porte un simple voile pudique) ou dans l'œuvre du Tyrolien *Michael Pacher,* montrant le pape Sixte prenant congé de saint Laurent (étonnantes armures). Remarquables grands tableaux de *Rueland Frueauf* (*Assomption de la Vierge,* datant de 1490). En tout, une soixantaine de chefs-d'œuvre choisis avec soin pour la grande qualité du trait et des couleurs. Au bout de la galerie,

une rotonde décorée de grotesques baroques abrite des statues polychromes de priants de très belle facture, statues de bois de *Hans Klockner.* Remarquable *Vierge à l'Enfant.*
Sur le côté gauche de l'entrée, section sur ***l'histoire du Belvédère*** : maquette, tableaux et documents témoignent de l'épopée de cet édifice qui fête ses 300 ans en 2023 !

1er étage
Ce niveau est dédié au ***baroque, néoclassique, romantisme et à Klimt*** (entre autres). On l'aborde par l'escalier monumental en 2 volées, qui offre une perspective sur les jardins de l'arrière. Au centre, la grande ***salle des marbres*** où fut signé le traité de 1955 mettant un terme à l'occupation de l'Autriche par les Alliés. Lustres de cristal, abondance de porphyres. En levant la tête, on peut admirer les riches fresques du plafond dues à *Carlone,* sur le thème de la gloire du prince.
- Dans l'***aile de gauche*** sont réunis surtout les styles baroque et néoclassique. Portraits de cour du XVIIIe s, œuvres religieuses et mythologiques, magnifiques paysages danubiens du XIXe s bien sûr, dont ceux peints par Brand avec Vienne en arrière-plan... De la période des Habsbourg, on retiendra les ***portraits de Sissi et de Franz-Joseph*** (voir la toile qui le présente sur son lit de mort). Toujours présent sur les cimaises, le célébrissime *Napoléon au col de Saint-Bernard* de Jacques-Louis David (coiffé par son descendant Jean-Louis ?). Gravés dans la pierre au pied de son cheval, les noms de ses prédécesseurs, Hannibal et Charlemagne. Puis de nouveau des toiles néoclassiques.
Tout au fond de cette aile, défiant le temps, voir l'étonnante série de bustes grimaçants de ***Franz Xaver Messerschmidt*** réalisés à la fin du XVIIIe s et passant en revue toutes les facettes de l'expression humaine. D'une agressivité et d'un modernisme fascinants.
Jetez un œil à la ***chapelle privée*** du Prince Eugène, décorée de stucs délicats entourant une *Résurrection* due au peintre baroque napolitain Francesco Solimena.
- Dans ***l'aile de droite,*** superbe présentation sur la ***Sécession et l'expressionnisme*** : ***Gustav Klimt*** en majesté ! Toujours beaucoup de monde pour admirer *Le Baiser* (1902), son œuvre emblématique du *Cycle d'or* du peintre, celle aussi qui réunit toutes ses influences. Ce sublime couple s'embrassant sur un tapis de fleurs, enveloppé dans 2 capes richement ornementées d'or et d'une mosaïque de motifs géométriques, dégage une puissance émotionnelle et esthétique bouleversante. *Judith* est une œuvre de jeunesse où il donne au personnage de l'Ancien Testament les traits d'une Viennoise sensuelle à l'allure de femme fatale. Dans un autre genre que Klimt affectionnait aussi, la nature. Plusieurs toiles présentées par roulement témoignent de cette tendance picturale.
Le début du XXe s est encore illustré par d'émouvantes toiles d'***Egon Schiele*** et ***Oskar Kokoschka,*** parfois quelques ***Munch,*** où l'on aborde une période foisonnante de la peinture en Autriche : la veine expressionniste s'initialise dans le sillage de la Sécession. ***Van Gogh*** est aussi présent, ayant influencé ce style de manière notable. Autodérision avec des œuvres de ***Richard Gerstl,*** qui se suicida à 25 ans. Magnifique série de ***Schiele.*** Avec un peu de chance, vous verrez *La Famille,* peint

COQUIN DE KLIMT

Il créa avec La Viennoise *un nouveau type féminin idéal : la femme moderne d'une sveltesse d'éphèbe dotée d'un charme énigmatique. De même avec* L'Espoir, *il n'hésita pas à peindre le ventre gonflé par la grossesse de son modèle préféré, Herma, qu'il faisait poser malgré son état. Sa générosité lui valut d'être considéré comme un dieu par les femmes et comme suppôt du diable par la bonne société. Dans son atelier, il s'entourait en permanence de modèles qu'il utilisait corps et âme... On lui prête 14 paternités non reconnues !*

quelque temps avant la mort de l'artiste et de sa femme enceinte, frappés tous 2 par l'épidémie de grippe espagnole de 1918. ***Kokoschka*** éclabousse de ses gros traits de couleur, de même qu'***Emil Nolde,*** qui rejoint le mouvement fauve. Quelques sculptures de Maillol, Constantin Meunier et Rodin tiennent compagnie à une troublante nymphe rousse *Vivien,* un plâtre peint de ***Fernand Khnopff,*** plus connu pour sa peinture. Le personnage serait inspiré de la légende du roi Arthur.

2e étage

Le 2e étage abrite l'époque ***Biedermeier,*** le ***réalisme*** et l'***impressionnisme.***
Là aussi, les tableaux que vous découvrirez lors de votre passage ne ressembleront pas forcément à ceux que nous vous signalons, le jeu des chaises musicales s'appliquant ici comme partout. Toiles de Ferdinand Georg Waldmüller, avec un sens de la lumière qui annonce l'impressionnisme, Friedrich von Amerling, réalisme social avec Oskar Lautischar et Jakob Schindler...

– Petite section sur l'***impressionnisme,*** où les Français sont nombreux (mais là encore, pas toujours accrochés en même temps, et pas toujours les mêmes toiles) : Corot *(Madame Legois)* ; Courbet *(Homme blessé)* ; Degas *(Arlequin et Colombine)* ; Millet ; Manet ; Renoir *(Après le bain)* ; et un très beau Monet *(Sentier dans le jardin de Giverny).*

– La section **Between the wars** revient sur l'**expressionnisme** avec à nouveau Emil Nolde, Kokoschka, Egon Schiele...

– En complément, ***l'ancien pavillon d'exposition,*** « ***Belvedere 21*** » *(mar-dim 11h-18h – 21h jeu ; prix 8,90 €),* construit pour l'Expo universelle de 1958 à Bruxelles, abrite une collection d'œuvres allant de 1945 à nos jours par le biais d'expos temporaires.

Au rez-de-chaussée, le ***Café-bar Menagerie*** pour reprendre des forces.

Unteres Belvedere *(Belvédère inférieur ; plan, E5)* **:** *Rennweg 6 (Wien 3). ☎ 795-570. • belvedere.at • Tlj 10h-18h. Entrée : 13,90 € ; réduc ; gratuit moins de 19 ans.* Il est consacré aux grandes expositions temporaires. Ceux qui viennent du Belvédère supérieur vont pouvoir redescendre par les jardins à la française. Quelques belles salles historiques, comme le cabinet doré et le vestibule d'entrée, couvert de grotesques. L'***Orangerie*** sert également aux expos temporaires.

Café-bar avec une belle terrasse côté cour, face aux jardins.

À la sortie du Belvédère, balade fort agréable dans le ***Botanischer Garten*** *(Jardin botanique ; plan, E-F6),* à moitié sauvage, qui est parallèle aux jardins du Belvédère (accès par une petite porte). Nombreuses plantes et essences d'arbres originales.

Autour de la Hauptbahnhof

Un peu plus au sud du Belvédère, en bordure du *Wiedner Gürtel,* tout le quartier autour de la nouvelle ***Hauptbahnhof,*** devient la plaque tournante du trafic ferroviaire des grandes lignes. Cette impressionnante gare ultramoderne, couverte d'un toit d'acier de 40 000 m², abrite également un centre commercial de 90 magasins. Autour, les architectes s'en sont donné à cœur joie pour faire émerger un nouveau quartier d'une centaine d'hectares, l'équivalent de la superficie du 8e arrondissement, le plus petit de la ville il est vrai.

Heeresgeschichtliches Museum – HGM *(musée d'Histoire militaire ; plan, F6)* **:** *Arsenal, Objekt 1 (Wien 3). ☎ 795-610. • hgm.at • Ⓣ Fasangasse (nº 18) ; bus nº 69A. Près de la gare principale (Hauptbahnhof), pas très loin du Belvédère. Tlj 9h-17h. Entrée : 7 € ; réduc ; gratuit moins de 19 ans et pour tous le 1er dim du mois. Audioguide : 2 €.*

Un des plus importants du genre en Europe avec l'*Imperial War Museum* de Londres et le *musée des Invalides* à Paris. Installé dans le complexe de bâtiments

de l'arsenal à l'extravagant style byzantino-mauresque teinté de néogothique, il retrace l'histoire militaire de la monarchie austro-hongroise en 4 grandes périodes de la fin du XVIe s à 1918. La richesse des collections concernant 1914-1918 a permis de commémorer par une rénovation bienvenue le souvenir de la Grande Guerre. Présentation chronologique, focus géographiques et thématiques, et pièces rares autant qu'émouvantes, comme l'automobile dans laquelle le prince héritier ***François-Ferdinand*** fut assassiné à Sarajevo, et son uniforme.
– Pour qui voudrait suivre l'ordre chronologique, monter d'abord au 1er étage vers l'aile qui englobe la période de la guerre de Trente Ans, qui opposa dans un contexte de conflits religieux la couronne de France aux Habsbourg (entre autres nations). Naissance des uniformes jusque-là inconnus et exaltation des figures de ***Wallenstein*** et de ***Piccolomini,*** généralissimes au service des Habsbourg.
Place aux guerres austro-turques qui voient le grand vizir *Kara Mustapha* mettre le siège devant les murs de Vienne en 1683. Chatoyants uniformes des redoutables janissaires et bannières prises à ceux-ci lors de la délivrance de Vienne par les troupes polonaises. Apparition du prince ***Eugène de Savoie,*** grand pourfendeur des Turcs et héros national pour l'éternité. Avec Charles VI et Marie-Thérèse, on revit l'histoire du XVIIIe s jusqu'à la Révolution française. Évocation des guerres de succession d'Espagne, mettant aux prises Français et Autrichiens, les dernières guerres contre les Turcs, la guerre de succession polonaise suivie du conflit de la succession d'Autriche opposant ***Marie-Thérèse*** à ***Frédéric de Prusse,*** puis la guerre de Sept Ans avec, cette fois-ci, les Français et les Russes comme alliés contre les Prussiens. Grande tente ornementale d'audience turque et illustration de la guerre en dentelles avec une surprenante série de porcelaines figurant les soldats de Marie-Thérèse.

MACHO, LE FREDO !

Frédéric II de Prusse fut le souverain qui marqua le plus le XVIIIe s en Europe. En fait, ses seuls vrais rivaux étaient des souveraines : la grande Catherine II de Russie et Marie-Thérèse d'Autriche. Au sujet de cette dernière, il déclara : « Pour une fois que chez les Habsbourg on a affaire à un homme, il a fallu que ce soit une femme » !

– On retraverse le grand hall du 1er étage pour parcourir, en face, toutes les salles jusqu'au fond et aborder celles consacrées aux guerres napoléoniennes. Une visite toujours de circonstance, en ces temps de commémorations multiples et variées.
– En supplément, de l'autre côté du hall, après la cafétéria, une section concernant la période 1918-1945, notamment l'Anschluss, avec un cliché du cadavre du chancelier ***Dollfuß,*** éliminé par les nazis, puis l'occupation soviétique et, à la suite, celle consacrée à la marine de guerre autrichienne dont le kiosque rouillé d'un sous-marin et la maquette du *Viribus Unitis.*
– Derrière le musée, pour les mordus, un parc de blindés avec des chars allemands et russes qui auraient grand besoin d'un coup de peinture antirouille.

AU SUD-OUEST DU RING *(4e, 5e et 6e arr.)*

Le long des Linke et Rechte Wienzeile *(plan, C4-5)*

Une des balades les plus étonnantes à faire de jour, mais aussi et surtout de nuit, le long de la rivière Vienne. De part et d'autre du célébrissime ***Naschmarkt,*** puis le long des rives d'une rivière qui ne craint plus de se montrer, 2 boulevards bordés de fascinants immeubles *Jugendstil* ou historicistes. Un parcours indispensable pour les amoureux d'architecture et d'insolite.

Accès par les stations de métro de la ligne U4 : les stations *Pilgramgasse, Margaretengürtel* et *Kettenbrückengasse* sont l'œuvre d'***Otto Wagner.*** Tous les détails décoratifs sont conçus dans un sens utile, avec un souci aigu de la « forme nécessaire ». En venant directement du pavillon de la Sécession, on a déjà entamé le périple *Jugendstil* autour de la Karlsplatz (voir plus haut), et on le poursuit avec, aux n°s 2 et 4 *Linke Wienzeile,* 2 ***immeubles caractéristiques du style.*** Au nº 20, sur la *Kettenbrückengasse,* belle demeure de 1912 (hall d'entrée néoclassique).

Pause musicale, *Linke Wienzeile 6,* devant le très couru ***Theater an der Wien*** (*plan, C4* ; voir plus haut « Adresses et infos utiles. Écouter un concert ou assister à un opéra : où, quand, comment ? »). Construit en 1800 par l'auteur du livret de *La Flûte enchantée* : ***Emmanuel Schikaneder.*** Beethoven y fit jouer *Fidelio.* Consacré longtemps aux comédies musicales, ce théâtre a profité du 250e anniversaire de la naissance de Mozart pour relancer un programme riche en opéras et œuvres lyriques d'hier et d'aujourd'hui.

Pause plus poétique devant la ***Majolikahaus,*** œuvre d'Otto Wagner de 1898 *(Maison des majoliques ; plan, C5 ; Linke Wienzeile 40).* Difficile de ne pas éprouver un coup de cœur pour cette maison qui propose une somptueuse ornementation florale. Beau travail de fer forgé sur les balcons articulant les 2 immeubles. Ravissante cage d'escalier à l'intérieur.

Au 36, de l'autre côté de la rue, au rez-de-chaussée d'un intéressant immeuble au décor haussmannien historiciste (avec les indispensables atlantes), le ***Café Savoy*** avec un bien joli décor (*plan, C5,* ***172*** ; voir la rubrique « Les plus fameux cafés viennois »).

Rendez-vous ensuite devant *Linke Wienzeile 38* : cet immeuble d'angle dit « ***maison aux médaillons*** » se révèle comme l'un des plus beaux exemples d'architecture sociale qu'on connaisse (1898). ***Otto Wagner*** (encore lui !) atteint ici la quasi-perfection. L'équilibre, l'harmonie des formes et des volumes de l'angle de rue tiennent du génie. Superbe décor de stucs dorés dus à ***Koloman Moser.*** Dans la *Köstlergasse,* au nº 3, autre œuvre d'Otto Wagner (belle cage d'escalier). En face, immeuble de 1910 avec loggias très ornementées.

Avant de faire un détour par le ***Naschmarkt*** voisin, d'autres immeubles méritent toute l'attention, comme l'ancien ***Institut de la prévoyance*** *Linke Wienzeile 48 et 52.* À mi-chemin du style néoclassique et du réalisme socialiste. Édifié en 1913. Dernier étage à colonnes doriques, frises en bronze et statues de pierre. Aux n°s 60 et 64, d'autres immeubles *Jugendstil.*

Entre la *Rechte Wienzeile* et la *Hamburgerstraße,* exceptionnelle série d'édifices Art nouveau. Notamment côté *Rechte Wienzeile* au nº 55, au nº 59, au nº 63 (immeuble construit par le génial architecte slovène ***Jože Plečnik***). À l'angle des 2 rues, la ***maison-café Rüdigerhof*** *(plan, B-C5)* et sa façade particulièrement originale.

Le Naschmarkt *(plan, C5)* **:** Ⓜ *Kettenbrückengasse (U4).* Le plus célèbre marché de Vienne. À articuler bien entendu, avec la visite du marché aux puces le samedi. Cosmopolite et sympathique. Petite porte de l'Orient, il propose le paprika hongrois, les yaourts et fromages blancs bulgares, le pain turc et toutes sortes de produits exotiques. Nombreuses spécialités à déguster sur le pouce, mais les stands d'hier ont fait place à des dizaines de restaurants et bistrots courus jour et nuit, au point que la municipalité a dû limiter leur extension aussi bien en largeur qu'en hauteur. Voir dans la rubrique « Où manger ? ».

– Le samedi matin se tient, dans son prolongement, le ***Flohmarkt,*** plus riche ***marché aux puces*** de Vienne. Arriver tôt pour chiner tranquillement et réaliser de bonnes affaires. Beaucoup de bibelots, porcelaines, cartes postales, vieux bouquins, vêtements. Prix tout à fait raisonnables.

Dritte-Mann-Museum *(musée du* Troisième Homme *; plan, C5)* **:** *Pressgasse 25 (Wien 4).* ☎ *586-48-72.* • *3mpc.net* • *Ouv fin mars-début janv, sam 14h-18h. Entrée : 9,50 € ; réduc.* Documents divers sur le tournage du *Troisième Homme* et expliquant le succès du film (plus de 2 000 originaux). Parmi les innombrables photos, affiches et objets exposés, on découvre la fameuse cithare d'*Anton Karas* ! Pour plus d'infos, voir la rubrique « Cinéma » dans le chapitre « Hommes, culture, environnement ». Une autre partie est consacrée à la vie quotidienne de l'après-guerre à Vienne.

Schubert Sterbewohnung *(maison de la mort de Schubert ; plan, C5)* **:** *Kettenbrückengasse 6 (Wien 4).* ☎ *581-67-30.* • *wienmuseum.at* • Ⓜ *Kettenbrückengasse (U4). Bus n° 59A, arrêt Große Neugasse ou Heumühlgasse. Mer-jeu slt 10h-13h, 14h-18h. Entrée : 5 € ; réduc ; gratuit moins de 19 ans.* Du 1er septembre 1828 jusqu'au 19 novembre de la même année (date de sa mort), Franz Schubert habita chez son frère Ferdinand, au 2e étage de cette maison. C'est ici qu'il écrivit ses dernières compositions, les dernières sonates pour piano et son ultime lied. Parmi les quelques objets exposés, le piano de son frère et des documents qui retracent les derniers jours du musicien malade du typhus. Il fut enterré à côté de Beethoven, le musicien qu'il admirait le plus, dans le petit cimetière situé aujourd'hui parc Schubert *(Währinger Schubertpark).* Leurs sépultures furent ensuite déplacées au cimetière central de Vienne, où elles sont toujours. Schubert ne connaîtra pas la consécration qui ne vint qu'après sa mort.

SCHUBERT LE MAL-AIMÉ

Petit, timide et complexé, Schubert menait à Vienne une vie de bohème ponctuée de réunions musicales et littéraires où l'on riait et dansait sur des musiques qu'il improvisait, les fameuses « schubertiades ». En 1823, il attrapa la syphilis auprès d'une prostituée. C'est dans l'indifférence qu'il mourut du typhus à seulement 31 ans.

Les ***trekkeurs urbains*** avides de découvrir de nouveaux espaces de vie s'aventureront dans le ***quartier de Margareten*** dans le 5e arrondissement *(plan, B-C6),* qui s'étend au sud tout au long de la rivière Wien. Quartier populaire, peu touristique, à l'atmosphère encore authentique. On y trouve quelques restos dans leur jus. Une curiosité : le ***Margaretenhof*** *(plan, C6),* à l'angle de la *Pilgramgasse* et de la *Margaretenstraße,* édifié en 1884. Avec resto dans la véranda (belle armature en fer forgé). Derrière, en coude, rue privée fermée par 2 grilles en fer forgé.
Au n° 100 de la *Margaretenstraße,* remarquable immeuble *Jugendstil.* Belle symétrie des éléments composant harmonieusement la façade, équilibre des lignes, grandes fenêtres en fer à cheval, élégant bow-window, dessin raffiné de la porte d'entrée. Voir aussi aux nos 78 et 82.
Revenir sur le *Naschmarkt* et le traverser pour partir à la découverte d'un autre quartier en pleine transformation, autour de la mode et du design.

Mariahilf *(plan, B-C4-5)*

Tout le quartier situé à gauche de la désormais piétonne ***Mariahilfer Straße*** est à conseiller d'emblée aux amateurs de boutiques et de bars branchés. Sympa, jeune, animé, la nuit surtout. Pousser jusqu'au ***parc Esterházy,*** en journée, avant de revenir visiter le *Möbel Museum* et le *MuseumsQuartier* (voir plus loin), dont la création a donné le coup d'envoi du renouveau du secteur.

Gumpendorfer Straße *(plan, B-C4-5)* **:** Ⓜ *Gumpendorfer Str. (U6).* Arpenter la rue, autour du fameux ***Café Sperl*** *(zoom, C4, **169**),* l'un des plus charmants de Vienne, vous permettra de découvrir galeries d'art, boutiques et bars en vogue. Des lieux conviviaux où l'on vient tout à la fois pour discuter, lire, manger, boire

un verre. Outre des adresses devenues déjà des classiques comme ***Das Möbel,*** qui présente des créations de jeunes stylistes viennois et internationaux, ou la ***pharmacie Saint-Charles,*** avec ses produits naturels haut de gamme, vous trouverez ici tout ce qui fait la mode du moment. Une mode bio plutôt désinvolte, en règle générale.
Mobilier vintage au bar du ***Top Kino,*** qui fait aussi office de salle de cinéma (d'où son nom !).

Flakturm *(plan, B5)* **:** *dans le parc Esterházy, qui longe la Gumpendorfer Str. (Wien 6).* C'est l'une des 6 tours massives de DCA dont la construction fut ordonnée par Hitler en 1942 pour défendre Vienne contre les attaques aériennes. Aujourd'hui, en plein centre, elle apparaît comme une énorme verrue de béton (avec des oreilles de Mickey) impossible à faire disparaître. On s'aperçut à la fin de la dernière guerre, qu'elle était indestructible ! Pas moyen de la faire sauter sans détruire à nouveau la moitié de la ville, ni bien entendu de la grignoter au marteau-piqueur (paraît-il, au moins un siècle de boulot !). Résultat, une espèce de punition architecturale *ad vitam æternam* pour rappeler aux générations futures de ne pas se jeter sans réfléchir dans les bras du prochain étudiant des beaux-arts raté... Au fait, ne les cherchez pas dans les autres guides, ces tours y figurent rarement, malgré leur aspect étrange, particulièrement insolite, sauf pour signaler qu'elles abritent un aquarium.

Haus des Meeres *(Maison de la mer ; plan, B5)* **:** *Fritz-Grünbaum-Platz 1 (Wien 6).* ☎ *587-14-17.* • *haus-des-meeres.at* • *Tlj 9h-20h. Entrée : 21,90 € ; réduc. Mieux vaut comprendre l'allemand et l'anglais pour se repérer.* Ce monstre bétonné cache un aquarium géant et toute une jungle en folie. Crocodiles, requins et autres bestioles à qui on n'a pas laissé le choix des armes. Assez angoissant quand on se retrouve au milieu des serpents mais assez bluffant quand les oiseaux et les singes viennent voir comment vous passez un pont de lianes.

Au milieu du parc Esterházy, le **Foltermuseum** *(musée de la Torture)* : • *foltermuseum.at* • *Tlj sauf lun 11h-16h (17h w-e) ; entrée : 6 € ; réduc.* Installé dans un ancien bunker nazi, on y trouve des objets du Moyen Âge au XIXe s dans des mises en scène d'un goût plutôt douteux. Quoique... certains ados adorent, les « gothiques » se régalent, et les fans de séries pleines de vampires et de loups-garous trouvent enfin ici une atmosphère qui les inspire.

À L'OUEST DU RING *(7e et 8e arr.)*

MuseumsQuartier *(zoom, C4)*

Le ***MuseumsQuartier*** *(MQ)* est l'un des 10 plus vastes espaces culturels du monde. Ce projet, longtemps controversé, fut l'occasion de réaliser une véritable prouesse architecturale en réussissant avec brio le mariage improbable du baroque et de l'architecture ultra-contemporaine. Les ***frères Ortner*** ont ainsi réussi à donner une 2de vie aux anciennes écuries impériales, chef-d'œuvre de ***Fischer von Erlach.***
Le *MuseumsQuartier* est bien plus qu'un simple espace d'exposition, c'est un véritable lieu de vie (avec de nombreux cafés et terrasses où il fait très bon ne rien faire !) et d'expression. Ici, danse, théâtre, cinéma et sculpture côtoient peinture et architecture, modernité et tradition... Une cinquantaine d'institutions culturelles cohabitent désormais sur 60 000 m², attirant plus de 3 millions de visiteurs par an. Un espace artistico-culturel remarquable, étape incontournable du périple viennois.
– Museumsplatz 1. • *mqw.at* • Ⓜ *MuseumsQuartier (U2).* Ⓣ *nos 46 ou 49. Plusieurs possibilités de billets combinés, selon vos centres d'intérêt, dont les prix*

varient : 20,50-35 €. Infos sur • shop.mqw.at •. Se renseigner à la caisse, située à l'entrée du MuseumsQuartier, ☎ 523-58-81-1734 ; tlj sauf w-e 9h-18h (17h ven). Boutique à côté.

Leopold Museum *(musée Leopold ; zoom, C4) : dans le MQ. ☎ 525-70-0. • leopoldmuseum.org • Tlj sauf mar 10h-18h. Entrée : 15 € ; réduc ; gratuit moins de 7 ans. Audioguide en français : 4 €. Infos et prix des visites guidées sur le site.* C'est le grand cube de calcaire blanc situé à gauche en entrant dans le complexe. Les quelque 5 000 œuvres des XIXe et XXe s, collectionnées toute sa vie par le Dr Rudolf Leopold et acquises par l'État autrichien en 1994, sont présentées par roulement et généreusement exposées dans ce bâtiment lumineux et spacieux. Le but de ce musée : montrer l'évolution progressive de l'art autrichien, du ***Jugendstil*** à l'expressionnisme, en s'appuyant sur des tableaux majeurs.

Le 4e étage

Commencez la visite par le haut, qui abrite une exposition permanente remarquable sur le thème de ***Vienne 1900.*** Riche présentation du bouillonnement culturel de l'époque, à travers une dizaine de salles thématiques qui explorent le *Jugendstil,* la Sécession et l'expressionnisme. Nombreuses peintures mais également des meubles, éléments décoratifs, objets, maquettes ou photos... Impressionnante série de chefs-d'œuvre de ***Klimt.*** Incontournable *Vie et Mort (1910),* toile magnétique qui oppose l'harmonie rêveuse des vivants à la crudité d'une mort attendant son heure. Dans la même pièce, mystérieuses peintures de paysages, réalisées lors de séjours estivaux dans le *Salzkammergut,* où *Emilie Flöge, son modèle préféré* avait une maison de campagne. *Attersee* est probablement la plus remarquable. Après la découverte de l'atelier de Klimt (dessiné par ***Josef Hoffmann***), on prend le temps de détailler la collection de meubles réalisés par les *Wiener Werkstätte* : superbe armoire marquetée et incrustée de nacre de ***Koloman Moser,*** chaises et fauteuils de Hoffmann, ***Otto Wagner*** ou ***Josef Maria Olbricht*** (qui dessina le bâtiment de la Sécession)... On a aussi beaucoup aimé la vitrine d'***Adolf Loos,*** d'une modernité saisissante avec sa vaisselle cristalline. Pour finir, très riche ensemble de peintures expressionnistes signées ***Oskar Kokoschka, Kirchner, Munch*** ou ***Liebermann...***

Le 3e étage

Voici la collection privée des œuvres d'***Egon Schiele,*** la plus importante au monde ! Toiles bouleversantes d'intensité, à commencer par ses portraits et ses autoportraits, où le malaise n'est jamais loin. Quelques toiles mélancoliques nous transportent vers de petits villages d'Europe centrale, où les maisons se serrent les unes contre les autres (voir *Inselstadt,* l'île-ville). Le peintre semble trouver enfin un certain apaisement dans le superbe *Soleil couchant.* Quand on sait que Schiele est mort de la grippe espagnole en 1918 à l'âge de 28 ans, on n'ose à peine imaginer les merveilles qu'il aurait pu produire. Au moment où le Dr Leopold acquit ces quelque 220 tableaux et dessins, peu nombreux étaient ceux qui croyaient au talent du jeune peintre.

Les 1er et 2e sous-sols abritent des ***expositions temporaires.*** Boutique très bien fournie au 2e étage.

En sortant, prenez un verre au ***Café Leopold*** *(tlj 9h30-minuit),* toujours animé, côté salle comme côté terrasse, quelle que soit la saison. Accès possible en cours de visite, pour qui veut grignoter un plat du jour à tendance asiatique ; il suffit de montrer son ticket.

MUMOK – Museum Moderner Kunst Stiftung Ludwig *(musée d'Art moderne Fondation Ludwig ; zoom, C4) : dans le MQ, grand bâtiment noir sur la droite. ☎ 525-00-0. • mumok.at • Tlj sauf lun 10h-18h. Entrée : 15 € ; réduc ; gratuit moins de 19 ans. Audioguide (en anglais) : 4 €. Assurez-vous avt d'entrer que les collections annoncées ci-après soient bien présentes, car le musée prête parfois ses collections.*

Ce bâtiment imposant en basalte noir est (au sens propre comme au figuré) à l'opposé du musée Léopold. Ce dernier, tout blanc, laisse entrer la lumière naturelle par de multiples ouvertures (d'où l'on a d'ailleurs de jolis points de vue sur la ville), alors que le musée d'Art moderne, noir, vit replié sur lui-même et n'a quasiment aucune fenêtre sur l'extérieur.
Ce musée rassemble sur 5 niveaux les œuvres de la Fondation Ludwig et celles du musée d'Art moderne de la Ville. Il met l'accent sur le ***pop art,*** le ***photoréalisme,*** le ***nouveau réalisme*** et l'***actionnisme viennois.*** Encore une fois, il nous est très difficile de vous décrire ce que vous y verrez, puisque les collections (pas moins de 10 000 œuvres), sont présentées par roulement et les expositions temporaires changent régulièrement. Au niveau 2 (celui de l'entrée), on a pu admirer lors de notre passage des toiles de ***Gerhard Richter, David Hockney*** et ***Willem De Kooning,*** des photos de ***Nan Goldin, Araki*** ou ***August Sander...***
Théoriquement, le 4e étage (très belle vue depuis l'unique fenêtre) rend hommage à la sculpture figurative et à la peinture abstraite. On y retrouve des noms célèbres, comme ***Kandinsky, Magritte, Giacometti, Klee...*** Le 1er sous-sol est normalement consacré au mouvement pop art, mais celui-ci peut disparaître au profit d'expositions temporaires. Le 2e sous-sol est dédié au mouvement provocant des ***actionnistes viennois.***
Original, le ***Café Aloha,*** sur la placette, avec son palmier à l'ombre du MUMOK. Il a même un terrain de pétanque. M'enfin !

Kunsthalle Wien *(halle d'Art ; zoom, C4)* **:** *dans l'ancien manège impérial, entrée sur la droite du MQ. ☎ 521-89-0. • kunsthallewien.at • Tlj 11h-19h (21h jeu). Entrée : 8 € ; réduc ; gratuit moins de 19 ans.* Merveilleuse harmonie de la brique, de la pierre et du béton. Plusieurs salles abritent des expositions temporaires d'art contemporain autrichien. L'intérêt dépend de l'expo temporaire organisée. Très orienté vers les nouveaux médias, la vidéo et les performances, c'est la vitrine viennoise de l'art contemporain.

ENZI JE T'AIME, ENZI JE T'ADORE

Tous fous d'Enzi(s). C'est le nom donné par les Viennois aux étranges « canapés d'extérieur » posés sur toutes les places libres du quartier. Ils sont devenus un peu l'emblème de ces lieux qui connaissent, en été, une affluence record. Les Enzis du MuseumsQuartier sont pris d'assaut à toute heure du jour et de la nuit, le bronzage laissant place à d'autres activités selon les quartiers (de lune).

– Une *annexe* de la Kunsthalle Wien se trouve sur la Karlsplatz *(zoom, D4 ; même horaires que la Kunsthalle Wien ; GRATUIT),* presque en face du pavillon de la Sécession.

Un café jeune et bohémo-chic très sympa a été aménagé dans l'ancienne loge. Le ***Halle-Café*** *(tlj sauf lun 11h-minuit – 18h dim)* propose une cuisine légère aux accents méditerranéens. Terrasse juste devant le MUMOK aux beaux jours.

Architekturzentrum Wien *(AzW ; Centre d'architecture de Vienne ; zoom, C4)* **:** *occupe la cour intérieure à droite de l'entrée du MQ. ☎ 522-31-15. • azw.at • Tlj 10h-19h. Entrée : 9 € ; réduc.* Le Centre d'architecture de Vienne rassemble 2 salles d'exposition. Dans l'une, expo permanente sur l'architecture autrichienne du XXe s (un peu brouillonne... l'expo, pas l'architecture), et dans l'autre une expo temporaire.

Zoom Kindermuseum *(musée des Enfants ; zoom, C4)* : *occupe l'aile gauche de la cour principale du MQ. ☎ 524-79-08. • kindermuseum.at • Horaires d'ouverture et prix d'entrée variables selon expos et ateliers. En principe, tlj sauf lun 8h30-16h45, w-e et j. fériés 9h15-17h15 ; prix autour de 6 €.* Le Zoom est à mi-chemin du palais de la Découverte et de la Cité des sciences de Paris. Les expositions temporaires s'adressent des nouveau-nés aux préados. Des ateliers et des labos leur permettent d'expérimenter les plaisirs des 5 sens, ou de jouer aux petits chimistes. Juste à côté, vous trouverez le *Wien-Xtra Kinder-Info,* toute l'information concernant les activités pour les enfants (voir la rubrique « Informations touristiques » dans « Adresses et infos utiles », au début du chapitre sur Vienne).

Le MQ loge encore nombre d'institutions et d'auditoriums. Ainsi le ***Tanzquartier*** abrite le centre chorégraphique de Vienne. *Rens : ☎ 581-35-91 ; • tqw.at •* Et le ***Dschungel*** propose des créations théâtrales résolument modernes à destination des 7-14 ans. *Rens : ☎ 522-07-20-20 ; • dschungelwien.at •*

Last but not least, comme disent les guides, réfugiez-vous au ***Glacis Beisl*** *(zoom, C4, **100** ; tlj 12h-minuit),* un amour de troquet un peu caché dans les hauteurs, si vous voulez changer de style de restauration, ou simplement grignoter en terrasse (voir la rubrique « Où manger ? »).

Neubau et Josefstadt *(plan, B-C3-4-5)*

Au nord de la *Mariahilfer Straße,* les quartiers de *Neubau* et *Josefstadt* (7e et 8e arrondissements) ne sont pas non plus dénués d'intérêt, loin de là : ça vit, ça bouge, par ici.

Hofmobiliendepot – Möbel Museum Wien *(musée du Meuble et dépôt du mobilier de la Cour ; plan, B5)* **:** *Andreasgasse 7 (Wien 7). ☎ 524-33-57. • moebelmuseumwien.at • Ⓜ Zieglergasse (U3), sortie Andreasgasse. Tlj sauf lun 10h-17h. Entrée : 11,50 € ; réduc. Compris dans le Sisi Ticket (40 €). Audioguide en français inclus.*
Beaucoup de verre et d'acier derrière les vieux murs de cette belle bâtisse de l'époque *Biedermeier.* Ici se trouvent tout à la fois le musée du Meuble, le dépôt du mobilier de la Cour (où l'on vient chercher chaises, tapis rouges, etc., pour les grandes occasions) et l'atelier de restauration du mobilier. L'endroit est vaste, et c'est avec plaisir que l'on parcourt les pièces et les étages pour admirer les objets exposés qui retracent bien l'évolution du mobilier et de l'habitat autrichien depuis plus de 3 siècles.
Sont présentés là une importante collection *Biedermeier,* des objets et meubles ayant appartenu à la famille impériale (on trouve même des dessins du prince Rodolphe enfant !), une belle sélection de laques chinoises du XVIIIe s et la plus grande collection au monde de crachoirs ! Au dernier étage, belle collection de meubles Sécession et modernes : *Otto Wagner, Josef Hoffman* ou *Adolf Loos* sont bien représentés. Plusieurs pièces sont également reconstituées selon différentes époques. Intéressantes expos temporaires.

Volkskunde Museum *(musée des Arts et Traditions populaires ; plan, B3)* **:** *Laudongasse 15-19 (Wien 8). ☎ 406-89-05. • volkskundemuseum.at • Ⓣ nos 5 ou 33 ; bus no 13A, arrêt Laudongasse. Tlj sauf lun 10h-17h (20h jeu). Entrée : 8 € ; réduc ; gratuit moins de 19 ans. Audioguide.* Le quartier de *Josefstadt* (en hommage à Joseph II) évoque immanquablement le XVIIIe s : petits palais, églises baroques et rues gentiment pittoresques. Le palais *Schönborn* dessiné au début du XVIIIe s par *Johan Lukas von Hildebrandt* abrite un intéressant musée un peu fourre-tout de toute la tradition populaire du XVIIe au XIXe s. Mobilier, costumes, jouets, accessoires de mode, ustensiles de cuisine, outils, masques de carnaval, vieux poêles de faïence, maquettes d'habitations et d'églises jalonnent les salles et rendent compte agréablement du mode de vie des provinces autrichiennes et des pays limitrophes. À l'étage, des expositions temporaires consacrées au folklore sont régulièrement proposées au public.

Spittelberg *(plan, B-C4)* **:** *entre les Siebensterngasse, Burggasse et Sigmundsgasse (Wien 7).*

Un quartier ancien restauré qui a retrouvé magnifiquement tout son lustre d'antan. Situé sur une petite colline, il fut urbanisé au XVIIIe s. Un des rares exemples à Vienne d'un petit lacis de rues et ruelles architecturalement homogène. Balade délicieuse de jour, encore plus de nuit, d'autant que tout le quartier est réservé aux piétons. Quelques cours intérieures méritent le coup d'œil. Pas mal de restos avec terrasse et de bars étudiants.
Voici les belles demeures baroques les plus marquantes : sur la *Spittelbergasse,* au nº 20, christ sculpté sur la fenêtre centrale d'une maison de 1715. Au nº 18, élégant pignon baroque datant de 1708. Au nº 9, fenêtres ouvragées ravissantes, avec trompe-l'œil aux effets étonnants la nuit. Au nº 11, autres belles ouvertures et jolie Vierge dans une niche. En face, maison de 1695. Au nº 13, Vierge Marie en corniche *(Zum Heiligen Joseph).* La *Gutenberggasse* est également bordée de nobles édifices du XVIIIe s.

Sankt-Ulrichs-Platz *(plan, B4)* **:** *Burggasse.* L'église du début du XVIIIe s est environnée de jolies demeures bourgeoises. L'ensemble possède un certain charme. Ne pas manquer de jeter un œil sur la cour intérieure du nº 2 si elle est ouverte.

Encore 2 immeubles dus au grand Otto Wagner, aux nos 2 et 4 de la *Döblergasse (plan, B4),* une petite rue donnant entre la *Lerchenfelder Straße* et la *Neustiftgasse.* Œuvres plus tardives que celles de la *Linke Wienzeile.* Ici, le style de l'architecte s'est considérablement épuré, au point d'abandonner toute démarche décorative (ni stucs ni décors floraux) pour ne plus conserver que des lignes géométriques. Façades vraiment dépouillées.

Au nº 35 de la *Lerchenfelder Straße (plan, B4),* remarquable façade (de 1912) avec des fenêtres superbement dessinées et rythmées, formant un genre de frise.

Au nº 34 de la *Lange Gasse (plan, B4),* jolie maison baroque de 1696 avec porche richement ornementé (Trinité avec un Dieu le Père altier). C'est l'***Alte Backstube,*** la plus vieille boulangerie de Vienne, en activité de 1701 à 1963. Y sont encore réunis des ustensiles de boulanger, vieux de 3 siècles, servant de décor à un... bistrot japonais !

Piaristenkirche *(église des Piaristes ; plan, B3)* **:** *Piaristengasse 43.* Sur la placette en retrait, la façade aux 2 tours des frères piaristes, chargés de l'éducation des enfants pauvres, forme avec les bâtiments monastiques adjacents un ensemble à l'ordonnance bien classique. Devant le porche, une colonne votive, coiffée de la Vierge, rappelle l'épidémie de peste de 1713. À l'intérieur, *Franz Anton Maulbertsch* décora la coupole de fresques de couleurs chatoyantes. On lui doit également la *Crucifixion* ornant une chapelle à gauche du chœur.

Dans le quartier, à signaler également, le ***Theater in der Josefstadt*** (au nº 26 de la rue qui porte son nom), qui serait l'un des plus anciens de Vienne (1788) encore en activité. S'il propose aujourd'hui un répertoire de comédies légères, il connut une notoriété certaine en montant les pièces de *Max Reinhardt.*

AU NORD-OUEST DU RING (2e et 9e arr.)

Sigmund Freud Museum *(maison de Freud ; plan, C2)* **:** *Berggasse 19 (Wien 9).* ☎ *319-15-96.* • *freud-museum.at* • *Tlj sauf mar 10h-18h (21h mer). Entrée : 14 € ; réduc ; gratuit moins de 12 ans.*
Un lieu devenu mythique surtout pour les freudiens, car il faut savoir que si l'on y trouve nombre de documents, les appartements familiaux, le bureau, le cabinet et les autres salles n'abritent aucun meuble et très peu de souvenirs de la période. Freud habita pourtant cet immeuble bourgeois durant 47 ans (du 20 septembre 1891 au 4 juin 1938). Le célèbre divan est resté à Londres, comme le reste du mobilier (en dehors de ceux de la salle d'attente). Seules quelques vieilles photos

témoignent de l'aspect des lieux avant le départ de Freud pour l'Angleterre. Ne pas s'attendre donc à « entrer » dans l'univers de Sigmund, mais plutôt à rencontrer son œuvre (bien que pas facile à décrypter ici).

À l'intérieur, l'atmosphère n'a guère changé. Très belle cage d'escalier avec glaces gravées pour monter jusqu'à l'appartement destiné aux consultations et la célèbre salle d'attente. C'était autrefois le cabinet du docteur ***Victor Adler,*** fondateur de la social-démocratie autrichienne. De 1902 à 1910 s'y tiendront, une fois par semaine, les réunions de la Société psychanalytique du mercredi. Freud fut l'un des derniers juifs à quitter l'Autriche le 4 juin 1938. Dès l'arrivée des nazis à Vienne, sa fille Anna est arrêtée par la Gestapo et détenue une journée. Il fallut que les SS perquisitionnent 2 fois le *19 Berggasse* pour que Freud (qui souffrait aussi d'un cancer de la mâchoire) se décidât enfin à s'exiler. La princesse ***Marie Bonaparte*** (disciple et amie de Freud, et l'une des 1res initiatrices de la psychanalyse en France) organisa le départ, et Freud passa sa 1re nuit d'exil à Paris.

FREUD ET SES CHÈRES COLLECTIONS

Le psychanalyste s'était constitué une jolie collection d'antiquités (près de 2 000 pièces) principalement égyptiennes, grecques et romaines, qu'il n'hésitait pas à montrer à ses patients. Devoir les abandonner pour fuir les nazis était pour lui un véritable crève-cœur. Son ami Hans Demel, directeur au musée des Beaux-Arts, lui fournit alors un inventaire chiffré sous-évaluant délibérément leur valeur. Ce subterfuge permit à Freud de les expédier à Londres, où il acheva sa vie.

La visite

Toutes les pièces (cabinet, bureau, ancienne cuisine, puis les appartements, cabinet d'Anna, autres pièces d'habitations) abritent des panneaux et vitrines sur le travail du psychanalyste : livres, documents, courriers, quelques objets personnels parfois. L'ensemble est organisé par thèmes : théorie sur la sexualité, Freud et sa famille, critique des religions, interprétation des rêves et on passe... On découvre ses célèbres petites lunettes rondes, sa sacoche, un guéridon marqueté, une boîte de jeux en bois... Dans l'ancienne cuisine, film en noir et blanc des années 1930 (15 mn), assez émouvant, où l'auguste personnage est en compagnie de ses proches.

Dans l'ancien bureau, voir la vitrine où trônent les petites antiquités de sa collection personnelle, dont certaines décoraient son bureau. Ces quelques objets sont les seuls qui permettent de recréer un peu l'atmosphère de la vie quotidienne du célèbre psychanalyste qui par ailleurs menait une vie très tranquille entre ses patients et sa famille.

Josephinum *(musée d'Histoire de la médecine ; plan, C2)* **:** *Währinger Str. 25 (Wien 9). ☎ 401-60-26-001. • josephinum.ac.at • Ⓜ Schottentor (U2). Horaires variables mais en principe, ven-sam et vac 10h-18h. Entrée : 12 € ; réduc ; gratuit moins 12 ans.*

Schubert Geburtshaus *(maison natale de Schubert ; plan, C1)* **:** *Nussdorfer Str. 54 (Wien 9). ☎ 317-36-01. • wienmuseum.at • Ⓣ Canisiusgasse (nos 37 ou 38). Tlj sauf lun 10h-13h, 14h-18h. Entrée : 5 € ; réduc ; gratuit moins de 19 ans et pour tous le 1er dim du mois.* Schubert est né le 31 janvier 1797 dans cette *maison de l'Écrevisse rouge,* dans le faubourg de *Lichtental,* au nord de Vienne. « Je ne suis venu au monde que pour composer », disait-il. En 1801, ses parents s'installèrent dans la *maison du Cheval noir,* une demeure plus vaste. Péniblement acquise par son père *Theodor Schubert,* elle comportait 7 pièces pour l'école paroissiale qu'il dirigeait et un petit logement pour la famille dans lequel *Schwammerl* (le petit champignon), comme le surnommaient ses camarades de classe, vécut enfant (1801-1808). On y donne parfois quelques concerts.

DANS LES ENVIRONS DE VIENNE

SCHÖNBRUNN

• Plan p. 363

Le monument le plus visité d'Autriche ! À moins de 7 km du centre, la résidence d'été de *Marie-Thérèse* attire chaque année plusieurs millions de visiteurs, qui se pressent, le matin, devant les grilles du château. Un palais de style rococo qu'elle fit construire à la place du pavillon de chasse édifié par Léopold Ier après l'historique victoire de 1683 contre les Turcs (ceux-ci ayant détruit au passage un ancien château de plaisance appartenant déjà aux Habsbourg). Une réussite de l'architecture baroque avec ses 1 441 pièces ! Il fallait bien ça pour accueillir la Cour, durant les mois d'été que l'impératrice passait là (plus de 1 500 personnes).
À l'extérieur, Schönbrunn possède une façade baroque sobre aux teintes jaunes et ocre, et un merveilleux jardin offrant une très séduisante promenade. À l'intérieur, la profusion de la décoration rococo et la présence d'objets personnels de *François-Joseph* et de *Sissi* rendent la visite particulièrement attachante. Sur les 1 441 pièces, une quarantaine sont aujourd'hui ouvertes, depuis les appartements datant du XIXe s, situés dans l'aile ouest, où résidaient François-Joseph et son épouse Élisabeth, en passant par les salles de réception, jusqu'aux luxueux appartements réservés aux hôtes étrangers. Au rez-de-chaussée, un musée pour enfants aménagé dans les appartements ornés de fresques de *Johann Bergl.* Quant aux jardins, au parc, ils ont retrouvé en grande partie leur allure d'origine.
– Prévoir d'y passer une bonne demi-journée, avec la visite du zoo et celle du *musée des Carrosses,* les lieux de restauration étant multiples, et même variés. La mise en place d'un système de réservation permet d'éviter les files. Inutile de venir trop tôt ni de trop compter sur l'absence de groupes pour visiter tranquillement, mais essayez de vous glisser entre 2, avec votre audioguide.
– Si vous arrivez très tôt, ne vous étonnez pas de trouver déjà du monde dans le parc : on vient ici faire un jogging matinal, en voisin ou en locataire des lieux, car le 2e étage du château, tout comme les dépendances d'ailleurs, a été aménagé en appartements (heureux locataires !). Un petit plus qui s'ajoute aux chiffres impressionnants des (r)entrées... d'argent ! Et qui explique aussi la nouvelle destinée de ce château géré par un groupe privé (tout comme la *Hofburg* et le *Möbel Museum*) chargé de rassembler, par ses propres moyens, les fonds nécessaires à la conservation et à la restauration du château.

Un peu d'histoire

Au milieu du XVIIIe s, le château devient la résidence d'été officielle de la famille impériale. Les héritiers de Marie-Thérèse ont chacun laissé leur empreinte, côté aménagement et décoration, notamment François-Joseph, né et décédé dans ce château après un règne de 68 ans.
C'est toute l'histoire de l'Autriche qui défile dans ces pièces, à travers les fresques et tableaux à la gloire de Marie-Thérèse et de ses enfants (dont une certaine ***Marie-Antoinette,*** que l'on voit en costume de chasse, avant de partir épouser le futur Louis XVI), jusqu'à la salle de bains installée en 1917 pour *Zita,* la dernière impératrice. Napoléon y séjourna en 1805 (après la bataille d'Austerlitz) et en 1809 (après celle de Wagram). À travers lui, c'est surtout à son fils, le duc de Reichstadt, autrement dit l'***Aiglon,*** que les visiteurs s'intéressent (les manifestations en faveur de Napoléon n'ont jamais fait beaucoup d'entrées, à Vienne ; on se demande pourquoi !). Le château connaît son apogée en 1814-1815 durant le congrès de Vienne, qui va

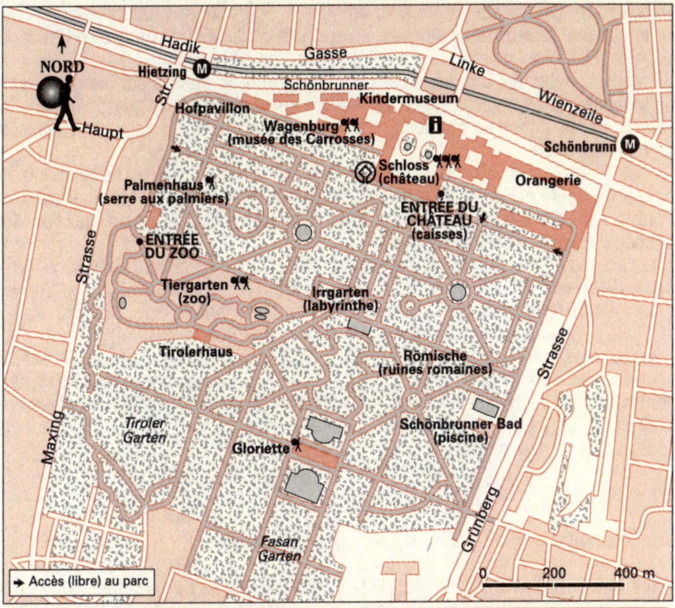

LE CHÂTEAU DE SCHÖNBRUNN

d'ailleurs obliger le petit garçon à grandir à l'écart de la vie politique. Le roi de Rome y meurt en 1832, à l'âge de 21 ans.

L'empereur ***François-Joseph,*** intronisé à l'âge de 18 ans, s'y installe de façon permanente en 1849. La visite commence d'ailleurs par la salle de billard, qui servait de salle d'attente pour ses audiences, et par son bureau, qui voyait défiler une centaine de visiteurs par matinée (il se levait tôt, à 4h !). Une audience au pas de course car on ne restait qu'une minute ou 2. C'est un des temps forts de la visite, qui fait qu'un léger embouteillage s'installe souvent, chacun voulant prendre le temps de voir aussi bien la chambre à coucher de l'empereur que le bureau de Sissi et son fameux cabinet de toilette, où elle se consacrait à ses soins de beauté. Quant à la salle à manger familiale, elle ne donne qu'une petite idée du protocole d'un empereur préférant la cuisine traditionnelle viennoise aux plats français, en face d'une impératrice (les rares fois où elle était présente) s'imposant des jeûnes constants pour garder la ligne.

La suite du « Tour impérial » permet de remonter dans le temps, et de découvrir la vie au château du temps de ***Marie-Thérèse*** et de son époux, ***François de Lorraine,*** qu'elle avait fait empereur du Saint Empire romain

HORMONES IMPÉRIALES

N'en déplaise aux fans de Sissi, Marie-Thérèse d'Autriche (1717-1780) reste l'impératrice la plus chère au cœur des Viennois. Son mariage d'amour avec François-Étienne de Lorraine est donné en exemple pour les 16 enfants (dont Marie-Antoinette) qu'elle lui donna. On oublie souvent en revanche la trentaine d'enfants naturels de son mari, en plus des officiels. Il mourut en 1765, et elle resta inconsolable. Ce ne fut sans doute pas la seule...

germanique. Ce financier hors pair, amoureux des sciences naturelles, laissa sa femme mener les affaires politiques, lui donnant d'ailleurs une quinzaine d'enfants appelés à se faire une place dans toutes les cours d'Europe.
On visite la salle des glaces, où le petit Mozart aurait grimpé sur les genoux de Sa Majesté, après son 1er grand concert, les salles de Rosa, la grande et la petite galerie, toutes riches en fresques et tableaux évocateurs, les cabinets chinois, la salle du carrousel.
En cas d'achat d'un billet pour un tour complet, on a l'occasion de revivre la fin du Saint Empire et l'arrivée de ***Napoléon*** en ces lieux, avant de terminer avec les trophées de chasse d'un François-Joseph vieillissant, et la vision, sur l'un des tableaux, du Schönbrunn d'antan.
Jetez au passage un œil sur le salon bleu chinois, d'une grande importance historique. ***Charles Ier,*** qui n'a régné que 2 ans, et appelé ironiquement *Charles Dernier,* y signe en 1918 la fin du pouvoir des Habsbourg. Menant en exil à Madère une vie familiale et pieuse, il a été béatifié par le Vatican en 2004.
Ensuite, c'est une autre histoire que le château pourrait raconter. En 1945, le haut-commissaire britannique y réside. En juin 1961 se déroule au château la rencontre historique entre *J. F. Kennedy* et *Khrouchtchev* pour discuter de la question allemande, et notamment celle de Berlin. Rien ne sera réglé et, 2 mois plus tard, l'édification du mur de Berlin commencera.

Schönbrunn, mode d'emploi

Bon à savoir : *le site du château est ouvert tlj de l'année, même les j. fériés, 9h (9h30 janv-mars)-17h (17h30 juil-août).*
– ***Schloss Schönbrunn*** *(château de Schönbrunn) : résas de visites au ☎ 811-13-239 et sur • schoenbrunn.at • Ⓜ Schönbrunn (U4). Ⓣ Schönbrunn (nº 60 ou 10) ; bus nº 10A. Compter 15 mn du centre puis 10 mn de marche depuis la station de métro. Voir plus bas les horaires détaillés.*
– ***Les 2 tours du château :*** *visite des appartements tlj 8h30-18h30 juil-août, 17h30 avr-juin et sept-oct, 17h nov-mars.* ***Imperial Tour*** *(visite de 22 pièces) : 22 € (avec audioguide).* ***Grand Tour*** *(plus intéressant, 40 pièces) : 26 € (avec audioguide) ; réduc. Tarifs fin 2022.* ***Bon plan :*** l'achat du *Sisi Ticket* à la Hofburg (voir la rubrique « À voir "en ville". Dans le centre historique. La Hofburg et alentour ») permet d'éviter de faire la queue à la caisse et entrer immédiatement dans le château. Sinon, ***achat en ligne, c'est encore plus facile.*** *Tarif : 40 €. Valable 1 an à partir de la date d'émission ! L'idéal est de réserver une entrée très matinale.*
– ***Classic Pass :*** *avr-début-nov slt. Pour 31 € (ou 35 € en visite guidée), il donne accès au Grand Tour avec audioguide, mais aussi au jardin du prince héritier, à l'Orangerie, à la terrasse panoramique de la Gloriette et au labyrinthe. Offre également des réducs sur les autres attractions du château. Prévoyez ½ journée si vous voulez tout visiter et votre gourde avt l'entrée.*
– ***Kindermuseum*** *(musée des Enfants) : ☎ 811-13-239. • kindermuseum schoenbrunn.at • Pdt vac scol, tlj 10h-17h (dernière entrée à 16h). Entrée : 8 € ; billet familial (2 adultes et 3 enfants) : 28 €.* Ce petit musée aménagé dans les appartements des enfants de la famille impériale est essentiellement destiné aux 5-12 ans pour leur faire découvrir la vie des enfants au château, leurs jeux, leur hygiène, leur alimentation et leur habillement. Possibilité également d'enfiler les tenues de l'époque (en taille enfant !). Musée interactif dont les textes sont traduits (normalement) en français. Un espace amusant et intéressant pour les plus jeunes.
– ***Concerts à l'Orangerie :*** *tlj à 20h30. Plusieurs formules avec, au choix, dîner et/ou concert en plus de la visite. Résas et infos sur • imagevienna.com • ou au ☎ 812-50-04.*
– ***Schlosspark*** *(parc du château) : tlj de 6h30 à la tombée de la nuit. Accès libre.*
– ***Kronprinzengarten*** *(jardin du Prince héritier) : tlj 9h-17h (18h juil-août, 16h nov). Entrée : 4,50 € ; réduc.*

– **Gloriette :** *accès à la terrasse panoramique tlj 9h30-17h30 avr-juin, 18h30 juil-août, 17h sept-oct, 16h nov. Fermé le reste de l'année. Payant ; gratuit moins 6 ans. Café au rdc avec terrasse côté jardin.*
– **Irrgarten** (Labyrinthe) **:** *mêmes horaires que la Gloriette. Payant.*
– **Tiergarten** (Jardin zoologique) **:** *☎ 877-92-94-0. • zoovienna.at • Ouv tlj avr-sept, 9h-18h30 (17h30 mars et oct, 17h fév, 16h30 janv et nov-déc). Entrée : 26 € ; enfants 15 € ; gratuit moins de 6 ans.*
– **Palmenhaus** (serre aux palmiers) **:** *tlj 9h30-18h (17h oct-avr). Entrée : env 7 € ; réduc.* Superbes serres rassemblant plus de 4 000 variétés de plantes, et pas uniquement des palmiers !
– ***Marionettentheater*** (théâtre de marionnettes) **:** *résas au ☎ 817-32-47. • marionettentheater.at • En principe, spectacle en sem vers 19h et w-e l'ap-m et le soir. Billetterie ouv l'ap-m, jusqu'à 19h (18h dim). Entrée (selon spectacle) : 13-39 € ; réduc.* Spectacle de marionnettes sur *La Flûte enchantée* de Mozart, notamment. Différentes représentations pour adultes et enfants.
– **Kaiserliche Wagenburg** (musée impérial des Carrosses) **:** *☎ 525-24-40-31. • kaiserliche-wagenburg.at • De mi-mars à nov, tlj 9h-17h ; de déc à mi-mars, tlj 10h-16h. Entrée : 12 € ; réduc ; gratuit moins de 19 ans. Audioguide (en français) : 2 €.*

La visite au château...

Le « Grand Tour »

Le château de Schönbrunn : si le baroque domine à l'extérieur, le rococo s'affirme plutôt dans l'ornementation intérieure. Remarquer les pavés en bois pour amortir le bruit des chevaux.
– Les sacs à dos et sacs volumineux vont obligatoirement en consigne.
– Très utile : l'audioguide individuel en français en début de parcours : il dira tout sur les lieux (voir plus haut « Schönbrunn, mode d'emploi »). Préférence pour le circuit de 40 pièces (Grand Tour), celui des 22 premières salles (Imperial Tour) étant un peu court.
Quel que soit le tour choisi, on traverse l'***antichambre de François-Joseph*** et la ***salle de billard*** (n° 2) ; la ***salle en noyer*** (n° 3) ; le ***bureau de François-Joseph*** (n° 4) ; la ***chambre à coucher de François-Joseph*** (n° 5), où il mourut en 1916 après 68 ans de règne, sur un simple lit de camp en fer ; la ***chambre à coucher de François-Joseph et de Sissi*** (n° 9), en fait peu utilisée par les 2 époux, Élisabeth fuyant des mois et parfois des années la Cour, et par la même occasion son mari ; le ***salon de Marie-Antoinette*** (n° 11) qui, du temps d'Élisabeth, servait de salle à manger familiale ; la ***chambre des enfants*** (n° 12) ; les ***salles de Rosa*** (nos 17, 18 et 19), du nom du peintre italien annonciateur du réalisme qui réalisa ces paysages ; et enfin la ***petite*** et la ***grande galerie*** (nos 21 et 22).
La suite du Grand Tour permet de découvrir le ***salon bleu chinois,*** qui vit la fin d'un empire (n° 28), la ***chambre en vieux laque*** (n° 29) d'une Marie-Thérèse portant le deuil d'un époux bien aimé, la ***salle Napoléon*** (n° 30), un rien morbide, avec les souvenirs se rattachant à l'Aiglon, la ***salle des millions*** (n° 32), avec les miniatures indiennes, la ***salle des Gobelins*** (n° 33), le ***bureau de François-Charles*** (n° 38) et enfin la ***salle de chasse*** (n° 40). Ouf !

Le parc du château

Ce grand jardin à la française de 200 ha, ancien territoire de chasse de l'empereur Maximilien II, fut ouvert au public pratiquement dès sa création. Vastes parterres de fleurs menant à la fontaine de Neptune (de 1780) au pied de la colline de la Gloriette. De part et d'autre, splendides bosquets avec allées en diagonale, parsemées de statues. À gauche (le dos au château), la fontaine des Naïades.

À quelques pas, la ***Belle Fontaine,*** à l'origine du nom du château *(Schönbrunn).* Au bout de l'allée, la cascade de l'Obélisque. Dans l'allée parallèle au château (à mi-chemin de l'obélisque et de la fontaine de Neptune), on découvre une « Ruine romaine », pastiche datant de la fin du XVIIIᵉ s.

🚶 ***La Gloriette :*** long portique de style classique, monument commémoratif d'une bataille remportée sur l'armée prussienne de Frédéric le Grand. Édifiée en 1775, elle offre bien sûr une vue intéressante sur le château et le parc. C'était un refuge apprécié de Sissi. Compter 15 mn pour y monter (bancs pour se poser en chemin !).

🚶 ***La grande serre aux palmiers*** *(Palmenhaus)* **:** à l'opposé de l'obélisque, au même niveau, s'élève la plus grande serre d'Europe. Architecture de fer et de verre vraiment impressionnante et fort élégante.

Une journée à Schönbrunn

La visite se poursuit avec 2 incontournables et quelques attractions dont on trouve le détail sur le site ou dans la brochure. Outre la course-poursuite dans le labyrinthe et la démonstration de préparation de strudel aux pommes, vous pourrez également visiter le zoo. Et n'hésitez pas à faire aussi un détour par le musée des Carrosses, pour poursuivre votre voyage dans le temps.

Le musée des Carrosses

🚶🚶 👨‍👧 ***Kaiserliche Wagenburg :*** *visite avec l'audioguide en français.* Un musée assez exceptionnel. Quelque 180 véhicules, en comptant les traîneaux et les automobiles. On commence par le carrosse impérial construit pour Charles VI, le père de Marie-Thérèse, véritable trône avec des roues (4 t en bois doré). ***Pas de siège pour le cocher, car il était impensable d'être plus haut que l'empereur.*** Ce musée présente aussi la plus grande collection au monde de véhicules de... Napoléon : on peut admirer le carrosse du couronnement de Napoléon Iᵉʳ le jour où il se déclara roi d'Italie, et, plus attendrissant, le petit carrosse doré de l'Aiglon. On passe d'une voiture « de sport » de François Iᵉʳ à une « saucisse » aménagée pour le prince-chasseur pour porter à la marche (elle possède une chaise pivotante !), d'un landau ouvert pour un couronnement à un corbillard noir rarement sorti (de Sissi à Zita). Magnifique véhicule de voyage, notamment, une « dormeuse » avec toilettes et bagages au-dessus.

Le zoo de Schönbrunn

🚶🚶 👨‍👧 ***Tiergarten :*** il a été déjà couronné 3 fois meilleur zoo d'Europe, et ce serait le plus ancien du monde encore en activité. Fondé en 1752, il a conservé en son centre le pavillon d'apparat où les empereurs venaient observer leurs animaux préférés et où vous pourrez déjeuner. C'est le rendez-vous préféré des familles, on y vient avec les petits pour voir... les petits. Chaque naissance de panda, d'éléphant, de bébé girafe prend ici une allure d'événement. Plus de 8 000 animaux y vivent, de la fourmi

LE PANDA EST UN COSSARD

Autrefois carnivore, il appartient à la famille des ours. À la période glaciaire, beaucoup d'animaux disparurent et le panda dut se mettre à grignoter du bambou, très peu énergétique. Il passe un temps fou à se nourrir. Le soir, il est fatigué et n'a que trop rarement le courage d'honorer sa compagne. Pour ne rien améliorer, la femelle panda n'est fertile que 1 ou 2 jours par an. Un zoo chinois semble avoir trouvé la solution : le panda mâle a droit à 15 mn de film porno pour pandas chaque jour !

coupe-feuille à l'éléphant d'Afrique, avec des conditions de confort qui s'améliorent de plus en plus. Depuis quelques années, les ours polaires bénéficient d'un vaste enclos, où une ingénieuse installation permet de les observer nageant sous l'eau... Plusieurs snacks disséminés sur le site.

À PROXIMITÉ

Klimt-Villa (plan d'ensemble) *: Feldmühlgasse 11 (Wien 13). ☎ 876-11-25. • klimtvilla.at • Ⓜ Unter St. Veit (U4). Tlj sauf lun-mar (et début janv) 10h-18h. Entrée : 10 € ; réduc ; gratuit avec le Vienna Pass.* Au sein d'un jardin bien entretenu se tient le **dernier atelier de Klimt,** le seul qui ait survécu et celui dans lequel il travailla durant les dernières années de sa vie (1911-1918). Grâce aux écrits détaillés d'Egon Schiele et aux photos d'époque retrouvées, la villa-atelier a pu retrouver autant que possible ses plans originaux. Reproduction des meubles dessinés par Hoffmann. On peut ainsi se faire une petite idée du cadre de vie et de travail de l'artiste.

Hermesvilla *(villa Hermès ; hors plan d'ensemble par le sud-ouest) : Lainzer Tiergarten 13 (Wien 13). ☎ 804-13-24. • wienmuseum.at • Ⓣ n°s 60 ou 62, puis bus n° 60B, arrêt Lainzer Tor. Entrée par la Hermesstr. ; à l'ouest du château de Schönbrunn. Ouv de mi-mars au 1er nov : tlj sauf lun 10h-18h ; horaires réduits automne/hiver. Entrée : 8 € ; réduc ; gratuit moins de 19 ans et pour tous le 1er dim du mois.* Ancienne réserve de chasse ouverte au public à l'avènement de la République, le *Lainzer Tiergarten* est une autre des promenades estivales favorites des Viennois. Dans un ultime effort pour séduire sa femme ***Sissi,*** François-Joseph fit bâtir au milieu du parc un élégant pavillon de pierre et de brique (1882). Il abrite désormais des expositions temporaires. Au rez-de-chaussée, café proposant des pâtisseries à prix raisonnables. Le petit train qui parcourt l'immense parc est un peu cher.

À VOIR ENCORE, SI VOUS AVEZ LE TEMPS

À L'OUEST DE LA VILLE (plan d'ensemble)

Kirche am Steinhof *(église Saint-Léopold ; hors plan d'ensemble par l'ouest) : Baumgartner Höhe 1 (Wien 14). Ⓜ Ottakring. (U3), puis bus n° 48A. Ouv de mi-mars à oct. Visite libre sam 14h-17h, dim 11h-17h : 5 €. Visites guidées, lun-ven 9h-14h sur résa au ☎ 505-87-47-85-180 ou par mail • service@wienmuseum.at •.* Pour les fans d'***Otto Wagner,*** afin de terminer en beauté leur périple viennois. Dans le quartier de Penzing, à 40 mn du centre. Face à l'arrêt du bus, pénétrer à l'intérieur du parc du *Psychiatrisches Zentrum* (centre psychiatrique). À ne pas manquer si vous avez un peu de temps le samedi ou dimanche après-midi.
Une des œuvres majeures d'Otto Wagner (1905). Bâtie en forme de croix latine surmontée d'un dôme, ce fut au départ l'église de l'asile d'aliénés. Porche monumental articulé sur 4 colonnes avec des anges. Décor intérieur présentant des réminiscences byzantines. Otto Wagner a demandé à ***Koloman Moser*** de concevoir les vitraux et les mosaïques derrière le magnifique maître-autel en cuivre doré. Quant aux bancs, ils sont dépourvus d'arêtes vives afin que les malades agités ne se blessent pas.
– En traversant le parc, au retour, pour reprendre le bus, arrêt devant le monument élevé à la mémoire des enfants qui servirent ici de cobayes pendant la guerre. Si une trentaine de pavillons sert encore à l'hôpital, le reste a été vendu comme résidence. Difficile de trouver plus chic et plus calme à quelques dizaines de minutes du centre !

Ernst Fuchs Museum – Otto Wagner Villa *(hors plan d'ensemble par l'ouest) : Hüttelbergstr. 26 (Wien 14). ☎ 914-85-75. • ernstfuchsmuseum.at •*

Ⓜ Hütteldorf (terminus U4), puis bus nos 52A ou 52B (arrêt Campingplatz Wien I). Tlj sauf lun 10h-16h. Entrée 11 € ; réduc. Visite guidée ven à 14h (résa sur le site) : 4,50 €.
Superbe visite aux portes de la capitale, à la lisière de la forêt viennoise. Édifice *Jugendstil* remarquable, la villa Wagner abrite aujourd'hui le Ernst Fuchs Museum. Construite par Otto Wagner comme résidence de campagne, elle est inspirée des villas de Palladio : façade à colonnes, doubles escaliers, symétrie classique... Mais l'architecte lui applique une foisonnante décoration Art nouveau avec statues, frises ou élégantes grilles en fer forgé. Quelques années après sa construction, Wagner choisit de la revendre et de se construire une villa plus modeste juste à côté *(visible depuis la route mais ne se visite pas).*
Après la guerre, la villa est en ruine. Elle est alors acquise par ***Ernst Fuchs,*** artiste inclassable proche de Hundertwasser. Il la rénove dans un style hybride, entre Sécession et surréalisme, et y installe son atelier. Ses œuvres garnissent aujourd'hui les murs de la villa : amateur d'atmosphères fantastiques, il se définit comme un « chroniqueur des mondes inconnus ». Difficile parfois de distinguer décor d'origine et réaménagements très nombreux de Fuchs.

La visite
On commence par la spectaculaire pièce principale, ouverte sur l'extérieur et les fesses rebondies d'une statue. De part et d'autre des fenêtres, marbres *Jugendstil.* À droite, le salon oriental conserve une fabuleuse ***verrière*** d'origine, dessinée par ***Adolf Boehm*** et fabriquée par ***Tiffany.*** Elle représente la forêt viennoise, toute proche. On découvre également une petite salle à manger meublée de curieux fauteuils et différents salons, superbement aménagés et décorés. À l'étage, coup d'œil aux bains romains, dont les mosaïques animalières ont été réalisées par ***Koloman Moser...***

CÔTÉ DANUBE (plan et plan d'ensemble)

Rares sont les métropoles à disposer d'autant d'espaces verts ! Toute l'année, les parcs se prêtent au jogging, de jour (presque) comme de nuit. N'attendez pas le soir pour découvrir le Prater, au-delà de son parc d'attractions (voir plus haut), plus que « randonnable » avec ses 6 millions de mètres carrés de prairies, de forêts et d'étangs, ou l'île du Danube et ses 21 km de plages de sable, de galets ou de verdure.

Donaupark (plan d'ensemble) **:** un parc de loisirs, un lac artificiel et la très visible ***Donauturm,*** tour de 252 m *(tlj 10h-22h ; dernier départ à 21h30 ; dernière descente à 21h45 ; tarif : 16 €, réduc).* On peut également aller au café-resto, qui offre un beau panorama (360°) à 150 m de haut.

À côté, jeter un œil sur ***UNO-City*** : *Wagramer Str., Donaupark (Wien 22). ☎ 260-60-33-28. ● unvienna.org ● Ⓜ Kaisermühlen/VIC (U1). Visite guidée en allemand et en anglais (munis d'une pièce d'identité) lun-ven à 11h, 12h30, 14h et 15h30. Env 1h. Tarif : 15 € ; réduc. Se renseigner à l'office de tourisme.*
Vaste complexe architectural abritant les organisations internationales de l'ONU, l'Agence internationale pour l'énergie atomique, l'Unido, etc. Autour d'un édifice circulaire, 4 tours faciles à repérer en forme de « Y ».
– Un peu plus loin, sur les bords du Danube, la gigantesque ***DC Tower I,*** conçue par ***Dominique Perrault,*** architecte de la BNF à Paris. On peut monter jusqu'à son 57e étage pour prendre un verre (cher).

AU SUD-EST DE LA VILLE (plan d'ensemble)

Sankt Marxer Friedhof (cimetière Saint-Marc ; plan d'ensemble) **:** *Leberstr. 6 (Wien 3). Train S7 jusqu'à la station Sankt-Marx. Autre solution : Ⓣ Sankt*

Marx (nº 71). Avr-sept, tlj 6h30-20h ; oct-mars, tlj 6h30-18h30. Animaux interdits.
Le *Sankt Marx* est l'un des plus adorables champs de repos que l'on connaisse. Composé de taillis touffus, bosquets divers noyant les vieilles pierres tombales dans un océan de verdure. Pas de goélands, mais tous les oisillons des bois et de la campagne. Petites allées silencieuses, paisibles ; hors du monde dès que l'on quitte l'allée centrale. De là, le mémorial au souvenir de ***Mozart*** (rien de bien spectaculaire) est situé juste avant la grande croix en pierre, dans une allée latérale sur votre gauche. Si le génie ne repose pas dessous, en revanche, il n'est pas loin. Le petit-fils d'un ami de Mozart se rappela avoir été amené là dans son enfance par son père et témoigna quand des recherches furent entreprises pour retrouver la sépulture, en fait une fosse commune. Il paraît que le jour des funérailles, à la cathédrale Saint-Étienne, il faisait un temps exécrable. Aucun des amis de Mozart ne suivit le corbillard. Il partit seul, le 6 décembre 1791. Il avait tout juste 35 ans.

★ ***Gasometer Music City*** *(gazomètres de Simmering ; plan d'ensemble)* **:** *Guglgasse, Eyzinggasse, Döblerhofstr. (Wien 11).* • *gasometer.at* • Ⓜ *Gasometer (U3).*
Le début du XXIᵉ s vit l'achèvement d'un des plus gros programmes d'urbanisme depuis la fin de la guerre. Les anciens gazomètres de *Simmering,* laissés à l'abandon depuis près de 20 ans, firent l'objet d'une réhabilitation de grande ampleur. Construits au tournant du XXᵉ s alors que le gaz de charbon constituait une énergie bon marché pour le chauffage urbain, ils furent totalement transformés par des architectes de renom, comme le Français ***Jean Nouvel.*** Ces grands édifices de brique, de plus de 70 m de haut, abritent une gigantesque galerie commerciale, des bureaux, des salles de cinéma et au-dessus quelques appartements très courus. L'ensemble est impressionnant, tant par ses dimensions que par les audacieuses façades de verre et de béton. Un remarquable exemple de reconversion d'un patrimoine industriel unique en Europe.

★★ ***Zentralfriedhof*** *(cimetière central ; hors plan d'ensemble par le sud-est)* **:** *Simmeringer Hauptstr. 234 (Wien 11).* ☎ *534-69-28405.* • *friedhoefewien.at* • Ⓣ *nºˢ 6 ou 71 de la pl. Schwarzenberg jusqu'au terminus. Pour voir les tombes des musiciens célèbres, ne pas aller jusqu'au terminus, mais s'arrêter à Zentralfriedhof Tür 2 (porte 2). Prendre l'allée centrale, c'est au milieu, à gauche. Avr-sept, tlj 7h-19h (20h jeu mai-août) ; mars et oct, tlj 7h-18h ; nov-fév, tlj 8h-17h. Pratique, un guide multimédia se loue auprès du portier, à l'entrée principale. Plusieurs visites guidées dont une nocturne.*
C'est le principal cimetière de Vienne, inauguré en 1874. Il est si grand (sur 2 km : le 2ᵉ cimetière d'Europe par sa superficie) que les 3 dernières stations du tram le desservent. Quasiment tous les personnages célèbres y reposent, dont les plus prestigieux musiciens. ***Lieu de tournage*** aussi puisque le film *Le Troisième Homme* y commence et s'y achève. ***Lieu de promenade*** des familles aussi, dont les centaines d'enfants jouent parmi les pelouses, prairies et bosquets. Le guide multimédia propose, en 42 étapes, de vous faire visiter à sa façon la nécropole viennoise et donne des renseignements aussi bien sur la faune ou la flore que sur son histoire.

TERMINUS, TOUT LE MONDE DESCEND !

Pour se rendre au cimetière central, les Viennois empruntent depuis longtemps le tramway 71. D'où l'expression « il a pris le 71 », qui ne signifie pas que la personne en question fait une petite virée en transports en commun, mais qu'elle est... décédée.

À ne pas manquer
– Le Walhalla de la bourgeoisie viennoise : dans les grandes arcades, peu après l'entrée principale. Ce sont de pompeux mausolées où la famille, l'épouse éplorée, les pleureuses de service sont statufiées au pied du patriarche, bien sûr très altier, ancien banquier ou capitaine d'industrie...

– *Les tombes d'honneur :* au bout de l'allée centrale prolongeant l'entrée principale, sur la gauche, avant d'arriver à l'église Saint-Charles-Borromée *(Zum Heiligen Karl Borromäus)*, il y a un panneau « Musiker ». C'est là que sont enterrés **Beethoven, Brahms, Gluck, Schubert, Strauss** père et fils, **von Suppé,** les peintres **Alt, Makart, Amerling,** l'acteur **Curd Jürgens...** Les grands musiciens sont presque tous regroupés autour du cénotaphe de Mozart (enterré au cimetière Sankt Marx).

NE PARLEZ PAS DE MAHLER !

Ne cherchez pas la tombe de Gustav Mahler, enterré au cimetière de Grinzing (au nord de Vienne), ni celle de Freud (mort en exil à Londres et incinéré), ni celle de Stefan Zweig (mort au Brésil). Quant à Theodor Herzl, autre Viennois célèbre, il est enterré à Jérusalem, sur le mont qui porte son nom.

Hors du bosquet des musiciens, sur la gauche de la crypte présidentielle, avant l'église, un cube en pierre marque l'endroit où repose *Arnold Schönberg,* inventeur de la musique sérielle.

– *Le vieux cimetière juif :* accès par la porte 1 *(Tor 1)*, au tout début du *Zentralfriedhof.* À environ 1 km à pied de l'entrée principale (ou reprendre le tram). L'*Israelitische Abteilung* occupe la partie nord-est du cimetière, soit un bon tiers de sa surface totale. De longues allées ombragées et vides ainsi que des sentiers quadrillent cet immense secteur peuplé de milliers de tombes. Beaucoup sont abandonnées aux herbes folles, aux plantes sauvages et aux ronces.

La nature envahissante a repris ses droits avec ses ribambelles d'oiseaux, ses chats errants, ses lapins et ses écureuils. La plupart des tombes datent d'avant la Shoah. On voit d'ailleurs très peu d'étoiles de David, contrairement aux tombes juives d'après 1948 (date de la création de l'État d'Israël).

Pour trouver la tombe de l'écrivain **Arthur Schnitzler,** entrer par la *Tor 1* (près du grand boulevard *Simmeringer Hauptstraße*), puis tourner à droite, traverser une sorte d'hémicycle couvert de gazon. Marcher jusqu'au point de départ de l'allée du milieu, marquée d'un panneau noir sur lequel il est écrit **Gruppe 5h.** À côté, il y a un plan usé du secteur juif du cimetière. La tombe de *Schnitzler* est la 3e à droite après ce plan défraîchi.

Enfin, les amateurs d'architecture jetteront un œil sur le crématorium, de l'autre côté de la *Simmeringer Hauptstraße.* Construction originale de 1922.

Bestattungsmuseum *(musée des Pompes funèbres ; hors plan d'ensemble) : dans l'enceinte du Cimetière central (Zentralfriedhof), au sud-est de la ville. Simmeringer Hauptstr. 254 (Wien 10). ☎ 760-67. • bestattungsmuseum.at •* Au sous-sol d'une chapelle ardente, on est accueilli par 2 mannequins habillés en croque-morts et éclairés par une lumière bleue... Le ton est donné, frissons assurés ! Une bande-son diffuse les musiques les plus utilisées lors des cérémonies funéraires, l'*Ave Maria* de Schubert étant un must du genre ! Puis, à grand renfort de vidéos et de diaporamas, on découvre le couteau pour transpercer le cœur du défunt (radical en cas de doute !), les tentures qu'on accrochait sur les maisons jusqu'en 1945 (suivant le rang social du défunt !), les vêtements et bijoux de deuil, les cercueils et les corbillards en tout genre, les urnes funéraires, etc. Pour se détendre un peu dans cet univers lugubre, un drôle de signal d'alarme pour les gens qui avaient peur d'être enterrés vivants, ou encore cet étui à cigarettes métallique, cadeau publicitaire d'une entreprise de pompes funèbres, sur lequel on peut lire « la cigarette libère des emplois ».

AU NORD-OUEST DE LA VILLE (plan d'ensemble)

Entre 1918 et 1934, Vienne fut rouge, entendez par là, dirigée par une social-démocratie, quelque peu différente de celles qu'on trouvait ailleurs en Europe. Elle était tout à la fois réformiste et radicale. ***Réformiste,*** puisqu'elle voulait arriver au pouvoir par la voie

électorale en s'appuyant d'abord sur le rapport de force entre Vienne (y emportant 2 tiers des voix) et le pays profond (plutôt à droite et conservateur). ***Radicale,*** parce que cela ne l'empêchait pas de mettre en place toutes les conditions nécessaires pour vivre mieux, dans des domaines comme l'éducation, la santé, le logement.
Une politique hardie dans le domaine social, scolaire et culturel fut mise en place. C'est en matière de logement que ce dynamisme prit un côté spectaculaire : loyers très modérés, protection des locataires, construction de logements sociaux. En effet, avant 1920, la situation du logement était dramatique à Vienne. Près des 3 quarts de la population s'entassaient dans des appartements sans aucun confort. Entre 1920 et 1933, 60 000 logements furent construits pouvant héberger 220 000 personnes.
La construction de la plupart des grands ensembles, appelés *Höfe,* fut confiée à de célèbres architectes aux idées avant-gardistes : fonctionnels, esthétiques avec un maximum d'espaces verts, privilégiant le confort des locataires.
Ces ensembles prendront des noms faisant référence au mouvement ouvrier, à ses leaders ou penseurs, célébrant les démocrates célèbres et autres humanistes. Voir dans la rubrique « Les villages vignerons. Heiligenstadt » plus loin le ***Karl-Marx-Hof*** *(plan Les villages vignerons, N11)* : *Heiligenstädter Str. 82-92 (Wien 19).* Ⓜ *Heiligenstadt (U4).*

Autre exemple intéressant d'urbanisme ouvrier, construit en 1925, au nord-ouest du centre : ***Professor-Jodl-Hof*** *(cour du Professeur-Jodl ; plan d'ensemble ; intersection des Guneschgasse, Sommergasse et Döblinger Gürtel, au nord de la Franz-Josefs-Bahnhof ;* Ⓣ *Spittelau – Wien 19).* Noter les pittoresques petites tours, de forme presque cubique, qui ornent les façades.

Müllverbrennungsanlage Spittelau *(incinérateur de Spittelau ; plan d'ensemble)* : *Spittelauer Lände 45 (Wien 9). Juste à la sortie du métro Spittelau.* Pour les inconditionnels de ***Hundertwasser,*** aller jeter un coup d'œil à cet incinérateur relooké par l'artiste, repérable à sa grande cheminée de faïence bleue et situé en bordure du Donaukanal.

Et, pour les passionnés d'urbanisme ouvrier, toujours :
- Au nord de l'Augarten *(plan, D-E1),* le quartier de *Brigittenau* propose le ***Winarsky Hof*** *(Stromstr. 36)* et l'***Otto-Haas-Hof*** *(plan d'ensemble ; Winarskystraße 16-20).* On appréciera le jeu des moulures horizontales qui, sur les façades du 1er, adoucissent l'aspect sévère de l'ensemble. En revanche, l'Otto-Haas-Hof, son petit voisin, est typique du style dépouillé et épuré d'***Adolf Loos,*** l'un des architectes de cet ensemble.
- Détour intéressant par le ***Karl-Seitz-Hof*** : *entre Jedleseer Str. 66-94, Voltagasse et Dunantgasse (Wien 21). Pas loin d'Am Spitz. Pour s'y rendre, bus nº 33B.* Élégante façade principale en hémicycle, avec un grand portail donnant accès à la rue intérieure. Beaucoup d'espaces verts, tour d'horloge principale, jolies entrées d'immeubles ornées de céramiques.

UN PEU PLUS LOIN... LES VILLAGES VIGNERONS

• Plan *p. 374-375*

La grande banlieue viennoise a englobé dans son développement urbain les *anciens villages viticoles des alentours.* Vienne est alors la seule métropole au monde profitant d'une vaste production viticole intra-muros. 570 ha dans les années 1960, 700 aujourd'hui. Une plaisanterie aux yeux des historiens, qui diraient qu'on consommait 6 fois plus de vin au Moyen Âge qu'aujourd'hui : dans les tavernes des villages, vers la fin du XVIe s, il se buvait en moyenne 120 l de vin par an et par habitant (si l'on se fie aux statistiques de l'époque !).

Après, terroir et consommation vont diminuer : en 1815, les Viennois ne sifflaient plus que 87 l de vin par habitant. Suite au congrès de Vienne, évidemment, les choses ne devaient plus jamais être comme avant. 200 ans plus tard, on en est à célébrer le vin au verre, mais les contenances ici restent encore raisonnables. De quoi étancher la soif...
Aujourd'hui, Vienne s'enorgueillit de posséder un petit terroir qui ne manque pas d'ambition, promu par un groupe de vignerons qui, sous l'emblème « *Wien Wein* » (facile, mais fallait le trouver !), cartonnent un max. Ici, parler d'assemblage ne vous fera pas montrer du doigt par les puristes : le « *gemischter satz* », c'est « comme un meursault sans le bois », pour reprendre, en v.f., le mot de Fritz Wieninger, vigneron vedette de la Vienne d'aujourd'hui. Une Vienne qui n'entend boire plus que des vins viennois dans les bars à vins de la ville, mais surtout dans les tavernes des faubourgs qui connaissent un succès plus que jamais mérité.

De vigne en verre

Par décret impérial, les vignerons de *Grinzing, Neustift* ou *Heiligenstadt* ont reçu dès le XVIIIe s l'autorisation d'écouler leurs propres crus. Depuis, par assimilation, le terme *Heuriger,* qui désigne le vin de l'année, s'est étendu aux guinguettes et tavernes qui le servent jusqu'à la Saint-Martin (le 11 novembre). Au contraire des restaurants qui peuvent servir le vin qu'ils ont acheté n'importe où, les *Heurigen* dépendent uniquement de leur production pour leur ouverture...
Ce sont de véritables lieux de culture populaire où, dès la fin de l'après-midi, les Viennois viennent s'attabler en famille ou entre amis pour siroter un petit blanc accompagné de charcuterie, de fromage et de salades tout en se laissant bercer par l'inénarrable *Schrammelmusik* jouée par un quatuor à cordes et accordéon. Pour bon nombre de ces lieux, c'est malheureusement aussi devenu l'étape obligée des circuits organisés qui y déversent chaque soir la cargaison de plusieurs cars... Le répertoire musical se transforme alors en *melting-pot* de la variété internationale !
Heureusement, il en reste beaucoup d'autres, fréquentés surtout par des Viennois qui aiment rester entre eux et qui se mettent parfois à entonner *a cappella* de vieilles chansons nostalgiques où il est question de la douceur de vivre viennoise et des plaisirs du vin. Allez-y à la nuit tombante ! Le matin ou l'après-midi, cela ne présente pas d'intérêt.
– **IMPORTANT :** il est rare que les *Heurigen* acceptent le paiement par carte (on paie les plats à la caisse, après les avoir choisis, en indiquant les portions). Si vous vous laissez tenter par les plats chauds, ne vous étonnez pas si l'addition grimpe vite, allant parfois au-delà de 20 € par personne. Sans parler des vins, qui sont réglés généralement directement au serveur ou à la serveuse en fin de soirée.

LANTERNE JAUNE, MAISON PAS CLOSE !

C'est à la branche de pin accrochée à l'entrée que l'on reconnaît les Heurigen. Et la lanterne allumée indique que la maison est ouverte ! Eh oui, faut oser pousser la porte. Les serveuses en robe traditionnelle ou les garçons en Lederhosen vous servent immédiatement le vin, mais il est de coutume d'aller soi-même chercher sa nourriture au buffet.

GRINZING (19e arr.)

Un ancien village de vignerons, désormais englobé dans le 19e arrondissement. Malgré une forte fréquentation touristique, il a cependant conservé tout son charme, avec ses maisons anciennes (du XVIe et du XVIIIe s), toutes pimpantes et croulant sous la vigne vierge.

➢ Pour y aller, inutile de louer une voiture ou de prendre un taxi. Le tram nº 38 s'y rend souvent depuis la *Schottentor* (prendre sinon le métro ligne U4 et aller jusqu'au terminus, *Heiligenstadt*, puis bus nº 38A). Il y a une expression populaire : « Prendre le dernier 38 ! », qui signifie rentrer chez soi après une soirée bien arrosée. Petit détail : comme toujours, minuit reste l'heure de fermeture, mais si vous voulez dîner, n'attendez pas la nuit noire !

Où manger ?

|●| ***Hengl-Haselbrunner*** *(plan Les villages vignerons, M11, **22**) : Iglaseegasse 10. ☎ 320-33-30. Ⓣ nº 38 (à 10 mn du centre de Grinzing et à 5 mn d'Unterdöbling). Tlj sauf dim-lun 15h30-23h (cuisine et buffet 22h).* Un peu à l'écart de l'animation de Grinzing, l'adresse que les nostalgiques de Vienne évoquent à leur retour. Vins intéressants, les blancs comme les rouges, et excellente cuisine, ce qui n'est pas toujours le cas, faut l'avouer. Au buffet, si vous voulez vous lancer sans peur d'écorcher les noms, demandez des *Schinkenfleckerl*, des *Topfenknödel* ou laissez-vous guider par votre instinct. Le mardi (sauf été), des concerts sont organisés. Jardin intime, salles chaleureuses, atmosphère authentique, tout simplement.

À voir à Grinzing et dans les environs

✪✪ Voir dans le ***centre ancien*** l'église et son pittoresque clocher à bulbe, et arpenter les délicieuses *Sandgasse, Himmelstraße* et *Cobenzlgasse* (très jolie cour au nº 9).
Au cours de sa brève existence, Schubert venait s'y promener. Juste après l'église du village, à gauche en montant la rue principale, au nº 1/25 de la *Himmelstraße*, le visage du musicien a été sculpté sur un panneau du mur extérieur d'une belle maison couleur jaune. Le compositeur, éternel promeneur solitaire, aimait aussi fréquenter avec ses amis les *Heurigen* de Grinzing, où il appréciait la chaleur humaine et la simplicité des gens.
Dans les années 1930, avant son exil à Londres, ***Sigmund Freud,*** déjà mondialement connu, aimait venir se reposer dans une maison de Grinzing en compagnie de sa femme et de ses enfants.
Au cimetière de Grinzing se trouve la tombe de ***Gustav Mahler*** (1860-1911), enterré à 2 pas de sa fille (groupe 6, allées 6 et 7). Sur la pierre tombale, aucune inscription, seulement son nom. « Ceux qui me cherchent savent qui j'étais, les autres n'ont pas besoin de le savoir. »

✪ Autour de Grinzing, sur le versant proche de la Wienerwald, s'étendent d'autres villages vignerons, ***Sievering, Neustift*** et ***Nußdorf,*** moins touristiques mais moins charmants que Grinzing.
Balade sympa aussi au village de ***Josefsdorf*** (au nord de Grinzing). Belle vue sur Vienne depuis le *Kahlenberg* (pour y aller, bus nº 38A, voir notre randonnée ci-dessous). À côté, ***Leopoldsberg*** avec une belle église du XVIIe s baroquisée. De là, un panorama encore plus prodigieux. Par beau temps, le regard peut porter jusqu'à la Slovaquie.
➢ Pour s'y rendre, bus nº 38A barré qui fait l'A/R entre les 2 monts.

✪✪✪ Ⓡ ***Randonnée vigneronne depuis le Kahlenberg :*** à la belle saison, une fantastique randonnée vous attend au milieu des vignes. Départ depuis le grand parking du Kahlenberg *(accessible par le bus nº 38A)*. Dépassez l'église baroque de Saint-Joseph, laissez les hôtels-restaurants panoramiques sur la gauche et descendez la route vers les vignobles (suivre panonceau *Nussdorf*). Un peu plus bas, un petit escalier sur la gauche dévale au milieu des vignobles. En chemin,

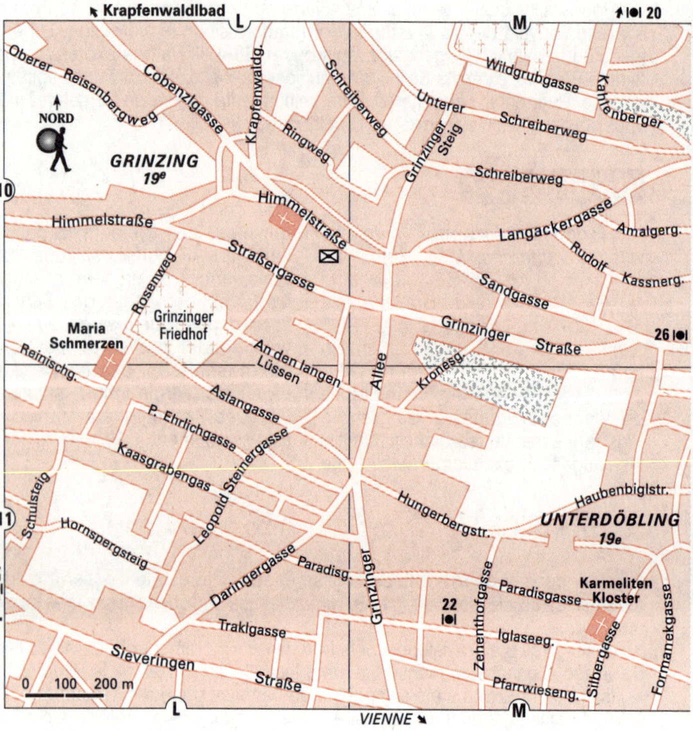

Où manger ? Où boire un verre ?

20 Heuriger Sirbu (hors plan par M10)
22 Hengl-Haselbrunner (M11)
23 Mayer am Pfarrplatz (N10)

faites halte chez divers producteurs, qui ont tous installé des *Heurigen* champêtres dans leurs vignes. On y sert les vins locaux, bien entendu (riesling, *grüner veltiner, gemischte satz*) mais aussi quelques tartines, des pâtisseries, voire des petits plats avec, en prime, des vues magnifiques sur la plaine danubienne et Vienne. À retenir, la superbe terrasse panoramique de ***Wailand Weingut,*** le riesling de chez ***Mayer am Nußdorf*** à déguster sur des chaises longues et le *gemischter satz* de ***Wieninger*** *(fermé en hiver),* LA star de l'appellation. Quand votre balade est terminée (boire ou randonner, il faut choisir !), redescendez vers le village de *Heiligenstadt* par la *Kahlenbergstraße* et accordez-vous un bon dîner dans l'un des *Heurigen* du village.

HEILIGENSTADT *(19e arr.)*

➢ Pour y aller, emprunter la ligne U2 jusqu'à *Schottenring*, puis la ligne U4 jusqu'à la station de *Heiligenstadt,* en face du *Karl-Marx-Hof.* Ensuite, prendre le bus nº 38A qui fait la navette entre les 2 villages. Si vous souhaitez prendre un taxi au

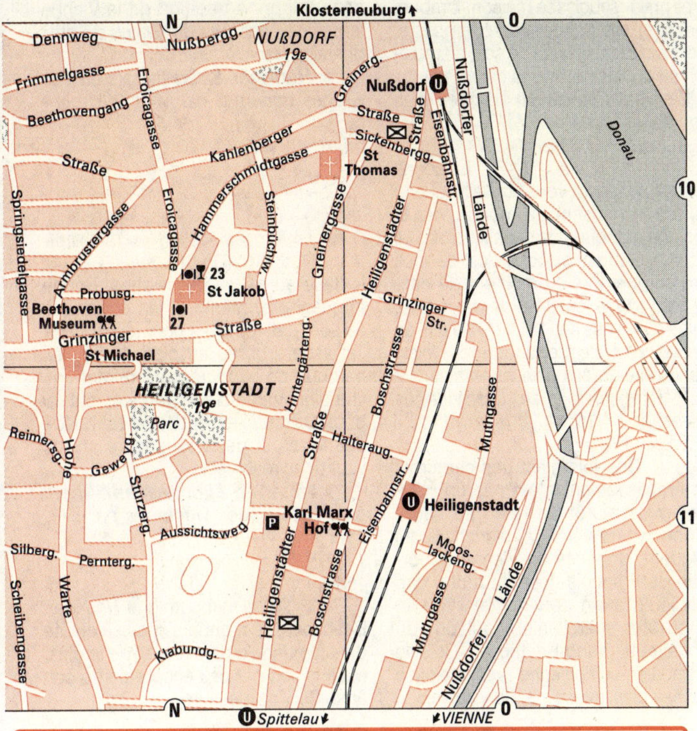

LES VILLAGES VIGNERONS

24 Weinhof Zimmermann (hors plan par L11)	**26** Weingut Feuerwehr Wagner (M10)
	27 Pfarrwirt (N10)

retour (mais les bus et métros circulent assez tard), on en trouve à la station près de l'église et de l'arrêt du tram n° 38. Également le terminus de la superbe randonnée vigneronne décrite plus haut.

Où manger ?

Où boire un verre dans un *Heuriger* ?

Mayer am Pfarrplatz *(plan Les villages vignerons, N10,* ***23****)* **:** *Pfarrplatz 2. ☎ 370-33-61. Ⓜ Heiligenstadt (U4). Tlj 16h (12h ven-dim)-minuit (22h cuisine). Repas 10-20 €. Musique tlj à 19h.* Étonnant de trouver cette place charmante avec une très vieille auberge. Elle eut comme habitué ce cher Ludwig. Il n'avait pas tort, l'accueil comme la petite cour aux murs jaunes croulant sous la treille se révèlent irrésistibles. Il y séjourna même l'été 1817 et composa quelques morceaux de la *Neuvième.* Sinon, le vin souvent primé est gouleyant à souhait et la nourriture savoureuse (salades, *Wiener Schnitzel,* jarret grillé, saucisses maison, jambon, fromage, etc.). Intérieur champêtre, bois de cerf aux murs. Le soir, un musicien se déplace entre les convives.

Weingut Feuerwehr Wagner *(plan Les villages vignerons, M10,* ***26****) : Grinzinger Str. 53. ☎ 320-24-42. Tlj 16h (13h dim)-minuit. Plats env 9-18 €.* La bonne adresse qui saura vous accueillir quand les autres refusent du monde, car la place ne manque pas dans le jardin. Le plus dur, comme toujours, c'est de vous faire comprendre au moment de passer commande, car il y a du choix. Bon, même si on vous sert autre chose que ce dont vous aviez envie, laissez-vous faire ! Grande aire de jeux pour les enfants.

Pfarrwirt *(plan Les villages vignerons, N10,* ***27****) : Pfarrplatz 5. ☎ 370-73-73. Tlj 12h-minuit. Plats 13-22 €.* Une fois n'est pas coutume, cet établissement n'est pas un *Heuriger* mais plutôt un resto au cadre soigné : vaste véranda, planchers qui craquent, gravures de Vienne et portraits de François-Joseph, tout y est. Délicieux jardin couvert de lierre et vénérables marronniers qui ont dû connaître le grand Beethoven. Cuisine de tradition autrichienne avec quelques touches plus inventives. Service enjoué dans la bonne tradition de la Vienne impériale. Vins des domaines du propriétaire, *Hans Schmid (Kärntner Str. 6).*

Heuriger Sirbu *(hors plan Les villages vignerons par M10,* ***20****) : Kahlenberger Str. 210. ☎ 320-59-28. La route qui y mène suit la crête d'une colline dominant le vignoble de Grinzing et la ville de Vienne. Assez difficile à trouver, mais plus rien ne résiste au GPS. D'avr à mi-oct, lun-sam 16h (15h sam)-23h, dim 13h-19h. Buffets 22-38 €.* Installé au milieu des vignes. Bonne atmosphère, même si les serveuses ne sont pas réputées pour leur sourire. Terrasse arborée au pied de l'église baroque de *Leopoldsberg* offrant une vue plongeante sur le Danube, tout au bout. Ce cadre exceptionnel est bondé dès le retour des beaux jours, mieux vaut donc réserver.

Weinhof Zimmermann *(hors plan Les villages vignerons par L11,* ***24****) : Mitterwurzergasse 20. ☎ 440-12-07. De mi-mars à nov, mar-sam 15h-minuit, dim 13h-22h. Repas env 15-25 €.* Autre sympathique *Heuriger.* Beaucoup de monde s'entasse en été dans ce dédale de cours et de jardins, mais le lieu n'a pas encore perdu son âme. Service aléatoire.

À voir

Beethoven Museum *(musée Beethoven ; plan Les villages vignerons, N10) : Probusgasse 6. 0664-889-508-01. • wienmuseum.at/en/locations/beethoven-museum • Ⓜ Heiligenstadt (U4). Tlj sauf lun 10h-13h, 14h-18h. Entrée : 7 € ; réduc ; gratuit moins de 19 ans et ts les 1er dim du mois.* Une des maisons de campagne du compositeur (il en légua 6 à ses héritiers), transformée en musée. Il ravira les inconditionnels du grand Ludwig grâce au pouvoir évocateur des lieux et à la richesse des objets et documents exposés. 6 pièces thématiques retracent son parcours exceptionnel et explorent différents aspects de sa personnalité et de son art. Intéressant *Testament de Heiligenstadt,* où le génial musicien, dans une longue lettre pathétique à ses frères, déplore la surdité dont il est frappé et n'envisage ni plus ni moins que le suicide. Il survécut encore 25 ans et, pour communiquer avec ses proches, utilisa des carnets de conversation que l'on peut voir dans une vitrine. Quelques jolis tableaux des environs de Vienne complètent la visite.

Karl-Marx-Hof *(plan Les Villages vignerons, N11) : Heiligenstädter Str. 82-92. Ⓜ Heiligenstadt (U4). Ⓣ n° 12, Februar-Platz (D).*
Voici le plus célèbre ensemble prolétarien de la ville, symbole de la Vienne rouge. Près de 1 000 m de long et 1 300 logements.
Coincé entre route et chemin de fer, il fut réalisé en 1927 par l'architecte ***Karl Ehn,*** un des plus célèbres disciples d'*Otto Wagner.* Il réussit néanmoins à édifier là un bel ensemble cohérent et harmonieux. Avec, bien sûr, le maximum d'équipements collectifs : aires de jeux, espaces verts, 2 établissements de bains, une clinique

dentaire, un dispensaire, une bibliothèque, etc. 3 grandes cours intérieures (*Hof* signifie « cour », en allemand !) et, au milieu, une place immense avec un superbe immeuble en fond. Avec ses teintes ocre et rouge, le design géométrique de la façade (réminiscences d'Art déco), ses sculptures monumentales, ses larges passages en voûte, l'ensemble ressemblerait presque à un décor de théâtre. D'ailleurs, on pense que les architectes de l'époque, plus ou moins consciemment, voulaient mettre en scène (au sens presque littéral) les ouvriers, véritables acteurs de l'histoire. Devant, une statue d'un jeune semeur (d'idées subversives ?), à mi-chemin du style néoclassique et du réalisme socialiste.
Bastion de la résistance aux fascistes au moment de la guerre civile de 1934, le ***Karl-Marx-Hof*** fut surnommé la *Forteresse rouge*. Le gouvernement du chancelier *Dollfuß* fit tirer au canon, autant pour détruire ce symbole ouvrier que pour liquider les rouges. Il fut ensuite débaptisé, et les loyers doublèrent. Des cartes postales furent éditées avec les immeubles éventrés, ultime hommage inconscient à la politique des sociaux-démocrates. En 1977, le *Karl-Marx-Hof* fut déclaré Monument historique, et figure aujourd'hui sur les circuits touristiques comme œuvre Art déco. Quelle injuste ironie de l'Histoire...
Dernier clin d'œil nostalgique et sentimental sur les acquis de la Vienne rouge : les jardins ouvriers le long de la voie de chemin de fer vers la station de métro. Des bouts de campagne, propres, ordonnés, avec des cabanes pimpantes ou des petits chalets.

DE LA FORÊT VIENNOISE À LA FRONTIÈRE SLOVAQUE

• Pour la carte de la forêt viennoise, se reporter au plan détachable en fin de guide.

Pourquoi ne pas profiter d'un séjour à Vienne pour jouer les prolongations jusqu'à Mayerling et la forêt viennoise ? Un jour ou 2 suffiront pour découvrir cette vaste forêt, chère à tous les nostalgiques de Strauss (c'est le titre d'une de ses valses les plus connues), parsemée de charmants villages et de sites intéressants, qui s'étend de Vienne jusqu'aux Alpes. Et si vous souhaitez faire durer le plaisir en Slovaquie, Bratislava est toute proche !

KLOSTERNEUBURG

À 13 km au nord de Vienne par la *Höhenstraße* à partir du *Gürtel*. Au cœur des vignobles, un village resté dans son jus (de raisin, évidemment !) qui recèle des trésors cachés, comme quelques *Heurigen* authentiques (qui n'ouvrent que certains soirs en revanche), ou sa célèbre *abbaye*.

À voir

Stift Klosterneuburg (*abbaye de Klosterneuburg ; hors plan d'ensemble par le nord*) **:** *Stiftsplatz 1. ☎ (02243) 411-0. • stift-klosterneuburg.at • Ⓜ Heiligenstadt (U4), puis bus n° 400 ou 402 à la sortie de la station, arrêt Niedermarkt ou Bahnhof, si on aime marcher un peu). À 10 mn en voiture depuis les limites de la ville par la B14. Grand parking avec 4h de stationnement gratuit ; apporter votre* *ticket de parking à la réception des visiteurs pour validation. En été, tlj 9h-18h ; en hiver 10h-16h. Visite guidée de l'abbatiale en allemand ; en anglais, w-e et j. fériés à 14h. Entrée générale : 13 € (tour sacré, impérial, salle des chais, salle du trésor, jardin et musée). Audioguide. Monastère seul : 9 € ; réduc.*

Fondée par des chanoines augustins réguliers au XIIe s, à l'initiative du *margrave de Babenberg,* dynastie fondatrice du pays, l'abbaye a toujours été l'un des principaux centres intellectuels de la Marche d'Autriche. Elle résista aux Turcs lors des 2 sièges de Vienne en 1529 et 1683. En 1730, par la volonté de ***Charles VI de Habsbourg,*** père de Marie-Thérèse, elle fut transformée en un ensemble baroque inspiré par l'Escurial de Madrid. Elle devait s'organiser sur la base de plans babyloniens de *Donato Felice d'Allio,* autour de 4 cours que devaient ceinturer pas moins de 9 coupoles. On se contenta de 2 coupoles (portant la couronne du Saint Empire) et d'une seule cour, et à la mort de l'empereur les travaux furent interrompus.

– ***L'abbatiale :*** l'église romane à 3 nefs fut transformée à plusieurs reprises puis « baroquisée » à haute dose par ***Giovanni Battista Carlone,*** ce qui n'empêche pas une certaine harmonie : fresques de la voûte de *Georg Greiner,* et de ***Rottmayr*** pour celles du chœur ; autels latéraux ornés de belles sculptures, maître-autel, abat-voix de la chaire et magnifiques stalles aux blasons des Habsbourg de *Matthias Steinl.* Les grands orgues du XVIIe s étaient, paraît-il, très appréciés d'*Anton Bruckner.*

Un escalier mène à la ***chapelle Saint-Léopold*** (le fameux Babenberg cité plus haut, canonisé en 1485 et devenu le saint patron de l'Autriche), ancienne salle capitulaire où, derrière une grille, est exposé le *retable de Verdun* (1181), un des chefs-d'œuvre de l'art roman mosan attribué à ***Nicolas de Verdun*** (auteur également de la châsse des Rois mages de Cologne et de la châsse de la cathédrale de Tournai). Le magnifique travail d'orfèvrerie, confinant à la perfection absolue, est constitué de 51 plaques (45 à l'origine) de métal doré sur lesquelles sont gravés et émaillés des épisodes de la Bible.

On raconte qu'en 1330, après un incendie éteint en aspergeant le retable de vin, il fut transformé en triptyque pour exposer les scènes de l'Ancien Testament au-dessus et en dessous de celles du Nouveau Testament en y adjoignant les 6 plaques supplémentaires. 4 scènes peintes au verso sont exposées au musée de l'abbaye. Au sommet du retable, les reliques de ***saint Léopold*** sont enfermées dans une petite châsse. À gauche, les vitraux lumineux du XIVe s, et dans l'ancienne salle de la fontaine du cloître de style gothique primitif mâtiné d'influences bourguignonnes, un monumental candélabre de bronze à 7 branches fabriqué à Vérone au XIIe s.

– En sortant par le portail de l'église, on tourne à droite vers le ***Leopoldihof,*** agréable cour à la fontaine cernée de bâtiments gothiques et Renaissance joliment ciselés.

– En face, le ***Binderstadl,*** la tonnellerie, partie du cellier abbatial, contient un tonneau de 56 000 l de 1704, qui sert de toboggan lors des réjouissances de la fête du 15 novembre.

– Pour visiter le ***musée,*** prendre à droite à l'entrée des bâtiments abbatiaux et gravir le grand escalier menant aux appartements impériaux et à la grandiose salle de marbre. Les dimensions de cette salle un peu nue donnent une idée de ce qu'aurait pu devenir l'ensemble si les projets de Charles VI avaient été réalisés. Un petit texte explicatif en français introduit chacune des pièces.

Quelques œuvres de 1er plan du Moyen Âge à la Renaissance sont exposées au 2e étage, tel un *Christ au tombeau* en bois sculpté au réalisme troublant (voir les cicatrices de clous aux mains et aux pieds), une collection de petits bronzes du XVIe s à caractère mythologique, les bois peints de *Rueland Frueauf le Jeune,* représentatifs de l'école danubienne du XVIe s, un *retable de sainte Ursule* – œuvre d'un anonyme de 1464 –, l'*arbre généalogique des Babenberg* et les volets du verso du retable de Verdun cités plus haut.

Le 3e étage abrite des ivoires sculptés, des jeux d'échecs ainsi que des œuvres représentant l'abbaye aux XVIIIe et XIXe s. La bibliothèque abritant plus de 170 000 volumes ne se visite hélas pas.

MÖDLING

À 15 km au sud de Vienne. Petite cité pittoresque qu'apprécièrent *Schubert, Egon Schiele, Richard Wagner* et bien d'autres. Son tout petit centre piéton est très mignon. Voir l'hôtel de ville Renaissance (avec étage à arcades) sur la *Schrannenplatz.* Sur la *Hauptplatz,* belles demeures Renaissance aussi et une colonne de la peste de 1713. Église paroissiale *Saint-Othmar* du XVe s. Curieux ossuaire roman à côté, affublé d'un clocher à bulbe. Riches vitraux. Depuis le parvis, jolie vue sur les environs. Dans le centre, la charmante *Spitalkirche* du XVe s fut remaniée au XIXe s (l'intérieur présente moins d'intérêt que la façade gothique). Musée de la ville, qui plaira aux géologues amateurs de fossiles. À 2 km, jeter un œil sur le *Burg Liechtenstein,* berceau d'une famille qu'on ne présente plus.

➢ ***Pour y aller :*** de Vienne, trains très fréquents de *Wien Meidling* (10-20 mn de trajet). En voiture, autoroute A2.

Où manger ? Où boire un verre ?

Mödlinger Kobenzl : *Jubliäumspark 2. (0660) 143-14-53. Tlj sauf lun-mar 11h-22h. Menu à prix doux le midi en sem ; carte env 20 €.* Le resto est en hauteur, sur une plate-forme qui domine la région. On aperçoit même Vienne au loin. Et on apprécie d'être au calme, loin de toute agitation urbaine, au milieu d'un jardin avec une aire de jeux pour les enfants. Cuisine traditionnelle très correcte. Vin assez cher mais on peut prendre juste un verre. Repas à l'extérieur en été, à l'ombre des tilleuls.

DANS LES ENVIRONS DE MÖDLING

Hinterbrühl : *entre Mödling et Heiligenkreuz, par la route n° 11.* Ce petit village perdu dans la Wienerwald attire nombre de visiteurs grâce à une ***grotte*** exceptionnelle renfermant le plus grand lac souterrain d'Europe (grand certes, mais pas d'une beauté inoubliable...). Température intérieure : 9 °C (on peut louer une écharpe). *• seegrotte.at • Avr-oct, tlj 9h-17h ; nov-mars, tlj 9h-15h (15h30 w-e). Plusieurs visites/j. dont certaines en anglais. Durée : env 45 mn. Tarif : 12 € ; réduc.*

L'abbaye de Heiligenkreuz : *depuis Vienne, accès par l'autoroute A21 et depuis Mödling par la route n° 11. ☎ (02258) 87-030. • stift-heiligenkreuz.org • Visites (avec audioguide), lun-sam 9h-11h30, 14h-17h15 ; dim 14h-17h15 (dernière entrée à 16h30). Entrée : 11,30 €, réduc.* Abbaye fondée au XIIe s par les cisterciens, en partie détruite par les Turcs en 1683. Superbe cloître aux 300 colonnes de marbre, marquant bien la transition du roman au gothique, avec une nef principale romane, un chœur de type église-halle en gothique rayonnant flanqué de stalles baroques. Tableau d'autel d'***Altomonte*** et ***Rottmayr.*** Tombeaux des Babenberg. Église des XIIe et XIIIe s, mélange de styles roman et gothique. Orgue grandiose. Une communauté de cisterciens continue à y vivre selon la règle de saint Benoît : *Ora et labora* (« Prie et travaille »). C'est dans le cimetière communal que se trouve la tombe de ***Marie Vetsera*** (voir ci-après l'histoire de Mayerling).

Mayerling : *de Heiligenkreuz, suivre la route n° 11 ; Mayerling est à 2 km.* Un nom connu des romantiques du monde entier, mais une visite qui vous laissera sur votre faim. Pour la petite histoire, c'est dans cette localité que, le 30 janvier 1889, ***Rodolphe,*** fils de l'empereur François-Joseph et de Sissi, se suicida,

après avoir tué sa maîtresse, la baronne ***Marie Vetsera.*** 2 jours avant, son père lui avait signifié le refus du pape d'annuler son mariage raté avec *Stéphanie de Belgique* et sa propre opposition à un divorce. C'en était peut-être trop pour Rodolphe, déjà en conflit avec son père à cause de son soutien aux nationalistes hongrois.
La version d'un meurtre a été avancée en 1983 par ***Zita,*** veuve du dernier empereur ***Charles Ier.*** Selon elle, Rodolphe aurait été assassiné à cause de son refus de participer à un complot qui visait à détrôner son père, François-Joseph, et à le remplacer à Vienne par l'archiduc *Jean de Habsbourg-Toscane* et à Budapest par *Rodolphe.* Il aurait été informé de certains éléments relatifs au complot et assassiné afin que les conjurés ne soient pas inquiétés. Zita n'a fourni aucune piste pour identifier ces instigateurs. La thèse exclut donc l'idée souvent évoquée d'un assassinat commandité par François-Joseph lui-même. ***François-Joseph*** est le seul de la famille à mourir tranquillement dans son lit... Plusieurs cinéastes s'intéressèrent à cette tragique histoire.
Quand on arrive à Mayerling par Heiligenkreuz, l'entrée de ***l'ancien pavillon de chasse*** est tout de suite à droite. Aujourd'hui, il n'y a vraiment plus grand-chose à voir. La chambre où l'on découvrit les corps fut démolie, et une église de style néogothique construite à son emplacement. On peut quand même y voir quelques souvenirs liés à cet épisode.

BADEN

À 26 km au sud de Vienne. Depuis les Romains, cette célèbre station thermale attire des curistes venus soigner leurs rhumatismes grâce aux sources chaudes (4 millions de litres par jour !), ou grâce aux bains de boue d'eau sulfureuse. *Napoléon* et *Marie-Louise* y firent escale (ce qui n'a pas sauvé leur couple, certes !). La « bande des Trois » (Mozart, Beethoven et Schubert) y séjourna bien souvent, suivie peu après des princes de l'opérette, *Strauss, Lanner, Zeller...* dans le sillage, bien évidemment, de la cour impériale. Juste à côté du casino, à l'élégance très « crème fouettée », joli parc fleuri abritant des cafés et une gloriette où sont encore donnés des concerts l'après-midi en été. L'architecture *Biedermeier* domine, et la fréquentation des thermes par une clientèle un peu... amortie donne à la cité un charme un tantinet suranné. Prendre le temps de flâner autour du *Rathaus* (l'incontournable hôtel de ville) pour visiter la maison qu'occupa *Beethoven* de 1822 à 1824 *(Rathausgasse 10 ; ☎ (02252) 86-800-630 ; • beethovenhaus-baden.at • ; tlj sauf lun 10h-18h ; entrée : 8 €, réduc).*

➢ ***Pour y aller :*** de Vienne, plusieurs trains/h depuis Wien Meidling. En voiture, autoroute A2.

Office de tourisme : *Brusattiplatz 3. ☎ (02252) 86-800-600. • tourismus.baden.at • Horaires variables mais en principe, tlj sauf w-e 10h-16h.* Carte de la région gratuite (disponible même quand l'office est fermé). Brochure sur les pensions.

DANS LES ENVIRONS DE BADEN

GUMPOLDSKIRCHEN

Petit village fameux pour son vin blanc. Nombreuses guinguettes. Hôtel de ville du XVIe s. Pittoresques maisons basses de vignerons. Fin juin et fin août, fêtes du vin réputées.

LAXENBURG

À 17 km de Vienne par l'autoroute A2, à mi-chemin de Baden et Schwechat, une bourgade au sud de Vienne plus connue pour héberger un aéroport international à sa périphérie... C'est à Laxenburg qu'il faut s'arrêter, en remontant sur Vienne, pour clore sur une note champêtre cette balade sur les pas de Sissi & fils. Laxenburg fut le lieu de villégiature d'été de la cour impériale. Rodolphe y naquit en 1858. Grand parc où s'élève l'***Altes Schloss*** *(petit droit d'entrée pdt la journée).* Très apprécié des Viennois qui viennent régulièrement y faire leur footing ou du roller le soir venu. Sur une petite île au fond du parc, le ***Franzensburg,*** mignon pastiche de château du Moyen Âge *(possibilité de le visiter : ☎ (02236) 712-26 ; • schloss-laxenburg.at • ; tlj 9h30-19h ; entrée : 11 €, réduc ; également des visites guidées).* Beaux plafonds et intéressant mobilier. En hiver, le lac se transforme en une immense patinoire. Quelques tables pour pique-niquer, aire de jeux pour les enfants. Avec un peu de chance, on peut croiser des vaches, des biches et bien d'autres animaux. Une agréable promenade bucolique dans un grand parc boisé.

➢ ***Pour aller vers la frontière slovaque :*** reprendre la route de Vienne ou du moins celle de l'aéroport, et suivre la direction de Bratislava.

ROHRAU

Schloss Rohrau : *au sud de Petronell. On s'y rend en voiture par l'autoroute A 4, sortie Bruck/Leitha Ost, puis route nationale B 21, sortie Petronell-Carnuntum. ☎ (02164) 22-53-16. • schloss-rohrau.at • Pâques-Toussaint, visites guidées les w-e et j. fériés à 10h30, 13h30 et 15h. Tarif : 12 € ; réduc.* Demeure au style Renaissance, jadis entourée de douves, des ***comtes de Harrach,*** une des grandes familles de l'Ancien Régime dont un membre fut vice-roi de Naples. Riche collection privée de peintures en provenance de Madrid, Naples, Rome et des Pays-Bas des XVIIe et XVIIIe s, comptant des œuvres de *Giordano, Solimena, Ribera, Van Dyck, Teniers, Ruisdael, Bruegel père et fils,* et un chef-d'œuvre : *Le Concert* du « maître des bustes féminins » (un expert en la matière sans doute).

Haydn Geburtshaus *(maison natale de Haydn) : Obere Hauptstr. 25. ☎ (02164) 22-68. • haydngeburtshaus.at • Avr-oct, tlj sauf lun 10h-17h. Entrée : 7 € ; réduc.* Une maison de 1728 aménagée en petit musée avec souvenirs et partitions originales. Beau mobilier de bois peint. Concerts.

CARNUNTUM

Situé dans la vallée du Danube à l'est de Vienne vers la frontière slovaque et Bratislava, on s'y rend en voiture par l'autoroute A4, sortie *Fischamend,* puis route nationale B9, sortie *Petronell-Carnuntum.* En train, départ de *Wien Mitte* ou de Wien Nord (environ 1h). Sur le territoire de cette commune, des fouilles archéologiques ont permis de mettre au jour le site de Carnuntum, ancienne capitale romaine de la Pannonie.

Où camper ?

Campingplatz Tennishalle Wirtshaus : *Bruckerstr. 28. (0677) 62-77-14-35. • tennishalle-petronell.at • De mai à mi-sept. Resto tlj 7h-21h.*

Compter env 15 € pour 2 avec tente et voiture. Juste une quinzaine d'emplacements pour tentes (d'autres réservés aux caravanes et camping-cars), sur une jolie pelouse bien verte à côté d'un complexe sportif (tennis, badminton, sauna) et grill. Bien situé pour visiter cette région Danube-Morava, dont le style des maisons annonce déjà l'Europe centrale.

À voir

Archäologischer Park Carnuntum *(parc archéologique de Carnuntum)* **:** *☎ (02163) 33-77-0. • carnuntum.at • De mi-mars à mi-nov, tlj 9h-17h. Entrée : 13 € ; réduc.* Nombreuses activités didactiques pour les enfants. La ville de Carnuntum était la garnison la plus importante sur la route de l'ambre. Elle compta jusqu'à 50 000 habitants au IIIe s. ***Marc-Aurèle*** y rédigea ses *Pensées* (longtemps avant Pascal). Les invasions des Huns (puis des autres...) mirent un terme à cette belle prospérité. On en trouve des traces indéniables en découvrant les soubassements des maisons et des magasins qui dévoilent des systèmes de canalisations et de chauffage assez élaborés, reliés aux vastes thermes. À 100 m à l'ouest du village, on peut voir les ruines d'un amphithéâtre d'une capacité de 13 000 spectateurs. Piétons et cyclistes peuvent se balader en empruntant un sentier de 18,5 km, « via Carnuntum ».

SUR LES TRACES DE SPARTACUS

Une découverte archéologique sensationnelle a été annoncée en 2011 : rien de moins que les fondations d'une école de gladiateurs vieille de 1 900 ans et comparable à celle du Colisée à Rome, avec un amphithéâtre et une petite arène de 20 m de diamètre. Selon le directeur du site, un cimetière de gladiateurs devrait se trouver à proximité. L'espérance de vie des gladiateurs dépassait rarement les 4 ou 5 combats.

Heidentor *(porte des païens)* **:** *situé à env 2 km de Petronell par la sortie ouest, bien indiqué (visible de la route).* Symbole de la région, vestige d'un arc de triomphe du IVe s apr. J.-C. dédié à l'empereur Constance II. Son nom vient du Moyen Âge, où il fut considéré comme l'œuvre de non-chrétiens.

SCHLOSS HOF

Suivre la B 9 en direction de Hainburg et prendre la B 49 jusqu'à Schlosshof (ne pas confondre le nom du village et celui du château, qui s'écrit en 2 mots). ☎ (02285) 20-000. • schlosshof.at • De mi-mars à nov, tlj 10h-18h (dernier billet à 17h) ; de déc à mi-mars, tlj 10h-16h. Entrée : 16 € ; réduc ; gratuit moins de 6 ans.
Un bien beau château édifié en 1726 par le ***prince Eugène.*** Il fut ensuite transformé et aménagé par l'impératrice Marie-Thérèse, qui y organisa de somptueuses fêtes qui éblouirent toute l'Europe, pour reprendre la formule consacrée de la gazette de l'époque. Plus de 200 personnes y logeaient (comprenez qu'il y avait 180 domestiques pour s'occuper des invités du moment). Il resta vide jusqu'en 1898, date à laquelle il fut donné à l'armée autrichienne, et les décennies suivantes ne lui firent pas de cadeau. C'est l'armée russe qui l'occupa de 1945 à 1955, et la restauration ne commença que dans les années 1980. Il a aujourd'hui, pour qui le découvre sans être prévenu, un petit côté château de la Belle au bois dormant.
Face à la vallée de la Morava (*March* en allemand) et avec au loin les 1ers contreforts des petites Carpates en Slovaquie, le château est entouré de jardins à la française avec terrasses, fontaines, sculptures et grilles ouvragées. L'intérieur

baroque, restauré, abrite dans ses magnifiques salles de fêtes aux stucs délicats d'intéressantes expos temporaires. La chapelle privée dont le plafond est orné d'une fresque de ***Carlone,*** est seule pièce restée dans le jus de l'époque.
Bon, soyons sincères : pas la peine de faire le voyage exprès, sauf si vous avez envie de passer un dimanche à la campagne (un bus part de la *Schwedenplatz* à Vienne autour de 9h), au milieu des familles slovaques (on est en fait à 5 mn des faubourgs de Bratislava). S'il fait beau, on visite les jardins, on grignote en terrasse, on va voir les animaux (il y a même des chameaux offerts à l'ancien président autrichien, qui a trouvé là un moyen de s'en débarrasser). Et si vous devez reprendre l'avion à Bratislava (moins cher qu'à Vienne, on vous donne le tuyau) ou continuer le voyage en Slovaquie, vous êtes vraiment tout près.

EXCURSIONS DANS LE BURGENLAND

Province séduisante et authentique, le Burgenland peut faire l'objet d'une excursion d'une journée au départ de Vienne (nombreux trains). Les amateurs de tranquillité et les ornithologues avertis y séjourneront plus longtemps afin de profiter de sa quiétude et des paysages changeants du Nationalpark Neusiedler See – Seewinkel.
La province la plus à l'est de l'Autriche ne fait partie du pays que depuis 1921. Après la Première Guerre mondiale, lorsqu'on constitua cette région formée d'anciens territoires hongrois, la ville de Sopron et ses environs choisirent de rester hongrois. Cette enclave s'enfonce donc aujourd'hui comme un coin dans le Burgenland. Cela explique sa forme bizarre et ce mince couloir de 4 km comme un étranglement au milieu. Tout cela témoigne du fait que cette région fut âprement disputée tout au long de son histoire. À l'époque romaine, elle faisait partie de la riche province de Pannonie qui s'étendait au sud du Danube. Aujourd'hui, on y trouve toujours de petites minorités hongroises (2 %) et croates (6 %).
Au nord, autour du lac Neusiedl, c'est la plaine hongroise *(puszta)* avec son habitat rural typique.
Le sud de la province est plus vallonné (le *Geschriebenstein* culmine à 884 m). Les Viennois l'adorent, c'est là qu'ils viennent faire le plein de vin (rouge) et de produits de bouche, mais pour un visiteur francophone, l'intérêt est moins évident.

EISENSTADT (700) 14 300 hab. IND. TÉL. : 02682

Capitale de la province, à une quarantaine de kilomètres seulement de Vienne, Eisenstadt est la plus petite capitale de Land d'Autriche. Mignonne petite ville au climat particulièrement doux, avec un centre piéton distillant pas mal de charme ; les élégantes façades baroques témoignent de l'essor de la bourgeoisie de la « cité du fer » aux XVIe et XVIIe s. À l'époque de l'Empire austro-hongrois, Eisenstadt fut en effet le fief de la puissante famille Esterházy. Pendant 29 ans, à partir de 1761, Joseph Haydn y tint le poste de *Kapellmeister.* Mort à Vienne, il fut cependant inhumé dans sa ville d'élection.

Arriver – Quitter

En train

➢ ***De Vienne :*** depuis la *Hauptbahnhof,* train direct ttes les heures, 6h15-22h15. Un peu plus de 1h de trajet.

➢ ***De Neusiedl :*** départ ttes les heures.

En bus

➢ ***De Vienne :*** depuis la Südtiroler Platz. Nombreux bus, un peu moins le w-e. Compter un peu plus de 1h de trajet.

➢ ***Du Burgenland :*** plusieurs liaisons/j. avec Neusiedl am See, Mörbisch am See et Rust.

Adresse et infos utiles

Office de tourisme : *Hauptstr. 21. ☎ 673-90. • eisenstadt-leithaland.at • Tlj sauf w-e 9h-16h30.*

– **Stationnement en ville :** *payant la journée dans le centre lun-ven 8h-16h et sam jusqu'à 12h. Compter env 3 € pour 3h.*

Où dormir ? Où manger ?

Aucun intérêt de dormir dans la ville même, mais on conseille d'y faire une pause gourmande ! Si vous comptez prolonger votre séjour, n'hésitez pas à demander à l'office de tourisme un peu d'aide. La rue principale *(Hauptstraße)*, piétonne, débute au pied du château Esterházy. La majorité des adresses intéressantes se trouvent dans son voisinage.

Le **Restaurant Henrici** *(Esterházyplatz 5)*, est l'adresse chic du centre ancien, face au château, mais plusieurs brasseries feront tout aussi bien l'affaire, comme le **Haydnbräu.** Bien aussi, le **Café Central,** toujours dans la rue piétonne.

À voir

Le centre : il date essentiellement des XVIIe et XVIIIe s et s'articule autour de la **Hauptstraße,** la rue principale piétonne. Une rue agréable, bordée de nobles demeures basses anciennes dont certaines présentent de larges porches sculptés, des fresques ou des fenêtres à encorbellement. 4 jours de fête dans tout le centre historique fin août pour la **fête des 1 000 Vins.**

Schloss Esterházy (château Esterházy) **:** *☎ 630-0476-00. • esterhazy.at/schloss-esterhazy • Horaires variables mais en principe, tlj sauf lun 10h-17h. Visite libre : 15 €, réduc. Visite guidée (en allemand ou en anglais) : 18 €, réduc.*
Le château est aujourd'hui encore la propriété de la riche famille Esterházy, plus exactement de la dernière descendante directe, la *princesse Melinda.* Masse imposante dont la façade est ornée de bustes des princes Esterházy et de généraux hongrois. **Paul I Esterházy** tenait, à travers sculptures, tableaux, peintures murales, à installer sa famille dans la lignée des héros de la Hongrie, n'hésitant pas à remonter jusqu'à *Attila,* héros national des Magyars. Élégante cour intérieure au décor de pilastres toscans et de masques dans des cartouches.
L'exposition consacrée aux « Splendeurs du château Esterházy » *(Glanzlichter)* permet de survoler 300 ans de l'histoire architecturale d'un château édifié en 1663 par un architecte italien à partir d'un château fort du XIIIe s, et transformé par l'architecte français Charles Moreau en 1794 dans un style néoclassique. On lui doit la façade avec colonnes côté jardin. Le prince Nicolas II étant un amoureux de la mythologie antique autant que des jardins à l'anglaise, il fit immortaliser sa fille Léopoldine en une muse de marbre par **Antonio Canova** lui-même.
La visite permet de se pencher, d'une façon assez originale, sur l'évolution des intérieurs aristocratiques. Des objets de valeur – porcelaines, service de table en argent ou pendule de l'Empire – donnent une petite idée du train de vie fastueux de la famille princière.
La visite du château s'achève dans la *salle Haydn,* l'ancienne salle des fêtes, avec des fresques allégoriques au plafond du XVIIe s. Cette salle de 700 places aurait l'une des meilleures sonorités du monde ; le parquet lui-même a été sélectionné pour ses propriétés acoustiques ! C'est ici que **Haydn** aurait dirigé l'orchestre du prince, jouant le plus souvent ses propres compositions. Haydn (1732-1809), entra en 1761 au service des Esterházy, famille qui adorait la musique. Il travailla pendant 29 ans dans ce château, passant ses heures libres à déambuler dans le parc, entre grottes, cascades et orangerie, tout comme vous allez le faire à la fin de la visite.

À l'occasion des 200 ans de la mort du maestro, fut ouverte l'exposition *Haydn explosiv,* particulièrement décalée. Prolongée d'année en année (succès oblige), elle revisite avec humour et intelligence la vie du compositeur, son œuvre, relevant son influence jusqu'à nos jours, dans une atmosphère musicale et vivifiante pas triste du tout, où multimédia et instruments d'origine se mélangent.

– ***Concerts en juil-août :*** *Matinées musicales jeu-ven à 11h pdt 45 mn.* Morceaux choisis de Haydn exécutés par des musiciens en costume. *Concerts plus prestigieux certains jeu à 20h en juil-août et sam soir en sept. Se renseigner à l'accueil ou sur Internet.*

– ***Festival Haydn :*** *pdt 10 j. au château : 2e quinzaine de sept. ☎ 618-66. • herbstgold.at •*

Haydnhaus *(maison de Haydn) : Joseph-Haydn-Gasse 19-21. ☎ 719-60-00. • haydnhaus.at • De mi-mars à mi-nov, tlj sauf lun 9h (10h w-e)-17h. Entrée : 6 € ; réduc.* Haydn y habita de 1766 à 1778. Nombreux souvenirs du maître : partitions, piano, masque mortuaire, témoignages divers. En sortant, jeter un œil sur les belles demeures de la rue. Au no 1, ancien couvent. Au no 17, maison de 1750 aux fenêtres ouvragées. Tout au bout, la ***Franziskanerkirche,*** des XIVe et XVIIe s (petit musée diocésain à côté).

Bergkirche : *Joseph-Haydn-Platz, au bout de la rue du même nom. Entrée : env 3 €.* Édifiée au XVIIIe s. Elle abrite le mausolée de Haydn, où il repose depuis 1954. Derrière l'église, en haut de quelques marches, mignonne petite chapelle des Grâces. Visiter l'étonnant calvaire aménagé dans la butte. Mélange assez kitsch de réalisme et d'art naïf.

Unterberg *(ancien quartier juif) :* le ghetto d'Eisenstadt (vers la droite en sortant du château) se constitua avec l'établissement de familles juives en 1671, chassées de Vienne mais protégées par le prince Esterházy. L'Anschluss de 1938 mit un terme à cette cohabitation culturelle pacifique. Les maisons encore bien conservées donnent un certain charme au quartier. On peut encore voir la chaîne qui en fermait l'entrée pour préserver la tranquillité des habitants le jour du sabbat. Belles stèles funéraires des XVIIe et XVIIIe s dans le cimetière envahi d'herbes folles, stèles qui furent utilisées en partie par les nazis comme obstacles antichars contre les Russes.

Jüdisches Museum : *Unterbergstr 6. ☎ 651-45. • ojm.at • Début mai-fin oct, tlj sauf lun et sam 10h-17h ; fin oct-début mai, pour les groupes slt, sur résa. Entrée : 5 € ; réduc.* Le souvenir de l'importante communauté juive d'Eisenstadt, et plus généralement de celle d'Autriche, est ici rapporté à travers des témoignages. Eisenstadt était connue dans le monde juif pour l'excellence de son école rabbinique. L'exposition s'articule autour de la vie quotidienne de la communauté à travers ses fêtes.

DANS LES ENVIRONS D'EISENSTADT

Burg Forchtenstein : *au sud-ouest d'Eisenstadt. ☎ 630-04. • esterhazy.at/burg-forchtenstein • À env 5 km de la ville de Forchtenstein, dans la montagne. Accessible en bus mais avec un changement à Mattersburg. Juil-août, tlj 10h-17h ; avr-juin et sept-oct lun, mer, dim et j. fériés 10h-17h ; en hiver, horaires plus restreints. Visite du château : 15 € ; visite guidée 18 € ; chambre du trésor : 18 € ; réduc.* Cette forteresse médiévale du XIIIe s, qui faisait office d'arsenal et de coffre-fort, est la propriété de la famille Esterházy depuis 1626. Belle vue sur la vallée à travers les meurtrières. Une dizaine de salles exposent le trésor de la famille ***Esterházy,*** qui croupissait depuis 300 ans au fin fond du château. Mesure de précaution ? Qui sait ? Le plus bel objet de la collection est une superbe table en bois, entièrement recouverte d'or et d'argent. Objets asiatiques et reconstitution de la bibliothèque. Nombreuses armes, drapeaux et costumes militaires, vestiges des régiments privés ayant appartenu à la famille...

Visite des caves viticoles : très nombreuses dans la région ; le mieux est d'ouvrir grand les yeux en traversant les vignobles. Vous pouvez aussi vous rendre directement dans les fermes. Les propriétés qui ont l'autorisation de vendre du vin sont repérables par la pancarte indiquant *Eigenbauweine* ; une liste est également disponible à l'office de tourisme d'Eisenstadt.

BALADE AUTOUR DU NEUSIEDLER SEE

• Carte *p. 389*

Le lac Neusiedl est unique en Europe, et son environnement culturel est inscrit au Patrimoine mondial de l'Unesco. Bien que mesurant 36 km de long, sa profondeur ne dépasse jamais 2 m. Le lac est bien capricieux : alimenté uniquement par des nappes souterraines, il lui arrive de disparaître. Ça s'est produit entre 1868 et 1872. En hiver, complètement gelé, il devient une gigantesque patinoire envahie par les Viennois. Ses rives abritent de nombreuses variétés d'oiseaux, trouvant refuge dans les forêts de joncs et de roseaux. Un véritable paradis pour les ornithologues de toutes plumes : oies sauvages, cigognes...
Sur la rive ouest, 2 petits villages authentiques : Rust et Mörbisch. À l'est, une réserve naturelle autour d'Illmitz marque le début de la grande plaine hongroise, la *puszta.*
Neusiedl est la seule ville du lac disposant d'une *gare* (1h de trajet depuis Vienne). Les autres sont accessibles en bus depuis Eisenstadt ou en bateau.

Infos utiles

Attention, en été, les hôtels et les campings se remplissent très vite, il est préférable de réserver.
- Contacter les différents offices, très pros, pour ***louer des vélos,*** effectuer des ***traversées*** ou réserver une ***activité nautique*** ou autre.
- ***Neusiedler See Card :*** • neusiedlersee.com • Une nuitée dans la plupart des hôtels et campings de la région donne droit à cette carte gratuite bien pratique. Une fois en sa possession, vous pourrez utiliser les bus, ainsi qu'accéder aux plages et à certains musées sans payer ! Pour les ferries, 50 % de réduction.
- ***Pannonisch Wohnen :*** • burgenland.info • Des hôtels de charme *(à partir de 50 € la chambre)* autour du Neusiedler See – Mörbisch, Schützen, Donnerskirchen, Purbach, Weiden am See, Halbturn. Consulter le catalogue sur le site internet Ce groupe d'hôtels s'est voué à la conservation du riche héritage architectural du Burgenland. *Pannonisch wohnen* (« demeurer/vivre à la pannonique »), c'est plus qu'un slogan. Les maisons revitalisées – petites maisons-caves, respectables domaines viticoles, et même châteaux ou forteresses de charme – combinent une ambiance sereine avec le confort actuel.

RUST

Bourgade très ancienne, entièrement classée Monument historique, et réputée pour ses vins depuis le XIVe s. En 1681, les habitants achetèrent la liberté de leur

ville en payant 60 000 florins d'or et 36 000 l de vin doux à leur seigneur. Le ***Ruster Ausbruch,*** le fameux vin doux de Rust, est remarquable. Les raisins infestés du *Botrytis cinerea* (un vieil ennemi) sont sélectionnés méticuleusement. À Rust, seuls les raisins « ratatinés » sont récoltés, d'où une concentration du pH, du sucre, de l'extrait et de l'arôme amenant douceur et acidité dans le palais. Les étés chauds, les automnes bénins et les brouillards causés par le lac proche prêtent des conditions idéales pour l'apparition du *Botrytis*.
Promenez-vous dans les ruelles autour de la place principale légèrement pentue pour admirer les nombreuses demeures basses à façades baroques et les porches splendides (notamment dans la *Hauptstraße*). Joli *Rathaus* de couleur rouge. Petite capitale des cigognes l'été. Nombreuses caves à vins.

Adresse utile

🅘 ***Office de tourisme :*** *Conradplatz, dans le Rathaus.* ☎ *(02685) 202.* • *freistadt-rust.at* • *Lun-sam 9h-18h (16h sam), plus dim mat en été ; horaires réduits en hiver.* Note historique en français et carte du village gratuites. Programme culturel. Liste des viticulteurs, classés selon leur production (doux, sec, blanc, etc.).

– Plage payante, mais parking gratuit en ville.

Où dormir ? Où manger ?

– Pour la plupart, les hôtels et pensions sont ouverts d'avril à octobre et fermés tout l'hiver.

– Bon à savoir : les rues de Rust sont bordées de *Heurigen* et de caves à vins. L'été, pousser les portes pour découvrir les cours intérieures.

⛺ 🍽 ***Camping Storchen-Camp :*** *à l'entrée du lac (suivre Seebad).* ☎ *(02685) 595 ou (02683) 5538.* • *gmeiner.co.at* • *Avr-oct. Compter 25-30 € pour 2 avec tente et voiture. Self.* Préférer les places au fond, près du petit port. Se munir absolument de lotion antimoustiques.

🏠 ***Hotel am See Rust*** *(AJ)* ***:*** *à la plage de Rust, ou Seebad, suivre cette direction depuis le centre, distant d'env 1,5 km.* ☎ *(02685) 591.* • *seebadrust.at* • *Tte l'année. Réception 8h-16h. Doubles env 100-160 €, petit déj compris.* Environ 85 lits répartis en chambres doubles ou familiales. Les chambres sont propres et agréables, certaines avec une salle de bains. Propose une carte qui permet d'accéder gratis aux piscines, à la plage, à des musées, et d'emprunter n'importe quel transport en commun.

🏠 🍽 ***Gästepension Haberhauer :*** *Weinberggasse 11.* ☎ *(02685) 253.* • *nhaberhauer.at* • *Mai-sept (fin août pour le resto). Resto mar-dim 16h-22h. Doubles env 80-120 €, petit déj compris ; dégressif selon durée.* Des chambres simples, propres, avec douche et w-c. Accueil très aimable dans cette pension à l'ambiance plutôt familiale, installée à proximité du centre.

🍽 ***Römerzeche :*** *Rathausplatz 11.* ☎ *(02685) 211-13. Mer-dim 11h-22h, plus lun en été. Plats 12-20 €.* Cour fleurie avec de grandes tables en bois comme dans tout bon *Heuriger*. Perchés dans les plantes, les oiseaux gazouillent, et on trinque avec ses voisins en dégustant des plats traditionnels bien ficelés, accompagnés d'un petit blanc des plus agréable : *Ungarisches Gulasch mit Knödel, Burgenländische Rahmsuppe.* Service diligent.

🍽 ⛱ ***Rusterhof – Gasthaus Stickler :*** *Rathausplatz 18.* ☎ *(02685) 607-93. En saison, tlj 12h-22h. Hors saison, fermé mer-jeu. Plats 14-20 € ; repas 30-35 €.* Une vraie adresse de charme. Cuisine raffinée mais évidemment un peu chère. On apprécie particulièrement la terrasse, d'où l'on peut observer le village des cigognes bâti au-dessus de celui des hommes. Accueil courtois.

LE NEUSIEDLER SEE

Où dormir dans les environs ?

Camping Oggau am Neusiedler See : *dans le proche village d'**Oggau,** bien indiqué. ☎ (02685) 72-71. • campingoggau.at • Avr-oct. Impératif de prévenir le camping en cas d'arrivée après 18h, même si une résa (recommandée) a été faite. Compter env 25-30 € pour 2 avec tente et voiture.* Contrairement au camping de Rust, pas d'accès possible à la plage, mais, ici, l'accueil est aimable, voire francophone, et il y a la piscine pour se rafraîchir. Possibilité de se rendre aux autres plages, le camping fournissant la carte *Neusiedler See*. Resto sur place.

À voir. À faire

Fischerkirche (église des Pêcheurs) **:** *accès par un petit escalier sur la Rathausplatz. Juil-août, lun-sam 11h-12h, 14h-15h ; dim 14h-16h. Mai-juin et sept-oct, horaires restreints. Fermé nov-avr. Visite guidée en allemand slt : 4 € (2 € sans guide) ; réduc.* Église du XIIIe s reconstruite en gothique. Présente la particularité de posséder 2 chœurs : l'un avec un petit autel noir et or de 1642 ; l'autre avec une pietà en pierre du XVe s et une jolie Vierge à l'Enfant couronnée. Intéressants vestiges de fresques romanes et gothiques. L'orgue date de 1705 ; c'est l'un des plus anciens de la province.

Seebad *(plage de Rust)* **:** *base de loisirs très fréquentée. • seebadrust.at • En été, tlj 9h-19h. Parking et plage payants en fonction de l'heure d'arrivée.* Voile, planche à voile, piscine et jeux d'eau. Ceux qui auront envie de s'échapper du bain de foule pourront prendre le large à bord d'embarcations à pédales avec toboggans intégrés. On longe une multitude de maisons sur pilotis, servant de pied-à-terre aux Viennois amoureux de la nature ainsi qu'aux adeptes du naturisme. Accostage interdit.

➢ On peut également prendre une navette pour ***Podersdorf*** ou ***Illmitz.*** *2 A/R par j. ; env 9 € la traversée (voir « Adresse et info utiles » à Podersdorf).*

MÖRBISCH AM SEE

Au sud de Rust, le ***dernier village avant la Hongrie,*** très touristique en haute saison (nombreuses pensions, *Zimmer frei* et hôtels). Une longue rue d'où partent d'étroites ruelles bordées de maisons chaulées de blanc dans une symphonie de rosiers grimpants, géraniums et bouquets d'épis de maïs qui sèchent. Un charme certain ! Pour accéder à la « mer », il faut franchir un paysage fait d'un cordon de roseaux pliant joliment sous le vent qui fait aussi cliqueter les drisses des voiliers amarrés dans la marina (parking payant, bien sûr).

Adresse et infos utiles

Office de tourisme : *Hauptstr 23. ☎ (02685) 84-30. • moerbischamsee.at • Juil-août, tlj 9h-18h ; le reste de l'année, horaires restreints et fermé dim.* Infos sur la région et programme culturel.

– Inscriptions pour le ***Festival populaire d'opérettes.*** *• seefestspiele-moerbisch.at •* De mi-juillet à fin août, au bord du lac, scène en plein air (prévoir un antimoustique).

Où dormir ? Où manger ?

Casa Peiso : *Herrengasse 15. ☎ (02685) 82-21. • casapeiso.at • Juil-août, doubles 95-120 € ; hors saison, prix doux.* Située au milieu du village, cette ravissante vieille maison vigneronne typique, avec une cour embellie de lauriers-roses, fut transformée en hôtel de charme de la chaîne *Pannonisch Wohnen.* Appartements très confortables et accueillants. Le patron est philosophe, globe-trotter, multilingue et francophone. Il a ouvert ***Dió,*** une petite épicerie fine vendant des produits régionaux : lard, jambon Mangalitza (vieille race de porc austro-hongroise), légumes, fromages... à consommer sur place ou à garder pour un casse-croûte. Vélos à louer.

À voir. À faire

Heimathaus : *Hauptstr. 55. ☎ (02685) 84-30. Dans l'une des ravissantes ruelles au centre du village. De mi-juin à août, mar et jeu 16h-19h ; le reste de l'année sur demande. Mieux vaut téléphoner pour s'assurer que quelqu'un est disponible pour la visite. Entrée : 2-3 € ; réduc.*
Petit musée ethnographique dans une maison ancienne typique (auvent sur 2 colonnettes de pierre). Ameublement d'époque, bel ensemble (lit, armoire et tables de chevet) sculpté du XIXe s, cuisine traditionnelle, objets domestiques, cave avec exposition sur le vin et barrique de 1 460 l.

➢ Possibilité de ***traverser le lac Neusiedl en bateau jusqu'à Illmitz*** : *de mi-avr à fin oct, ttes les heures (ttes les 30 mn en été). Dernier départ à 16h ou 17h selon saison (voir au bureau du port). Compter 8 €.*

NEUSIEDL AM SEE

Importante bourgade commerçante. Dans l'église paroissiale du XVIIIe s, chaire en forme de bateau. Tour de guet du XVIe s. Nombreuses possibilités d'hébergement, et restos en pagaille (quoiqu'il soit difficile de parler de pagaille en Autriche !).

Arriver – Quitter

➢ ***En train :*** de Vienne, d'Eisenstadt et de Fertöszentmiklos en Hongrie. Trains ttes les heures ou presque.

➢ ***En voiture :*** de Vienne par l'A 4. Rapide.

➢ ***En bus :*** de Apetlon, Illmitz et Podersdorf am See. Également depuis Rutz, changement à Eisenstadt ou Schützen.

Adresse utile

ℹ ***Office de tourisme :*** *Untere Hauptstr. 7. ☎ (02167) 22-29. • neusiedlamsee.at • Juin-août, lun-ven 8h-12h, 13h-17h ; sam 9h-12h ; fermé dim. Hors saison, lun-ven 8h30-12h, 13h-17h (15h oct-avr) ; fermé w-e.* Bon accueil (en allemand) et documentation variée sur la région.

Où dormir ? Où manger ?
Où boire un verre et acheter du bon vin ?

Jugendherberge *(AJ) : Herbergsgasse 1. ☎ (02167) 22-52. • oejhw.at • À 40 mn à pied du lac et 20 mn de l'office de tourisme. Mars-nov. Réception 7h-13h, 17h-21h. Nuitée env 20 €/pers, petit déj compris ; réduc moins de 14 ans ; draps 2 € en sus. Pens complète possible.* Douche dans la chambre et toilettes sur le palier. Clé pour ceux qui veulent rentrer plus tard. Chambres de 4 lits et une double. Certaines ont une terrasse (agréablement ombragée) avec une table donnant sur la verdure. Très bien tenue. Ambiance jeune.

Mole West : *Seegelände 9. ☎ (02167) 20-205. 📱 0664-20-86-600. Tlj 12-22h30. Fermé en hiver. Tapas 7-10 € ; plats env 17-30 €.* Restaurant, café, bar à vins ou à cocktails en plein air au bord du Neusiedler See, un des *hotspots* de la région. Ambiance, architecture, du chic certes, mais qui sait rester modeste : c'est le paysage et l'eau qui jouent le rôle principal. Vue merveilleuse sur le lac, bonne cuisine internationale, carte des vins bien assortie. Bref, l'un des plus beaux lieux pour apprécier le Neusiedler See.

Vinothek Weinwerk Burgenland : *Hauptstr 31. ☎ (02167) 207-05. 📱 0664-431-38-82. Tlj 10h30-19h.* L'architecture de cette vinothèque combine bien tradition et modernité. C'était autrefois une maison de vigneron typique de la région, avec une cour allongée, qui fut menacée de démolition. Les propriétaires ajoutèrent de nouvelles pièces, abritant une vinothèque design et une boutique de produits régionaux. Bon choix de vins de toutes les régions du Burgenland, vendus au même prix que chez les producteurs. La sélection des vins à déguster au verre change chaque semaine.

FRAUENKIRCHEN

Très belle ***Basilika zu Mariä Geburt*** *(église de la Nativité de Marie).* Démolie par les Turcs en 1683, reconstruite en style baroque. Décor intérieur assez époustouflant. Monumental retable sculpté. Chaire croulant sous les ors, riches stucs et fresques au plafond. Vierge du XIIIe s et, dans la chapelle à gauche du chœur, une autre du XVIIe s, allaitant curieusement. À côté de l'église se trouve un ravissant calvaire du XVIIe s.

Où manger ?

Altes Brauhaus : *en face de l'église. ☎ (02172) 22-17. Tlj sauf lun-mar (excepté de mi-juil à mi-sept) 9h-23h (service 11h-22h). Congés : nov-déc. Plats env 13-20 €.* Cour intérieure avec un petit puits, ouverte sur un jardin très mignon. Au cours du repas, on a le plaisir de contempler un couple de cigognes installé sur la cheminée du resto. Accueil souriant. Spécialités pannoniennes *(Halászle, Gulyas...).*

À voir dans les environs

Dorfmuseum Mönchhof : *Bahngasse 62, 7123* **Mönchhof.** *☎ (02173) 806-42. • dorfmuseum.at • Avr-oct, tlj sauf lun (tlj juin-août) 10h-18h. Dernière entrée 1h avt fermeture. Entrée : 10 € ; réduc.* Faut vraiment le vouloir pour le trouver, le musée de la famille Haubenwallner ! Entre *Neusiedl* et *Frauenkirchen,* faites un détour par la rue de la gare de cette bourgade sereine. Caché par un lotissement qui n'était pas là lors de sa création, un lieu doublement hors du temps, dirigé par une famille qui ne manque pas de peps. Ils animent ce village traditionnel entièrement reconstitué sur ce qui était autrefois... leurs vignes. C'est le père qui a remonté, en 20 ans, toutes les bâtisses en ruine qu'on lui signalait, sauvant et faisant revivre l'ancienne école du village, l'auberge, la petite épicerie du coin, un cinéma encore dans son jus, la mairie, une poste, la caserne des pompiers, des ateliers artisanaux et une église, entre autres... Le musée présente la culture et la vie quotidienne d'hier, voire d'avant-hier, dans un Burgenland où on ne rigolait pas forcément tous les jours, en ce temps-là (ce qui ne veut pas dire qu'on se marre tout le temps par ici non plus). Les Haubenwallner ont été primés plusieurs fois pour leur musée, ils le méritent.

Schloss Halbturn : *☎ (02172) 85-94. • schlosshalbturn.com • Fin avr-début nov, tlj sauf lun 10h-17h. Entrée : 9 € ; réduc. Audioguide 2 € (slt en allemand).* Au nord-est de *Frauenkirchen, Halbturn* est un village à l'architecture et à la géographie typiquement hongroises. S'il vous reste un peu de temps, faites un détour pour découvrir l'ancien château de chasse de l'empereur Charles VI. De style baroque très prononcé déjà par sa couleur bleu pastel. À l'entrée du parc, jolie *chapelle* du même bleu pastel qui présente l'originalité d'avoir une magnifique et imposante loge impériale ; elle occupe d'ailleurs tout le chœur. Concerts classiques en été.
On peut aussi s'y restaurer ou déguster dans les caves quelques-uns des excellents vins de la région. Dernier service à 20h45. Chambres très charmantes. *Doubles à partir de 140 €. Plats 12-25 €.*

PODERSDORF

Avec Illmitz, les 2 plages les plus sympa autour du lac, ce qui n'est un secret pour personne – il suffit de voir le monde qui vient s'y entasser l'été. Ravissante plage de gazon, gratuite à partir de 17h *(avt 17h, droit d'entrée : env 6 € ; gratuit moins de 6 ans).*

Adresse et info utiles

Office de tourisme : *Hauptstr 4-8. ☎ (02177) 22-27. • podersdorfamsee.at • Lun-ven 8h-16h30 ; sam 9h-14h ; dim 9h-12h.* Accueil efficace et sympathique. Infos camping, location et sorties vélos, sports nautiques, etc.

Traversée du lac en bateau jusqu'à Rust : *départ au niveau du phare, au bout de la jetée. ☎ (02177) 24-31. • schifffahrt-knoll.at • En été, départ tlj à 10h et 15h30 (slt à 10h dim). Pour le retour, départ de Rust à 11h15 et 16h15 (slt à 11h15 dim). Mai-juin et sept, lun-ven départs à 10h et 16h ; retours à 11h15 et 17h15 ; plus le w-e en sept (aller à 10h et retour à 11h15). Trajet simple 9 €, A/R 15 € ; réduc.*

Où dormir ? Où manger ? Où boire un verre ?

Seewirt & Haus Attila : *Strandplatz 1. ☎ (02177) 24-15. • seewirt karner.at • Résa conseillée. Doubles env 100-200 €, petit déj inclus. ½ pens possible. Plats env 13-32 €.* Hôtel moderne sur les bords du lac qui rend hommage à un personnage très apprécié par ici. Si vous avez du mal à vous faire comprendre, il y a toujours quelqu'un qui parle quelques mots de français ou d'anglais. Sauna, piscine intérieure avec vue sur le lac et accès gratuit à la plage. Accueil souriant.

Am Archehof Zur Grube : *Mühlstr. 23. 0699-11-11-90-03. Tlj 7h-22h. Plats env 10 €.* Cuisine de spécialités locales (tziganes, c'est d'ailleurs marqué dessus, ou plutôt austro-hongroises au sens large). Grande terrasse ensoleillée dans la journée. Très agréable table en pierre enfouie à l'ombre d'un jeune figuier. D'autres tables ont les pieds dans l'herbe, très confortable pour les arpions. Bon *Gegrillte Blunzn,* boudin noir, soupe aux choux et, pour le dessert, laissez-vous tenter par des *Topfennockerl,* un dessert bien costaud de quenelles aux fruits.

Sunset Bar : *en principe tlj sauf sam 13h (10h dim)-minuit.* Au bout de la jetée à côté du phare, bar sur pilotis offrant une superbe vue sur le lac mais qui ne profite pas de sa situation pour faire monter les prix.

ILLMITZ

En pleine *puszta.* Campagne marécageuse parsemée de puits à balancier et de huttes de roseaux. La région entre le Neusiedler See et Seewinkel est classée ***parc national,*** avec pour objectif de protéger la faune et la flore de ce biotope unique en Europe centrale. Chemins balisés et tours d'observation sont accessibles aux promeneurs. Pas de plage de sable à Illmitz, mais un doux gazon ombragé s'étend jusqu'au bord de l'eau. Beaucoup de monde le week-end. Plage réputée, payante jusqu'à 17h, ainsi que le parking.

Adresses et infos utiles

Office de tourisme : *Obere Hauptstr. 2-4. ☎ (02175) 23-83. • ill mitz.co.at • Mai-sept, lun-ven 8h-12h, 13h-16h30 et sam 9h-12h, fermé dim ; le reste d'année, fermé w-e.*

Centre d'information du parc naturel Neusiedler See – Seewinkel : *Hauswiese. ☎ (02175) 34-42. • nationalpark neusiedlersee.at • À la sortie de la ville sur la route de Podersdorf. Avr-oct, tlj 8h (10h w-e)-17h ; hors saison, en sem.* Le centre d'information propose des excursions guidées d'avril à fin novembre.

Traversée du lac en bateau jusqu'à Mörbisch : *ttes les heures de mi-avr à fin oct ; dernier départ à 17h (horaires disponibles au bureau du port) ; compter env 8 €.* L'hiver, le lac appartient aux patineurs ou aux amateurs de char à voile sur glace.

Où dormir ? Où manger ? Où boire un verre ?

Hotel Post : *Apetlonerstr. 2, face à l'office de tourisme. ☎ (02175) 23-21. • hotelpostillmitz.at • Doubles à partir de 115 €, petit déj inclus. Parking* *gratuit.* Ne pas se fier à la devanture verte fanée, à l'intérieur c'est grand et très accueillant, notamment lorsque l'on fait la connaissance du patron des lieux, parfait francophone. Les chambres les moins chères sont simples et propres, les plus chères beaucoup plus modernes, toutes ont une salle de bains. Fait aussi resto.

Residenz Velich : *Illmitzer Str. 13. ☎ (02175) 3187. 0664-213-13-00. • velich.at • Tte l'année. Compter env 95-110 €/pers, petit déj inclus.* Un bureau de douane dans le voisinage immédiat du Nationalpark, aménagé en hôtel par une famille vigneronne, les Velich, qui comptent parmi les viticulteurs les plus prestigieux de l'Autriche (le domaine se trouve à Apetlon même). 5 grands appartements au chic très contemporain, utilisant un maximum de matériaux naturels, de bois, et au confort très actuel. La famille Velich vous fera goûter les vins blancs du domaine (secs et vendanges tardives).

Pusztascheune : *☎ (02175) 23-00. À côté de l'office de tourisme. D'avr à mi-nov, tlj 11h-22h. Plats 9-14 €.* Grande grange hongroise de construction typique, en bois et en roseaux. Une adresse conviviale où l'on mange plutôt bien. Régalez-vous avec les jarrets de porc servis en entier avec des frites. Service très efficace. Concerts tous les soirs (sauf les lundi et jeudi) à partir de 18h. Programmation variée : entre autres, musique tzigane.

Gowerlhaus Buschenschank : *Familie Kroiss, Apetlonerstr. 17. 0664-650-75-76. Mai-sept, tlj sauf lun 17h-minuit ; le reste de l'année, slt ven-dim. Carte 17-34 €. Heuriger* chaleureux et typique pour lever le verre et le coude entre amis. Cette ancienne maison vigneronne quelque peu revitalisée propose de bonnes spécialités régionales, utilisant les produits de saison des alentours. Goûter au jambon Mangalitza (une vieille race de porc hongroise) et au fromage d'Illmitz, qui se laissent avaler sans problème, bien accompagnés par les vins de la maison, si typiques du Burgenland.

LA STYRIE

• Carte *p. 396-397*

La province la plus étendue du pays après la Basse-Autriche, appelée aussi « le cœur vert de l'Autriche ». Région de contrastes, elle connaît 2 reliefs bien distincts. Au nord, une région très montagneuse, puis une transition forestière. Vers la Slovénie, de douces collines sillonnées de petites routes parcourant des vignobles et rythmées par de jolis villages. Un paysage qui n'est pas sans évoquer la Toscane.

GRAZ ET SES ENVIRONS

GRAZ

(8020) 288 190 hab. IND. TÉL. : 0316

• Plan *p. 398-399*

Capitale de la Styrie et 2e ville d'Autriche, Graz est traversée par les flots impétueux de la Mur. C'est l'une des villes les plus dynamiques d'Autriche. Fière de ses universités et de ses grandes écoles, de sa riche vie culturelle (musique, opéra, théâtre...) et de son patrimoine urbain, elle aurait fait une capitale tout à fait crédible. Inscrit au Patrimoine mondial de l'Unesco, son centre historique, avec ses placettes, ses courettes à arcades et ses demeures nobiliaires, constitue un bel ensemble Renaissance.
Mais l'architecture contemporaine n'est pas en reste, s'intégrant avec harmonie aux quartiers anciens. On parle d'ailleurs d'une « école de Graz » depuis les années 1980. Les exemples sont nombreux, et vous les découvrirez au cours de vos visites. Ajouter à cela des musées d'une grande modernité, des tables bien dans la tradition épicurienne, un tramway qui sillonne le cœur de ville et qui pourrait presque s'appeler Désir, et vous obtenez la recette d'une ville palpitante qu'il faut prendre le temps de déguster. D'ailleurs, les soldats de l'armée napoléonienne, un poil goguenards, ne l'appelaient-ils pas « Grâce sur l'Amour » ?

UN PEU D'HISTOIRE

Région faisant partie de l'empire de Charlemagne. Puis il y eut un petit château, *Gradec* (d'où viendra *Graz*), chargé de contenir les assauts slaves et hongrois. Au XIIIe s, c'est une ville à part entière avec ses propres juridictions. Une des branches des Habsbourg y établit son pouvoir et quelques empereurs y résident. Graz prospère jusqu'au début du XVIIe s. Puis la ville doit faire face à 2 menaces sérieuses : les Turcs et la peste (en 1680, 20 % des Grazois passent l'arme à gauche). Les Français l'occuperont par 3 fois : en 1797, en 1805 et en 1809. La 1re moitié du XIXe s connaît une forme de Renaissance grâce à l'***archiduc Jean,*** qui développe les arts et l'université. Puis, consécutivement à l'Anschluss (l'annexion de l'Autriche par l'Allemagne nazie), la ville entre dans une période sombre en adhérant

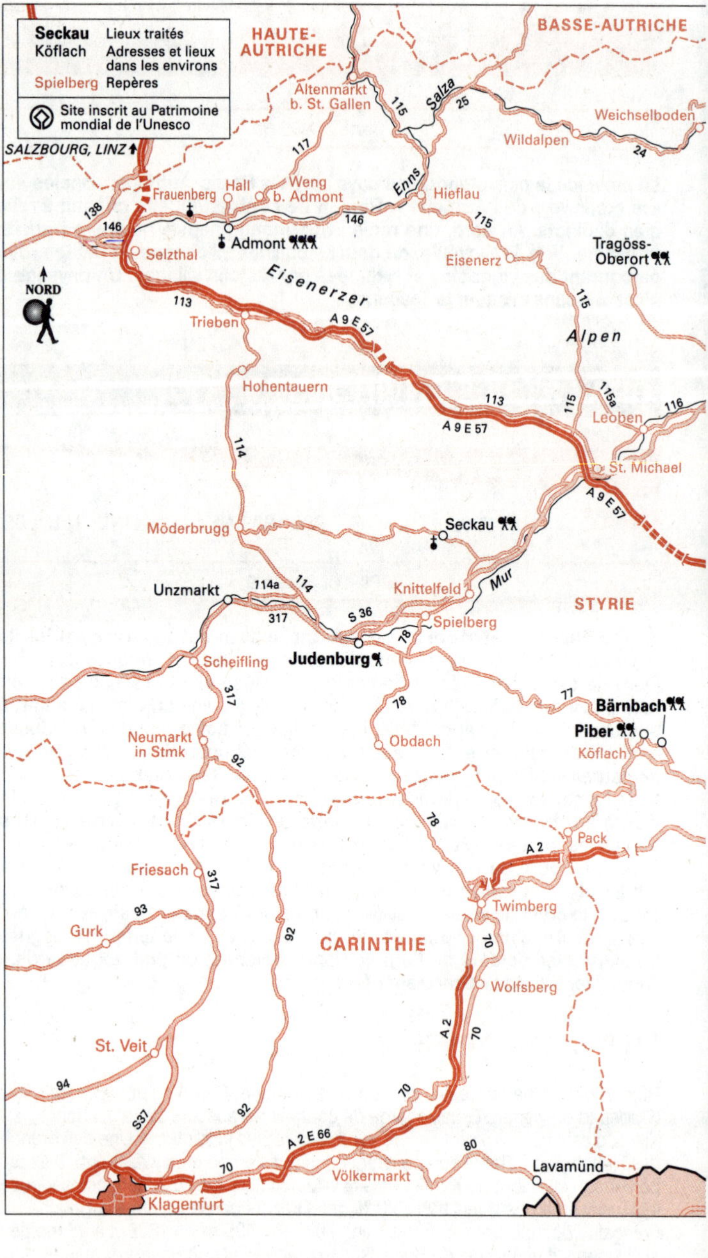
Seckau Lieux traités
Köflach Adresses et lieux dans les environs
Spielberg Repères
Site inscrit au Patrimoine mondial de l'Unesco
SALZBOURG, LINZ
NORD
HAUTE-AUTRICHE
BASSE-AUTRICHE
STYRIE
CARINTHIE
Altenmarkt b. St. Gallen
Salza
Weichselboden
Wildalpen
Enns
Hieflau
Frauenberg
Hall
Weng b. Admont
Admont
Selzthal
Eisenerz
Tragöss-Oberort
Eisenerzer Alpen
Trieben
Hohentauern
Leoben
St. Michael
Möderbrugg
Seckau
Knittelfeld
Mur
Unzmarkt
Spielberg
Judenburg
Scheifling
Bärnbach
Piber
Köflach
Neumarkt in Stmk
Obdach
Pack
Friesach
Twimberg
Gurk
Wolfsberg
St. Veit
Völkermarkt
Lavamünd
Klagenfurt
A 9 E 57
A 2
A 2 E 66
S 36
S37
114a

LA STYRIE

LA STYRIE

Adresse utile

Touristinformation Graz Region (C2)

Où dormir ?

10 A&O (hors plan par A2)
11 Pension zur Steirerstub'n (B1)
12 JUFA Hotel Graz City (A3)
13 Hotel Weitzer (C2)
14 Aiola Living Boutique Hotel (C2)
15 Boutique Hotel Dom (C-D2)
16 Palais-Hotel Erzherzog Johann (C2)
17 Schlossberg Hotel (C1)
18 Hotel Feichtinger (B2)
19 Gasthof Häuserl im Wald (hors plan par D1)

Où manger ?

19 Gasthof Häuserl im Wald (hors plan par D1)
30 Bauernmarkt am Lendplatz (B1)
31 Die Scherbe (B1)
32 Kunsthaus Cafe (C2)
33 Der Steirer (C2)
34 Oho ! (C2)
35 Delikatessen Frankowitsch (C2)
36 Glockl Braü (C2)
37 Mangolds (C2)
38 Landhauskeller (C2)
39 Gasthaus Stainzerbauer (D2)

Où boire un verre ? Où sortir ?

31 Die Scherbe (B1)
50 Café König (C2)
51 Klapotetz Weinbar (C2)
52 Molly Malone (C2)
53 Bars sympas de Mariahilferstrasse et Miles Jazz-Bar (B2)
54 Aiola Upstairs (C2)
55 City Peach (C2)
56 Stockwerk Jazz Café (C3)

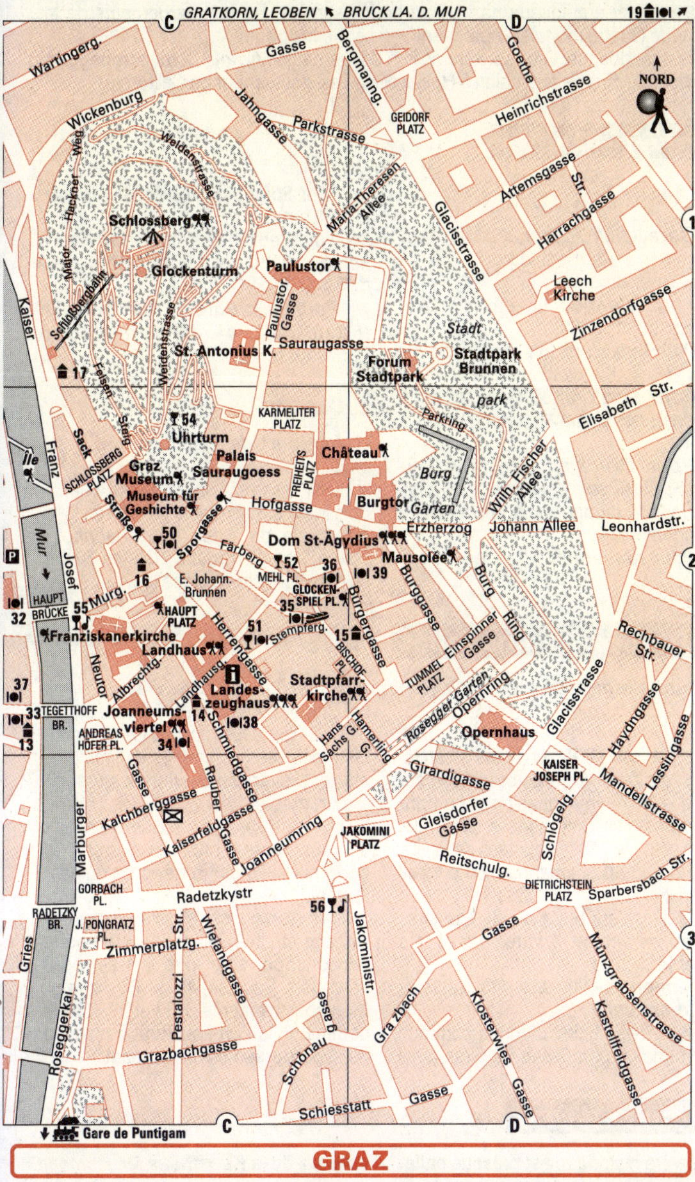
GRATKORN, LEOBEN
BRUCK LA. D. MUR
NORD
Schlossberg
Glockenturm
Paulustor
St. Antonius K.
Forum Stadtpark
Stadtpark Brunnen
Uhrturm
Palais Sauraugoess
Château
Graz Museum
Museum für Geshichte
Burgtor
Dom St-Ägydius
Mausolée
Franziskanerkirche
Landhaus
Landeszeughaus
Stadtpfarrkirche
Joanneumsviertel
Opernhaus
Leech Kirche
A 2 GLEISDORF
Gare de Puntigam
GRAZ

massivement aux idéaux nazis. Fort heureusement, les bombardements de la Seconde Guerre mondiale épargnent son centre historique.
À titre anecdotique, Graz est fière de l'un de ses natifs : ***Arnold Schwarzenegger,*** symbole du muscle autrichien à Hollywood et ex-gouverneur de Californie.

Arriver – Quitter

En train

Gare *(plan A2)* **:** *Hauptbahnhof, Bahnsteig 1 (Europaplatz).* ☎ *05-17-17.* • *oebb.at* •

➢ ***Pour Vienne :*** tlj, env ttes les heures (trajet : 2h30).

➢ ***Pour Innsbruck*** (6h) ***via Salzbourg*** (4h).

➢ ***Pour Linz :*** (3h20 pour les plus rapides), certains avec changement à Vienne.

➢ ***Pour Bruck an der Mur*** (40-45 mn) et ***Villach*** (2h45 pour les plus rapides ; la plupart avec changement à Klagenfurt).

➢ ***Pour Klagenfurt :*** ttes les 2h env (trajet : 2h).

➢ ***Pour Spielfeld :*** ttes les heures (trajet : 50 mn).

➢ Nombreux trains pour ***Bad Radkersburg*** (1h40) et ttes les petites villes de Styrie et de Carinthie.

➢ ***Pour rejoindre le centre-ville (Hauptplatz et Jakominiplatz) :*** tramways nos 1, 4, 6 ou 7.

En avion

✈ ***Aéroport de Graz :*** • *flughafen-graz.at* •

➢ Des trains *(S-Bahn)* relient l'aéroport (gare à 300 m) à la gare ferroviaire principale de Graz *(Hauptbahnhof ; plan A2)* en 12 mn, env ttes les 30 mn en semaine, plus espacé le w-e.

Adresses et infos utiles

Touristinformation Graz Region *(plan C2)* **:** *Herrengasse 16.* ☎ *80-75-0.* • *graztourismus.at* • *Tlj 10h-18h (17h janv-mars).* Réservation d'hôtels, de billets pour l'opéra ; brochures sur toute la Styrie, quelques docs en français sur les sites et musées de la ville, carte gratuite. Visites guidées de la ville tlj à 14h30 en allemand et en anglais *(compter 15 € ; résa conseillée ; durée 1h30).* Résa sur place ou sur leur site ; départ de l'office. Accueil pro et très aimable.

– ***Joanneums-24h und 48h-Karte et carte annuelle :*** *infos sur* • *museum-joanneum.at* • ticket d'entrée commun aux principaux musées de Graz ainsi qu'à quelques musées d'autres villes de Styrie. En vente à l'office de tourisme et dans les musées (19 en tout). Liste des sites concernés dans la brochure *Universalmuseum Joanneum.* Très rentable. *Tarifs : 17 € pour 24h ; 22 € pour 48h ; réduc.* Bon à savoir : si vous restez plus de 2 jours, la carte annuelle (25 €) devient vraiment rentable.

– ***Graz Karte :*** cette carte, outre les musées et sites, intègre les transports en commun, ainsi que le train pour l'aéroport. Pour 24, 48 ou 72h, compter respectivement 26, 34 et 39 €. Mais comme on fait presque tout à pied, ce n'est pas forcément intéressant.

Circuler à Graz

Le centre historique est presque entièrement piéton, les parkings sont rares et chers, mieux vaut se renseigner auprès de son hôtel en arrivant (certains possèdent des accords tarifaires avec les parkings voisins). Dans le centre-ville, le parking le moins cher est celui de la ***Kunsthaus*** *(en journée, compter 2,60 €/h).* Sinon, il faut se garer à ses risques et périls en périphérie, puis se rendre dans le centre en bus ou, plus sympa encore et très couleur locale, en tramway. *Billet 1h : 2,70 € ; pass 24h : 5,80 € (funiculaire* *inclus) ; env 13 € pour 3 j. (voir Graz-72h-Tage-Ticket plus haut) et 16,70 €/sem. Infos : • verbundlinie.at •* Note : il est interdit de monter dans les trams une glace à la main, des panneaux à côté des portes le rappellent !

Où dormir ?

Auberge de jeunesse

A&O *(hors plan par A2,* **10***) : Eggenberger Str. 7. ☎ 570-162-3701. • aohostels.com • À 100 m de la gare. Réception 24h/24. Dortoirs mixtes 4, 6, 8 pers avec douche et w-c 20-30 €/pers ; doubles 59-100 € ; petit déj 9 €.* Une auberge de jeunesse dans un grand bâtiment à la façade anis, moderne et assez tristoune, dans un quartier qui l'est tout autant. Intérieur aseptisé mais impeccable. Son principal avantage : les tarifs. Dortoirs (filles ou mixtes) et chambres spacieuses, très claires et confortables. Cuisine à dispo et laverie. Espace bar-salon-jeux pour les enfants.

De prix moyens à chic

Pension zur Steirerstub'n *(plan B1,* **11***) : Lendplatz 8. ☎ 71-68-55. • steirerstubn.at • Doubles 118-124 €, avec petit déj. Plat du jour le midi en sem 8-10 € ; plats 12-19 €.* Dans le quartier tendance de Graz, celui des bars animés le soir et d'un marché bien vivant en journée, à 5 mn à pied du centre ancien, une jolie maisonnette aux volets verts, à cheval entre la pension familiale et l'hôtel. Côté hébergement, c'est vraiment réussi. Une grosse vingtaine de chambres sympas comme tout (et 1 appartement). Ensemble lumineux et confortable, avec une volonté un peu *arty* qui flotte dans l'air et sur les murs. Sur l'oreiller, plutôt qu'un bonbon, on vous a mis quelques graines de potiron (c'est mieux pour vos dents et plus écolo) ! Service tout aussi attentionné au resto, qui sert de bons plats traditionnels (plats végé également), dans une atmosphère chaleureuse et cosy. On aime à s'installer sur la terrasse cernée de plantes aux beaux jours. Service au poil !

JUFA Hotel Graz City *(plan A3,* **12***) : Idlhofgasse 74. ☎ (05) 70-83-210. • jufahotels.com • À 15 mn à pied de la gare. Réception 6h30-23h. Fermé 1 sem à Noël. Doubles 85-135 € ; familiales (4-6 pers). Parking payant.* Un hôtel qui a des allures d'auberge de jeunesse (mais c'est un vrai hôtel, pas une AJ !), dans un immeuble moderne à 15-20 mn à pied du centre-ville. Grandes chambres, sobres, confortables et bien tenues, sans rien qui dépasse. Petit espace vert devant et sur l'arrière, et plusieurs murs d'escalade pour les adeptes du genre (loc de matériel sur place).

Chic

Hotel Weitzer *(plan C2,* **13***) : Greskai 12-14. ☎ 31-67-030. • hotelweitzer.com • Doubles standard et classiques 100-150 € ; petit déj env 20 € (mais parfois compris selon les résas).* Grosse bâtisse classique qui abrite plus de 200 chambres. Pourtant, rien d'une usine. Accueil chaleureux dans un vaste hall tout blanc. C'est d'ailleurs le blanc qui prédomine partout. Chambres aux généreux volumes, lumineuses et au confort très étudié. Éminemment moderne et pourtant pas froid. Petit déj pantagruélique, à prendre dans une salle élégante et joliment voûtée. Spa, sauna et salle de gym.

Aiola Living Boutique Hotel *(plan C2,* **14***) : Landhausgasse 5. ☎ 81-19-11. • aiolaliving.com • Doubles standard et superior 140-190 € ; petit déj-buffet 22 €.* Du contemporain qui s'inspire pourtant du chic parisien des Années folles. On a réuni 7 maisons pour créer ce vaste établissement plein de couloirs, coins et recoins, qui contribuent à distiller du charme à l'endroit. Couleurs chaudes, rehaussées d'or, lustres en plumes d'Autriche... euh d'autruche, d'autres à pampilles, gros canapés de velours bleu canard, service classe mais pas hautain, voici le cadre de ce lieu à la modernité bien léchée, témoin d'une hôtellerie différente. Chambres à l'image des parties communes, dans des tons rabattus, qui leur donnent un aspect de cocon. Confort parfait évidemment (machine à café, bouilloire, coin bureau, coffre, minibar...), tout comme le service, distingué et discret.

Boutique Hotel Dom *(plan C-D2, **15**) : Bürgergasse 14. ☎ 82-48-00. • domhotel.co.at • Doubles 120-180 € ; sans petit déj.* Idéalement située à 2 pas du Dom, des rues piétonnes et placettes animées, une très belle maison ancienne à la façade saumon, où toutes les chambres sont différentes, des mansardées aux plus spacieuses... Leur point commun : le confort ! Copieux petit déj. Accueil prévenant.

Palais-Hotel Erzherzog Johann *(plan C2, **16**) : Sackstr. 3-5. ☎ 81-16-16. • erzherzog-johann.com • Doubles 120-220 €, petit déj inclus. Parking payant.* Dans l'une des plus belles rues, à 2 pas de la place principale. Ancien palais baroque transformé au milieu du XIXe s en hôtel de luxe ou plutôt semi-luxe. Refait dans les années 1970, certaines chambres en conservent les stigmates, mais ça devient presque un style. Les parlementaires qui siègent au *Landhaus* viennent y dormir. Les chambres s'ordonnent sur plusieurs étages autour d'un atrium envahi de plantes vertes. Chacune a sa personnalité, et toutes sont meublées de manière assez... disons disparate, mixant sans complexe les périodes, allant du kitch au design, en passant par le gentiment ringard. Un hôtel impeccable et dans son jus tout à la fois, aux prix particulièrement intéressants en saison creuse.

Schlossberg Hotel *(plan C1, **17**) : Kaiser-Franz-Josef-Kai 30. ☎ 80-700. • schlossberg-hotel.at • Au pied de la colline du Château. Doubles standard 175-206 €, sans petit déj. Réduc sur le site le w-e.* Hôtel de charme, qui occupe plusieurs maisons anciennes magnifiquement réunies et restaurées. Superbe hall avec voûtes et colonnes. Ameublement de bon goût, alliant modernité et tradition. Chaque chambre est vraiment personnalisée et les murs accueillent un grand nombre d'œuvres contemporaines fort bien choisies. De jolis meubles chinés complètent cet ensemble de qualité. On retrouve encore cette fibre artistique dans les petits jardins suspendus, qui invite à une agréable promenade avec une vue remarquable sur la forêt de toits et leurs tuiles patinées. Sauna, solarium et piscine extérieure.

Hotel Feichtinger *(plan B2, **18**) : Lendplatz 1a. ☎ 72-41-00. • hotel-feichtinger.at • À 5 mn à pied de la Hauptplatz. Doubles ou apparts 2 pers 110-150 €, sans petit déj. Parking 7 €/nuit (places limitées), garage 15 €/j.* Un hôtel fort bien situé. Sur 3 étages, il offre des chambres doubles claires et modernes et des apparts bien équipés. Côté confort, clim, TV et minibar. Copieux petit déj-buffet.

Où dormir ? Où manger dans les proches environs ?

Gasthof Häuserl im Wald *(hors plan par D1, **19**) : Roseggerweg 105. ☎ 39-11-65. • legensteinhiw.at • À env 7 km du centre, sur le chemin du sanctuaire de Mariatrost (être véhiculé). Doubles 115-125 €, apparts 125 € (pour 2) et 190 € (pour 4) ; excellent petit déj compris. Resto tlj sauf lun. Menus midi en sem (mar-ven) 12,50-18 € ; plats 16-25 €.* Un petit coup de cœur ! Un hôtel presque entièrement mangé par le vert. La maison principale compte une poignée de chambres à l'étage, les autres sont réparties dans un ensemble de maisons à l'orée d'une forêt. Aménagées avec goût, chacune a su trouver son style. Elles abritent des chambres modernes ainsi que des apparts avec cuisine, et 1 ou 2 chambres. Le tout parfaitement tenu. Quant au resto, les tables s'étalent sur une grande terrasse fleurie en balcon sur la forêt, profitant de ce beau cadre verdoyant. Spécialité de gibier (chevreuil au cognac ou en croûte, cerf...), mais aussi des poissons. Délicieuse cuisine styrienne qui change avec les saisons : Kalbsschnitzel aux graines de courge, *mix grilled plate* (plat paysan avec bœuf, porc et agneau rôtis, légumes), truite du Weizbach... Excellent rapport qualité-prix.

Où manger ?

De bon marché à prix moyens

Bauernmarkt am Lendplatz (plan B1, **30**) : Lendplatz. Tlj sauf dim 6h-13h. Autrefois place du marché au bétail, puis au XVIIIe s place du marché au charbon, la Lendplatz accueille aujourd'hui le marché des producteurs de la région : viandes, légumes, fruits... Dans l'ambiance familiale et décontractée d'un marché semi-ouvert mais qui s'étire sur la place, les Grazois aiment venir s'attabler à la terrasse de l'un des établissements qui animent cette placette haute en couleur. Faites comme eux, c'est un vrai bon moment. Tiens, installez-vous par exemple à la terrasse du *Der Marktgraf*, sur la place même (tlj sauf dim, 9h-19h).

Die Scherbe (plan B1, **31**) : Stocker gasse 2. ☎ 76-06-54. Tlj 9h-1h (minuit dim). Résa fortement conseillée. Petits déj 7-11 € ; menus midi 10-12 € ; plats 6-13 €. Brunch le w-e. Une adresse qu'on adore. Vaste salle au long comptoir, une atmosphère conviviale, et une cour tranquille à l'arrière, cachée dans la verdure. On vous sert dans la bonne humeur et à toute heure une cuisine pleine de couleurs et de saveurs, copieuse et variée : petits plats inspirés, quiches du jour, salades, lasagnes, momos népalais, *keftedes*, curry vegan... Une carte résolument voyageuse, qui embarque toute la jeunesse locale. Et en plus, c'est pas cher !

Kunsthaus Cafe (plan C2, **32**) : Südtirolerplatz 2. ☎ 71-49-57. Tlj 9h-minuit (2h du mat ven-sam ; cuisine jusqu'à 22h). Plat du jour 8 € (jusqu'à env 16h) ; sinon, plats 10-16 €. Ce café-resto-salon de thé s'étale au rez-de-chaussée de la *Kunsthaus*. On y retrouve l'ambiance décalée du musée, avec un côté vraiment cool, atypique, chaleureux et pas cher. La carte surfe à l'international sur des plats végé et vegan mais pas seulement, mettant également à l'honneur currys, burgers, soupes, salades bien garnies... On aime aussi y faire une simple pause dans l'après-midi pour un petit thé, accompagné d'un grôôôs gâteau.

Der Steirer (plan C2, **33**) : Belgiergasse 1. ☎ 70-36-54. Tlj 11h-22h (au moins). Menu midi en sem 11 € ; plats 13,50-24 €. Belle carte de plats locaux dans cet établissement chaleureux, juste de l'autre côté de la rivière. Outre les préparations traditionnelles, la carte élargit sa sphère d'influence vers l'Italie notamment (bon risotto), mais aussi vers l'Espagne avec des tapas styriens (si si !). Belle sélection de vins, comme on peut le voir dans la salle de droite, aux murs couverts de flacons.

Oho ! (plan C2, **34**) : Joanneums Viertel 6. (0660) 26-61-056. Tlj sauf dim-lun. Plat du jour et formule midi 10-12,50 € ; sinon, plats 15-25 €. Au cœur d'une grande cour ouverte, une petite adresse offrant une salle claire et toute simple, atmosphère parfaite pour un plat bon marché le midi, et qui s'écarte un peu de la tradition autrichienne. Ça permet de ne pas s'alourdir l'estomac pour la visite des musées voisins. Salades, soupes, pâtes et toujours un plat végé, tout à base de produits du marché. Un lieu bien dans l'air du temps.

Delikatessen Frankowitsch (plan C2, **35**) : Stempfergasse 2-4. ☎ 82-22-12. Tlj sauf dim 8h30-19h (18h sam). Compter 2-3,50 € par brötchen. Une adresse renommée et incontournable à Graz pour ses *brötchen*, simples tranches de pain sur lesquelles on dispose tous les ingrédients possibles : saumon, *roastbeef*, pâté, crudités, thon... Pour choisir, c'est facile, ils sont présentés en vitrine. Parfait pour grignoter sur le pouce et caler un petit creux. Agréable terrasse le long de la rue piétonne.

Glockl Braü (plan C2, **36**) : Glockenspielplatz 2-3. ☎ 81-47-81. Tlj 11h-minuit (en continu). Cuisine jusqu'à env 22h puis bar. Plat du jour et formule midi en sem 9-11,50 € ; sinon, plats 15-20 €. On l'aime bien cette taverne ancrée dans la tradition (mais pas coincée du tout), qui s'étire sur 2 étages et aux murs couverts de boiseries sombres. Serveurs jeunes, tous en culottes de peau, même en hiver (toujours rigolo !), qui proposent une cuisine axée sur le terroir, évidemment : bonne soupe styrienne, goulash, cordon bleu, *schnitzel*, saucisse locale... Inutile d'aller plus loin, vous avez compris ! Du solide qui tient au corps, servi copieusement. Une valeur sûre du centre-ville.

Mangolds *(plan C2,* ***37****) : Griesgasse 11. ☎ 71-80-02. À 2 pas du pont Tegetthoffbrücke (et non loin de la Kunsthaus). Tlj sauf dim 11h-18h (16h sam). Plats 8-10 €.* Resto végétarien et vegan où tout est bio, des ingrédients aux serviettes de table et où tout est bon. Typiquement nordique, version « *Die Grünen* », genre cafétéria à l'ambiance bohème-écolo-recyclable et buffet avec débarrassage des tables. Grand choix de salades (au poids), de soupes, de plats chauds originaux, de *bowls* et de jus de fruits fraîchement pressés. Coin café-pâtisserie (bio naturellement), où l'on peut pianoter à l'aise sur sa tablette. Également un coin boutique (produits écoresponsable).

Chic

Landhauskeller *(plan C2,* ***38****) : Schmiedgasse 9 (accès également par Herrengasse). ☎ 83-02-76. Tlj en continu sauf dim 12h-1h (2h ven-sam). Résa conseillée, surtout le soir. Plats 15-30 € ; plat végétarien 15 € ; couvert 4 € le soir.* Autour d'une belle cour intérieure, on trouve ici plusieurs restos, dont le *Landhauskeller.* C'est celui-ci que l'on conseille. Belles salles aux murs couverts de panneaux de bois et vénérables colonnes. Outre les plats classiques (*wienerschnitzel* évidemment, proposé en 2 tailles), revisités avec talent, on déniche à la carte un plat de pâtes cuites à la perfection, un joli porc braisé, du canard rôti comme il faut et un ragoût de gibier particulièrement goûteux, sans oublier un séduisant plat vegan. Les desserts apporteront une jolie touche finale. Nombreux vins de la région proposés au verre.

Gasthaus Stainzerbauer *(plan D2,* ***39****) : Bürgergasse 4. ☎ 82-11-06. Près du Dom. Tlj sauf lun 11h-minuit (23h cuisine). Menus déj végétarien ou non 10-12 € ; plats 20-36 € ; couvert 3,90 € le soir. Carte en français.* Dans une vieille demeure. Boiseries sombres, casseroles en cuivre, gravures et vieilles bouteilles. Tables bien dressées, nappes blanches, intérieur traditionnel et cossu pour une cuisine articulée autour des spécialités régionales (truite saumonée, filet d'omble chevalier, ragoût de chanterelles aux quenelles, le tout vraiment soigné. Prix soutenus (hors menu du midi) mais justifiés (opter pour les petites portions). Vins intéressants. Service en habit traditionnel.

Où boire un verre ? Où sortir ?

Dans le Triangle des Bermudes (plan C2)

LA STYRIE

La vie nocturne du centre de Graz s'inscrit entre les *Mehlplatz* (place de la Farine), *Glockenspielplatz* (avec son célèbre carillon) et *Färberplatz.* Un maillage étroit de ruelles piétonnes et de passages donnant sur les courettes bordées de tavernes hérissées de parasols où la bière coule à flots dès que le soleil pointe le bout de son nez. L'atmosphère y est bon enfant, et on y vient entre potes descendre quelques pintes (modérément les amis !). Au fait, on appelle ce coin le « Triangle des Bermudes » car, en sortant des nombreux bars, les clients quelque peu éméchés ont tendance... à se perdre (c'est une image).

Café König *(plan C2,* ***50****) : Sackstr. 14. ☎ 83-03-26. Tlj sauf dim 7h-19h (18h30 sam).* Très vieux café cosy, avec ses voûtes et boiseries. Magnifique cour Renaissance (arcade et loggia) ouverte aux beaux jours. Un côté désuet et chaleureux à la fois. Excellents gâteaux maison, grand choix de thés et de cafés.

Klapotetz Weinbar *(plan C2,* ***51****) : Herrengasse 9 (dans la cour*

Generali). ☎ *82-08-88. Tlj sauf dim 11h-22h (18h sam). Assiettes de fromage, charcuterie ou légumes 6-13 €. Vins au verre.* Un bar à vins qui met à l'honneur les meilleurs produits de la Styrie. Les conseils avisés des proprios vous permettront de déguster (avec modération !) quelques verres parmi l'assortiment des 150 crus locaux proposés. Excellente sélection de fromages et charcuteries en accompagnement.

Molly Malone *(plan C2,* ***52****) : Färbergasse 15.* ☎ *81-30-85. Tlj sauf dim 11h-2h (4h ven-sam).* Le pub irlandais de service. Il y en a plusieurs en ville, mais c'est celui que l'on préfère : ambiance bon enfant, musique choisie (pas mal de rock), beaucoup de monde, murs tout de boiseries revêtus. L'été, grande terrasse sur la place. Force whiskies, bières (il y a même de la cervoise tchèque) et cocktails.

Les petits bars sympas de Mariahilferstrasse jusqu'à la Lendplatz *(plan B2,* ***53****) :* on peut citer le ***Noël*** *(Mariahilferstr. 19 ; lun-jeu 15h-23h, ven 15h-1h30, sam 11h-1h30).* Petit bar voûté et agréable, musique cool et ambiance à la bougie. Bout de terrasse sur le trottoir. Juste en face, le ***Ginger*** avec son côté lounge et ses palettes-canapés sur le trottoir lui donne la réplique. Juste à côté, le ***Mi Casa*** lorgne vers l'Amérique du Sud. On passe de l'un à l'autre en fonction de son humeur et de l'ambiance que l'on recherche.

Miles Jazz-Bar *(plan B2,* ***53****) : Mariahilferstr. 24, au fond de l'impasse. • milesjazz.at • Mer-sam 19h-2h. Fermé dim-mar.* Concerts dans une chaleureuse salle voûtée, au cœur du quartier festif de Graz.

– À noter aussi l'été, le mercredi soir, les petits concerts live sur la ***Lendplatz.***

Die Scherbe *(plan B1,* ***31****) : Stockergasse 2.* ☎ *76-06-54. Tlj 9h-1h (minuit dim).* Cette bonne petite adresse pour prendre un repas (voir « Où manger ? »), est également un bon plan pour un verre. Plein d'étudiants en terrasse.

Aiola Upstairs *(plan C2,* ***54****) : au pied de la tour de l'Horloge (Uhrturm), sur le Schlossberg.* ☎ *81-87-97. Tlj 9h-minuit (fait aussi resto).* Élégant bar moderne aux lignes épurées. Assez magique le soir, quand, en terrasse, la caresse rougeoyante du soleil dépose ses rayons sur la tour de l'Horloge.

City Peach *(plan C2,* ***55****) : au pied de Hauptbrücke et au bord de la Mur. Ouv slt juin-sept, tlj 16h-23h.* Un bar qui se la joue Graz-Plage, avec un peu de sable, des transats et à ses pieds la Mur, toujours la Mur... Concerts réguliers de reggae (c'est alors bondé). Ambiance branchée mais cool.

Stockwerk Jazz Café *(plan C3,* ***56****) : Jakomini Platz 18. • stockerwerk jazz.mur.at • Tlj 18h-1h.* Très agréable café avec une petite cour intérieure, concerts de qualité et ambiance décontractée. Autre adresse pour écouter la note bleue

Hors du centre-ville

Et puis il faut aussi s'aventurer hors des sentiers battus. L'ambiance y est moins touristique, et les jeunes Grazois adorent s'y retrouver. À l'est, dans le quartier des universités d'abord, dans la *Elisabethstraße* (**Monkeys** au n° 31, servant du bon live) ou dans la *Beethovenstraße* (au n° 9, où l'on trouve aussi 2 bonnes adresses, le ***Kottulinsky*** et le ***Revolution*** pour les nostalgiques de l'URSS). Un peu plus déjanté, c'est autour de la *Lendplatz* avec **PPC** *(Project Popculture ; Neubaugasse 6)* et dans le quartier de *Griez* avec **Postgarage** *(Dreihackengasse 42).*

À voir

De nombreux musées ou sites sont fermés le lundi et parfois les jours fériés (se renseigner avant de vous déplacer).

Lire également les infos sur la ***Joanneums-24h und 48h-Karte et carte annuelle*** dans la partie « Adresses utiles », avant de vous lancer dans les visites.

Hauptplatz *(plan C2)* **:** depuis le XIIe s, le cœur triangulaire de la ville. C'est là que, suivant la nature des délits commis, on vous plaçait sur un âne en bois, dans la cage des fous, au pilori ou sur l'échafaud. Au milieu, entourée de 4 statues féminines représentant les 4 rivières qui arrosaient la Styrie de l'époque, la statue de ***Jean de Habsbourg*** (archiduc Johann), surnommé « le bien-aimé prince de Styrie » (mort en 1859). C'est lui qui a porté l'Autriche vers la modernité. Tout autour, quelques-unes des plus remarquables demeures de la ville. En particulier, à droite du *Rathaus* (l'hôtel de ville reconstruit à la fin du XIXe s), au no 3, la *maison Weiß* de 1710. Plus loin, la *pharmacie Adler,* édifiée en 1535. Bel encorbellement de pierre et colonnes. À l'intérieur, voûtes et boiseries marquetées. Au no 6, la *maison Zur Blauen Kugel,* du XVIe s, avec son saint Christophe peint en façade. Au no 11, à l'angle de la Sporgasse, le *Luegg,* les 2 plus jolies maisons avec leurs façades richement ornementées de stucs.

Landhaus *(plan C2)* **:** *Herrengasse 16.* C'est le siège du gouvernement régional, chef-d'œuvre Renaissance. La sévère façade ne permet pas de deviner la magnifique cour intérieure à arcades surmontée de pinacles. ***Domenico dell'Alio,*** un architecte italien bien connu pour ses fortifications sur la côte croate, en fut le principal maître d'œuvre en 1557. C'est la cour aux arcades de style Renaissance la plus importante au nord de l'Italie. Plusieurs curiosités : le remarquable baldaquin en bronze au-dessus du puits, ainsi que les belles gargouilles, particulièrement originales.

Gemaltes Haus *(au no 3 Herrengasse, à voir de l'extérieur slt),* l'une des dernières maisons peintes de la ville. Façade réalisée au début du XVIIIe s par un artiste italien. Vous remarquerez les cavaliers représentant 3 dieux de l'Antiquité : Apollon, Jupiter et Pluton, et juste en dessous Minerve, Mars et Mercure. C'est ici que logeaient les souverains habsbourgeois lorsqu'ils se rendaient à Graz. Le proprio mettait les petits plats dans les grands pour les recevoir, en échange de quoi il était exonéré d'impôt !

Landeszeughaus *(plan C2)* **:** *Herrengasse 16. ☎ 80-17-98-10. • museum-joanneum.at • Entrée vers la gauche du numéro. Tlj sauf lun 10h-18h (visite libre ou guidée) ; nov-mars, slt en visite guidée. Entrée : 11 € ; réduc. Visites guidées tte l'année à 11h et 14h en allemand (à 12h30 en anglais) : 2,50 € ; durée : env 1h. Compris dans la* Joanneum-Karte.

Dans le prolongement du *Landhaus,* c'est l'arsenal, édifié en 1642. À cette époque, l'Empire ottoman avait déjà conquis une grande partie des Balkans. Il était donc temps de réagir. L'arsenal fonctionna jusqu'en 1809, avant la centralisation de la défense opérée par Vienne. Splendide portail. Ce fut l'un des plus importants dépôts d'armes au monde, et le seul subsistant aujourd'hui dans son état originel, avec son stock intact.

Sur 4 étages, les amateurs d'armes et armures (essentiellement des XVIe et XVIIe s) seront à la noce. Environ ***32 000 pièces,*** dont ***8 000 armes à feu.*** On le voit ici, la guerre dans l'Ancien Régime pratiquait déjà la fabrication en série, annonçant les guerres industrielles. Au menu : mousquets, arquebuses, pistolets ouvragés, boulets de canon en pierre polie, poires à poudre, moules pour fondre les balles, sabres et lances, casques variés, etc. Magnifiques armures, ciselées comme des pièces

L'ENNEMI N'EST PAS TOUJOURS CELUI QUE L'ON CROIT

L'ancien arsenal de Graz (Landeszeughaus) abritait tant d'armes et d'armures que son stock pouvait équiper jusqu'à 5 000 hommes. Ce gigantesque dépôt d'armes ne connut pas une vie très longue. Les soldats ne s'y fournirent que jusqu'au milieu du XVIIIe s. Hélas, ces armes ne purent rien contre un fléau qui tua plus qu'une guerre : la peste, qui décima près d'un quart de la population à la fin du XVIIe s...

d'orfèvrerie. On constate la diversité des stratégies de protection corporelle. Au 1er étage, un fusil sur pied fait penser aux mitrailleuses fixables, utilisées pendant la Première Guerre mondiale. Au 2e étage au fond, une belle vitrine garnie de mousquets finement gravés et incrustés de nacre. Au 3e étage, une pièce remarquable : l'armure de cheval d'un *Stubenberg* du XVIe s, avec bouclier et jambières. Belle vue sur la cour du *Landhaus* au 4e étage.

🎖🎖 ***Stadtpfarrkirche*** *(plan C2)* **:** *Herrengasse (entre les nos 21 et 23). Tlj.* Datant du gothique, elle fut « baroquisée » au XVIIIe s, héritant au passage de son ravissant clocher à bulbe. À l'intérieur, belle nef élancée, supportée par d'épaisses colonnes octogonales. Voûte en plein cintre ornée de nervures multiples. Ne pas manquer l'*Assomption de la Vierge* du ***Tintoret*** (dans la nef latérale sud, à droite). Une curiosité : la verrière de gauche dans le chœur, le 4e panneau à droite (en partant du bas). Scène de flagellation avec, parmi la foule, 2 sinistres spectateurs : *Hitler* et *Mussolini.* L'artiste qui refit les vitraux après les destructions de la dernière guerre renouait ainsi avec une grande tradition médiévale qui consistait à peindre ou sculpter des personnages contemporains dans les œuvres. L'initiative ne fut découverte que quelques années après, et fit grand bruit.

🎖 ***Sackstraße*** *(plan C2)* **:** rue qui part de la *Hauptplatz*. Bordée de palais aux splendides portails, c'est la rue des antiquaires et des galeries d'art. Ne pas manquer de jeter un œil (et même 2) aux cours intérieures. Notamment au no 12 (resto *Krebsenkeller*). Allez tout au fond du passage pour voir cette charmante courette champêtre. Au no 16, le *palais Herberstein* et son escalier monumental et son plafond Renaissance entièrement peint. Il abrite le *Museum im Palais* (un aperçu très esthétique sur Graz à travers l'histoire ; voir plus loin). Au no 17, en face du *GrazMuseum*, le *palais Attems,* de 1702, avec ses jolis stucs sous le plafond du hall d'entrée. Façade abondamment ornementée. À l'intérieur, très bel escalier. À côté, l'église de la Trinité, de la même époque.

🎖 ***Museum für Geshichte*** *(plan C2)* **:** *Sackstr. 16. ☎ 801-79-810. • museum-joanneum.at • Avr-oct, tlj sauf lun 10h-18h. Entrée : 11 € ; réduc. Compris dans la* Joanneum-Karte. *Expos temporaires renouvelées ts les 3-6 mois. Expos temporaires au 1er étage ; expo permanente (décrite ci-dessous) au 2d.*
L'expo permanente est divisée par thèmes à travers les âges, sans chronologie, mélangeant allégrement les époques. Parmi les nombreuses sections (pas toujours présentées de manière didactique), on verra celle dédiée au *mobilier et à la décoration* (beaux secrétaires, commodes marquetées, éléments en fer forgé, vitrines d'objets usuels...). La partie *repas et boissons* présente une belle sélection de vaisselle, de la verrerie et une intéressante collection de pots à bière. Dans la salle dédiée aux *transports,* voir les carrosses et les beaux traîneaux. Viennent ensuite l'*artisanat et instruments de mesure* (boussoles, cadrans solaires, montres). Collections de vêtements également, dont d'intéressantes robes du XVIIIe s et leurs d'accessoires (chaussures, chapeaux, sacs à main...). La *musique* est aussi présente, avec une salle consacrée aux instruments anciens.
L'immense *Spiegelsaal* est l'un des clous de la visite. Une vaste salle tout en longueur, à l'incroyable décor de galerie des glaces, baroque en diable, dans laquelle sont exposés des objets choisis (présentés par roulement). Noter le plafond ourlé d'or et le beau parquet. Cette salle est prolongée par une autre du même style.

🎖 ***Graz Museum*** *(musée de la Ville ; plan C2)* **:** *Sackstr. 18. ☎ 872-76-00. • grazmuseum.at • Tlj 10h-18h. Visite du rdc gratuite. Entrée 1er et 2e étages : 7 € ; réduc ; gratuit moins de 18 ans. Inclus dans la* Joanneum-Karte.
Ce musée d'histoire de la ville distingue 5 grandes périodes : la 1re étape, ***1128-1600,*** retrace la vie de la Graz intra-muros, l'importance de la communauté juive (expulsée au XVe s), la conversion des Grazois au luthéranisme et l'avènement de la Contre-Réforme. Panneaux peints, armes, gravures et belle vierge sculptée. Puis les 2 siècles suivants, ***1600 à 1809,*** durant lesquels l'Église catholique donne carte blanche aux Jésuites pour que Graz « rentre dans le rang ». Côté

architecture, le baroque fait un tabac. La ville s'étend. Gravures de la cité fortifiée, maquette, coffres, portraits de dignitaires. Puis le XIXe s, ***1809-1914.***
Les guerres napoléoniennes sont terminées, voici l'avènement de l'ère industrielle : évocation de la construction du tramway, des ponts pour enjamber la Mur... La ville s'étend et s'enrichit. Photos des demeures de l'époque. Les 2 dernières périodes (***1914-1945*** et ***1945-2003***) témoignent du renouveau de Graz après les conflits mondiaux, bien trop rapidement abordés d'ailleurs, notamment l'*Anschluss*.
Au rez-de-chaussée, belle maquette de la ville ancienne.

*** ***Kunsthaus Graz*** *(plan B-C2)* **:** *Lendkai 1.* ☎ *80-17-92-00.* ● *museum-joanneum.at* ● *Tte l'année, tlj sauf lun 10h-18h. Entrée : 11 € ; réduc. Compris dans la* Joanneum-Karte. Lancé par les architectes anglais *Peter Cook* et *Colin Fournier*, un vaisseau à peau bleue venu de l'espace s'est posé sur les rives de la Mur. Ce « *friendly alien* » flotte au-dessus du sol, et son ventre biomorphique se visite comme un musée. Lâchée en pleine ville, alors que Graz était Capitale européenne de la culture, en 2003, la chose se nourrit exclusivement ***d'expositions d'art contemporain*** de grande qualité (de 1906 à nos jours), qui, appétit oblige, sont renouvelées tous les 3 à 6 mois. Les œuvres sont exposées en une mise en scène moderne et interactive. En général, ça décoiffe ! Rien qu'en empruntant l'escalator, on a l'impression de s'enfoncer dans le noir... Le soir, la surface de son épiderme s'illumine d'un flot de textes et de figures géométriques. C'est depuis les hauteurs du *Schloßberg* qu'on apprécie le mieux l'extravagance de l'animal urbain.
– À l'intérieur de la Kunsthaus, voir encore la ***Camera Austria*** : ● *camera-austria.at* ● *Tlj sauf lun 10h-17h.* Lieu de la création photographique contemporaine. Bibliothèque thématique, ouvrages techniques consultables sur place. Expos temporaires.
– On rappelle que le musée abrite aussi le ***Kunsthaus Cafe***, une bonne adresse pour manger ou prendre un verre (voir la rubrique « Où manger ? »).

** ***Neue Galerie*** *(Nouvelle Galerie ; plan C2-3)* **:** *dans le* **Joanneumsviertel.** ☎ *80-179-100.* ● *museum-joanneum.at* ● *Tlj sauf lun 10h-18h. Entrée : 11 € (accès à toutes les expos). Compris dans la* Joanneum-Karte.
Cette intéressante galerie ne présente que des ***expos temporaires***, allant de la période du XVIIIe s à aujourd'hui. Essentiellement de la peinture et de la sculpture, mais aussi de la vidéo et des installations variées. Toujours 2 ou 3 expos en même temps, où les artistes autrichiens et internationaux s'en donnent à cœur joie. Un musée résolument tourné vers des thèmes d'une grande modernité.
Le *Joanneumsviertel* abrite également le ***Naturkundemuseum*** **:** *Mêmes horaires. Entrée : 11 €, réduc. Compris dans la* Joanneum-Karte. L'archiduc Johann (frère de l'empereur François II), passionné par les sciences et la culture, fit don de sa collection artistique, que l'on retrouve ici. La collection comprend des départements de *géologie, paléontologie, minéralogie, zoologie* et *botanique*. Bon, vous n'êtes pas forcément venu à Graz pour ça.

** ***Schloßberg*** *(plan C1)* **:** *colline dominant Graz, à 123 m. Plusieurs moyens pour s'y rendre. Par un escalier assez raide qui part de la Schlossbergplatz (plan C2). Par un ascenseur (tlj 8h-0h30 ; ticket 2 €). Sinon, le Schlossberg-bahn (plan C1), impressionnant funiculaire (situé à env 200 m plus*

À TROP REGARDER LE SOLEIL EN FACE...

Après son diplôme en 1589, Kepler, mathématicien et astronome allemand favorable aux idées de Copernic, arriva à Graz en 1594 pour enseigner les maths. À l'époque, la frontière entre astronomie et astrologie était encore très floue. En 1600, il observa une éclipse solaire avec un télescope de sa fabrication. Parce qu'il était protestant, les jésuites le contraignirent à quitter la ville sur-le-champ ! Non mais !

loin, sur le même trottoir), grimpe presque au point culminant, en face de la Glockenturm (en saison, lun-jeu 9h-minuit, ven-sam 9h-2h, dim 9h-23h – à partir de 10h hors saison). Gratuit avec le ticket journalier des transports, sinon 2,70 €. Ceux que ça amuse pourront redescendre par un gigantesque toboggan (6 € tout de même !).
Les fortifications du *Schloßberg* résistèrent aux troupes napoléoniennes en 1809. Malheureusement pour les Grazois, le traité de Vienne qui suivit impliquait sa démolition, et ils durent racheter le droit de conserver la tour de l'Horloge (***Uhrturm,*** aujourd'hui l'un des symboles de la ville). Elle date de 1560. Une curiosité : l'aiguille indiquant les heures est plus grande que celle des minutes. Depuis les terrasses sous la tour, le panorama sur les toits rouge-brun de la ville se révèle bien entendu superbe. C'est d'ici qu'on voit le mieux la *Kunsthaus.* Sous le *Schloßberg,* la colline dispose d'un système de galeries de plus de 6 km, creusées par les nazis pour en faire un bunker pouvant abriter jusqu'à 40 000 personnes.
Resto et cafés très sympa sur la colline. Voir *Aiola Upstairs* dans « Où boire un verre ? Où sortir ? ».

En redescendant du **Schloßberg,** on peut emprunter la Paulustorgasse. On aboutit à la ***Paulustor*** *(plan C1),* porte de ville de l'ancienne enceinte avec vestige de rempart (datant de 1623). Au-delà s'étend l'ancien glacis, transformé en parc. Au-delà du parc, la *Leechkirche* abrite de beaux vitraux du XIVe s et une ravissante Vierge au tympan du porche.
Retour sur Paulustorgasse pour retrouver l'imposant *palais Wildenstein* de 1786. Façade rythmée par des colonnes corinthiennes et des fenêtres abondamment ouvragées.
Arrêt sur image : la *Karmeliterplatz,* colonne de peste de 1685.

Sporgasse *(plan C2)* **:** l'une des rues les plus pittoresques. Aux XIVe et XVe s, elle se consacrait à la fabrication des armes (*Sporgasse* : « rue des Fabricants-d'Éperons »). Quasiment chaque maison présente un intérêt.
Au no 25, élégante cour intérieure avec galeries à colonnes. Porte au blason finement sculpté (*palais Saurau-Goeß,* de 1730). Au no 28, la *Goldene Pastete* (auberge du Plateau d'Or), bel édifice Renaissance avec sa tourelle d'angle. Au no 22, adorable petite cour avec arcades à l'italienne et élégant escalier. Au passage, au no 6 de la Hofgasse, une rue perpendiculaire, la ***Hofbäckerei Edegger-Tax*** *(plan C2),* la plus ancienne boulangerie de Graz (1569) avec une exquise devanture en bois ciselé et marqueté. Au fronton, aigle à 2 têtes. Retour sur la *Sporgasse.* Au no 13, tympan de porte sculpté. Au no 3, splendide façade *Jugendstil,* et au no 2, intéressante façade entièrement couverte de stucs à motifs végétaux.

Glockenspielplatz *(plan C2)* ***et ses alentours :*** autre réjouissante balade. Au no 4, les établissements ***Gottfried Maurer,*** avec leur pendule et son carillon qui sonne 3 fois par jour, à 11h, 15h et 18h. À ces heures, un couple en bois sculpté, haut de 1,50 m, en costume local, sort des 2 petites fenêtres sous l'horloge pour danser sur un air populaire. Pour clôturer la scène, un coq pousse un *kikeriki* (notre cocorico) d'enfer ! Au no 5, *Bischofplatz,* belle maison d'angle de 1600. Au no 1, le *palais Inzaghi* de 1775.

Dom St. Ägydius *(cathédrale Saint-Gilles ; plan D2)* **:** *Bürgergasse (à gauche du no 1).*
De style gothique tardif, c'est une église très riche, malgré son aspect un peu massif.
– ***L'extérieur*** *:* sur le flanc sud, à gauche de la volée d'escalier, on tentera tout d'abord de décrypter la ***fresque des Fléaux de Dieu,*** datant de 1485 (pas évidente à observer à cause de la vitre protectrice et de l'état de la peinture). C'est tout ce qui reste des fresques qui ornaient jadis la cathédrale. Quelques années auparavant, 3 fléaux s'étaient abattus sur Graz : la famine, la guerre et la mort. Ils sont matérialisés de gauche à droite par les sauterelles, les Turcs et la peste. En haut, au centre, la sainte Trinité, avec en dessous à gauche la Vierge Marie tendant un voile protecteur sur le monde et, à l'autre extrémité, saint Jean-Baptiste. En dessous, au centre, le pape, et de part et d'autre *saint François* et *saint Dominique,*

image des 2 ordres monastiques représentés à l'époque. Voir encore le portail principal en accolade, typique du gothique flamboyant.
- ***L'intérieur*** *:* remarquer les voûtes latérales sous croisées d'ogive, peintes de motifs végétaux. Dans le chœur, on ne pourra échapper au remarquable retable monumental baroque, agrémenté de nombreuses sculptures en marbre blanc. Noter aussi les 3 balcons dans le même matériau, ainsi que la tribune impériale protégée par une fenêtre en arrondi (discrétion oblige). À l'opposé, l'orgue de style rococo (en rénovation pour un certain temps). Et encore la chaire copieusement ornée de dorures, les lustres en cristal de Murano, les bancs sculptés et marquetés du XVIIIe s. De part et d'autre du chœur, 2 superbes coffres en bois ornés de bas-reliefs en d'ivoire (scènes d'un poème de Pétrarque). Observer aussi les 4 chapelles latérales, fermées par d'élégantes grilles de fer forgé, totalement baroques et cernées de stucs à motifs végétaux pour 2 d'entre elles. On terminera par les riches confessionnaux en bois précieux (situés sous la tribune d'orgue).

À droite de la cathédrale, le ***mausolée de Ferdinand II*** *(plan D2)* : *ouverture très aléatoire (et souvent fermé).* Commandé à *Giovanni Pietro de Pomis* par l'archiduc ***Ferdinand II*** en 1614, c'est un compromis entre le maniérisme autrichien et le style baroque italien. Sur le fronton, sainte Catherine d'Alexandrie. Chapelle funéraire avec un riche décor de stucs. Gisant du Christ qui donne la curieuse impression de vouloir se relever. Dans la crypte impériale, sarcophage de marbre rouge avec les gisants de l'archiduc ***Charles II*** et de son épouse. Une anecdote : en fait, le corps de l'archiduc n'y est pas. Il refusa avant de mourir d'être enterré avec elle, car il avait trop souffert de son caractère.

Le château *(Burg ; plan C-D2)* **:** *accolé à la* ***Burgtor,*** *l'une des 2 seules portes qui subsistent des anciens remparts.* Du château initial, construit au XVe s, il ne reste quasiment rien. Les fans d'architecture pourront tout de même jeter un œil, au fond de la grande cour ouverte, à la tourelle qui abrite un admirable escalier à double révolution *(doppelwendeltreppe),* véritable prouesse technique puisqu'il ne s'appuie pas du tout sur des axes centraux.

Bauernmarkt Kaiser-Josef-Platz *(marché paysan ; plan D2-3)* **:** *Kaiser-Josef-Platz. Au sud-est, à côté de l'Opéra. Tlj sauf dim 6h-13h.* Très vivant et coloré, c'est le plus important marché de la ville. Plusieurs dizaines de fermiers vendent leurs bons produits. L'occasion de rapporter de l'huile de pépins de courge, du *Holunderblütensaft* (extrait de fleurs de sureau), des *Taybeeren* (un croisement entre la mûre et la framboise), etc. Possibilité de ***manger sur le pouce.***

Le quartier médiéval *(plan C2)* **:** quelques rues charmantes autour de l'église des Franciscains *(Franziskanerkirche).* Appelé aussi « quartier du Bœuf », car maquignons et bouchers y avaient leurs activités. Aujourd'hui encore, c'est ici qu'on trouve le plus de boucheries. Parcourir la *Neue-Welt-Gasse* et la *Kapaunplatz* à la recherche des vénérables demeures. Rue exceptionnellement large derrière l'église des Franciscains, car c'est un ancien bras de la rivière.

Franziskanerkirche *(plan C2)* **:** *face au Hauptbrücke, sur Neutorgasse 1.* Édifiée au XIIIe s par les Frères mineurs, 1er ordre à avoir fondé un couvent à Graz. Sa tour-clocher fit partie des fortifications et servait de poste d'observation militaire. La partie supérieure date du XVIIIe s. L'intérieur présente une intéressante nef gothique avec voûtes en palmier, mais l'ensemble est très dépouillé. Beaux vitraux modernes (l'église fut endommagée lors de la dernière guerre). À gauche du chœur, ravissant petit retable vénitien du XVIIe s. À droite, le *Maria-Schutz-Altar* (1727), copie d'une œuvre de Lucas Cranach. Accès à l'ancien cloître (par la nef de droite), de style gothico-primitif, dont les murs sont ornés de quelques pierres tombales.

Mariahilferkirche *(plan B2)* **:** *sur l'autre rive, en face de la Schlossbergplatz.* Construite également par les Frères mineurs, ce fut un lieu de pèlerinage très populaire. De style Renaissance, mais dont la façade fut « baroquisée » au XVIIIe s. À l'intérieur, intéressant maître-autel.

Barmherzigenkirche *(plan B2)* **:** *Annenstr.* C'est l'église de la garnison, pour les amateurs de baroque : chaire massive, croulant sous les ors. Confessionnaux en belle marqueterie. Petite chapelle en entrant à droite édifiée à la gloire de Notre-Dame de Lorette. Dans le chœur, en prenant la porte à gauche du chevalier, vous communiquez directement avec l'hôpital.
– Juste à côté, jeter un œil à la *pharmacie* au nº 4. Décor chargé de stucs, belles fresques au plafond.

L'Île sur la Mur *(Murinsel ; plan C2)* **:** *à côté de la Kunsthaus.* Une île artificielle et translucide, à l'architecture tourbillonnante, conçue par l'architecte *Vito Acconci* : dans le ventre de ce gros coquillage flottant gît un café bleuté, un peu marin, un peu branché, et une boutique. En été, on y programme des séances de cinéma en plein air. Allez y boire un verre, ça vaut le détour !

La synagogue *(plan B-C3)* **:** *David-Herzog-Platz 1. ☎ 712-468. Visite slt sur rdv.* Inaugurée en 2000, elle fut construite à l'emplacement de l'ancienne synagogue, ***détruite durant la Nuit de cristal*** en novembre 1938. Un dôme de verre pour la transparence de la mémoire et des façades alternant verre et brique rouge, 2 semi-colonnes à l'entrée. Résolument moderne, la nouvelle synagogue a gardé la structure traditionnelle des synagogues d'Europe centrale.

Festivités

– ***Mois du design :*** *en mai. • designmonat.at •* Des rencontres et des expos.
– ***Styriarte :*** *pdt 1 mois, fin juin-fin juil. • styriarte.com •.* Des concerts de musique classique orchestrés par les plus grands musiciens du pays.
– ***Festivals de jazz :*** *plusieurs festivals ont lieu dans l'année. Le plus important y associe les musiques du monde de mi-juil à mi-août. • grazjazz.at • Dans plusieurs lieux en ville.*
– ***La Strada :*** *1 sem fin juil ou début août. • lastrada.at •* Festival de théâtre de rue.
– ***Steirischer Herbst :*** *durant 1 mois, à cheval sur sept et oct. • steirischerherbst.at •* Festival d'art contemporain.

DANS LES ENVIRONS IMMÉDIATS DE GRAZ

Le château d'Eggenberg et l'Alte Galerie : *Eggenberger Allee 90 (avec un GPS : Schlossstr.). ☎ 80-17-95-60. • museum-joanneum.at • À env 3 km à l'ouest de Graz.* Ⓣ *nº 1, depuis le centre-ville et Europaplatz, direction Eggenberg (arrêt Schloss Eggenberg). Parc et jardins : tlj 8h-19h (17h nov-mars) ; entrée 2 €. Château : avr-oct slt, mar-dim, visite guidée obligatoire à l'heure pile, en anglais (en français sur rdv en téléphonant), 10h-16h, pas de visite à 13h ; durée : env 50 mn ; prix : 17 €. Compris dans la* Joanneum-Karte. *Ce prix inclut l'entrée à la Alte Galerie et au Musée archéologique (que l'on peut aussi visiter séparément). Alte Galerie et Musée archéologique (si on ne souhaite pas visiter le château) : avr-oct, tlj sauf lun 10h-18h. Fermé janv-mars. Ouv certains j. fériés (consulter le site internet). Accès à l'Alte Galerie : 11 € ; réduc. Compris dans la* Joanneum-Karte.
Une élégante allée mène à l'un des plus beaux châteaux de Styrie. Édifié au XVIe s par des architectes italiens et légèrement baroquisé plus tard. Dans la cour intérieure, 3 hauteurs d'arcades. L'une des originalités du château est qu'il fut construit en fonction du calendrier grégorien. Les 4 tours symbolisent les 4 éléments (l'eau, l'air, la terre, le feu) ainsi que les 4 points cardinaux et les 4 saisons. Il comporte en tout 365 fenêtres, possède 31 pièces par étage, 24 salles de réception desservies par 52 portes (correspondant aux semaines de l'année). Et pour clôturer le tout, la chapelle qui faisait partie du noyau médiéval de la propriété ancestrale des ***Eggenberg*** est située exactement à l'intersection des axes traversant le château. Ça, c'est de la précision !

Visite des appartements au riche décor baroque. Les 600 fresques peintes sur les plafonds du 1er étage représentent les mythologies grecque et romaine. Un étonnant salon japonais est décoré de peintures de la ville d'Osaka avant un tremblement de terre qui la détruisit ; c'est aujourd'hui une mine d'infos pour les historiens ! La visite s'achève par la grande salle des planètes, la plus prestigieuse. Les autres salles sont tout aussi joliment meublées et décorées.
– ***Musée archéologique*** au rez-de-chaussée, avec une pièce unique au monde : le char votif de Strettweg, en bronze, datant du VIIe-VIe s av. J.-C. Nombreux vestiges romains.
– ***Alte Galerie :*** cette collection exceptionnelle d'œuvres du Moyen-Âge et de la Renaissance styrienne fut à l'initiative de l'archiduc Johann et de Karl Lacher. Passionné par la culture, l'archiduc a parcouru la Styrie (qui comprenait alors une partie de l'actuelle Slovénie) pour essayer de dénicher des œuvres d'art.
L'art religieux y est fortement représenté : pietà, descentes de Croix, retables... Impossible de tout décrire. Parmi les œuvres, le triptyque de Mariazell, retable du début du XVIe s (véritable B.D. de l'époque), une *Vierge à l'Enfant* du début du XIVe s, la *Kermesse* et le *Triomphe de la mort* de Pieter Brueghel le Jeune...

La basilique de Mariatrost : *à env 7 km au nord-est (en direction de Weiz). Pour s'y rendre, prendre la Heinrichstr. qui part à droite du Stadtpark (à l'intersection de Glacisstr. et de Parkstr.). T Mariatrost (nº 1). Tlj 7h-19h (en théorie).* Lieu de pèlerinage très populaire (et particulièrement prisé pour se marier), la basilique domine superbement la vallée. Construite au XVIIIe s, elle offre aussi une remarquable perspective de son élégant chevet. À l'intérieur, plafond, absides et chapelles entièrement couverts de fresques, mais aussi une chaire or et marbre très ornementée. Beaux confessionnaux en bois marqueté et superbe tribune d'orgues. Voir enfin une vierge très vénérée du XVe s.

Arnold Schwarzenegger Museum : *Linakstr. 9, 8051* ***Thal.*** *☎ 57-19-47 • arnieslife.com • À une dizaine de km à l'ouest de Graz. Mars-oct, tlj 10h-18h ; nov-fév, tlj 10h-17h. Entrée : env 9 € ; réduc. Audioguide (allemand-anglais) : 2 €.* Seuls les fans du bodybuildé acteur-homme politique feront le détour pour visiter ce musée tout à la gloire de Schwarzy, né à Graz en 1947, et qui grandit non loin de là, dans une petite maison de fonction allouée à son père, gendarme à Thal. Il y séjourna jusqu'en 1966 et y revint régulièrement... La maison de son enfance, bien dans son jus, a été rachetée en 2009 par un de ses anciens camarades d'école qui souhaitait ouvrir un musée rendant hommage à son pote. Les aspects de la vie d'Arnie sont évoqués dans différentes pièces de la maison. La cuisine et la salle de bains sont restées comme dans les années 1950.

LA RÉGION DE GRAZ

Voici quelques sites dignes d'intérêt dans la région de Graz. Entre autres, le musée en plein air de Stübing, les haras de Piber, l'église de Bärnbach, le château de Riegersburg et la Styrie toscane.

STÜBING

Österreichisches Freilichtmuseum *(musée en plein air de l'Autriche) :* *Enzenbach 32, 8114* ***Stübing.*** *☎ (03124) 537-00. • museum-joanneum.at • Pour s'y rendre, bus nº 130 de la gare principale de Graz à 6h40, 8h55 ou 12h55 (pas de retour direct possible, il faut s'arrêter à Stübing et prendre le train), ou train jusqu'à Stübing puis, 30 mn à pied ! À 15 km au nord-ouest de Graz, sur la route de Bruck an der Mur. À vélo, par la piste cyclable le long de la Mur « Murradweg ». Avr-oct, tlj 9h-18h (dernière entrée à 17h). Entrée : 13 € ; réduc.*

Afin de garder une certaine cohérence entre les 97 fermes et bâtiments traditionnels et leur environnement d'origine, on a reproduit sur les 65 ha de vallée boisée du musée les données géographiques de l'Autriche, organisant la visite d'est en ouest. Les 1ers bâtiments du circuit représentent les fermes typiques du Burgenland, et les derniers, celles du Vorarlberg. Possibilité de passer en revue toutes les belles divergences architecturales des provinces sur un site de rêve.
Compter au moins 3h pour admirer la vieille école, le moulin, les boutiques d'antan, les fumoirs du XIVe s, la ferme en rond de Carinthie, les fermes de montagne, etc. Superbes intérieurs et mobiliers. Parfois, différentes coutumes ou travaux artisanaux sont remis à l'ordre du jour (animations : bûcheronnage, travaux sur rouet, métier à tisser ou tour de potier).

STIFT REIN *(abbaye de Rein)*

☎ *(03124) 516-21. • stift-rein.at • Au sud du musée en plein air et à côté du village de Gratkorn. Visites guidées du monastère, de la bibliothèque et de l'abbaye tlj à 10h30 et 13h30 (mais slt en allemand) ; pas de visite début janv-mars ; tarif : 9 €, réduc. Hors de ces visites, abbaye tlj 10h-12h30, 13h30-16h30 ; entrée libre.* 15 moines cisterciens dont 6 prêtres habitent dans ***le plus vieux monastère cistercien du monde,*** en activité depuis 1129. Dans l'église, superbe décor baroque, couleur vanille-fraise : fresques en trompe-l'œil au plafond et dans les galeries, stucs à volonté. Orgue rococo : ne vous y trompez pas, c'est du faux. Expos temporaires dans les sous-sols du monastère (cour principale). Accès par le porche situé en face de l'entrée de l'église.
À la sortie, la *Stiftstaverne* propose une cuisine styrienne copieuse et revigorante.

Magnifique promenade : de l'abbaye, repartir en direction du village de Gratwein. Juste avant le village, emprunter le sentier sur la droite. Ça grimpe sec sur 600 m. En haut de la montagne *(Ulrichsberg),* très ancienne et adorable petite ***église baroque*** *(St. Ulrich),* bénie par le pape Pie II en 1453. La messe y est célébrée une fois par an, le jour de la Saint-Ulrich. Au sommet, perspective inoubliable sur les vertes montagnes styriennes.

BÄRNBACH

Barbarakirche (église Sainte-Barbe) **:** *Piberststr. 15. Dans les environs de Köflach et Piber, à ne pas manquer si vous visitez les haras, c'est vraiment tt à côté. Tlj 8h-18h. Entrée libre. Visite guidée possible en appelant le ☎ (03142) 625-81 ; tarif : 3 € ; durée : 1h. Petite cafétéria juste à côté de l'église.*
Une des œuvres les plus significatives du peintre et architecte ***Friedensreich Hundertwasser,*** réalisée entre 1987 et 1994 sur la base d'une église construite dans les années 1950. L'artiste rénova totalement cette vieille église de campagne en jouant sur les couleurs, principalement à base de céramiques. Il en a surtout fait une œuvre à vocation œcuménique. Ne pas rater les 12 arches de l'église : chacune symbolise, par un signe, une religion (judaïsme, islam, confucianisme, hindouisme, bouddhisme, religions africaines, amérindiennes) et célèbre même les agnostiques !
Le résultat est très original pour ce bout de campagne. Presque le produit des amours de Gaudí et de Walt Disney ! À remarquer : le superbe autel, parallélépipède de verre rempli de couches de sable de couleurs différentes ; la lumière dispensée par le vitrail sur le Christ en croix, le chemin de croix et le buffet d'orgue portent cette touche inimitable de Hundertwasser.
Pour les amateurs de l'artiste, ne pas manquer non plus le complexe thermal de ***Bad Blumau*** (voir plus loin « À l'est de Graz »).

Glashütte *(musée du Verre)* **:** *Hochtregisterstr. 1. ☎ (03142) 629-50. • glasmuseum.at • Tlj sauf dim 9h-17h (13h sam). Entrée : 7 € ; réduc.* Visite guidée (sur demande, 2 jours à l'avance) d'un atelier de fabrication de pièces en verre, un savoir-faire vieux de 200 ans. Un musée moderne et bien agencé retrace le travail du verre depuis sa découverte par les Mésopotamiens, il y a 6 000 ans. On y admire de très belles pièces extraites de la nécropole de Zadar (milieu du Ier s apr. J.-C.). Plus avant, le verre et son utilisation scientifique : microscopes, lunettes, lentilles, etc. Quelques œuvres d'art, notamment une belle collection d'objets Art nouveau. Chacun pourra ensuite acheter au magasin d'usine la pièce en verre de son choix (peinte à la main, fabriquée en série, plats originaux, œuvres d'art, etc.).

LES HARAS DE PIBER

À env 40 km à l'ouest de Graz (et à 3 km de Köflach). ☎ (03144) 33-23. • srs.at • Pour s'y rendre, bus ou train jusqu'à Köflach, puis bus pour Piber. Visite du château et du parc, des écuries, des forges ou encore des manèges. Avr-oct, tlj 9h30-17h. Visites guidées de 1h à 10h, 11h, 13h, 14h, 15h et 16h. En hiver, slt en visite guidée à 11h et 14h. Audioguide en français pour ceux qui veulent visiter seuls. Durée de la visite : 2-3h. Entrée : env 14 € ; réduc. Petite restauration sur place. C'est ici que sont élevés les ***célèbres chevaux lipizzans*** pour l'École espagnole de Vienne. Cette école les dresse ensuite à l'exécution de figures classiques (pas, polka, gavotte, quadrille et valse). Auparavant, le haras se trouvait à *Lipica,* en Slovénie. Lorsque l'Autriche perdit son empire, il fut rapatrié à Piber. D'origine espagnole et arabe, le ***lipizzan*** est élevé depuis le XVIe s. Il a la particularité de naître avec une robe noire ou gris foncé, qui mettra environ 8 ans à s'éclaircir pour devenir presque blanche. Sa longévité est légendaire. La nature s'est montrée plus généreuse avec les étalons, dont l'espérance de vie atteint parfois 36 ans, alors que les juments s'éteignent vers 30 ans.

UNE EXTINCTION ÉVITÉE DE JUSTESSE

C'est au général Patton, cavalier passionné, que les lipizzans doivent leur survie. En 1945, avec la famine généralisée, les pensionnaires du haras de Hostouň, en Bohême, étaient menacés de finir en steaks sous la fourchette des soldats soviétiques qui occupaient le secteur. Avec la complicité d'officiers allemands prisonniers, Patton monta une opération de sauvetage qui permit de mettre 250 chevaux à l'abri. L'avenir de cette race d'exception fut ainsi préservé.

À L'EST DE GRAZ

L'ABBAYE DE PÖLLAU

À 61 km au nord-est de Graz. ☎ (03335) 42-10 (office de tourisme). Lun-ven 8h-12h, 14h-17h. GRATUIT. Visites guidées mer à 10h et 11h ; ven à 15h et 16h. Prix 6 €, réduc. Gratuit avec la Genusscard (voir plus loin).

À l'écart des circuits touristiques, dans une région fortement vallonnée et boisée (parc naturel), propice à la rando, Pöllau est un ancien château médiéval entouré de douves (précaution bien nécessaire en raison du danger turc qui menaçait à l'époque) qui a été légué à la fin du XVe s à l'abbaye de *Vorau.* Quelques moines viennent s'y installer et fonder l'abbaye à partir de 1680. L'église abbatiale se

voulait, selon le vœu du prieur et les plans du maître maçon, ***Joachim Carlone,*** une ***imitation de Saint-Pierre de Rome*** (sic !) : croix latine et coupole à la croisée du transept. Ses dimensions sont édifiantes : 62 m de long, 37 m de large et coupole culminant à 42 m !
À l'intérieur, place au baroque, avec des plafonds peints à vous filer le torticolis, avec force angelots et dorures en veux-tu en voilà. ***Mathias von Görz*** a réalisé les fresques, elles aussi d'inspiration italienne. En effet, cet orphelin élevé à Pöllau a étudié l'art, aux frais du monastère, à Graz mais aussi à Rome et à Florence, et ça se voit ! Baroquisés au XVIIIe s, ses bâtiments furent sécularisés sous Joseph II et transformés en habitation privée. Ils appartiennent désormais à la commune.
À voir aussi, la grand-place de Pöllau ; profitez-en pour acheter les délicieux *Lebkuchen* (pain d'épices) à la confiserie *Ebner* et les spécialités du coin dans le magasin de producteurs à l'angle de la place... vous pourrez les déguster en toute quiétude dans le joli parc fleuri tout à côté.

Adresse et info utiles

Tourismusverband Pöllauer Tal : *Schloß 1. ☎ (03335) 42-10. • naturpark-poellauertal.at • Dans la cour du château. Tte l'année, tlj sauf w-e 9h-16h.* C'est le bureau du parc. Fournit la liste des hébergements. Importante doc et cartes sur les possibilités de rando, à pied ou à VTT. Des avantages et activités gratuites avec la ***Genusscard*** remise par les hébergeurs de la région de Pöllau. *• genusscard.at •*
– Chaque été en juillet, la vallée de Pöllau accueille des artistes pour un temps fort consacré à l'art. *• styriansummerart.at •*

Où dormir ? Où manger dans le coin ?

Waldhof Muhr : *Pöllauberg/Zeil 46, 8225* ***Pöllau/Hartberg.*** *☎ (03335) 36-00 • waldhof-muhr.at • À 8 km du centre de Pöllau, et 6 km de Pöllauberg. Resto 12h-14h, 17h30-19h30. Doubles 180-200 €. Plats 11-30 €.* Il est loin le temps où la grand-mère Muhr vous faisait dormir dans les chambres familiales à la ferme... Une confortable auberge a été construite en 1972, devenue un hôtel classé 4 étoiles, aux lignes modernes tout en bois clair avec spa. La cuisine est digne d'un chef étoilé surprenante de saveurs. Les traditions cependant demeurent : dans l'assiette, on sert les produits de la ferme toujours en activité, et parmi les nombreuses activités proposées, il y a les balades à cheval et la soirée feu de camp en famille. Les clients, fidèles depuis 3 générations, sont devenus des amis et ce cocktail de professionnalisme, simplicité et sincérité rend l'endroit fabuleux !

À voir dans les environs

Pöllauberg : *à 300 m d'altitude, au-dessus de Pöllau mais à 6 km par la route.* Le village fleuri de Pöllauberg se pare d'une célèbre église gothique, objet d'un pèlerinage renommé. De cette éminence, la vue peut porter jusqu'à la plaine hongroise. Sentier de promenade de 1 km en dessous de l'église.
Pour une pause gourmande, le resto ***Berggasthof König*** *(☎ (03335) 23-11 ; tlj sauf lun-mar)* est une très bonne table.

L'ABBAYE DE VORAU

À 80 km au nord-est de Graz. GPS : Augustiner Chorherrenstift Vorau (N 47.40.105, E 15.88.962). ☎ (03337) 23-51. • stift-vorau.at • Accès libre tlj 8h

(9h sam, 10h30 dim et j. fériés)-12h, 13h-16h. Visite guidée (à partir de 5 pers) avr-oct dim-ven à 10h (11h dim), 14h et 16h ; sam à 10h ; le reste de l'année, sur rdv ; tarif : 8 €. Dépliant en français.

Aux confins du Burgenland, dans une contrée montagneuse, une abbaye de moines augustiniens fondée en 1163 par ***Ottokar III,*** margrave de Styrie.

Grande cour bordée de bâtiments conventuels aux stucs délicats, avec la façade baroque de l'église enserrée au milieu. 2 tours-clochers (une romane, une Renaissance) de part et d'autre d'un porche tout simple.

À l'intérieur, changement de décor : baroque à gogo, opulence des ors et des stucs, prodigieuse chaire de vérité où Dieu le Père surmonte un groupe d'anges à trompettes. Maître-autel délirant de *Matthias Steinl,* avec au centre un tableau d'***Antonio Bellucci*** représentant l'Assomption (autour de la Vierge, pas moins de 106 anges !). Au plafond, double symbole : le « L » de Leopold pour la monarchie autrichienne et la panthère du blason de la Styrie. Dans la sacristie *(accès payant, en visite guidée slt),* armoires de marqueterie ; aux murs, scènes de la passion du Christ ; et au plafond, effrayante fresque du *Jugement dernier* et la *Chute des anges* de *Johann Cyriak Hackhofer.* Ça tourne au cauchemar ! Plein de détails intéressants : les péchés capitaux symbolisés ; la dénonciation du « Livre », une attaque de la doctrine luthérienne. À remarquer, Jésus chevauchant un arc-en-ciel et un homme dont le cœur est dévoré par une grenouille, image censée représenter l'avarice, rien que ça !

La bibliothèque *(accès payant)* est de loin plus paisible mais non moins magnifique : dans ses trésors, il ne reste que 215 incunables sur les 395 qu'elle comptait au départ ; certains ont été vendus par le couvent pendant les années de crise entre 1920 et 1930, et 500 livres ont également été brûlés par les nazis qui occupaient l'abbaye en 1940. En 1945, l'abbaye endura 3 jours de bombardements russes ; fort heureusement, la sacristie, l'église et la bibliothèque ne furent pas touchées. Les forces d'occupation, d'abord russes puis anglaises, épargneront les ouvrages de la bibliothèque de tout vol ou destruction, reconnaissant la valeur d'une telle collection. La bibliothèque compte aujourd'hui environ 17 500 livres, dont 415 précieux manuscrits. Le thème des fresques est en rapport avec les sections de la bibliothèque : droit, théologie et philosophie. ***2 magnifiques globes, un terrestre, un céleste, de 1688 réalisés par Coronelli*** (il en a livré 2 semblables pour Louis XIV, aujourd'hui installés à la Bibliothèque nationale François-Mitterrand).

DEMI-SPHÈRES POUR MESSES BASSES

Dans la bibliothèque de Vorau, 2 hémisphères en cuivre se trouvent de chaque côté de la salle. L'un était posé sur le bureau du bibliothécaire. Il suffisait à un moine de murmurer une question dans l'hémisphère de son côté pour que le bibliothécaire l'entende sans pour autant perturber le silence de la salle.

LA STYRIE

🏠 🍴 Pour ceux qui veulent profiter du calme de l'abbaye en soirée, tout en restant connectés, 16 chambres avec wifi et tout le confort *(env 45 €/pers, petit déj compris).* Resto dans la cour.

🚶 Dehors, à environ 150 m, dans l'alignement de l'entrée, petit ***Musée de Plein Air*** *(Freilichtmuseum ; • freilichtmuseum.vorau.at • ; ouv avr-oct, tlj 10h (9h juil-août)-17h ; entrée : 5,50 €, réduc).* Il donne une idée des activités agricoles de la région : moulin, scierie et pressoir.

Où dormir ? Où manger ?

🏠 🍴 ***Gasthof Kutscherwirt :*** *Klosterberggasse 6. ☎ (03337) 22-11. • kutscherwirt.at • À 5 mn à pied du monastère. Resto fermé mar. Congés :*

2-3 sem en nov. Doubles 92-160 €, avec petit déj ou en ½ pens. Dîner privatif jeudi-sam à partir de 18h (6-10 pers). Parking gratuit. Spa, loc de vélos classiques et électriques. Un hébergement d'une quinzaine de chambres bien dans la tradition, genre chalet de montagne avec meubles en bois blanc, lambris et tout le tintouin. C'est nickel. Côté resto, un carte terroir, des plats copieux et un excellent rapport qualité-prix. Accueil chaleureux en anglais.

SCHLOSS HERBERSTEIN

Tierwelt Herberstein : *Buchberg 50, 8223* ***Stubenberg am See.*** *☎ (03176) 80-777. • herberstein.co.at • tierwelt-herberstein.at • À 23 km au sud de Pöllau, un parc animalier dans lequel se trouve un château, un jardin, un musée d'Art contemporain et un musée des Traditions populaires et agricoles. Mai-sept, tlj 9h-17h (parc jusqu'à 18h30) ; de mi-mars à avr et oct-début nov, tlj 10h-16h ; de nov à mi-mars, jeu-dim 10h-15h30. Entrée : 13 € (château et parc) ; réduc.*
Une forteresse médiévale imposante, chef-d'œuvre d'architecture militaire, bordée sur 3 côtés par les berges de la rivière. Propriété depuis 700 ans d'une famille qui joua un grand rôle dans l'histoire styrienne. On peut y suivre facilement l'évolution architecturale depuis le gothique jusqu'au baroque en passant par la Renaissance. Élégante cour intérieure toute florentine avec arcades et balustrades. On visite la salle des chevaliers du XVIe s et un musée créé en 1931 composé d'une douzaine de salles remplies d'armes, de portraits de famille, de mobilier d'époque, ainsi qu'une intéressante collection de porcelaines allemandes et d'Extrême-Orient des XVIIe et XVIIIe s. En sortant, monter jusqu'au jardin reconstitué à la fin du siècle dernier d'après une gravure du XVIIe s. Basé sur la couleur, il fait la part belle aux plantes médicinales et aromatiques. Dès le XVIIe s, ce jardin se doublait d'un parc animalier. Aujourd'hui, il s'étend sur 23 ha et compte 600 espèces des 5 continents. À voir aussi : un ***musée des Traditions populaires et agricoles*** ainsi que le ***Gironcoli Museum*** consacré aux œuvres du sculpteur-plasticien *Bruno Gironcoli,* considéré comme l'un des plus importants artistes contemporains en Autriche.

Adresse utile

Tourismusverband Apfelland-Stubenbergsee : *à* ***Stubenberg am See,*** *dans la mairie, au 1er étage. ☎ (03176) 88-82. • apfelland.info • À quelques km à peine du château de Herberstein. Tte l'année, lun-ven 8h-12h, 13h-17h ; plus w-e 9h-12h juil-août.* Une montagne d'infos sur les visites et randos à faire dans la région.

Où dormir ? Où manger dans les environs ?

Camping Steinmann : *Buchberg 85. ☎ (03176) 83-90. • stubenberg-camping.at • Tte l'année. Compter 25-30 € pour 2 avec tente et voiture.* Un camping familial avec un accès direct à un lac presque lamartinien. Emplacements sympathiques.

Boutique Hotel Restaurant Erla : *Buchberg 70. ☎ (03176) 88-89. • seehotel-erla.at • Resto tlj en été 11h20-14h30, 18h-20h30. Doubles 170-190 €, petit déj 13,50 €. 3 menus le midi autour de 10 € ; plats env 10-30 €. Saunas et salles de jeux pour les enfants.* Au bord du lac, un hôtel douillet aux chambres spacieuses, avec vue sur le lac et tissu à carreaux un peu partout pour une atmosphère des plus cosy. Grande terrasse pour partager de joyeux moments autour d'une cuisine fraîche et copieuse.

Landgasthof Riegerbauer : *Hoferbergweg 12, 8222* ***St. Johann bei Herbertstein.*** *☎ (03113) 23-01. • riegerbauer.at • Resto, jeu-sam 11h30-22h ; dim 9h-16h. Double autour de*

150 €, petit déj compris. Plats env 15-35 €. Cette imposante demeure à la façade rouge servait déjà en 1652 de boulangerie pour le château Herberstein. Auberge en 1706 puis ferme en 1950, le lieu fait partie de l'histoire de la gastronomie locale ! Le chef, avec l'exigence due à la mémoire des lieux, sélectionne les meilleurs produits locaux pour les cuisiner avec créativité. Il revisite avec succès les classiques régionaux. Goûtez à son *Apfelland-schnitzel,* médaillons de porc aux pommes, lardons, oignons recouverts de fromage de montagne fondu. Gardez une place pour les desserts et les merveilleuses glaces maison. En été, terrasse à l'ombre des châtaigniers avec une vue sur toute la vallée et les montagnes... magique ! Chambres fleuries et gentiment rétro pour prolonger la halte gourmande.

SCHLOSS RIEGERSBURG

À env 60 km à l'est de Graz, au nord de Feldbach (à ne pas confondre avec un château du même nom, situé près de Hardegg). ☎ (03153) 82-13. • dieriegersburg.at • Accès par un élévateur (Talstation) situé à l'entrée nord de la ville : 6,50 € A/R ; dernier ascenseur vers 18h. Ou à pied depuis le centre du village. Mai-sept, tlj 9h-18h ; avr et oct, 10h-17h ; dernière admission 1h avt fermeture. Élévateur et entrées des musées (musée des Sorcières + château) : 21 € ; billet combiné avec le spectacle de vol de rapaces : 31 € ; réduc intéressante pour les familles.

Cette forteresse, qui appartient aujourd'hui à une branche de la famille *Liechtenstein,* est perchée sur un impressionnant piton rocheux. Absolument imprenable (d'ailleurs, elle ne fut jamais prise), elle servait de refuge pour les populations menacées par les Turcs. Du village, il vous faudra franchir 7 portes fortifiées pour l'atteindre (on vous prévient, ça monte !). Remarquer les vignes sur le chemin final. À l'intérieur, la mise en scène originale fait vite oublier la pauvreté des collections. En effet, beaucoup de pièces d'origine étant exposées ailleurs, vous ne pourrez en voir que des reproductions ou des photographies (bien réfléchir avant d'investir dans le prix d'entrée).

2 visites

- **Hexenmuseum** *(musée des Sorcières) :* il retrace les grandes peurs de la Styrie médiévale et moderne (enfer et diable, Turcs et Hongrois, catastrophes naturelles, loups...). La visite commence par la reconstitution d'un procès en sorcellerie. Entre 1546 et 1746, ce sont plus de 200 procès qui furent organisés en Styrie. Sur 800 accusés, les 2 tiers furent exécutés... Extraits de textes de l'Inquisition. Dans le jardin aux sorcières, admirez (mais ne cueillez pas !) la sélection de plantes vénéneuses.
La salle des Turcs renferme de précieux souvenirs des voyages en Afrique et en Asie (3 armements de samouraï du Japon) du prince *Friedrich Liechtenstein.* Puis on est saisi d'angoisse devant la cruauté des moyens utilisés pour envoyer aux enfers les hérétiques de tout poil !

LE MARTEAU DES SORCIÈRES

C'est sous ce titre que 2 dominicains publièrent en 1486 un livre terriblement dévastateur utilisé pendant plus de 2 siècles. Sorte de code d'instruction en latin extrêmement détaillé, il permettait aux inquisiteurs de traquer, interroger, juger et condamner au bûcher tous les suspects de sorcellerie ou d'hérésie. Les historiens estiment que sur 200 ans, 60 000 personnes furent victimes en Europe de ce délire organisé et dirigé essentiellement contre les femmes, souvent riches (les inquisiteurs confisquaient leurs biens !).

- **Burgmuseum** *(musée du Château) :* hanté par la présence de la ***baronne von Galler,*** dite *die Gallerin,* à qui l'on doit l'apparence actuelle du château et des intérieurs (milieu XVIIe s). Elle fut aussi dispendieuse en maris qu'en biens. Dans la salle blanche, elle anticipe les critiques en justifiant ses dépenses (voir l'inscription au-dessus de la fenêtre centrale). Visite de la chapelle (remarquable retable). Dans la salle des chevaliers : plafonds à caissons sculptés, portes et encadrements en bois marqueté, monumental poêle vert en faïence avec, bien sûr, les armoiries de la famille princière Liechtenstein. Reconstitution d'un festin d'époque.

En sortant, on peut prendre un café à la *Burgtaverne,* au pied du château.

– ***Démonstrations de vols de rapaces :*** *☎ (03153) 73-90. • greifvogelschau.at • Avr-oct, lun-sam à 11h et 15h ; dim et j. fériés à 11h, 14h et 16h.*

Où dormir ? Où manger ? Où boire un verre ?

Riegersburgerhof : *en plein centre du village, en face de l'office de tourisme. ☎ (03153) 82-16. • riegersburgerhof.at • Doubles à partir de 120 €, petit déj inclus. Resto mer-dim 8h-16h. Repas env 20-30 €.* Agréable pour l'ambiance familiale et la disponibilité du personnel. Chambres petites mais sympa. Cuisine styrienne au resto et terrasse extérieure.

Seehaus : *en bordure du petit lac situé aux abords du village (c'est fléché). ☎ (03153) 721-06. Tlj 9h-23h. Menu déj en sem env 12 € ; plats 10-28 €.* Belle terrasse ombragée face à un petit lac pour un petit déj, un repas ou juste pour boire un verre. Glaces maison. Plats végétariens.

LES THERMES DE BAD BLUMAU

À 65 km à l'est de Graz. ☎ (03383) 5100-9449. • blumau.com • Doubles 255-350 € en ½ pens, avec accès inclus aux thermes, piscines, saunas, activités sportives. Suites également. Parking inclus. Les non-résidents de l'hôtel peuvent accéder au complexe thermal tlj (compter 37 €/entrée à partir de 17h ; 49 €/j. en sem ; 58 €/j. le w-e). Réduc enfants. Vous pouvez accéder au lieu de 2 manières : soit vous résidez à l'hôtel (et vous profitez des installations thermales), soit vous venez juste pour profiter des bains à la journée. Dans les 2 cas, bienvenue dans le monde surréaliste de feu Friedensreich Hundertwasser, l'architecte des célèbres HLM de Vienne, peintre et designer. En révolte contre les monuments stériles et impersonnels des villes, il a exprimé ici un autre aspect de ses idéaux, notamment sa fibre écolo. Résultat : une architecture gaie et colorée où le moindre détail est signé de la main de l'artiste. Les chambres sont un peu plus sages que le bâtiment, et on y accède par des couloirs sinueux. Plusieurs restos, à tous les prix et un nombre incroyable de piscines (extérieures, intérieures, plus ou moins chaudes...). Toits recouverts d'herbe, façades couleur du ciel et de la terre, bâtiments troglodytiques comme sortis, telles les eaux thermales, des profondeurs du sol, silhouettes en peignoir blanc déambulant dans une bâtisse chatoyante, dissymétrique à rendre fou.

AU SUD DE GRAZ

LA STYRIE TOSCANE

Ou la Toscane styrienne, au choix ! Au sud de Graz s'étend une région de douces collines et de coteaux où alternent bosquets, champs de courges, vergers de sureau et vignobles. Ici, les itinéraires sont axés sur la découverte

du vin. Un écheveau de petites routes à parcourir, le nez au vent, un peu au hasard de l'inspiration. Se munir d'une carte détaillée est une bonne idée pour sillonner cette région de village en village.
Comme en Toscane, les fermes se détachent sur le ciel, et s'il n'y a pas d'oliviers, les châtaigniers les remplacent avantageusement à l'automne, quand les collines prennent des teintes mordorées, parfois flamboyantes.
Une particularité locale, les *Buschenschänken* : la tradition perdure depuis 1784, date à laquelle l'empereur Joseph II accorda le droit aux vignerons d'ouvrir ponctuellement leurs caves pour faire déguster leurs cuvées, accompagnées de spécialités du terroir. Lorsque le domaine est ouvert, un bouquet *(Buschen)* est accroché à l'entrée ! Ce sont des lieux conviviaux, en plein air, parfois sous une treille, avec de bonnes grosses tables où l'on peut goûter à de savoureux plats dont le *Verhackert* (lard, viande fumée hachée, épices), divers pâtés et fromages, accompagnés de pain maison... le tout servi sur une planchette en bois (appelé *Brettljause*). En automne, on y boit également le *Sturm,* le vin nouveau accompagné de châtaignes grillées.

LES ROUTES DU VIN

La Styrie comprend 3 grandes régions viticoles et 8 grandes routes du Vin.
– *La région au nord-est de Graz,* avec la *route romaine du Vin,* de Gleisdorf à Bad Waltersdorf en passant par Hartberg et où est élevé le vin *Urbanus.*
– *La région au sud-est de Graz,* autour de Fürstenfeld, Klöch et Radkersburg. 3 routes du Vin : la *Thermenland-Weinstraße,* entre Riegersburg et Fürstenfeld ; la *Klöcher Weinstraße,* de Fehring à Radkersburg – dans la région de Klöch, on produit un fameux traminer ; enfin, la *Südoststeirische Hügelland-Weinstraße,* à l'ouest de la précédente.
– *La Styrie méridionale,* située au sud de Graz, possède ses propres routes du Vin : la *Sausaler,* la *Klapotetz Weinstraße* et la *Südsteirische Weinstraße.*
– Enfin, au sud-ouest de Graz, la célèbre *Schilcher Weinstraße,* entre Ligist et Eibiswald. Le *schilcher* est un vin autochtone dont la culture est attestée depuis le Vᵉ s av. J.-C., fruité, rafraîchissant et légèrement acidulé.

LES KLAPOTETZ, DE DRÔLES DE MOULINS

Mais que sont donc ces étranges crécelles déployées au vent, plantées au milieu des vignes ? Comme leur nom l'indique (il faut écouter le bruit qu'ils font en tournant), les klapotetz sont des poteaux de bois garnis d'une hélice destinée à écarter les oiseaux des précieuses grappes. Les vignerons les mettent en place de juillet à novembre. Ça change du traditionnel épouvantail.

QUELQUES ITINÉRAIRES

Südsteirische Weinstraße : la route où il y a le plus de vignerons, et sans doute la plus belle de toutes, tant elle est vallonnée. À l'entrée d'***Ehrenhausen,*** juste avant le pont, vue superbe sur un ensemble de demeures baroques et leur avalanche de tuiles rouges. Prenez le temps de vous garer devant le *Rathaus* pour aller jeter un coup d'œil dans la *Pfarrkirche,* monument du baroque tardif (lunettes de soleil obligatoires !), puis dans le mausolée qu'on aperçoit un peu plus haut sur la colline, lui aussi chef-d'œuvre baroque, avec, en façade, une élégante touche maniériste. De là, mettez le cap sur ***Gamlitz,*** où vous vous renseignerez sur toutes les possibilités de rando (à pied, en voiture, à cheval, à vélo...) offertes aux amateurs de bons vins (et aux autres !) pour écumer la région.

Adresse utile

Tourismusverband Gamlitz : *Marktplatz 41, à* ***Gamlitz.*** *☎ (03453) 39-22. • gamlitz-tourismus.at • Tte l'année, lun-sam 9h (8h sam)-16h.* Brochures en relation avec le vin. Vente de produits locaux.

Où dormir ? Où manger ?

Schloss Gamlitz : *Eckberger Weinstr. 32, à* ***Gamlitz.*** *0660-183-20-03. • melcher.at • Du centre-ville, prendre la route vers le sud, c'est un peu plus loin sur la droite. Resto jeu-dim 8h-18h. Doubles à partir de 130 €, avec petit déj. Plats 12-18 €.* Demeure familiale jaune bouton d'or (pas vraiment un château), qui organise souvent des mariages. Certaines chambres (toutes différentes) pourraient avoir leur place dans un magazine de déco. Dans la cour fleurie, près d'un grand saule pleureur, vous pourrez prendre un repas en toute quiétude. Une bonne étape. Petit ***musée sur le vin*** à l'étage du bâtiment principal *(payant).*

Puis *direction* plein sud par la *Steinbachstraße* (L 632), en direction de la ***frontière slovène,*** où l'on ne tarde pas à se perdre dans un treillis de petites routes adorables. La belle Styrie toscane avec ses collines dorées au soleil couchant, ses vallons profonds, ses chemins de crête, ses tronçons de route plus étroits que la voiture. Très grande sensualité du paysage.

Un peu plus haut, à l'ouest de Leibnitz, relief assez accidenté de la ***Sausaler Weinstraße.*** Notamment de ***Kitzeck*** à ***Höch*** et ***St. Andrä.*** À Kitzeck, où il fait un peu plus frais à cause de l'altitude (c'est le plus haut village viticole d'Europe), superbe panorama sur la région depuis l'église jaune au toit rouge. Petit *musée du Vin* : *Steirisches Weinmuseum Kitzeck : Steinriegel 11 ; ☎ (03456) 35-00 ; • sulmtal-sausal.at •. Ouv en saison slt.*

Après la *Sausaler Weinstraße,* qui constitue l'un des itinéraires les plus enivrants que l'on connaisse et en continuant vers ***St. Oswald, Lavamünd,*** juste avant la bifurcation vers ***St. Vinzenz,*** une vue à couper le souffle. Inutile de la décrire davantage, laissez-vous surprendre. D'un paysage sinueux de sensuelles collines enchevêtrées, on se retrouve brutalement face à un superbe lac, moins touristique (les infrastructures en témoignent) que ceux de la Carinthie, il n'en est pas moins tout autant séduisant. Un de nos coups de cœur.

À Eibiswald débute, vers le nord, la ***Schilcher Weinstraße*** et une quantité d'***autres routes du Vin*** qui se prolongent jusqu'en Slovénie. C'est là qu'on récolte le *blauer wildbacher* qui sert à faire le fameux vin *schilcher.* Au milieu du circuit, ***château fort de Landsberg*** à ***Deutschlandsberg*** (voir plus loin « Dans les environs de Stainz »).

STAINZ

(8510) 8 700 hab. IND. TÉL. : 03463

Dominé par son complexe monacal aujourd'hui en partie transformé en musée, le bourg de Stainz constitue une halte agréable, à deux pas de Graz. Située à ce qui fut jadis le carrefour des routes commerciales du vin, la ville s'est enrichie grâce au commerce du divin nectar, et possède encore aujourd'hui quelques fières demeures bourgeoises des XVIIe et XVIIIe s.

Où dormir ? Où manger ? Où boire un verre ?

Schilcherland-Hof (Hotel Schaar) : *Hauptplatz 15. ☎ 23-57. • schilcherlandhof.at • Resto tlj sauf mar en hiver, jusqu'à 20h30. Double 115 €, petit déj compris ; familiales. Menu du déj 10,50 € ; plats 14-22 €.* Belle auberge typique d'une trentaine de chambres. Celles du 3e étage, légèrement mansardées, restent assez spacieuses et offrent une belle vue sur les toits roses et la vallée. C'est simple, rustique et charmant. Au resto, cuisine régionale de bon aloi, bien faite et classique, à l'image du *backhendl* (poulet au four). Terrasse sur l'arrière.

Stainzerhof Hotel : *Grazerst. 2. ☎ 22-122. • stainzerhof.at • Tte l'année sauf 3 sem en janv. Doubles 135-165 €, excellent petit déj-buffet compris.* Modernes et stylées, les chambres au design étudié se conçoivent comme de vrais cocons. Literie de grande qualité, parquet, photos de vignobles en guise de tête de lit, douche à l'italienne, coffre... Les parties communes jouent dans la même catégorie : vaste terrasse de bois avec transats, percée d'une petite piscine, sauna (inclus), salle de gym, salon lounge, salle de petit déj très classe et parking gratuit. Un établissement de haute volée et un personnel prévenant.

Die Mühle : *Rathausplatz 2. (0664) 5011-269. Tlj sauf dim, le soir slt. Repas à partir de 30-35 €.* Posé sur la rivière, un resto-bar moderne très réussi. Au choix, une terrasse aux parois de verre en porte-à-faux au-dessus de la rivière, de chaudes salles tamisées avec voûtes en brique rouge et un grand bar blanc lumineux en arc de cercle. Un agréable mélange de couleurs et d'ambiances. Carte courte, et cuisine créative avec tarifs gastro.

À voir. À faire

Schloss : *Schlossplatz 1. ☎ 27-72-16. • jagdmuseum-stainz.at • Avr-nov, tlj (j. fériés inclus) sauf lun 10h-17h. Entrée : 11 € ; réduc.*
Édifié au XIIIe s, le château fut restauré dans le style baroque italien quelques siècles plus tard. Situé sur une colline, il offre un ***très joli panorama*** sur cette région viticole. Il abrite 2 excellents musées. Le *musée de la Chasse* et le *musée de l'Agriculture.*

– ***Le musée de la Chasse :*** au rez-de-chaussée et 1er étage. Il offre un large panorama de l'histoire de la chasse à travers les âges (panneaux en anglais). Peintures, armes, animaux empaillés... Muséographie moderne et présentation pédagogique. Voir notamment les arbalètes et mousquets décorées d'ivoire ciselé. Dans une salle on pourra tenter de reconnaître un à un le cri émis par les animaux peuplant les forêts styriennes. Plus loin, on touchera les différents pelages des mammifères. Un dispositif permet d'appréhender la vision que possède chaque type d'animal (champ visuel et couleurs). Impressionnant ! Et encore : ossements d'animaux gravés, évocation des méthodes de chasse, instruments pour rabattre le gibier, gants de fauconnier, bourses à poudre, costumes de chasseur, collection de pipes et pots à bière... Admirer les remarquables et gigantesques toiles ayant pour thème les chiens de chasse.

– ***Le musée de l'Agriculture :*** au 1er étage. Dans une quinzaine de salles on égrène l'histoire de l'agriculture en Styrie avant l'industrialisation, de manière claire et intéressante. Instruments agraires (herses, sarcleuses...). Vidéos interactives, documents sur les différents types de ferme (plans, photos), belle collection d'outils, collections d'objets liés à la ferme et matériels liés à la coupe du bois (de la hache à la tronçonneuse).

– L'accès à la superbe ***église baroque,*** romane et gothique, est libre (remarquables fresques au plafond décoré de stucs à motifs végétaux et d'angelots). Autel particulièrement imposant, encadré de colonnes torses et colorées. Jolie chaire. Belle cour intérieure, aux couleurs chaudes de l'Italie.

Agréable petit café dans le château.

Balade en train à vapeur Stainzer Flascherlzug : une escapade de 2h au son de l'accordéon dans les paysages du *Schilcher.* ☎ 22-30. 📱 0664-96-15-205. *• flascherlzug.at • Fin avr-oct (parfois plus tard dans la saison), mer, w-e et j. fériés départ à 15h ; jeu à 10h ; ven horaire variable (appeler). Prix : 18 € A/R (21 € le w-e) ; réduc.* Vous pouvez aussi vous contenter d'un repas dans l'un des wagons colorés et immobiles installés devant la gare.

DANS LES ENVIRONS DE STAINZ

Burgmuseum Deutschlandsberg : *à 13 km au sud de Stainz, bien fléché. • archeonorico.at • Avr-nov, tlj sauf lun 10h-18h (dernière entrée à 16h30). Entrée : 10 € ; réduc. Compter bien 1h30 de visite. Panneaux en allemand slt. Brochure en anglais à l'accueil.*

Une ancienne forteresse médiévale bâtie en haut d'une colline. Le gros donjon carré abrite un passionnant musée, très complet, qui s'organise sur plusieurs niveaux. On y découvre de véritables trésors couvrant toutes les époques : les salles du ***rez-de-chaussée*** (sur la gauche) présentent les produits des fouilles archéologiques locales (pointes de flèches, bijoux, têtes de haches en pierre...). Les strates les plus anciennes ont révélé des armes mais également d'intéressants masques en bronze de la période celto-romaine.

Les autres salles (au rez-de-chaussée et dans les étages) mettent en valeur de très nombreux bijoux, sculptures, poteries et armes diverses qui témoignent avec brio de la présence romaine dans la région. La riche collection de bijoux en or (IIe s apr. J.-C.) est tout simplement stupéfiante : camées, fibules, colliers, bracelets, cabochons... La période celte est également bien présente. Un régal pour les yeux. Beaucoup d'objets cultuels également. Superbe statuette votive de la période celte datant du VIe-Ve s av. J.-C.

Au ***2e étage***, beau buste un tantinet bougon de Caracalla et un bronze de Marc Aurèle, daté de 180 apr. J.-C., année de sa mort. Et encore de petites sculptures, poteries et bijoux en nombre. Remarquable petit chariot sculpté en bronze où plusieurs personnages portent une large vasque. Beaux masques également. La visite se poursuit par une petite expo d'armes datant du Moyen Âge (superbes boucliers, épées lourdes comme des enclumes, haches...). Vitrines de monnaies du début de notre ère. Tout en haut, présentation du travail du cristal du IVe s au XIXe s. Belles carafes, pots, flacons et autres objets en verre. Large panorama en haut de la tour à la charpente.

Jufa Deutschlandsberg : *dans la montée avt d'arriver au château. ☎ (05) 708-32-60. • jufa.eu/hotel/deutschlandsberg • Réception tlj 7h-22h (20h dim). Double, triple ou quadruple et dortoir de 5 lits 35-50 €/pers, petit déj inclus. Repas du soir env 11 €. Resto sur place et bar.* Une auberge toute pimpante et colorée, attenante à un centre de remise en forme, rendez-vous des sportifs en général et des cyclistes en particulier. Chambres bien agencées et modernes. Sauna. Salles de sport et d'escalade. Location de vélos. Piscine de 25 m, billard, baby-foot. Un vrai lieu de vie. Accueil avenant.

Burghotel Deutschlandsberg : *Burgplatz 1. ☎ (03462) 565-60. • burg-deutschlandsberg.at • Réception : tlj 7h-minuit. Resto tlj sauf dim-lun et mar midi. Congés : janv-fév. Résa conseillée. Doubles 135-170 €, petit déj inclus ; familiales et suites. Formule midi en sem 19,50 €, plats 15-25 € ; le soir, menus surprises slt : 58-68 € (service en 4 ou 5 étapes).* Hôtel de grande classe dans la cour du château. Il affiche une bonne vingtaine de chambres sobres et spacieuses, de tout confort. Table réputée, assez chère, mais proposant le midi une formule à prix doux. Vaste terrasse pour profiter d'une superbe vue sur la vallée. Pour les soirées plus fraîches, agréable salle à manger.

BAD RADKERSBURG (8490) 3 000 hab. IND. TÉL. : 03476

Aux confins du sud-est de l'Autriche et à l'extrémité de la *Klöcher Weinstraße,* dans un coin de la carte enclavé dans la Slovénie, voici une ville d'eau déjà métissée d'une certaine nonchalance méditerranéenne. Ses demeures bourgeoises témoignent du passé prospère de ses habitants, négociants en vin. De sa position stratégique aux marches de l'Empire subsistent quelques bastions fortifiés ainsi qu'un château, désormais situé en territoire slovène. La ville, gentiment endormie, s'est trouvé une nouvelle jeunesse (si l'on peut dire !) en attirant les curistes. Ses eaux chaudes riches en calcium et en bicarbonate soignent notamment les maux de reins et les articulations.

Arriver – Quitter

En train

Gare ferroviaire : *au nord de la ville, à 10 mn à pied du centre. ☎ 05-17-17. • oebb.at •*

➢ ***Pour Graz*** (trajet 1h50) et ***Vienne*** avec changement à *Spielfeld-Straß.* Liaisons tlj, pratiquement ttes les heures.

➢ ***Pour la Slovénie :*** changer à *Spielfeld-Straß.*

– Pour ttes les grandes villes d'Autriche, changer à Graz ou *Spielfeld-Straß.*

Adresse et info utiles

Tourismusverband Thermen-Vulkanland : *Hauptplatz 14. ☎ 25-45. • thermen-vulkanland.at • Tlj sauf dim 9h-17h (12h sam).* Accueil aimable et en anglais. Bonne doc sur la ville.

– En juillet-août, ***marché de nuit*** et ***animations*** tous les vendredis (à partir de 18h).

Où dormir ? Où manger ?

– Nombreuses ***chambres chez l'habitant,*** se renseigner à l'office de tourisme.

– Ne pas manquer de goûter à 2 spécialités locales : le *Traminer,* intéressant petit vin liquoreux, et l'*huile de pépins de courge,* dont on voit les immenses alignements dans les champs à la récolte de septembre.

De bon marché à plus chic

Gästehaus Ferk : *Murgasse 11. (0664) 352-07-66. • gaestehausferk.at • Tte l'année. Doubles 80-150 €, petit déj inclus. Loc de vélos. CB refusées.* Une quinzaine de chambres claires et spacieuses dans une antique maison entièrement réaménagée, certaines avec balcon. Confort assez standard, sans rien qui dépasse.

Hotel Kaiser von Österreich : *Langgasse 1. ☎ 407-50. • kaiservon.at • Près du centre. Au resto, service tlj 11h-14h, 17h30-19h30. Doubles 140-160 € (pour les plus anciennes) et 160-200 € (pour les plus récentes), petit déj inclus. Plats env 15 € ; menu complet le midi 24,50 € (avec buffet de salades, soupe, plat et dessert).* Hôtel agréable dans une longue et imposante bâtisse, proposant des chambres d'un excellent niveau de confort. Superbe jardin-terrasse. Dans 3 salles à manger, on sert une cuisine traditionnelle de qualité. L'hôtel abrite 2 piscines d'eau thermale à 32 °C, entourées d'un espace verdoyant avec transats.

Metzgerwirt : *Emmenstr. 2-6. ☎ 21-68. En plein centre. Tlj sauf sam soir-dim 9h-23h (le resto sert midi et* *soir). Menu du jour 10 € ; plats 7,50-16 €.* C'est la taverne locale. Elle propose une cuisine bio 100 % du cru. Attablez-vous au bar avec les habitués, dans la petite salle sur l'avant ou en terrasse sur l'arrière. Le porc est ici à l'honneur : rôti, foie, ragoût de tripes *(Beuschel)*... avec tout de même quelques propositions végétariennes. Ouf !

Gasthof Türkenloch : *Langgasse 10. ☎ 203-89. En plein centre, près de la Hauptplatz. Tlj sauf mar 10h-21h30. Menu du déj en sem 9,50 € ; plats 9-25 €.* Ce restaurant propose une cuisine typiquement styrienne dans un décor de boiseries sombres. Également de bons plats végétariens. Carte de vins locaux. Service attentionné.

À voir. À faire

➢ La ***Hauptplatz*** est un grand quadrilatère occupé par quelques érables. Au centre, la colonne de peste dédiée à la Vierge en commémoration de l'épidémie de 1681. Quelques belles maisons des XVIe et XVIIe s. Les volets à jalousie évoquent déjà l'Italie. À remarquer aussi, l'ancien hôtel de ville au no 10, le ***Pistorhaus*** au no 30 – intérieur décoré de fresques du XVe s – et le ***Rathaus*** à l'angle de la place, flanqué d'une tour octogonale avec clocheton à bulbe.
Sur le côté de la place, face au *Café Central,* un passage mène à la ***Frauenplatz,*** charmante placette champêtre bien ombragée, composée de maisons basses, où la ***Frauenkirche*** (pas toujours ouverte) offre une décoration baroque relativement sobre.

Dans le centre-ville, la ***Stadtpfarrkirche,*** l'église paroissiale, dont les fondations remontent au XIVe s, a conservé son aspect médiéval. Portail sud de style gothique. En faire le tour pour admirer les stèles mortuaires de divers chevaliers des XVe et XVIe s. À l'intérieur, peu de profondeur, mais 3 nefs qui donnent de l'ampleur à l'ensemble. Délicat autel en gothique flamboyant. Sur les côtés du chœur, 2 autels baroques et belles stalles marquetées.

Parktherme Bad Radkersburg : *Alfred-Merlini-Allee 7. ☎ 26-77. • parktherme.at • Tlj 9h-21h30 (23h ven-sam, 20h dim). Entrée : 31,50 € la journée (23,70 € les 3h) ; moins cher en fin d'ap-m et le soir ; formule comprenant boissons et déj 59 €/pers.* C'est le prix à payer pour accéder aux différentes piscines du complexe thermal ; de la pataugeoire pour bambins à la piscine d'eau thermale en passant par le bassin olympique et le toboggan aquatique. Bien sûr, moyennant supplément, tout un panel d'activités pour se faire du bien : hammam, sauna, massages, etc. Resto sur place.

DANS LES ENVIRONS DE BAD RADKERSBURG

Balade dans les villages de vignerons au nord de la ville : ***Klöch, Tieschen, Straden.*** Autant de visions de cartes postales dans une nature dopée aux oligoéléments et autres minéraux que lui confère une géologie volcanique : coteaux couverts de vigne, collines douces intensément cultivées, vergers de sureau, champs de maïs et de courges, cigognes en contreplaqué faisant le pied de grue devant les maisons où un bébé vient d'arriver. Ne pas hésiter à faire une halte dans l'un des nombreux *Buschenschänken,* ces fameux domaines viticoles « guinguettisés » où l'on vient picorer en famille ou entre amis son comptant de cochonnaille en éclusant un vin local.

LES BIENFAITS DE LA COURGE

Les Indiens d'Amérique l'utilisaient depuis la nuit des temps pour empêcher de faire pipi au tipi. L'huile de pépins de courge a été introduite en Styrie en 1735. Produit phare de l'alimentation bio en raison des acides gras qu'elle contient, elle est très appréciée pour prévenir le cancer de la prostate. En plus, en Styrie, on en fait aussi des glaces !

Rando pédestre du Traminer : *Traminerweg,* 2 parcours pédestres (respectivement de 6,5 et 7 km), au départ du centre de Klöch (à env 12 km de Bad Radkersburg). Ces 2 sentiers font le tour des vignobles du coin.

Où manger dans le coin ?

Weingut Frühwirth : *Deutsch Haseldorf 46. ☎ (03475) 23-38. À 2 km de Klöch, au nord de Bad Radkersburg. Juin-nov, mer-sam 16h-22h. Fermé dim-mar. Vins au verre 3-7 €. Plats 5-12 €. Buschenschank* couleur paille situé en bordure de route, avec grande terrasse ensoleillée donnant sur les vignes et les collines. Dégustation de produits locaux (assiettes de charcuterie, fromages et pommes de terre) et d'une ribambelle d'excellents vins.

AU NORD DE GRAZ

BRUCK AN DER MUR (8600) 15 800 hab. IND. TÉL. : 03862

Carrefour au confluent de la Mur et de la Mürz, la ville a de tout temps constitué un grand carrefour commercial. Et malgré les incendies qui l'ont ravagée à plusieurs reprises, elle arbore encore aujourd'hui quelques belles constructions Renaissance, ainsi qu'une forteresse *(Landskron),* qui jadis protégeait ses lucratives activités. La ville connut un déclin au XVIIIe s et dut sa reprise à l'arrivée du chemin de fer en 1844. C'est désormais une grosse bourgade paisible.

Arriver – Quitter

En train, en bus

Gare : *tt au bout de Bahnhofstr, ☎ 05-17-17. • oebb.at •*

➢ Liaisons tlj de/vers ***Vienne*** (env ttes les heures), ***Spielfeld-Straß*** via ***Graz*** (env ttes les 30 mn-1h), ainsi que vers l'est : ***Salzbourg, Innsbruck, Linz...***

Adresse utile

Tourismusinformation Bruck an der Mur : *Herzog-Ernst-Gasse 2. ☎ 55-020. • hochsteiermark.at • Lun-ven 8h-16h (14h ven).* Accueil aimable, plan de la ville et bonne doc.

LA STYRIE

Où dormir à Bruck an der Mur et dans les environs ?

Pension Baderhaus : *Ringelschmiedgasse 7. 0664-42-18-104. • baderhaus.at • En plein centre, au bord de la Mur. Doubles 98-120 €, petit déj compris. Parking gratuit. CB refusées.* Une adresse originale dans une vieille maison, véritable labyrinthe de couloirs et d'escaliers qui conduisent à une dizaine de chambres étonnantes et très personnalisées. La déco hétéroclite du moindre recoin vous fait voyager à travers le temps et les pays... On est très loin des chambres d'hôtel modernes et aseptisées. Jolie salle de petit déj sous une voûte de briques. Ambiance joyeux bazar, cool et sympa, tenue par l'accueillante Inge.

Jufa Natur-Hotel Bruck : *Stadtwaldstr. 1. ☎ (05) 70-83-370. • jufahotels.com • À env 2 km du centre. Tte l'année. Doubles 97-125 €, petit déj compris. Resto midi et soir : menu complet 19 €.* Propose des chambres et des appartements pour 1 à 5 personnes. En pleine forêt de l'autre côté de la rivière, mais à 20-25 mn à pied du centre-ville. Très tranquille et très vert, dans une jolie structure en bois rouge, plein d'espaces jeux pour les enfants. Moderne et bien tenu. Mais l'une des auberges les plus chères qu'on connaisse. Un avantage : plein de randos à faire dans la forêt à partir de l'hôtel.

Où manger ?

Die Weinerei im Baderhaus : *Schiffländ 15, en dessous de la Koloman-Wallisch-Platz, face à la Mur. ☎ 563-25. Tlj sauf dim-lun. Menus midi 9,20-11,50 € ; plats 14-20 €.* Aménagé dans les anciens bains-douches, un resto cosy surplombant la rivière, où les cols blancs aiment se retrouver en grandes tablées. Le chef propose une cuisine locale de marché et dont la carte varie au fil des saisons. En cave, pas moins de 250 étiquettes, avec une petite préférence pour les vins régionaux. En été, opter pour la terrasse avec vue sur la rivière. On y est plutôt bien !

Restaurant Riegler : *Koloman-Wallisch-Platz 11, sur la place principale. ☎ 549-04. Tlj sauf dim-lun. Service en continu. Menu 18 € ; plats 10-20 €.* Dans une maison verte du début du XVIIe s, construite sur les anciens remparts, des petites salles voûtées aux murs lambrissés et une terrasse sur l'arrière avec vue sur la Mur. Cuisine maison traditionnelle, réalisée avec des produits locaux essentiellement. Grand choix de plats : gibier, porc et bœuf sous toutes leurs formes, soupes... et même quelques plats végétariens bien tournés.

Où boire un verre ?

Si vous passez une soirée en ville, faites halte au ***Café Kornmesser*** sur la place *(mer-dim 9h-20h),* avec son large choix de vins et, tout près, le bar à vins ***Maurizio*** *(Roseggerstr. 21).* Sans oublier, ***Die Weinerei im Baderhaus*** (voir « Où manger ? »), pour profiter de sa superbe terrasse.

À voir

On fera une petite halte à Bruck pour admirer sur sa vaste place (la plus grande d'Autriche après Vienne), dotée de l'inévitable colonne de peste, le ***puits garni de fer forgé*** de 1626, chef-d'œuvre presque dentellier de la ferronnerie locale dans le pur style Renaissance. À l'angle de la place, au n° 22, la ***maison de pesage des céréales*** *(Kornmesserhaus),* demeure d'un grand bourgeois de la Renaissance qui eut le bon goût de s'inspirer de Venise en dotant sa façade d'une loggia et d'arcades décorées de choux frisés, à la manière du gothique flamboyant.

L'église des Frères-Mineurs : *Minoritenplatz. Mai-sept, lun-ven 9h30-17h (en théorie), plus sam mat.* Si elle est ouverte, on pourra admirer l'un des plus beaux orgues d'Autriche, datant de 1730. Au maître-autel, une Madone du gothique flamboyant (1480) et à gauche (mur nord), une fresque du XIVe s de l'école de *Giotto di Bondone,* fascinante par la profondeur qui s'en dégage. Dans la chapelle dédiée à saint Antoine de Padoue, voir la disposition triangulaire des figures, avec un Jésus vêtu de ses couches, debout sur un nuage, regardant droit dans les yeux un saint Antoine pour le moins compatissant. Juste en face, en partie masqué par le pilier qui supporte la chaire, le *Martyre de l'innocent sur le mont Ararat,* fresque majeure de l'art autrichien, dont la facture remonte à la fin du XIVe s.

La **colline du Château** *(Schlossberg)* surplombe la cité. *Accès par un escalier situé juste en face du Herzog-Ernstgasse 26a.* De là-haut, on comprend mieux pourquoi Bruck est considéré comme un carrefour : d'un côté, les axes de communication qui s'entrecroisent ; de l'autre, la paisible vallée. Comme à Graz, la colline possède sa tour de l'Horloge *(Uhrturm)*, en plus modeste, certes.

L'église St. Ruprecht : *Sank Ruperchtst. À l'ouest de la ville, à env 1,5 km du centre.* Ensemble modeste, composé de 2 petites nefs non symétriques, mais qui abrite une petite merveille. Magistrale fresque datée de 1416 du *Jugement dernier.* Peint sur l'arche voûtée, dos au chœur, ce véritable joyau pictural a une puissance évocatrice fantastique. Sur la gauche, une petite foule rayonnante de bonheur est présentée à saint Pierre agrippé à ses fameuses clés, prêt à leur ouvrir la porte du paradis, où attendent joie et extase, bonheur rayonnant sur tous les visages, anges ailés en supplément virevoltant gaiement, sous le regard bienveillant de Jésus. Mais quel avenir pour les pécheurs qui, rassemblés sur la droite, enchaînés nus ou transformés en squelettes, sont jetés entre les mains de terrifiants démons ? Voués aux pires châtiments, certains plongés dans l'eau bouillante, d'autres griffés, démembrés, hachés menus... Quant aux femmes joliment parées, en bas, présentées à un monstre répugnant, leur reprocherait-on le péché de la luxure ? Le tout magnifiquement conservé, avec un étonnant souci du détail.

DANS LES ENVIRONS DE BRUCK AN DER MUR

Le **Grüner See** : ce lac vert a été élu en 2014 comme le plus beau site du pays. La balade s'impose donc ! À env 28 km au nord de Bruck an der Mur, à ***Tragöss-Oberort.*** La vallée qui y conduit est déjà magnifique et ce lac est un petit joyau émeraude enserré dans les montagnes du Hochschwab. Sa particularité : il est de taille modulable, grandissant puis rétrécissant en fonction des saisons ; il passe de 2 m à 12 m de profondeur et double sa superficie au moment de la fonte des neiges. Une eau cristalline et froide submerge alors chemins de randonnée, arbres, bancs et pontons... Boucle de 2h, balisée et facile. Grand parking payant au départ de la rando et auberge sympa, *Seehof Wenniger,* à 2 pas du lac (accessible par la route pour les personnes à mobilité réduite).

Freitzeitsee Camping Zenz et Gasthaus Seestürbel Zenz : *Pichl Grossdorf 27, 8612* ***Tragöss.*** *☎ (03868) 84-10. (0664) 644-29-49. • zenzsee.at • À env 20 km au nord de Bruck an der Mur, près du Grüner See. Compter env 20 € pour 2 avec tente et voiture ; loc d'embarcations à pédales et canoës.* Un joli camping tranquille au bord d'un petit lac environné de bois, où on peut pêcher, canoter ou se baigner. Un cadre idyllique pour se ressourcer en famille. Le restaurant propose une cuisine régionale simple (salades, assiettes de charcuterie...).

À L'OUEST ET UN PEU AU NORD DE GRAZ

JUDENBURG (8750) 9 900 hab. IND. TÉL. : 03572

Petite cité sur la Mur, un peu perdue dans les montagnes, Judenburg a conservé un château et des murailles. Elle doit son nom à une colonie juive

qui fit sa prospérité au Moyen Âge. La 1re mention de la ville remonte à 1074, sous le nom de *Judinburch.* Plus étonnant, elle conservera son nom pendant l'époque nazie, malgré un projet, avorté, de la rebaptiser, on croit rêver, « Adolfsburg » !

Adresse utile

Tourismusverband Murtal : *Hauptplatz 6. ☎ (03577) 26-600. ● judenburg.com ● Tte l'année, lun-ven slt 9h-12h, 13h-17h (16h en hiver).* Plan de ville et accueil parfois en français.

Où dormir ? Où manger à Judenburg et dans les environs ?

Camping Frauenburg : *dans le village d'**Unzmarkt,** (0664) 436-29-99. Compter env 12 € pour 2 avec tente et voiture.* Un camping familial à taille humaine attenant à une zone de loisirs. Emplacements non délimités, on se met où on veut. Plusieurs sentiers de rando à explorer dans le secteur.

***Jufa Hotel zum Sternenturm** (AJ) : Kaserngasse 22 (en face du musée Puch). ☎ (05) 708-32-90. ● jufahotels.com ● Chambres (2-5 pers) 45-75 €/pers, petit déj inclus. Repas pas cher, servi midi et soir. Sauna. Parc de jeux. Parking.* Une ancienne caserne, rénovée, qui révèle bien des surprises... dont des fresques intéressantes à détailler ! AJ qui propose une trentaine de très belles chambres, de toutes tailles, très bien équipées. Rien à voir avec les AJ-dortoirs-pour-ados qui émaillent l'Autriche en général. Celle-ci est vraiment personnalisée, notamment dans ses parties communes, fort agréables. Un vrai lieu de villégiature en somme. Excellent accueil.

Gasthaus Gruber : *Hautplatz 6. (0664) 959-19-81. Mer-sam, tte la journée en continu. Menu au déj en sem 11,80 € ; plats 12-17 €.* Médaillon de porc au cognac *(hauspfandl),* cordon bleu, *goulash,* viandes grillées, assiette végétarienne... Le choix est large et les prix sont doux. Voici sans doute pourquoi les locaux ont ici leur rond de serviette et s'attablent comme chez eux dans cette salle chaleureuse. Le soir, bougies sur les tables et, en été, belle terrasse sur la grande place.

Pizzeria San Marco : *Weyergasse 1. ☎ 422-00. Ruelle pavée pratiquement dans le prolongement de la Hauptplatz. Tlj sauf mar-mer, midi et soir. Plats 8-20 €.* C'est l'italien de la ville. Dans un intérieur campagnard et rustique ou en terrasse dans la ruelle piétonne, une cuisine bien ficelée. Pizzas, *focacce* généreuses, et tous les poncifs de la cuisine transalpine.

Konditorei Sorger : *Hauptplatz 9. Tlj sauf sam ap-m et dim 7h-18h. ☎ 425-65.* Excellents gâteaux et viennoiseries. Bien pour le petit déj ou pour une pause dans l'après-midi.

À voir

Stadtmuseum : *Kaserngasse 27. ☎ 850-53. ● judenburg.at/museum ● Juil-août, mar-sam 9h-17h ; le reste de l'année, mar-ven 9h-14h, sam 10h-17h. Fermé dim-lun. GRATUIT.* Outre la maquette représentant la cité au Moyen Âge, ce petit musée évoque différents aspects historiques de la ville par le biais d'objets éclectiques, présentés sur 3 niveaux. Reliefs de fouilles datant de l'époque romaine, éléments de la période baroque (curieux Christ sculpté dont le sang giclant est figuré par de petits tuyaux rouges). Évocation du *nard celtique* (une sorte de valériane, *Speik* en allemand), le parfum le plus répandu au Moyen Âge, qu'on ajoutait aussi au vin pour corser son goût. Dans l'escalier, une antique draisienne, ancêtre du vélo. Et puis encore quelques uniformes, armes, vêtements liturgiques, un peu de mobilier, quelques sculptures religieuses... Le 3e niveau, le plus complet, regroupe des outils et machines liés aux métiers d'autrefois (forgerons, cordonniers, tisseurs, serruriers...). Remarquez la machine à écrire Mercedes et l'ancêtre de notre machine à laver...

Sternenturm** (panorama et planétarium) : immanquable, elle trône sur la Hauptplatz. ☎ 440-88. ● sternenturm.at ● De mi-juil à mi-sept, tlj 10h-18h ; en hiver, mer-dim slt. Entrée planétarium : 12 € ; réduc. 3 € si on se contente de monter voir le panorama (mais gratuit si l'on consomme au café situé au sommet).* 254 marches à gravir ! C'est le prix à payer pour atteindre le sommet de cette tour du XVe s haute de 75 m, entièrement rebâtie en 1840 suite à un incendie. Là-haut, superbe panorama. ***Le planétarium (un des plus modernes et le plus haut d'Europe) projette un film de 1h suivi d'une conférence d'une vingtaine de minutes (en allemand et anglais). Installé dans de confortables fauteuils basculants, vous avez le nez dans les étoiles face à une voûte céleste plus vraie que nature. Pour en profiter au mieux, asseyez-vous le plus loin possible de l'entrée.

***Puchmuseum** : Murtaler Platz 1. ☎ 471-27. ● puchmuseum.at ● Avr-oct, mer-dim 10-17h. Entrée : 5,50 € ; réduc ; gratuit avec la Steiermarkcard.* Petite exposition des véhicules à 2 et 4 roues de la marque *Puch,* du vélo à l'utilitaire en passant par la moto ou la voiture de course...

DANS LES ENVIRONS DE JUDENBURG

Abtei Seckau** (abbaye bénédictine de Seckau) : 8732 **Seckau.** ☎ (03514) 523-40. ● abtei-seckau.at ● Tte l'année. Accès libre à l'église de l'abbaye (tlj 6h-20h).* À 35 km au nord-est de Judenburg, c'est le siège actif d'une communauté de bénédictins venus de Bavière, bien installés sur ce contrefort alpestre à 800 m d'altitude. ***La basilique romane offre 3 larges nefs et autant d'absides, à l'instar des églises d'Allemagne du Sud. Elle est précédée d'un porche, où l'on notera la présence d'une Vierge à l'Enfant (côté gauche, en hauteur). À l'intérieur, sobriété des épaisses colonnes rondes et intéressantes pierres tombales armoriées (mur de droite notamment). La voûte gothique aux nervures élégantes fut construite à la fin du XVe s. Sur le bas-côté gauche, la ***chapelle des Anges*** *(accessible sur demande à la boutique en face de l'église ; tarif : 2 €).* Elle est décorée de fresques illustrant l'Apocalypse peintes par Herbert Boeckl dans les années 1950, dans un style expressionniste plutôt décoiffant ! On y retrouve, stylisés, tous les grands protagonistes mythiques de la fin des temps : l'Antéchrist chevauchant un monstre à plusieurs têtes, une coupe à la main, un cavalier dont la balance évoque le purgatoire, des diables, etc. Juste sur la droite de celle-ci, dans la ***chapelle du Saint-Sacrement,*** sur l'autel, voir le petit bas-relief en albâtre de la *Vierge à l'Enfant,* considéré comme statue miraculeuse. Elle attira de nombreux pèlerins au XIVe s. Côté gauche du chœur, on verra le ***mausolée de l'archiduc Charles II*** (1580) fermé par une grille. 8 autres Habsbourg lui tiennent compagnie. Décor extravagant. Noter l'incroyable travail du marbre et le plafond au riche décor parsemé d'anges. Il détonne franchement dans cette sobre abbaye par le faste de son style baroque. Au-dessus du maître-autel, sur une poutre de chêne, un calvaire roman de la fin du XIIIe s, sobre et splendide.

L'ABBAYE D'ADMONT

À mi-chemin sur la route entre Graz (112 km) et Linz (128 km), aux confins de la Haute-Autriche, dans une plaine ceinturée d'un magnifique cercle montagneux, l'abbaye bénédictine d'Admont vaut le détour pour son extraordinaire *bibliothèque baroque* rescapée d'un incendie qui ravagea complètement le complexe monacal ainsi que le village en 1865.

Office de tourisme Admont : *Hauptstr. 35. ☎ (03613) 211-60-10. • gesaeuse.info • Dans le centre du village, juste avt d'entrer dans le complexe d'Admont. Lun-ven 9h-17h (plus sam et j. fériés 10h-16h juil-sept). Fermé dim.* Nombreuses docs sur la région d'Admont, et notamment sur le parc naturel de Gesäuse. Renseigne sur les disponibilités d'hébergement

Benediktinerstift Admont : *☎ (03613) 231-26-04. • stiftadmont.at • Avr-mai et de nov à mi-déc, mer-dim 10h30-15h30 ; juin-oct, tlj 10h-17h. Fermé de mi-déc à mars. Le ticket comprend la visite guidée de la bibliothèque (30 mn, en allemand). Entrée : 16,50 € ; réduc. Audio-guide 4 €.*
Si la fondation de l'abbaye remonte au XIe s, il n'en subsiste plus trace. L'église abbatiale a flambé, elle aussi. Elle a été reconstruite en 1868 dans le pur style néo-gothique. On a même réussi à recruter quelques ossements d'un saint bénévole pour faire office de relique dûment estampillée authentique.

La bibliothèque

Dans les bâtiments conventuels. Déploie tous les fastes et l'emphase d'un baroque au sommet de son art : 70 m en longueur d'un pavement de marbre en losanges à donner le vertige de part et d'autre d'une rotonde centrale sous coupole. Des rayonnages de livres rythmés par des colonnades de faux marbre à chapiteaux dorés et dont la capacité a été dédoublée par les embrasures des hautes fenêtres. Par-dessus, une galerie aux balustrades de fer forgé, accessible par 4 escaliers en colimaçon, dissimulés par des panneaux de faux livres ! Aux 4 angles, des pièces de part et d'autre de la rotonde centrale. Repérer les petites charnières.

Les plafonds sont travaillés en fausses coupoles en trompe l'œil. ***Bartolomeo Altomonte*** en est le génial maître d'œuvre. Remarquer l'ange de la 1re coupole tenant une ardoise. Dessus, Altomonte a peint la date d'achèvement des plafonds : 1776. Le thème de chaque fresque est bien entendu en rapport avec le contenu des étagères. Dans l'ordre à partir de l'entrée : l'art et la technique, les sciences naturelles, la théologie, la foi (au centre), la jurisprudence, l'histoire et la philosophie.

ALTOMONTE PAR ALTOMONTE

Altomonte acheva ces renversants plafonds à l'âge de 82 ans ! Comme souvent dans ses œuvres monumentales, le peintre se représenta lui-même au milieu des personnages. On vous aide : 2e coupole en partant de l'entrée, le personnage le plus humble de la fresque, celui qui, un peu de côté, sur la gauche, manipule timidement un bâton dans une jarre. En toute modestie…

Sous la coupole centrale, aux angles, les célèbres groupes de bois sculpté de ***Josef Stammel,*** les *Fins dernières,* avec pour thèmes : la mort, le Jugement dernier, le ciel et l'enfer. La mort est figurée par un squelette ailé qui surgit derrière l'épaule d'un pèlerin (coquille Saint-Jacques et bâton) au terme de son voyage. Dans ses mains, le sablier du temps et la flèche destinée à frapper. Les putti à ses pieds symbolisent le caractère fugitif de la vie.
Le *Jugement dernier* met en scène un bellâtre qui, ressuscité, s'apprête à subir le jugement du Christ. Il se débarrasse de son linceul et écarte du pied une pierre tombale. À ses pieds, un curieux diablotin à binocle chargé de l'énoncé des fautes terrestres du justiciable. Les péchés ont été consignés dans le livre qu'il porte sur le dos.
Le ciel, siège de toutes les félicités, est à l'image de la gracieuse créature portée par un ange et brandissant un cœur tandis que la Trinité la coiffe d'une auréole. Les raisons de sa grâce se trouvent à ses pieds par l'évocation des vertus auxquelles elle s'est adonnée : la prière, l'aumône et le jeûne.
Quant à l'enfer, c'est l'exacte symétrie du ciel, où un ange porte un personnage féminin vers les nues ; ici, le sculpteur nous montre une créature masculine vouée

à la damnation éternelle, dont les jambes sont déjà entraînées vers le bas par un diable effrayant. Tous ses péchés, responsables de sa triste destinée, sont inventoriés : la vanité (le paon), la paresse (le bonnet de nuit), l'avarice, la gourmandise, etc. Mais où est donc la luxure ? Bref, vous l'aurez compris, tout le catéchisme est ici résumé en 4 sculptures, un exploit !

Stammel a aussi consacré son talent à réaliser des petits bustes aux angles des rayonnages. Artistes, écrivains, savants et philosophes connus au XVIIIe s montent donc la garde de ce temple du savoir : on peut reconnaître *Aristote, Platon, Dürer, Corneille, Ovide, Pline, Plaute, Phidias...* Dans les armoires centrales, quelques-uns des prestigieux ouvrages parmi les 1 400 manuscrits et les 150 000 volumes conservés dans la bibliothèque, judicieusement protégés de la lumière. Avant de partir : petit détail du souci hyperréaliste d'Altomonte, les quelques fissures du plafond ne sont pas dues à un manque d'entretien mais sont vraiment peintes. Le baroque, c'est aussi le domaine du faux-semblant.

Les musées

Aux 1er et 2e étages, au-dessus des guichets.

– ***Le musée des Beaux-Arts*** présente des objets liturgiques de belle facture : ciboires, calices et ostensoirs, jolies chasubles, ainsi que des œuvres d'art provenant notamment de l'église qui a brûlé – une Vierge à l'Enfant du XVe s, un autel portatif de 1375, un superbe christ ressuscitant à côté d'une bougonne Marie Madeleine (œuvre d'un moine sculpteur du XVIIe s), une émouvante pietà de *Jacob Zanusi* (baroque, huile sur toile). À l'étage du dessus, quelques salles sont consacrées à des expos temporaires.

– ***Le musée d'Histoire naturelle,*** lui, est traité comme un cabinet de curiosités du XIXe s : herbiers, bocaux remplis de serpents, animaux empaillés, très impressionnante collection d'insectes et un inventaire de pommes et de poires naturalisées, à mettre au crédit d'un moine visiblement passionné par le « fruit défendu », qui l'a constitué au début du XIXe s. Les salles multimédias, juste avant d'arriver dans la bibliothèque, présentent l'histoire de l'abbaye et de la région.

– La ***salle des Manuscrits,*** avec une présentation de livres anciens et d'incunables. Ces vieux grimoires, gravures et cartes montrent une représentation du monde datant de 1200, décrivant la Terre comme un simplissime disque plat où ne sont figurés que les 3 continents connus à cette époque.

🍷 |●| Agréable terrasse du ***Stiftskeller*** pour se remettre de ses émotions.

LA CARINTHIE

• Carte *p. 434-435*

La Carinthie est le Land le plus méridional d'Autriche, mais aussi le plus vert avec plus de 50 % du territoire couverts de forêts. À l'est, c'est une grande cuvette entourée de montagnes qui s'étagent progressivement vers le Tyrol oriental, avec pour point culminant le *Grossglockner* et ses 3 797 m. Grâce à l'effet de *fœhn* qui assèche le versant opposé à l'arrivée des perturbations, cette destination toute trouvée pour les vacances se targue d'être le Land le plus chaud et le plus ensoleillé du pays. Une bonne grâce de la nature évidemment propice au développement balnéaire, avec des lacs d'eau pure dont la température avoisine les 25 à 28 °C en plein été. Rien d'étonnant alors que la Carinthie soit devenue la Riviera de l'Autriche. Sur les rives du *Wörthersee*, les prix sont carrément ceux de la Côte d'Azur ! Un tropisme déjà acquis aux romantiques du XIXe s – Brahms n'écrivait-il pas à ses amis « la Carinthie est comme une marche vers ce que la nature a de plus beau et de plus grandiose... » ?
Mais la Carinthie, c'est aussi l'hiver, avec un réseau de stations de ski alpin, de ski de fond et des lacs gelés offrant un tas d'occasions de patiner. Bref, le paradis des amoureux de la nature. Les inconditionnels du trek urbain, quant à eux, passeront leur chemin (les villes ne sont pas toutes mémorables), à moins que leur prenne l'envie de se déstresser dans l'un des nombreux centres de remise en forme, où ils trouveront toujours peignoir et savon noir à la hauteur de leur envie de papouilles.

UN PEU D'HISTOIRE

Une terre de protestantisme

Isolé dans ses montagnes aux vallées hostiles et difficiles d'accès, ce Land autrichien résista longtemps à la reconquête catholique. Aujourd'hui, 12 % de la population de la Carinthie est protestante (5 % au niveau national). Les gros propriétaires étaient catholiques, ce qui poussa une partie de la petite paysannerie vers l'anticléricalisme.

Un Land germanophile aux confins du monde slave

Les tensions avec les Slovènes débouchèrent sur un conflit armé. La toute nouvelle fédération de Yougoslavie, incluant les Slovènes, revendique le sud de la Carinthie. La ville de Klagenfurt et sa région sont occupées. La guerre contre les Slovènes prend alors pour les Carinthiens la forme d'une lutte pour la germanité contre le péril slave.
Voilà pourquoi cette région se considère encore aujourd'hui comme un bastion avancé de la culture germanique aux confins du monde slave, même les habitants se sont souvent sentis abandonnés. « En 1918, Vienne nous a abandonnés », tel est le sentiment qui anime encore de nos jours ses politiciens. On choisit alors la solution du référendum.
En 1920, les Carinthiens doivent choisir entre la Yougoslavie ou l'Autriche. La majorité décide de rester dans l'Autriche. On maintient cependant les 2 langues, l'allemand et le slovène, que l'on constate sur les panneaux d'entrée de ville.

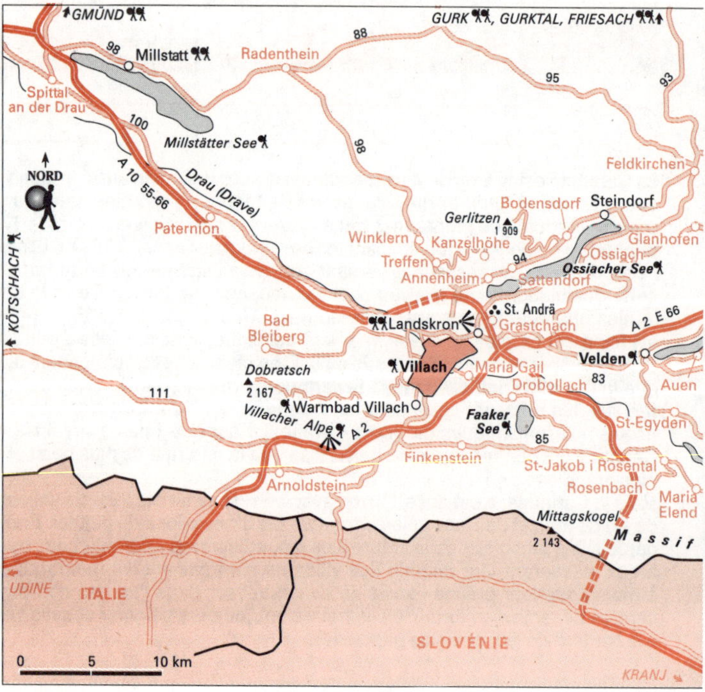

Le rattachement de l'Autriche au IIIe Reich

En 1938, les communes protestantes de Carinthie votèrent massivement en faveur du « oui » à l'Anschluss. Durant la période nazie, la région adhéra au nationalisme pangermaniste. Après 1945, la haute administration, qui avait servi le national-socialisme, reprit ses fonctions sans être « dénazifiée ».

L'ultraconservatisme d'un canton très européen

Depuis, dans ce petit territoire refermé sur lui-même, et attaché d'une manière chauvine à ses traditions, on se méfie toujours de Vienne, capitale cosmopolite, moderne et sociale-démocrate. En Carinthie, près de la moitié des hommes portent régulièrement le costume traditionnel. Traditionalisme et ultraconservatisme ont trouvé ici des conditions idéales pour s'épanouir, jusqu'à intégrer les idées xénophobes de l'extrême droite. Les élections régionales (2013 et 2018) témoignent régulièrement de cette tendance lourde. La parenthèse de feu Jörg Haider serait-elle refermée ?

Adresse et infos utiles

– ***Kärnten Card :*** *• kaerntencard.at • Selon saison, pour 1 sem, adulte 52-58 €, 6-15 ans 27-38 €, gratuit moins de 6 ans ; pour 2 sem, 66-73 €.*

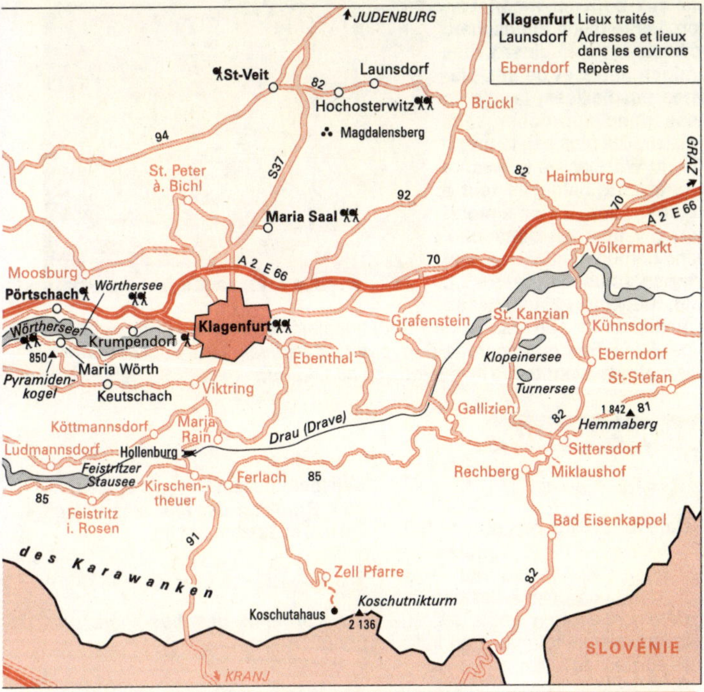

LA CARINTHIE

Achat possible dans les offices de tourisme ou sur Internet. Carrément intéressant ! Vous pouvez (de début avril à début novembre seulement) visiter gratuitement plus de 100 lieux touristiques ou culturels en Carinthie, et prendre gratuitement certains bateaux des lacs, généralement chers, ainsi que les téléphériques. À noter que le *Wörthersee* n'est pas compris dans la carte. Même si vous ne séjournez que peu de temps dans la région, ça peut valoir le coup de l'acheter. Brochure listant les sites et musées inclus dans la carte disponible dans tous les offices de tourisme de Carinthie.

KLAGENFURT ET SES ENVIRONS

KLAGENFURT (9020) 102 620 hab. IND. TÉL. : 0463

• Plan *p. 437*

Bourgeoise et de style Renaissance grâce aux architectes italiens qui la relookèrent au XVIe s, il flotte à Klagenfurt, capitale de la Carinthie, un

délicieux petit air méditerranéen, teinté d'une atmosphère provinciale. Au fil de ses rues commerçantes et de ses placettes ensoleillées, la ville se laisse donc approcher sans déplaisir. Qui plus est, la proximité du Wörthersee lui assure un petit côté balnéaire tout à fait charmant. Éviter simplement d'y aller un dimanche, quand nombre d'adresses sont fermées (musées, restos...). Enfin, Klagenfurt est le théâtre de manifestations de renommée internationale, tels l'*Ironman* (triathlon XXL), l'*Alpe-Adria-Trail* ou encore le *Bodypainting festival,* sans oublier les programmations ayant trait à la musique ou au théâtre.

LE DRAGON, SYMBOLE DE LA VILLE

Selon la légende, le Lindwurm, un animal fabuleux, aurait fait de la plaine de Klagenfurt son repaire. Les Carinthiens décidèrent de faire appel à Héraclès. Le demi-dieu grec, qui n'en était pas à son 1er exploit, tua la bête et s'en retourna en Grèce, où il avait d'autres hydres à fouetter.

Arriver – Quitter

En train

Gare ferroviaire *(hors plan par B2)* **:** *sur Walther-von-der-Vogelweide-Platz, un peu au sud de la ville. Rens : ☎ 05-17-17. • oebb.at •* Des bus font régulièrement la liaison avec la Heiligengeistplatz, plaque tournante du trafic, située au cœur de la ville.

➢ ***De Graz*** (env 3h avec changement à Bruck an der Mur) ; ***de Vienne*** (3h50).

➢ Nombreuses liaisons également pour ***Bruck an der Mur*** (2h), ***Villach*** (30 mn) et ***Salzbourg*** (3h).

En bus

Terminal des bus *(hors plan par B2)* **:** *à proximité de la gare (voir ci-dessus).*

➢ Liaisons avec quasiment ttes les villes de province.

Adresses utiles

Tourist Information Klagenfurt *(plan A1-2)* **:** *Neuer Platz 5. ☎ 287-463 • visitklagenfurt.at • Lun-ven 9h-17h. Fermé w-e (sauf juil-août et déc : sam 9h-16h ; dim 10h-15h). Visite guidée de la vieille ville (allemand et anglais), ven-sam à 10h (plus mer à 10h en juil-août). Prix : 5 € (gratuit avec la Wörthersee Plus Card).* Plans gratuits de la ville et brochure en français avec promenades à faire à partir du centre-ville. Nombreux docs en anglais. Bon accueil en anglais (parfois en français).

Location de vélos **:** *à l'office de tourisme. 15 €/j. le vélo.*

Où dormir ?

Les petits budgets pourront glaner quelques adresses de chambres chez l'habitant à l'office de tourisme.

Camping

Camping Klagenfurt Wörthersee **:** *Metnitzstrand 5. ☎ 287-810. • camping-woerthersee.at • Sur le Wörthersee, à l'ouest de la ville (bus nos 10). Début avr-fin sept. 27-50 € pour 2 avec tente et voiture. Loc de vélos.* Vaste, très vert, au calme, agréable et ombragé, avec la forêt au loin. Propreté impeccable. Accès au lac *(Strandbad)* : 2 € pour les résidents du camping (plus une caution de 10 €). Activités organisées pour les enfants. Minigolf.

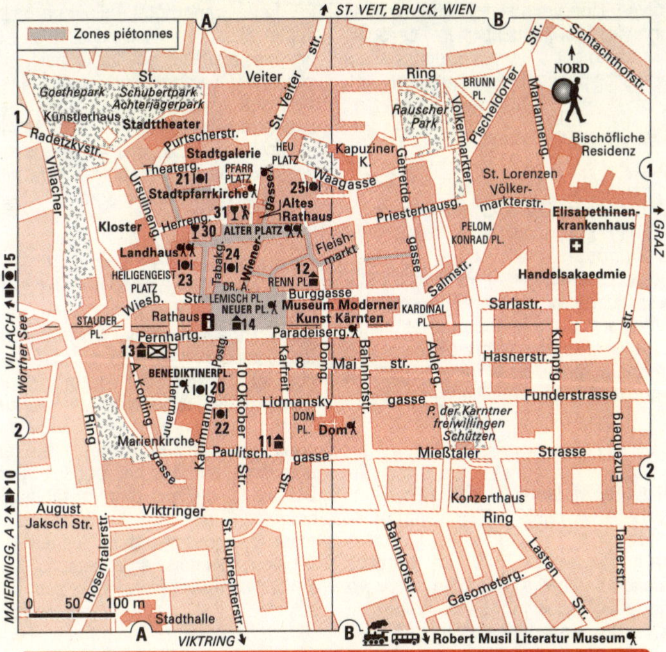

KLAGENFURT

Adresse utile

- Tourist Information Klagenfurt (A1-2)

Où dormir ?

- **10** Jugendgästehaus (hors plan par A2)
- **11** Cityhotel zum Domplatz (A2)
- **12** Hotel Moser (A1)
- **13** Sandwirth Hotel (A2)
- **14** Schlosshotel Palais Porcia (A1-2)
- **15** Weidenhof Hotel (hors plan par A1)

Où manger ?

- **20** Benediktinerplatz (A2)
- **21** Zum Augustin (A1)
- **22** Gasthaus zum Pumpe (A2)
- **23** Gasthaus im Landhaushof (A1)
- **24** Osteria dal Conte (A1)
- **25** Zum Heiligen Josef (A1)

Où boire un verre ? Où sortir ?

- **30** Herrengasse (A1)
- **31** Die Burg (A1)

Bon marché

Jugendgästehaus *(AJ ; hors plan par A2,* ***10****)* **:** *Neckheimgasse 6. ☎ 23-00-20. • hiyou.at. • De la gare, bus C (arrêt Neckheimgasse), ou nº 92 depuis Heiligengeistplatz. À côté de l'université. Tte l'année. Réception en continu l'été 7h-22h ; le reste de l'année 7h-10h, 16h-20h. Lit en dortoir (5-6 pers, non mixte) 29 €/pers, petit déj-buffet compris ; une poignée de chambres doubles env 80 €. Déjeuner et dîner 9 € (une affaire !). Compter 2 € en plus/pers pour les séjours de moins de 3 nuits. Taxes en plus (2,60 €/pers).* Une grosse structure moderne, située en plein quartier des universités, à environ 15 mn à pied de la *Strandbad* du Wörthersee. Les chambres, spacieuses, tout comme les dortoirs, se révèlent absolument impeccables, bien agréables et tranquilles. Tous les hébergements avec salle de bains privée. Une vraie bonne affaire, dans une ville globalement chère. Le quartier abrite par ailleurs plusieurs petites adresses pour casser la croûte.

De prix modérés à prix moyens

Cityhotel zum Domplatz *(plan A2,* ***11****) : Karfreitstr. 20. ☎ 543-20. • cityhotel-klagenfurt.at • Doubles 80-85 €, sans petit déj.* Reconnaissable à sa façade vert pastel. Très central, cet hôtel familial d'une douzaine de chambres sobres et confortables est une bonne surprise, de la déco élégante à l'accueil très souriant. On s'y sent bien !

De prix moyens à très chic

Hotel Moser *(plan A1,* ***12****) : Domgasse 2. ☎ 89-02-00. • select-hotels.com • Doubles standard 90-200 €, sans petit déj (18 €).* La superbe façade saumon, ornée d'un décor Art nouveau, nous plonge au début du XXe s. Un régal. Le hall d'accueil et les chambres nous font revenir dans la modernité de notre siècle : design bien senti, beaucoup d'espace, couleurs douces, confort total et service impeccable. Notons encore la présence de l'agréable *skybar* et du *rooftop*. Et si les tarifs vous semblent élevés, il vous faudra surveiller les promos régulières sur le site de l'hôtel.

Sandwirth Hotel *(plan A2,* ***13****) : Pernhartgasse 9. ☎ 562-09. • sandwirth.at • Doubles standard 125-170 €, petit déj 19 €.* Grand hôtel rutilant en plein centre-ville, qui accueille aussi bien les hommes d'affaires que les touristes de passage. Chambres spacieuses, classiques et soignées, très confortables. Excellent petit déj-buffet. Accueil prévenant et aimable. Une adresse sans rien qui dépasse, mais qui fait le travail.

Hotel Palais Porcia *(plan A1-2,* ***14****) : Neuer Platz 13. ☎ 511-59-0. • palais-porcia.at • Sur la pl. principale. Doubles 119-146 €, avec petit déj ; suites également.* Un hôtel délicieusement kitsch dont l'accès est farouchement gardé par 4 nymphettes drapées de marbre. Rien que la réception, au 3e étage, vaut son pesant de cacahuètes : surcharge d'or et de miroirs, voilages cramoisis. Seuls les couloirs sont restés sobres. Dans les chambres, mobilier néorococo : lits à baldaquin, chaises Empire, tableaux acidulés. C'est un genre, indéniablement. Quelques chambres donnent sur la place ; les choisir en priorité.

Weidenhof Hotel *(hors plan par A1,* ***15****) : Wörthersee-Süduferstr. 66. ☎ 28-15-40. • weidenhof.at • À env 3 km du centre, non loin du lac. Double standard 130 €, avec petit déj-buffet. Parking gratuit.* Si l'extérieur de l'établissement ne marque pas les esprits, l'intérieur s'avère charmant, l'atmosphère familiale, les chambres impeccables, et le service de qualité. Et si vous ne souhaitez pas ressortir le soir, le resto propose une jolie carte de spécialités locales revisitées avec intelligence. Jardin agréable et sauna (inclus). Et le lac n'est qu'à 10 mn à pied.

Où manger ?

Benediktinerplatz *(plan A2,* ***20****) : marché tlj sauf dim, le matin.* Pour un repas le midi ou juste pour boire un verre, un rendez-vous bien sympathique. Sur la très séduisante et animée place du marché, plusieurs petits restos étalent leurs tables en terrasse. On mange d'appétissants produits du terroir, charcuterie ou poisson du lac, à des prix légers. Un endroit populaire et coloré. Les jeudi et samedi midi, d'autres petits restos ouvrent sous la halle.

Zum Augustin *(plan A1,* ***21****) : Pfarrhofgasse 2. ☎ 51-39-92. Tlj sauf dim 11h-minuit (cuisine 22h). Formule du midi en sem 11 € ; plats 10-20 €.* Cour intérieure fleurie de style Renaissance, agrémentée d'une vigne galopante. Noter les restes d'une fresque du XVe s sous la voûte en entrant. Spécialités carinthiennes copieusement servies dans une salle rythmée par des banquettes de bois. La carte fait le grand écart entre la *Schnitzel* et le filet de poisson en passant par la *Currywurst,* sans oublier les propositions végétariennes. On se retrouve ici plutôt le midi (plat du jour). Le soir, c'est au bar *Augustin* qu'est l'animation, de l'autre côté du pâté de maisons (en traversant le passage voûté). Microbrasserie moderne et jeune.

Gasthaus zum Pumpe *(plan A2,* ***22****)* **:** *Lidmanskygasse 2. ☎ 571-96. Lun-sam 9h-23h (14h sam). Menus déj en sem 10,50-13 € ; plats 10-16 €. Carte en français sur demande.* Dans une maison rose à côté de la Benediktinerplatz, une adresse populaire et bon enfant, à l'ambiance chaleureuse, pour une cuisine traditionnelle revigorante servie dans un intérieur aux boiseries usées par le temps. Pour manger, se laisser guider par les suggestions du jour. Pratique : certains plats sont proposés en 2 tailles. Aux beaux jours, opter pour l'ombre des platanes de la jolie cour intérieure.

Gasthaus im Landhaushof *(plan A1,* ***23****)* **:** *Landhaushof 1. ☎ 50-23-63. Tlj 11h-23h (cuisine 22h). Plats 9-23 €.* Plusieurs salles voûtées équipées de banquettes de bois et une grande terrasse dans la cour pavée qui accueillent non-stop gourmands locaux ou de passage. Une solide équipe pour le service d'une cuisine savoureuse. Goûtez à l'excellent bœuf cuisiné de maintes façons, dont en *Tafelspitz,* le pot au feu local. Une adresse qui tourne rond !

Osteria dal Conte *(plan A1,* ***24****)* **:** *Tabakgasse 4. ☎ 570-00. Tlj sauf dim, midi et soir. Plat du jour 11 € ; pâtes 10-16 € ; plats 11-28 €.* En plein centre, un resto qui fleure bon la vieille Italie qu'on aime. On y vient pour la *pasta del giorno,* les lasagnes ou les gnocchi maison. Les desserts lorgnent aussi vers la péninsule, et personne ne s'en plaint. Belle sélection de vins.

Zum Heiligen Josef *(plan A1,* ***25****)* **:** *Osterwitzgasse 7. ☎ 50-08-07. Tlj sauf dim, midi et soir. Plats 12-30 €.* Un classique du circuit culinaire de la ville, qui propose des spécialités carinthiennes bien dans la tradition. Le lieu est agréable, le service itou. L'été, petite terrasse abritée par 2 frêles érables et un auvent, et *biergarten* dans la cour.

Où boire un verre ? Où sortir ?

La **Herrengasse** *(plan A1,* ***30****)* concentre plusieurs bars qui débordent sur le trottoir aux beaux jours. À partir de 22h (et jusqu'à environ 2h du matin en fin de semaine), elle rassemble tout ce que la ville compte d'étudiants et de postétudiants pour un verre entre potes. Les bars se nichent dans les étroits passages qui donnent sur la rue. Parmi ces adresses, épinglons le ***Checkpoint Charlie,*** le ***Bei Uns,*** mais aussi le ***Vertigo,*** au fond du *Morlepassage.* À 2 pas, dans la *Pfarrhofgasse* (parallèle à Herrengasse), on trouve le ***Molly Malone,*** l'*Irish pub* de service, avec ses fléchettes et ses banquettes de bois sombre.

Die Burg *(plan A1,* ***31****)* **:** *Pfarrplatz 20. • dieburg.at • Tlj 22h-4h.* Boîte-bar ou bar-boîte selon l'heure. Chaque week-end, c'est plein à craquer.

À voir

L'office de tourisme édite un petit plan bien fait pour partir à la découverte du centre-ville et de ses principaux centres d'intérêt. Pour ceux qui séjournent en ville, demandez à votre hôtelier la ***Wörthersee Plus Card*** (gratuite) qui donne accès à certains musées ou offre une réduction pour d'autres.

Neuer Platz *(place Neuve ; plan A1-2)* **:** pas si neuve que ça, puisqu'elle fut édifiée en 1518. L'élégante place est depuis le cœur de la ville où bat celui d'un dragon, le *Lindwurm,* emblème de la cité taillé dans du schiste vert vers 1590. La statue d'Hercule qui lui fait face, gourdin alourdi d'épines menaçantes au bras, fut ajoutée plus tard, en 1636, tout comme la belle grille en fer forgé. Encadrant la place, au n° 13, façade rococo de l'ancien ***palais Porcia.*** La mairie occupe aussi un palais de 1580, qui hérita au début du XIXe s d'une façade néoclassique. À l'est, statue sévère de Marie-Thérèse (1764).

Museum Moderner Kunst Kärnten *(MMKK ; plan B1) :* *Burgasse 8. ☎ (050) 536-341-12. • mmkk.at • Tlj sauf lun 10h-18h (20h jeu). Entrée : 5 € ; réduc.* Musée de la Carinthie en 1933, ce bâtiment servi de QG à la Gestapo pendant la Seconde Guerre mondiale. Les belles salles de ce musée mettent parfaitement en valeur la collection permanente d'art contemporain, complétée par des expositions temporaires. La chapelle du château, de 1733, ornée de fresques de *Fromiller* sert aussi de salle d'exposition, et la cour à arcades du XVIe s, de salle de cinéma en plein air l'été !

Alter Platz *(plan A1) :* au croisement des axes menant aux 4 portes de la ville, elle fut longtemps le centre de la ville médiévale. Zone piétonne, il se dégage de la Vieille Place un air tout méridional. Depuis son extrémité est, la perspective sur les belles demeures peintes est remarquable. Colonne de peste de 1680 ornée d'un croissant surmonté d'une croix qui fait référence à la victoire de Vienne contre les Ottomans en 1683. Au no 1, l'ancien *Rathaus* (mairie) avec horloge, fresque et cour à arcades. Au no 34, cour à arcades. Au no 30, le *palais Goëss,* du XVIIIe s, avec portail baroque et balcon en fer forgé. Au no 31, la maison *Zur Goldenen Gans* (« À l'Oie d'Or » ; celle-ci se dresse d'ailleurs fièrement au-dessus du porche), est la plus ancienne de la ville (1489).

Landhaus *(plan A1) :* *Landhaushof 1. ☎ 577-57-215. • landesmuseum.ktn.gv.at • Accès aux salles par l'escalier situé à droite au fond de la cour. Tte l'année. En été, tlj sauf dim 10h-17h ; le reste de l'année, tlj sauf dim-lun 10h-16h. Entrée : 4 € ; réduc.*
Siège actuel du Parlement de Carinthie (les jours de session, se visite partiellement). Belle place composée d'un ensemble Renaissance bâti à la fin du XVIe s, « baroquisé » au XVIIIe s après un incendie. Plan en fer à cheval, avec 2 tours à bulbe encadrant un bâtiment à arcades. En été, beaucoup de concerts dans cet élégant décor.
– La visite commence par la **Wappensaal,** salle des blasons (pas moins de 665) qui courent sur les murs. Restaurée au XVIIIe s, après l'incendie, son plafond peint est un ahurissant exemple du style baroque. Les colonnes, en trompe l'œil et en perspective, semblent grandir quand on avance dans la pièce, donnant l'impression renversante d'un plafond d'une hauteur gigantesque ! Devant la cheminée, côté entrée, remarquer le trône de pierre : c'est celui des anciens princes slaves, qui régnaient sur la Carinthie au VIe s. Au-dessus, un tableau illustre le rite du couronnement, véritable allégorie du roi humble et bon : assis sur le trône, ce n'est qu'après avoir répondu aux questions d'un paysan (choisi et connu du roi !), que le roi est intronisé.
– La salle suivante est le **siège actuel du Parlement** (fermée en cas de réunion des députés). Hyper moderne et fonctionnelle. Rien de spécial donc, mais remarquer la grande fresque dans la partie haute peinte en 1928. Elle illustre l'invasion de Klagenfurt et de sa région par les troupes de la toute nouvelle Yougoslavie en 1919 (voir plus haut « Un peu d'histoire » en intro du chapitre « La Carinthie »). 3 parties : à gauche, les soldats, qui reviennent du front, prennent à nouveau les armes ; au centre, une image de fraternité avec les civils partageant leurs peines et souffrances ; à droite, la joie après la victoire du référendum organisé par les Alliés pour mettre fin au conflit. On ne peut pas être plus consensuel.
– La pièce suivante présente des toiles initiées par l'artiste **Anton Kolig.** Il réalisa en 1930 une série d'œuvres contemporaines qui furent détruites par les nazis quelques années plus tard. C'est son petit-fils, Cornelius, qui 60 ans plus tard, les reproduisit à l'identique, rendant ainsi hommage à son grand-père. Il rebaptisa au passage la pièce « *Tatort* », ce qui signifie « lieu du crime ». La dernière petite pièce est décorée à nouveau d'une série de blasons.

Wiener Gasse *(plan A1) :* au no 6, maison du XVe s avec têtes de lions autour des fenêtres. Au no 7, entrée curieusement voûtée sur une arête seulement ; bel escalier à colonnes. Au no 10, façade et fronton particulièrement élégants ; 2 cours dont la 2de est notable (arcades sur colonnes ou énormes consoles en granit).

Stadtpfarrkirche St. Egyd *(plan A1)* **:** Pfarrplatz. Construite en 1690, elle présente une remarquable fresque sous la voûte, recouvrant toute la nef, à mettre au crédit de *Fromiller,* l'un des maîtres du baroque (il a également réalisé les fresques de la salle des blasons du Landhaus). Chapelles latérales baroques, tout comme la chaire aux dorés rutilants est considérée comme l'une des plus belles de Carinthie. Clocher du XVIIIe s de 92 m de haut (225 marches) ; on peut y monter (horaires très variables).

Domkirche *(cathédrale Saint-Pierre-et-Saint-Paul ; plan A-B2)* **:** Domplatz. Monument très sobre (presque ennuyeux), édifié d'abord comme temple protestant en 1582, puis donné aux jésuites en 1604 qui s'en sont donné à cœur joie pour la baroquiser. Résultat, une décoration assez délirante dans le genre. Monumental maître-autel, chaire époustouflante, couverte de dorures, de même que l'ensemble sculpté qui lui fait face, véritable débauche de fresques et stucs. Les chapelles latérales présentent d'intéressantes colonnes torses. Sur la place, maquette en bronze de l'ancienne cité.

Benediktinerplatz *(plan A2)* **:** elle abrite le marché, très coloré et fourni en produits locaux, mais aussi venant du Frioul et de Slovénie. Au centre, la statue du *Steinerner Fischer,* le « pêcheur de pierre », proclame aux badauds : « Je resterai ici jusqu'au jour où crabes et poissons s'en iront tout seul. », sous-entendu, jusqu'à ce que j'aie tout vendu ! Nous voilà prévenus. De bonnes gargotes occupent la place (voir « Où manger ? »). Bordée au sud par la petite église *Marienkirche* du XVIIe s, avec son décor en stuc, ses trompe-l'œil et une jolie pietà, poignard dans le cœur, recueillant le corps du Christ.

Robert Musil Literatur Museum (hors plan par B2) **:** *Bahnhofstr. 50. ☎ 50-14-29. • musilmuseum.at • Juste avt la gare. Lun-ven 10h-17h. Fermé w-e. Entrée : 2,50 €, réduc.* Maison natale de Robert Musil, grand écrivain autrichien auteur de *L'Homme sans qualités* et *Les Désarrois de l'élève Törless.* Sa famille est restée à Klagenfurt jusqu'en 1881. Il est mort en exil en 1942 à Genève, ses écrits étant jugés « hostiles à l'Allemagne » par les nazis. Hormis quelques objets personnels, le musée accueille des petites expos temporaires sur d'autres écrivains autrichiens.

Le musée Mahler : *à* ***Maiernigg,*** *au bord du Wörthersee, à env 2 km de Klagenfurt (sortie par Villacher Str. ; du parking, compter 10 mn de marche). ☎ 537-58-25. • mahlerfoundation.org • Mai-oct, jeu-dim 10h-13h. Entrée : 3 €.* Gustav Mahler s'installa en 1900 dans une villa au bord du lac et composa, au calme, dans une petite maison au cœur de la forêt *(Komponierhäuschen)* quelques-unes de ses symphonies. Une exposition retrace sa vie à travers quelques objets (lettres, cartes postales, photos...). Pour les fans.

À proximité du Wörthersee, le secteur de l'*Europapark* accueille des attractions surtout destinées au jeune public, toutes payantes (et plutôt chères) : le ***Minimundus*** *(Villacher Str. 241 ; ☎ 21-19-40 ; • minimundus.at •)* propose un tour du monde au travers de 159 maquettes de monuments célèbres autrichiens et internationaux ; le ***Reptilienzoo Happ*** *(à côté de l'entrée du Minimundus ; ☎ 234-25 ; • reptilienzoo.at •)* présente une large collection de reptiles ; quant au ***Planetarium*** *(à côté du Reptilienzoo),* on y assiste à des projections de films.

Festivités

– ***Spectacles musicaux et théâtre :*** *de mi-juin à fin août sur les bords du lac. • oeticket.com •*
– **World Bodypainting Festival :** *fin juil dans le Goethepark. • bodypainting-festival.com •* Festival du nu peint, véritable feu d'artifice de couleur et animations musicales.
– ***Music around the world :*** *chaque mer en juil-août.* Organisé dans le cadre du *Minimundus* (voir plus haut) : des formations de jazz du monde entier.

– ***Cinéma en plein air :*** *de fin juil à mi-août. Dans la cour du musée d'Art moderne de Carinthie (MMKK).*
– ***Triathlon Ironman :*** *juil, sur les bords du lac.* • *ironman.com* • Avant la finale qui se déroule chaque année à Hawaï, les meilleurs mondiaux s'y retrouvent pour en découdre. Au programme : 3,8 km à la nage, 180 km à vélo et un marathon.

DANS LES ENVIRONS IMMÉDIATS DE KLAGENFURT

MARIA SAAL

La région, évangélisée par saint Modeste, est un haut lieu de pèlerinage depuis le VIIIe s et vaut la peine d'être explorée. *Maria Saal,* situé à environ 7 km de Klagenfurt, est un village qui mérite indéniablement une visite.

Où manger ?

Gasthof Sandwirt : *Hauptplatz 5, en plein centre. ☎ (04223) 22-84. Tlj sauf lun-mar, midi et soir. Plats 20-25 €.* Accueillante auberge qui propose une cuisine à base de produits frais et locaux. Petite carte de plats traditionnels. Agréable terrasse sous une treille.

À voir

Marienkirche *(église)* ***:*** au cœur du village, au centre d'une adorable placette entièrement piétonne, se dresse la silhouette du double clocher de cet édifice gothique du XVe s, haut lieu de l'identité carinthienne. L'église de Maria Saal devint un sanctuaire de pèlerinage important après les invasions barbares et l'évangélisation de la contrée par saint Modeste.
Dans l'ancienne enceinte fortifiée (à côté de l'église), ***ossuaire roman*** de forme octogonale à 2 niveaux de belles et simples arcades, avec juste devant une remarquable ***lanterne des morts*** de style gothique, finement ciselée. Contre le mur sud de l'église, de nombreuses pierres tombales (dont celle de l'archevêque *Leonhard de Keutschach,* en marbre rouge datant de 1510) et des bas-reliefs de l'époque romaine (avec notamment Achille triomphant sur son char, traînant la dépouille d'Hector).
À l'intérieur de l'église, belle unité architecturale de style gothique tardif : remarquer les fresques florales du plafond d'où semblent éclore des personnages. Ravissante structure à nervures. Dans la chapelle de Saxe, le tombeau de saint Modeste. Sur le maître-autel, une très belle *Vierge à l'Enfant* de 1425. Dans une chapelle à gauche du chœur, le remarquable *retable d'Arndorf* (1520) figurant le Couronnement de la Vierge finement ciselé et une *pietà* dans la partie basse. À voir aussi la somptueuse chaire baroque décorée comme un arbre de Noël et le balcon d'orgue étincelant de fines dorures. Les chapelles de droite marquent l'entrée dans l'ère baroque. Profusion de stucs, motifs végétaux, *putti* (angelots) ailés au plafond.

Kärntner Freilichtmuseum *(musée en plein air)* ***:*** *à env 400 m de l'église. ☎ (0463) 50-53-60-599.* • *landesmuseum.ktn.gv.at/standorte/kfm* • *Mai-oct, tlj sauf lun 10h-16h (17h juil-août ; dernière admission 1h avt fermeture). Entrée : 9 € ; réduc. Gratuit avec la Kärnten Card.* Ce site champêtre accueille ***36 maisons typiques de la Carinthie***, démontées et réinstallées ici sur 4 hectares, dans un superbe environnement boisé. Fermes, étables, granges dont la plupart furent construites entre le XVIIe s et le XIXe s. Mais la plus ancienne date tout de même de 1469 ! Quelques moulins aussi, et surtout une scierie du XIXe s qui fonctionnait avec une roue à eau. Beaux meubles paysans. Une visite vraiment intéressante. Petite restauration au niveau du parking.

LE WÖRTHERSEE

Avec ses 17 km de long, ses 2 km de large et une température de l'eau qui dépasse parfois les 25 °C en juillet-août, le lac Wörthersee est un lieu de villégiature très prisé. D'ailleurs, la noblesse viennoise ne s'y est pas trompée puisqu'elle y a pris ses quartiers d'été dès le XIXe s, entraînant dans son sillage tout le gratin de l'époque ! Son climat presque méditerranéen lui vaut encore aujourd'hui l'appellation de « Riviera autrichienne ». Évidemment, avec un surnom pareil, mieux vaut avoir un portefeuille bien garni pour espérer y résider. Cela dit, vous pouvez toujours y aller d'un coup de pédale pour y faire trempette à la journée. Mais n'oubliez pas votre pique-nique, car dans l'ensemble les restos sont chers. Quant aux plages, à moins d'opter pour la rive sud, le fait de dérouler votre serviette vous coûtera la bagatelle de 6 € !
Les stations varient selon leur degré de branchitude. De *Krumpendorf* (plutôt familiale) à *Velden* et *Pörtschach* (les Saint-Tropez et Deauville locaux), chacun y trouvera terrasse pour regarder s'égayer les baigneurs dans l'eau claire. Car oui, ici, l'eau est tellement pure que les habitants des rives du lac se vantent de pouvoir en boire à l'envi toute l'année !

➢ Toutes les stations balnéaires au nord du lac sont accessibles par le train depuis Villach ou Klagenfurt (ttes les 30 mn) ou par bus (ligne 5179 Klagenfurt-Villach, env 7 bus/j. lun-ven) *• postbus.at •* mais également par bateau entre mi-avr et fin oct au départ de Klagenfurt.

Navigation autour du lac

Possibilité de naviguer entre Klagenfurt et Velden en passant de l'une à l'autre des rives du lac. De 8h à 16h, un départ toutes les 2h et plusieurs arrêts dans les différents ports. Possibilité de quitter le bateau et de prendre le suivant. Dernier retour de Velden à 17h50. *Achat des tickets directement à l'embarcadère : forfait journalier 18 €, réduc. À Klagenfurt, l'embarcadère se trouve à côté de l'entrée au lac (Strandbad), proche du camping, à l'ouest de la ville. • woertherseeschifffahrt.at •*

PÖRTSCHACH

(9210) 2 750 hab. IND. TÉL. : 04272

Le Deauville carinthien a connu son heure de gloire vers la fin du XIXe s, lorsque l'intelligentsia viennoise venait y prendre un peu de bon temps, notamment en la personne du compositeur Johannes Brahms. Derniers témoins de ce passé révolu, les magnifiques demeures Belle Époque qui bordent la promenade fleurie le long du lac.

– Nombreuses plages payantes sur la promenade *(env 6 €).* 2 plages gratuites toutefois : à l'entrée de Pörtschach en venant de Klagenfurt (plage d'Ostbucht), et au bout de la péninsule, dans le quartier de Pritschitz (Pritschitzer Bucht).

AIMEZ-VOUS BRAHMS ?

Un grand amateur de vins invita un soir Brahms à sa table et sortit en son honneur l'un des meilleurs flacons de sa cave. « Voici le Brahms de mon cellier », lança-t-il aux convives. Il le fit goûter au compositeur, qui flaira le bouquet, prit une gorgée et déposa son verre en silence. « Alors, qu'en pensez-vous ? » demanda l'hôte, anxieux. Et Brahms répondit : « Ce serait bien de servir votre Beethoven. »

Où dormir ? Où manger ?

Trouver un hébergement au bord du lac relève de la gageure en été. Vous pouvez toujours tenter votre chance le long de la *Seeuferstraße*, qui abrite quelques pensions.

De prix modérés à prix moyens

Gästehaus Ria : *Koschatweg 2 (au niveau du nº 220 Hauptstr.). ☎ 23-59. 0699-106-025-61. • pensionria.at • Venant de Klagenfurt, à gauche après le palais des congrès. Doubles 90-130 €, Wörthersee Plus Card et petit déj inclus.* Dans une maison jaune, pension à 300 m du lac, dans une ruelle calme. Intérieur au charme familial (tapis rouge courant sur des escaliers à la fine rambarde, étagères de livres dans les couloirs...). Une douzaine de chambres simples et correctes. Petit déj sur la terrasse en été. Accueil prévenant et en français de Kiki.

Bäckerei Wienerroither : *Hauptstr. 145. ☎ 22-61. Tlj 7h-19h.* Une des rares boulangeries du coin. Propose de très bons petits déjeuners mais aussi toutes sortes gâteaux, sandwichs, quiches aux légumes accompagnées de salade, glaces... Pratique pour se restaurer sur le pouce.

De chic à très chic

Hotel Schloss Leonstain : *Leonstainerstr. 1. ☎ 28-16. • schloss-leonstain-at.book.direct • Sur la droite à la sortie de la ville direction Villach. Hôtel et resto ouv de mai à mi-oct. Doubles 175-275 €, petit déj compris. Repas le soir slt, à partir de 35 €. Résa fortement conseillée. Accès privé à la plage gratuit pour les hôtes.* Un châtelet vieux de plus de 6 siècles. Jadis, des moines y ont même brassé de la bière ; heureusement, ils sont partis avant que Brahms ne s'y installe pour ses vacances 2 années consécutives. Un buste du compositeur est d'ailleurs visible dans le jardin, à l'ombre de l'immense tilleul ; à l'époque, on devait pouvoir cueillir ses fleurs sans prendre d'échelle ! Aujourd'hui, la cour intérieure de style Renaissance aligne des tables harmonieusement dressées. On y mange vraiment bien. Quant à la trentaine de chambres, elles dénotent une envie de séduire évidente, avec leurs jolies couleurs vives, leurs meubles style *Biedermeier* et leurs voilages. Quelques œuvres d'art disséminées un peu partout confèrent à l'ensemble beaucoup de cachet. C'est le rendez-vous des grandes épousailles. D'ailleurs, pour faire plus conte de fées, on vous accueille en costume traditionnel. Et parfois en français.

DANS LES ENVIRONS DE PÖRTSCHACH

KRUMPENDORF

Situé à 6 km à l'est de Pörtschach, Krumpendorf, qui joue la carte du ***tourisme de bien-être*** (parcours de santé, yoga, etc.), constitue une alternative pour les routards moins fortunés. En saison, les pensions familiales sont meilleur marché qu'à Velden et Pörtschach.

Où manger ?

See.gast.haus : *Berthastr. 49. ☎ (04229) 30-46. Tlj sauf lun-mar. Fermé janv-mars. Plats 14-30 €.* Bel emplacement en bordure du lac, à côté d'un petit port de plaisance. La salle en forme de rotonde offre une vue superbe sur le plan d'eau. Belle terrasse également. Excellent choix de poissons du lac cuisinés de mille façons. Le reste de la carte fait le grand écart entre la *wienerschnitzel* et le burger végé.

VELDEN

(9220) 9 000 hab. IND. TÉL. : 04274

Sur la rive nord, la station balnéaire la plus en vogue mais aussi la plus chère. Son centre-ville s'étire autour d'une longue promenade, que domine la silhouette d'un château du XVIe s. Velden vibre au rythme de ses soirées branchées et des parades nourries de décibels, escortées par des fondus de belles carrosseries et décapotables. Plus bling-bling tu meurs ! Bon, pas vraiment notre tasse de thé.

Où dormir ? Où manger ?

Peu de pensions bon marché dans cette station on ne peut plus chic. On vous a déniché 2 adresses. Si c'est complet, repliez-vous sur Villach ou Faak am See.

Hotel Velden Bacherlwirt : *Rosentaler Str. 22. ☎ 21-200. • hotelvelden.at • Tlj jusqu'à 23h. Doubles 100-110 €, petit déj compris. Resto en été tlj sauf dim. Menu du jour 18 € ; plats 13-23 €.* Intéressant surtout pour son resto. Plantons le décor : une grande cour ombragée par un marronnier et une tonnelle, des nappes à fleurs sur un mobilier de jardin basique, un orchestre local certains soirs... Absence totale de branchitude, donc, et ça fait du bien. Ici s'attablent les familles qui veulent échapper au côté m'as-tu-vu du centre, pour profiter d'un dîner consistant (goulash, *Schnitzel*).

À voir. À faire

– Chaque année à la Pentecôte se déroule le ***GTI-Treffen am Wörthersee,*** le plus grand rassemblement de Golf GTI au monde. Un événement où se mêlent les belles calandres que leurs proprios sont fiers de présenter.

Faites comme tout le monde, allez faire prendre l'air à votre foulard Hermès le long du *Seecorso* (à partir de Kurpark) ! Sur *Kurpark,* vous verrez une belle maison de style colonial, témoin du vieux Velden.

DANS LES ENVIRONS DE VELDEN

La rive sud du Wörthersee est beaucoup moins guindée et offre les mêmes divertissements sur le lac mais en version disons... plus familiale.

Maria Wörth : petite église toute blanche dressée sur une presqu'île de la rive sud du Wörthersee. Au-dessus du porche, grande fresque représentant saint Christophe (XVIe s). Charmant village, mais assez mort hors saison.

Pyramidenkogel : *à **Keutschach,** à 2 km de Maria Wörth, sur la rive sud du lac. ☎ (04273) 24-43. • pyramidenkogel.info • Juil-août, tlj 9h-21h ; juin, 9h-20h ; mai et sept, 9h-19h ; mars-avr et oct, 10h-18h ; nov-fév, 10h-17h ; dernière admission 30 mn avt la fermeture. Entrée : 15 € ; réduc. Gratuit avec la Kärnten Card.* Véritable prouesse architecturale d'une centaine de mètres de haut, cette tour offre un ***panorama à 360°*** sur une bonne partie de la Carinthie. Outre le restaurant panoramique, elle abrite une tyrolienne, le plus grand toboggan d'Europe (120 m de long, 52 m de dénivelée ; prix 4,50 €).

L'OUEST DE LA CARINTHIE

VILLACH

(9500) 62 240 hab. IND. TÉL. : 04242

• Plan p. 447

Nœud routier et ferroviaire, Villach, traversée par la Drave (ou Drau), est la 2e ville de Carinthie après Klagenfurt. Comme si les différents séismes qui l'ont secouée au fil de son histoire ne lui avaient pas suffi, elle fut méchamment bombardée lors de la dernière guerre. Résultat : reconstruite à la va-vite, seules la *Hauptplatz* et les quelques rues piétonnes autour de l'église St. Jacob méritent la visite. Les amoureux de la nature se baladeront à pied ou à vélo sur les rives aménagées de la Drau et apprécieront la proximité des lacs *(Faaker See, Ossiacher See).*

Arriver – Quitter

En train et en bus

Gare (plan A1) : *Bahnhofplatz.* ☎ *(05) 17-17.* • *oebb.at* • Trains vers la plupart des villes d'Autriche, ainsi que pour l'Italie, la Slovénie et l'Allemagne. Gare routière à proximité, plusieurs bus intercités. • *postbus.at* •

➢ ***De Klagenfurt*** *(via Velden ; 25-30 mn)* ***; de Lienz*** *(1h15-1h40)* ***; de Salzbourg*** (2h15-30) ***; de Vienne*** (4h30).

➢ ***Pour Venise :*** 3 trains directs/j. Trajet : env 3h30.

Adresse et infos utiles

Tourismusverband Villach *(plan A1)* **:** *Bahnhofstr. 3.* ☎ *399-93.* • *visitvillach.at* • *Lun-ven 9h-17h, plus sam matin en juil-août.* Cartes sur Villach et la région des lacs. Accueil en français parfois.

Où dormir ?

Auberge de jeunesse

Jugend und Familiengästehaus Villach *(hors plan par A2,* ***11****)* **:** *St. Martiner Str. 13a.* ☎ *563-68.* • *hiyou.at* • *À St. Martin, quartier à l'ouest du centre (env 1 km). Réception 7h-22h en saison. Nuitée 29 €/pers en chambre de 4-5 pers et 79 € en chambre double, petit déj inclus ; réduc à partir de la 3e nuit mais prix majoré de 3,50 €/pers pour les non-membres (mieux vaut avoir sa carte ISIC) et de 2 €/pers pour les séjours courts. Repas midi et soir : 9 €.* Une grande bâtisse moderne bien aménagée et très propre située à environ 15 mn de marche du centre-ville. Elle compte plus d'une centaine de lits, organisés en chambres spacieuses et confortables (toutes avec sanitaires). Sauna (payant).

De prix moyens à chic

Hotel Goldenes Lamm *(plan A1,* ***12****)* **:** *Hauptplatz 1.* ☎ *24-105.* • *goldeneslamm.at* • *Doubles standard 110-120 € (superior env 160 €), petit déj et garage inclus. Sauna (payant).* L'accueil est ici une tradition, puisque cette vieille bâtisse fait fonction d'auberge depuis 1865 ! L'hôtel propose des

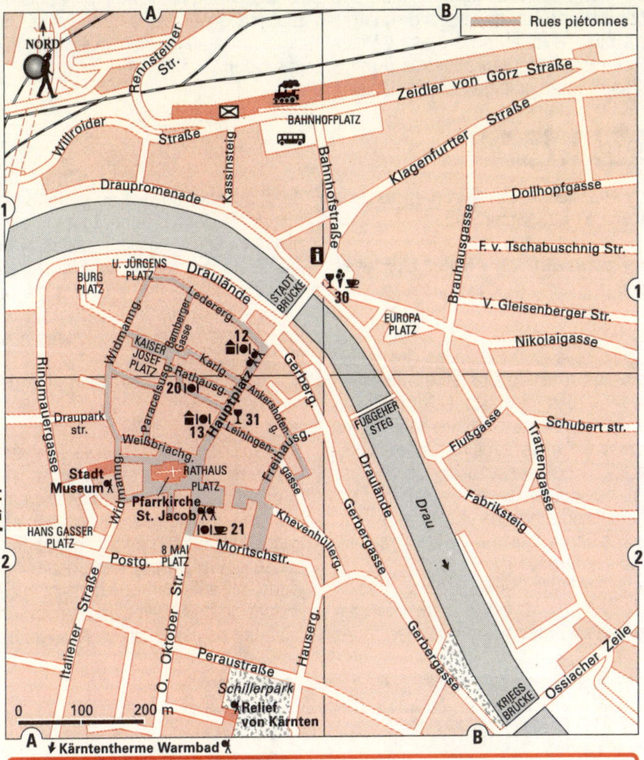

VILLACH

Adresses utiles

- Tourismusverband Villach (A1)

Où dormir ?

11 Jugend und Familiengästehaus (hors plan par A2)
12 Hotel Goldenes Lamm (A1)
13 Palais 26 (A2)

Où manger ?

12 Restaurant de l'Hotel Goldenes Lamm (A1)
20 Mexican Cantina Salud (A2)
21 Park Café (A2)

Où manger une glace ? Où boire un verre ?

30 Bernold Café (B1)

Où sortir ?

31 Bar Anna Neumann (A2)

chambres d'excellente qualité : modernes, élégantes, chaleureuses, dans des tons beiges, et dotées d'une literie de grande qualité. Service au diapason et petit déj très complet.

Palais 26 *(plan A2, **13**)* : *Hauptplatz 26. ☎ 26-101. • palais26.at • Doubles 100-160 €, petit déj inclus. Carte 30-35 €.* Au XVIe s, cette vaste demeure en bois appartenait à un duc de Carinthie et accueillait d'illustrissimes hôtes. Aujourd'hui, c'est vous qu'elle attend ! Oriel en façade, voûtes gothiques, lustres vénitiens, tableaux anciens, parquets qui craquent, elle n'a pratiquement rien perdu de sa superbe.

Tout est élégant et de bon goût. Les chambres ne manquent pas de charme non plus avec leurs parquets vitrifiés (pour certaines), leurs lustres à pampilles et leurs voilages fleuris. Cuisine locale repensée « nouvelle cuisine » mais sans pour autant réduire les portions qui jadis faisaient la réputation de la maison.

Où manger ?

Voir aussi les restos des adresses de la rubrique « Où dormir ? ».

Restaurant de l'Hotel Goldenes Lamm (*plan A1*, **12**) : *Hauptplatz 1. ☎ 219-333. Mar-dim 10h-21h30, en continu. Menu du midi 10 € (soupe et plat) ; plats 13-22 €.* Une des belles adresses de la ville. Des assiettes réjouissantes, bien remplies et goûteuses, servies dans une élégante salle où les locaux aiment se retrouver. Outre les préparations culinaires classiques, la carte offre des incursions de bon aloi vers l'Italie. Judicieux choix de vins au verre.

Mexican Cantina Salud (*plan A2*, **20**) : *Seilergasse 1-5. ☎ 269-35. Tlj sauf dim-lun 17h-minuit (2h ven-sam). Plats 10-20 €.* C'est le resto mexicain de service. Manquent juste les roues de charrettes collées au plafond pour fignoler le décor. Sinon, toute la panoplie des plats mexicains : fajitas, *enchiladas, nachos* et un *chili con carne* « *deluxe* ». Les *ribs*, eux, ont été prélevés sur des ruminants du pays. Les locaux apprécient, les touristes aussi. Dépaysant.

Park Café (*plan A2*, **21**) : *Moritschstr. 2. ☎ 270-55. Tlj, 8h30-18h (14h w-e). Petite carte, plats 10-16 €, petit déj autour de 10 €.* Belle demeure du XIXe s avec une terrasse dans un parc et une salle à l'ancienne, aux beaux volumes. Grand choix de petits déjeuners, brunch le dimanche et pause gourmande à toute heure de la journée. Petite carte de plats chauds à l'heure du déjeuner. L'après-midi, on y fait halte pour déguster un bon gâteau.

Où manger une glace, un gâteau ?
Où boire un verre ?

Bernold Café (*plan B1*, **30**) : *Nikolai Platz 2. ☎ 254-42. Tlj 7h (7h30 sam, 9h dim)-21h.* Un café avec vue sur la Drave et la vieille ville pour déguster de très bonnes glaces et pâtisseries. Une institution ! C'est d'ailleurs là qu'il faut acheter au moment du carnaval, les « *Krapfen* », beignets fourrés à la confiture ou à la vanille.

Où sortir ?

La piétonne ***Lederergasse*** (*plan A1*) et ses proches alentours constituent en quelque sorte l'îlot d'animation de cette ville pour le moins tranquille.

Bar Anna Neumann (*plan A2*, **31**) : *Hauptplatz 13. (0664) 12-71-671. Tlj sauf dim-lun 9h-23h (1h ven-sam).* Dans une belle demeure historique sur la grand-place du centre ancien, un bar tendance : une déco industrielle mais cosy, des jeux de lumière, de bons cocktails et une ambiance chic et décontractée.

LA CARINTHIE

À voir

Hauptplatz (*plan A1-2*) : créée au XIIe s, c'est le poumon de la ville. Elle est corsetée de demeures patriciennes aux façades colorées, datant du XIVe au XVIe s. Dans la cour de l'ancien *Romantik Hotel Post* au n° 26, l'aigle à 2 têtes sculpté rappelle que c'est ici que Charles Quint fit étape en mai 1552. Bel encorbellement Renaissance et blasons armoriés enchâssés dans la maçonnerie. Ce n'est qu'à partir du XIXe s qu'il fera office de relais postal. Un vestige de cette époque : la boîte aux lettres à l'effigie de l'empereur, à droite de l'entrée.

Pfarrkirche St. Jacob *(église paroissiale ; plan A2)* **:** *en haut de la Hauptplatz.* Ce fut la 1re église protestante d'Autriche (1526), avant que les catholiques ne finissent par la récupérer en mars 1600 après avoir expulsé les protestants de Villach. Simple de l'extérieur (noter tout de même le clocher séparé, relié à l'église par un porche voûté), son intérieur mérite un coup d'œil, avec sa voûte en croisée d'ogives, son plafond à fresques cernées de stucs, ses stèles funéraires et son monumental autel rococo tout dégoulinant de dorures. La chaire gothico-renaissance est une sobre sculpture en pierre datant du milieu du XVIe s, tout à fait originale par rapport aux chaires baroques qu'on voit partout ailleurs. Elle présente, sculptée sur ses flancs, la généalogie du Christ : Isaïe, représenté allongé au pied de l'arbre, puis viennent David, Ézéchiel... et tout en haut, Jésus crucifié. Possibilité de grimper au sommet du clocher *(en été, tlj sauf dim 10h-18h ; hors saison, 10h-16h : 3 €).*

Stadt Museum *(plan A2)* **:** *Wildmanngasse 38. ☎ 205-35-00. • villach.at/museum • Mai-oct, tlj sauf lun 10h-16h30. Entrée : 5 € ; réduc.* Collection hétéroclite d'objets de l'âge du bronze au Moyen Âge en passant par les périodes celtes et romaines, présentés dans une cour historique et sur 2 étages. Expositions temporaires.

Kärntentherme Warmbad Villach *(hors plan par A2)* **:** *Kadischenallee 25, A-9504 Warmbad-Villach. ☎ 300-12-750. • kaerntentherme.com • Dans la banlieue sud de Villach, indiqué. Tte l'année (fermé 2 sem en mai ou juin), tlj 9h-21h (22h en hiver). Entrée : 27,50 € pour la journée (21,70 € pour 3h) ; réduc. Plus cher si l'on inclut le sauna. Parking payant.* Énorme complexe de piscines hyper modernes, canalisant des sources thermales avec jaillissement de 24 millions de litres d'eau par jour ! Napoléon, jamais à court d'idées, voulait en faire le modèle universel des stations thermales. Nombreux espaces de bien-être, du plus tranquille *(Öffentliche Heilbad)* au plus animé (*Erlebnisspark,* avec des toboggans...), plusieurs piscines, espaces de relaxation...

Relief von Kärnten *(plan A2)* **:** *dans le Schillerpark, Peraustr 5. ☎ 205-35-50. • villach.at/relief • Mai-oct, tlj sauf dim 10h-16h30. Entrée : 4 € ; réduc. Gratuit avec la Kärnten Card.* Présentation multimédia de la Carinthie : maquette en relief de 182 m² à l'échelle 1/10 000 avec effets 3D, projections de films. Pour les passionnés de géographie.

DANS LES ENVIRONS DE VILLACH

La route de la Villacher Alpe : *route panoramique à péage (• villacheralpenstrasse.at • ; 19,50 €/voiture ; gratuit avec la Kärnten Card ; ouv tte l'année, circulation interdite la nuit) d'une quinzaine de kilomètres à l'ouest de Villach.* Nombreux belvédères : vues sur la vallée de la Gail, les Karawanken et les Alpes juliennes. Pour aller jusqu'à la crête du Dobratsch à 2 167 m, 1h30 de marche depuis le dernier parking à 1 700 m.

BURG LANDSKRON

Perché sur une colline à 3 km au nord de Villach, le château fortifié de Landskron domine toute la région.
☎ (04242) 415-63. • burg-landskron.at •
3 tickets différents !

– Accès en voiture au château et au resto : juil-10 sept, tlj 9h30-22h ; de mi-mai à juin et 10-25 sept, jeu-sam 9h30-22h, dim et j. fériés 9h30-18h30. Entrée seule : 5 €, à payer en bas.
– Pour assister aux démonstrations de vols de rapaces (aigles, vautours, faucons...) : ☎ (04242) 428-88. Mai-oct : horaires variables, consultez • adlerarena.com • Entrée : 16 € ; réduc. Gratuit avec la Kärnten Card. Ticket au château.
– Enfin, 3e centre d'intérêt, en haut aussi, l'Affenberg (la montagne des singes, rens : ☎ (04242) 430-375 ; • affenberg.com •). Avr-oct, tlj 9h30-17h30. Visite guidée obligatoire ttes les 30 mn en été, ttes les heures hors saison (durée : env 45 mn). Entrée : 14 € ; gratuit avec la Kärnten Card.
Si vous n'êtes fan ni des singes ni des rapaces, vous pouvez juste monter pour profiter du ***superbe panorama*** sur l'Ossiacher See et les montagnes alentour. Le château est globalement en ruine, donc peu de choses à visiter. Un conseil tout de même, arriver tôt le matin : jolie lumière et moins de monde.

FAAKER SEE ET OSSIACHER SEE

La région de Villach offre d'énormes possibilités pour les amoureux du plein air et des sports de pleine nature. Bien moins huppés que le *Wörthersee*, les lacs de *Faak* et d'*Ossiach* restent beaucoup plus sauvages, car moins urbanisés. Avec ses eaux qui avoisinent les 26 °C au cœur de l'été, le ***Faaker See*** constitue, avec *Drobollach* et *Egg*, un lieu de villégiature très apprécié. Au nord-est de Villach, encerclé par un cirque montagneux, l'***Ossiacher See*** est tout aussi populaire. Accès aux Strandbad (plages des lacs) payant : env 6 € ; réduc. De l'ancien monastère bénédictin d'Ossiach où se déroule chaque année un fantastique festival de musique *(Caranthian Summer)* à la spectaculaire *Domenig Steinhaus*, maison rêvée et projet fou d'architecture contemporaine à *Steindorf*, cette région des lacs réserve de bien belles surprises et mérite qu'on s'y attarde !

Adresse utile

Tourismusinformation Faak am See : Dietrichsteiner Str. 2. ☎ (04254) 21-10. • visitvillach.at/de/faaker-see • De juil à mi-sept, lun-sam 8h-20h (17h sam), dim 9h-15h ; juin, lun-ven 8h-18h, w-e 9h-15h ; mai et de mi-sept à oct, lun-ven 8h-12h, 13h-17h, sam 9h-13h ; nov-avr, lun-ven 8h-13h. Docs sur la région de Villach et ses lacs.

Où dormir ? Où manger autour des lacs ?

Seecamping Nagele : Uferweg 32, 9552 **Steindorf.** (0676) 840-80-44-40. • seecamping-nagele.at • À 18 km au nord-est de Villach, sur le bord du lac Ossiach. Mai-sept. Compter 25 € pour 2 avec tente et voiture. Également des tentes « Safari » (4 pers) et 2 maisons de vacances. CB refusées. Camping familial à l'accueil chaleureux, très bien situé en bordure du lac.

Camping Poglitsch : Kirchenweg 19, 9583 **Faak am See.** ☎ (04254) 27-18. • kindercamping.at • Au bord du lac. De mi-avr à mi-oct. Compter 27-35 € pour 2 avec tente et voiture. Bel esprit de liberté dans ce camping en légère pente douce revêtue d'un gazon qu'on dirait britannique. Ici, pas de chichis, on se met où on veut. Un petit resto et une supérette complètent la donne. Le camping familial par excellence.

Kleines Hotel Kärnten : Egger Seepromenade 8, 9580 **Egg am Faaker See.** ☎ (04254) 23-75. • kleineshotel.at • Au bord du lac. Avr-oct. Env 150-240 €/pers en ½ pens. Sauna. Une adresse follement romantique et très contemporaine, cachée au bord du lac, où on a l'impression d'être loin de tout. Cet hôtel de famille a évolué en un hôtel design, qui surprend à chaque instant : de la décoration à la cuisine, tout est de bon goût. C'est un cadre d'exception... qui a son prix !

Restaurant Golfclub Schloss Finkenstein : *Schlossrainweg 8, 9585* **Gödersdorf.** *☎ (04257) 941-28. De mars à mi-nov, tlj. Résa conseillée. Plats env 12-22 €.* Un lieu fabuleux pour un petit déj ou un repas : du burger à la spécialité locale, la cuisine est soignée et copieuse avec un excellent rapport qualité-prix. En prime, vue sur le green et les montagnes !

Restaurant Stiftsschmiede : *Ossiach 4, 9570* **Ossiach.** *(0676) 401-17-93. En été, tlj 17h-minuit (sauf lun-mer hors saison). Résa conseillée. Plats 15-30 €.* Gerhard Satran est un grand chef, mais surtout un bon vivant qui transmet sa joie de vivre et son amour des bons produits (surtout des poissons) dans ses plats colorés et hauts en saveurs... Cuisine ouverte au feu de bois et terrasse surplombant le lac. Un coup de cœur !

LE MILLSTÄTTER SEE

Lac d'une douzaine de kilomètres de long, à peine moins fréquenté que le Wörthersee. En été, la température de ses eaux tourne autour de 25 °C. La plupart des plages sont payantes *(env 6 €).* Beaucoup de campings le long de la rive nord, notamment à *Seeboden* et *Millstatt.*

➢ Toutes les stations sont desservies par des **bus** au départ de Spittal (bus nos 5140 ou 5138). Trajet : env 15 mn.

➢ Env 5 **bateaux**/j. relient les différentes stations du lac juin-septembre *(2 ou 3 slt en avt et arrière-saison). 16,50 € pour le tour complet du lac (durée : env 2h30) ; réduc. Rens : ● kaerntnerschifffahrt.de ●* Transport de vélos possible.

MILLSTATT

Située au milieu de la rive nord, Millstatt est réputée pour ses nombreuses villas des années 1930. On s'arrête ici pour aller jeter un coup d'œil à la fresque du *Jugement dernier* d'une abbaye du XVe s, et par la même occasion pour visiter l'église attenante. Concerts de musique classique ou sessions de jazz hebdomadaires l'été. *Rens : ☎ (04766) 20-21-35. ● musikwochen.com ●*

Tourismusbüro Millstätter See : *Kaiser-Franz-Josef-Str. 49. ☎ (04766) 3700-338. ● millstaettersee.com ● Juil-août, lun-ven 9h-18h, w-e et j. fériés 9h-13h ; hors saison, lun-ven 9h-16h, fermé w-e. Visite guidée de la ville et de l'abbaye de mi-juin à mi-sept, mar et ven à 10h30, départ devant l'abbaye (tarif : 5 € ; réduc).* Doc sur toute la région. La ***Millstätter See Inclusive Card,*** offerte par les hébergeurs, donne de multiples avantages, dont l'accès gratuit aux plages du lac.

Camping Gauglerhof : *Matzeldorf 2. ☎ (04766) 37-178. ● gauglerhof.com ● Sur la rive nord, prendre la route qui monte raide à flanc de montagne vers la gauche, indiqué. Mai-oct. À partir de 27 € pour 2 avec tente et voiture.* Beaucoup de campings au pied du lac, mais celui-ci a remporté notre choix car, niché sur le plateau, il bénéficie d'une jolie vue sur les montagnes alentour. À côté d'une ferme et entouré de champs, c'est l'étape nature par excellence. Loue aussi des appartements *(à partir de 78 € pour 2 pers).*

Seeboden : principale station balnéaire, à la pointe occidentale du lac. Possibilité de se baigner gratuitement autour du *Park.*

Stift Millstatt (abbaye de Millstatt) **:** *sous la pl. principale. (0660) 497-00-30. ● stiftsmuseum.at ● Musée : mai-sept, tlj sauf lun 10h-16h ; entrée : 5,90 €, réduc.* Fondée par les bénédictins dans la 2de moitié du XIe s. Les jésuites s'y installent en 1598 jusqu'en 1773. De son prestigieux passé (cette abbaye fut pendant des

siècles un des hauts lieux intellectuels et culturels de Haute-Carinthie), elle nous livre une église et un cloître romans de toute beauté. On pénètre dans une cour entourée d'arcades à l'italienne où trône un tilleul multicentenaire. C'est là que se réunissaient les chevaliers de Saint-Georges, ordre fondé en 1469 par l'empereur Frédéric III pour combattre les Turcs.
Depuis la cour, entrée vers le *musée* de l'abbaye et le *cloître* roman avec ses sobres et élégantes colonnettes et ses chapiteaux décorés d'animaux ou de plantes.
L'*église,* entourée d'un cimetière, s'ouvre sur un magnifique portail en arc plein cintre. Noter le bas-relief du tympan en marbre de 1170. Les motifs décoratifs sont presque intacts. Sur les chapiteaux, des colonnettes, des masques et des animaux illustrent la lutte du Bien et du Mal ; en façade, le bas-relief préroman représentant un pélican symbolise le monde sauvé par le Christ. À l'intérieur, à droite, chœur et voûte gothiques, clés de voûte armoriées. Grande fresque du *Jugement dernier* du début du XVIe s dans l'abside de droite. On reconnaît Jésus, Marie et saint Jean-Baptiste tout en haut. À gauche, les 6 apôtres qui gardent l'accès au paradis, et à droite, sous de gris nuages, 6 autres personnages jugent ceux qui iront en enfer. Tombeaux des chevaliers de Saint-Georges.
– Dans le musée : pierres funéraires, livres anciens, géologie et histoire de la région. Avant de partir, jeter un œil à la croix d'époque carolingienne (780) enchâssée sous le porche d'accès au cloître.

GMÜND

À une cinquantaine de km au nord-ouest de Villach.
Charmante petite cité encore fortifiée qui défendait jadis la route stratégique de Nuremberg à Venise pour le compte des archevêques de Salzbourg. Les 2 portes de l'enceinte qui enserre une très jolie place et les 2 châteaux donnent à la ville un caractère militaire et médiéval. L'atmosphère particulière de Gmünd attire artistes et artisans d'art. D'où de nombreuses galeries, expositions et de très nombreuses manifestations culturelles tout au long de l'année (grand marché artisanal le 1er week-end d'août).

Tourist Information : *Hauptplatz 20, sous le porche à gauche. ☎ (04732) 22-15. • stadtgmund.at • Dans la mairie. Juil-août, lun-ven 8h-12h, 13h-17h ; sam 9h-15h. Fermé le w-e hors saison.* Beaucoup d'informations sur les activités et manifestations de la région.

Gasthof Prunner : *Hauptplatz 15. ☎ (04732) 21-87. • prunner-gmuend.at • Accolé à la porte sud de la ville. Tte l'année sauf mars et 2 sem en oct. Doubles 92-105 €, petit déj compris. Plats 14-25 €.* Une vingtaine de chambres très confortables dans cet hôtel bien dans la tradition, connu pour la qualité de ses prestations au fil des années. Vraiment rien à redire. Certaines sous les combles, aménagées en duplex, sont particulièrement charmantes. À table, rien que des produits du coin. Il faut dire que le frère du patron possède une ferme juste à côté, alors pour les légumes et la viande de bœuf, ils sont aux 1res loges. On ne peut pas faire plus local, le chef appelle ça : *une cuisine 0 kilomètre* ! Agréable terrasse l'été. Excellent accueil de toute la famille.

Café-Konditorei Nussbaumer : *Hauptplatz 23. ☎ (04732) 21-45. Tlj 8h-22h (19h en hiver).* Appétissantes pâtisseries dont on se régale jusqu'à la moustache en terrasse, un rayon de soleil dans l'œil *(apfelstüdel, topfentorte, marzipan, malakoff...).* Bons chocolats également.

Alte Burg : *sur les hauteurs de la ville, à env 10 mn à pied de la place principale. Ouv avr-oct.* La forteresse médiévale abrite des expos temporaires ainsi qu'un resto. Belle vue sur la ville et la vallée. L'été, concerts et représentations théâtrales.

L'église Mariä Himmelfahrt : *à env 100 m de la place.* 2 beaux bâtiments gothiques « baroquisés ». Chœur et chaire baroque. Remarquer le curieux baptistère avec une sculpture représentant saint Jean-Baptiste et le Christ. Quelques fresques du XVe s en façade ainsi que dans la chapelle située derrière l'église. Sur la droite de l'église, bel alignement de maisons basses et colorées, certaines arborant un petit décor de stucs.

Stadtturmgalerie : *sur la Hauptplatz, en bas de la place. ☎ (04732) 22-15-24. • künstlerstadt-gmünd.at • Mai-sept, tlj 10h-13h, 14h-18h. Entrée : 12 € ; réduc. Gratuit avec la Kärnten Card.* Une haute tour médiévale dans laquelle sont organisées chaque année des expositions de qualité avec des artistes de renom.

Pankratium Gmünd – Das Haus des Staunens *(la Maison des merveilles)* **:** *Hintere Gasse 60 (une ruelle au niveau du no 7 Hauptplatz). ☎ (04732) 311-44. • pankratium.at • Mai-oct, tlj sauf lun 10h-17h (18h juil-août). Entrée : 12 € ; réduc. Pas inclus dans la Kärnten Card. Visite guidée slt. Attention, bien qu'intéressante, la visite perd une partie de son intérêt si l'on ne comprend pas l'allemand ou l'anglais.* Complètement bluffant. Créé à l'initiative d'un collectif d'une trentaine de musiciens, plasticiens et philosophes, ce lieu, très original, est un véritable **laboratoire de sons**, où les vibrations, les résonances et les harmoniques sont mis en évidence d'une manière insoupçonnée à l'aide de matériaux ou de matériels à priori assez éloignés de l'univers de la musique. Des bassines, des vélos, des blocs de granit, du verre. 1h30 de visite guidée ludique, où, d'une salle à l'autre, on participe à des ateliers pour faire l'expérience du son ! Étonnante aventure, si ce n'est musicale, à tout le moins vibratoire. C'est à vous en faire dresser les poils sur les bras ! Jardin et jeux pour enfants avec un vieux manège en contrebas.

Porsche Automuseum Helmut Pfeifhofer *(musée Porsche)* **:** *de l'église, traverser le cimetière puis la route ; c'est à 100 m. ☎ (04732) 24-71. • auto-museum.at • De mi-mai à mi-oct, tlj 9h-18h ; le reste de l'année, tlj 10h-16h. Entrée : 9 € ; réduc enfants. Gratuit avec la Kärnten Card.* Pour les amateurs de belles carrosseries, un musée dans une grange, consacré aux créations de l'ingénieur **Ferdinand Porsche,** qui fit un petit séjour en ces lieux après 1944... Quelques-uns (une quinzaine) des plus prestigieux modèles de celui qui inventa la Coccinelle pour le compte d'un certain Adolf. Reste un peu cher pour ce qu'on y voit. En sortant, aller faire un tour dans l'atelier et le jardin de Fritz Russ, un artiste qui redonne une nouvelle vie à des objets usuels.

KÖTSCHACH (9440) 3 530 hab. IND. TÉL. : 04715

Importante bourgade-carrefour. Routes pour Lienz, le Grossglockner et Udine. Station climatique et de sports d'hiver. Étape agréable avant d'attaquer la montagne. Beaucoup d'hôtels et de pensions car c'est la Mecque des pêcheurs à la mouche, avec plus d'une trentaine de kilomètres de rivière à truites.

➢ ***Pour y aller :*** en voiture, il faut emprunter la route 100 depuis Klagenfurt ou Lienz jusqu'à Oberdrauburg, puis la 110.

Adresse utile

Tourismusverband Kötschach-Mauthen : *en dehors du centre historique, dans le Rathaus situé route de Mauthen. ☎ 85-16. • koemau.com • En principe, tlj sauf w-e 8h-12h, 12h30-16h.* Vente du permis de pêche *(25 €/j).* Brochure sur les activités sportives.

Où dormir ? Où manger ?

Camping Alpencamp : *Kötschach-Mauthen. ☎ 429. • alpencamp.at • Bien situé. Sur la route vers Mauthen. Fermé de nov à mi-déc. 33,60 € pour 2 avec tente et voiture en hte saison. Bungalows et apparts 2-6 pers 34-53 €/pers. Sauna.* Petit mais vert et tranquille avec de grands emplacements. Accueil très cordial, en français. Point de départ de balades, randos et canyoning, sans oublier la pêche. Location de vélos. Propose aussi des balades en tracteur !

Pension Lipicer : *Kötschach 10a. ☎ 86-12. • lipicer.at • Sur la route principale qui va vers le centre-ville. Doubles env 70-80 €, petit déj inclus. Parking.* Demeure traditionnelle. Style grand chalet, au milieu d'un jardin fleuri. 7 chambres doubles bien agencées dans un intérieur moderne. C'est nickel.

Restaurant & Café Reiter : *Kötschach 270. ☎ 87-10. À Mauthen, à côté de la gare ferroviaire. Tlj sauf lun-mar 10h-22h. Menu 11 € ; plats 9-18 €.* Une adresse qui accueille aussi bien les cyclotouristes pour une pause casse-croûte que les anciens venus fêter leurs noces d'or en famille. Cuisine locale et transalpine. Excellentes glaces.

Gasthof Kirchenwirt Engl : *Kötschach 101. ☎ 302. Juste derrière le chœur de l'église du village. Resto tlj sauf mar. Doubles 90-120 €, petit déj inclus. Menu 11 € ; plats env 9-20 €.* Maison traditionnelle aux balcons de bois décorés et fleuris. Resto de village toujours plein, quelques tables en terrasse. Cuisine de spécialités locales et des truites. Accueil souriant.

À voir

Pfarrkirche Kötschach : une église est attestée ici depuis le début du XIVe s mais elle fut détruite par les Turcs, et celle-ci date du début du XVIe s. Au milieu du XVIIe s, elle était considérée comme l'une des plus belles de Carinthie. D'un point de vue architectural, c'est un gothique tardif doté de voûtes splendides avec un décor assez rare : un véritable « treillis végétal » en stuc. Chœur polygonal orné d'une remarquable fresque de 1499, à mettre au crédit de *Nicolas Kentner* de Lienz. Chaire du XVIIIe s sculptée par un prêtre local. Grand retable du XIXe s de facture rococo. Beaux plafonds peints au-dessus du chœur représentant l'Assomption de Marie. Noter le tronc en entrant, sur la gauche.

Museum 1915-18 Kötschach-Mauthen : *à côté de l'office de tourisme. ☎ 85-13-32. • dolomitenfreunde.at • De mi-mai à mi-oct, tlj 10h-17h (14h-18h w-e et j. fériés). Entrée : 5 € ; réduc. Fiche explicative en français.*
Ce musée riche en photos, objets et documents d'époque veut montrer le non-sens de la guerre en évoquant les souffrances et le dur quotidien des soldats et de la population civile (austro-hongroise comme italienne) pendant la Première Guerre mondiale. Saisissante reconstitution des lieux de vie des soldats sur le front (infirmerie, chambre...).
La visite peut se poursuivre sur le site des combats à quelques kilomètres de là, où se trouvent un musée en plein air et un itinéraire qui va du col de Lana au col de *Plöcken*.

DANS LES ENVIRONS DE KÖTSCHACH

Pfarrkirche Laas : *à 3 km au nord (par la B 110).* Une petite église en grès rouge, de style gothique tardif (XVIe s). Portail en accolade. Ici s'arrête la visite car cette église est désormais fermée.

La Lesachtal : • *lesachtal.com* • belle excursion dans cette vallée peu touristique, assez sauvage même. Architecture rurale traditionnelle. La route s'élève d'abord en corniche dans l'étroite vallée. Forêts de sapins. Puis montée en lacets vers St. Jakob. Là, la vallée s'évase, devient riante. Nombreuses demeures typiques annonçant l'*Osttirol*. Églises toutes blanches aux toits effilés et rouges, comme à Birnbaum, St. Lorenzen, Liesing...

LE NORD DE LA CARINTHIE

Ici s'étend l'un des plus beaux paysages de Carinthie. Pays de granges énormes. Toits à 4 pentes. Fenêtres et façades entières en brique rouge disposées en quinconce, formant une trame ajourée permettant l'aération. Églises toutes blanches, avec des clochers tellement pointus qu'ils déchirent les nuages. Campagne doucement vallonnée qui pourrait ressembler à la Toscane si les sapins voulaient bien céder leur place aux oliviers.

ST. VEIT AN DER GLAN

(9300) 12 845 hab. IND. TÉL. : 04212

L'ancienne capitale de la Carinthie avait fière allure au Moyen Âge. Mais au début du XVIe s, après avoir essuyé les assauts turcs, puis hongrois, les ducs déménagèrent à Klagenfurt. Grâce au minerai de fer, la ville restera commerçante, avant qu'une épidémie de peste la décime. St. Veit prit l'eau peu à peu. En 1830, elle comptait 2 fois moins d'habitants qu'au Moyen Âge !
Si on ne fait pas le détour exprès mais que nos pas nous mènent par ici, on pourra jeter un petit coup d'œil aux quelques témoignages architecturaux qui émaillent encore ses ruelles.

Adresse utile

Tourismusverein Mittelkärnten : *Unterer Platz 10.* ☎ *456-08.* • *kaernten-mitte.at* • *Juil-août, lun-ven 9h-18h (plus sam matin), fermé dim ; le reste de l'année, lun-ven 9h-14h.* Brochures sur la ville et sa région.

Où dormir ? Où manger ? Où boire un verre ?

Hotel Fuchspalast : *Prof.-Ernst-Fuchs-Platz 1.* ☎ *46-60.* • *hotel-fuchspalast.at* • *Double env 100 € ; petit déj en plus. Sauna (gratuit).* Un hôtel unique, étonnant et détonnant dans ce coin de Carinthie. L'édifice se présente comme un grand gâteau d'anniversaire bariolé. Il fut édifié par le fantasque *Ernst Fuchs*, l'un des fondateurs du réalisme fantastique. Du bleu, du rouge, du jaune... Le moins qu'on puisse dire, c'est que l'extérieur tranche avec le côté néo-*Biedermeier* des chambres, presque tristes. On y aurait aimé un peu plus de fantaisie.

Hotel Mosser – Restaurant Suppenkasper : *Spitalgasse 6.* ☎ *32-23.* • *suppenkasper.at* • *À 30 m de la pl. principale. Resto tlj sauf dim. Doubles 110-130 €, petit déj inclus. Menus le midi en sem 11,50-15,50 € ; plats 10-30 €.* Un agréable hôtel-restaurant, dans une ruelle calme. Chambres toutes simples et très propres.

Côté resto, beaucoup de spécialités locales et 2 menus chaque jour, dont un végétarien. Agréable terrasse dans la ruelle piétonne aux beaux jours. Belle carte de vins locaux.

Vipresso : *Kirchgasse 11. ☎ 335-77. Tlj sauf dim 10h-1h.* Jolie vinothèque sur une petite terrasse. Idéal pour tester les vins locaux. Accueil super chaleureux et vraiment décontracté.

À voir

Hauptplatz : elle offre un ensemble de demeures baroques ayant conservé une certaine harmonie, avec de jolies demeures aux couleurs douces. À l'entrée domine la *Carinthia-Haus,* du XVe s, avec porche sur colonnes. Au milieu de la place, colonne de peste (1715) et 2 fontaines du XVIIe s.
Le *Rathaus* (à gauche du no 2) propose sa ravissante façade ouvragée (guirlandes aux fenêtres, pilastres...). Au-dessus du porche, plaque gothique de 1468 (armoiries de la ville), statue symbolisant la Justice et un fronton orné d'un aigle couronné. À l'intérieur, jolie cour Renaissance avec arcades décorées de sgraffites. Voir aussi la grande salle rococo du 1er étage *(tlj sauf w-e, aux heures de bureau ; GRATUIT).*

***Stadtpfarrkirche** (église paroissiale) :* *Kirchplatz, à 2 pas de la place principale.* Possède des origines romanes (porte principale à voussures et pierres tombales en façade), un chœur gothique et un autel à la profusion baroque (dorures à tous les étages). Au centre de ce dernier, *Marie à l'Enfant,* illustration de l'importance du culte marial en Autriche. 3 nefs avec arches en plein cintre. Mise en scène très théâtrale... et parfois politique : dans la nef de gauche, les habits rouge et blanc de Jésus à la couronne rappellent les couleurs de la famille impériale. À gauche du chœur, vestiges de fresques, dont certaines semblent faire référence aux Ottomans. On notera encore une chaire splendide avec les 4 évangélistes, un retable avec saint Sébastien, une tribune d'orgue richement décorée.

St. Veit Museum : *Hauptplatz 29. • museum-stveit.at • Juil-août, tlj 10h-18h. Mai-juin et sept-oct, tlj sauf mar-mer 10h-12h, 14h-18h. Entrée : 9 € ; réduc.* Histoire de la région, de ses moyens de transport (attelages, trains, trams...) et des techniques de communication (du télégraphe au téléphone...).

À voir dans les environs

Burg Hochosterwitz : *à **Launsdorf,** à env 9 km à l'est de St. Veit. ☎ (04213) 20-20. • burg-hochosterwitz.com • Ouv d'avr à mi-nov. De mi-mai à mi-sept, tlj 9h-18h (17h le reste de la saison). Dernière admission 1h30 avt fermeture. Entrée : 17 € ; réduc. Depuis le parking, compter env 30 mn de marche pour parvenir au château. Montée par ascenseur possible (compter 10 €/pers !).*
C'est ***l'un des plus beaux châteaux médiévaux*** d'Autriche. Accroché à son rocher abrupt, il offre une image saisissante depuis toute la vallée. Merveille d'architecture militaire, dont l'originalité réside surtout dans l'impressionnante rampe pour y accéder. Pas moins de 14 portes à franchir à pied, avec courage et abnégation pour atteindre le sommet, à moins d'opter pour l'ascenseur à flanc de muraille. Assez vertigineux ! Attesté depuis l'an 860, le château a embrassé les siècles en servant de refuge aux populations locales, notamment lors des prises de bec avec l'Empire ottoman. C'est d'ailleurs pour remercier *Christoph Khevenhüller,* alors gouverneur de la Carinthie, de lui avoir prêté main forte quand les troupes impériales ont damé le pion aux Turcs en novembre 1541, que Ferdinand Ier en a fait cadeau à la famille. De ces temps glorieux où tout le monde se passait par le fil de l'épée pour un oui pour un non, le château recèle aujourd'hui une intéressante collection d'armes et armures.

Nombreux souvenirs des Khevenhüller, les châtelains. Portraits de famille (les mêmes qu'à Riegensburg, en Basse-Autriche). Imposante statue du bourgmestre Shank, géant de 2,25 m ayant vécu au XVIe s.

Cafés-restaurants en bas, pas loin de l'entrée, et en haut (plus sympa) dans la cour du château.

LA VALLÉE DE LA GURK (GURKTAL)

Sur la route de Friesach, la vallée de la Gurk constituait, au Moyen Âge, le cœur de l'évêché de Haute-Carinthie. De ce passé subsistent de nombreux châteaux et un chef-d'œuvre de l'art roman, la cathédrale de Gurk.

Althofen : si vous visitez la vallée en transport en commun, ce sera le point de départ de votre excursion. Entre 4 et 5 bus par jour pour *Straßburg, Gurk* (20 mn) et *Friesach* (15 mn). Liaisons ferroviaires très fréquentes avec Klagenfurt et la Styrie *(Judenburg, Bruck an der Mur).* Cette ville dominée par une tour fortifiée et une église ne vous retiendra pas très longtemps.

STRAßBURG

À 10 km à l'ouest de Pöckstein.
Une ville-rue bordée de quelques édifices baroques remarquables. Elle est dominée par la résidence épiscopale, une forteresse du XIIe s élevée par un évêque-bâtisseur qui ordonna aussi la construction de la cathédrale de Gurk.

Le château de Straßburg : *à **Straßburg**, sur la colline. (0670) 553-63-05. Mai-sept, tlj 10h-18h (oct, slt le w-e). Accès à la cour GRATUIT. Musée des Traditions populaires payant : 6 €.* Perché sur sa colline, remanié au XVIe s, son aspect massif et puissant entendait marquer à son origine le désir d'indépendance de l'évêque. Vœu exaucé, puisque *Straßburg* fut la capitale de fait de l'évêché jusqu'au XVIIIe s. Malmené par les vicissitudes de l'histoire (tremblement de terre, incendie...) le *Burg* a fait l'objet d'une restauration minutieuse. On verra surtout, dans la cour intérieure, les élégantes galeries Renaissance et la terrasse dominant la vallée.
Le château abrite un petit *musée des Traditions populaires* (ustensiles de cuisine, meubles paysans...). Visite pas vraiment indispensable.

GURK

Stift Gurk (cathédrale de l'Assomption) **:** *à 4 km à l'ouest de Straßburg. • kath-kirche-kaernten.at • Tlj 10h-18h. Entrée libre (par le flanc nord). Accès à la crypte : 2 €. Visite guidée de la cathédrale à 11h et 14h30 (allemand-anglais) : 5,50 €. ; billet combiné avec le Musée diocésain (en visite guidée) : 11,50 € (45 mn) ou 14 € (90 mn) ; réduc. Voir les infos plus loin. Gratuit avec la Kärnten Card.*
Une des plus belles églises romanes d'Autriche. 2 clochers à bulbe baroques. Construite en 1140 mais baroquisée au XVIIe s. ***Sous le porche d'entrée*** de style roman, remarquables fresques gothiques originales *(Ancien et Nouveau Testaments)* du XIVe s, narrés à la manière d'une BD. Beau plafond étoilé. Noter encore le superbe portail à voussures multiples et l'effet de perspective qu'il offre. ***À l'intérieur,*** superbe maître-autel de *Hönel* (1632) comprenant de nombreuses statues grandeur nature. À gauche, fresque (XIIIe s) monumentale représentant saint Christophe. À droite, fresque gothique des 24 vieillards de l'Apocalypse. Autour du chœur, beaux confessionnaux en marqueterie de bois. Et encore les nombreuses fresques sur le mur de la nef de droite, ainsi que l'étonnante chaire, énorme et copieusement ornée. ***La crypte romane*** (1174) mérite vraiment qu'on

s'y attarde (accès payant). Plus de 100 fines colonnes soutiennent la cathédrale. Une véritable forêt créant un effet mystérieux propre au génie roman. Enfermée derrière une grille, une élégante *dormition*.

– Possibilité de voir *la chapelle épiscopale,* mais seulement lors des visites guidées. Elle conserve de magnifiques fresques romanes en zigzag (ce qui leur a valu le nom de *Zackenstil*). On peut y voir le plus vieux voile de carême d'Autriche (1458). On l'accrochait pour recouvrir l'autel le mercredi des Cendres afin de marquer le début du jeûne, et il était retiré le Samedi saint.

Schatzkammer *(Musée diocésain)* **:** *dans la grande cour de la cathédrale sur le flanc gauche des bâtiments conventuels. ☎ (04266) 82-36-12. Mai-oct, tlj sauf lun 9h-17h (dernière entrée à 16h30) ; le reste de l'année, sur rdv slt. Entrée : 8 € ; billet combiné avec la visite guidée de la cathédrale : 11,50 € (petite visite, 45 mn), ou 14 € (grande visite, 90 mn) ; réduc.* On découvrira ici le ***trésor de l'art religieux en Carinthie.*** Parmi les nombreuses pièces exposées, on remarquera un Christ en croix de la fin du XIIe s avec une pose élégante, un polyptique de 1426, des statues en bois brut ou polychromes des XIIIe, XIVe et XVe s, et le *Magdalenenscheibe,* morceau de vitrail le plus ancien d'Autriche (1170). *Nativité* en bas-relief doré et polychrome (Geburt Christi, de 1515), *Mort de la Vierge (Mariä Tod),* bel ensemble sculpté de 1500, bréviaires entièrement manuscrits avec enluminures de 1400, bible de 1547, table astronomique de 1400, habits de messe richement brodés. Assez rare, un linge d'autel du XVIe s. Tout aussi rare, un *saint Sébastien* rieur, qui porte sa flèche au lieu de la subir ! Les peintures montrent à quel point les époques médiévales et modernes représentaient une civilisation du geste.

Gasthof Kronenwirt : *Domplatz 8, juste en face de la cathédrale. ☎ (04266) 82-37. Tlj sauf mer, midi et soir (fermé mer-jeu en hiver). Plats 10-15 €.* La taverne locale pur jus et une adresse pratique après ou avant la visite de la cathédrale : banquettes de bois, lourdes chaises, plats qui tiennent au corps et service souriant. Culinairement, on reste dans la ligne. Quant à conserver celle-ci, c'est autre chose.

FRIESACH

(9360) 5 047 hab. IND. TÉL. : 04268

Peut-être le plus beau village de Carinthie, et sans doute l'un des plus anciens (IXe s). Dominé par 4 forteresses à demi tombées en ruine, Friesach a conservé ses remparts et ses douves. Cet impressionnant dispositif défensif s'explique par le rôle qu'a joué la ville au cours de l'Histoire. Possession des princes-archevêques de Salzbourg, Friesach occupait une position stratégique sur la route reliant la Padanie (la plaine du Pô) à Vienne. Aujourd'hui, ce passé ressuscite à l'occasion de fêtes costumées (dernier week-end de juillet), mais surtout grâce à un immense chantier où, l'âme chevillée au corps, les bonnes volontés ont entrepris la construction d'un village médiéval avec les moyens de l'époque. Bon courage !

➢ ***En train :*** très facilement accessible, 1h depuis ***Klagenfurt,*** un peu plus de 2h depuis ***Graz.***

Où dormir ? Où manger ?
Où déguster une pâtisserie ?

Zum Goldenen Anker : *Bahnhofstr. 3. ☎ 23-13. • goldeneranker-friesach.at • Dans la rue prolongeant la Hauptplatz. Resto ouv lun-ven slt, midi et soir. En saison, double 80 € (un seul prix !), petit déj compris. Plats*

8-11 €. Une petite dizaine de chambres vraiment très simples (aucune recherche de déco !), donnant sur une cour intérieure. Très central et prix bas. Au rez-de-chaussée, le troquet-resto sert quelques spécialités carinthiennes.

Villa Bucher : *Hauptplatz 11. ☎ 25-100. • villabucher.at • En haut de la grand-place. Resto tlj sauf mer-jeu et dim soir. Doubles 120-160 €, petit déj compris. Plats 13-30 € ; menus 35-41 €.* Une imposante bâtisse jaune qui se révèle, une fois le seuil franchi, un doux cocon reposant et très confortable. Cet hôtel-restaurant familial dans des tons gris et blanc possède un vrai cachet. Un mélange subtil de mobilier ancien et contemporain en fait un lieu chaleureux. Certaines avec balcon. Ajouter à ça le raffinement de la cuisine, la vue sur le château depuis certaines chambres avec balcon, l'accueil souriant et vous avez une adresse comme on les aime !

Craigher : *Hauptplatz 3. ☎ 22-95. Lun-sam 7h-18h30, dim 10h-18h.* Un pâtissier réputé, régulièrement distingué pour ses chocolats. Rien qu'à regarder la vitrine, on prend déjà des hanches !

À voir

Hauptplatz : agréable place à la pente douce et bordée d'édifices baroques, avec, à portée de vue, les forêts de sapins entourant la ville. Au centre, fontaine Renaissance ouvragée.

Stadtpfarrkirche *(église paroissiale)* **:** cet imposant édifice roman occupe le centre de la ville. Elle dresse ses 2 tours haut dans le ciel. Intérieur très austère. Maître-autel baroque avec force dorures et jolie chaire.

Dominikanerkirche : *au nord du centre-ville, juste à l'extérieur des douves.* La plus longue église de Carinthie, accolée à un cloître qui était le centre du monastère dominicain. À l'intérieur, plusieurs statues de bois peint. Une *Crucifixion* du XIVe s sur le côté gauche de la nef, et derrière elle, une pietà, la Vierge dont la peine peinte sur le visage contraste avec le décor fleuri et coloré qui l'entoure. Autre sculpture, une *Vierge à l'Enfant* debout, à droite du chœur, datant du XIIIe s.

Petersberg : les ruines les plus facilement accessibles depuis le centre. Au total, 375 marches à grimper, tout de même. Belle vue sur la ville. Il abrite le *musée de la Ville (juil-sept, mer-dim 11h-17h ; entrée : 3,50 €).* Collection d'objets médiévaux : statues, crucifix, armes... En été, des spectacles ont lieu dans la cour : jongleurs, cracheurs de feu, tournois de chevalerie.

Deutschordenskirche *(église Saint-Blaise)* **:** *St. Veiter St.* Autre église romane, au sud du centre-ville, à l'extérieur des douves. Elle faisait partie d'un complexe ayant appartenu à l'ordre teutonique. Magnifique maître-autel du XVe s. Pierres tombales des chevaliers.

Erlebnis Burgbau Friesach : *à côté de l'hôpital. ☎ 22-13-18. • burgbau.at • Visite guidée slt, sur résa. En juil-août, ttes les heures à l'heure pile, 9h-15h (sauf à 12h). Mai-juin et sept-oct à 11h, 13h et 15h, et le w-e même horaires qu'en juil-août. Visite en allemand slt (sur demande préalable en anglais). Durée : env 1h30. Entrée : 12 €, réduc.* Dès la barrière franchie, vous êtes au Moyen Âge ! C'est un vrai village en construction, mais, ici, toutes les techniques utilisées sont d'époque : force de l'eau, traction animale, etc. Les responsables de ce chantier, qui associent à leur projet bénévoles et personnes en difficulté, visent l'autonomie parfaite, c'est-à-dire qu'on cultive pour donner à manger aux animaux de bât qu'on élève, puis qu'on dresse pour les mettre au travail... Côté matériaux, on extrait, on équarrit ou on taille, puis on assemble... Ce projet a débuté en 2009, et les plus optimistes tablent sur 55 ans de boulot pour le mener à bien ! Alors, pour voir ce village terminé, il faudra avoir en poche l'édition du *Routard* 2064 !

DANS LES ENVIRONS DE FRIESACH

Heinrich-Harrer-Museum : *Bahnhofstr. 12, à* ***Hüttenberg,*** *à 30 km à l'est de Friesach. ☎ (04263) 81-08-20. • huettenberg.at • Mai-oct, tlj en juil-août 10h-17h. Fermé lun en mai-juin et sept-oct. Entrée : 14 €, ticket combiné avec le musée de la Mine : 17 € ; réduc. Gratuit avec la Kärnten Card.* Intéressant musée ethnographique, fruit de souvenirs rapportés des longs voyages du professeur Harrer, l'alpiniste autrichien qui passa 7 ans de sa vie au Tibet auprès du dalaï-lama. Son épopée est racontée dans un film (voir encadré). Né en 1912, il meurt en 2006 en Carinthie sans avoir jamais cessé de parcourir le monde. Pas moins de 400 objets insolites du Tibet, de l'Inde, de la Nouvelle-Guinée, du Surinam, etc.

EXPLOITS ET COMPROMISSIONS

En 1938, l'alpiniste Heinrich Harrer réalisa la 1re ascension de la face nord de l'Eiger, en Suisse. Lorsque l'Autriche fut annexée au IIIe Reich, les nazis l'incorporèrent dans les rangs de la SS à des fins de propagande. Alors qu'il préparait en 1939 l'ascension du Nanga Parbat au Cachemire, les Britanniques l'internèrent dans un camp de prisonniers. Évadé en 1944, il se réfugia au Tibet. De ces aventures, J.-J. Annaud a tiré le film Sept ans au Tibet *avec Brad Pitt dans le rôle du beau blond assez allumé.*

Bergbaumuseum *(musée de la Mine)* **:** *à* ***Knappenberg,*** *à côté de Hüttenberg. ☎ (04263) 81-08-30. • huettenberg.at • Mai-oct, tlj en juil-août 10h-17h (dernière admission à 16h). Fermé lun en mai-juin et sept-oct. Visite guidée à 11h, 14h et 16h, en allemand slt. Entrée : 14 €, ticket combiné avec le Heinrich Harrer Museum : 17 € ; réduc. Gratuit avec la Kärnten Card.* Mine de cristaux fermée depuis 1978. Auparavant, 978 mineurs y travaillaient. Il s'agissait alors de l'un des plus importants gisements de cristaux au monde. L'histoire de l'extraction est retracée depuis son origine. Plus de 180 sortes de cristaux étaient exploitées. Juste à côté, ancien village de mineurs : les corons autrichiens. À la place de la brique rouge, c'est du bois. C'est la seule différence. La taille, la proximité des maisons vous replongent dans l'univers de *Germinal.*

HOMMES, CULTURE, ENVIRONNEMENT

BALS

Que la fête commence ! À Vienne, capitale de la valse, le passage par une école de danse, même bref, constitue une étape éducative conseillée à tout adolescent. On en sort d'ailleurs avec un diplôme (!), qui permet de participer aux 450 bals organisés chaque année et fréquentés par des danseurs venus du monde entier.
La saison débute entre le 15 et le 30 novembre avec le Bal des ramoneurs et celui de la Croix-Rouge et se termine à la fin du carnaval, ou *Fasching,* au lendemain du Mardi gras. Le calendrier des bals est disponible à l'office de tourisme ou sur le site • *ballkalender.com* • Chaque corps de métier, association ou quartier y participe, les cafetiers *(Ball der Wiener Kaffeesieder),* les fleuristes *(Blumenball),* les juristes *(Juristenball)* ou les médecins *(Wiener Ärzteball).* Pensez à réserver une table (et à faire des économies) longtemps, longtemps à l'avance. En général, 3 ou 4 orchestres jouent simultanément dans plusieurs salles différentes pour satisfaire tous les goûts.
Mais on est loin des grands bals de l'*Orchestre philharmonique de Vienne* et de l'*Opéra* : là, tout n'est que mondanités et ostentation. Difficile de s'y introduire quand on n'est pas du sérail. Vous pouvez toujours acheter votre ticket pour le poulailler et apercevoir le président de la République soupant dans l'ancienne loge impériale avec quelques VIP. Pour les nostalgiques des films de Sissi et de l'Empire, on ne peut rêver mieux.
Si vous n'avez pas eu de places au tirage au sort (eh oui, ça marche comme ça, succès oblige !) pour le ***bal de l'Opéra*** *(Opernball)* à la mi-février, pourquoi ne pas réserver pour le ***bal des Roses*** *(Rosenball)* qui a lieu le même jour, animé par la communauté gay ? Seule la polonaise d'ouverture rappelle la tradition. Pour le reste, place au disco et à l'électro. Et le lendemain au *Konzerthaus,* c'est au tour de l'informel et sucré *bal du Bonbon* de faire guincher !

BOISSONS

Les Autrichiens ont la réputation d'être parmi les plus grands buveurs du monde. Leurs vignobles produisent des vins très agréables, quoique peu de crus soient destinés à la conservation. Le blanc, majoritaire (85 % de la production nationale), vient des régions viticoles du Burgenland, de Styrie et de Vienne. Sans oublier la Basse-Autriche et les coteaux de la *Wachau* qui descendent jusqu'aux rives du Danube, à hauteur du château de Dürnstein. Les légionnaires romains y auraient importé des plants de vigne. Dans les restos ou les bars, les vins sont plutôt chers mais peuvent être servis au verre.

ENTRE COUSINS GERMAINS, IL Y A DES NUANCES

Être aussi efficaces que leurs voisins allemands mais sans en avoir l'air, et en cultivant un art de vivre méridional. Tel est le credo des Autrichiens. Ces différences sont particulièrement marquées en matière culinaire : si l'un est un buveur de bière, l'autre privilégie le vin.

Vienne est une destination courue par tous les amateurs de ces vins rouges ou blancs que l'on boit sous la treille, dans un *Heuriger* (voir plus loin « Cuisine. Où se restaurer en buvant un verre... ? »). Ils méritent en tout cas une dégustation sérieuse (le bus, le tramway et le métro vous ramèneront ensuite jusqu'à l'hôtel, à condition que vous trouviez votre chemin !).
Lorsque vous passerez dans un *Heuriger,* ne ratez pas le ***Most,*** genre de moût jaunâtre et opaque dont la teneur en alcool est encore faible. Ou le ***Sturm,*** plus avancé dans la fermentation et connu pour receler, comme son nom (« bourrasque ») l'indique, quelques vertus décoiffantes (quoique ce ne soit pas la tête qui soit visée en 1er). Vous pourrez enfin y boire le ***Gespritzter,*** un vin tout simplement coupé à 50 % avec de l'eau gazeuse. Très désaltérant. Les Autrichiens le consomment comme entrée en matière lorsque s'amorce une longue soirée de beuverie conviviale !
Et sinon, visite conseillée de la *Wachau* au printemps, au moment de la floraison des abricotiers, grands pourvoyeurs de liqueurs. Et le schnaps (eau-de-vie), constitue non seulement un excellent digestif, mais aussi un antiseptique en hiver.
Voici un récapitulatif des principales boissons que vous allez rencontrer lors de votre séjour, selon la saison.
– ***Vins blancs :*** *grüner veltliner* (sec), *gemischter satz* (sec mais fruité), *riesling* et *gewurztraminer* (comme en Alsace), *müller-thurgau* (fleuri et fruité), *welschriesling* (demi-sec) et *muskat ottonel* (fruité).
– ***Vins rouges :*** *blauer portugieser* (doux), *blaufränkisch, blauer zweigelt* (plus puissant), *st. laurent* (souple), *pinot noir* (comme en France).
– ***Vin rosé :*** *schilcher* (assez âpre mais fruité).
– ***Vins de dessert :*** *spätlese* (doux), *eiswein* (moelleux et sucré, provenant des vendanges tardives à la 1re gelée).
– ***Glühwein (rouge ou blanc) :*** vin chaud aromatisé (clou de girofle, cannelle, écorce d'orange). Idéal en hiver pour se réchauffer sur un marché de Noël ou soigner un début de rhume.
– ***Schnaps :*** aux prunes, abricots, pommes, poires ou framboises. Ou tout à la fois : commandez alors un *Obstler.*
– ***Bières (blondes) :*** *Gösser, Stiegl, Schwechater, Zipfer, Puntigamer* (chaque marque propose aussi une variante sans alcool). La bière que les Autrichiens boivent en *Seidel* (0,35 l) ou en *Krügel* (0,5 l) est de très bonne qualité. Faites comme eux, régalez-vous, dans un parc, autour d'un tonneau, en l'accompagnant d'une saucisse, d'un peu de moutarde et d'un *Brötchen* !
– ***Et l'eau...*** Sachez enfin que les robinets prodiguent de la très bonne eau de montagne, même à Vienne. En revanche, si vous désirez de l'eau « minérale », les épiceries ne vous en vendront que gazeuse et toujours en bouteille de verre consignée. L'eau plate en bouteille porte le mot « *ohne Kohlensäure* » sur l'étiquette, ce qui signifie « sans gaz ». Au restaurant demandez de la *Leitungswasser* (eau du robinet) de préférence en carafe *(Karaffe),* sinon on risque de ne vous en servir qu'un seul verre !

Petit lexique pour amoureux du café

Il existe différentes variantes de votre breuvage favori, et donc des termes différents pour les nommer. Se contenter de commander « un café », c'est un peu comme demander « un gâteau » dans une pâtisserie ! Voici une liste qui vous évitera de passer pour un touriste inculte.
– ***Kleiner Schwarzer/Mocca :*** le petit noir classique.
– ***Großer Schwarzer/Mocca :*** idem mais en grand.
– ***Kleiner/Großer Brauner :*** le petit ou grand « brun » ; en fait, une tasse de *Mocca* servie avec un petit pot de lait. C'est ce que le *Herr Ober* vous apportera si vous vous obstinez à lui commander un « café » !
– ***Verlängerter :*** version allégée du *Kleiner/Großer Mocca* ou *Brauner,* allongé avec de l'eau chaude.

- ***Kapuziner :*** beaucoup de café, un soupçon de lait et une goutte de crème.
- ***Melange :*** comparable au crème français. Le plus consommé. Et le plus facile à prononcer aussi !
- ***Einspänner :*** littéralement, « fiacre ». C'était la boisson traditionnelle des cochers qui voulaient se réchauffer entre 2 courses. Café noir servi dans un verre, avec une bonne portion de crème Chantilly. Ce qu'on appelle le café viennois (ou liégeois) chez nous.
- ***Kaisermelange :*** « mélange impérial ». Café noir avec un jaune d'œuf battu. Apparu lors de la Première Guerre mondiale lorsque le lait était rationné et qu'il fallait lui trouver un substitut. Tonique. N'existe cependant pas dans tous les établissements.
- ***Maria Theresia :*** café noir avec une liqueur à l'orange.
- ***Eiskaffee :*** café noir avec de la glace à la vanille et de la crème fouettée, servi dans un verre. À consommer par temps de chaleur.
- ***Fiaker :*** le très classique café long avec du rhum et de la chantilly, servi chaud.

CINÉMA

Du côté des réalisateurs et réalisatrices...

Avant que leurs noms ne soient associés à la grande épopée d'Hollywood, ils firent partie de ces hordes d'émigrants européens partis vers les rêves du Nouveau Monde ou chassés brutalement par les nazis.
Prenez ***Josef von Sternberg.*** En 1901, à l'âge de 7 ans, il émigre avec ses parents à New York. *Les Damnés de l'océan* (1928) sera un 1er pas vers la reconnaissance. En 1929, Sternberg est appelé en Allemagne, où il tourne *L'Ange bleu* avec une jeune actrice qui deviendra vite sa muse, ***Marlene Dietrich*** : un coup de maître pour le cinéaste réaliste. À l'affût de nouvelles divas capables de damer le pion à Greta Garbo, la firme hollywoodienne Paramount invite Sternberg à revenir avec Dietrich aux États-Unis. Leur collaboration se poursuit outre-Atlantique, ponctuée de chefs-d'œuvre tels que *L'Impératrice rouge* (1934) ou *La Femme et le Pantin* (1935).
Quant à ***Erich von Stroheim,*** né en 1885, si ses études à l'Académie militaire de Vienne le destinaient à une vie en uniforme, c'était sans compter l'ardeur du militaire qui, en 1909, part se frotter au rêve américain ! Devenu metteur en scène, il signe *Folie de femmes* (1922) et *Queen Kelly* (1928), mais Hollywood le boude. Contraint de gagner sa vie, il enfile à nouveau son vieil habit d'officier, mais en tant qu'acteur cette fois-ci !
Les années 1930 seront celles de tous les exils : ***Fritz Lang,*** le grand maître de l'expressionnisme allemand, né à Vienne ; ***Otto Preminger,*** assistant du grand metteur en scène de théâtre autrichien ; ***Max Reinhardt,*** qui réalisera des films d'anthologie tels que *La Rivière sans retour* ou *Carmen Jones* (1954) ; ***Fred Zinnemann,*** qui peut se targuer d'avoir appris aux Américains l'art et la manière de faire de bons westerns avec *Le train sifflera trois fois* (1952) !
Aujourd'hui, les cinéastes n'ont heureusement plus besoin de quitter leur douce patrie. Bien que né à Munich (en 1942), et considéré comme l'un des cinéastes européens majeurs, ***Michael Haneke*** a passé la plus grande partie de son enfance à Vienne. Après la fac, il devient critique de cinéma, puis metteur en scène. *Le Septième Continent* (1989) est sa première réalisation. Ses films sont froids (voire glaçants), parfois lents et souvent violents. Citons *Funny Games* (1997 et remake en 2007), *La Pianiste* (2000) ou *Caché* (2005), ainsi que *Le Ruban blanc* (2009) et *Amour* (2012), tous 2 Palme d'or à Cannes. En 2017, il signe *Happy End* avec Isabelle Huppert, Jean-Louis Trintignant et Mathieu Kassovitz.
Jessica Hausner, née en 1972 à Vienne, fait ses débuts auprès de Haneke. Scripte sur *Funny Games,* elle passe rapidement à la réalisation avec *Lovely Rita* (2002), *Hôtel* (2005), *Amour fou* (2014) ou *Little Joe* (2019), des films aux personnages solitaires et singuliers.

Ulrich Seidl, lui aussi né à Vienne (en 1952), a étudié le cinéma à la *Filmakademie Wien.* Très polémique, il est souvent critiqué pour ses films dérangeants, traitant la plupart du temps du sexe et de la médiocrité humaine. Après des documentaires empreints de pessimisme, il se lance dans la fiction avec *Dog Days* (2002) ou encore avec la trilogie *Paradis : Amour* (2012), *Paradis : Foi* (2012) et *Paradis : Espoir* (2013). *Rimini* (2022) met en scène un crooner et gigolo occasionnel chantant hors saison pour les retraités dans les hôtels minables de la station de l'Adriatique.

... et du côté des acteurs et actrices

– ***Romy Schneider*** *(1938-1982)* **:** native de Vienne, chaperonnée par sa mère Magda, elle débute très jeune dans des films (très) romanesques dont l'iconique ***Sissi,*** qu'elle incarne avec une tendre ingénuité, et qui la sacre nouvelle impératrice du 7e art. Remercions ici Alain Delon pour avoir incité cet oiseau rare à venir s'installer en France. La suite, tout le monde la connaît. Pour la redécouvrir, sublimée comme jamais, courez voir *L'Enfer* d'Henri-Georges Clouzot.

ROMY ET LE REICH

Magda Schneider, mère de Romy, était aussi actrice et amie de Martin Bormann, conseiller de Hitler. On vit une Romy de 3 ans au nid d'aigle de Berchtesgaden (elle n'habitait d'ailleurs qu'à 20 km). Plus tard, pour montrer son rejet des thèses nazies, elle choisira pour ses enfants 2 prénoms hébraïques: David et Sarah.

– ***Helmut Berger*** *(1944)* **:** lorsque Gala, la femme de Dalí, présente Helmut Berger à *Luchino Visconti,* c'est le coup de foudre. Blond, beau et décadent, Berger correspond exactement à la figure héroïque et perverse qui habite l'imaginaire du cinéaste italien : *Les Damnés, Ludwig II de Bavière, Violence et Passion* scelleront des amours passionnées entre les 2 artistes. Après la mort du maestro milanais il joue pour Joseph Losey et Vittorio de Sica. En 2014, il incarne un Yves Saint Laurent âgé, dans le film de Bertrand Bonello.

– ***Klaus Maria Brandauer*** *(1943)* **:** le Depardieu autrichien. Acteur de théâtre et de cinéma, mais aussi metteur en scène à ses heures, il s'illustre dans le film *Mephisto* du Hongrois *István Szabó*, qui lui vaudra le prix d'interprétation à Cannes en 1981. On l'a revu dans *Colonel Redl* du même Szabó, interprétant le rôle d'un officier d'origine ruthène, sacrifié sur l'autel de la *realpolitik* des rivalités nationales au sein de l'empire. Il incarne successivement le Willy de Colette, Danton, Rembrandt ou Jules César, et bien sûr le baron Blixen dans *Out of Africa,* aux côtés de Meryl Streep.

– ***Arnold Schwarzenegger*** *(1947)* **:** originaire d'un village à côté de Graz (où un musée lui est consacré), ce culturiste forcené a remporté 5 fois le titre de Monsieur Univers avant d'aller sauver le monde dans nombre de films produits à Hollywood, d'épouser Maria Shriver, une fille du clan Kennedy, puis de se faire élire en 2003 et 2007, gouverneur de Californie dans les rangs du Parti républicain. La Légion d'honneur lui est remise en 2011 par Frédéric Mitterrand, alors ministre de la Culture... Pour ses beaux yeux ? En 2010, il devient un acteur actif de la lutte contre le réchauffement climatique... et un adversaire pour Trump !

– ***Christoph Waltz*** *(1956)* **:** on ne présente plus le génialissime colonel nazi d'*Inglourious Basterds* (Quentin Tarantino, 2009), pour lequel il obtient l'Oscar, le Golden Globe et le Bafta du meilleur acteur, ainsi que le prix d'interprétation masculine à Cannes. Pas mal pour un 1er film international ! Depuis, sa carrière est lancée : *The Green Hornet* (Gondry, 2011), *Carnage* (Polanski, 2011), *Django Unchained* (Tarantino, 2013), *Big Eyes* (Tim Burton, 2014) et *The French Dispatch* (Wes Anderson, 2020). En 2023, il incarne *Billy Wilder* dans un biopic signé Stephen Frears.

Quelques films incontournables

– ***Le Troisième Homme*** (Carol Reed, 1949). Une adaptation du roman de Graham Greene avec Orson Welles dans le rôle principal. 1945, Vienne est dévastée. Holly Martins, un romancier américain de 2de zone, part sur les traces de Harry Lime, son ami d'enfance. Mais celui-ci, mêlé à un trafic de pénicilline, trouve la mort alors qu'il était poursuivi par la police. Martins mène alors sa propre enquête et découvre que Lime est encore vivant. Grand Prix du Festival de Cannes en 1949, ce film est considéré comme un des chefs-d'œuvre du film noir. La bande-son à la cithare composée par Anton Karas a été un succès planétaire.

– ***Welcome in Vienna*** (Alex Corti, 1982-1986). Une trilogie où l'on suit la trajectoire d'un adolescent juif, Ferry Tobler, dans sa fuite de Vienne, au lendemain de la Nuit de cristal de 1938 (1er volet). Il parvient à New York, où il va désenchanter (2e volet), avant de rejoindre sa ville natale, une fois la guerre achevée (3e volet). Une superbe fresque humaine inspirée de la vie de Georg Stefan Troller (le coscénariste).

– ***Amadeus*** (Miloš Forman, 1984). Tourné à Prague, adapté de la pièce éponyme de Peter Shaffer. Mozart, incarné avec brio par Tom Hulce, arrive à Vienne à la cour de l'empereur. Sa réputation effraie ses rivaux, Antonio Salieri est le 1er qui va tenter de l'évincer tout en l'approchant, pour mieux l'appréhender. César du meilleur film étranger, Oscar du meilleur film et du meilleur acteur en 1985 (40 prix en tout !).

– ***La Pianiste*** (Michael Haneke, 2001). Adapté du livre éponyme d'Elfriede Jelinek. Erika (Isabelle Huppert) enseigne le piano au Conservatoire de Vienne, vit avec sa mère (Annie Girardot) et pratique régulièrement le voyeurisme. Arrive Walter (Benoît Magimel), un jeune élève qui tombe rapidement amoureux d'elle et avec lequel elle va entretenir une relation aussi attendue que perverse. Grand Prix à Cannes.

– ***Sissi*** (Ernst Marischka, 1955-1957). Une trilogie composée de *Sissi, Sissi impératrice* et *Sissi face à son destin.* Pas de très grands films, mais une grande actrice, Romy Schneider, dans la peau d'un grand personnage, l'impératrice Sissi. C'est kitsch et sirupeux, mais on pardonne tout à Romy ! Enfin, presque...

– ***La Femme au tableau*** (Simon Curtis, 2015) où Helen Mirren incarne une septuagénaire américaine décidée à récupérer un tableau de Klimt, volé à sa famille juive par les nazis et exposé à Vienne comme patrimoine national autrichien. Une histoire vraie !

– ***Une vie cachée*** (Terrence Malick, 2019) **:** le destin d'un héros méconnu, en l'occurrence, Franz, un paysan autrichien, qui, porté par sa foi, refuse de se battre aux côtés des nazis. Reconnu coupable de trahison il est passible de la peine capitale. Fort de son amour pour sa femme et ses enfants, contre vents et marées, il n'en reste pas moins un homme libre.

CUISINE

Attention : tout comme les couverts, au restaurant, le pain est facturé en plus des plats commandés, proportionnellement à sa consommation. Cela dit, vous apprendrez très vite à vous en passer, sauf si vous vous arrêtez dans un *Biergarten* ou sur un stand de saucisses au marché pour grignoter sur le pouce. Le reste du temps, avec les pommes de terre et les fameux *Knödel,* demander du pain serait de trop.

Plats traditionnels

La cuisine autrichienne est méconnue et trop souvent comparée à sa voisine allemande. Erreur ! En réalité, au temps de l'Empire austro-hongrois, une famille autrichienne aisée se devait d'avoir à son service une cuisinière de Bohême ou de Hongrie : elles étaient les meilleures ! Au cours des siècles, le pays s'est enrichi des habitudes culinaires de ses voisins, jusqu'à offrir une bonne synthèse de toutes les cuisines d'Europe centrale. Si vous restez une semaine, vous aurez l'occasion de goûter à l'essentiel des spécialités, souvent assez lourdes car riches en crème fraîche, farine, panure et lard. Voisinage oblige, on trouve également un grand nombre de restos italiens, souvent de qualité. Sans parler de la cuisine internationale, qui vient s'immiscer dans les cartes traditionnelles.

UNE CUISINE SANS FRONTIÈRE !

La cuisine autrichienne s'est inspirée des recettes de l'ancien empire : l'escalope viennoise vient de Milan comme les gnocchis, le paprika et le goulasch de Hongrie, le strudel d'Orient... Bon, on n'oublie pas le très populaire tafelspitz, viande bouillie qui est ici un plat de roi, voire d'empereur car François-Joseph l'adorait !

À la lecture des plats qui suivent, certains s'inquiéteront peut-être pour la prononciation, d'autres pour leur régime. Dans le 1er cas, pas de soucis, vous trouverez généralement quelqu'un pour vous aider à décrypter la carte... ou un serveur patient. Pour ce qui est des calories, il faut reconnaître que dégoter quelque chose d'un peu diététique dans un resto de campagne peut être une mission difficile ! En revanche, la cuisine s'allège dans les grandes villes, notamment à Vienne, où les produits locaux et de saison, bio de préférence, sont de plus en plus souvent mis à l'honneur. Dernière tendance, on trouve de plus en plus de propositions végétariennes sur les menus, y compris dans les *Wirtshaus* les plus traditionnelles.

- ***Knödel :*** sorte de quenelle de pommes de terre, de mie de pain ou de semoule, pouvant accompagner tous les plats. Parfois farcie (aux herbes, à la viande, etc.). Souvent servie en entrée dans les menus. In-con-tour-na-ble et capable du meilleur comme du pire.
- ***Grießnockerl-Frittaten-Leberknödel Suppe :*** soupe aux boulettes de semoule, aux lamelles de crêpe salée ou aux *Knödel* à base de foie. La seule et vraie entrée autrichienne.
- ***Schweinebraten*** (ou *Schweinsbraten*) **:** rôti de porc à l'ail et au cumin, servi avec des *Knödel* et de la choucroute. Délicieux.
- ***Tafelspitz :*** filet de bœuf bouilli à l'eau, à la manière du pot-au-feu, servi avec une sauce au raifort ou à la ciboulette. Le plat préféré de François-Joseph, ajoutera-t-on souvent.
- ***Rindsrouladen :*** escalope de bœuf roulée, farcie de lard et de cornichons.
- ***Wiener Schnitzel :*** la plus connue des escalopes panées (veau exclusivement pour bénéficier de l'appellation), souvent servie avec pommes de terre persillées et sauce aux airelles. Viandes et même poissons panés, sont servis dans tous les restos ; dès que vous voyez un plat finissant par *Schnitzel,* vous savez ce qui vous attend.
- ***Kasnudeln :*** ou *Kärntner Kasnudeln,* spécialité de Carinthie, sorte de gros raviolis fourrés au fromage et fines herbes, excellent.
- ***Rindsgulasch :*** bœuf braisé aux oignons et au paprika. Excellent quand il est bien préparé. On le trouve partout, et c'est un nom facile à mémoriser, quand on panique, face à une carte proposée en v.o. uniquement.
- ***Backhendl :*** poulet pané, accompagné souvent de salade verte. Bon, pas vraiment gastronomique mais rassurant si on en a marre des sauces ou des viandes bouillies.
- ***Stelze :*** jarret de porc grillé. Une des spécialités des fêtes et des brasseries, à arroser avec de la bonne bière locale.
- ***Geselchtes :*** porc fumé très épicé, servi en tranches avec de la purée, des *Knödel,* de la choucroute ou du raifort.
- ***Bauernschmaus :*** le « délice de l'agriculteur », composé d'une tranche de *Schweinebraten* et de *Geselchtes* avec des saucisses grillées sur un lit de choucroute. Copieux.
- ***Beuschel :*** ragoût d'abats dans une sauce aigre à la crème fraîche. Faut aimer...
- ***Krenfleisch :*** porcelet cuit avec sa couenne, assaisonné de raifort râpé. Attention, c'est fort.

– ***Wild :*** mot qui signifie « gibier » (chevreuil, cerf, lièvre, canard sauvage) et que vous retrouvez à la carte, pour des plats proposés souvent avec une compote d'airelles. Servi en automne.
– ***Eierschwammerln :*** en juin-juillet, vous les trouverez préparés à toutes les sauces au menu de tous les restos (ou presque). Il s'agit de girolles, servies sautées ou avec de la crème fraîche, alors accompagnées de *Knödel.* Succulent.
– ***Tiroler Gröstl :*** le plat national des Tyroliens. Dans une poêle, on ajoute à des pommes de terre sautées aux oignons, de la viande, de la saucisse ou du lard, on assaisonne le tout de persil et de marjolaine pour ensuite le servir recouvert d'un œuf au plat ! Parfumé, authentique. On adore. Ensuite, on peut affronter l'hiver !

Gâteaux et desserts traditionnels

Enfin, un repas autrichien traditionnel ne saurait être complet sans un dessert chaud. Celui-ci pouvant se prendre dans l'après-midi, après quelques heures de marche. Ils sont généralement préparés à la commande. Goûtez-y même s'ils vous paraissent inhabituels, nous nous en portons garants ! Et puis il y a toutes les tartes aux fruits ou autres délices sucrés pour les goûters (mais ne regardez pas votre montre car ici, on peut en manger à toute heure !).

RIVALITÉS FROMAGÈRES AU CONGRÈS DE VIENNE

Durant l'interminable congrès de Vienne (1815), on ne se contenta pas de redécouper l'Europe postnapoléonienne. Lors du banquet de clôture, une dégustation de 52 fromages régionaux représentant les différents pays en présence opposa en finale le bleu de Bavière, défendu par Metternich, au brie de Meaux, soutenu par Talleyrand. Ce fut le brie qui en sortit vainqueur et fut proclamé « Prince des fromages et premier des desserts ».

– ***Apfelstrudel :*** est-ce bien utile de présenter ce feuilleté aux pommes, aux raisins secs et à la cannelle, dont la réputation a largement dépassé les frontières ? On le sert en général chaud et nappé d'une crème vanillée. Une variante très populaire : le *Topfenstrudel,* fourré avec du fromage blanc (un peu lourd, donc !).
– ***Salzburger Nockerln :*** une spécialité de Salzbourg, comme son nom l'indique, mais servie partout en Autriche. Soufflé très crémeux dont la forme rappelle les montagnes salzbourgeoises !
– ***Kaiserschmarrn :*** une grosse crêpe aux œufs montés en neige, sucrée et découpée en lamelles, servie avec une compote ou des fruits au sirop. Le plat préféré des skieurs, en hiver, au retour d'une descente.
– ***Marillen-Zwetschgen-Knödel :*** abricot (ou prune) enrobé d'une pâte et roulé dans de la chapelure. Servi avec du sucre et du beurre fondu. Dessert typique de la Wachau !
– ***Germknödel :*** pâte à la levure avec de la confiture de prunes et saupoudrée de grains de pavot moulus. Le grand dessert bohémien.
– ***Palatschinke :*** la crêpe locale avec confiture, fromage blanc ou chocolat. Plus épaisse que sa cousine française.
– ***Sachertorte :*** célébrissime gâteau viennois, composé de chocolat moelleux avec une fine couche de confiture d'abricots au milieu. Difficile d'y résister !

LA ROLLS DES PÂTISSERIES

C'est à Franz Sacher, un marmiton de 16 ans au service de Metternich, qu'on doit la Sachertorte. En 1832, le chancelier voulait épater ses invités lors d'un dîner en proposant un dessert inédit. Le chef pâtissier étant malade, le gamin saisit sa chance et créa la Sachertorte, cette génoise parfumée d'un mélange secret d'épices, fourrée d'une fine couche de confiture d'abricot, couverte de chocolat croquant, et servie avec une légère crème fouettée. Une réussite jamais démentie !

Où se restaurer tout en buvant un verre (ou 2) ?

En dehors des établissements classiques, souvent chers, à l'atmosphère compassée, les restaurants typiquement autrichiens ne manquent pas.

– ***Heuriger*** (pluriel ***Heurigen***) **:** on en trouve essentiellement à Vienne, mais aussi dans les principales régions viticoles, où ils sont aussi appelés ***Buschenschank*** à cause de la branche de pin suspendue au-dessus de la porte d'entrée. Les Autrichiens utilisent le terme *Heuriger* pour désigner à la fois le vin nouveau et l'endroit où l'on peut le déguster, à la saison. Cette guinguette familiale, garnie de tables et de bancs, vient de l'époque où les petits viticulteurs des alentours de Vienne avaient obtenu l'autorisation d'aménager leur habitation en local de vente. Les Autrichiens adorent y venir, seuls ou en famille, siroter le vin apporté par une serveuse en *Dirndl,* le costume traditionnel.

On y mange aussi de la charcuterie ou des fromages. Il faut aller se servir soi-même au buffet (une règle établie pour éviter de concurrencer les restaurants traditionnels). N'oubliez pas l'*Aufstrich,* pâte à tartiner qu'on étale en couche épaisse sur du pain noir. Nous vous recommandons particulièrement le *Liptauer,* à base de fromage blanc et de paprika. D'aucuns apporteront leur propre pique-nique, c'est permis ! Le *Heuriger* est un formidable relais si vous entreprenez une randonnée. Évitez enfin les établissements trop grands, toujours très touristiques, et allez-y quand le temps est de la fête pour lézarder au soleil dans la cour ou le jardin. Un dernier conseil : ne commandez jamais de bière, ce n'est pas l'endroit !

– ***Gasthaus et Gasthof :*** la taverne autrichienne traditionnelle chaleureuse et conviviale. Toujours très fréquentée, en général bon marché, la *Gasthaus* exhale, dès le seuil, ses bonnes odeurs de soupes ou de *Schweinebraten.* On y sert de la *Hausmannskost,* autrement dit de la bonne cuisine maison. Les cartes sont aussi fournies que les portions sont copieuses. Alors, faites comme les locaux : commandez une soupe pour patienter et un plat avec une salade. Pour les adresses, demandez autour de vous, chaque Autrichien a « sa » *Gasthaus.* Si vous en cherchez une, ne dites pas « restaurant », on pensera qu'en bon Français vous cherchez une table gastronomique. Et n'ayez aucune honte à commander un plat unique et consistant. La *Gasthof* fait davantage auberge campagnarde et peut mettre à votre disposition quelques chambres à coucher.

– ***Beisl :*** le bistrot universel, simple et généralement bon marché, avec une petite carte et un plat du jour. Souvent, le midi, on y déjeune léger. La mode aidant, on en trouve de plus en plus qui proposent une restauration davantage élaborée. Un lieu de sortie et de rencontre, souvent en musique.

– ***Jausenstation :*** un terme un peu désuet pour désigner une auberge dans la nature, à heures d'ouverture restreintes, et qui constitue le point d'arrivée d'une rando ou d'une excursion. On s'y restaure de petits plats, souvent froids, accompagnés d'une bière, de vin, d'une limonade ou d'un schnaps. La ***Jause*** est donc un petit en-cas : tartine avec *Liptauer,* planche de charcuterie, cervelas en vinaigrette avec oignons, tartines de pain noir au fromage, de fromage blanc aux fines herbes, ou de saindoux avec gratons. Mais aussi un dessert : *Apfelstrudel,* strudel au fromage blanc, tarte aux quetsches, gâteau aux graines de pavot, etc.

– ***Würstelstand :*** ces traditionnels stands de saucisses grillées ou chauffées à l'eau se trouvent à peu près partout. Goûtez au *Leberkäse,* sorte de pâté chaud en tranche que l'on mange dans un pain. En règle générale, dans ces stands, les saucisses sont servies avec du pain et de la moutarde, ou du ketchup. Même en hiver, enlevez vos moufles fourrées et pincez délicatement la saucisse avec vos doigts, c'est d'usage ! Sinon, il vous reste la possibilité d'aller dans certaines charcuteries, où sont aménagés des petits coins dégustation. Simple et pratique !

CURIEUX, NON ?

– Toute personne ayant obtenu un titre universitaire a droit à être saluée d'un « ***Herr Doktor*** », qu'on ait rédigé une thèse en mathématique, en sociologie ou en histoire de la musique chez les Bantous... Les femmes ont droit à ***Frau Doktorin*** et les titres avec toutes leurs abréviations remplissent aisément une carte de visite. L'Autriche n'est plus qu'un petit pays au milieu de l'Europe, mais ses habitants peuvent encore porter des titres aussi longs que les anciennes moustaches impériales.

– Le Viennois est un « ***pessimiste souriant*** ». Orphelins d'un empire, mélancoliques à l'excès, ils souffrent de toute évidence d'une pathologie singulière : la « dépression joyeuse ». Principal symptôme : l'autodénigrement, mêlé d'euphorie. Lorsqu'un malheur survient dans le monde, son 1er réflexe est d'envisager que les choses vont s'aggraver et de toujours prévoir le pire...

– Le gardien des traditions viennoises est l'***Ober*** (le garçon de café). Il y a des choses « qui se font » et d'autres « qui ne se font pas ». Ne jamais l'appeler par un « S'il vous plaît ! » ou plutôt un « *bitte* ». C'est déplacé et contraire à l'esprit des lieux. Il vaut mieux faire un petit signe discret. Selon le rituel immuable, le café servi sur un plateau argenté, afin de ne pas abîmer le marbre des tables, est toujours accompagné d'un verre d'eau (souvenir turc). L'*Ober* expérimenté n'est pas aimable, ne sourit presque jamais et ne respecte que les habitués. Une attitude déconcertante pour les visiteurs. Pour eux, les clients ne sont pas rois, ils sont simplement tolérés.

– On a coutume de dire que Vienne ne se trouve pas au sud-est de l'Allemagne, mais bien au ***nord-ouest des Balkans...*** Le goulasch l'emporte sur la saucisse, et le vin sur la bière. La plupart de ses habitants ont des ascendants venant de Hongrie, de Serbie ou de Croatie. Quant à l'annuaire téléphonique, il pullule de noms tchèques.

– Dans la bonne société viennoise, le ***baise-main,*** cet héritage de la cour impériale, est encore largement pratiqué. Mais attention à ne pas commettre d'impair : on ne baise la main d'une dame que lorsqu'elle est mariée (*Frau* et non *Fräulein*) et non gantée ; on ne baise jamais une main qu'on ne vous tend pas et on ne fait que l'effleurer en s'inclinant légèrement et en évitant d'y poser ses lèvres.

ÉCONOMIE

Une économie toujours florissante malgré un ralentissement général.

Le 1er partenaire économique du pays reste l'Allemagne devant l'Italie et la Suisse. Dans la dernière décennie, l'Autriche a obtenu d'assez bons résultats en termes de croissance et d'emploi. Au sein de l'UE, elle est classée 4e en termes de PIB par habitant. Les prévisions de croissance pour la période 2022-2026 se situent à 2,1 % par an avec une inflation limitée à 4,3 % par an.

L'économie est avant tout tirée par l'industrie nationale et ses moteurs que sont la chimie, la sidérurgie, le textile, le papier, l'agroalimentaire et les constructions mécaniques. À noter que le secteur de la construction pèse près de 30 % du PIB et le tourisme plus de 16 %. Elle est la 12e destination touristique dans le monde avec 32 millions de visiteurs, dont 12 millions d'Allemands.

S'appuyant sur un ***vaste réseau de PME,*** l'industrie autrichienne bénéficie également de la « force de frappe » de quelques grands groupes, comme le géant *OMV* (pétrole et gaz), souvent bien implantés en Europe de l'Est. Et plus de 30 ans après la chute du Mur, l'Autriche est incontestablement l'un des grands gagnants de l'ouverture des nouveaux marchés à l'Est où les investissements sont nombreux. Cela se traduit notamment dans le secteur bancaire : les grandes banques autrichiennes comme la *Bank Austria* ou la *Raiffeisen Bank* trustant les 1ers rôles, que ce soit en République tchèque, Hongrie, Slovénie, Croatie, Bosnie-Herzégovine, Bulgarie et Roumanie. L'économie autrichienne a également révélé une belle capacité d'innovation et d'adaptation avec comme tête de proue la Styrie, pionnier du « cluster », ce nouveau mode d'organisation du système productif, permettant aux PME autrichiennes de travailler main dans la main avec d'autres sociétés du monde entier. IBM, Microsoft, Lafarge et Siemens ont installé leur siège à Vienne.

Ce qui caractérise encore plus cette économie, c'est son ***faible taux de chômage*** (de 4,3 % à l'été 2022), l'un des plus bas de la zone euro), et sa pratique du « consensus social », rendue possible grâce à une négociation permanente entre le syndicat unique de l'*ÖGB* le patronat et l'État. Le pays affiche un des taux de syndicalisation les plus élevés du monde occidental.

Le système éducatif facilite le passage de l'école au marché du travail : un tiers des adolescents sont, dès 15 ans, en apprentissage dans les entreprises ou les ateliers d'État. Ce modèle social est considéré comme un exemple dans l'Union européenne.

Le secteur bancaire nationalisé et, à plus long terme, le financement des retraites sont encore les points faibles d'une économie dynamique. Cependant, même si le gouvernement multiplie les programmes d'aide à l'investissement et à la recherche, le pays reste confronté à de fortes ***inégalités géographiques.***

Pour répondre aux besoins des entreprises et au manque de main-d'œuvre, notamment dans le secteur touristique mais aussi dans l'agriculture, le Parlement a adopté en juin 2022 une réforme du permis de travail pour les ressortissants des pays hors UE, en facilitant le recrutement et l'arrivée en Autriche de travailleurs étrangers (dont beaucoup d'Ukrainiens) qui sont déjà plus de 850 000.

GÉOGRAPHIE

Située au cœur de l'Europe centrale, l'Autriche possède des ***frontières communes avec 8 pays*** : Allemagne (nord-ouest), République tchèque et Slovaquie (nord-est), Hongrie (est), Slovénie et Italie (sud), Suisse et Liechtenstein (ouest). C'est, de fait, un lieu de transit entre les grands centres économiques et culturels de l'Europe, auxquels elle est reliée par son réseau routier et ferroviaire ainsi que par le ***Danube,*** rattaché aujourd'hui au Rhin par le canal de l'Europe et qui traverse le pays sur 350 km.

Le pays est divisé en ***9 Bundesländer*** (régions fédérales), gouvernés chacun par un ***Landesregierung.*** Toutefois, avec une superficie d'environ 83 870 km², l'Autriche reste l'un des plus petits pays d'Europe : on est bien loin des vastes étendues de l'ancien empire. De même, sa population ne s'élève guère qu'à 8,9 millions d'habitants, dont plus de 1 930 000 – soit plus de 20 % – vivent à Vienne. Une seule autre ville passe le cap des 200 000 habitants : Graz, talonnée de près par Linz.

Les 3/4 du territoire national sont recouverts de montagnes. Le quart restant, concentré essentiellement sur les rives du Danube et les plaines de l'Est, offre des conditions favorables à une agriculture qui satisfait 85 % des besoins nationaux (les exploitations sont souvent petites et couvrent moins de 10 ha, d'où la méfiance des agriculteurs vis-à-vis de la politique agricole commune de l'UE). Hormis l'élevage et l'industrie laitière, qui occupent une place prépondérante dans l'économie autrichienne, les productions agricoles s'exportent peu. En revanche, la forêt, qui s'étend sur 47 % du territoire, permet une production abondante de bois, cellulose et papier, destinée pour une grande part aux pays étrangers (1/5 des exportations).

Saviez-vous, par exemple, que le journal *Le Monde* est imprimé quotidiennement sur du papier autrichien ?

HISTOIRE

Des origines aux Babenberg

De 1000 à 400 av. J.-C., les ***Illyriens*** indo-européens, suivis des Celtes (d'accord, le raccourci est un peu rapide), fondent aux alentours de l'actuelle ville de Salzbourg la civilisation de Hallstatt, réputée pour ses techniques d'extraction de sel. Leur succèdent les Romains au début de notre ère, qui exportent sur les rives fertiles du Danube d'abord la vigne, puis le christianisme. Certains noms de villes autrichiennes rappellent ainsi les noms des anciens campements romains : Vienne *(Vindobona),* Linz *(Lentia).* L'Empire romain déclinant, évacue le territoire en 416 sous la poussée de migrations de toutes provenances. ***Charlemagne*** conquiert à son tour la région et en fait un rempart oriental de son Empire, qu'il baptise du nom de « ***Marche de l'Est*** ». Après sa mort, discordes et rivalités opposent ses petits-fils, et la « Marche » passe aux mains des Magyars, en 880.

DU SANG SUR LE DRAPEAU

D'où viennent les couleurs du drapeau autrichien qui a remplacé celui de l'empire après 1918 ? Au XIIe s, lors d'une bataille contre les Maures, le duc de Babenberg arborait une tunique blanche tachée de sang. Lorsqu'il retira sa ceinture, une bande blanche apparut. Rouge, blanc, rouge, voilà l'origine !

Le grand changement survient en 955, avec la victoire à Augsbourg, de l'empereur allemand ***Otton Ier,*** qui chasse les Magyars vers l'actuelle Hongrie. Dès 976, celui-ci confie le territoire à une dynastie franco-bavaroise, les ***Babenberg,*** qui assure au pays une longue période de paix et de prospérité. Apparaît alors officiellement le nom d'*Ostarrichi* (pays de l'Est). En 1156, les Babenberg reçoivent le titre de ducs et font de Vienne le centre du duché autrichien.

Les Habsbourg ou la Grande Autriche

Lorsque, en 1246, le dernier des Babenberg, Frédéric II, décède sans héritier, le roi de Bohême, ***Přemysl Ottokar II*** (oui, comme dans l'album de Tintin, *Le Sceptre d'Ottokar),* se rue sur le pays. Ce n'est qu'en 1273 qu'apparaît le nom de ***Habsbourg,*** famille noble du canton suisse d'Argovie, qui va mêler sa destinée à celle de l'Autriche durant plus de 6 siècles, jusqu'en 1918. Rodolphe de Habsbourg élimine le roi de Bohême à la bataille du Marchfeld en 1278 et s'octroie l'héritage des Babenberg. Dès lors, la « maison d'Autriche » va accroître son pouvoir, notamment en usant d'une habile ***politique matrimoniale*** qui inspirera la célèbre maxime : « Laisse les autres faire la guerre, toi, heureuse Autriche, fais donc des mariages ! »

Ayant, par cette politique gagné une partie de l'Italie, la Bourgogne, les Pays-Bas, la Hongrie, la Bohême et surtout l'Espagne, la puissante famille connaît son apogée sous Charles Quint qui, tout en inaugurant une nouvelle lignée dite « espagnole » de la dynastie, cède, en 1522, les possessions d'Europe centrale à son frère ***Ferdinand.*** La branche autrichienne des Habsbourg se maintiendra jusqu'en 1918, tout

LA MALÉDICTION DES HABSBOURG

Les multiples mariages consanguins de la famille impériale qui régna longtemps sur l'Autriche et l'Espagne provoquèrent une dégénérescence et des malformations, qui empoisonnèrent le sang d'une partie des familles régnantes européennes. Le menton en galoche et la mâchoire avancée (prognathisme) de Charles Quint se retrouvèrent jusque dans les traits de l'empereur Pierre II du Brésil, 300 ans plus tard.

au long d'une période marquée par la Contre-Réforme (recatholicisation), trimbalant l'image d'une monarchie « prison des peuples », même si le pouvoir autoritaire de Vienne respecte les langues et coutumes nationales. Cela s'accompagne aussi de compromis avec les Diètes nationales, dont elle dépend pour les contributions financières. De nombreux Tchèques occupent des postes importants à la Cour.

La menace turque

Après l'invasion de la Hongrie, l'armée turque, alors alliée à la France, frappe aux portes de Vienne, qu'elle assiège par 2 fois, en 1529 puis en 1683.
En 1678, la peste, qui avait déjà réduit la population européenne de 50 % au XIVe s., refait son apparition et décime la population viennoise. Le prince ***Eugène de Savoie,*** brillant maréchal entre en scène : ayant une revanche à prendre contre Louis XIV (un ex-amant de sa mère, avait tenté d'empoisonner le Roi-Soleil), il rejoint l'armée polonaise, et délivre Vienne du siège turc, puis prend le commandement des troupes autrichiennes. Il repousse avec brio l'envahisseur à ***Zenta,*** en 1697, devient héros national et écarte définitivement le péril ottoman lors de la bataille de Belgrade (1717). Les Autrichiens reconnaissants lui donnent le château du Belvédère à Vienne, monument de l'art baroque, alors à son apogée. Il en achètera d'autres, se constituant un joli patrimoine.
A.E.I.O.U. La devise des Habsbourg est à peine prétentieuse ! Soit, en latin, *Austria est imperare orbi universo* (« Il appartient à l'Autriche de régner sur l'Univers »), et en allemand, *Alles Erdreich ist Österreich untertan* (« Toute la terre est soumise à l'Autriche »). Rien que ça ! Après la mort du dernier membre de la lignée espagnole des Habsbourg, une nouvelle ***« guerre de succession » oppose l'Autriche et la France.*** Malgré l'obsession du prince Eugène à se battre contre les siens, Charles VI concède l'Espagne mais demeure à la tête d'immenses possessions.

Marie-Thérèse, le pouvoir au féminin

Charles VI n'a pas d'héritier mâle. Qu'à cela ne tienne ! Il modifie les usages en publiant un édit appelé « Pragmatique sanction » qui permet à sa fille de 23 ans, ***Marie-Thérèse,*** d'accéder au rang d'archiduchesse. Sur le trône de 1740 à 1780, Marie-Thérèse est sans conteste la 1re grande figure féminine de l'histoire autrichienne.
Déjà reine de Hongrie et de Bohême, elle devient aussi impératrice par procuration : ne pouvant prétendre comme femme à la couronne du Saint Empire romain germanique, elle réussit, en 1745, à faire élire son mari ***François-Étienne, duc de Lorraine.*** Sous-estimée par ses ennemis mais aimée du peuple, Marie-Thérèse tient tête au grand ***Frédéric de Prusse,*** alors ami de Voltaire et allié de la France, et en 3 affrontements, ne lui concède que la Silésie. Elle lance des réformes utiles et durables : l'instruction publique devient obligatoire, les universités sont soustraites à l'autorité religieuse pour devenir des institutions nationales, la torture est abolie. Sans pour autant négliger sa vie de famille : ***Marie-Thérèse*** met au monde 16 enfants, dont une dizaine survivent, parmi lesquels ***Marie-Antoinette,*** future épouse de Louis XVI, et ***Joseph II,*** son successeur, qui achève son œuvre réformatrice en abolissant le servage des paysans et en instituant l'égalité des confessions religieuses. C'est aussi une époque de grand rayonnement musical, avec ***Gluck, Haydn*** et ***Mozart.***

Le début de la fin

Se sentant menacé par les conquêtes napoléoniennes, ***François II,*** neveu de Joseph II, dissout le Saint Empire germanique pour ne pas le donner en pâture aux Français, et prend le titre d'empereur héréditaire d'Autriche. Il marie même sa fille,

Marie-Louise, à ***Napoléon,*** future mère du duc de Reichstadt, « l'Aiglon ». Mais rien n'y fait : les assauts du génie militaire corse reprennent de plus belle. Après s'être engagé dans la funeste campagne de Russie, Napoléon est vaincu en 1813 à Leipzig lors de la bataille des Nations, menée pour l'Autriche par le prince ***Schwarzenberg.***

En 1814 se tient le congrès de Vienne, sous la houlette du chancelier ***Metternich,*** qui a pour tâche de réorganiser le continent et de préparer une ère nouvelle. Côté déco et art de vivre, le ***style Biedermeier,*** apparu à cette époque, témoigne d'un engouement pour un conservatisme rassurant. Mais, en 1848, la vague des révolutions qui secoue l'Europe n'épargne pas l'Autriche. ***François-Joseph,*** âgé de seulement 18 ans, reprend le trône d'une main autoritaire. La réforme constitutionnelle promise « est jetée par-dessus bord », selon ses propres termes.

JOSEPH II, CONSEILLER CONJUGAL

En 1777, 7 ans après leurs noces, Louis XVI et Marie-Antoinette n'ont toujours pas consommé leur mariage. La reine a déserté le lit conjugal, et le roi, qui souffre d'un phimosis (érection douloureuse), ne peut l'honorer. Conscient de l'infortune de sa sœur, Joseph II, en aîné bienveillant, se rend à Versailles. Ayant examiné de près son beau-frère, il lui conseille une opération (une circoncision). La visite porte ses fruits : l'union est enfin consommée et un 1er enfant naît en 1778 : Madame Royale. Mission accomplie !

En 1866, après la défaite contre la Prusse de Bismarck à ***Sadowa,*** l'empire, affaibli, veut ménager les Hongrois, et se scinde en une double monarchie : l'***Autriche-Hongrie,*** dotée de parlements séparés. Le nationalisme dominant, encouragé par le panslavisme de la Russie, provoque à la veille de la Première Guerre mondiale, un climat très tendu dans le melting-pot ethnique de l'Empire austro-hongrois. Même avec l'introduction du ***suffrage universel***, une forte contestation sociale domine. Des partis politiques se forment : le parti social-démocrate avec le Dr Victor Adler, les chrétiens sociaux avec Karl Lueger, les nationaux allemands autour de Georg von Schönerer.

Forte de son essor industriel, Vienne s'enorgueillit pourtant en 1873 d'une Exposition universelle retentissante.

ON S'EN LAVE LES MAINS

En 1847, le Dr Semmelweis, un Hongrois exerçant à Vienne, comprend que la mortalité des femmes diminue lors des accouchements si les médecins se lavent les mains, mais sans pouvoir réellement expliquer cette constatation (les microbes seront identifiés par Pasteur en 1878). Le bon docteur est donc viré de l'hôpital... après avoir sauvé des centaines de vies.

Sissi (1837-1898), la véritable histoire

Oublions vite ce que nous avons vu dans les films avec Romy Schneider. Il est vrai qu'à 15 ans à peine, ***Elizabeth de Wittelsbach*** (cousine de Louis II de Bavière) fait la rencontre de l'homme que l'on dit destiné à sa sœur aînée : son cousin et empereur François-Joseph. Mariée un an plus tard, en 1854, ***Sissi la frondeuse*** apporte une bouffée d'air frais à cette cour de Vienne corsetée et passéiste. Rapidement, elle se dérobe à l'étiquette (et surtout à sa belle-mère Sophie) et déroge à son rang d'impératrice pour laisser libre cours à sa vraie personnalité : une ***soif de liberté*** (elle voyage beaucoup à la fin de sa vie), doublé d'un ***culte narcissique de la beauté*** (le résultat d'une discipline sévère !). Aimant chevaucher à bride abattue pour entretenir sa forme physique, l'impératrice amazone ambitionne aussi d'être une grande poétesse et laisse dans ses archives pas moins

de 500 pages de poèmes manuscrits. Elle n'est pas seulement une femme qu'un déracinement précoce aurait perturbée (ce que ses détracteurs à la Cour prétendent). La caste aristocratique confite dans ses traditions n'a jamais compris cette « fille » originaire des montagnes bavaroises. Républicaine de cœur, malgré sa position, elle a ce pressentiment que la monarchie autrichienne est caduque et vouée à disparaître.
François-Joseph a rencontré en elle son antithèse absolue. Lui : militaire et fonctionnaire terre-à-terre, pisse-froid et scrupuleux. Elle : ***libérale et fantasque.***
Sissi meurt à Genève à 61 ans, en 1898, ***assassinée par un anarchiste italien.*** Cette impératrice, peu populaire de son vivant, entre alors dans la légende. Son fils ***Rodolphe,*** qui a hérité d'elle un déséquilibre certain, se suicide à ***Mayerling*** en compagnie de sa maîtresse après avoir été soupçonné de conspirer contre son empereur de père. Avec lui, la légende s'est prolongée sur grand écran, loin d'une réalité certainement assez pathétique...
• ***genroy.free.fr/autriche.html*** • En français. Pour les fêlés d'histoire et les fondus de familles royales, toute la généalogie des Habsbourg d'Autriche.

Le déclin

Le 28 juin 1914, à ***Sarajevo,*** l'archiduc ***François-Ferdinand,*** neveu de l'empereur et héritier du trône, est assassiné, par ***Gavrilo Princip***, un indépendantiste serbe. François-Joseph réplique en déclarant la guerre à la Serbie depuis sa résidence de ***Bad Ischl***. Le complexe système des alliances pousse l'Europe entière à s'engager dans le conflit : la Première Guerre mondiale commence. Elle va se solder par l'extraordinaire démembrement de l'Autriche-Hongrie, auquel François-Joseph, mort en 1916, aura la chance de ne pas assister. L'empereur ***Charles,*** son successeur, abdique, le 11 novembre 1918, et s'exile à Madère, tandis que l'Assemblée nationale provisoire proclame la République. C'est la fin des Habsbourg. L'empire est démantelé, et l'Autriche est amputée des 3/4 de son territoire d'avant 1914.
Avec un gouvernement de coalition, le Parti chrétien social accède au pouvoir en 1920. Mais le morcellement de l'ancien empire suscite des problèmes économiques insurmontables : l'absence de relations commerciales avec les nations nouvellement affranchies – Tchécoslovaquie, Hongrie et Yougoslavie – asphyxie peu à peu le pays. La Première République, fragilisée dès sa naissance, doit faire face à une crise politique violente entre sociaux-démocrates et conservateurs, constitués en organisations paramilitaires. Le Parlement autrichien se dissout le 4 mars 1933, laissant le chancelier fédéral ***Dollfuß*** transformer la jeune démocratie en État corporatif autoritaire et gouverner à coups de décrets. La guerre civile éclate en février 1934.
Profitant de la confusion, les nationaux-socialistes, encouragés par l'Allemagne nazie, tentent un putsch le 25 juillet et assassinent Dollfuß. Son successeur, *Kurt von Schuschnigg,* accepte, au cours d'un entretien avec ***Hitler,*** d'accueillir des nazis dans son gouvernement. Hitler fait fi du plébiscite que *Schuschnigg* prévoit d'organiser et fait entrer ses troupes le 11 mars 1938. Le pronazi ***Seyß-Inquart*** est chargé de constituer un cabinet. L'***Anschluss*** est proclamé, et l'Autriche, ramenée *heim ins Reich,* reprend son ancien nom de « Marche de l'Est ».

Après la Seconde Guerre mondiale

Au lendemain de la guerre, le pays est en proie à la pénurie et au chômage de masse. Les ***4 puissances d'occupation, États-Unis, URSS, Grande-Bretagne et France,*** reconnaissent le nouveau gouvernement fédéral du chancelier *Leopold Figl,* qui va jeter les bases d'une 2e République. L'Autriche est alors partagée en ***4 zones,*** Vienne en 4 secteurs avec, en son centre, un district international.

Dix ans plus tard, le 15 mai 1955, le traité d'État signé au château du ***Belvédère*** rétablit l'indépendance du pays, sans que des réparations soient exigées : ***l'Autriche est reconnue victime de l'Anschluss.*** En octobre de la même année, le Parlement vote une loi constitutionnelle conférant à l'Autriche le statut permanent de pays neutre. Toute alliance militaire lui est désormais interdite. En décembre, c'est l'adhésion à l'ONU. Soucieuse de retrouver son rang dans le concert des nations, Vienne s'emploie à devenir le siège de plusieurs organisations internationales.
De 1945 à 1970, c'est un candidat du parti du peuple *(ÖVP)* qui occupe le bureau de chancelier fédéral. En 1971, le parti socialiste entre au gouvernement avec, à sa tête, le charismatique et paternel ***Bruno Kreisky.*** Juif persécuté pendant la guerre, il fournit à l'Autriche une occasion d'expier un passé encombrant qu'elle traîne comme un boulet.

L'affaire Waldheim, en 1986

L'élection de Kurt Waldheim (secrétaire général de l'ONU de 1972 à 1981) à la présidence de la République, le 8 juin 1986, met au jour le rapport trouble qu'une génération d'Autrichiens continue d'entretenir avec leur passé. Reconnue officiellement depuis le traité d'État de 1955 comme victime du nazisme, l'Autriche a échappé aux tribunaux de l'après-guerre et n'a pas connu de dénazification comme en Allemagne. L'***ex-officier de la Wehrmacht*** est accusé d'avoir participé aux crimes nazis commis en 1942 dans les Balkans, ou du moins d'y avoir assisté en spectateur passif. Waldheim répond qu'il n'y faisait que son devoir de soldat, puis reconnaît tardivement son « oubli » (« oubli » étendu aux Autrichiens, coupables d'amnésie collective). Résultat : le pays est mis au ban de la diplomatie internationale, Waldheim est déclaré *persona non grata* par les États-Unis en 1987.
L'Autriche adhère à l'Union européenne en 1995, après un référendum soldé par 66 % de « oui ».

L'Autriche de nos jours

Une élection présidentielle à rebondissements

En 2016, aux présidentielles, le chef de l'État (titre honorifique) sortant, le social-démocrate *Heinz Fischer,* ne peut solliciter un 3e mandat. À l'issue du 1er tour, les 2 candidats en tête sont ***Norbert Hofer*** (35,1 % des voix), soutenu par le FPÖ, et ***Alexander Van der Bellen*** (21,3 %), soutenu par les Verts. Les résultats donnent un écart de voix insuffisant pour déterminer le gagnant. *Hofer* reconnaît finalement sa défaite face à *Van der Bellen,* mais des irrégularités entraînent une enquête de la Cour constitutionnelle, qui, invalide le scrutin. Un nouveau tour se déroule en décembre, et c'est finalement le digne et sympathique professeur d'université de 72 ans qui remporte les élections.

ÉLECTEURS EN CULOTTES COURTES

Avec le canton de Glaris en Suisse, l'Autriche a la particularité unique en Europe d'accorder le droit de vote aux jeunes citoyens dès 16 ans. En revanche, ils doivent attendre leurs 18 ans pour être éligibles.

En 2017, les élections législatives anticipées voient le Parti populaire autrichien (ÖVP), de centre-droit, dirigé par ***Sebastian Kurz,*** remporter le scrutin avec 31,5 % des voix. Il est suivi par le SPÖ, social-démocrate et par la formation d'extrême-droite FPÖ. Les Grünen (Verts) subissent un revers important en ne recueillant que 3,8 % des voix, les privant d'une représentation. ***Sebastian Kurz*** au physique de gendre idéal et âgé d'à peine 31 ans, est chargé de former le

gouvernement fédéral. Une alliance est conclue entre l'ÖVP et le FPÖ. Tout en confirmant l'engagement européen de l'Autriche, l'accord met en exergue les questions relatives à l'immigration et à la sécurité. D'orientation libérale sur le plan économique, le programme est conservateur sur le plan social, mais porte nettement la marque de l'extrême-droite (réduction des aides sociales versées aux demandeurs d'asile, application du principe de préférence nationale, introduction du référendum d'initiative populaire...).
En 2019, ce gouvernement ne résiste pas aux révélations de *l'Ibizagate,* compromettantes pour *Heinz-Christian Strache,* chef du FPÖ et nº 2 du gouvernement, accusé d'avoir utilisé les fonds de son parti à des fins privées.
La coalition implose au bout de 18 mois de mandat. Les élections législatives anticipées sont remportées par ***Sebastian Kurz, signant son retour à la chancellerie*** dans un paysage politique bouleversé par la débâcle de l'extrême-droite. À nouveau chargé de former un gouvernement, le chancelier annonce un accord de ***coalition avec les Verts*** en 2020, une 1re pour les écologistes auteurs d'une progression fulgurante lors des dernières élections législatives.
Malgré une bonne gestion de la crise sanitaire de la Covid-19, ***Kurz*** est à son tour accusé de détournement de fonds publics. Il démissionne en 2021 et se retire de la vie politique. Se succèdent Alexander Schallenberg, un fidèle de Kurz, pour 1 mois seulement, avant l'élection à la chancellerie de ***Karl Nehammer,*** ancien militaire à la tête de l'ÖVP, en décembre 2021. Partisan d'une ligne dure en matière d'immigration, il se rapproche du Hongrois Victor Orbán.
Avec une actualité politique pour le moins agitée, le ***président Van der Bellen*** est perçu comme rassurant et voit sa popularité monter. Il remporte aisément un second mandat en octobre 2022, assurant le soutien des partis traditionnels (ÖVP et SPÖ), tandis que le FPÖ reste très affaibli.
Toujours attachée à sa neutralité, l'Autriche participe, sans y être adhérente, à certaines missions de l'OTAN, dans le cadre du Partenariat pour la paix.

MÉDIAS

VOTRE TV EN FRANÇAIS : TV5MONDE la 1re chaîne culturelle francophone mondiale

Avec ses 11 chaînes et ses 14 langues de sous-titrage et sa nouvelle plateforme numérique TV5MONDEplus, TV5MONDE s'adresse à 370 millions de foyers dans 198 pays du monde par câble, satellite et sur IPTV est présent dans plus de 3 millions de chambres d'hôtels. Vous y retrouverez de l'information, du cinéma, du divertissement, du sport, du documentaire... Préparez votre séjour grâce à son site voyage • *voyage.tv5monde.com* • et en voyage, restez connecté avec les applications et le site • *tv5monde.com* • Demandez à votre hôtel le canal de diffusion de TV5MONDE et contactez • *tv5monde.com/contact* • pour toutes remarques.

PATRIMOINE

Baroque autrichien

Le style baroque, issu de l'Italie de la fin de la Renaissance, a durablement marqué le patrimoine architectural autrichien. Deux événements historiques y ont contribué : la fin de la guerre de Trente Ans, d'une part, qui génère un afflux d'artistes catholiques. Sous la férule des ***jésuites,*** ils appliquent les dogmes artistiques de la ***Contre-Réforme*** en embellissant les bâtiments religieux. Ensuite la fin du ***péril turc*** (1683), qui va engendrer dans l'euphorie de la victoire, un boom de la construction, encouragé par des Habsbourg désireux de se positionner en Europe comme ardents défenseurs de la foi. Le goût des Autrichiens pour le faste et l'apparat, les couleurs et la fête, fera que leurs artistes égaliseront, dépasseront même parfois leurs inspirateurs italiens.

On croise le baroque partout en Autriche : intérieurs d'églises parées de marbres et dégoulinant sous les dorures, façades d'abbayes aux couleurs chatoyantes, colonnes de peste et fontaines monumentales sur les *Hauptplätze* des villes, palais fastueux aux décors de théâtre, façades bourgeoises en stucs travaillés, fresques à la symphonie de couleurs somptueuses, buffets d'orgue, grands tableaux d'églises aux sujets bibliques et mythologiques emphatiques, et armées de saints et d'anges entonnant de concert les louanges divines... la litanie est infinie.

Prolongement pour les uns, perversion pour les autres, le style rococo apporte un raffinement presque maniéré aux réalisations du baroque. Préférant la subtilité à la monumentalité, il se répand en détails savoureux : peintures en trompe-l'œil, stucs délicats utilisant à profusion les motifs végétaux, faux marbres et bois sculptés imitant le bronze. Art du faux-semblant, de la théâtralité et de l'illusion d'optique par excellence !

L'émergence du baroque dans les arts plastiques coïncide avec l'avènement d'une nouvelle musique instrumentale, liturgique ou festive, à la dominante mélodique succédant à la musique polyphonique. Le ***concile de Trente,*** véritable machine de guerre de la Contre-Réforme, avait fixé en 1563 de nouvelles règles liturgiques permettant aux instrumentistes et solistes de jouer de toutes les facettes de leur talent pour soutenir la pompe des messes chantées en latin.

Pour servir de décor à ce besoin, les églises romanes et gothiques sont intégralement rhabillées de neuf : clochers à bulbe, portails monumentaux, silhouettes pleines d'élégance, où l'irrégularité des contours, la débauche d'ornements, les contrastes colorés, les perspectives déroutantes ne sont plus des fautes de goût.

Tout pour le mouvement ! Voilà le credo des artistes du baroque. Là où le gothique se contentait de l'élan vertical du sentiment mystique, là où la Renaissance avait imposé le goût des justes proportions chères à l'Antiquité, le baroque fait appel aux 5 sens. Le fidèle est convié au spectacle des saints sacrements, et on lui en met plein la vue : façades conçues comme des portes triomphales, nefs garnies de chapelles latérales, corniches, balustrades et tribunes disposées comme des éléments de décors de théâtre où la lumière, virevoltant sur les dorures, se concentre sur le point focal du maître-autel dont la dynamique verticale aspire le regard vers la voûte, siège de la représentation picturale du Très-Haut.

Le point d'orgue de ce mouvement est à situer dans l'édification des gigantesques ***abbayes danubiennes*** : *St. Florian, Melk, Altenburg, Göttweig, Wilhering* et bien d'autres. Installées sur des sites souvent grandioses, elles déploient leur démesure au travers de somptueux corps de bâtiments aux façades gigantesques, précédées de pavillons élégants et de cours d'apparat, et dont les ailes démesurées abritent souvent des appartements luxueux destinés à accueillir la cour impériale. Outre le caractère spectaculaire de leur architecture, ces abbayes recèlent des trésors de décoration intérieure, salles de marbre, fresques, abbatiales et bibliothèques, intégrées à un véritable projet artistique cohérent destiné à magnifier les splendeurs de la Création.

La haute noblesse n'est pas en reste : à l'instar du prince ***Schwarzenberg,*** le glorieux vainqueur des Turcs, elle rénove les vieilles demeures médiévales ou se fait bâtir, en périphérie des villes, des palais faits sur mesure par les architectes italiens ou leurs élèves autrichiens, intégrant harmonieusement la profusion d'éléments décoratifs à la nature environnante.

On ne peut passer sous silence les noms de ces innombrables artistes qui ont contribué à faire éclore ce style national. Ils furent épaulés par une armée d'artisans géniaux, stucateurs, ébénistes, peintres, sculpteurs, marbriers, anonymes souvent recrutés sur place mais non sans mérite car participant à l'élan général de tout un peuple dans l'expression de l'exubérance et de la joie de vivre.

– ***Johann Bernhard Fischer von Erlach** (1656-1723)* **:** né à Graz. Élève du Bernin à Rome, il est le maître d'œuvre du palais de ***Schönbrunn.*** Il conçoit également la ***Karlskirche*** de Vienne, que son fils achève après sa mort. À lui revient le mérite d'avoir entrepris de faire fusionner tous les arts (architecture, peinture et sculpture) en conjuguant la théâtralité du baroque italien avec la pompe du style français, façonnant de la sorte un véritable style autrichien.

– ***Johann Lukas von Hildebrandt** (1668-1745)* **:** né à Gênes, il est le rival du précédent (saine émulation), et réalise pour le prince ***Eugène de Savoie*** le palais du Belvédère, l'église Saint-Pierre, le palais Kinsky et l'abbaye de *Göttweig.* Spécialiste des demeures de chasse et des palais de plaisance de la haute aristocratie autrichienne, il séduit celle-ci par des réalisations d'une rigueur exemplaire, non dénuée de cette légèreté élégante prisée au XVIIIe s.

– ***Jakob Prandtauer** (1660-1726)* **:** tyrolien d'origine, c'est le maître de la rénovation de Melk, avec la complicité de l'abbé Berthold Dietmayr. Nulle part ailleurs on ne retrouve ce génie de l'intégration de la monumentalité dans le paysage. ***Joseph Munggenast,*** son gendre, parachève son projet et réalise également l'église de Dürnstein et les abbayes de Geras et d'Altenburg.

– ***Johann Michael Rottmayr** (1654-1730)* **:** peintre préféré de Fischer von Erlach. Spécialiste des fresques et des effets de trompe-l'œil prolongeant l'architecture. On retrouve sa patte dans la voûte de l'abbatiale de Melk, dans les décorations de Saint-Pierre et Saint-Charles-Borromée à Vienne, et également à la ***Residenz de*** Salzbourg.

– ***Paul Troger** (1698-1762)* **:** fresquiste aux plafonds prestigieux. À son palmarès : la bibliothèque de Melk et les églises de Geras, Altenburg et Klagenfurt. Virtuose inégalé des teintes bleues.

– ***Bartolomeo Altomonte** (1703-1783)* **:** génial responsable de la magnifique décoration de la bibliothèque d'***Admont*** et des fresques du couvent de St. Florian.

– ***Georg Raphael Donner** (1693-1741)* **:** sculpteur largement inspiré par Michel-Ange, il est le réalisateur de groupes de figures pour nombre d'églises, châteaux et places. Son œuvre la plus connue : la fontaine du ***Neuer Markt*** à Vienne.

PERSONNAGES

– ***Felix Baumgartner** (1969)* **:** il est connu pour la nature dangereuse des sauts réalisés durant sa carrière de parachutiste. En 2012, il devient le 1er homme à franchir le mur du son (1 224 km/h) en chute libre après avoir sauté d'un ballon à plus de 39 km d'altitude.

– ***Thomas Bernhard** (1931-1989)* **:** écrivain autrichien le plus connu en France. En 1988, *Heldenplatz,* sa pièce qui reprend le discours triomphal d'Hitler sur la place du même nom à Vienne, fait scandale au *Burgtheater* lorsqu'elle est jouée à l'occasion du 50e anniversaire de l'Anschluss. Animé d'une haine farouche envers l'Autriche, cet écrivain qui se voulait « destructeur d'histoires plutôt que conteur » meurt en interdisant toute impression, représentation ou lecture publique de ses œuvres sur le sol autrichien. Il est aussi l'auteur de *Gel, Perturbation* et *Le Président.*

– ***Eugène de Savoie** (1663-1736)* **:** fils fort petit d'Olympia Mancini, nièce du cardinal Mazarin et ancienne maîtresse de Louis XIV, il se fait remarquer à l'adolescence par une vie de débauche. Humilié par la disgrâce de sa mère compromise dans ***l'affaire des Poisons,*** il quitte à 20 ans la France, qui lui a refusé un commandement, et jure de n'y revenir qu'à la tête d'une armée. Il entre en 1683 comme volontaire au service de l'empereur d'Autriche. Il débute comme commandant de cavalerie et devient vite feld-maréchal. Chargé en 1697 de la conduite de l'armée impériale, ***Prinz-Eugen*** gagne la bataille décisive de Zenta contre les Turcs. Dès lors, la gloire et la fortune lui sont assurées, lui permettant de se faire construire le Belvédère supérieur à Vienne.

– ***Sigmund Freud*** *(1856-1939)* **:** à la Belle Époque, le créateur de la psychanalyse vit à Vienne et consulte au *n° 19* de la *Berggasse.* Pourtant, la capitale autrichienne n'a jamais daigné célébrer le grand découvreur de l'inconscient, celui qui allait bouleverser l'approche psychique des méandres de la nature humaine. Son 1er ouvrage, *L'Interprétation des rêves,* paru en 1899, est passé totalement inaperçu. Par la suite, ses thèses sur l'hystérie n'ayant suscité que scandales et sarcasmes, Freud s'est vu contraint d'abandonner sa carrière de chercheur pour recourir aux gains d'une clientèle privée. Le titre de professeur ne lui est accordé que tardivement. Il éprouve cependant de la peine à quitter l'Autriche nazifiée de 1938 pour émigrer à Londres : considérant son pays comme un grand organisme malade au chevet duquel il se devait – en médecin consciencieux qu'il était – de rester et de veiller.

– ***Peter Handke*** *(1942)* **:** originaire de la Carinthie, il est le créateur de l'anti-théâtre, notamment avec *La Chevauchée sur le lac de Constance.* Écrivain respecté en Autriche pour son absolue sincérité, il a également écrit des scénarios pour Wim Wenders : tout le monde se souvient du film *Les Ailes du désir.* Il est lauréat du prix Nobel de littérature en 2019. Enfin, pour épater vos amis autrichiens, dites que Handke est vivant et bien portant, et qu'il habite actuellement à Chaville, dans la région parisienne.

– ***Theodor Herzl*** *(1860-1904)* **:** dépêché à Paris en 1891 par le journal viennois *Neue Freie Presse,* cet écrivain juif, né à Budapest, reçoit de plein fouet l'antisémitisme provoqué par l'affaire Dreyfus. Conscient de l'urgence qu'il y a à rassembler le peuple juif, il publie *L'État juif,* ouvrage fondateur du sionisme. Hésitant un moment sur la possibilité de localiser ce futur État en Ouganda (véridique !), il revient sur le choix de la Palestine.

– ***Adolf Hitler*** *(1889-1945)* **:** naturalisé allemand en 1932, le dictateur nazi est bien né autrichien ! À ***Braunau-sur-Inn,*** en fait, à la frontière bavaroise, d'Alois Schicklgruber, douanier de son état, lui-même enfant illégitime devenu Hitler en prenant le nom de son beau-père. Sa mère Klara Pöllz était servante. Le couple a 6 enfants, mais seulement 3 survivent. Adolf était le 4e et souffrait de l'autoritarisme paternel. En 1894, la famille déménage à Passau, en Allemagne. Après la mort de son père, qui voulait en faire un fonctionnaire, le petit Adolf est bien noté en pension comme « élève doué mais buté, récalcitrant et velléitaire ». Devenu jeune homme, il se voit artiste peintre et entame une vie de bohème à Vienne, en vendant (pas cher !) ses toiles dans la rue. Par 3 fois, il est refusé à l'école des Beaux-Arts. Il vit alors d'expédients et se retrouve en 1913 à Munich. La guerre de 1914 éclatant, il est incorporé dans l'infanterie bavaroise et part sur le front de l'Ouest... pas vraiment en 1re ligne. On connaît la suite.

LES VOIES DU SEIGNEUR SONT IMPÉNÉTRABLES

À l'hiver 1894, un groupe d'enfants joue au bord de l'Inn à Passau. Un des leurs, souffre-douleur de ses camarades (ils le surnomment « la Laitue ») tombe dans l'eau glacée, entraîné par le courant. C'est un aîné qui plonge pour le ramener sur la berge. Le sauveteur deviendra prêtre plus tard... quant au petit miraculé, il a 5 ans et se prénomme Adolf...

– ***Josef Hoffmann*** *(1870-1956)* **:** soucieux autant de la façade que de l'intérieur des maisons, il fonde, en 1903, les *Wiener Werskstätte* (Ateliers viennois), où il dessine bijoux, tissus, vaisselle et surtout mobilier, donnant toujours priorité aux

« belles » formes et à l'emploi de matériaux précieux. Répondant à l'offre d'une clientèle aisée, il construit quelques somptueuses demeures que l'on peut encore visiter à Vienne, telle la *villa Primavesi,* dans la Gloriettegasse.

– ***Friedensreich Hundertwasser*** *(1928-2000)* **:** l'enfant terrible des artistes viennois. Surréaliste, réaliste fantastique ou expressionniste magique ? Ce peintre et architecte inclassable, provocateur et politiquement iconoclaste, a su gagner l'estime des Viennois en leur offrant la ***Hundertwasserhaus*** (en fait, une surprenante HLM), qui étonne par ses couleurs vives et ses fenêtres dissymétriques. À la demande du maire de Vienne, il transforme ensuite l'incinérateur de l'Alsergrund en grande usine futuriste (!), avec cette même verve fantaisiste et naïve qui le caractérise. Écologiste des 1res heures, il affirmait œuvrer contre « la pollution optique de l'environnement ».

– ***Elfriede Jelinek*** *(1946)* **:** elle reçoit en 2004 le prix Nobel de littérature. Elfriede Jelinek, née en Styrie de père tchèque, a déclaré que ce prix ne devait pas être considéré comme « une fleur à la boutonnière de l'Autriche ». Il est vrai que le *Kronen Zeitung,* un quotidien, l'avait traitée de « fasciste de gauche ». On la connaît chez nous pour son roman *La Pianiste,* adapté à l'écran par Michael Hanneke (encore un Autrichien), avec Isabelle Huppert dans le rôle-titre.

– ***Herbert von Karajan*** *(1908-1989)* **:** né à Salzbourg, comme Mozart, il a dirigé avec talent et mégalomanie l'orchestre philharmonique de Berlin. Ses autres titres abondent : directeur musical de l'Opéra de Vienne et des festivals de Salzbourg et de Bayreuth. Son perfectionnisme l'a poussé, à chaque nouveau projet d'opéra, à exiger les meilleurs artistes sous peine de tout annuler. De ce fait, Karajan a acquis une renommée internationale, notamment auprès du grand public.

– ***Gustav Klimt*** *(1862-1918)* **:** le plus réputé de tous les peintres autrichiens. Cofondateur puis 1er président de la Sécession viennoise (forum du renouveau de l'art autrichien), il puise son inspiration autant dans l'impressionnisme français que dans l'art japonais ou byzantin. Ses personnages – dont il ne représente en général que le visage et les mains – sont incrustés dans des motifs ornementaux agencés en mosaïque. Il vit avec ses chats et peint les femmes, nues ou parées d'or. Les bourgeoises « branchées » de l'époque se sont vite donné le mot pour servir de modèle au maître, d'où une galerie de portraits assez fournie et une progéniture nombreuse. L'épidémie de grippe espagnole qui ravage alors l'Europe lui est fatale en 1918.

– ***Oskar Kokoschka*** *(1886-1980)* **:** figure de l'expressionnisme autrichien, Kokoschka tente de comprendre la complexité du psychisme humain en peignant des êtres déchus. De 1912 à 1914, il entretient avec Alma Mahler, la veuve du compositeur une liaison chaotique. Après avoir collaboré aux Ateliers viennois de Hoffmann, il renonce à l'expressionnisme pour se tourner vers l'étude plus sereine des paysages, qu'il découvre au gré de ses fréquents déplacements en Allemagne, en France, en Italie, en Suisse et en Angleterre, où il se réfugie en 1939, à la suite de la campagne nazie contre « l'art dégénéré ». Une collection permanente lui est consacrée au Belvédère.

– ***Adolf Loos*** *(1870-1933)* **:** élève d'Otto Wagner, c'est un adepte du minimalisme, allant jusqu'à dire que « l'ornement est un crime ! ». Ne laissant agir que le matériau et les lignes, il choque ses concitoyens en édifiant sur la *Michaelerplatz* un immeuble commercial que les Viennois surnommeront la « Maison sans sourcils » à cause de la grande sobriété de sa façade. L'empereur François-Joseph, qui habitait en face, aurait condamné certaines de ses fenêtres pour ne pas avoir à la regarder.

– ***Alma Mahler*** *(1879-1964)* **:** elle grandit dans un milieu aisé à Vienne. Parmi les amis de son père, Gustav Klimt à qui elle aurait donné son « premier baiser ». D'une grande beauté, musicienne et cultivée, elle fréquente d'éminents intellectuels viennois, dont Freud, avant d'épouser ***Gustav Mahler*** en 1902, de 20 ans son aîné. Elle lui donne 2 enfants, mais leur relation tumultueuse et sa frustration d'avoir sacrifié ses propres ambitions artistiques la conduisent dans les bras d'***Oskar Kokoshka*** d'abord et de ***Walter Gropius*** ensuite, le fondateur du Bauhaus, qu'elle épouse à la mort de Mahler en 1915. En 1938, Alma fuit l'Anschluss avec son nouveau mari ***Franz Werfel*** et se réfugie en France. Mais l'invasion et l'occupation de la France par les Allemands l'oblige à fuir encore vers Marseille. Après un long périple, elle s'installe en Californie puis à New York.

– ***Gustav Mahler*** *(1860-1911)* **:** auteur de symphonies grandioses et magistralement orchestrées, il connaît un long purgatoire jusqu'à ce que le grand public le redécouvre avec le film de ***Visconti,*** *Mort à Venise.* Directeur de l'Opéra de Vienne de 1897 à 1907, il régente son orchestre d'une baguette de fer, allant jusqu'aux violences physiques. Mais c'est grâce à cette opiniâtreté sans faille que Mahler a pu, en dépit de l'antisémitisme ambiant, imposer la modernité de ses compositions. On lui prête enfin ce mot catégorique, digne du personnage : « La tradition, c'est de la veulerie ! »

– ***Wolfgang Amadeus Mozart*** *(1756-1791)* **:** que dire qu'on ne sache déjà sur l'enfant prodige de Salzbourg ? D'aucuns ont voulu souligner son comportement caractériel ou la scatologie, d'autres sa misérable inhumation dans une fosse commune du cimetière St. Marx à Vienne ! Contentons-nous ici d'une seule image idyllique : le petit Wolferl faisant montre de ses acrobaties pianistiques à l'archiduchesse Marie-Thérèse, sous le regard sévère de son père Léopold, musicien lui aussi. L'enfant surdoué est impassible et concentré. Il ne commet aucune erreur. Il n'a que 6 ans. Le reste ? Il suffit de fermer les yeux et d'écouter.

– ***Robert Musil*** *(1880-1942)* **:** dans *L'Homme sans qualités,* son roman culte, Musil nous convie dans un pays imaginaire qu'il nomme ***Kakanie,*** que chacun identifiera au vieil empire déclinant ou à notre civilisation moderne, absurde et meurtrière. Docteur en philosophie et en sciences après avoir été élève à l'Académie militaire de Vienne, Musil s'enfuit en Suisse en 1938 – l'année maudite – où il passe les 4 dernières années de sa vie dans un dénuement matériel cruel.

– ***Egon Schiele*** *(1890-1918)* **:** inspiré par l'impressionnisme et influencé par Klimt, il exécute la majeure partie de son travail au crayon, à l'aquarelle et à la gouache, sur des fonds vides et monochromes. Figure majeure de l'expressionnisme autrichien, il connaît la célébrité en 1912 mais se retrouve illico derrière les barreaux pour des dessins jugés immoraux. Ce séjour en prison ne fait que renforcer sa révolte, ses sujets deviennent de plus en plus provocants et érotiques. Outre ses très nombreux autoportraits tourmentés, son œuvre est traversée de personnages décharnés, aux poses souvent énigmatiques, où pulsions d'amour et de mort sont toujours intimement liées. Il meurt à 28 ans, emporté par l'épidémie de grippe espagnole. On peut admirer une partie de ses tableaux au Belvédère, au musée Leopold et au musée d'Histoire de la Ville de Vienne.

UN ART LOUCHE

Sur certains de ses autoportraits, Schiele se représente avec un léger strabisme. Un clin d'œil ironique, si l'on peut dire, à ses détracteurs qui n'hésitaient pas à le railler par des jeux de mots faisant allusion à son nom de famille, le verbe « schielen » signifiant « loucher » en allemand.

– ***Arthur Schnitzler*** *(1862-1931)* **:** écrivain et médecin, ce contemporain de Freud, qui a su mieux que quiconque disséquer l'âme viennoise à la veille du démembrement de l'empire, laissa transparaître une étrange mélancolie funèbre derrière sa gaieté apparente. Schnitzler a aussi rendu compte de l'irrésistible ascension de l'antisémitisme, qu'il percevait comme le signe avant-coureur d'une dégénérescence des valeurs occidentales, incarnées dans l'Empire austro-hongrois en pleine déconfiture. À lire : *Vienne au crépuscule* et son *Journal.*

– ***Arnold Schönberg*** *(1874-1951)* **:** après s'être essayé à un style post-wagnérien, Schönberg fait éclater les lois de la tonalité musicale, en vigueur depuis 300 ans, et libère l'espace de la composition : la musique dodécaphonique, fondée sur la gamme chromatique de 12 demi-tons, était née ! En 1908, il s'adonne parallèlement à la peinture, sous l'impulsion de Kandinsky. Juif, il s'exile en Californie dès 1933, laissant dans son sillage des élèves aussi importants qu'Anton Webern ou Alban Berg, tous issus de l'école de Vienne dont il avait été la figure centrale.

– ***Franz Schubert*** *(1797-1828)* **:** il a fait partie de la célèbre chorale des « Petits Chanteurs de Vienne ». Adolescent, il commence à composer au moment où Beethoven atteint, lui, le sommet de son art. Génie de l'invention mélodique, Schubert est sans doute le compositeur le plus authentiquement autrichien : ses œuvres exsudent une mélancolie toute viennoise. Grand maître des *Lieder* (poèmes chantés et accompagnés au piano) avec *La Truite* ou *Le Roi des aulnes,* qu'il a su imposer comme genre musical à part entière, le musicien romantique était célébré dans des soirées appelées « schubertiades ». Celles-ci sont reprises aujourd'hui, sous une forme modifiée, au château de Hohenems (près de Bregenz) et à Vienne.

– ***Johann Strauss fils*** *(1825-1899)* **:** le « roi de la valse » aurait repris sagement le flambeau de son père si celui-ci, également prénommé Johann et compositeur renommé, ne l'avait destiné à une carrière d'employé de banque ! Persévérant grâce à l'appui financier de sa mère, il fonde son propre orchestre à 19 ans et entre en concurrence sauvage avec son paternel. À la mort de ce dernier, il devient directeur des bals de la Cour, et signe les valses les plus célèbres *(Le Beau Danube bleu, La Valse de l'empereur),* ainsi que des opérettes *(La Chauve-Souris).* Ses frères Josef et Eduard, également compositeurs, n'ont pas connu la même notoriété. La dynastie des Strauss a incarné de belle manière l'âge d'or autrichien. Et depuis Johann, le monde entier pense que le Danube est bleu, ce qu'il n'est pas !

– ***Otto Wagner*** *(1841-1918)* **:** « Rien ne peut être beau si ce n'est pas en même temps utile. » C'est avec ce principe fonctionnaliste de l'art appliqué au quotidien que le grand architecte viennois délaisse l'historicisme officiel pour devenir un pionnier du *Jugendstil.* Il est à l'origine de nombreux bâtiments viennois, dont les 2 immeubles d'habitation du ***Naschmarkt,*** la Caisse d'épargne postale, les stations du 1er métropolitain et, plus excentrée, la stupéfiante église de l'hôpital psychiatrique de *Steinhof*. Tous font apparaître une rigueur géométrique qui le démarque de notre Art nouveau, féru de courbes, et un assemblage original de matériaux, comme le métal et la pierre.

– ***Ludwig Wittgenstein*** *(1889-1951)* **:** philosophe de la logique et du langage. Influencé par Schopenhauer et Kierkegaard, on lui doit une œuvre unique, le *Tractatus logico-philosophicus,* considérée aujourd'hui comme l'une des œuvres philosophiques les plus importantes du XXe s. Anecdote : sur les bancs de l'école, il a côtoyé un élève bien moins brillant que lui... Adolf Hitler. L'origine de l'antisémitisme du futur Führer ?

– ***Conchita Wurst* :** Thomas Neuwirth, né en 1988, *drag queen* barbue et gagnante du concours de l'Eurovision en 2014, compte aujourd'hui dans le paysage autrichien. Au-delà de ce qui peut sembler anecdotique, elle symbolise un message de tolérance et de droit à la différence pas si anodin qu'il n'y paraît. Quel chemin parcouru !

– ***Stefan Zweig*** *(1881-1942)* **:** auteur fécond, il est tour à tour romancier, historien, journaliste, et consigne dans son fameux *Journal,* tenu de 1912 à 1940, une somme d'informations édifiantes. Il évoque, dans un livre magistral au titre évocateur, *Le Monde d'hier,* une Europe parvenue à l'heure de la fin. Critique virulent du nationalisme, « la pestilence des pestilences », il assiste impuissant à la nazification de l'Autriche, après l'assassinat du chancelier Dollfuß. Il s'exile alors au Brésil, où il mène une existence de plus en plus dépouillée, jusqu'à son suicide en 1942, persuadé de la victoire irrémédiable des nazis. Parmi ses ouvrages les plus célèbres : *Le Joueur d'échecs.*

Un pays de sportifs

– ***Niki Lauda*** *(1949-2019)* **:** champion du monde de Formule 1 en 1975, il est victime, l'année suivante, d'un très grave accident en course. Ce qui ne l'empêche nullement de remporter un nouveau titre en 1977, et encore un 3e en 1984 ! Décédé peu après avoir pris la tête d'une compagnie aérienne qui porte son nom, il a été pour les Autrichiens un modèle de persévérance et de réussite. À revoir, le film *Rush* (2013, Ron Howard), retraçant l'histoire des 2 plus grands adversaires de Formule 1, Niki Lauda et James Hunt.

LE FOOTBALLEUR QUI A DÉFIÉ HITLER

Matthias Sindelar, d'origine morave, a été l'un des plus grands footballeurs autrichiens. Au cours de 700 matchs, il a marqué plus de 600 buts. Mais il fait gagner son équipe de l'Ostmark (devenue en 1938 province allemande) contre l'Allemagne, et nargue les dignitaires nazis dans la tribune ! Il est retrouvé mort en 1939, aux côtés de sa compagne, une juive italienne, intoxiqués au CO_2 par un poêle en parfait état de marche...

- ***Hermann Maier** (1972) :* l'un des meilleurs skieurs de son temps. Son palmarès est éloquent : 2 médailles d'or olympiques, 3 titres de champion du monde, 14 globes de cristal et 54 victoires en Coupe du monde. Revenu en piste en 2001, à la surprise générale après un grave accident de moto, qui faillit lui coûter la vie (et une amputation de la jambe !), celui que l'on surnomme « Herminator » enchaîne à nouveau les victoires. Il a pris sa retraite en 2009.
- ***Toni Sailer** (1935-2009) :* skieur complet, il est devenu la star vénérée de ***Kitzbühel,*** sa ville natale, avec sa triple victoire au slalom géant, au slalom spécial et à la descente des Jeux olympiques d'hiver de Cortina d'Ampezzo en 1956. Même rafle au championnat du monde de Bad Gastein en 1958 ! Il vient rappeler, comme ***Franz Klammer*** et tant d'autres grands champions, que l'Autriche est le pays du ski-roi.

RELIGION ET CROYANCES

Traditionnellement, l'Église catholique autrichienne est une force idéologique (et aussi économique) de 1re importance. Face au bloc de l'Est et à l'« impiété » des démocraties populaires, l'Autriche fut longtemps un bastion pour la préservation de la foi. À l'avènement de Jean-Paul II, soutenu par l'Ostpolitik de ***Bruno Kreisky,*** le pays a servi de base arrière à la reconquête pacifique et religieuse des anciens voisins de l'Empire. En parcourant les *Länder* (surtout les campagnes, car Vienne fait depuis toujours de la résistance), on s'aperçoit très vite que la population, à la différence d'autres pays occidentaux, continue de respecter intensivement les pratiques religieuses : messes dominicales où l'on se rend en costume traditionnel, processions à l'occasion des grandes fêtes du calendrier religieux et pèlerinages fervents dans les innombrables abbayes.
Le culte des saints et de leurs reliques va de pair avec une nostalgie diffuse de l'ancien régime où l'empereur François-Joseph a sa place au milieu de la panoplie des images pieuses. Il est vrai qu'au regard de l'histoire, les Habsbourg ont de tout temps été des défenseurs farouches de la foi catholique, surtout depuis les guerres de religion du XVIe s. S'ils se réclament de la même culture germanique, les Autrichiens ne manquent jamais de souligner qu'ils ne partagent pas la même foi que leurs voisins allemands (Bavarois mis à part).
Ne soyez pas étonné d'être salué au nom de Dieu – ***Grüß Gott*** – dans les régions catholiques du sud de l'Allemagne comme dans les Länder autrichiens proches. Formule qui fait toujours réagir les protestants des autres Länder qui précisent : « le plus tard possible »...
Devenu depuis belle lurette le grand propriétaire foncier du pays, le clergé dispose d'une pléthore de collèges d'enseignement confessionnel qui refusent

du monde, et le patrimoine religieux est entretenu jusqu'au moindre bouton de porte de sacristie. On peut échapper à l'imposition sur l'Église (voir encadré) en faisant état de sa non-appartenance à la communauté religieuse, au risque de ne pas trouver de lieu de sépulture en terre consacrée.

UN IMPÔT POUR L'ÉGLISE

Aujourd'hui encore, l'Église autrichienne continue de profiter d'un régime de faveur instauré par les nazis en 1939 (cela dit, l'Autriche n'est pas le seul pays en Europe à avoir un impôt en faveur de l'Église) : chaque citoyen lui verse 1 % de son revenu. Ça sert à financer la ribambelle de couvents, églises et abbayes, à travers tout le pays. Et si on ne paie pas, gare aux huissiers !

SAVOIR-VIVRE ET COUTUMES

Même si le temps a passé et si les vérités d'hier font partie des caricatures d'aujourd'hui, les Autrichiens sont d'une nature plutôt disciplinée. Évitez donc, par exemple, de frauder dans les files d'attente, de rouler ou de traverser n'importe comment !

– ***Le respect des traditions*** est très fort, du moins dans certains villages, dans quelques villes, voire dans des microrégions restées dans leur jus. Autour de Salzbourg, dans la vallée du Danube, près des grands lacs et dans le Tyrol, vous serez surpris par le nombre d'Autrichiens qui portent le costume traditionnel quotidiennement (ou dans les *Gasthof*).

L'ENLÈVEMENT DE LA MARIÉE

Une des grandes traditions autrichiennes du mariage consiste à simuler le kidnapping de la mariée. Il est donc du devoir du jeune époux de retrouver sa bien-aimée. La recherche n'est pas trop compliquée, car la mariée est généralement retenue dans une taverne proche.

– ***Langue :*** en dehors des grandes villes, il vous arrivera de tomber, dans un restaurant ou une chambre d'hôtes, sur des Autrichiens ne parlant ni anglais, ni français. Pas de panique : avec le sourire et les mains, on finit toujours par se comprendre. Dans le même registre, les cartes des restos ne sont pas toujours traduites. Même si vous parlez allemand, vous aurez parfois du mal à identifier les noms de certains plats, écrits en dialecte.

– ***Repas :*** profitez du petit déjeuner, compris dans le prix de la chambre. Copieux, varié (charcuterie, salades, fromages, confitures, fruits, petits pains...), il est un véritable repas à lui seul. Le midi, les Autrichiens déjeunent léger (un plat et c'est tout). Ils s'offrent souvent une petite pause sucrée dans l'après-midi. Les gâteaux sont excellents presque partout, ce serait un sacrilège de ne pas y goûter. Le dîner, servi tôt (dès 18h !), se termine souvent par un dessert chaud. La cuisine ferme souvent vers 21h.

– ***Pourboire :*** même s'il n'est pas obligatoire, il est d'usage de laisser au moins 10 % de l'addition au resto (on annonce le montant exact du pourboire au serveur ***avant*** de régler la note finale). Idem pour les chauffeurs de taxi. Si vous réglez par carte de paiement, pensez à inscrire vous-même le montant du pourboire, et vérifiez la somme finale avant de signer.

– ***Circulation :*** les piétons sont très respectueux du code de la route, en général. Ne vous faites

TRAVERSONS GAYMENT !

Les feux piétons représentant des couples gay relié par un cœur, provisoirement installés pour le concours de l'Eurovision, ont remporté un tel succès que la mairie de Vienne a finalement décidé de les laisser en place. Il se pourrait même que les 120 déjà existants fassent des petits !

pas remarquer en traversant au rouge ou en dehors des passages protégés. Attention, avec le système de trottoir partagé entre piétons et cyclistes, ces derniers n'hésiteront pas à vous rappeler à l'ordre, d'un coup de sonnette plus ou moins rageur, si vous mordez sur la bande jaune !

SITES INSCRITS AU PATRIMOINE MONDIAL DE L'UNESCO

En coopération avec le

Organisation des Nations Unies pour l'éducation, la science et la culture · Centre du patrimoine mondial

Pour figurer sur la liste du Patrimoine mondial, les sites doivent avoir une valeur universelle exceptionnelle et satisfaire à au moins un des 10 critères de sélection. La protection, la gestion, l'authenticité et l'intégrité des biens sont également des considérations importantes.
Le patrimoine est l'héritage du passé dont nous profitons aujourd'hui et que nous transmettons aux générations à venir. Nos patrimoines culturel et naturel sont 2 sources irremplaçables de vie et d'inspiration. Ces sites appartiennent à tous les peuples du monde, sans tenir compte du territoire sur lequel ils sont situés. Pour plus d'informations : ● *whc.unesco.org* ●
Voici les sites : le centre historique de la ville de Salzbourg (1996), les palais et jardins de Schönbrunn (1996), le paysage culturel de Hallstatt-Dachstein/Salzkammergut (1997), la ligne de chemin de fer de Semmering (1998), le centre historique et le château d'Eggenberg de la ville de Graz (1999), le paysage culturel de la Wachau (2000), le paysage culturel de Fertö/Neusiedler See (2001), le centre historique de Vienne (2001). En commun avec 5 autres pays alpestres, les sites palafittiques préhistoriques autour des Alpes ont été inscrits en 2011. Les frontières de l'Empire romain – les limes du Danube (en commun avec l'Allemagne et la Slovaquie) – ainsi que les grandes villes d'eaux d'Europe (Baden en est la référence autrichienne) sont sur la liste du Patrimoine mondial depuis 2021.

les ROUTARDS sur la FRANCE 2023-2024

(dates de parution sur • **routard.com** •)

Découpage de la FRANCE par le ROUTARD

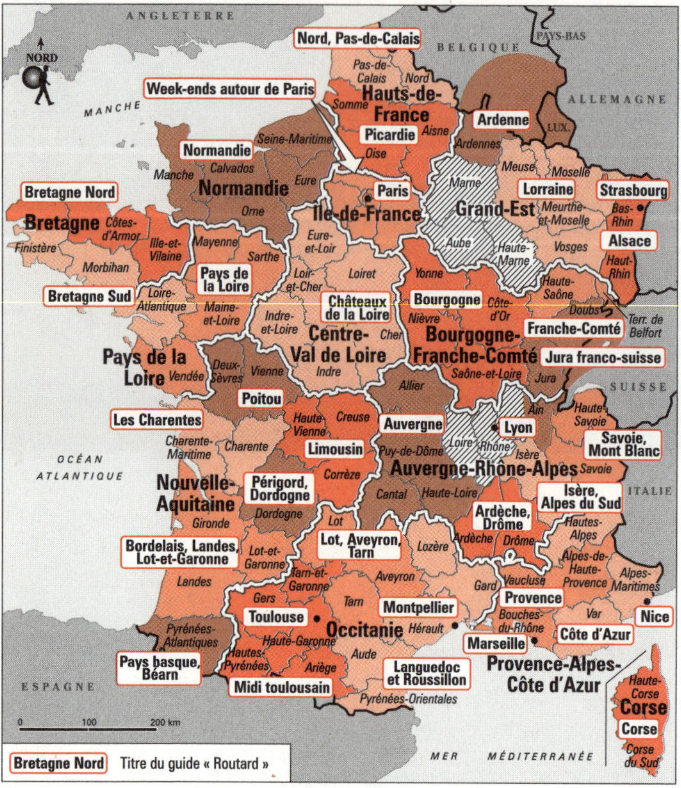

Autres guides sur la France

- Nos meilleurs campings en France
- Nos meilleures chambres d'hôtes en France

Autres guides sur Paris

- Paris
- Paris balades
- Restos et bistrots de Paris
- Le Routard des amoureux à Paris
- Week-ends autour de Paris

Le Routard à vélo

- EuroVelo6
- La Bourgogne du Sud à vélo
- La Flow Vélo
- La Loire à Vélo
- La Vélo Francette
- La Vélodyssée (Roscoff-Hendaye)
- Le Canal des 2 mers à vélo
- Paris Île-de-France à vélo
- ViaRhôna
- Les plus belles escapades à vélo en France

les ROUTARDS sur l'ÉTRANGER 2023-2024

(dates de parution sur • *routard.com* •)

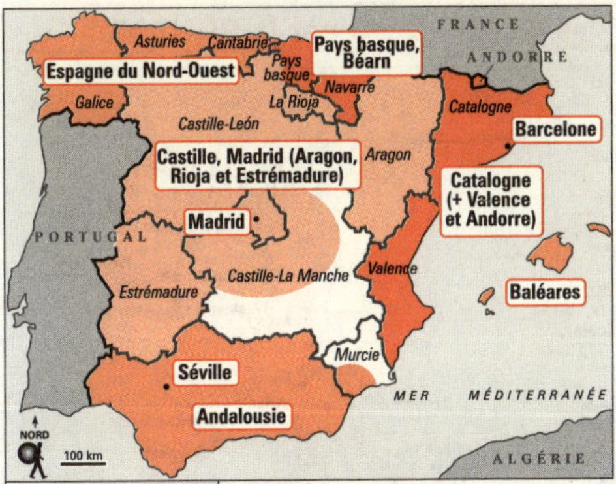

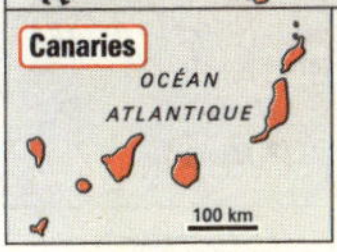

Découpage de l'ESPAGNE par le ROUTARD

Découpage de l'ITALIE par le ROUTARD

Autres pays européens

- Allemagne
- Angleterre, Pays de Galles
- Autriche
- Belgique
- Bulgarie
- Crète
- Croatie
- Danemark, Suède
- Écosse
- Finlande
- Grèce continentale
- Hongrie
- Îles grecques et Athènes
- Irlande
- Islande
- Madère
- Malte
- Norvège
- Pays baltes : Tallinn, Riga, Vilnius
- Pologne
- Portugal
- République tchèque, Slovaquie
- Roumanie
- Suisse

Villes européennes

- Amsterdam
- Berlin
- Bruxelles
- Budapest
- Copenhague
- Dublin
- Lisbonne
- Londres
- Moscou
- Naples
- Porto
- Prague
- Saint-Pétersbourg
- Stockholm
- Vienne

les ROUTARDS sur l'ÉTRANGER 2023-2024

(dates de parution sur • *routard.com* •)

Découpage des ÉTATS-UNIS par le ROUTARD

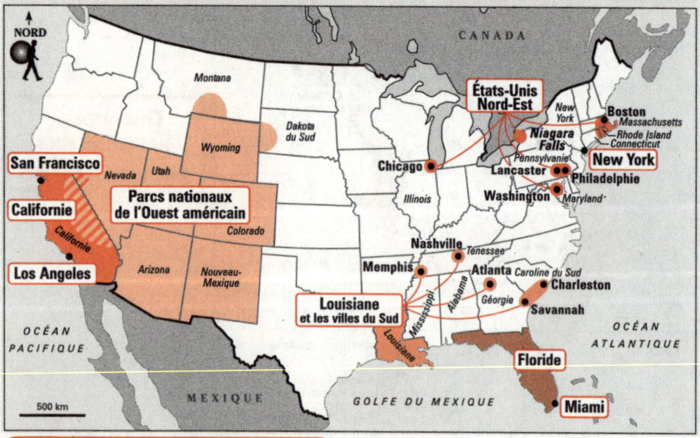

Autres pays d'Amérique

- Argentine
- Brésil
- Canada Ouest
- Chili et île de Pâques
- Colombie
- Costa Rica
- Équateur et les îles Galápagos
- Guatemala, Belize
- Mexique
- Montréal
- Pérou, Bolivie
- Québec et Ontario

Asie et Océanie

- Australie côtes est et nord + Red Centre
- Bali, Lombok
- Bangkok
- Birmanie (Myanmar)
- Cambodge, Laos
- Chine
- Hong Kong, Macao, Canton
- Inde du Nord
- Inde du Sud
- Israël et Palestine
- Istanbul
- Jordanie
- Malaisie, Singapour
- Népal
- Shanghai
- Sri Lanka (Ceylan)
- Thaïlande
- Tokyo, Kyoto et environs
- Turquie
- Vietnam

Afrique

- Afrique du Sud
- Égypte
- Kenya, Tanzanie et Zanzibar
- Maroc
- Marrakech
- Sénégal
- Tunisie

Îles Caraïbes et océan Indien

- Cuba
- Guadeloupe, Saint-Martin, Saint-Barth
- Île Maurice, Rodrigues
- Madagascar
- Martinique
- République dominicaine (Saint-Domingue)
- Réunion

Guides de conversation

- Allemand
- Anglais
- Arabe du Maghreb
- Arabe du Proche-Orient
- Chinois
- Croate
- Espagnol
- Grec
- Italien
- Japonais
- Portugais
- Russe
- G'palémo (conversation par l'image)

Livres-photos/Livres-cadeaux

- 50 voyages à faire dans sa vie **(nouveauté)**
- 52 escapades nature en France
- 52 villes coups de cœur en Europe (city trips)
- 52 week-ends coups de cœur en France
- 120 coins secrets en Europe
- 1 200 coups de cœur en France
- 1 200 coups de cœur dans le monde
- Cahier de vacances du Routard
- Expériences et micro-aventures en France **(nouveauté)**
- La France de Stéphane Bern
- La France à vélo **(nouveauté)**
- Nos plus belles balades et randos en France
- Road Trips Monde
- Road Trips en France
- Sacré : les 100 plus beaux sites de la planète
- Voyages
- Voyages : États-Unis
- Voyages : France
- Voyages : Italie

Avant le grand départ, assurez-vous de ne rien oublier.

Trouver un médecin qui parle français ?
Obtenir une attestation d'assurance mention Covid?

Avec Routard Assurance, partez l'esprit tranquille.

Profitez d'une assurance voyage complète vous offrant toutes les prestations d'assistance indispensables à l'étranger. Quelle que soit la durée de votre séjour, recevez votre attestation d'assurance mention Covid automatiquement à l'issue de votre souscription.

assurance routard

www.avi-international.com

Routard Assurance

adaptée à tous vos voyages, en solo, à deux ou en famille !

- Garanties Covid
- Pas d'avance de frais
- Un vaste réseau médical
- À vos côtés H24
- Dès 25 €/mois
- Attestation reconnue pour toute demande de visa

RÉSUMÉ DES GARANTIES*	MONTANT
FRAIS MÉDICAUX dont Covid (pharmacie, médecin, hôpital)	*100 000 € U.E.* *300 000 € Monde*
RAPATRIEMENT MÉDICAL	*Frais illimités*
VISITE D'UN PARENT en cas d'hospitalisation de l'assuré de plus de 5 jours	*2 000 €*
RETOUR ANTICIPÉ en cas de décès accidentel ou risque de décès d'un parent proche	*Billet de retour*
ASSURANCE RESPONSABILITÉ CIVILE VIE PRIVÉE	*750 000 € corporel* *450 000 € matériel*
ASSURANCE BAGAGES en cas de vol ou de perte par le transporteur	*2 000 €*
AVANCE D'ARGENT en cas de vol de vos moyens de paiement	*1 000 €*
CAUTION PÉNALE	*7 500 €*

* Les garanties indiquées sont valables à la date d'édition du Routard. Par conséquent, nous vous invitons à prendre connaissance préalablement de l'intégralité des Conditions générales à jour sur www.avi-international.com.

Souscrivez dès à présent sur www.avi-international.com

AVI
Assurance voyage et bien plus

AVI International (Groupe SPB) - S.A.S. de courtage d'assurances au capital de 100 000 euros - Siège social : Le Colisée Gardens, 10 avenue de l'Arche, CS 70126, 92419 Courbevoie Cedex - RCS Nanterre 323 234 575 - N° ORIAS 07 000 002 (www.orias.fr). Les Assurances Routard ont été souscrites auprès d'un assureur dont vous trouverez les coordonnées complètes sur le site www.avi-international.com

INDEX GÉNÉRAL

LISTE DES CARTES ET PLANS

« OSONS LE PAS DE CÔTÉ »

Le surtourisme ? Tous concernés. Et pourtant, à l'écart des grands flux touristiques, il existe plein de pépites méconnues, souvent oubliées des circuits trop encombrés. Ici un site ignoré ; là un quartier secret ; plus loin un village caché au charme discret, avec un troquet d'une autre époque... Il existe une infinité de lieux peinards que l'on a envie de mettre en avant avec ce pictogramme. Un vagabondage enfin calme favorisé aussi par les **visites aux heures creuses.** Vive le *slow trip* !

#osonslepasdecote

Remarque importante aux hôteliers et restaurateurs

Les enquêteurs du *Routard* travaillent dans le plus strict anonymat. Aucune réduction, aucun avantage quelconque, aucune rétribution n'est jamais demandé en contrepartie. Face aux aigrefins, la loi autorise les hôteliers et restaurateurs à porter plainte.

Avis aux lecteurs

Le Routard, ce n'est pas comme le bon vin, il vieillit mal. On ne veut pas pousser à la consommation, mais évitez de partir avec une édition ancienne. Les modifications sont souvent importantes.

Les réductions accordées à nos lecteurs ne sont jamais demandées par nos rédacteurs afin de préserver leur indépendance. Les hôteliers et restaurateurs sont sollicités par une société de mailing, totalement indépendante de la rédaction, qui reste donc libre de ses choix. De même pour les autocollants et plaques émaillées.

Avec routard.com, choisissez, organisez, réservez et partagez vos voyages !

✓ Rejoignez la plus grande communauté francophone de voyageurs : **plusieurs millions d'internautes.**

✓ Échangez avec les routarnautes: forums, photos, avis d'hôtels.

✓ Retrouvez aussi toutes les informations actualisées pour choisir et préparer vos voyages: près de 300 guides destinations, une centaine de dossiers pratiques et un magazine en ligne pour découvrir tous les secrets de votre destination.

✓ Enfin, comparez les offres pour organiser et réserver votre voyage au meilleur prix.

Les **Routards** *parlent aux* **Routards**

Faites-nous part de vos expériences, de vos découvertes, de vos tuyaux et de vos coups de cœur. Aidez-nous à remettre l'ouvrage à jour. Indiquez-nous les renseignements périmés. Faites profiter les autres de vos adresses nouvelles, combines géniales... On adresse un exemplaire gratuit de la prochaine édition à ceux qui nous envoient les meilleurs courriers, pour la qualité et la pertinence des informations.

Quelques conseils cependant:

– Envoyez-nous votre courrier le plus tôt possible afin que l'on puisse insérer vos tuyaux sur la prochaine édition.

– N'oubliez pas de préciser l'ouvrage que vous désirez recevoir, ainsi que votre adresse postale.

– Vérifiez que vos remarques concernent l'édition en cours et notez les pages du guide concernées par vos observations.

– Quand vous indiquez des hôtels ou des restaurants, pensez à signaler leur adresse précise et, pour les grandes villes, les moyens de transport pour y aller. Si vous le pouvez, joignez la carte de visite de l'hôtel ou du resto décrit.

En tout état de cause, merci pour vos nombreux mails.

122, rue du Moulin-des-Prés, 75013 Paris

• *guide@routard.com* • *routard.com* •

Routard Assurance *2023*

Enrichie au fil des années par les retours des lecteurs, *Routard Assurance* reste l'assurance voyage référence des globe-trotters. Tout y est inclus, même la **Covid** : frais médicaux, assistance rapatriement, bagages, responsabilité civile... Avant votre départ, contactez *AVI* pour un conseil personnalisé. À la recherche d'une attestation Covid ? Vous la recevrez automatiquement après chaque souscription. Besoin d'un avis médical, d'une prise en charge dans un hôpital ? Le plateau d'Assistance *AVI* dispose d'un vaste réseau médical à travers le monde disponible 24h/24 pour une réponse en temps réel. De simples frais de santé en voyage ? Téléchargez vos factures depuis l'espace assuré *AVI*, ils vous remboursent sous une semaine. *Le Colisée Gardens, 10, av. de l'Arche, CS 70126, 92419 Courbevoie Cedex. ☎ 01-44-63-51-00.* • *avi-international.com* • Ⓜ *La Défense.*

Édité par Hachette Livre (58, rue Jean-Bleuzen, CS 70007, 92178 Vanves Cedex, France)
Photocomposé par Luminess SAS (561, rue Saint-Léonard – CS 40003 – 53101 Mayenne Cedex, France)
Imprimé par Dupliprint (Quai n° 2, 733, rue Saint-Léonard, BP 3, 53101 Mayenne Cedex, France)
Achevé d'imprimer : mai 2023
Collection n° 13 - Édition n° 01
11/6371/2
I.S.B.N. 978-2-01-722821-9
Dépôt légal : mai 2023

PAPIER CERTIFIÉ